普通高校"十三五"规划教材·经济学系列

经济学教程

（第二版）

姜国刚　赵东安 ◎ 主　编

清华大学出版社

北　京

本书封面贴有清华大学出版社防伪标签,无标签者不得销售。
版权所有,侵权必究。举报:010-62782989,beiqinquan@tup.tsinghua.edu.cn。

图书在版编目(CIP)数据

经济学教程/姜国刚,赵东安主编. —2版. —北京:清华大学出版社,2018(2025.1重印)
(普通高校"十三五"规划教材. 经济学系列)
ISBN 978-7-302-48945-0

Ⅰ. ①经… Ⅱ. ①姜… ②赵… Ⅲ. ①经济学—高等学校—教材 Ⅳ. ①F0

中国版本图书馆 CIP 数据核字(2018)第 000787 号

责任编辑:梁云慈
封面设计:汉风唐韵
责任校对:王荣静
责任印制:杨 艳

出版发行:清华大学出版社
　　网　　址:https://www.tup.com.cn,https://www.wqxuetang.com
　　地　　址:北京清华大学学研大厦 A 座　　邮　编:100084
　　社 总 机:010-83470000　　邮　购:010-62786544
　　投稿与读者服务:010-62776969,c-service@tup.tsinghua.edu.cn
　　质量反馈:010-62772015,zhiliang@tup.tsinghua.edu.cn
印 装 者:北京鑫海金澳胶印有限公司
经　　销:全国新华书店
开　　本:185mm×260mm　　印　张:26.25　　字　数:596 千字
版　　次:2015 年 3 月第 1 版　　2018 年 2 月第 2 版　　印　次:2025 年 1 月第 4 次印刷
定　　价:59.00 元

产品编号:077948-02

本书编审人员名单

主　审：姜　鸿

主　编：姜国刚　赵东安

副主编：张艺影　季小立　李　颖　杨　帅　陈　丽

　　　　李林芳　任保全

第二版前言

本书第一版编写完成于2014年10月,出版发行于2015年初,到目前已经使用三年。在三年的使用过程中,根据教师和学生的反馈,我们不断调整内容和文字,为第二版的修订奠定了基础。

第二版在保留第一版优点和特色的基础上,做了一些优化和改进。一是内容进行了系统更新。经济学传统理论章节变动不大,但教学案例具有较强的时效性,一些涉及经济政策的章节更是要紧跟宏观经济形势与政府调控政策;针对这一现实需求,第二版在教学案例与专栏的内容上,根据经济趋势变动做了一些修订。二是可读性、易读性进一步提高。为了做到这一点,我们对每一个章节的每一个句子,都字斟句酌、反复推敲,调整了第一版中的一些错误;同时,充分听取学生的意见,根据课堂使用情况做调整,力争使第二版的内容更加生动、深入浅出和言简意赅。三是在每章结尾增加了大量的课后练习题,题型包括名词解释、单项选择题、多选题、判断题、简答题、计算题等,基本覆盖了卷面考核的题目类型。

感谢参与本书编写的全体老师,包括在编写名单之中没有体现的张普老师、张名誉老师、杨帅老师,感谢你们的辛勤付出。感谢我的研究生,尤其是2016级的阮婉妮同学,对案例编写提供了许多基础材料,给我节省了大量时间。感谢我的家人对我的支持,让我能够心无旁骛地工作。感谢本书编写与修订过程中参考的国内外知名教科书和著作的所有作者。感谢所有第一版的读者,谢谢你们对本书的厚爱。当然还要特别感谢清华大学出版社的信任,感谢清华大学出版社经管与人文社科分社徐学军社长对第二版教材出版的大力支持,以及梁云慈编辑为我提供的所有帮助。

由于水平所限,不足之处在所难免。希望各位同仁在教学中发现新的问题,不断增强本书的科学性和实用性。

姜国刚
2017年9月于常州

第一版前言

经济学对经济增长和社会发展具有重要的意义。本书系统论述了经济学的基本概念及运行原理,并详述了经济学两大分支:微观经济学和宏观经济学。微观经济学研究个体经济单位的行为,包括消费者、生产者、投资者等;宏观经济学研究经济作为一个整体的运行,着眼于经济总量,如国民总产出水平、通货膨胀等。

作为一本中级经济学教科书,本书力求结构合理,内容完整,概念描述准确,尽量避免使用复杂的数学工具,结合实际对现实经济现象进行分析。为加强应用型训练并培养学生的经济思维习惯和能力,本书每一章后面都配备有经济学人物介绍及案例分析,可供读者学习。显然,这些内容有利于学生加深对内容的理解,并可为经济学各相关专业学生进一步进行专业课程学习,奠定一个较好的基础。因此,我们编写的是一本在内容上少而精、在难度上符合普通高等院校本科生学习要求的教科书。

本书既可作为普通高等院校经济管理类专业本、专科学生的教材使用,也可作为普通高等院校非经济管理类专业本科生和研究生的选修课教材,还可供研究生班学员、MBA和MPA学员以及广大经济工作者参考,同时可作为经济、财会、管理工作者以及各类自学人员提高业务水平的普通读物。

本书由姜国刚拟订编写大纲并担任主编,由姜鸿进行主审。全书共分16章,各章的编写者是:第1章、第2章、第6章、第8章、第9章、第13章,姜国刚(常州大学商学院);第3章、第4章、第14章,赵东安(常州大学商学院);第5章、第12章,张艺影(常州大学商学院);第7章,季小立(常州大学商学院);第10章,李颖(常州大学商学院);第11章,陈丽(常州大学商学院);第15章,李林芳(常州大学商学院);第16章,任保全(常州大学商学院)。

在本书的编写过程中,我们参考了大量国内外知名教科书和著作,并择其要目增列于书末。在此,谨向有关作者致以最真诚的谢意!文中转载、引用的专栏、案例,不代表编者观点,特此声明。由于水平所限,不足之处在所难免。希望各位同仁在教学中发现新的问题,不断增强本书作为教科书的科学性和实用性。

姜国刚
2014年10月于常州

目 录

第一章 导论 ... 1
- 第一节 经济学的基本内涵与研究对象 ... 2
- 第二节 经济学的研究方法 ... 8
- 第三节 经济学的产生与发展 ... 15
- 第四节 正确看待与应用经济学 ... 20
- 本章小结 ... 23
- 课后练习题 ... 23

第二章 需求、供给和均衡价格 ... 25
- 第一节 需求分析 ... 25
- 第二节 供给分析 ... 29
- 第三节 均衡价格的形成和变动 ... 31
- 第四节 弹性理论 ... 37
- 第五节 动态的价格分析模型：蛛网定理 ... 51
- 本章小结 ... 55
- 课后练习题 ... 56

第三章 效用论与消费者行为分析 ... 61
- 第一节 效用论概述 ... 61
- 第二节 基数效用论的消费者行为分析 ... 62
- 第三节 序数效用论的消费者行为分析 ... 68
- 第四节 收入和价格变动的影响 ... 73
- 第五节 替代效应和收入效应 ... 77
- 本章小结 ... 79
- 课后练习题 ... 80

第四章 生产理论 ... 85
- 第一节 生产的主体——厂商 ... 85
- 第二节 生产函数 ... 87
- 第三节 短期生产函数 ... 88

第四节　长期生产函数 ·· 92
　　本章小结 ··· 100
　　课后练习题 ·· 100

第五章　成本理论 ·· 104

　　第一节　成本与利润概述 ··· 104
　　第二节　短期成本分析 ·· 107
　　第三节　长期成本分析 ·· 112
　　第四节　厂商利润最大化原则 ·· 116
　　本章小结 ··· 118
　　课后练习题 ·· 119

第六章　市场结构与厂商均衡 ··· 122

　　第一节　市场的基本内容 ··· 122
　　第二节　完全竞争市场的厂商均衡 ··· 125
　　第三节　完全垄断市场的厂商均衡 ··· 132
　　第四节　垄断竞争市场的厂商均衡 ··· 139
　　第五节　寡头垄断市场的厂商均衡 ··· 145
　　本章小结 ··· 152
　　课后练习题 ·· 154

第七章　分配理论 ·· 158

　　第一节　生产要素分析 ·· 158
　　第二节　工资、利息、地租和利润 ··· 162
　　第三节　收入分配平等程度的测量 ··· 171
　　本章小结 ··· 175
　　课后练习题 ·· 177

第八章　市场失灵与微观经济政策 ·· 179

　　第一节　帕累托最优与市场失灵 ·· 179
　　第二节　外部性 ·· 184
　　第三节　公共物品 ··· 191
　　第四节　垄断 ··· 195
　　第五节　信息不对称 ··· 201
　　本章小结 ··· 205
　　课后练习题 ·· 207

第九章　国民收入核算理论 ... 209

第一节　国内生产总值 ... 209
第二节　国内生产总值的核算方法 ... 212
第三节　国民收入指标体系 ... 216
第四节　国民收入核算中的恒等式 ... 218
第五节　国民收入核算的调整及其局限性 ... 219
本章小结 ... 229
课后练习题 ... 230

第十章　简单国民收入决定理论 ... 235

第一节　均衡产出 ... 235
第二节　凯恩斯的消费理论 ... 237
第三节　其他消费理论 ... 242
第四节　两部门经济中的国民收入决定及乘数 ... 246
第五节　三部门经济中的国民收入决定及乘数 ... 249
第六节　四部门经济中的国民收入决定及乘数 ... 251
第七节　乘数理论的适用性 ... 254
本章小结 ... 255
课后练习题 ... 256

第十一章　产品市场与货币市场的一般均衡 ... 259

第一节　投资的决定 ... 259
第二节　产品市场的均衡：IS 曲线 ... 263
第三节　利率的决定 ... 267
第四节　货币市场的均衡：LM 曲线 ... 270
第五节　双重均衡的实现：IS-LM 分析 ... 274
本章小结 ... 277
课后练习题 ... 277

第十二章　总需求—总供给模型 ... 280

第一节　总需求曲线 ... 280
第二节　总供给曲线 ... 283
第三节　总供给曲线的经济含义 ... 285
第四节　总需求—总供给模型的现实解释 ... 287
本章小结 ... 289
课后练习题 ... 290

第十三章　宏观经济政策 ... 293

第一节　宏观经济政策概述 ... 293
第二节　财政政策 ... 297
第三节　货币政策 ... 311
第四节　财政政策与货币政策的配合使用 ... 323
第五节　供给管理政策 ... 327
本章小结 ... 329
课后练习题 ... 332

第十四章　失业与通货膨胀 ... 336

第一节　失业的描述 ... 336
第二节　失业的经济学解释 ... 341
第三节　失业的影响与奥肯定律 ... 343
第四节　通货膨胀的描述 ... 348
第五节　通货膨胀的成因 ... 352
第六节　通货膨胀对经济的影响 ... 356
第七节　失业与通货膨胀的关系——菲利普斯曲线 ... 358
第八节　抑制通货膨胀的政策 ... 362
本章小结 ... 363
课后练习题 ... 364

第十五章　经济周期和经济增长 ... 368

第一节　经济周期 ... 368
第二节　经济增长 ... 373
本章小结 ... 381

第十六章　开放经济的基本理论 ... 382

第一节　国际贸易理论的发展概述 ... 382
第二节　贸易保护主义理论与政策 ... 389
第三节　国际收支 ... 392
第四节　外汇与汇率 ... 398
第五节　倾销与反倾销 ... 402
本章小结 ... 404

参考文献 ... 405

第一章

导 论

本章导读

关于作出决策的第一课可以归纳为一句谚语:"天下没有免费的午餐。"为了得到我们喜爱的一件东西,通常就不得不放弃另一件我们喜爱的东西。作出决策要求我们在一个目标与另一个目标之间有所取舍。

我们考虑一个学生必须决定如何配置他的资源——时间。他可以把所有的时间用于学习经济学,他可以把所有的时间用于学习心理学,他也可以把时间分配在这两个学科上。他把某一个小时用于学习一门课时,就必须放弃本来可以学习另一门课的一小时。而且,对于他用于学习一门课的每一个小时,他都要放弃本来可用于休息、看电视或打工赚点儿零花钱的时间。

还可以考虑父母决定如何使用自己的家庭收入。他们可以购买食物、衣服,或全家度假;他们也可以为退休或孩子的大学教育储蓄一部分收入。当他们选择把额外的收入用于上述物品中的一种时,他们在某种其他物品上就要减少支出。

当人们组成社会时,他们面临各种不同的交替关系。认识到人们面临交替关系本身并没有告诉我们,人们将会或应该作出什么决策。一个学生不应该仅仅由于要增加用于学习经济学的时间而放弃心理学的学习;社会不应该仅仅由于环境控制会降低我们的物质生活水平而不再保护环境;也不应该仅仅由于帮助穷人扭曲了工作激励而忽视了他们。然而,认识到生活中的交替关系是重要的,因为人们只有了解他们可以得到的选择,才能作出良好的决策。

资料来源:梁小民.微观经济学纵横谈[M].上海:上海译文出版社,2005.

经济学具有广泛的应用价值。一旦你掌握了工具,现实世界就是一本移动的经济学教科书。对很多职业来说,经济学可以训练你的领导思维和决策分析能力。为了有效地学习,请遵循以下学习顺序:阅读,听,实践,交谈,自我测试。

(1)在每节课之前阅读。在上课之前,对阅读的内容列出一个提纲。
(2)上课仔细听讲。不要试图写下教师说的每一句话,听比记笔记更重要。
(3)阅读课后相关专业资料。
(4)每周进行讨论。组建一个讨论小组,讨论所学到的知识。
(5)当你完成每章时,根据下发的配套练习题,测试每个阶段的学习效果。

第一节　经济学的基本内涵与研究对象

经济一词,在西方源于希腊文,原意是家计管理;在中国古汉语中,"经济"一词是"经邦"和"济民""经国"和"济世",以及"经世济民"等词的综合和简化,含有"治国平天下"的意思,其内容不仅包括国家如何理财、如何管理其他各种经济活动,还包括国家如何处理政治、法律、教育、军事等方面的问题。

那什么是经济学呢？一个较为普遍的定义是:经济学(economics)是研究一个经济社会如何作出选择,将稀缺的资源进行有效配置,以最大限度地满足人们需要的科学。

在西方,经济学被称为"社会科学的皇后,最古老的艺术,最新颖的科学"。人们对经济学并不陌生,我们在日常生活中所遇到的各种问题都与经济学有关。无论一个人是否学过经济学,他总是自觉不自觉地按经济规律办事。

一、什么是稀缺性

需要也叫欲望,是指人们想要得到的任何东西。人自从有生命开始就要消耗物质,就有需求,从胎儿到老年,一刻也没有停止过,任何人都没有例外。欲望不仅多种多样,而且呈现出由低级向高级不断升级、不断扩充的发展趋势,很难完全得到满足。例如,食物只为了充饥,但却从野果、米饭到山珍海味;衣服只为了御寒,但却从树叶、麻布到绸缎;房子只为了避风雨,但却从茅棚、瓦房到高楼大厦再到别墅。中国有两个成语:贪得无厌、欲壑难填,说的就是欲望的无限性。一般而言,一个人在一定时间内对某种商品的需要是有限的;但从总体上或从历史发展过程来看,人的需要或欲望是无限的。经济学把人的需要的无限性作为既定前提。

在我们生活的这个蔚蓝色的星球上,我们所拥有的资源是有限的,但是我们的欲望却是无穷的,人们的欲望要用各种物品来满足,而物品要用各种资源来生产,这样一来,有限的资源与人们无限的欲望之间的矛盾就形成了经济学上所说的"稀缺性"。

经济学家根据资源稀缺与否和满足需要的程度,将物品和劳务分为两大类:一类是自由物品(free goods),即不受限制不付代价而可以任意取用的物品,这类物品是非稀缺资源形成的,相对于人的需要来说是丰富的,人们对这种物品可以随心所欲地消费而不会影响他人的享用,如风和日丽的春天和迷人的夏日,作为一种景观,自由取用物品的种类是屈指可数的。另一类是经济物品(economic goods),相对于人们的需要来说,是有限的物品。这类物品对个人和社会来说,不能以充足的数量满足人们现有的需要,必须节约使用。物品之所以稀缺,最终的根源在于用来生产消费品的资源是稀缺的。这些稀缺的生产资源就是通常所说的生产要素,它们包括劳动、土地、资本和企业家才能。经济资源的价值在于它们可以组合起来,生产出人们希望消费的最终物品和劳务。

需要强调的是,稀缺性并不是仅指数量上的不足,而是指相对于人类日益增长的需要而言,再多的资源也是不足的。这也就是说,稀缺性是相对而言的。资源稀缺不是突然间产生的,它是存在于人类社会的各个时期的。

在现实社会中,几乎没有什么资源丰富到可以使任何人无须付出什么代价就能得到。

而相对于人的需要来说,绝大多数资源都是相对有限或稀缺的经济资源。这种资源的稀缺性决定了人类的需要只能得到部分满足,而不可能完全满足。

资源具有稀缺性,而我们拥有的资源不能满足所有的欲望,必须按一定的原则决定先满足其中某些欲望,后满足另外一些欲望。人们的需要有轻重缓急之分,可供利用的资源是有限的,而这些资源大多有两种或两种以上的用途。因此,人们要在稀缺资源的多种用途中进行权衡比较,根据自己各种需要的轻重缓急,找出对自己最为有利的配置方法。因此经济学研究的一个基本问题就是如何最有效地配置资源,使人类的福利达到最大限度。

二、经济学研究的基本问题

经济学试图解决的基本问题包括以下三个方面。

(一) 生产什么和生产多少

人类的需要不仅是无限的,而且是多样的。由于资源有限,同种资源用于生产这种产品的多一些,那么它用于生产另一种产品的机会就会少一些。经济学家用了一句非常形象的话来描述这个问题:"是生产面包还是生产大炮?"面包是食品,大炮用于战争,这是一个国家经常面临的选择。

所以,人们必须考虑:在可供选择的产品和劳务中,如何使用有限的资源去生产,资源在不同用途之间如何作出具体分配。

【专栏 1-1】 生产可能性曲线

生产可能性曲线是指在既定资源和生产技术条件下,充分利用现有经济资源所能生产的最大限度产品组合的集合(曲线)。

经济资源往往具有多种用途,比如,土地既可以用于耕种,也可以用来修筑高速公路,还可以用来建游乐场。正因为如此,一个社会既定的经济资源才能满足社会成员的多种需要。由于资源的数量是有限的,在给定技术条件下,当我们把一定量的资源用于生产某种产品时,我们就必须放弃另一种产品的生产,以图 1.1 为例,假定一个社会把全部资源用来生产面包,其产量为 15,若把全部资源用来生产大炮,其产量为 5。AF 曲线所代表的是该社会全部资源所能生产的面包与大炮的各种组合,经济学称之为生产可能性曲线,又称生产可能性边界。

生产资源可以在不同用途之间进行调整,当资源量一定时,多生产面包,就必然少生产大炮,即一种产品量增加,另一种产品量就会减少。曲线上任何一点都是最大产出点,但是在这些组合中,无疑有一组是最佳的组合。在边界线以内的 H 点,是现有资源均能达到的产出水平,但未达到最大组合数量,资源未被充分利用,现实中可能出现失业、土地闲置、工厂停产。在边界线以外的 G 点,现有资源无法达到其产量。

随着社会经济和技术条件的变化,生产可能性曲线也会发生移动。若经济发展了,曲线向外移动,但这种移动不一定是等距离的,这取决于不同的经济政策及收益、成本相对变动的程度。

提示:生产可能性曲线的研究意义在于,进一步论证了稀缺性,使其更严谨,也有助于说明三大基本经济问题。曲线上任何一点可表示生产什么、生产多少、如何生产,牵涉

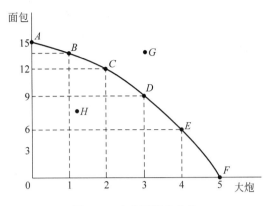

图 1.1 生产可能性曲线

选择有效率的方法,把有限的资源分配给不同部门,从生产什么产品可推测到为谁生产——生产豪华游艇多而小型汽车少,则表明社会成员收入与财富分配的不均等。

(二) 如何生产

如上所述,每种资源或生产要素一般可有多种用途,而任一种产品一般也可采用多种生产方法。例如,生产一件衣服,既可采用多用劳动(手工)少用资本(机器)的生产方法,也可采用多用资本(机器)少用劳动(手工)的生产方法。这里有一个生产效率的问题,即如何组织生产使生产要素能够最有效率地被使用的问题。这又涉及两个方面的考虑:一是纯粹从生产技术的角度考虑的技术可行性问题;二是以各种生产要素的相对价格为基础,从生产成本出发来考虑的经济合理性问题。

(三) 为谁生产

为谁生产,即生产出来的产品和劳务归谁享用、享用多少。换句话说,就是产出物如何在人们之间分配、根据什么分配、分配多少等。

以上三方面的问题,也是资源配置的基本问题,正因为资源有限而需要无限、多样,人们必须考虑用多少资源生产这种产品,用多少资源生产那种产品(即生产什么),怎样配置资源才能生产出更多更好的产品(即怎样生产),生产出的有限产品如何在人们之间进行分配、分配多少(即为谁生产)。这些正是资源有效配置所要研究的基本问题。因而以这三大问题为基本的资源有效配置问题就构成为经济学求解的基本问题。

尽管各种社会都存在着稀缺性的问题,但解决这一问题的方法并不相同。在不同的经济制度下,资源配置与资源利用问题的解决方法是不同的。当前世界上解决资源配置与资源利用的基本经济制度有以下两种。

一种是市场经济制度。市场经济制度的基本特点是:以私有财产为基础,以经济自由为原则,以价格机制为指导,以利润最大为目标。在这种经济制度中,通过市场价格的调节来决定生产什么、如何生产和为谁生产的问题。具体地说,生产什么东西取决于消费者的货币选票,即消费者每天作出的购买这种产品而不是那种产品的决策;如何生产取决于生产要素的价格和不同生产者之间的竞争;为谁生产则取决于生产要素市场的供给与需求,即取决于工资、地租、利息和利润的大小。

另一种是计划经济制度。计划经济制度主要是指生产资料的公有、政府或集体计划经营的社会主义制度。这种经济制度的主要特征是生产性资源,如资本物品和土地基本上归国家或政府所有,生产什么、如何生产以及为谁生产,基本上是由中央计划当局的指令性计划决定的,即其资源的配置与利用靠计划来实现。从理论上讲,政府根据社会需要与资源情况,根据经济社会发展目标,通过科学地制订经济计划,可以实现资源的最优配置;但事实上,政府很难掌握千变万化的供给与需求的全部信息,计划不仅很难做到完美无缺,而且不能及时适应供需的变化,所以难以实现资源的最优配置。

严格来说,目前既没有纯粹的私有制市场经济制度,也没有纯粹的公有制计划经济制度,而是两种经济制度在不同程度上的混合。在现实中,许多国家都是市场经济与计划经济不同程度的结合,实行有国家宏观调控的市场经济制度。经济学家把这种经济制度称为"混合经济",即一种社会目标与私人目标相结合、政府经济政策与个人经济决策相结合、政府调节与市场调节相结合的一种经济体制。本书所论述的,主要是市场经济制度下稀缺资源的配置和利用问题。

三、经济学的理论体系

现代西方经济学把经济学原理或经济理论,即有关经济问题的知识体系及具体内容,区分为两大组成部分或两大分支学科:微观经济学和宏观经济学。

微观经济学(microeconomics)研究市场中个体的经济行为,即单个家庭、单个厂商和单个市场的经济行为以及相应的经济变量数值的决定,所以又称为个量经济分析或个体经济分析。其核心理论是价格理论。

宏观经济学(macroeconomics)以整个国民经济活动为考察对象,研究经济中各有关总量的决定及其变动,以解决失业、通货膨胀、经济波动与经济增长,以及国际收支和汇率等总体经济问题,故又称总量经济学。其核心理论是国民收入决定理论。

(一)微观经济学的发展与体系

微观经济学的一些分析,大都涉及市场的价格机制如何运行的问题,所以又称为价格理论。1890年英国学者马歇尔把他以前的生产费用论、边际效用论和供求论结合起来,提出了"均衡价格论",从而奠定了微观经济学的基础。以生产理论、成本理论和市场理论为核心的厂商理论是价格理论的延伸和发展。马歇尔认为,价格理论是以完全竞争为前提的。1933年,张伯伦等提出"不完全竞争论",认为除完全竞争外,还存在垄断竞争、寡头和完全垄断,这样,价格理论就被建立在更现实的基础上了。凯恩斯主义的宏观经济学盛行之后,这种着重研究个体经济行为的传统理论,就被称为微观经济学。

微观经济学从资源稀缺这个基本概念出发,认为所有个体的行为准则是利用有限的资源取得最大的收获,并由此来考察个体取得最大收获的条件。在产品与劳务市场上,作为消费者的家庭,根据各种产品的不同价格进行选择,设法用有限的收入从所购买的各种产品量中获得最大的效用或满足。家庭选择产品的行动必然会影响产品的价格,市场价格的变动又是厂商确定生产何种产品的信号。厂商是各种产品及劳务的供给者,厂商的目的在于如何用最小的生产成本生产出最大的产品量,获得最大限度的利润。厂商的抉择又将影响到生产要素市场上的各项价格,从而影响到家庭的收入。家庭和厂商的抉择均通过市场上的供求关系表现出来,通过价格变动进行协调。因此,微观经济学的任务就是研究市场机制及其作用,均衡价格的决定,考察市场机制如何通过调节个体行为取得资源最优配置的条件与途径。分配理论是微观经济学的又一重要内容。它主要研究单个企业雇用工人数量和其他生产要素数量如何决定,研究生产要素的价格,如工资、利润、利息等如何决定。福利经济学则主要研究生产资源配置如何达到最适度,作为整个社会成员的个人福利之和的"社会福利"如何达到最大化等,如图1.2所示。微观经济学还考察了市场机制失灵时,政府如何采取干预行为与措施的理论基础。

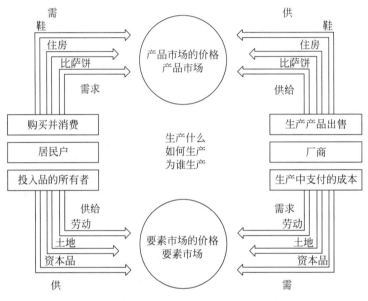

图 1.2　微观经济学

(二) 宏观经济学的发展与体系

现代宏观经济学是在20世纪30年代之后形成并发展起来的。它的发展主要经历了三个阶段。第一阶段是1936年凯恩斯《就业、利息和货币通论》的出版,在这本书中,凯恩斯把国民收入与就业量联系起来,对整个经济体系的运行及各主要经济总量的相互关系进行了宏观分析,从而奠定了宏观经济学的基础;第二阶段是第二次世界大战以后,各国加强了对经济运行的全面干预,适应于这种需要,西方经济学家对凯恩斯建立的宏观经济学加以发展,从而形成了一个完整的宏观经济理论体系,并对经济政策产生了重大的影响;第三阶段是在60年代末期以后,西方国家"滞胀"的出现使凯恩斯主义宏观经济学的统治地位开始动摇,在这样的形势之下,非凯恩斯主义的宏观经济学,主要是货币主义与理性预期学派的宏观经济学迅速发展,从而在宏观经济学中形成了各流派对立争论的状况。

宏观经济学的前提假设是:市场机制存在失灵的可能,无法使社会资源达到最优配置；政府有能力、有条件来调节整个经济运行,纠正市场机制的缺陷,使社会资源达到最优配置和充分利用。

宏观经济学的基础是国民收入核算理论,核心是国民收入决定理论,主要内容包括国民收入核算理论、国民收入决定理论、产品市场和货币市场的双重均衡理论、宏观经济政策、失业和通货膨胀理论、经济增长理论、经济周期理论、开放经济理论等。

(三) 微观经济学和宏观经济学的关系

微观经济学和宏观经济学是密切相关的。生活中有很多事例在微观的角度看是正确的,但从整体角度看就是不合理的,比如在看足球赛时,一个球迷站起来能够看得更清楚一些,但如果每个人都这样的话,结果是每个人都看不清楚。由于宏观经济的变动产生于千百万个人的决策,所以,不考虑相关的微观经济决策而要去理解宏观经济的发展是不可能的。

第一,微观经济学与宏观经济学的研究对象、研究方法、研究目的等均不相同。

研究对象不同。微观经济学的研究对象是单个经济单位,如家庭、厂商等；而宏观经济学的研究对象则是整个经济,研究整个经济的运行方式与规律,从总量上分析经济问题。

研究方法不同。微观经济学的研究方法是个量分析；而宏观经济学的研究方法则是总量分析。因此,宏观经济学又称为总量经济学。

研究目的不同。经济学的目的是要实现社会经济福利的最大化。为了达到这一目的,既要实现资源的最优配置,又要实现资源的充分利用。所以,微观经济学在假定资源已实现充分利用的前提下分析如何达到最优配置的问题,而宏观经济学则是在假定资源已实现最优配置的前提下分析如何达到充分利用的问题。

第二,微观经济学是宏观经济学的基础。总体来说,微观经济学研究家庭和企业如何作出决策,以及它们在某个市场上的相互交易,宏观经济学研究整体经济现象。一个微观经济学家可以研究租金控制对住房的影响,外国竞争对本国汽车行业的影响,或者接受义务教育对工人收入的影响；一个宏观经济学家可以研究政府借债的影响,经济中失业率随时间推移的变动,对提高生活水平增长的不同政策。但不论研究内容有何区别,宏观经济活动都是以微观经济活动为基础构成的。

第三,微观经济学和宏观经济学互为补充。微观经济学和宏观经济学之间的区分并不是严格且固定不变的,许多经济情况既涉及微观经济也涉及宏观经济的层面,二者是互相补充的。例如,企业投资于新机器和设备的总体水平有助于确定经济增长的速度,这是一个宏观经济问题,但要了解企业决定购买多少新的机器设备,我们又需要分析单个企业所面临的市场、成本与效益,而这是一个微观经济问题。

第四,两者共同构成了西方经济学的整体。微观经济学与宏观经济学虽然有所区别,但是,两者的立场、观点和方法并无根本性的分歧。在理论体系上,它们相互补充、相互依存,共同构成了现代西方经济学的理论体系,并通常分设微观经济学和宏观经济学两门课程。

第二节 经济学的研究方法

一、"经济人"假设

在经济学里,"合乎理性的人"的假设通常简称为"理性人"或者"经济人"的假设条件。西方经济学家指出,所谓的"经济人"假设是对在经济社会中从事经济活动的所有人的基本特征的一个一般性的抽象。这个被抽象出来的基本特征就是:每一个从事经济活动的人都是利己的;也可以说,每一个从事经济活动的人所采取的经济行为都是力图以自己的最小经济代价去获得最大经济利益。西方经济学家认为,在任何经济活动中,只有这样的人才是"合乎理性的人",否则,就是非理性的人。

因此,自利或自私,是经济学最重要的基本假设。经济学的任务是解释人的行为。一切的解释都是以若干假设开始。人的本质是否自私,对于经济学家来说并不重要,重要的是从这个假设出发,是否能够令人信服地解释人类的行为现象。假如经济学在解释现象的时候,一会儿假设人是自私的,一会儿又假设人不是自私的,那么整座经济学的大厦就要坍塌。

【专栏1-2】 做好事需要回报吗?

春秋时期,鲁国有一个规定,凡是有人赎回了在国外做奴仆的鲁国人,国家最终要支付那笔赎金。孔子的学生子贡一直做生意,他解救了不少做奴仆的鲁国人,国家要把他花费的赎金补给他。因为子贡很有钱,所以他没有要政府的钱。当时,不少人称赞子贡,说他仗义疏财。但是孔子却批评了子贡。孔子说,鲁国人本来就不是很富有,国家出台政策就是为了鼓励人们不需要额外花费就可以解救鲁国人。子贡这么做,自己是做了好事,但负面影响却很不好。有一些人本来要解救人,但子贡救人都不要政府给钱,自己救人如果要政府的钱,那么跟子贡相比,境界要低很多。这样本来要救人的人,因为经济能力所迫,会因为子贡的行为而放弃救人。

二、价值判断与价值中立原则

经济学是研究资源配置的科学,但是资源是通过人的行为来配置的,因此现代经济学很重视研究人的行为。这就涉及价值判断和价值中立原则。

(一) 价值判断

价值判断是对各种价值的认识,它是一种有目的、有意识的对价值关系可能结果的预测活动,是主体通过理性的研究,研究价值关系可能结果的认识过程。

日常生活中,人们经常会遇到各种各样的价值判断,在这些价值判断中最关键的就是考验人们对各种价值的认知程度。如果对自己要进行的价值判断有充分的理解和认识,就会很快作出合理、可行的价值判断;反之,没有充分的认识,价值判断就会出现错误,给自己、他人,甚至社会带来损失。

只有一种价值就无所谓判断,比如在你面前只摆了一杯,你要喝水,就只能喝这一杯,别无选择;只有在多种价值中,人们才能选择、判断。由于人们对多种价值认识程度不同,而其才能和知识又有不同的局限,因此在面对很多价值时,哪种价值对自己更有利,人们更需要准确地进行判断。这是在价值判断中最为重要的一个方面。

例如,对新闻记者的采访而言,被采访者说了很多,作为记者在听时就要敏锐地作出反应和判断,对被采访者讲述的内容进行有用、无用、选择、淘汰等的价值判断,其采访过程就是对价值进行判断的过程,这个判断过程贯穿在记者所有的采访中。如果记者缺乏知识,缺乏理论修养,就无法进行正确的价值判断,所以,记者的采访也要靠大量的知识积累,一名记者要懂得工业、农业、商业、文化、地理等方面的知识。记者只有积累了丰富的知识,才能进行正确的价值判断。

由此可见,价值判断的形成与发展是一个逐渐进化的过程。如果一个人善于积累知识,就会在多种价值判断中表现出判断的层次越来越高,灵活性越来越强,准确性越来越高,人们就可以针对各种复杂的价值关系及时、灵活、准确地调节理性判断的方向与层次,从而准确无误地指导自己的行为与思想。

(二) 价值中立原则

价值中立(value free)最早由英国哲学家大卫·休谟提出对"是"与"应该"进行划分,他认为事实判断与价值判断之间有着不可逾越的鸿沟,我们并不能简单地从"是"与"不是"推论出"应该"与"不应该"。德国著名社会学家马克斯·韦伯提出应当把价值中立原则作为从事社会学研究所必须遵守的方法论准则,不能拿自己的标准来衡量别的人或事,在研究中应该保持中立的态度。

然而,价值中立本身也是一种价值观,价值观不可避免地要影响人的一言一行。价值观同文化一样,没有对错之分,只有接不接受的区别。比如有的人看到印度人用手吃饭就强烈地厌恶这个民族,认为其不讲卫生,却不知他们这种观念是来源于印度教的教义:天地万物在任何地方都归结于一地存在着。跨文化管理大师霍夫斯塔德认为:"适应新文化的最好方式是将其作为客观事实接受。"那么价值观也是如此。既然我们承认它的客观存在,在科学研究中如果想要规避它的影响,更广泛地得以和其他价值观的学者讨论,就必须采取价值中立的观念,分析它们内在的联系,而不是评论它们。我们只需实事求是地去讨论事实,解释因果,判断可能性,归纳意义,而不是去讨论应该或不应该如此的问题。可见,价值中立可以成为一种特殊的价值观引入科学研究中,而不会破坏科学神圣的客观性。

科学性和客观性要求经济学超脱和排除一切价值判断,就经济事物本身的规律和特点进行客观描述,而不应以外在的价值判断为出发点,这就是所谓的"价值中立"原则。它在经济学中的应用将经济学划分为实证经济学和规范经济学。

三、实证经济学与规范经济学

按是否提出价值判断,西方经济学把经济理论区分为实证经济学与规范经济学,并分别采用实证分析与规范分析的不同方法进行研究。

(一) 实证经济学

实证经济学(positive economics)是在分析经济问题和建立经济理论时,排除对社会经济活动的价值判断,解决"是什么"的问题,即只确认经济事实的本身,研究经济本身的内在规律,分析经济变量之间的关系,并用于分析和预测人们的经济行为及其后果。

实证经济学所力图说明和回答的问题是:①经济现象是什么?经济事物的现状如何?②有几种可供选择的方案,将会带来什么后果?它不回答是不是应该作出这样选择的问题,即它企图超脱和排斥价值判断(即关于社会的目标应该是什么,经济事物是好是坏,对社会有无意义的价值判断)。实证经济学所研究的内容具有客观性,是说明客观事物是怎样的实证科学。

最早区分实证经济学与规范经济学,认为经济学是一门实证经济学的是19世纪上半叶的英国经济学家西尼尔。19世纪70年代以后,奥地利的门格尔、英国的杰文斯、法国的瓦尔拉斯提出了边际效用论,使经济学的实证分析跨出了从纯粹逻辑推理到数学公式演绎的一大步。20世纪30年代以后,实证经济学获得了进一步的发展。从凯恩斯到现在,西方经济学的主流一直是实证经济学。

经济学作为一门科学,所得出的结论应该是客观的、可检验的;但是经济学作为一门社会科学,也不应该是像自然科学一样的纯实证科学。因为经济学作为社会科学,提出什么问题进行研究,采用什么研究方法,突出强调哪些因素,实际上也要涉及研究者个人的价值判断。

(二) 规范经济学

规范经济学(normative economics),是以一定的价值判断作为出发点和基础,提出行为标准,并以此作为处理经济问题和制定经济政策的依据,探讨如何才能符合这些标准的分析和研究方法。

规范经济学研究和回答的经济问题是:①经济活动"应该是什么"或社会面临的经济问题应该怎样解决?②什么方案是好的,什么方案是不好的?③采用某种方案是否应该,是否合理,为什么要作出这样的选择?

在经济学家看来,由于资源的稀缺性,因而在对其多种用途上就必然面临选择问题,有选择就存在一个选择标准,选择标准就是经济活动的规范。规范经济学涉及对经济行为和经济政策对人们福利的影响和评价问题,涉及是非善恶、合理与否的问题,具有根据某种原则规范人们行为的性质。由于人们的立场、观点、伦理和道德观念不同,对同一经济事物、经济政策、同一经济问题会有迥然不同的意见和价值判断。对于应该做什么,应该怎么办的问题,不同的经济学家可能会有完全不同的结论。

(三) 实证经济学与规范经济学的关系

实证经济学与规范经济学的区别:一是根据不同。实证经济学排斥一切价值判断,只认识事实本身,研究经济本身的规律;规范经济学则以一定的价值判断为依据。二是解决的问题不同。实证经济学要解决"是什么"的问题;规范经济学要解决"应该是什么"

的问题。三是结论不同。实证经济学的结论可以根据经验事实来检验,具有客观性;规范经济学的结论要受到不同价值观的影响,缺乏客观性。

【专栏 1-3】 GDP(国内生产总值)的实证经济学与规范经济学

现在上至国务院下至普通的老百姓都非常关心我国的 GDP 和人均 GDP,因为这两个数字,前者代表一个国家的综合国力,后者反映老百姓生活的富裕程度。从实证角度看,这些数字的统计归纳过程就是实证分析的过程,如果对某些数据有怀疑还可以重新检验。具体数字是客观的,在统计过程中不涉及道德问题,只回答是什么。从规范分析的角度来研究,首先在我国目前的情况下确定一个合理的经济增长率,确定一个反映人民生活水平小康的标准。为了实现这一目标,国家就应该要制定相应的产业政策、货币政策和财政政策。后者涉及了道德问题。对于后者,不同人站在不同角度得出的结论是不一样的。多数人认为经济增长率提高是好事,但也有人认为经济增长率提高太快是坏事,应停止经济增长。这些都是主观的判断,无法检验客观性。

从上述例子中我们看到实证经济学与规范经济学是有区别的,但也不难发现二者也有联系。实证分析的结果为国家制定和选择适度经济增长政策提供了依据,而适合的政策环境又是达到和保障经济数量指标的保证。因此说实证经济学是规范经济学基础,而实证经济学又离不开规范经济学的指导。一般来说,越是具体的问题,实证的成分越多;而越是高层次、带有决策性的问题,就越有规范性。它们在实践中难以截然分开,往往是相互联系、相互补充的。

微观经济学既有实证分析又有规范分析,其中实证分析占重要地位。

微观经济学在对个体经济单位的行为作出若干假定的基础上,对影响个体经济单位行为的因素加以解释、说明或作出预测。这种分析不带有任何价值判断,因而属于实证分析。消费者行为、企业行为、市场定价行为、公共选择行为、政府干预行为,以及这些行为所导致结果的分析都属于实证分析。微观经济学也涉及规范分析。例如,经济运行最优状态的确定涉及价值判断。究竟什么样的状态才是经济运行的最优状态,不同的人有不同的看法;经济运行的结果是好还是坏,经济运行究竟应该达到什么样的结果,往往也难以取得一致的意见。经济学家在实证性问题上容易达成共识,但在规范性问题上却往往分歧较大。研究经济学需要记住这两种分析的不同,这是两种不同的经济学语言。

四、实证分析法的分析工具

尽管经济学应该既是实证经济学,又是规范经济学,但在当代经济学中,实证经济学是主流,实证方法是经济分析中的最基本方法。

实证分析是一种根据事实加以验证的陈述,而这种实证性的陈述则可以简化为某种能根据经验数据加以证明的形式。在运用实证分析法研究经济问题时,就是要提出用于解释事实(即经济现象)的理论,并以此为根据作出预测。

实证分析要运用一系列的分析工具,诸如个量分析与总量分析、均衡分析与非均衡分析、静态分析与动态分析、定性分析与定量分析、逻辑演绎与经验归纳、经济模型等。我们这里着重介绍在经济学中应用最多而在前面又未曾有过说明的均衡分析与边际分析、静态分析与动态分析、经济模型等内容。

(一) 均衡分析与边际分析

1. 均衡分析

均衡是从物理学中引进的概念。在物理学中,均衡是表示同一物体同时受到几个方向不同的外力作用而合力为零时,该物体所处的静止或匀速运动的状态。英国经济学家马歇尔把这一概念引入经济学中。在经济分析中,均衡(equilibrium)指的是这样一种状态:各个经济决策者(消费者、厂商等)所作出的决策正好相容,并且在外界条件不变的情况下,每个人都不会愿意再调整自己的决策,从而不再改变其经济行为。这种均衡与一条直线所系的一块石子或一个盆中彼此相依的许多小球所保持的机械均衡大体上一致。均衡一旦形成后,如果有另外的力量使它离开原来的均衡位置,则会有其他力量使它恢复到均衡,正如一条线所悬着的一块石子如果离开了它的均衡位置,地心引力立即有使它恢复均衡位置的趋势一样。

所谓均衡分析方法,就是假定外界诸因素(自变量)是已知的和固定不变的,然后再研究因变量达到均衡时应具备的条件。均衡分析方法又分为局部均衡分析(partial equilibrium)与一般均衡分析(general equilibrium)。局部均衡分析是假定在其他条件不变的情况下来分析某一时间、某一市场的某种产品(或生产要素)供给与需求达到均衡时的价格决定。一般均衡分析在分析某种商品的价格决定时,则在各种产品和生产要素的供给、需求、价格相互影响的条件下来分析所有产品和生产要素的供给和需求同时达到均衡时所有产品的价格如何被决定。一般均衡分析是关于整个经济体系的价格和产量结构的一种研究方法,是一种比较全面的分析方法,但由于一般均衡分析涉及市场或经济活动的方方面面,而这些又是错综复杂和瞬息万变的,实际上使这种分析非常复杂和耗费时间。所以在微观经济学中,大多采用局部均衡分析。

在现实中,外界条件不断在发生变化,均衡可能是转瞬即逝的一刻,也可能永远也达不到。但在均衡分析中,我们只考察达到假想中的均衡时的情况。在均衡状态下,当事人的决策对个人来说,已使私人利益极大化,或达到最优。那么这种最优是如何达到的呢?这是通过边际分析来实现的。

2. 边际分析

"边际"这个词可以理解为"增加"的意思,"边际量"也就是"增量"的意思。说的确切一些,自变量增加一单位,因变量所增加的量就是边际量。例如,生产要素(自变量)增加一单位,产量(因变量)增加了两个单位,这因变量增加的两个单位就是边际产量。或者更具体一些,运输公司增加了一些汽车,每天可以多运 200 多名乘客,这 200 多名乘客就是边际量。所谓边际分析(marginal analysis),是指分析自变量每增加一单位或增加最后一单位的量值会如何影响和决定因变量的量值。

边际分析法在经济学中运用极广,如微观经济学中的边际收益(marginal revenue)、边际成本(marginal cost)、边际产量(marginal productivity)等,宏观经济学中的边际消费倾向(marginal propensity to consume, MPC)、资本边际效率(marginal efficiency of capital, MEC)等,都属于边际分析之例。现代西方经济学的产生和发展,是与边际分析方法的广泛应用分不开的。正是边际分析方法的深入应用,20世纪30年代才建立了完整的微观经济学体系。在宏观经济学中,这一方法同样被广泛采用。所以,边际的概念和边际分析法的提出被认为是经济学方法的一次革命。可以说,没有边际分析方法,便没有现代西方经济学。

(二)静态分析、比较静态分析和动态分析

宏观经济学和微观经济学所采用的分析方法,从另一角度看,又可分为静态分析、比较静态分析和动态分析。

静态分析(static analysis)就是分析经济现象的均衡状态以及有关的经济变量达到均衡状态所需要具备的条件,它完全抽掉了时间因素和具体变动的过程,是一种静止地、孤立地考察某些经济现象的方法。比较静态分析(comparative static analysis)就是分析在已知条件发生变化以后经济现象均衡状态的相应变化,以及有关的经济总量在达到新的均衡状态时的相应变化,即对经济现象有关经济变量一次变动(而不是连续变动)的前后进行比较。动态分析(dynamic analysis)则是对经济变动的实际过程进行分析,其中包括分析有关总量在一定时间过程中的变动,这些经济总量在变动过程中的相互影响和彼此制约的关系,以及它们在每一时点上变动的速率,等等。动态分析考察时间因素的影响,并把经济现象的变化当作一个连续的过程来看待。

在微观经济学中,无论是个别市场的供求均衡分析,还是个别厂商的价格、产量均衡分析,都采用静态和比较静态分析方法。动态分析在微观经济学中进展不大,只在蛛网定理(cobweb theorem)这类研究中,在局部均衡的基础上采用了动态分析方法。在宏观经济学中,则主要采用的是比较静态和动态分析方法。凯恩斯在《就业、利息和货币通论》一书中采用的主要是比较静态分析方法。而其后继者们在发展凯恩斯经济理论方面的贡献时,主要是长期化和动态化方面的研究,如经济增长理论和经济周期理论。

(三)经济模型

经济模型(economic model)是指论述某一经济问题的一个理论。一个完整的经济模型由定义、假设、假说和预测四个部分构成。

定义是对经济学所研究的各种变量所规定的明确的含义。变量是一些可以取不同数值的量。在经济分析中常用的变量有内生变量与外生变量、存量与流量。

在经济模型中,内生变量(endogenous variables)是指该模型所要决定的变量,外生变量(exogenous variables)是指由模型以外的因素所决定的已知变量,它是模型据以建立的外部条件。内生变量可以在模型体系内得到说明,外生变量决定内生变量,而外生变量本身不能在模型体系中得到说明。参数通常是由模型以外的因素决定的,因此也往往被看成外生变量。

例如:$P=a+bQ$,表示价格与数量的关系,则 a、b 是参数,都是外生变量;P、Q 是模型要决定的变量,所以是内生变量。除此之外,譬如相关商品的价格,人们的收入等其他与模型有关的变量,都是外生变量。

存量(stock)是指一定时点上存在的变量的数值,其数值大小与时间维度无关。流量

(flow)是指一定时期内发生的变量的数值,其数值大小与时间维度相关。

假设是某一经济模型所适用的条件。因为任何经济模型都是有条件的、相对的,所以假设非常重要,离开了一定的假设条件,分析与结论就是毫无意义的。例如,需求定理是在假设消费者的收入、偏好、数量、社会习惯等不变的前提下来分析需求量与价格之间的关系。离开这些假设,需求定理所说明的需求量与价格反方向变动的定理就没有意义。在构建经济模型时,所假设的某些条件可能不现实,但没有这些假设就很难得出正确的结论。

假说是两个或更多的经济变量之间关系的阐述,也就是未经证明的理论。在理论形成中提出假说是非常重要的,这种假说往往是对某些现象的经验性概括或总结,但要经过验证才能说明它是否能成为具有普遍意义的理论。因此,假说并不是凭空产生的,它仍然来源于实际。

预测是根据假说对未来进行预期。科学的预测是一种有条件性的说明,其形式一般是"如果……就会……"。预测是否正确,是对假说的验证。正确的假说的作用就在于它能正确地预测未来。

因此,在构建经济模型时,首先要对所研究的经济变量确定定义,并提出一些假设条件;其次,根据这些定义与假设提出一种假说,根据这种假说可以提出对未来的预测;最后,用事实来验证这种预测是否正确。如果预测是正确的,这一假说就是正确的理论;如果预测是不正确的,这一假说就是错误的,模型要被放弃,或进行修改。

运用实证分析得出的各种理论可以用不同的方法进行表述,也就是说,同样的理论内容可以用不同的方法来表述。一般来说,经济模型有三种表述方法:叙述法,即用文字来表述经济理论;几何图形法,即用几何图形来表述经济理论;数学法,即用函数关系来表述经济理论。这三种方法各有其特点,在分析经济问题时都得到了广泛的运用。

借助经济模型,人们可以预测经济行为的后果,或分析一个社会经济制度的特征。根据研究的问题和采用的分析方法,可以建立起各种微观的或宏观的经济模型。但是,模型只是一种工具,我们希望建立的模型不仅能反映现实中的经济运行状况,而且能够对某些条件变化后我们所关心的经济变量的变化作出一个大致正确的预测,否则经济模型就会脱离它的本意,成为单纯的数字游戏。

(四) 对数学在经济学中应用的评价

数学是一门严谨的学科,对其他学科是不可缺少的研究工具。在 20 世纪里,经济学的数学化倾向得到前所未有的强化。这种趋势本身应被视作经济学具体研究领域和研究深度不断扩展的结果;然而,数学确实在某种程度上被滥用。由于过度追求数学的表达方式,使本来可以用文字或简单数学方法说明清楚的理论变得十分复杂,从而增加了他人学习和研究的成本。

必须看到,数学是经济学者工具箱中的重要工具,但工具本身并不能创造理论。它只是为理论生动直观地、定量地表达提供了可能的方式。经济学是对大量社会经济现象加以分析和科学抽象才能得出结论的学科。经济学虽然用数学方法,但与自然科学所采用的方法也有所不同。自然科学所采用的方法是比较严谨与准确的,比如说,人造卫星围绕地球转一圈所带来的误差也许仅仅有几十米,与地球周长比较起来是微不足道的。但是,再高明的经济学家预测一个国家的经济增长速度,其误差也达不到"微不足道",而是相对比较大的。所以在我们学习经济学的时候,不要过多地去强调某个数学公式的准确程度,只要这个数学公式确实反映了现实经济变动的主要特征就可以了。

由于经济学已经被经济学家竭尽全力地武装成一门真正的"科学",而这门科学里面充斥着数学描述、几何图形、函数坐标,再套上英文字母和阿拉伯数字。一般而言,当一门知识变成深奥的"科学"时,就会渐渐地远离大众,使大多数人不知其所云。这在自然科学领域内是没问题的,因为自然科学深奥的符号公式本身是工具,也是研究的目的和内容;而经济学不是自然科学,过分强调数学在经济学中的作用,只会使数学成为经济学的主人,经济学家反倒成为数学的奴仆,失去经济学作为社会科学的人文性和真正的科学性。

学界的主流观点认为,数学是研究经济学的工具,如果把经济学比作大楼,数学就是盖大楼的脚手架,没有脚手架,我们就很难作为生产者去建设大楼;但是作为消费者,没有脚手架并不妨碍我们去了解并使用这幢大楼。本书里运用的数学是非常简单的,即便掌握不了具体应用的数学工具,只要掌握经济学的大概结构也是可以的。

【专栏1-4】 经济学与我们的生活

在日常生活中,每个人其实都在自觉不自觉地运用着经济学知识。例如在自由市场里买东西,我们喜欢与小商小贩讨价还价;到银行存钱,我们要想好是存定期还是活期。经济学对日常生活到底有多大作用,并没有定论;但在包括经济学初学者在内的大多数人看来,经济学既枯燥又乏味,充满了统计数字和专业术语,而且经济学总是与货币有割舍不断的联系,因此,人们普遍以为,经济学的主题内容是货币。其实,这是一种误解。经济学真正的主题内容是理性,其隐而不彰的深刻内涵就是人们理性地采取行动的事实。经济学关于理性的假设是针对个人而不是团体。经济学是理解人们行为的方法,它源自这样的假设:每个人不仅有自己的目标,而且还会主动地选择正确的方式来实现这些目标。这样的假设虽然未必总是正确的,但很实用。在这样的假设下发展出来的经济学,不仅有实用价值,能够指导我们的日常生活,而且这样的学问本身也由于充满了理性而足以娱人心智,令人乐而忘返。

因此,掌握正确的经济学知识,将经济学思考问题的方法运用到日常生活中来,使我们能够更加理性地面对生活中的各种琐事,小到油盐酱醋,大到谈婚论嫁,就会减少生活中的诸多郁闷和不快,多一些开心,多一些欢笑。

第三节 经济学的产生与发展

西方经济学说的发展,严格来说,大体上经历了四个阶段:第一阶段:15世纪到17世纪中期的重商主义时期,属于经济学思想的早期孕育阶段;第二阶段:17世纪中期到19世纪70年代的古典经济学时期,属于经济学的形成时期;第三阶段:19世纪70年代到20世纪30年代的新古典经济学时期,属于微观经济学的建立与发展阶段;第四阶段:20世纪30年代至今,属于宏观经济学的建立与发展阶段。

西方经济学说在经历了古代经济思想、重商主义、古典经济学的发展后,逐步演变为现代的微观经济学和宏观经济学,我们一般通称为西方经济学。

一、经济学的孕育——重商主义思想与重农学派

(一) 重商主义

随着资本主义生产方式的产生和发展,在西欧各国逐渐形成了资产阶级经济学。重商主义(mercantilism,15—18世纪中期)原指国家为获取货币财富而采取的政策。16—17世纪是西欧资本原始积累时期。这一时期商业资本的兴起和发展,促使封建自然经济瓦解,国内市场统一,并通过对殖民地的掠夺和对外贸易的扩张积累了大量资金,推动了工场手工业的发展;商业资本加强的同时,西欧一些国家建立起封建专制的中央集权,运用国家力量支持商业资本的发展。随着商业资本的发展和国家支持商业资本的政策的实施,产生了从理论上阐述这些经济政策的要求。16世纪末以后,在英、法两国产生了代表商业资本利益和要求的重商主义思想,出现了不少宣扬重商主义思想的著作,并逐渐形成了重商主义的理论。

重商主义重视金银货币的积累,把金银看作是财富的唯一形式,认为对外贸易是财富的真正源泉,即社会财富主要来源于流通领域;增加社会财富的方法就是扩大出口,限制进口;主张国家干预经济,即利用国家的力量限制进口,增加出口,实行贸易保护主义。

重商主义是资产阶级最初的经济学说,对资本主义生产方式进行了最初的理论考察,反映了这个时期商业资本的利益和要求;但其研究内容只限于流通过程,还没有形成一套完整的经济理论体系。

(二) 重农学派

出现于18世纪50—70年代初的以魁奈和杜尔戈为主要代表的法国重农学派理论,是对资本主义生产的第一个系统理解。他们的主要观点包括自然秩序和纯产品学说。

自然秩序是重农主义理论的哲学基础。重农主义者认为,和物质世界一样,人类社会中存在着不以人们意志为转移的客观规律,这就是自然秩序。自然秩序是永恒的、理想的、至善的。但社会的自然秩序不同于物质世界的规律,它没有绝对的约束力,人们可以以自己的意志来接受或否定它,以建立社会的人为秩序。后者表现为不同时代、不同国度的各种政治、经济制度和法令规章等。重农主义者认为如果人们认识自然秩序并按其准则来制定人为秩序,这个社会就处于健康状态;反之,如果人为秩序违背了自然秩序,社会就处于疾病状态。

纯产品学说是重农主义理论的核心。它的全部体系都围绕着这一学说而展开,一切政策也以之为基础。重农主义者认为财富是物质产品,财富的来源不是流通而是生产。所以财富的生产意味着物质的创造和数量的增加。在各经济部门中,他们认为只有农业是生产的,因为只有农业既生产物质产品又能在投入和产出的使用价值中,表现为物质财富的量的增加。工业不创造物质而只变更或组合已存在的物质财富的形态,商业也不创造任何物质财富,而只变更其市场的时、地,二者都是不生产的。农业中投入和产出的使用价值的差额构成了"纯产品"。重农主义者以"纯产品"学说论证了农业是一个国家财富

的来源和一切社会收入的基础,为这一观点提供了理论基础。

但是这种观点与迅速发展的资本主义经济是不相适应的。1776年《国富论》的出版给重农学派以致命的打击,在理论上和政策主张上,斯密的经济思想成为以后的资产阶级古典经济学的传统思想。

二、经济学的形成——亚当·斯密的古典经济学

17世纪中叶以后,英国和法国的工场手工业逐渐发展成为工业生产的主要形式。重商主义已经不适应日益壮大的产业资本的利益和要求。这时,封建制度还严重阻碍着资本主义的发展,资产阶级面临的任务是对封建势力作斗争。这种斗争要求从理论上说明资本主义生产方式怎样使财富迅速增长,探讨财富生产和分配的规律,论证资本主义生产的优越性。由此,从17世纪中期开始,英法两国一批学者开始有目的地探索资本主义市场经济发展的规律,寻求对经济现象的理论与解释。主要代表人物有:英国学者威廉·配第、洛克、达德利·诺斯、蒙德维尔、大卫·休谟、詹姆斯·斯图亚特、亚当·斯密、大卫·李嘉图、马尔萨斯、约翰·斯图亚特、约翰·穆勒、西尼尔和法国学者让·巴蒂斯特、萨伊、西斯蒙第等。其中以亚当·斯密为最重要的代表人物。

亚当·斯密是古典经济学的杰出代表和理论体系的创立者。他1776年出版的《国富论》一书把资产阶级经济学发展成一个完整的体系。他批判了重商主义只把对外贸易作为财富源泉的错误观点,并把经济研究从流通领域转到生产领域;他克服了重农学派认为只有农业才创造财富的片面观点,指出一切物质生产部门都创造财富;他分析了国民财富增长的条件以及促进或阻碍国民财富增长的原因,分析了自由竞争的市场机制,把它看作是一只"看不见的手"支配着社会经济活动;他反对国家干预经济生活,提出自由放任原则。

大卫·李嘉图是古典经济学的重要完成者。他在1817年提出了以劳动价值论为基础、以分配论为中心的严谨的理论体系。他强调经济学的主要任务是阐明财富在社会各阶级间分配的规律,认为全部价值都是由劳动生产的,工资由工人的必要生活资料的价值所决定,利润是工资以上的余额,地租是工资和利润以上的余额。由此,他阐明了工资和利润的对立,工资、利润和地租的对立。此外,李嘉图还论述了货币流通量的规律、对外贸易的比较成本学说等。古典经济学到李嘉图时达到了顶峰,对后来的经济学发展有着深远的影响。

古典经济学产生于西欧资本主义生产方式处于上升发展的时期,对资本主义生产方式的内在联系和矛盾进行了较为客观的探索。总体来说,古典经济学阶段存在于17世纪中期至19世纪70年代,这一阶段也是经济学的形成时期,是整个经济学发展的基础和出发点。古典经济学的主要贡献体现在以下四个方面:

第一,把经济学的研究从流通领域转向生产领域,使经济学真正成为一门独立体系的科学。

第二,以研究国民财富如何增长为中心内容,确立了物质财富观,认为增加国民财富主要来自社会分工和增加资本积累这两个生产途径。围绕这一点,全面系统研究了经济增长、价值、价格、收入分配等一系列经济问题。

第三,从人是利己的"经济人"这一基本假设出发,论述了通过价格这只"看不见的手"来调节经济,可以把个人利己行为引向增加国民财富和社会福利的行为。

第四,提出了自由放任的经济政策结论。

三、微观经济学的建立——新古典经济学

新古典经济学是19世纪下半叶以来西方经济学中具有广泛影响、占有重要地位的经济理论,主要代表人物包括:奥地利学者门格尔,英国学者杰文斯、罗宾逊,法国学者瓦尔拉斯,意大利学者帕累托,美国学者克拉克、马歇尔、张伯伦等。

新古典经济学渊源于19世纪70年代的"边际革命"。19世纪70年代初出现在西欧国家的"边际效用学派",以倡导边际效用价值论和边际分析为共同特点,在其发展过程中形成两大支派:一是以心理分析为基础的心理学派,其主要代表为奥地利的门格尔、维塞尔和帕姆巴维克等;二是以数学为分析工具的数理学派或称洛桑学派,其主要代表有英国的杰文斯、法国的瓦尔拉斯和意大利的帕累托。边际效用学派在美国的主要代表是克拉克,他在边际效用论的基础上提出边际生产力分配论。当代经济学家把边际效用价值论的出现称为"边际革命",即对古典经济学的革命。这个学派运用的边际分析方法,后来成为资产阶级经济学发展的重要基础。

公认的新古典经济学创始人为英国剑桥学派的著名经济学家马歇尔,他也是现代微观经济学的奠基人。19世纪90年代,马歇尔综合了这一时期各学者的研究成果,出版了《经济学原理》一书,运用一系列数学方法从供求角度分析市场价格,以解决资源配置、资源报酬等问题,建立了一个以完全竞争为前提,以"均衡价格论"为核心的,较为系统的微观经济理论,成为有代表性的、广泛流行于西方的经济思想。马歇尔主张市场自发调节,颂扬资本主义制度的完善、和谐、高效率,认为资本主义制度可以通过市场机制的自动调节达到充分就业的均衡。

自马歇尔提出微观经济学后,已经经历了多次的补充。由于19世纪末、20世纪初垄断的形成,使原来以完全竞争市场类型为条件的微观理论受到挑战,于是在1933年,英国的罗宾逊、美国的张伯伦提出了不完全竞争经济学和垄断竞争理论,填补了微观研究中的一大漏洞;另外,20世纪30年代以后希克斯、瓦尔拉斯、帕累托等提出的一般均衡理论、序数效用论、福利经济学等,进一步补充了传统的微观经济学理论体系。之后关于市场失灵与微观政策调节的研究可以说是对微观经济学的总结。当然,由对寡头垄断市场分析引申的博弈论以及与企业产权分析相联系的制度经济学可以说是微观经济研究的最新发展或成果。

新古典经济学存在于19世纪70年代至20世纪30年代,这一阶段也是微观经济学体系的形成与发展阶段。新古典经济学家们从新的角度论述自由放任的思想,创立了边际效用论,引发了经济学上的"边际革命"。其基本观点可以归纳为以下两点:

第一,不像古典经济学只重视对生产的研究,而转向消费和需求,明确把资源配置作为经济学研究的中心,论述了价格如何使社会资源达到最优配置,力图证明以价格为中心的市场机制的完善性。

第二,以边际分析为基础,把消费—需求分析与生产—供给分析、竞争—垄断市场、分

配理论结合在一起,建立起了现代微观经济学的基本框架和内容体系。

四、宏观经济学的建立——凯恩斯主义经济学

现代经济学时期始自20世纪30年代,这一阶段也是宏观经济学的建立与发展阶段,典型代表人物为凯恩斯。

1929年爆发空前规模的世界经济危机后,资本主义经济陷入长期萧条状态,失业问题严重。经济学关于市场自动调节机制、达到充分就业的传统说教丧失作用,西方社会迫切需要新的经济理论来解决失业和经济危机。正是适应这个需要,1936年英国经济学家凯恩斯出版了《就业、利息和货币通论》一书。

凯恩斯对传统理论和政策提出了全面的挑战和批判,抨击"供给创造自己的需求"的萨伊定律和新古典经济学的一些观点,提出了反传统的经济学体系。凯恩斯针对20世纪30年代的大危机和市场调节机制的缺陷,把产量与就业联系起来,从总需求的角度,全面分析了国民收入的决定,并用有效需求不足来解释失业、危机产生的原因。凯恩斯提出,有效需求包括消费需求和投资需求,它主要是由三个基本心理因素即消费倾向、收益预期、流动偏好和货币供应量决定的。他认为现代资本主义社会之所以存在失业和萧条,就是由于这些因素交相作用而造成的有效需求不足。据此,凯恩斯明确了以国民收入决定为理论研究中心,建立了一个以国家干预为中心,以治理资本主义经济危机与失业为目标的完整的理论体系;提出放弃自由放任,加强国家对经济的干预,采取财政金融政策,增加公共开支,降低利率刺激投资和消费,以提高有效需求,实现充分就业。

《就业、利息和货币通论》的出现引起了西方经济学界的震动,史称"凯恩斯革命"。这本书为资本主义国家的经济干预政策提供了理论依据,对主要资本主义国家的经济政策产生了重大的影响;同时创立了现代宏观经济学的基本框架和内容体系,标志着现代宏观经济学的建立。第二次世界大战后,以萨缪尔森为代表的美国经济学者,把微观理论和宏观理论综合在一起,构成了现代流行的西方经济学主流的思想体系。

第二次世界大战后,国家垄断资本主义的发展和20世纪50—60年代相对稳定的经济增长,促成了凯恩斯主义的盛行。但是随着国家干预经济不断引起一系列的新问题,特别是70年代以来出现了经济停滞和通货膨胀同时并存的"滞胀"局面,使凯恩斯主义的理论和政策陷于困境,受到各式新经济自由主义流派的挑战。各种观点的新经济自由主义具有各自的论点和论证方法,但是,它们都以反对国家过多干预经济生活、主张在不同程度上加强市场机制作用为共同特征。

随着现代经济的发展,新的经济问题不断出现,经济学家所面临的问题越来越复杂,所研究的范围也越来越广泛。一方面,从带有高度概括性的理论经济学中不断分化出带有应用性和独立性的部门经济学、专业经济学等分支学科;另一方面,也出现了经济学科内部各个分支相互交叉的学科以及经济学科与其他社会科学以至自然科学学科之间彼此联结的边缘学科。与此同时,随着经济学研究的深化,对分析的精确性要求越来越高,出现了研究经济数量分析和计量方法的学科;为了总结历史经验,为理论研究和政策制定提供系统的历史依据,出现了各种经济史的学科;为了追溯和总结经济理论本身的发展演变,出现了经济思想史的学科。同时,众多的经济学流派既有一致性,又有差别性,既相

互交叉地研究同一课题，又各有侧重地研究不同的经济领域。这样，就在社会科学中逐步形成了一个庞大的、门类分支繁多的经济学科体系。

第四节 正确看待与应用经济学

经济学一方面有浓重的资产阶级意识形态色彩，另一方面又包含许多对市场经济在资本主义国家几个世纪实践经验的总结，是对西方资本主义国家社会经济关系的描述和概括，具有相当的借鉴意义。因此，在学习、研究经济学时，要充分认识中国和西方在国情上的重大差异，正确看待与应用经济学。

一、经济学在社会科学中的地位

社会科学是研究人类各种社会活动和各种社会关系的理论和历史的多种学科的总称。经济活动是其他一切活动的物质基础，经济关系也是其他一切社会关系的物质基础。因而，除了哲学之外，经济学就成为社会科学中的基础科学，成为人们认识社会、改造社会必先掌握的思想武器。

经济学要联系国家制度、法律等上层建筑，来研究各种经济活动和经济关系；政治学、法学等要联系所要维护的经济活动和经济关系，来研究各种国家制度、各种法律等。这种相互联系、相互作用的关系，也同样适用于经济学与其他的社会科学学科。

经济学与社会学、心理学等学科也有密切的联系。人们的经济活动与经济关系是决定一个社会结构的基础，人们的生产活动和消费行为又都有一定的心理动机，并受行为习惯的影响。而且人们的心理状态和行为状态，也往往是以一定经济利益的考虑为基础的。

二、关于常见的经济学分类

目前，人们接触到的关于经济学的名称很多，常见的有"政治经济学""西方经济学""社会主义市场经济学""经济学"等，应根据具体情况加以区别。通常所谓的"经济学"一般情况下指西方经济学。下面作一简要介绍：

第一，政治经济学（political economics）。现在主要指马克思主义经济理论，包括资本主义和社会主义两大部分。资本主义部分研究的是资本主义生产方式以及与它相适应的生产关系，其核心是剩余价值理论；社会主义部分研究的是社会主义生产方式以及与它相适应的生产关系，重点是计划经济理论。

第二，西方经济学（economics）。主要指资本主义国家的经济学。20世纪五六十年代，我国一些大学开设了当代资本主义经济学说课程，60年代初期出版了《当代资本主义经济学说》系列教材，70年代末被统一称为"西方经济学"，当时都主要是批判资本主义经济学说的。后来，国家教委和国家学位委员会将其规定为高校课程的统一名称。在这里，"西方"是政治性概念，不是地域性概念。在资本主义国家，我们所说的政治经济学通常被称为马克思主义经济学，并将其归入古典经济学之中，而我们所说的西方经济学通常被称为经济学。

第三,社会主义市场经济学。经济学根据资源配置方式可以分为计划经济学和市场经济学。一般来说,社会主义以计划经济学为主,资本主义以市场经济学为主。所谓社会主义市场经济,就是社会主义制度下的市场经济,虽然它并不忽视计划调节的作用,但是更强调市场配置资源,将消费者、生产者和资源所有者的自由选择置于特殊地位,特别重视竞争和供求决定价格的基础作用;另外,与资本主义市场经济学相比,社会主义市场经济学又更为强调宏观调控、计划指导和政府干预,把公有制为主体、按劳分配和共同富裕作为实现社会范围内最大限度平等的调节手段。

三、西方经济学与马克思主义经济学的比较

中国共产党是马克思主义的政党,接受并采纳了《资本论》的理论,劳动价值理论和剩余价值理论根深蒂固。自中华人民共和国成立以来,我国实行了近三十年的计划经济,人们普遍接受的是计划经济的观点,因此,学习经济学时往往容易混淆。为此,本书特将马克思主义经济学与西方经济学进行简单比较,以供加深理解。

(一)认识论和方法论的比较

第一,价值取向比较。两大经济学理论观察的客体是资本主义制度或叫市场经济制度,马克思主义经济学对这一制度基本持否定和批判的态度,认为它必将为新的更高级的经济制度所替代,因为马克思在创立其经济学理论之前就已经是共产主义者了,作为共产主义者的价值观念,客观上必然具有为工人阶级群体辩护的价值倾向;而西方主流经济学则对市场经济制度持肯定和辩护的态度,即认为市场总是最有效的,并成为其经济学始终不变的"基本内核"。

第二,社会历史认识论的比较。西方主流经济学建立在对社会历史的个体主义的认识论基础上,从个体出发解释整体,如从经济人这一人性假设出发解释人的经济行为,并进而解释整个市场经济的运行机制;而马克思以历史唯物主义为原则,其本质上是整体主义的,即不是从个人动机出发来解释整体社会现象,而是从整体社会客观存在的基本矛盾出发来解释全部社会现象,表现在经济学方面,就是不从抽象的人性出发来论证市场经济的稳定与有效,而是从资本主义社会基本矛盾运动出发来说明资本主义制度的过渡性。

第三,研究对象的比较。作为两大经济学理论研究的客体(市场经济制度或资本主义制度)的本身是具有多个层面的客观存在,不同理论研究根据自身的价值取向选取不同部分作为研究对象。就西方经济学而言,它的研究对象集中在对市场功能的论证上,即如何进行资源配置,才能够实现最有效率;而就马克思主义经济学而言,将其研究对象集中在生产关系特别是利益关系上,以便于揭示出这一制度内在的利益矛盾与冲突,从而说明资本主义制度的不合理性与历史过渡性。

第四,分析方法比较。西方经济学主要用均衡分析方法,通过对消费者、生产者、不同类型市场等的静态和比较静态分析,从而显示市场趋于稳定且有效配置资源的机制;而马克思主义经济学则主要采用矛盾分析方法,着重于分析相互对抗性的社会力量以及由此导致的社会质变。

（二）核心理论的比较

基于上述认识论和方法论的比较，下面再进一步对经济学的两个核心内容（即价值理论和收入分配理论）作一比较。

第一，价值理论的比较。马克思的劳动价值论认为，商品的价格是商品在货币条件下的外在表现，而商品的价值是凝结在商品中的一般人类劳动，价值量是由创造该商品的社会必要劳动时间决定的。现实经济中商品的价格变化并不完全与价值变化相一致，马克思认为这是市场供求关系的外在干扰造成的，使价格暂时偏离价值。商品能否在市场上顺利销售出去，即商品的价值能否实现，关系到商品生产者的私人劳动能否被社会承认，而资本主义爆发的经济危机就是因为社会化生产与生产资料私有制之间的矛盾。而西方经济学发展到新古典经济学后，价值理论就是供求均衡价格理论，商品的价值就是在商品供求均衡时的价格，并不存在独立于价格之外并能决定价格的抽象的价值本质。

第二，收入分配理论的比较。马克思的剩余价值学说认为，在资本主义生产过程中，生产资料本身只是发生价格转移而不能带来价值增值，只有工人的劳动过程才能产生价值增值，即工人劳动所创造的价值实际上超过了资本家支付的工资，这一超过的部分往往为剩余价值，资本家所获利润就是剩余价值。而西方经济学的收入分配理论认为，资本、劳动、土地资源及企业家才能都是进行生产的必需的生产要素，工资、利润、利息、地租则是这些生产要素的报酬，是生产要素在市场供求作用下的价格。

四、正确看待西方经济学

当代西方资本主义经济与我国社会主义市场经济都是依托于社会化大生产的经济，又都是市场经济，两者之间自然会有一些范畴、规律相通，可以相互借鉴和吸收。摈弃对西方经济学盲目崇拜、一概肯定、照抄照搬的倾向，以辩证的态度研究和借鉴西方经济学理论，对于进一步完善社会主义市场经济理论不无帮助。

西方资本主义市场经济已经有了几百年的发展，研究、反映这个市场经济的理论也已存在、发展了几百年，其间产生过许多杰出的经济学家和大量有用的系统观点和论述。而我国过去长期处于自然经济状态，实行计划经济，市场经济很不发达，有关社会主义市场经济理论的研究远不够系统和深入。这就更需要我们以科学的态度，借鉴西方经济学，吸收其中对我国可资借鉴的合理因素，用以分析我国的现实经济问题和构造我国的经济理论。

例如，西方经济学的一般均衡论和帕累托最优社会福利论，可以用于抽象地分析市场交换对于实现资源优化配置和全社会最优福利的作用，论证实行市场经济的合理性；西方经济学的有效需求理论，可以用于论证政府干预经济生活的必要性，表明政府在市场经济中可以起到积极的作用；西方经济学的边际效用论和供求论可以用于分析价格的形成和作用，为研究生产和消费的关系提供一种理论框架；西方经济学的成本收益分析，指出了从事经济活动的基本依据，可以在研究企业行为和消费者行为中广泛运用；西方经济学的新增长理论和人力资本理论，强调了知识和教育在经济增长中的重要作用，为我们在知识经济时代制定新的发展战略提供了参考。至于像边际分析、恩格尔系数、基尼系数等经济学分析工具,更应该重点借鉴,不应一概排斥。

本 章 小 结

经济学是研究一个经济社会如何作出选择,将稀缺的资源进行有效配置,以最大限度地满足人们需要的科学。正是由于资源的稀缺性和人们需要的无限性,产生了经济学研究中的基本问题,即:生产什么?如何生产?为谁生产?市场和计划是配置资源的两种方式,而现代社会都是既有市场成分又带有计划成分的混合经济。经济学可以分为微观经济学和宏观经济学两大部分。

在探讨经济学的基本内涵与研究对象的基础上,本章介绍了经济学的研究方法与研究工具,并着重介绍了实证分析与规范分析的区别;同时,阐述了经济学产生与发展的四个主要阶段,以方便初学者在接触经济学之前,对其有一个大体的认识与了解。

人物介绍:威廉·配第、亚当·斯密、马克思、杨小凯

课后练习题

一、名词解释

1. 经济学:是研究一个经济社会如何作出选择,将稀缺的资源进行有效配置,以最大限度地满足人们需要的科学。

2. 生产可能性曲线:是指在既定资源和生产技术条件下,充分利用现有经济资源所能生产的最大限度产品组合的集合。

3. 经济人假设:每一个从事经济活动的人都是利己的,即每一个从事经济活动的人所采取的经济行为,都是力图以自己的最小经济代价去获得最大经济利益。

二、单项选择题

1. 经济学可定义为(   )。
   A. 政府对市场制度的干预
   B. 消费者如何获取收入
   C. 研究如何最合理地配置稀缺资源于诸多用途
   D. 企业取得利润的活动

2. "资源是稀缺的"是指(   )。
   A. 资源必须保留给下一代
   B. 世界上资源最终将消耗光
   C. 世界上大多数人生活贫困
   D. 相对于资源的需求而言,资源总是不足的

3. 经济学研究的基本问题包括(   )。
   A. 生产什么,生产多少   B. 怎样生产
   C. 为谁生产   D. 以上选项均正确

4. 一国生产可能性曲线以内的点表示（　　）。
  A. 通货膨胀   B. 该国资源未被充分利用
  C. 该国可被利用的资源减少   D. 该国生产处于最适度的水平

5. 以一定的价值判断为基础，提出分析和处理问题的标准，作为决策的前提和制定政策的依据的分析方法是（　　）。
  A. 边际分析法 B. 最优分析法 C. 规范分析法 D. 实证分析法

6. 局部分析是对（　　）的分析。
  A. 一个部门的变化对其他部门的影响
  B. 一个市场出现的情况，忽略其他市场
  C. 经济中所有的相互作用和相互依存关系
  D. 单独分析需求的变化

7. 在封闭经济条件下，两部门经济是指（　　）。
  A. 厂商与政府 B. 厂商与外贸 C. 家庭与政府 D. 家庭与厂商

8. 被经济学界称为具有划时代意义的、标志着宏观经济体系诞生的著作是（　　）。
  A.《政治经济学原理及其在社会哲学上的应用》
  B.《经济学原理》
  C.《就业、利息和货币通论》
  D.《经济学》

9. 以下属于流量的是（　　）。
  A. 2010年我国第六次人口普查结果显示，我国人口达到13.7亿
  B. 某人2016年共存款5万元
  C. 某一定时点上的变量
  D. 某人截至2017年8月底存款为15万元

10. 西方经济学产生与形成时期的杰出代表人物是（　　）。
  A. 托马斯 B. 李嘉图 C. 亚当·斯密 D. 马尔萨斯

11. 西方经济学产生与形成时期的代表著作是（　　）。
  A.《政治经济学及赋税原理》   B.《国富论》
  C.《英国得自对外贸易的财富》   D.《政治经济学新原理》

三、判断题

1. 微观经济学中成立的命题完全可以推而广之在宏观经济学中成立。（　　）
2. 微观经济学的主要任务是稀缺资源的有效配置。（　　）
3. 若一国的生产处于生产可能性曲线以内的一点，则表示该国可利用的资源稀缺。（　　）

第二章

需求、供给和均衡价格

本章导读

微观经济学主要研究资源的配置问题,在市场经济中,资源的配置是依靠价格机制进行的。本章的核心内容是对价格机制作一般的考察,我们将看到:需求与供给相互作用共同决定了市场价格,而价格则为消费者和生产者的决策提供信号,反过来影响需求和供给。市场正是在需求与供给的互动中走向均衡的。

第一节 需 求 分 析

一、需求及其影响因素

(一) 需求的定义

经济学所说的需求与我们日常所说的需要有什么不同吗?"我想要一双皮鞋","我想要一台笔记本电脑","我想要一栋别墅",如此等等,在经济学家看来,都不能称为需求,只能叫作需要或者欲望。二者的区别在哪里呢?

我们知道,经济学是研究资源如何配置的问题。由于资源是稀缺的,所以商品不会免费获得,那么,在不同的价格下,消费者会购买多少呢?消费者的购买量至少取决于两个因素:第一,想买;第二,买得起。二者缺一不可。正是购买欲望与购买能力的统一,构成了经济学意义上的需求。需求(demand)是指消费者在一定时期内,在任意价格水平上愿意并且能够购买的商品数量。与需求不同,需要(need)或者欲望,只是一种主观愿望,是不必以支付能力为保证的。

(二) 影响需求的因素

一种商品的需求是由很多因素共同决定的。

第一,商品自身的价格。商品自身的价格是影响需求的最重要的变量。一般情况下,价格上升,需求量下降;价格下降,需求量上升。例如,机票价格下降,会刺激人们更多地乘坐飞机旅行;如果机票价格上升,人们就会选择其他的交通方式,减少坐飞机的次数。至于商品的价格与其需求量之间为什么会存在着这种相当稳定的反方向关系,我们将在以后说明。

第二,收入。收入是影响需求的又一个重要因素。一般来说,当人们的收入上升时,趋向于购买更多的东西。

第三，偏好。偏好就是爱好，虽然它是一种主观因素，但对需求的影响不容忽视。例如，中国人爱吃猪肉，西方人却爱吃牛肉。当消费者对某种商品的偏好增强时，就会增加对该商品的购买。商业广告的一个主要目的，就是增强消费者的偏好。

第四，相关商品的价格。人们对一种商品的需求，不仅仅取决于该商品自身的价格，还会受到与该商品有着某种联系的其他商品价格的影响。我们把存在某种联系的商品称为相关商品。相关商品可分为替代品和互补品。替代品是指具有相似功能的商品，如台式电脑和手提电脑，台式电脑降价会使笔记本电脑的需求下降。互补品是指一起消费才具有某种功能的商品，如汽车和汽油，汽油价格提高会引起人们对汽车的需求减少。

第五，对未来价格变动的心理预期。消费者对未来商品价格走势的心理预期，也会对需求产生重要的影响。预期未来商品价格要上涨时，理性消费者就会增加当期的消费；反之，预期未来商品价格要下跌时，理性消费者就会减少当期的消费，而等到价格下降之后再消费。在现代资讯发达的社会条件下，心理预期对消费者具体行为的影响变得很直接，特别是在投机性很强的市场上，价格预期对需求的影响非常大。比如证券市场，人们普遍采取的策略是"买涨不买跌"。

另外，还有一些特殊因素、偶发因素会对需求产生影响。例如，气候对需求的影响就很大。在我国的南方，空调是必备的家用电器；在北方，对空调的需求就要小很多，对羽绒服的需求则比较大。又如，2008年汶川地震之后，对救灾帐篷等物资的需求直线上升。当然，这些因素都是次要的、偶然的因素，不具备普遍适用性。

二、需求函数和需求定理

（一）需求函数

综上所述，在一定时期内，市场对于某一商品的需求，取决于商品本身的价格、消费者的偏好和收入，相关商品的价格，以及人们的预期等诸多因素，并随着这些因素的变化而变化。商品的需求与影响需求的诸因素之间的这种依存关系，用数学的语言来说，就是函数关系。需求函数是对需求及其诸多影响因素之间的相互关系的一种数学表达。需求函数是多元函数，可以表示为

$$Q_d = D(P, I, P_r, C_P, E, \mu) \tag{2-1}$$

式中，Q_d 为某种商品的需求；P、I、P_r、C_P、E、μ 分别为该种商品的价格（price）、消费者收入（income）、相关商品的价格（price of related goods）、消费者偏好（consumer preferences）、预期（expectation）和其他因素。

在这些影响因素中，商品自身价格与需求量之间的关系尤为重要。商品的需求量与价格之间的关系称作需求函数（demand function），记作

$$Q_d = f(P) \tag{2-2}$$

式中，Q_d 为商品需求量；P 为商品价格。

如果需求数量与价格呈线性关系，需求函数为

$$Q_d = a - bP \tag{2-3}$$

式中,a、b 为常数,且 a、$b>0$。

需求函数也可以用其他的方式表示,用图表表示就是需求表,用图形表示就是需求曲线。

(二)需求表

需求表是描述在每一可能的价格下商品需求量的列表。需求表可以直观地表明价格与需求量之间的一一对应关系。假定:小李喜欢吃汉堡,在给定收入、偏好等其他条件不变的情况下,小李每周吃汉堡的数量由汉堡的价格决定。当汉堡价格是 20 元时,小李每周只能吃 1 个;15 元时,每周吃 2 个;10 元时,每周吃 3 个;5 元时,每周吃 4 个。把汉堡的价格与需求量的对应关系表示在表格中,就得到小李的汉堡需求表,见表 2.1。

表 2.1 汉堡包需求表

组别	价格/元	需求量/个
A	20	1
B	15	2
C	10	3
D	5	4

(三)需求曲线

需求曲线是需求函数的几何表达。如果我们建立一个平面直角坐标系,横轴表示需求量(因变量),纵轴表示价格(自变量),把表 2.1 中的数据用坐标系中的散点表示,再把散点连成一条曲线,就得到了小李的汉堡需求曲线。

以上推导的是小李个人的需求曲线。在已知个人需求曲线之后,在每一价格水平,将市场中的每个消费者的需求量加总,便可得到市场需求量、需求表和需求曲线。为使问题简便,我们假定,该市场有 1 000 个与小李需求量相同的消费者。因此在价格为 20 元时,市场需求量便为 $1\times1\,000$;在价格为 15 元时,市场需求量便为 $2\times1\,000$。以此类推,便可得到市场需求量、需求表和需求曲线。表 2.2 是汉堡的市场需求表。

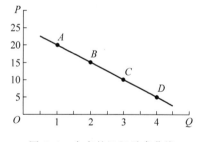

图 2.1 小李的汉堡需求曲线

表 2.2 市场需求表

组别	价格/元	市场需求量/个
A	20	1 000
B	15	2 000
C	10	3 000
D	5	4 000

图 2.2 是根据表 2.2 绘制的市场需求曲线。市场需求曲线是个人需求曲线在水平方向上的加总。

需要说明的是，通常我们把需求曲线绘制成为一条光滑的曲线，是建立在价格和需求量连续变化的假设条件上。需求量与价格的关系可以是线性也可以是非线性的，为简便起见，我们经常使用线性需求曲线的例子。

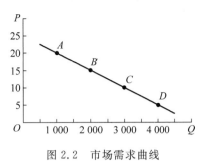

图 2.2　市场需求曲线

（四）需求定理

常识和科学观察表明，在影响需求量的其他因素给定不变的条件下，商品的价格上升，需求量减少，价格下降，需求量增加。商品需求量与其价格之间的这种反方向变动的关系，被称为需求定理或需求法则（demand law）。

三、需求量的变化和需求的变化

在学习需求理论时，注意区分需求量的变化和需求的变化是十分重要的。

（一）需求量的变化

需求量的变化指的是在影响需求的其他因素不变的条件下，由商品自身价格变化所引起的需求数量变化。如图 2.3 所示，价格由 P_1 下降到 P_2，导致需求量由 Q_1 增加到 Q_2，价格与需求量的组合沿着需求曲线由 F 点移动到 E 点，这就是需求量的变化。它表现为价格—需求量组合的点沿着原来的需求曲线移动。

（二）需求的变化

需求的变化是指由商品自身价格之外的其他因素变化所引起的消费者购买量的变化，表现为需求曲线的移动。图 2.4 说明了需求曲线的这种移动。假设小李对汉堡的需求曲线是 D_1，现在，小李改变了饮食偏好，开始崇尚健康饮食，在收入、汉堡价格等其他因素都没有改变的情况下，减少了吃汉堡的次数，那么，小李的需求曲线会向左移动到 D_3，意味着在相同价格水平 P_1 上，小李对汉堡的需求量减少，需求量由 Q_1 下降到 Q_3。收入的变化也会引起需求曲线的变化。现在假定小李的收入提高了，而影响需求的其他因素都

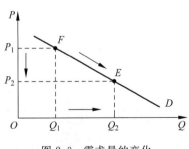

图 2.3　需求量的变化

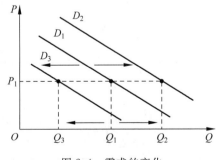

图 2.4　需求的变化

不变,我们会发现,与每一个价格相对应,小李的需求量都比以前增加了(或者说,小李愿意为汉堡支付更高的价格),图中显示,在相同的价格 P_1 上,需求量由 Q_1 提高到 Q_2,需求曲线由 D_1 右移到 D_2。

除了商品自身的价格之外,收入、偏好、商品的预期价格、替代品的价格、互补品的价格等因素的改变,都会引起需求的变化,从而使需求曲线移动。

第二节 供给分析

在一个经济体系中,需求和供给缺一不可,两种力量相互作用,共同决定市场价格。商品的需求来自居民户(消费者),供给则来自厂商(生产者)。厂商追求的是利润最大化,因而,会随着商品价格的变化不断调整供给量。下面我们将对供给进行分析。

一、供给及其影响因素

(一) 供给的定义

供给是和需求相对称的概念,它的定义是生产者在某一时期内,在任意价格下愿意并且能够提供的商品数量。可见,供给是供给欲望和供给能力的统一。

(二) 影响供给的因素

同需求类似,供给也会受到多种因素影响。在考察对供给产生作用的各种影响因素时,首先要把握的一个基本点是:生产者提供商品是为了获得利润最大化。下面,我们来分析影响一种商品供给的诸多因素。

第一,商品自身的价格。价格上升会引起供给量增加,价格下降会引起供给量减少。比如,猪肉价格上涨,会刺激更多的人从事生猪饲养,使猪肉供给增加;如果猪肉价格下跌,厂商就会降低产量,甚至转行,猪肉的供给就会减少。

第二,生产成本。在商品价格一定的条件下,决定供给的一个关键因素是生产成本。当一种商品的生产成本相对于市场价格而言较低时,生产者大量供给该商品就是有利可图的;当生产成本相对于价格而言较高时,生产者就会提供较少的数量,甚至放弃这种商品的生产。

影响生产成本的因素主要是技术和投入成本。技术进步必然会降低成本,比如,自动化的汽车制造工艺降低了汽车的生产成本,使汽车的供给大大增加。如果没有技术进步,但投入品的价格发生了变化,生产成本也会发生变化。例如,当石油价格上升时,提高了汽油和柴油的生产成本,导致汽油和柴油的供给下降。面粉的价格下降,就会降低面包的生产成本,使面包的产量增加。

第三,相关商品的价格。这是影响供给的另一个重要因素,如炼油厂既能生产柴油也能生产汽油,如果柴油的价格下降,则利润下降将导致企业不愿意生产柴油而增加汽油的供给。又如有一块地既适于种小麦也适于种棉花,棉花价格上涨时,农民尽可能地放弃小麦种植而多生产棉花,小麦的供给就会减少。

第四,对未来价格变动的心理预期。厂商对未来商品价格走势的心理预期,也会对供给产生重要的影响。厂商预期未来商品价格要上涨时,可能就会减少当期的供给,将产品供给转移到涨价之后;反之,厂商预期未来商品价格要下跌时,就会增加当期的供给。

其他一些特殊因素也会影响供给。比如,旱灾和霜冻会导致粮食的产量下降;政府控制污染的政策可能导致小排量汽车的供给增加。

二、供给函数和供给定理

(一) 供给函数

商品的供给量与影响供给量的各因素之间的依存关系,称为供给函数(supply function)。假设其他因素(如相关商品价格、技术和气候等)保持不变,只考察一定时期内某种商品的供给数量与其本身价格之间的相互关系,就得到简化的供给函数:

$$Q_s = f(P) \quad (2\text{-}4)$$

式中,Q_s 为商品供给量,P 为商品价格。

如果供给量与价格的关系是线性的,则供给函数为

$$Q_s = -c + rP \quad (2\text{-}5)$$

式中,c、r 为常数,且 c、$r > 0$。

同需求函数一样,供给函数也可以用供给表(supply schedule)和供给曲线(supply curve)来表示,见表 2.3 和图 2.5。

表 2.3　猪肉供给表

组别	价格/元	供给量/吨
A	20	4 000
B	15	3 000
C	10	2 000
D	5	1 000

根据表 2.3,我们可以绘制出一条供给曲线。

(二) 供给定理

供给定理或供给法则(law of supply)的内容是:在其他影响因素不变的条件下,商品自身价格和供给量呈同方向变化。从供给表和供给曲线可以看出,一种商品价格上涨,该商品的供给量上升;价格下降,供给量减少。

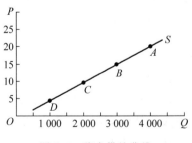

图 2.5　猪肉供给曲线

三、供给量的变化和供给的变化

下面来区分供给量的变化和供给的变化。

（一）供给量的变化

供给量的变化是指在其他因素不变时，由于商品自身价格变化所引起的商品供给数量的变化。如图 2.6 所示，当价格从 P_2 上升到 P_1 时，供给量从 Q_2 上升到 Q_1，供给量和价格的组合点从 E 点移动到 F 点，这就是供给量的变化。可见供给量的变化表现为价格—供给量的组合点沿着供给曲线的移动。

（二）供给的变化

供给的变化是指在商品自身价格不变时，由决定供给的其他影响因素变化所引起的供给数量的变化。供给的变化表现为整条供给曲线的移动。从图 2.7 上看，供给增加，意味着同一价格水平上，生产者愿意提供的商品数量增多，供给曲线向右移动；供给减少，意味着同一价格水平上，生产者愿意提供的商品数量下降，供给曲线向左移动。

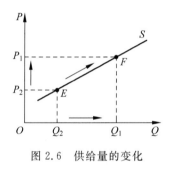

图 2.6　供给量的变化

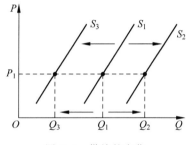

图 2.7　供给的变化

当生产成本下降、生产技术进步、组织方式改进、厂商对未来产品价格有良好的预期时，每一价格水平上厂商的供给量相应增加，供给曲线向右侧移动。反之，供给曲线向左侧移动。

第三节　均衡价格的形成和变动

一、均衡价格的含义

我们已经知道，一种商品的价格既决定了消费者的需求量，也决定了生产者的供给量，在各种不同的价格当中，总会出现一个价格，使市场的需求量恰好等于市场的供给量，使市场实现均衡（market equilibrium），此时的价格称为均衡价格（equilibrium price），此时的需求量（或供给量）称为均衡数量（equilibrium quantity）。下面通过图形来说明。在图 2.8 中，D 曲线表示市场需求曲线，S 曲线表示市场供给曲线，通过寻找使市场需求量等于供给量的价格水平，我们就能够找到市场均衡。

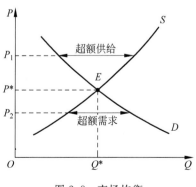

图 2.8　市场均衡

市场均衡发生在需求曲线和供给曲线的交点 E 上。此时，供给量和需求量相等，P^* 为均衡价格。

二、均衡价格的形成

市场均衡是如何形成的呢？

在图 2.8 中，我们观察到，当市场价格为 P_2 时，需求量大于供给量。在这种存在超额需求的情况下，有一部分消费者为了得到商品愿意支付更高的价格，需求的压力使价格上涨。价格上涨一方面将激励生产者提高产量，另一方面使消费者的需求量下降，从而使需求量逐渐接近供给量，直到价格上升到 P^*，需求量和供给量相等。

当价格为 P_1 时，市场出现超额供给，此时一部分生产者愿意以更低的价格出售商品，市场上存在着降价的压力。价格下降会激励消费者购买量增加，生产者的供给量减少，从而使供给量接近需求量，直到价格下降到 P^*，需求量和供给量相等。

当市场需求量恰好等于供给量，既不存在短缺，也不存在剩余，市场既不存在迫使价格上升的压力，也不存在迫使价格下降的压力时，市场达到"市场出清"的均衡状态。此时，供给曲线和需求曲线相交。

三、均衡的变动和供求定理

上述的均衡价格的形成过程，是以需求曲线和供给曲线不变为前提的，换句话说，我们假定了只有商品自身价格变化，而其他影响因素是不变的。如果其他条件比如消费者的收入、生产者的预期发生变化，就会引起需求曲线和供给曲线的变动，从而使原有的均衡被打破，市场重新形成新的均衡。下面我们来分析需求变动、供给变动以及两者同时变动对均衡价格和均衡数量所产生的影响。总的来说，可以分以下三种情况：

（一）供给不变、需求变动

1. 需求增加

如图 2.9 所示，初始时，供给曲线 S 和需求曲线相交于 E_0，均衡价格是 P_0，均衡数量是 Q_0。现假定商品的供给不变，需求增加。那么供给曲线 S 不动，需求曲线由 D_0 右移至 D_1，此时，均衡点随之移动，由 E_0 点移至 E_1 点，于是形成了新的均衡价格 P_1，均衡数量 Q_1。很明显，均衡价格比原来提高了，均衡数量也比原来增加了。

2. 需求减少

如图 2.9 所示，供给曲线不动，需求曲线由 D_0 左移至 D_2，此时，均衡点随之由 E_0 点移至 E_2 点，于是形成了新的均衡价格 P_2，均衡数量 Q_2。很明显，均衡价格比原来下降了，均衡数量也比原来减少了。

综上所述，在供给不变的情况下，商品的均衡价格和均衡数量与需求将发生同方向的变动：如果需求增加，均衡价格和均衡数量同时

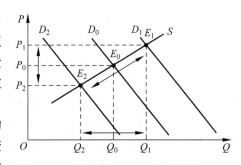

图 2.9 需求变动对均衡价格的影响

增加;如果需求减少,均衡价格和均衡数量同时减少。

(二)需求不变、供给变动

1. 供给增加

假定某种商品的需求状况不变,其供给因为生产成本下降等原因增加,如图 2.10 所示,需求线 D 不变动,供给线由 S_0 右移至 S_1,此时,均衡点随之移动,由 E_0 点移至 E_1 点,于是形成了新的均衡价格 P_1,均衡数量 Q_1。很明显,均衡价格比原来降低了,均衡数量则比原来增加了。

2. 供给减少

假定某种商品的需求状况不变,供给减少,如图 2.10 所示,需求线 D 不变动,供给线由 S_0 左移至 S_2,此时,均衡点随之移动,由 E_0 移至 E_2,于是形成了新的均衡价格 P_2,均衡数量 Q_2。很明显,均衡价格比原来提高了,均衡数量则比原来减少了。

综上所述,在需求不变的情况下,商品的均衡价格将与供给发生反方向变动,供给增加,均衡价格下降,供给减少,均衡价格上升;均衡数量将与供给发生同方向变动,即供给增加,均衡数量也增加,供给减少,均衡数量也减少。

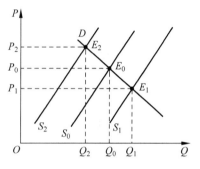

图 2.10 供给变动对均衡价格的影响

(三)需求、供给同时变动

需求和供给同时发生变动的情况比较复杂。因为两者变动的方向、变动的程度可能不一样,从而对均衡价格、均衡数量的影响也不一样。总的来说,包括以下几种情况。

1. 需求和供给同时增加

如果需求和供给同时增加,均衡数量肯定会增加,但均衡价格不定,分为三种情况:当需求增加的幅度大于供给增加的幅度时,均衡价格上升;当需求增加幅度小于供给增加幅度时,均衡价格下降;当需求与供给的增加幅度相等时,均衡价格不变。

2. 需求和供给同时减少

如果需求和供给同时减少,均衡数量肯定会减少,但均衡价格不定,分为三种情况:当需求减少的幅度大于供给减少的幅度时,均衡价格下降;当需求减少的幅度小于供给减少的幅度时,均衡价格上升;当需求减少的幅度等于供给减少的幅度时,均衡价格不变。

3. 需求增加,供给减少

如果需求增加,供给减少,均衡价格一定会上升,但均衡数量的变化不确定,分为三种情况:当需求增加的幅度大于供给减少的幅度时,均衡数量增加;当需求增加的幅度小于供给减少的幅度时,均衡数量减少;当需求增加的幅度等于供给减少的幅度时,均衡数量不变。

4. 需求减少，供给增加

如果需求减少，供给增加，均衡价格肯定会下降，但均衡数量的变化不确定，分为三种情况：当需求减少的幅度大于供给增加的幅度时，均衡数量会减少；当需求减少的幅度小于供给增加的幅度时，均衡数量会增加；当需求减少的幅度等于供给增加的幅度时，均衡数量不变。

以上几种情况，读者可以自行作图观察。

总结以上的分析，可以得到一个结论：在其他条件不变的情况下，需求变动引起均衡价格和均衡数量同方向变动，供给变动引起均衡价格反方向变动，均衡数量同方向变动，是为供求定理。

四、政府价格管制的作用

在竞争性市场中，均衡价格是在市场需求和供给的共同作用下自发形成的。但是有的时候，由市场决定的价格可能不符合一部分人甚至是大多数人的利益，这时，就需要政府代表社会利益对市场价格进行干预，这叫作价格管制。通常政府价格管制采用两种方式：最高限价和最低限价。

（一）最高限价

最高限价是政府为了保证缺乏购买力的那部分消费者也能得到他们的最低需要量，制定出某种商品价格上限，也叫限制价格（price ceiling）。最高限价的初衷一般有两个：抑制通货膨胀或者确保每个人都能买得起某种商品，因此，最高限价低于均衡价格。下面，我们用图 2.11 来解释最高限价，并分析最高限价对市场的影响。

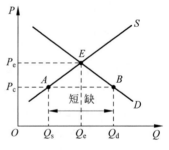

图 2.11 限制价格

在图 2.11 中，P_e 和 Q_e 分别表示供求规律作用下的均衡价格和均衡数量。现在，政府规定该商品的价格不能高于 P_c，否则违法，那么，P_c 就是最高限价。最高限价会产生什么后果呢？

【专栏 2-1】 最高限价的后果

现在，假设政府对汽油实行最高限价，结果会怎么样呢？由于限价低于均衡价格，人们不必再节约用油了。也许，期待已久的自驾游终于可以成行；或者应该购置一辆新车，不用一家几口合开一辆车上班了；很少有人愿意再乘坐公共汽车或地铁了；等等。人们会感到生活变得方便多了，但经济学家可能不这样看。

我们知道供给量随着价格的上升而上升，随着价格的下降而下降，这是不以人的意志为转移的法则——无论这个价格是在自由市场中形成还是用法律规定的。最高限价一方面刺激购买，使卖方的存货被消耗殆尽；另一方面由于卖方的销售收入和利润都会下降，减产是他们理性的选择。

最高限价的经济后果就是市场会出现短缺。需要注意的是，这种短缺是人为造成的，一旦政府取消最高限价,需求量就会减少而供给量会增加,引起价格回升,市场会重新实现均衡。

由于短缺会使部分人不能获得商品,为了解决这一矛盾,必然要有其他的分配机制来代替。排队,这一在计划经济下常见的情形,是一种可能。当美国在1973—1979年间设置汽油价格上限时,商人以"先到先得"的理念销售汽油,这让司机们不得不排着长队等待购买汽油。汽油的真实价格,包括人们为汽油付出的货币以及他们花费在排队上的时间,往往比价格管制以前的价格还要高。例如,在1979年某个时候,政府把汽油价格固定在每加仑1美元。如果市场价格是1.2美元,一个买了10加仑汽油的司机表面上省下了2美元,但如果这个司机必须花费半小时用来排队,而如果他的时间每小时价值8美元,他真正花费的就是10美元汽油费加4美元时间成本,最终汽油的价格变成了每加仑1.4美元。当然,一些汽油是商人留给朋友、老顾客、政界相关的人,还有愿意暗中多付些钱的人的。逃避管制的激励一直存在,逃避的方式也是多种多样。一种最简单逃避价格管制的方式就是降低产品质量。在第二次世界大战中的美国,汉堡里面夹肥肉,糖果比原来小了并且使用劣等原料,房东减少了他们对出租的房子的维护。政府能够通过发布明确的产品质量标准来打击这些降低质量的行为(规定汉堡里必须夹有足量的瘦肉,出租的房屋至少每年要粉刷一次,等等),辅以监督和行政手段。但是这也意味着管理价格体系的政府官僚机构要更加庞大,更有侵犯性,财政支出也要更大。

政府往往也会采用配给制这种非市场分配方式配置资源。例如,我国在20世纪60—70年代就曾大量使用布票、粮票、肉票等票证来分配生活资料。但政府配给也会产生新的问题。为了获取低价的商品或服务,人们要么花费大量的时间排队等候,要么花费精力或金钱游说当局以谋取分配优先权,大量的资源被浪费在非生产性活动上。如果政府监督不力,自利动机会驱使人们建立起黑市。也就是说,除了按照政府限价进行的交易之外,买方和卖方趋向于私下以高于限价的价格进行交易。拥有分配优先权的人可能会加入黑市转售稀缺资源。这是低效率的资源分配方式,因为一方面稀缺资源可能不是被最需要的人获得,另一方面大量资源浪费于非生产性支出,诱发寻租和腐败。

长期来看,由于价格被人为压低,挫伤了生产者的积极性,这就使得供需矛盾更加尖锐,政府如果采取更严厉的控制措施,将导致更严重的短缺。

看到价格管制带来的种种问题,我们会问为什么价格管制还会被实行,为什么有时价格管制甚至会保持相当长的时间。答案是价格管制确实总能惠及一部分消费者,如租金控制使年轻人找到出租的房屋变得更难了,但它确实为那些在价格管制颁布时已经租到房子的人们控制了房租。

(二) 最低限价

与最高限价相反,最低限价就是政府规定某种商品的价格下限,也叫支持价格(price floor)。最低限价是政府为了维护某些生产者的利益而规定的最低售价。因此,最低限价要高于市场的均衡价格。我们用图 2.12 来解释最低限价,并分析最低限价对市场的影响。

在图 2.12 中,P_e 和 Q_e 分别表示供求规律作用下的均衡价格和均衡数量。现在,政府规定该商品的价格不能低于 P_f，P_f 就是最低限价。从图 2.12 可以看出，最低限价会导致产品过剩。

在价格 P_f 上，厂商受较高价格的诱导有强烈的增产动机，但是因为价格太高，消费者的需求量却在下降，导致消费者愿意购买的数量 Q_d 远远低于厂商愿意生产的数量 Q_s，市场出现过剩。

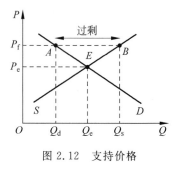

图 2.12　支持价格

保持最低限价一个常用办法是政府收购过剩产品，为市场创造需求，使均衡价格正好等于政府制定的最低限价。政府大多采用这种手段来保护生产者的利益。但是，政府也会因此背上巨大的财政负担。

最高限价旨在帮助消费者，使其能以较低价格购买到商品；最低限价旨在帮助生产者，以扶持某一个产业。一旦限制价格被取消，短缺和过剩就会消失，市场会在新的价格上实现均衡。

【专栏 2-2】　农产品支持价格与农业保护

农业是一种经济效益低、风险性大的弱质产业。根据国际贸易中的比较利益理论，在市场经济条件下，农业是很难得到资金支持和保护的。但是农业同时又是一个特殊产业，各国为了保证农业在国民经济中基础性地位，都不同程度地对农业进行支持和保护。农业补贴长期以来是大多数国家稳定农业，缩小城乡差距，调节国民经济结构的重要措施，其目的是保证本国粮食安全、维护农产品价格稳定和保障农民收入。

美国作为世界农业大国，也许人们很难想象，占全国人口不到 2% 的美国农民，不仅养活了近 3 亿美国人，而且还使美国成为全球最大的农产品出口国。之所以如此，除了与美国农业体制、科技进步等因素有关外，另一个非常重要的因素就是美国政府长期以来实施的农业补贴政策。

价格支持（最低限价）是农业补贴的重要政策工具。美国尽管也对大多数农产品规定了保护价格，但是，实际上并没有按照保护价格进行实际收购，而是只把保护价格作为计算直接补贴的依据，并不影响实际市场价格，实际市场价格还是按照供求波动，国内价格与世界市场价格是相同的。

直接补贴政策可以使农民增收。从美国的农业支持政策看，财政投入的总量较多，通过财政直接付款的方式来填补政府对农户所保证的价格与市场价格之间的差额，既能够保证农户的收入又能够向消费者廉价提供农产品，还能确保国际竞争力。

就目前中国的实际情况来看，农民种粮的积极性之所以不高，很大程度上和粮食价格过低有直接关系。相对于其他经济作物而言，粮食生产的比较利益低下，对于增加农民收入的贡献率不足。但是国家出于国内粮食安全的角度考虑，又要大力提高粮食产量。这就出现了政府和农民在目标上的矛盾。根据国际经验，特别是考虑中国小农生产和粮食市场发育程度低的现实，中国粮食政策设计不能缺少价格保护这样一个职能，这样农民的收入才能够得到较好的保障。

第四节 弹性理论

一、需求弹性

我们知道,一种商品的需求量(或供给量)会随着商品本身的价格等因素的变化而变化。如果我们想进一步地知道一种商品的价格上升1%时,它的需求量(或供给量)变化百分之几,就要用到弹性这个概念了。

一般地说,如果两个变量之间存在函数关系,那么因变量对自变量变化的反应程度就可以用弹性来表示。

若两个经济变量的函数关系为 $Y=f(X)$,则弹性可定义为 X 变动1%时 Y 随之变动的百分比,记为

$$E = \frac{\Delta Y}{Y} \Big/ \frac{\Delta X}{X} \tag{2-6}$$

式中,E 为弹性系数;X、Y 分别为自变量和因变量;ΔX、ΔY 分别为自变量和因变量的绝对变化量。

如果自变量变动少许,会引起因变量较大幅度的变动,就意味着弹性较大;反之,则表示弹性较小。

通过前面的学习,我们知道引起需求变化的因素有很多,需求弹性就是作为因变量的需求量,对影响需求的各种因素变动的反应程度。由于偏好、预期等因素不容易量化,因此,我们主要考察某种商品本身价格变化、消费者收入变化以及相关商品价格变化对其需求量的影响。由此,引出了需求价格弹性、需求收入弹性和需求交叉价格弹性。

(一)需求价格弹性

1. 需求价格弹性的含义

需求价格弹性(price elasticity of demand)是在其他条件不变的情况下,某商品的需求量对其自身价格变动的反应程度,具体地说,它等于需求量变动的百分比除以价格变动的百分比。

$$E_D = \frac{需求量变动的百分比}{价格变动的百分比} \tag{2-7}$$

$$E_D = -\frac{\Delta Q/Q}{\Delta P/P} = -\frac{\Delta Q}{\Delta P} \cdot \frac{P}{Q} \tag{2-8}$$

式中,E_D 为需求价格弹性系数,P、Q 分别为初始价格和需求量,ΔP、ΔQ 分别为价格变动数量和需求量变动数量。由于 P、Q 呈反方向变动,所以计算出的弹性系数值是负数,为了便于比较,我们取其绝对值。

例题 2-1:已知需求函数为 $Q_d = 500 - 100P$,价格在2元时,需求量是300,价格在4元时,需求量是100,求商品的需求价格弹性。

解:假设 $(2,300)$ 为 A 点,$(4,100)$ 为 B 点,根据弹性公式,从 A 点到 B 点的弹性系数是

$$E_D = -\frac{Q_2 - Q_1}{P_2 - P_1} \times \frac{P_1}{Q_1} = -\frac{100 - 300}{4 - 2} \times \frac{2}{300} = \frac{2}{3}$$

从 B 点到 A 点的需求弹性系数是

$$E_D = -\frac{Q_1 - Q_2}{P_1 - P_2} \times \frac{P_2}{Q_2} = -\frac{300 - 100}{2 - 4} \times \frac{4}{100} = 4$$

我们发现,如果初始值不同,计算出的需求价格弹性系数有很大差别。为了避免这种情况,我们通常选线段 AB 的中点作为初始点,来计算需求价格弹性。图 2.13 说明了弧弹性的含义。图中,D 为需求曲线,C 点是 AB 弧的中点。下面,以 C 点为初始点计算需求价格弹性:

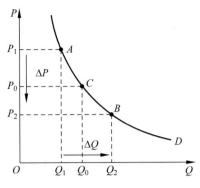

图 2.13 弧弹性的含义

$$E_D = -\frac{\Delta Q}{\Delta P} \cdot \frac{\frac{P_1 + P_2}{2}}{\frac{Q_1 + Q_2}{2}} = -\frac{\Delta Q}{\Delta P} \cdot \frac{P_1 + P_2}{Q_1 + Q_2} \tag{2-9}$$

$$E_D = -\frac{100 - 300}{4 - 2} \times \frac{2 + 4}{300 + 100} = \frac{3}{2}$$

2. 需求价格弧弹性的分类

考虑这样一件事,如果食盐和冰激凌的价格都下降一半,谁的需求量会增加得多呢?人们不会因为食盐的降价而大吃特吃食盐,却可能吃掉更多的冰激凌。显然,不同商品的需求量对价格的敏感程度是有很大差别的。图 2.14 总结了需求价格弧弹性的五种类型。

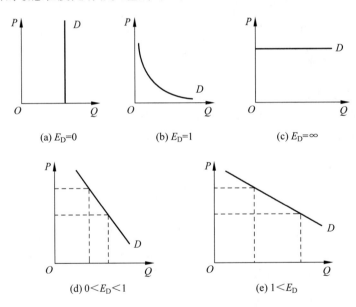

图 2.14 需求价格弧弹性的五种类型

(1) 完全无弹性。此时,$E_D = 0$,表示无论价格如何变化,需求量都保持不变,需求曲线是一条垂直于横轴的直线,如图 2.14(a)所示。这是一种极端的情况,它表示对某种产品来说不存在替代品。经济学的思维方式认为,一个理性的人是不会不计代价地购买一种商品的,除非他别无选择,如心脏起搏器的价格即使上升得再高(当然假设厂商唯一),病人为了维持生命,也必须购买。类似的例子还有糖尿病人使用的胰岛素(假设没有替代品),同样属于这种情况。

(2) 单一弹性。此时,$E_D=1$,表示需求量的变动率等于价格的变动率,需求曲线可以用函数 $Q=\dfrac{k}{P}$(其中,Q 为需求量,P 为价格,k 为常数)来表示,如图 2.14(b)所示。这种情况也是极其罕见的。

(3) 完全有弹性。此时,$E_D=\infty$,表示只要价格微小变化,需求量的变化就是无穷大的,需求曲线是与数量轴平行的直线,如图 2.14(c)所示。

(4) 缺乏弹性。此时,$0<E_D<1$,表示需求量的变动率小于价格的变动率,商品需求对价格变化不敏感,需求曲线比较陡峭,如图 2.14(d)所示。一般来讲,生活必需品(比如粮食)都比较缺乏价格弹性。

(5) 富有弹性。此时,$E_D>1$,表示需求量的变动率大于价格的变动率,商品需求对价格变化是很敏感的,需求曲线比较平缓,如图 2.14(e)所示。具有享受性的消费品比如高档烟酒,或者替代品很多并易于获得的商品如某一品牌的手机,都是富有价格弹性的商品。

上述各种情况中,前三种情况是极其特殊的。常见的情形是商品富有价格弹性或缺乏弹性。

需要特别注意的是,曲线的弹性和斜率不是一回事。不能认为,斜率大,弹性也大,斜率小,弹性也小。斜率不等于弹性的原因为斜率是价格和需求量的绝对变化的比$(-\Delta Q/\Delta P)$,而弹性则是它们的相对变化的比 $\left(E_D=-\dfrac{\Delta Q/Q}{\Delta P/P}\right)$。

3. 需求点弹性

图 2.15 表明,当需求曲线上两点间的距离极小,即 $\Delta P \to 0$ 时,$\Delta Q \to 0$ 时,需求价格弹性表现为需求曲线上某一点的弹性,叫作点弹性,点弹性可以用微分方法来求解。

点弹性计算公式为

$$E_D = \lim_{\Delta P \to 0} -\frac{\Delta Q}{\Delta P} \cdot \frac{P}{Q} = -\frac{dQ}{dP} \cdot \frac{P}{Q} \quad (2-10)$$

例题 2-2:已知需求函数为 $Q_d=500-100P$,求:价格在 2 元时的需求价格弹性。

解:$E_D = -\dfrac{dQ}{dP} \cdot \dfrac{P}{Q} = 100 \times \dfrac{2}{300} = \dfrac{2}{3}$

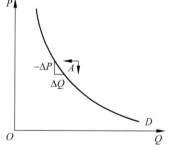

图 2.15 点弹性的含义

计算点弹性有一个简便的方法,如图 2.16 所示。假设图中 EF 为一条线性需求曲线,A 为 EF 上任意一点,那么 A 点的弹性系数为

$$E_D = -\frac{dQ}{dP} \cdot \frac{P}{Q} = \frac{BF}{AB} \cdot \frac{AB}{OB} = \frac{BF}{OB}$$

$$\because \frac{BF}{OB} = \frac{FA}{AE}$$

$$\therefore E_D = \frac{FA}{AE} \qquad (2\text{-}11)$$

可见,直线上任何一点的弹性等于位于该点之下的线段长度比上位于该点之上的线段长度。

如果 A 为 EF 的中点,那么 A 点的点弹性系数就等于1,线段 AE 上的点的弹性系数均大于1,其中,E 点的弹性系数为无穷大,线段 AF 上的点的弹性系数都小于1,其中,F 点的弹性系数为0,如图2.17所示。

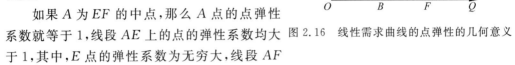

图 2.16 线性需求曲线的点弹性的几何意义

知道了线性需求曲线上各点的弹性如何计算,就很容易计算非线性需求曲线上某一点的点弹性。如图2.18所示,若求需求曲线上 A 点的弹性,可以先通过 A 点做需求曲线的切线 EF,然后用线性需求曲线上点弹性的计算方法来求解。

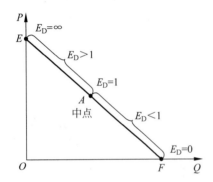

图 2.17 线性需求曲线上各点的弹性

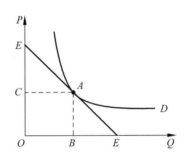

图 2.18 非线性需求曲线上某一点的点弹性

4. 影响需求价格弹性的因素

不同商品的需求价格弹性有很大差别,表2.4列出了部分商品的需求价格弹性。

表 2.4 部分商品的需求价格弹性

商　品	需求价格弹性	商　品	需求价格弹性
西红柿	4.6	电影	0.87
青豆	2.8	鞋	0.70
合法赌博	1.9	法律服务	0.61
大麻	1.5	香烟	0.51
出租车服务	1.2	医疗保险	0.31
家具	1.0	居民用电	0.13

资料来源:保罗·A.萨缪尔森,威廉·D.诺德豪斯.经济学[M].14版.北京:首都经贸大学出版社,1996:165.

那么,影响商品需求价格弹性的因素有哪些呢?

(1) 商品在生活中的必要程度。必要程度越高弹性越小。例如,食物、衣物、燃料等生活必需品即使涨价,人们对它的消费也不可能轻易减少,因此,必需品的需求价格弹性较小。相反,奢侈品——名牌服装、演唱会、海滨度假等具有较大的需求价格弹性。

(2) 商品的可替代性。一种商品的替代品越多,其需求价格弹性越大。比如,某品牌的奶粉涨价以后,消费者可以找许多其他牌子的奶粉进行替代,导致涨价的那个品牌的奶粉需求量大跌。但是,如果是奶粉这一大类商品的价格上涨,消费者选择的余地就没有那么大了(也许只能用豆浆来替代),因而,奶粉的需求量不会明显下降。可见,商品所下的定义越明确、越狭窄,与之相近的替代品就越多,需求弹性就越大。

(3) 商品的消费开支占收入的比重。一般来讲,价格低的商品的开支占收入的比重小,需求价格弹性也小。但是在收入中占有较大份额的那些产品趋向于有更高的价格弹性。想象一下,如果报纸和住宅的价格同样上升10%,前者也许不会引起消费者注意,后者却会令消费者十分不安。

(4) 消费者对价格变动作出反应的时间。一般地,许多商品的长期需求价格弹性大于短期需求价格弹性。原因是长期内消费者可以作出相应调整并找到替代品。比如,汽油价格上涨以后,短期内消费者发现很难大量减少对汽油的消费,然而,长期中消费者就有比较大的调整空间,如可以购买低油耗的汽车,或通过增加煤炭、木材等能源的消费,来减少汽油的消费。

(二) 需求收入弹性

1. 需求收入弹性的定义

在其他条件不变时,商品的需求量会随着消费者收入的变化而变化。需求收入弹性表示某种商品的需求量对于收入变动的反应程度,确切地说,它等于需求量变动的百分比除以收入变动的百分比。其计算公式为

$$E_M = \frac{\frac{\Delta Q}{Q}}{\frac{\Delta M}{M}} = \frac{\Delta Q}{\Delta M} \cdot \frac{M}{Q} \qquad (2\text{-}12)$$

式中,E_M 表示收入弹性系数,Q、ΔQ 分别表示商品的需求量和需求量的改变量,M、ΔM 分别表示消费者的收入和收入的改变量。

当 $\Delta M \to 0$ 时,

$$E_M = \lim_{\Delta M \to 0} \frac{\Delta Q}{\Delta M} \cdot \frac{M}{Q} = \frac{dQ}{dM} \cdot \frac{M}{Q} \qquad (2\text{-}13)$$

2. 需求收入弹性的分类

不同商品的需求收入弹性有很大差别,美国的经济学家们运用统计方法,估算了一些物品的需求收入弹性。表 2.5 列举了部分商品的需求收入弹性。

表 2.5　部分商品的需求收入弹性

商　品	收入弹性	商　品	收入弹性
汽车	2.5	医生服务	0.75
住宅	1.5	烟草	0.64
家具	1.5	鸡蛋	0.37
书	1.4	人造黄油	－0.20
餐馆进餐	1.4	猪肉产品	－0.20
衣物	1.0	面粉	－0.36

资料来源：保罗·A.萨缪尔森，威廉·D.诺德豪斯.经济学[M].14 版.北京：首都经贸大学出版社，1996：165.

根据商品的需求收入弹性，可以把商品分成两大类。具体情况见表 2.6。

表 2.6　需求收入弹性和商品分类

需求收入弹性	商品类别
$E_M>0$	正常品
$E_M<0$	劣等品
$0<E_M<1$	必需品
$E_M>1$	奢侈品

如果 $E_M>0$，商品的需求量随着收入的增加而增加，那么该商品为正常品，比如住宅、家用电器。在正常品中，如果 $E_M>1$，说明消费量增长比收入增长快，这一类商品为奢侈品，如汽车、豪华游艇；$0<E_M<1$，说明随着收入增长消费量也在增长，但消费量增长比收入增长得慢，这类商品为必需品，如粮食、蔬菜、日用品。

如果 $E_M<0$，商品的需求量随着收入的增加而减少，那么该商品为劣等品，比如超市里出售的即将到保质期的食品，二手市场中出售的旧衣物。

需要说明的是，对劣等品、正常品和奢侈品的划分应该是动态的，它随着消费者收入水平的变化而改变：在低收入水平阶段的奢侈品，可能是中等收入水平阶段的正常品，或者高收入水平阶段的劣等品。比如，表 2.5 中的人造黄油、猪肉产品和面粉三种商品的收入弹性都是负值，说明在美国，这三种商品被视为劣等品，显然，对于大部分发展中国家的消费者来说，它们不太可能成为劣等品，应该是必需品，对于更贫困地区的消费者，这三种商品甚至可能是奢侈品。

3. 恩格尔定律

1857 年，世界著名的德国统计学家恩格尔在研究中发现这样一种现象：随着家庭收入的增加，该家庭用于食品方面的支出占总收入的比例将逐渐减小。这一现象后来被称为恩格尔定律，反映这一定律的系数被称为恩格尔系数（engel's coefficient）。具体而言，恩格尔系数是指居民家庭食品消费支出占总收入（或家庭消费总支出）的比重，用公式表示为

$$恩格尔系数 = \frac{食品支出}{总收入} \times 100\% \tag{2-14}$$

恩格尔系数主要反映食品支出占总收入的比例随收入提高而逐渐变小的一种趋势。也就是说，随着居民收入的增加，在食物需求基本满足的情况下，居民消费的重心开始由吃向穿、用、保健、旅游等精神文化生活方面转移。

国际上普遍认为，恩格尔系数既可以衡量一个家庭的富裕程度，也可以反映一个地区乃至一个国家的生活水平。一般来说，一个国家、地区或家庭的生活水平越低下，恩格尔系数就越大；恩格尔系数越小，生活水平越高。联合国粮农组织针对该系数提出具体标准：恩格尔系数在59%以上为贫困，在50%～59%为温饱，在40%～50%为小康，在30%～40%为富裕，低于30%为最富裕。需要注意的是，在运用这一标准进行国际和城乡对比时，要考虑到那些不可比因素，如消费品价格比价不同、居民生活习惯的差异，以及由社会经济制度不同所产生的特殊因素。对于这些横截面比较中的不可比问题，在分析和比较时应做相应的剔除。否则，就会出现恩格尔系数"失灵"。

【专栏2-3】 小测验

1990年，中国城镇和农村居民恩格尔系数分别是54.2%和58.8%；2015年，中国城镇和农村居民恩格尔系数分别是34.8%和37.1%。请就这两组基本数据，分析一下你就该阶段经济发展及存在问题得出的结论。

【专栏2-4】 美国恩格尔系数与生活水平

体会一下美国恩格尔系数与生活水平的关系。

食物。美国食物的价格按照汇率折算（USD1＝CNY6.6，2017.8.20）之后还是比中国便宜。牛奶一加仑只要3元不到，哈根达斯一罐只要4元，一个汉堡只要3元；吃饭馆，中餐馆一般一个菜4～8元，西餐馆5元左右，在唐人街4元可以吃三菜一汤。在美国最便宜的是面粉、油和糖，难怪美国人胖子多。

服装。超市里的牛仔裤一般卖到十几元，专门卖衣服的折扣店里则大多9.99元；鞋子一般30元左右，耐克、阿迪达斯贵的不过50元，便宜的也就30元。但就美国人的收入来说，实在是很便宜。

那美国人的钱都花在哪里呢？

车子。美国没车是寸步难行的，别指望地铁和公交，除非是纽约市里，还有点儿希望。其实车子的价钱不贵，1万美元左右算是好车了；养车也便宜，而且没有其他收费，只是停车、过桥可能要收费，但都很便宜。

房子。房子是美国人最头痛的事情，许多人都没有房子，要租房子，租金随着房价一样在涨，又买不起房子，因此，美国人最大的开销就是房子，不论是买房还贷还是租房交租，一般都要占到收入的一半。

教育费。美国公立大学加生活费一学期要3万多元，私立大学要5万多元，大学学费非常昂贵。

【专栏2-5】 中国恩格尔系数的失灵

随着我国经济的发展，居民可支配收入增加，恩格尔系数在不断下降。见表2.7。

表 2.7 城乡居民家庭恩格尔系数

年 份	城镇居民家庭恩格尔系数/%	农村居民家庭恩格尔系数/%
1978	57.5	67.7
1980	56.9	61.8
1985	53.3	57.8
1990	54.2	58.8
1991	53.8	57.6
1992	53.0	57.6
1993	50.3	58.1
1994	50.0	58.9
1995	50.1	58.6
1996	48.8	56.3
1997	46.6	55.1
1998	44.7	53.4
1999	42.1	52.6
2000	39.4	49.1
2001	38.2	47.7
2002	37.7	46.2
2003	37.1	45.6
2004	37.7	47.2
2005	36.7	45.5
2006	35.8	43.0
2007	36.3	43.1
2008	37.9	43.7
2009	36.5	41.0
2010	35.7	41.1
2011	36.3	40.4
2012	36.2	39.3
2013	35.0	37.7
2014	35.6	37.9
2015	34.8	37.1

资料来源：中华人民共和国国家统计局。

从以上统计结果来看，按照国际标准，目前我国农村已经实现了小康，城镇实现了富裕。但是，这个结论遭到许多经济学家的质疑。

清华大学中国与世界经济研究中心研究员袁钢明对《第一财经日报》表示，恩格尔系数的划分远远不能适应中国的国情，甚至当前中国还存在与该理论相反的情况。袁钢明进一步解释，在大城市，高收入阶层的外出就餐在增加，吃的投入增加与服务业的发展同步，而低收入阶层基本不会选择在外就餐，因此会出现收入越低的家庭，在支出中吃的比例反而越低的情况。另外，"很多时候，中国人的吃是被挤掉的"。袁钢明指出，一个承担着教育和医疗重担的家庭，节省吃的开销根本不能算作富裕。国家统计局的研究也显示，我国居民医疗保健消费支出比重偏高，基本比发达国家高出一倍。

因而，许多学者认为，吃的比重已经难以体现中国人民是否富裕的真实状态，仅用恩格尔系数作出判断是不全面的，还需要具体研究中国人的消费结构。袁钢明提出，人均收入、人均可支配消费支出等才是衡量富裕的"硬指标"；另有学者指出，衡量生活富裕程度的真正指标应该是闲暇支出占总支出的比重。而根据国家统计局国际中心的数据，在杂项商品与服务所占消费的比重中，中国大大低于世界主要发达国家。袁钢明表示，这些项目上的差距才是中国离富裕的真实差距。

(三) 需求交叉价格弹性

1. 需求交叉价格弹性的定义

商品之间往往存在一定的相关性。如果两种商品必须同时使用才能满足消费者的需要，这两种商品就是互补关系，称作互补品（complements），电脑和U盘就是这种关系。如果两种商品的作用可以互相替代，那么这两种商品就是替代品（substitutes），五粮液和茅台，就是两种替代品。

生活中多数商品之间不存在上述关系，我们可以称之为独立品（independent goods），比如电和苹果。我们知道，提高民用电价格也许会使人们使用更多的天然气来做饭，或者减少对电磁炉的购买，但是，一般不会影响到人们对苹果的需求。

如果两种商品具有某种相关性，那么一种商品的价格变动能够引起另一种商品的需求量变动。比如，五粮液涨价将使茅台的需求量增加。

需求交叉价格弹性反映的是一种商品需求量对它的相关商品价格变动的反应程度，确切地说，它等于一种商品需求量变动的百分比除以另一种商品价格变动的百分比。其计算公式为

$$E_{XY} = \frac{\frac{\Delta Q_X}{Q_X}}{\frac{\Delta P_Y}{P_Y}} = \frac{\Delta Q_X}{\Delta P_Y} \cdot \frac{P_Y}{Q_X} \tag{2-15}$$

式中，E_{XY}为商品X和商品Y的交叉弹性系数；Q_X、ΔQ_X分别为商品X需求量和需求量的改变量；P_Y、ΔP_Y分别为商品Y的价格和价格的改变量。

2. 需求交叉价格弹性与商品的相关关系

如果$E_{XY}>0$，说明一种商品的价格变动引起另一种商品的需求量同方向变动，则商品X和商品Y是替代品，如汽油涨价会引起柴油的需求量上升。

如果$E_{XY}<0$，说明一种商品的价格变动引起另一种商品的需求量反方向变动，则商品X和商品Y是互补品，如汽油涨价会引起汽车的需求量下降。

需求交叉价格弹性和商品分类见表2.8。

表2.8 需求交叉价格弹性和商品分类

需求交叉价格弹性	X和Y的关系
$E_{XY}>0$	替代品
$E_{XY}<0$	互补品

二、供给弹性

（一）供给弹性的定义

供给定理表明，商品的供给量与价格之间呈同方向变动的关系。

供给弹性（price elasticity of supply），表示的是一种商品的供给量对于价格变动的反应程度，等于供给量变动的百分比除以价格变动的百分比。其计算公式为

$$E_S = \frac{\frac{\Delta Q}{Q}}{\frac{\Delta P}{P}} = \frac{\Delta Q}{\Delta P} \cdot \frac{P}{Q} \tag{2-16}$$

式中，E_S 为供给价格弹性系数；Q、ΔQ 分别为供给量和供给的变动量；P、ΔP 分别为价格和价格的变动量。

由于供给量与价格同方向变动，所以供给价格弹性是正值。

（二）供给弧弹性和点弹性

1. 供给弧弹性

供给弧弹性是指供给曲线上一段弧中点的弹性。计算公式是

$$E_S = \frac{\Delta Q}{\Delta P} \cdot \frac{\frac{P_1 + P_2}{2}}{\frac{Q_1 + Q_2}{2}} = \frac{\Delta Q}{\Delta P} \cdot \frac{P_1 + P_2}{Q_1 + Q_2} \tag{2-17}$$

式中，E_S 为供给价格弹性系数；P_1、P_2 为初始价格和变动后的价格；Q_1、Q_2 为初始供给量和变动后的供给量；ΔP、ΔQ 分别为价格变动数量和需求量变动数量，由于 P、Q 呈同方向变动，所以计算出的弹性系数值是正数。

根据供给量对价格变化的敏感程度，可以把供给弧弹性分为五种类型，如图 2.19 所示。

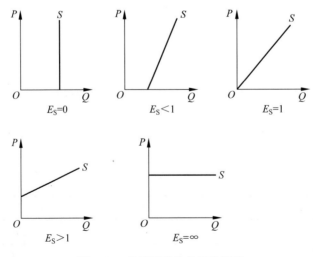

图 2.19　供给弧弹性的五种类型

(1) 完全无弹性。$E_S=0$，表示无论价格如何变化，供给量都保持不变。此时，供给曲线是一条垂线。虽然需求完全无弹性的情况几乎不会发生，但供给无弹性却是一种现实存在。如果某种商品极为稀缺，不可再生，比如名画、古董、特殊地段的房地产等，都可以看作是无供给弹性的商品。对于无弹性的商品而言，价格完全由需求决定，随着需求增加，价格会不断上升。

(2) 缺乏弹性。此时，$E_S<1$，表示供给量的相对变化小于价格的相对变化，供给对价格变化不敏感。此时，供给曲线比较陡峭。一般来讲，生产能力受到严重限制的商品供给弹性比较小。比如，一位著名的医生，哪怕你给他再高的报酬，他每天能供给的劳动时间也不会超过24小时；即使价格急剧上升，南非钻石的产量也不可能大幅度提高。

(3) 单一弹性。$E_S=1$，表示供给量的相对变化等于价格的相对变化，此时，供给曲线可以用函数 $Q=kP$（Q 为供给量，P 为价格，k 为常数）来表示。这是一种特殊的情况。

(4) 富有弹性。$E_S>1$，表示供给量的相对变化大于价格的相对变化，此时，供给曲线比较平缓。

(5) 供给完全有弹性。$E_S=\infty$，表示只要价格有微小变化，供给量的变化是无穷大的，此时，供给曲线平行于数量轴。如果不需要付出更高的成本就能得到额外的生产资料，这种商品的供给曲线就是接近完全弹性的。在这种情况下，价格的轻微上涨会使供应商大量增加供给。

2. 供给点弹性

当供给曲线上两点间的距离极小，即 $\Delta P \to 0$，$\Delta Q \to 0$ 时，供给弹性可以用点弹性来表示。点弹性计算公式为

$$E_S = \lim_{\Delta P \to 0} \frac{\Delta Q}{\Delta P} \cdot \frac{P}{Q} = \frac{dQ}{dP} \cdot \frac{P}{Q} \tag{2-18}$$

与需求曲线的点弹性一样，供给曲线的点弹性也可以用几何方法求出。推导过程与需求曲线点弹性的推导完全相同。下面，我们来计算线性供给曲线上任意一点的点弹性。如图2.20所示，S 为线性供给曲线，A 为供给曲线上的点。此时的价格是 AB，供给量是 OB，C 点是供给曲线的延长线与横轴的交点。根据点弹性计算公式，A 点的点弹性可以表示为

$$E_S = \frac{dQ}{dP} \cdot \frac{P}{Q} = \frac{CB}{AB} \cdot \frac{AB}{OB} = \frac{CB}{OB}$$

从图2.20可以看到，如果 C 点落在坐标原点的左侧，$E_S>1$；如果 C 点与坐标原点重合，$E_S=1$；如果 C 点落在坐标原点的右侧，$E_S<1$。

如果要计算非线性供给曲线上某一点的弹性，通过该点做一条供给曲线的切线，问题就转化成线性供给曲线点弹性的计算了，如图2.21所示。

3. 影响供给弹性的主要因素

第一，生产要素的专用程度。生产要素的专用程度越高，厂商越难找到替代品，生产能力的扩大越受到限制，供给弹性越小。

第二，时间因素。厂商在长期中能对价格上升作出反应，而在短期却不容易做到，因此一般情况下长期供给曲线的弹性大于短期供给曲线的弹性。

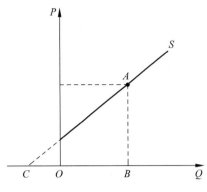
图 2.20 线性供给曲线的点弹性

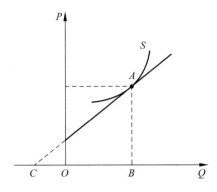
图 2.21 非线性供给曲线的点弹性

第三,产品生产周期的长短。生产周期越长的产品,在一个生产周期之内产量很难提高或减少,因此供给价格弹性小。农产品、畜产品就是典型的例子。

三、弹性理论的应用

在现实经济生活中,弹性理论是十分有用的。它可以帮助我们分析这样一些问题,例如,为了"挣更多的钱",是否应该提高产品价格呢?为什么各个国家的政府都给予农民补贴?政府对各种各样的商品征税,谁最终支付了税款?这里面涉及两个理论问题,一个是需求价格弹性和总收益之间的关系,另一个是税收分担。

(一)需求价格弹性与总收益之间的关系

总收益(total revenue)等于商品的价格乘以销售量(需求量)。当一种商品的价格发生变化时,需求量(销售量)相应地发生变化,进而引起总收益变化。总收益究竟是增加、减少还是不变,这和商品的需求价格弹性有关。图 2.22 直观地说明了需求价格弹性和总收益的关系。

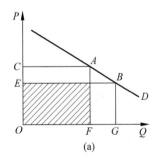
(a)

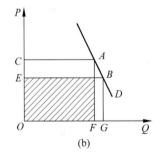
(b)

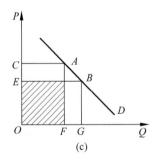
(c)

图 2.22 需求价格弹性和总收益的关系

当一种商品富有弹性($E_D>1$)的时候,价格变动 1%,会使需求量反方向变动的幅度大于 1%,因此,降价会使总收益增加,提价会使总收益减少,如图 2.22(a)所示。在(a)图中,需求曲线 D 较为平坦,需求弹性大于 1。当价格从 C 下降到 E 时,需求量有较大幅度的提高,从 F 增加到 G,供给者的收益(等于消费者的总支出)矩形 $COFA$ 的面积变成了矩形 EOGB 的面积,显然,前者的面积小于后者,总收益是上升的。

如果一种商品缺乏弹性($E_D<1$),那么价格变动 1%,会使需求量反方向变动的幅度小于 1%,因此,降价会使总收益减少,提价会使总收益增加。如图 2.22(b)所示。在(b)图中,需求曲线 D 较为陡峭,需求弹性小于 1。当价格从 C 下降到 E 时,需求量只有少量的提高,从 F 增加到 G,供给者的收益矩形 COFA 的面积变成了矩形 EOGB 的面积,显然,前者的面积大于后者,总收益是下降的。

【**专栏 2-6**】 你如何理解《多收了三五斗》——经济学对"谷贱伤农"的分析

《多收了三五斗》是中学教材里叶圣陶先生的短篇小说,从河埠头的万盛米行粜米到街上购物,不同的处所,不同的场景,讲述了旧中国农民丰收成灾的悲惨命运。小说通过对 20 世纪 30 年代旧中国江南一群农民忍痛亏本粜米,在丰年反而遭到比往年更悲惨的厄运的描写,形象地揭示了旧中国在三座大山的压迫下,农村急遽破产的现实,预示着农民必将走上反抗的道路。

《多收了三五斗》的社会背景和创作经过是,20 世纪 30 年代初,洋米洋面充斥着中国市场,米价大幅度下跌,使广大产米区失去了收入,农村在帝国主义经济侵略之下,已经濒于破产。当时上海人一般吃的是安南米、美国面粉和澳洲面粉。正如当时有的评论文章所指出的,连年灾荒,农村中十室九空,哀鸿遍野,同时,洋米输入使富人仍然可以口腹不饥。1932 年各地粮食丰收,可是粮价太贱,农民的贫困反而越加深重,没有饭吃,成为农村的普遍现象。甚至,有许多田地因为粮价太低而没有人去收获,恐怕收起了反而赔本。《多收了三五斗》反映的正是当时的社会现象。

其实对于小说中米价变化的描述,用经济学的观点来分析,倒是一种正常的经济现象。谷物属于缺乏弹性的商品,也就是说,米价高,我们每天吃的是那么多,米价低,我们每天吃的还是那么多,也就是需求的变化是不大的。而当丰收的时候,谷物的供给比需求高很多,自然米价会下降。这个理论就是"谷贱伤农"。

"谷贱伤农"是经济学的一个经典问题。农民粮食收割后到底能卖多少钱取决于两个因素:产量和粮价,是二者的乘积。但这两个变量并不是独立的,而是相互关联的,其关联性由一条向下倾斜的对粮食的需求线来决定。也就是说,价格越低,需求量越大;价格越高,需求量越小。另外还要注意的是,粮食需求线缺乏弹性,也就是说,需求量对价格的变化不是很敏感。当粮价下跌时,对粮食的需求量会增加,但增加得不是很多。其基本的道理在于,粮食是一种必需品,对粮食的需求最主要的是由对粮食的生理需求所决定的。此外,在今天对大部分人来说,在粮食方面的花费在他们的全部花费中所占比例已很小了,并且越来越小,这也导致人们对粮价的变化反应不敏感。

认识到粮食市场的这一特性后,就不难理解下面的现象:当粮食大幅增产后,农民为了卖掉手中的粮食,只能竞相降价。但是由于粮食需求缺少弹性,只有在农民大幅降低粮价后才能将手中的粮食卖出,这就意味着,在粮食丰收时往往粮价要大幅下跌。如果出现粮价下跌的百分比超过粮食增产的百分比,则就出现增产不增收甚至减收的状况,这就是"谷贱伤农"。正是基于弹性理论,不论是我国还是发达国家,现在都对农产品实行保护政策,否则丰收年的结果会是一样的。

当一种商品有单一弹性（$E_D=1$）的时候，价格变动1%，需求量反方向变动的幅度等于1%，因此，降价或提价不会使总收益改变，如图2.22(c)所示。在(c)图中，需求曲线 D 的弹性系数等于1。当价格从 C 下降到 E 时，需求量从 F 增加到 G，需求量增加的幅度和价格下降的幅度相同，供给者的收益矩形 $COFA$ 的面积变成了矩形 $EOGB$ 的面积，显然，二者的面积相等，总收益是不变的。

如果一种商品的需求价格弹性等于0，需求量不会因为价格的变化而变化，因此，降价会使总收益减少，提价会使总收益增加。

如果一种商品的需求弹性无穷大，那就意味着在既定的价格下，消费者有无限的需求，从而使供给者的总收益可以无限地增加，因此，供给者不会降价；另外，一旦价格有微小的上涨，需求量就会减少到0，因此，供给者也不会提价。

表2.9总结了这个问题。

表2.9　需求价格弹性和总收益的关系

弹性值	价格与需求量的变动关系	总收益的变化
$E_D>1$	需求量变动的比率大于价格变动的比率	价格下降，收益增加
$E_D=1$	需求量变动的比率等于价格变动的比率	价格下降，收益不变
$E_D<1$	需求量变动的比率小于价格变动的比率	价格下降，收益减少
$E_D=0$	价格变动，需求量不变	价格下降，收益减少

【专栏2-7】 农产品供需的经济学分析

农业曾经是我们最大的产业，随着经济的发展，它在国民经济中所占的比重正在逐渐下降。这一方面是由于技术进步提高了劳动生产率，大幅度地降低了对农业劳动力的需求；另一方面我们已经很清楚，就是随着收入的增长，食物需求的增长相对缓慢，导致农业收入趋于下降。为了寻求更好的生活，农业人口大量涌入城市，农业的衰落就成为必然。下面，我们用一个简图来进一步说明。

在图2.23中，D，S 分别为需求曲线和供给曲线，E 点是代表较高价格的初始均衡点，此时的均衡价格是 P_1。随着大型农业机械、优良品种和栽培技术的使用，农业的劳动生产率大大提高了，从而使农产品的供给大量增加，供给曲线由 S 向右侧移动到 S_0。随着人口的增加，人们对食品的需求也在增加，但是由于食品是生活必需品，需求的增长同供给的增长相比要少得多，因此需求曲线的移动是十分有限的，仅仅移动到 D_0，由于供给远大于需求，所以农产品的价格下降了，新的均衡点是 E_0，均衡价格是 P_0。由于农产品的需求价格弹性小于1，随着价格不断下降，农业收入必然趋于下降。

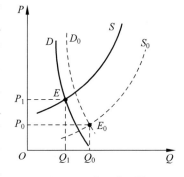

图2.23　农业的困境

为了保护农业和农民，各个国家普遍对农产品市场进行干预。主要的手段是支持价格政策、生产补贴、农产品关税和进口配额等。这些措施受到了农民的欢迎，但是对消费者来说，他们在较少的购买选择和较高的价格中遭受了损失（日本和韩国尤为典型）。可以说有效地维持农产品价格就等于把财富从消费者和纳税人手中转移到农业生产者手中。

（二）税收分担

一提到纳税,很多人想到的是个人所得税,或者认为,交税是企业的事情。但是,当我们购买一本书或一瓶牛奶的时候,我们真的没有交税吗?

政府对商品的销售环节是要征税的。为了征收和管理的方便,销售税几乎总是向供给方征收,但是,这并不意味着税收完全由供给者承担。现在,我们用供给曲线和需求曲线来分析一下买卖双方对税收的分担。

【专栏2-8】 今天你交税了吗?

图2.24是汽油的需求曲线D和供给曲线S,我们看到,市场均衡价格是每升2元。现在假设政府对汽油零售环节征税,卖油者每出售一升汽油要交1元钱税。由于是对卖方征税,消费者的需求曲线不会改变。但是,税收对供给曲线会产生影响。我们知道,供给曲线的实质是供给者针对每一个供给量愿意接受的价格。既然现在销售汽油的成本和以前相比每升提高了1元钱,那么,供给者只有在每一个价格上提价1元钱,他们才愿意出售原来的数量,结果就是,整条供给曲线竖直上移1元钱的高度。新的供给曲线S_0和需求曲线D在E_0点相交。

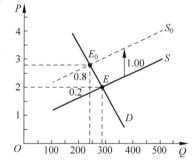

图2.24 税收在买卖双方的分担

我们从图中看到,原来汽油的价格是2元,征税后的价格是2.8元,消费者为每升汽油多支付0.8元;卖方现在每卖一升汽油收入2.8元,和征税前相比,他们每升汽油只多卖0.8元,而不是1元,因此他们承担了0.2元的税。最后的结果是,表面上看向供给方征收的1元钱税,其实80%由需求方承担了,供给方只承担了其余的20%。(有兴趣的同学可以考虑一下向需求方征税的结果是否会有不同?)

为什么消费者负担的税收比供给者多呢?从图2.24中我们可以看到,需求曲线要比供给曲线陡峭得多。那么税收分担和弹性有关吗?的确如此。哪一方对价格变化反应迟钝(即弹性小),他们承担的税负比例就高。如果需求完全无弹性,税收将完全由消费者承担。我们的结论是,你的每一次消费都承担了一部分销售税,承担的份额取决于你的需求价格弹性和卖方的供给弹性,弹性小的一方承担的多。

第五节 动态的价格分析模型:蛛网定理

一、蛛网定理的假定条件

在前面的内容里,我们介绍了给定需求曲线和供给曲线时,商品的均衡价格和均衡数量如何决定的问题,这是一种静态的分析方法。然后我们又说明了需求曲线和供给曲线发生变化时,相应的均衡值的变动,这是比较静态分析。在比较静态分析中,考察原有的条件发生变化时,新的均衡是什么,但不涉及从原来的均衡点到达新的均衡点的发展变化过程。

同静态分析不同,动态分析是在引进时间变化序列的基础上,研究不同时点上变量的相互作用,考察在时间变化过程中经济现象的发展变动过程。20世纪30年代,西方的经济学家运用动态分析方法研究某些农产品的价格和产量在失去均衡时的波动。通过引入时间因素,分析了在农产品的供给和需求不能随时按价格变动来调整的情况下,市场能否恢复均衡,以及均衡的条件和供求波动规律。由于从图形来看,价格和产量变动曲线轨迹形如蛛网,所以称为"蛛网定理"(cobweb theorem)。

蛛网定理的基本假设如下:

(1) 供给量由前一期的价格决定,供给函数记为 $S_t = f(P_{t-1})$。
(2) 需求量由当期的价格决定,需求函数记为 $D_t = f(P_t)$。
(3) 供给量和需求量相等,即 $D_t = S_t$。

二、蛛网模型的三种类型

(一) 收敛型蛛网

我们已经知道,供求之间的相互作用,使市场趋向均衡,均衡的条件是供求相等。如图 2.25 所示,$S_t = f(P_{t-1})$ 为市场供给曲线,$D_t = f(P_t)$ 为市场需求曲线,P^*、Q^* 分别为均衡价格和均衡数量。如果是静态分析,这个均衡价格和均衡数量将不再继续变化。现在引入时间变量 t。

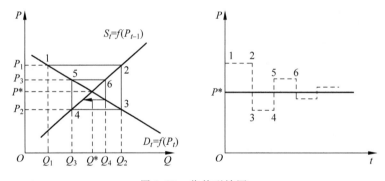

图 2.25 收敛型蛛网

首先,假设初始年份即第一年市场的供给量为 Q_1,根据上述第(2)条假定,第一年的成交价格应是图示的 P_1,因为从需求曲线可以看到,与销售价格相应的需求量是 Q_1,即恰好等于同期内的市场供应量。

其次,根据上述关于供给函数的假定,第一年的成交价格决定着第二年的供应量,从供给曲线可以看到,销售价格为 P_1 时生产者愿意供应的数量是 Q_2,此时市场上供给大于需求,Q_2Q_1 为超额供给。

再次,根据上述关于需求函数的假定,要使供应量 Q_2 全部卖出去,其销售价格应为 P_2,因为从需求曲线可见,当销售价格为 P_2 时,需求者愿意买进的数量是 Q_2。

最后,当第二年的成交价格为 P_2 时,第三年的供应量将从上一年的 Q_2 缩减为 Q_3,因为从供给曲线可见售价为 P_2 时,生产者愿意供应的数量是 Q_3,此时市场上需求大于供给,Q_2Q_3 为超额需求。

当第三年的供应量为 Q_3 时,根据上述关于需求函数的假定,这一年的成交价格应是 P_3,因为从需求曲线可见,售价为 Q_3 时需求者愿意买进的数量是 Q_3,使当年的生产量恰好可以全部卖出去。

当第三年的成交价格为 P_3 时,第四年的供应量将从上一年的 Q_3 增加到为 Q_4,因为从供给曲线可见售价为 P_3 时,生产者愿意供应的数量是 Q_4,此时市场上供给大于需求,Q_4Q_3 为超额供给。和第二年相比,超额供给缩小了。

上述推理继续下去,我们发现,在继起的时间序列中,成交价格有时高于均衡价格,由此引起下一年的供给量大于按均衡价格出售时的市场需求量,这种超额供给导致当年成交价格低于均衡价格,由此引起下一年的供应大幅减少,出现需求大于供给的情况,以致成交价格反转来又超过均衡价格。

由图 2.25 可见,逐年成交价格和交易量将环绕价格和产销量的均衡值上下波动,沿着图示的途径变动下去,变动轨迹像一个蜘蛛网,"蛛网理论"一词即由此得名。

我们看到,逐年的成交价格是环绕其均衡价格上下波动的,产销数量相应地交替出现偏离其均衡值的超额供给或超额需求,但价格与产销量偏离其均衡值的幅度是逐渐减缩小的,并最终将趋向于均衡量值。这样的蛛网被称为"收敛型蛛网"。

从图 2.25 看,形成"收敛型蛛网"的原因是,供给曲线陡峭而需求曲线平坦,或者说,与任一成交价格相应的供给的价格弹性小于需求的价格弹性。在这种情况下,价格变动引起的需求量的变动大于供给量的变动,因而任何超额需求或超额供给只需较小的价格变动即可得以消除;同时,因供给弹性较小,价格变动引起的下一年供给量的变动较小,从而对当年价格会发生的变动的作用较小。这一切意味着超额需求或超额供给偏离其均衡值的幅度,以及每年成交价格偏离均衡价格的幅度,在时间序列中将是逐渐缩减的,并终将趋向其均衡值。当到达均衡点以后,假如没有新的干扰因素,即需求状况和供给状况固定不变,每年成交价格 P^* 和产销量 Q^* 不再发生变化。这种情况表示,价格和产销量变动的时间序列是向均衡点收敛的,称为动态的稳定均衡,意指当均衡状态由于任何原因被破坏以后,市场机制中存在着某些力量会促使失衡的非均衡状态终究要回复到原来的均衡状态。

(二) 发散型蛛网

与"收敛型蛛网"恰好相反,图 2.26 中的供给曲线平缓,需求曲线陡峭。

首先,假设初始年份即第一年市场的实际供给量为 Q_1,根据上述第(2)条假定,第一年的成交价格应是图示的 P_1,因为从需求曲线可以看到,与销售价格相应的需求量是 Q_1,即恰好等于同期内的市场供应量。

其次,根据上述关于供给函数的假定,第一年的成交价格决定着第二年的供应量,当销售价格为 P_1 时生产者愿意供应的数量是 Q_2。从供给曲线可以看到,由于供给弹性较大,价格上升使供给量大幅度增加,市场出现供给过剩 Q_2Q_1。

再次,根据上述关于需求函数的假定,由于需求价格弹性较小,要使供应量 Q_2 全部卖

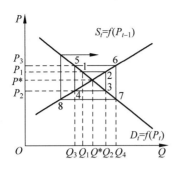
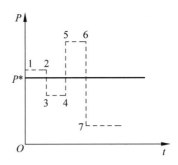

图 2.26　发散型蛛网

出去，其销售价格必须大幅度下降，因为从需求曲线可见，价格由 P_1 降为 P_2 时，需求者愿意买进的数量仅仅有小幅度增加，增加量是 Q_1Q_2。

最后，当第二年的成交价格为 P_2 时，由于供给弹性较大，第三年的供应量将从上一年的 Q_2 大幅度缩减为 Q_3。此时，市场出现供应短缺 Q_2Q_3，很明显，Q_2Q_3 大于 Q_2Q_1，说明市场越来越偏离其均衡值。

当第三年的供应量为 Q_3 时，根据上述关于需求函数的假定，这一年的成交价格应是 P_3，因为从需求曲线可见，售价为 Q_3 时需求者愿意买进的数量是 Q_3，使当年的供给量恰好可以全部卖出去。

当第三年的成交价格为 P_3 时，因为供给弹性很大，从供给曲线可见售价为 P_3 时，生产者愿意供应的数量是 Q_4，因此，第四年的供应量将从上一年的 Q_3 大幅度提高到 Q_4，此时市场上供给大于需求，Q_3Q_4 为供给过剩。和第二年 Q_2Q_1 相比，供给过剩更严重了。

据上论述可见，在供给曲线平坦而需求曲线陡峭时，或者说，供给价格弹性大于需求价格弹性的情况下，价格变动引起的供给量的变动大于需求量的变动，当出现超额供给时，为使市场上购买者出清已有的供应量，要求售价大幅度下降，因供给弹性较大，这将导致下一年的供给大量减缩，以致该年出现大量的供应短缺。短缺导致该年成交价格大幅度上升，由此导致下一年的供应量大幅度增加和进一步的供给过剩和价格大幅度下降。图 2.26 表明，一旦出现失衡状态，以后各年的供应不足或供应过剩的波动幅度，以及成交价格上下起伏的幅度，都越来越偏离其均衡值，形成"发散的蛛网"。由于价格和产销量的变动的时间序列是发散型的，称为动态的不稳定均衡，意指当任何因素破坏了均衡状态以后，竞争的价格机制不是促使非均衡状态回复到原来的均衡状态，而是越来越偏离均衡。

（三）封闭型蛛网

如图 2.27 所示，首先，假设初始年份即第一年市场的实际供给量为 Q_1，根据上述第 (2) 条假定，第一年的成交价格应是图示的 P_1，因为从需求曲线可以看到，与销售价格相应的需求量是 Q_1，即恰好等于同期内的市场供应量。

其次，根据上述关于供给函数的假定，第一年的成交价格决定着第二年的供应量，当销售价格为 P_1 时生产者愿意供应的数量是 Q_2。此时，市场出现供给过剩 Q_2Q_1。

再次，根据上述关于需求函数的假定，要使供应量 Q_2 全部卖出去，需求量应该增加到

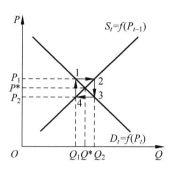
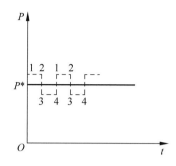

图 2.27　封闭型蛛网

Q_2。因为需求弹性和供给弹性相等,所以价格下降到 P_2,且下降幅度应该等于上一期价格上升的幅度,即 $P^*P_2=P^*P_1$。价格由 P_1 降为 P_2 时,需求者愿意买进的数量增加,增加量是 Q_1Q_2。

最后,当第二年的成交价格为 P_2 时,由于供给弹性等于需求弹性,第三年的供应量将从上一年的 Q_2 缩减回 Q_1。此时,市场又出现供应短缺 Q_2Q_1。

当第三年的供应量为 Q_3 时,根据上述关于需求函数的假定,这一年的成交价格应是 P_1,因为从需求曲线可见,售价为 Q_3 时需求者愿意买进的数量是 Q_3,使当年的供给量恰好可以全部卖出去。

当价格再次上涨到 P_1 时,供给量又一次增加到 Q_2,市场出现供给过剩 Q_2Q_1,恢复到第二年的状态。

可见,如果供给曲线的斜率的绝对值与需求曲线的斜率的绝对值恰好相等,即供给的价格弹性与需求的价格弹性正好相同时,当初始状态偏离均衡状态,则以后各年的价格与产销量的变动序列,将表现为环绕其均衡值,永无休止、循环往复地上下波动,波动的幅度既不扩大也不缩小,形成"封闭的蛛网"。至于波动幅度背离均衡值的程度,取决于均衡被破坏的初始状态与均衡值背离的程度。

本 章 小 结

在这一章中,我们介绍了微观经济学最基本的理论——供求理论。供求理论也叫价格理论,它揭示了微观经济的运行机制,是微观经济学的理论基础。

任何商品的市场价格都是由需求和供给共同决定的。需求是指消费者在某一时期内,在任意价格水平愿意并且能够购买的商品数量。供给是指生产者在某一时期内,在任意价格水平愿意并且能够提供的商品数量。

一种商品的需求是由很多因素共同决定的。主要有商品自身的价格、收入、偏好、相关商品的价格、心理预期等因素。同需求类似,供给也会受到多种因素影响,比如,商品自身的价格、生产成本、相关商品的价格、心理预期等因素。

为了实现某种目标,政府有时会对市场进行干预,实行价格管制。保护消费者的政策是最高限价,保护生产者的政策是最低限价。最高限价低于均衡价格,它会导致短缺;最低限价高于均衡价格,它会导致过剩。由于价格管制会破坏市场机制,因而遭到大多数经

人物介绍：吉芬、马歇尔

济学家的反对。

案例分析

奢侈品的消费与经济增长

仅仅在数年之前，全世界奢侈品牌关注的还不是中国大陆，而是亚洲的几条"小龙"，再往前追溯，日本人在欧美一度就是有钱人的代名词。

学者对此作出了解释：一个国家奢侈品的消费增长大概应该是其GDP增长的两倍左右。因此，当亚洲人面对自己突然增加的财富时，他们毫不犹豫地选择"富贵的标志"——奢侈品来表明自己新的经济和社会地位，这是一种非常自然的心理需求。

对于在上海一家广告公司工作的高小姐来说，她的奢侈品是一个标价5 700元的Ferragamo白色挎包，在买这个包之前，她犹豫了很长时间。"毕竟我去年才从学校毕业，现在一个月收入也不过4 000元左右，为了买这个包，我两个月没有买一件衣服，天天在公司吃盒饭。但是我们这种公司大家都很注意品牌，特别是一些香港过来的女同事，眼睛好厉害，见面第一眼就看你穿什么鞋、背什么包。相比套装来说，一个包可以天天带、背好多年都不会过时，而且挎上后确实整个人的气质就不一样了，特显档次，我觉得这是最划算的消费了。"

高小姐这样停留在买品牌包阶段的女孩被称为"包法利夫人"：因为收入不够，她们只能通过购买名牌相对便宜的配件来暗示自己也是富裕阶层的一员。这样的消费者在价位相对较低的奢侈品消费中占有很大比例。

学者指出，中国的奢侈品消费和国外相比有两个不同点：第一，在中国购买奢侈品的大部分是40岁以下的年轻人，而在发达国家，这个市场的主导者是40～70岁的中年人和老年人；另外，对于中国人来说，奢侈品大部分还集中在服饰、香水、手表等个人用品上，而在欧美国家，房屋、汽车、全家旅游才是大家向往的奢侈品。这一方面说明了中国仍然不够富裕，另一方面也反映了中西不同的生活方式：高密度人群助长了消费中的攀比之风。

调查显示：与很多人想象的不同，中国奢侈品消费的主力军实际上是中产阶级。巴黎百富勤公司给他们的定义是：家庭资产30万元以上、年收入10万元以上。当然，如果要经常性地消费奢侈品，标准可能应该再高一点。一般认为，月收入2万～5万元的这部分人应该是比较典型的奢侈品消费者。

请思考：①就你目前的状况，对你自己来说，什么样的东西会是奢侈品？你用的是什么标准来定义奢侈品的？②你能否总结一下目前我国影响奢侈品消费的因素有哪些？其表现如何？③用你学习过的理论来分析奢侈品消费问题？④在我国目前情况下，奢侈品消费对经济发展有何积极意义和消极意义？

课后练习题

一、名词解释

1. 需求：指消费者在一定时期内，在任意价格水平上愿意并且能够购买的商品数量。

2. 需求价格弹性：在其他条件不变的情况下，某商品的需求量对其自身价格变动的反应程度,等于需求量变动的百分比除以价格变动的百分比。

3. 供给弹性:表示的是一种商品的供给量对于价格变动的反应程度,等于供给量变动的百分比除以价格变动的百分比。

4. 恩格尔系数:德国统计学家恩格尔于19世纪中期发现,随着家庭收入的增加,该家庭用于食品方面的支出占总收入的比例将逐渐减小。这一现象后来被称为恩格尔定律,反映这一定律的系数被称为恩格尔系数。

5. 均衡价格:在各种不同的价格当中,总会出现一个价格,使市场的需求量恰好等于市场的供给量,使市场实现均衡,此时的价格称为均衡价格。

6. 需求定理:商品需求量与其价格之间的这种反方向变动的关系,被称为需求定理或需求法则。

7. 最高限价:是政府为了保证缺乏购买力的那部分消费者也能得到他们的最低需要量,制定出某种商品价格上限,也叫限制价格。

二、单项选择题

1. 在得出某种商品的个人需求曲线时,下列因素除(　　)外均保持为常数。
　　A. 个人收入　　　　　　　　　B. 其余商品的价格
　　C. 个人偏好　　　　　　　　　D. 所考虑商品的价格

2. 一般情况下,消费者预期某物品未来价格要上升,则对该物品当前需求会(　　)。
　　A. 减少　　　　　　　　　　　B. 增加
　　C. 不变　　　　　　　　　　　D. 上述三种情况都有可能

3. 在得出某种商品的供给曲线时,下列因素除(　　)外均保持为常量。
　　A. 技术水平　　　　　　　　　B. 投入价格
　　C. 自然特点(如气候状况)　　　D. 所考虑商品的价格

4. 供给规律可以反映在(　　)。
　　A. 消费者不再喜欢消费某商品,使该商品的价格下降
　　B. 政策鼓励某商品的生产,因而该商品的供给量增加
　　C. 生产技术提高会使商品的供给量增加
　　D. 某商品价格上升将导致对该商品的供给量增加

5. 如果商品A和商品B是替代的,则A的价格下降将造成(　　)。
　　A. B的需求量向上移动　　　　B. B的需求量向下移动
　　C. B的需求曲线向右移动　　　D. B的需求曲线向左移动

6. 保持所有其他因素不变,某种商品的价格下降,将导致(　　)。
　　A. 需求曲线上移　　B. 需求曲线下移　　C. 需求量增加　　D. 需求量减少

7. 所有下列因素除(　　)外都会使需求曲线移动。
　　A. 消费者收入变化　　　　　　B. 商品价格变化
　　C. 其他有关商品价格下降　　　D. 消费者偏好变化

8. 建筑工人工资提高将(　　)。
　　A. 使新房子的供给曲线右移并使价格上升
　　B. 使新房子的供给曲线左移并使价格上升

C. 使新房子的供给曲线右移并使价格下降

D. 使新房子的供给曲线左移并使价格下降

9. 下面所述不正确的是（　　）。

   A. 如果需求增加供给不变，价格将上升

   B. 如果需求减少供给不变，价格将上升

   C. 如果需求不变供给减少，价格将上升

   D. 如果需求增加供给减少，价格将上升

10. 下面所述不正确的是（　　）。

   A. 如果供给减少需求减少，均衡数量将减少

   B. 如果供给减少需求增加，均衡数量将不确定

   C. 如果供给增加需求减少，均衡数量将不确定

   D. 如果供给增加需求增加，均衡数量将不确定

11. 钻石项链的需求价格弹性（　　）大米的需求价格弹性。

   A. 大于　　　B. 小于　　　C. 等于　　　D. 小于或等于

12. 当两种商品中一种商品的价格上升时，这两种商品的需求量同时减少，则这两种商品的需求交叉弹性系数为（　　）。

   A. 正　　　B. 负　　　C. 0　　　D. 1

13. 若 X 和 Y 的需求交叉弹性大于零，则（　　）。

   A. X 和 Y 是互补品　　　B. X 和 Y 是替代品

   C. X 和 Y 是必需品　　　D. X 和 Y 的需求曲线都具有正斜率

14. 在得出某棉花种植农户的供给曲线时，下列因素除（　　）外均保持常数。

   A. 土壤的肥沃程度　　　B. 技术水平

   C. 棉花的种植面积　　　D. 棉花的价格

15. 某月内，X 商品替代品的价格上升和互补品的价格上升，分别引起 X 商品的需求变动量为 50 单位和 80 单位，则在它们共同作用下该月 X 商品需求数量（　　）。

   A. 增加 30 单位　　B. 减少 30 单位　　C. 增加 130 单位　　D. 减少 130 单位

16. 假设某商品的需求曲线为 $Q=13-2P$，均衡价格为 4，那么当需求曲线变为 $Q=15-2P$ 后，均衡价格将（　　）。

   A. 大于 4　　　B. 小于 4　　　C. 等于 4　　　D. 小于或等于 4

17. 在某一时期内彩色电视机的需求曲线向左平移的原因可以是（　　）。

   A. 彩色电视机的价格上升

   B. 消费者对彩色电视机的预期价格上升

   C. 消费者对彩色电视机的预期价格下降

   D. 消费者的收入水平提高

18. 如果某种商品供给曲线的斜率为正，在保持其余因素不变的条件下，该商品价格的上升，将导致（　　）。

   A. 供给增加　　　B. 供给量增加

   C. 供给减少　　　D. 供给量减少

19. 当消费者的收入增加80%,某商品的需求量增加20%时,则该商品极有可能是( )。
   A. 必需品   B. 奢侈品   C. 低档商品   D. 吉芬商品
20. 假定玉米市场的需求是缺乏弹性的,恶劣的气候条件使玉米产量下降,在这种情况下,( )。
   A. 玉米生产者的收入减少
   B. 玉米生产者的收入不变
   C. 玉米生产者的收入增加
   D. 以上说法都不正确
21. 当某种商品的需求和供给出现同时减少的情况时,那么( )。
   A. 均衡价格下降,均衡产销量减少
   B. 均衡价格下降,均衡产销量无法确定
   C. 均衡价格无法确定,均衡产销量减少
   D. 均衡价格上升,均衡产销量减少
22. 下列( )体现了需求规律。
   A. 药品的价格上涨,使药品质量得到了提高
   B. 汽油的价格提高,小汽车的销售量减少
   C. 丝绸价格提高,游览公园的人数增加
   D. 照相机价格下降,导致销售量增加
23. 生产者预期某物品未来价格要下降,则对该物品当前的供给会( )。
   A. 不变   B. 减少
   C. 增加   D. 上述三种情况都有可能

三、多选题
1. 对低收入群体来说,若某商品的需求弹性大于1,则该商品为( )。
   A. 必需品   B. 奢侈品   C. 劣等品   D. 钻戒
   E. 大米   F. iPhone5
2. 在自由放任的市场经济中( )。
   A. 其市场经济制度是分散决策的
   B. 每个人被赋予了追求个人利益的动机
   C. 所有的单个决策单位自行选择最优方案
   D. 经济制度以私人产权为基础
3. 已知一条线性需求曲线(参见下图),a点为需求曲线线段的中点,则( )。

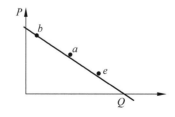

A. b 点的需求价格弹性大于 e 点的需求价格弹性
B. b 点的需求价格弹性等于 e 点的需求价格弹性
C. b 点的需求价格弹性大于 1
D. b 点的需求价格弹性小于 1

四、判断题

1. 如果价格可以自由浮动,则短缺不会长期存在。(　　)
2. 其他不变,收入改变,需求曲线移动。(　　)
3. 猪排与牛排是替代品。如果猪排降价,对牛排的需求就会增加。(　　)
4. 照相机与胶卷是互补品。如果照相机降价,胶卷的需求就会增加。(　　)
5. 牛肉可以做成牛排,牛皮可以制成牛皮鞋,所以牛排与牛皮鞋是替代品。(　　)
6. 如果我们观察到面粉价格上升了,那么就可以预期到面包的供给曲线将左移。(　　)

五、简答题

1. 简答政府进行价格管制的基本方式及经济后果。
2. 用图形说明需求变动对均衡价格有什么影响。
3. 根据需求弹性理论,结合图形分析"薄利多销"。
4. 下述各种情况的出现,将对商品 A 的供给有何影响?①在商品 A 的行业内,企业数目减少了;②生产商品 A 的技术有重大革新;③预计产品 A 的价格会下降;④生产商品 A 的人工和原材料价格上涨了。

六、计算题

某商品的需求函数和供给函数分别为:$Q_d = 14 - 3P, Q_s = 2 + 6P$。

(1) 求该商品的均衡价格和均衡产量。
(2) 求该商品供求均衡时的需求价格弹性和供给弹性。

第三章

效用论与消费者行为分析

本章导读

通过上一章的学习,我们了解了需求定理,即商品的需求量同它的价格呈反方向变动。本章的任务是在上一章的基础上,采用边际分析法和无差异曲线分析法,对消费者的行为做进一步的分析,同时揭示需求与价格反向变动的真正原因。边际分析法和无差异曲线分析法在对厂商和其他对象进行分析时,也会被类似地运用。

第一节 效用论概述

一、欲望和效用

人的欲望是无限的,各种各样的需要也就由此而生。美国著名心理学家马斯洛把人的需要分为五个层次:基本生理需要,安全的需要,归属和爱的需要,尊重的需要,自我实现的需要。这五个层次的需要是由低到高逐渐发展的。但是,低层次的需要并不一定因为有了高层次的需要以后就消失了。一般而言,人的需要可能同时存在几个层次,但其中必有一个占主要地位,称为优势需要,它是人的行为的主要动力来源。

就消费者而言,总是希望购买到能使自己的欲望得到最大满足的产品。但是,哪怕消费者的收入再高,和无限的欲望相比,它也是一个有限的量。因此,消费者在购买产品时只能是"量入为出"。作为一个理性人,消费者必须对自己的收入进行合理的分配,购买能够带来最大满足的产品。哪些产品会使消费者最具满足感呢?这需要消费者对产品满足其欲望的能力进行评价。

不同的消费者对同一产品的评价是不一样的。例如,有人认为吃榴梿极大的享受,但也有人讨厌榴梿的味道。同一个消费者在不同的场合对同一产品的评价也可能不同。一件羽绒服,消费者在冬天穿上它会觉得很温暖,很舒服,但在炎热的夏季穿上它就感到痛苦了。

消费者从产品中得到的满足程度,叫作效用。满足程度越高,效用越大;满足程度越低,效用越小;如果消费活动使消费者感到痛苦,消费者得到的就是负效用。

消费者行为分析就是研究消费者如何用有限的收入去购买最合理的商品组合,以实现效用最大化或者说达到消费者均衡。

既然消费的目的是效用最大化,对效用的大小进行衡量就是必不可少的。在这一问题上,经济学家们先后提出了两种观点——基数效用论和序数效用论。

二、基数效用论与序数效用论的提出

(一) 基数效用论

西方经济学效用理论的思想渊源也许可以追溯到以边沁和密尔为代表的英国功利主义哲学,但其直接奠基却是产生于19世纪50—70年代的"边际革命"。在此期间,德国的戈森、英国的杰文斯、奥地利的门格尔以及法国的瓦尔拉斯等差不多同时但又都各自独立地发现了"边际效用递减规律"。边际效用学说建立在效用可以直接计量的假设之上,因此也被称为"基数效用论"(cardinal utility)。

基数效用论是19世纪和20世纪初期西方经济学普遍使用的概念。基数效用论者相信效用是一种心理上的实际存在,可以直接地以基数加以衡量并可以加总求和。就像我们可以描述某一物品的长度是几米、某物的重量是几克一样,各种产品的效用也可以用某种计量单位来说出。例如,对于你来说,喝一瓶可乐的效用是5个效用单位,看一场音乐剧的效用是10个效用单位,那么你喝一瓶可乐并看一场音乐剧的总效用就是15个效用单位,或者也可以认为,一场音乐剧的效用是一瓶可乐的两倍。

(二) 序数效用论

到了20世纪30年代,经济学家们开始拒绝基数效用论,认为基数效用论的评价方法缺乏客观性和说服力,应以序数效用论取而代之。序数效用论(ordinal utility)的基本观点是:效用是一个序数变量,也就是说可以通过排列顺序进行大小比较,但是不能衡量各种情况之间的数量差别。序数效用论通常用"情况A比情况B更受偏爱"这样的陈述来比较不同消费行为的效用高低,而不需要我们知道A比B受偏爱多少。就好像在选美比赛中,我们很难计量某位美女的美是多少个单位,但我们可以用排列次序的方法评选出冠、亚、季军。再比如,你得到2 000元奖学金,在买一部手机和进行一次旅行之间,你犹豫再三但是最终选择了后者,按照序数效用论的观点,就可以判断出对于你来说,一次旅行的效用大于一部手机的效用,但是二者之间究竟相差多少是无须考虑的。

效用是一种科学的构想,经济学家用它来解释有理性的消费者如何把有限的资源,分配在能给他们带来满足的各种商品上,尽管有时采用的方法有所不同。基数效用论用边际效用分析法来解决这个问题,序数效用论则用无差异曲线分析法。以下两节将分别介绍建立在两种不同效用评价方法上的消费者行为分析。方法虽然不同,但得出的结论是相同的。

第二节 基数效用论的消费者行为分析

一、总效用与边际效用递减规律

(一) 总效用与边际效用

总效用(total utility)是消费者消费一定量商品所获得的满足程度的总和。显然,总

效用和商品的消费量有关,它是被消费者消费掉的各个单位商品效用加总后的结果。总效用函数是

$$TU = f(Q) \tag{3-1}$$

式中,TU 为总效用,Q 为需求量。

边际效用(marginal utility)是每增加一单位某种商品消费使消费者得到的满足程度的增加量。

下面,我们举例说明总效用和边际效用及二者之间的关系。我们假设消费者从第一个商品的消费中得到的效用是 4 单位,从第二个商品中又得到 3 个单位的效用,那么,他从两个商品中获得的总效用为 7；第二个商品使总效用增加了 3 个单位,所以,第二个商品的边际效用是 3；如果消费了第三个商品以后,消费者的总效用变成 9 个单位,就说明第三个商品的边际效用是 2。具体数值见表 3.1。

表 3.1 效用表

商品的消费量 Q	总效用 TU	边际效用 MU
0	0	
1	4	4
2	7	3
3	9	2
4	10	1
5	10	0
6	9	−1

从表 3.1 中,我们可以看出总效用和边际效用之间的关系。

第一,总效用等于各单位产品的边际效用之和,即

$$TU_n = MU_1 + MU_2 + \cdots + MU_n = \sum_{i=1}^{n} MU_i \tag{3-2}$$

式中,TU_n 为消费 n 个商品的总效用,MU_n 为第 n 单位商品的边际效用,$\sum_{i=1}^{n} MU_i$ 为 n 个商品的边际效用之和。

例如,根据表 3.1,6 个商品的总效用是

$$TU_6 = MU_1 + MU_2 + \cdots + MU_6 = 4+3+2+1+0+(-1) = 9$$

第二,边际效用等于总效用的增加量。

$$MU_i = TU_i - TU_{i-1} \tag{3-3}$$

根据表 3.1,第三个商品的边际效用是

$$MU_3 = TU_3 - TU_2 = 9-7 = 2$$

第三,边际效用为正数时,总效用随着消费量的增加而递增；边际效用等于 0 时,总效用最大；边际效用为负数时,总效用递减。

根据表 3.1,前五个商品的边际效用都是正值,所以总效用随着消费量的增加而增加,并在消费者消费第五个商品时,达到最大值。由于第六个商品的边际效用是负值,所以总效用开始下降。

如果我们把表3.1转换成曲线图,就可以得到总效用曲线和边际效用曲线,如图3.1所示。

图3.1中,横坐标表示商品的需求量,纵坐标表示总效用和边际效用。从图中可以看出,当边际效用曲线位于横轴之上时,总效用递增;当边际效用曲线与横轴相交时,总效用最大;当边际效用曲线位于横轴之下时,总效用递减。

如果总效用曲线是连续的,则每一消费量上的边际效用值就是总效用曲线上相应点的斜率,或者说,边际效用函数是总效用函数的一阶导数。

$$MU = \lim_{\Delta Q \to 0} \frac{\Delta TU}{\Delta Q} = \frac{dTU(Q)}{dQ} \quad (3-4)$$

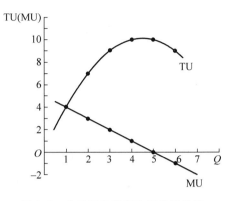

图3.1 总效用曲线和边际效用曲线

(二) 边际效用递减规律

边际效用递减规律(law of diminishing marginal utility),即随着某种产品消费数量的不断增加,消费者获得的边际效用是递减的。边际效用递减规律是经济学家在研究消费者行为时用来解释需求规律的一种理论观点,它认为消费者消费的某种产品的数量变化与消费者感受到的满足程度这两者之间具有某种稳定的(而不是偶然的)联系。当然,它的有效性是要以假定"人的消费决策符合理性"为前提的。

【专栏3-1】 边际效用递减规律

设想一下,假如你在徒步旅行,饥渴难耐的时候,刚好走进一个桃园。不难想象,吃到第一个桃子时你是多么满足。吃第二个桃子的时候,你的感觉也会很不错。如果你继续吃第三个,第四个,愉快的感觉会有所减弱。第五个桃子就让你感觉食之无味了。等你吃完第六个桃子,已经感觉难受了。这是日常生活中常有的现象。

美国前总统罗斯福连任三届后,曾有记者问他有何感想,总统一言不发,只是拿出一块面包让记者吃,这位记者不明白总统的用意,又不便问,只好吃了。接着总统拿出第二块,记者还是勉强吃了。紧接着总统拿出第三块,记者为了不撑破肚皮,赶紧婉言谢绝。这时罗斯福总统微微一笑:"现在你知道我连任三届总统的滋味了吧!"这个故事揭示了经济学中的一个重要的原理:边际效用递减规律。

我们就从罗斯福前总统让记者吃面包说起。假定,记者消费一个面包的总效用是10个效用单位,两个面包是总效用为18个效用单位,如果记者再吃3个面包总效用还为18个效用单位。这几个数字说明记者随着消费面包数量的增加,边际效用是递减的。为什么记者不再吃第三个面包是因为再吃不会增加效用。还比如,水是非常宝贵的,没有水,人们就会死亡,但是你连续喝超过了你能饮用的数量时,那么多余的水就没有什么用途了,再喝边际价值几乎为零,或是在零以下。现在我们的生活富裕了,我们都有体验"天天吃着山珍海味也吃不出当年饺子的香味"。这就是边际效用递减规律。设想如果不是递减而是递增会是什么结果？吸毒就接近效用递增，毒吸得越多越上瘾。吸毒的人觉得吸毒与其他消费相比，认为毒品给他的享受超过了其他的各种享受。所以吸毒的人会卖掉家产，抛妻弃子，宁可食不充饥，衣不遮体，毒却不可不吸。所以说，幸亏我们生活在效用递减的世界里，在消费达到一定数量后因效用递减就会停止下来。

二、消费者均衡

消费者购买各种商品，是为了实现效用的最大化，经济学家把消费者实现效用最大时既不会增加也不会减少任何商品购买量的相对静止状态称为消费者均衡。

实现消费者均衡的条件是什么呢？或者说消费者应该怎样把有限的收入分配于各种商品，才能获得最大效用？下面，我们用边际效用分析法，来分析消费者的选择过程。

假设消费者的收入是 I，消费者的收入全部用于购买商品 X 和商品 Y，商品 X、Y 的价格是 P_X、P_Y，且商品 X 和 Y 可以被无限细分。λ 表示货币的边际效用。由于货币不是普通商品，而是一般等价物，因此货币的边际效用的特点表现为：对收入水平不同的人来说，每单位货币的边际效用不同；对同一个人来说，每单位货币的边际效用相同，即货币的边际效用保持不变。

【专栏 3-2】 小测验

穷人与富人一起拾到 1 000 元。请你分析，如何分配才是最公平的？什么样的分配方案符合"货币的边际效用"这一经济学理论？

新加坡治理交通违章曾用过一个非常手段，即不对所有违章车辆的驾驶员采取统一额度的罚款数额，而是根据驾驶员上一年所缴纳的税额，按其 5% 的额度作为罚款的金额。请你用"货币的边际效用"理论分析其是否合理？

如果消费者花 1 元钱购买商品 X 得到的边际效用大于花 1 元钱购买商品 Y 所得到的边际效用，即 $MU_X/P_X > MU_Y/P_Y$，理性的消费者就会调整 X 和 Y 的购买量——减少对 Y 的购买，增加对 X 的购买，以使总效用增加；反之，如果消费者花 1 元钱购买商品 X 得到的边际效用小于花 1 元钱购买商品 Y 所得到的边际效用，即 $MU_X/P_X < MU_Y/P_Y$，理性的消费者也会调整 X 和 Y 的购买量——减少对 X 的购买，增加对 Y 的购买，直到 1 元钱购买到的商品 X 的边际效用与商品 Y 的边际效用相等时为止，总效用达到最大值，消费者均衡出现。

同理，$MU_X/P_X < \lambda$ 时，消费者把 1 元钱花在商品 X 上得到的边际效用小于货币的边际效用，说明商品 X 买得太多了，因此消费者减少商品 X 的购买，会使边际效用增加。$MU_X/P_X > \lambda$ 时，消费者把 1 元钱花在商品 X 上得到的边际效用大于货币的边际效用，继续购买商品 X 是有利的，因此消费者增加商品 X 的购买，会使边际效用减少。直到花 1 元钱在商品 X 上得到的边际效用与货币的边际效用相等时，即 $MU_X/P_X = \lambda$，总效用达到最大值。

如果消费者购买多种商品，消费者均衡的条件是：在收入和各种商品价格既定的条件下，消费者花费在任意商品上的每 1 元钱得到的边际效用都相等，并等于货币的边际效用。

消费者均衡的条件可以用下面的公式表示：

$$P_1X_1 + P_2X_2 + \cdots + P_iX_i + \cdots + P_nX_n = I$$

$$\frac{\mathrm{MU}_1}{P_1} = \frac{\mathrm{MU}_2}{P_2} = \cdots = \frac{\mathrm{MU}_i}{P_i} = \cdots = \frac{\mathrm{MU}_n}{P_n} = \lambda \tag{3-5}$$

式中，P_i 为各种商品的价格；X_i 为各种商品的需求量；MU_i 为各种商品的边际效用；I 为消费者的收入；λ 为货币的边际效用。

由式(3-5)可知，消费者均衡的条件也可以这样表述：消费者所购买的每种商品的边际效用之比，等于它们的价格之比，即

$$\frac{\mathrm{MU}_\mathrm{X}}{\mathrm{MU}_\mathrm{Y}} = \frac{P_\mathrm{X}}{P_\mathrm{Y}} \tag{3-6}$$

三、边际效用递减规律与需求定理

（一）对需求定理的重新认识

需求定理表明，商品的需求量与价格呈反方向变动，需求曲线是向右下方倾斜的。现在我们运用消费者行为分析，来探究需求曲线背后的原因。

考虑以下问题：你用5元钱可以买到一个菠萝，你会买多少呢？如果对你来说，一个菠萝的价值低于5元钱的价值，那你一个都不会买。如果第一个菠萝的价值对你来说，高于5元钱的价值，你就会买一个。如果第二个菠萝的价值还是高于5元钱，你就会买两个。随着菠萝数量的增加，对你而言，它的效用（或者说价值）在递减。但是，只要你认为它的价值还高于5元钱，你就会继续买下去，一直超过某一个量时，再继续购买一个菠萝的价值低于5元钱时，就应该减少购买了。因此，你的最佳购买量应该在你所购买的最后一个菠萝的价值刚好就是5元钱的时候。

我们把以上的分析用图3.2来表示。横坐标表示菠萝的数量，纵坐标表示菠萝的不同价格水平。假如，当菠萝的价格是5元时，你认为只有前7个菠萝的价值超过了这个价格，因此你会购买7个菠萝。同理，当价格是7.5元，你认为只有前6个菠萝的价值大于等于7.5元，所以你愿意购买6个。当价格是10元，你认为只有前5个菠萝的价值大于等于10元，所以你愿意购买5个。以此类推，对应每一个不同的价格，你都会给出不同的购买量，这就是你的菠萝需求曲线。

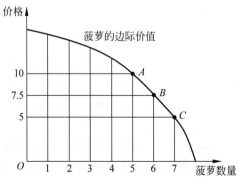

图3.2 边际效用曲线与需求曲线的关系

综上所述,得出的结论是:一位理性的消费者在购买商品时,其购买量应该满足边际价值(边际效用)等于商品价格这一要求。由于边际效用递减,高价格只能对应较少的购买量,而低价格则可以对应较多的购买量,由此决定了价格与需求量反向的变动关系。

在不同价格条件下决定的不同商品购买量组成了需求曲线。也可以说,需求曲线是商品的边际价值曲线,它衡量了消费者为实现效用最大化而愿意为最后一单位商品的价值支付的价格。

(二)消费者剩余

从以上的理论分析来看,由于边际效用是递减的,消费者愿意为他所购买的每一单位商品支付的价格是不同的,随着购买量的增加,商品边际效用下降,消费者愿意支付的价格也随之降低。但是在现实生活中,绝大多数时候我们为所购买的每一单位某种商品——从第一单位到最后一单位,支付的是相同的价格。进一步说,我们为每一单位商品支付的价格其实是我们所购买的最后一单位商品的价格。如图3.3所示,D是某商品的需求曲线,从理论上讲,根据边际效用递减规律,消费者对每一单位商品的评价都不相同,因此消费者愿意为每一单位商品支付的价格是不同的:消费者愿意为第一单位商品支付5元,愿意为第二单位商品支付4元,愿意为第三单位商品支付3元,愿意为第四单位商品支付2元,愿意为第五单位商品支付1元。不难算出,消费者愿意为这5个单位商品支付的货币总额是15元。但是实际的情况是,消费者用最后一单位商品的价格(1元),购买了从第一个到第五个商品。也就是说,消费者从前四个商品中,享受到了额外的好处。具体地说,消费者从第一单位商品到第四单位商品中得到的好处分别是4元、3元、2元、1元,总和是10元。这个额外的好处就是消费者剩余。

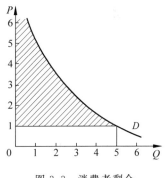

图3.3 消费者剩余

消费者剩余(consumer surplus)指消费者购买一定数量商品的意愿支付与实际支付之间的差额。

【专栏3-3】 美联航暴力拖拽乘客下机的经济分析

2017年4月9日,从芝加哥飞往路易斯维尔的美联航3411航班上,全体旅客在登机后被告知,由于机票超售,有4位旅客将不得不下飞机。虽然美联航为自愿下飞机的乘客提供800美元赔偿,但并无旅客自愿下飞机。美联航因此随机选取了4位乘客,强制其下飞机。但一位亚裔乘客拒绝执行,他自称是医生而第二天必须出诊。悲剧随后发生,警察采取暴力手段强行将乘客拖拽下飞机,并导致其受伤。

"超卖"并不是反思的重点。因为超卖既符合公共利益,也有利于消费者,存在公共政策和经济上的合理性。航空公司超卖只有一个原因:有乘客买了机票却未登机。其原因可能是主观的,如临时改变了出行计划;也可能是客观的,如遭遇交通堵塞。而且,不同人群误机的概率不同。例如,拥有连续航程的乘客误机概率更低。又如,全家旅行者的误机概率会低于商务旅行者。超卖的最大好处在于提高上座率,增加公共资源的利用效率。

同一架飞机,燃烧同样的燃油,产生同样的污染,利用同样的公共空域,如果超卖能达到运送更多乘客的效果,显然符合公共利益。对普通旅客来说,超卖也符合其个人利益。首先,超卖是因为有人误机,而乘客误机后机票并不作废,航空公司会为其改签;其次,超卖导致上座率更高,因此摊薄了飞行成本,导致航空客票价格下降。和20年前相比,如今的飞机越来越拥挤,但好处是飞行成本也大幅降低。

但有受益者就有受损者。所有消费者都希望自己是超卖的受益者(更便宜的票价),而非受损者(耽误出行)。因此,这要求航空公司对超卖有所补偿。美国法律规定,旅客因机票超卖而无法登机应获得赔偿:如航空公司提供备选航班,最高赔偿额为675美元;如未提供备选航班,最高赔偿额为1 350美元。由于赔偿上限过低,这一规定长期以来备受批评,也导致航空公司在决定谁能登机、谁不能登机时"看人下菜碟"。例如,航空公司显然不会阻止头等舱乘客登机,因为他们的机票价格很可能高于法定最高赔偿额。

在本案中,美联航号称随机选择了4位必须下飞机的乘客,但其实选择并非没有标准。根据美联航官网介绍,公司会优先保障残疾人和儿童权利,其他人则将根据舱位、行程、会员信息来决定优先顺序。换句话说,在本案中,无法断定航空公司的决定带有种族(亚裔)歧视动机,但可以确定的是,的确存在经济歧视:付钱更多、更忠实的乘客因超卖而无法登机的概率会更低。这一机制倾向于让穷人和不常坐飞机的人来承担超卖成本。

如果从经济学角度,请问你是否能够提供解决此类事件的方案?

资料来源:网易财经,http://money.163.com/,2017年4月25日.

第三节 序数效用论的消费者行为分析

一、无差异曲线

(一)关于偏好的假设

无差异曲线是序数效用论的分析工具,是对消费者偏好的图形描述。序数效用论者认为,消费者的偏好应该满足以下三个基本假设:

第一,偏好的完全性。偏好的完全性是假定对于任何两个商品组合 A 和 B,消费者总是可以作出以下判断中的一种:对 A 的感觉好于对 B 的感觉,可以用 $A>B$ 表示;对 A 的感觉和对 B 的感觉没有差别,可以用 $A=B$ 表示;对 A 的感觉不如对 B 的感觉好,可以用 $A<B$ 表示。

第二,偏好的可传递性。对于商品组合 A、B、C,如果消费者已经作出判断:A 好于 B,B 好于 C,则可以推断,对消费者来说,A 好于 C。

第三,偏好的非饱和性。在假设商品是"好东西"的前提下,如果两个商品组合的区别仅在于其中一种商品的数量不同,那么,消费者总是偏好该种商品数量较多的那个组合。

(二)无差异曲线的绘制

如果消费者对两种商品的不同数量组合表示出相同的偏好,那么,可以说这些组合给消费者带来的效用是无差异的,见表3.2,任意一个组合带给消费者的满足程度(即总效用)是无差异的。

表3.2 无差异的商品组合

商品组合	商品 X	商品 Y
A	2	15
B	4	10
C	6	6
D	8	3
E	10	1

图3.4描述了这些组合。我们用横轴表示商品 X 的数量,纵轴表示商品 Y 的数量,五种组合可以用图中的 A、B、C、D、E 五个点来表示。当然,除了我们列出的五种组合以外,还有许多没有表示出来的组合,消费者对它们的喜爱程度与组合 A、B、C、D、E 是相同的。由这些点构成的平滑曲线,就是无差异曲线(indifference curve)。无差异曲线就是给某一消费者带来相同效用水平的两种商品的各种可能的组合。一条无差异曲线上的任意两点所表示的商品组合虽然不同,但它们给消费者所带来的效用是无差异的。

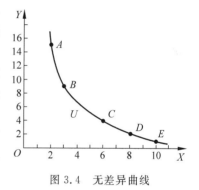

图3.4 无差异曲线

类似的,我们也可以列出一些更受欢迎的商品 X 和商品 Y 的各种组合,见表3.3。

表3.3 更受欢迎的商品组合

商品组合	商品 X	商品 Y
A	3	17
B	5	12
C	7	8
D	9	5
E	11	3

根据表3.3,我们绘制出第二条无差异曲线 U_2。根据偏好的非饱和性,U_2 代表更高的效用水平。同理,我们还可以绘制更多的无差异曲线,形成无差异曲线簇,如图3.5所示。

(三)无差异曲线的特性

1. 任意两条无差异曲线不能相交

图3.6中有两条相交的无差异曲线。我们看到,如果无差异曲线 U_1 和 U_2 相交,会发生逻辑错误。首先,A 点和 B 点都在无差异曲线 U_1 上,说明消费者对 A 组合和 B 组合

的偏好是相同的。同理,A 点和 C 点都在无差异曲线 U_2 上,说明消费者对 A 组合和 C 组合的偏好是相同的。根据偏好的可传递性,消费者对 B 组合和 C 组合的偏好也应该是相同的,那么 B 点和 C 点应该位于同一条无差异曲线上。显然,这里面出现了逻辑错误。

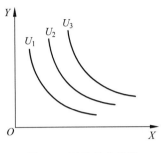

图 3.5 无差异曲线簇

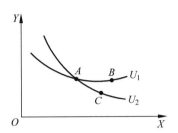

图 3.6 相交的无差异曲线

2. 离原点越远的无差异曲线代表的效用水平越高

图 3.5 中的每一条无差异曲线都代表了一种效用水平。显然,根据偏好的非饱和性,位置越高的无差异曲线代表的效用水平越高。无差异曲线 U_3 代表的效用水平最高,U_1 代表的效用水平最低。

3. 无差异曲线凸向原点

一般的无差异曲线都是凸向原点的,这是由边际替代率递减规律决定的。下面,我们来介绍边际替代率。

(四)边际替代率

1. 边际替代率的含义

在收入的约束下,为了增加某种商品的消费,消费者必须减少购买其他商品。消费者在保证总效用水平不变的前提下,为增加一单位某种商品的消费所必须放弃的另一种商品的数量,就是边际替代率(marginal rate of substitution,MRS_{XY})。

$$MRS_{XY} = -\frac{\Delta Y}{\Delta X} \tag{3-7}$$

式中,MRS_{XY} 为商品 X 对商品 Y 的边际替代率;ΔY、ΔX 分别为商品 Y 和商品 X 数量的变化量。由于商品 X 和 Y 的数量呈反方向变动,其比值一定是负数,为了便于比较大小,MRS_{XY} 取正值。根据表 3.3,我们计算了边际替代率,形成表 3.4。

表 3.4 边际替代率

商品组合的变动	ΔX	$-\Delta Y$	MRS_{XY}
$A-B$	2	5	2.5
$B-C$	2	4	2
$C-D$	2	3	1.5
$D-E$	2	2	1

$$\text{当 } \Delta X \to 0 \text{ 时, } \mathrm{MRS}_{XY} = -\lim_{\Delta X \to 0} \frac{\Delta Y}{\Delta X} = -\frac{\mathrm{d}Y}{\mathrm{d}X} \tag{3-8}$$

式(3-8)表明,当两种商品需求量的变动幅度很小,边际替代率就是无差异曲线上某一点处的斜率。

2. 边际替代率递减规律

边际替代率递减规律是指在维持效用水平不变的前提下,不断增加一种商品的消费,所能替换出来的另一种商品的数量是递减的。边际替代率递减规律是以边际效用递减规律为基础的。我们知道边际效用递减规律是假定在其他条件不变时,连续增加一种商品的消费量,其边际效用是递减的。为了保持原有的效用水平不变,消费者在不断地用商品 X 替代商品 Y 的过程中,随着商品 X 消费数量的增加,它的边际效用在递减,随着商品 Y 消费数量的减少,它的边际效用在递增。这样,消费者只能用越来越少的商品 Y 去替换一单位商品 X;或者说,每增加一单位商品 X 的消费,它所能替换出来的 Y 商品的数量越来越少。

从以上分析中可知,边际替代率本质上是一种产品用另一种替代品表示的边际效用,因此,无差异曲线反映的是两种商品的相对效用(价值)。由于在保持效用水平不变的前提下,消费者增加商品 X 的数量所带来的效用增加,必然等于减少商品 Y 的数量所带来的效用减少,如下所示:

$$|\mathrm{MU}_X \cdot \Delta X| = |\mathrm{MU}_Y \cdot \Delta Y|$$

所以

$$\mathrm{MRS}_{XY} = -\frac{\Delta Y}{\Delta X} = \frac{\mathrm{MU}_X}{\mathrm{MU}_Y} \tag{3-9}$$

随着商品 X 不断地替换商品 Y,商品 X 的边际效用在下降,而商品 Y 的边际效用在提高,这必然导致无差异曲线的斜率的绝对值从左至右逐渐减小。这样,无差异曲线自然就会凸向原点。

无差异曲线的弯曲程度取决于两种商品替代性的大小。如果两种商品的相互替代性很强,商品的边际替代率递减较为缓和,这时无差异曲线的弯曲程度比较小。如果两种商品的替代比率固定不变,每增加消费一种商品所需要减少的另一种商品的数量是一个固定的量,这两种商品就是完全替代品,完全替代品的边际替代率为常数。这时的无差异曲线是一条直线,如图 3.7(a)所示。

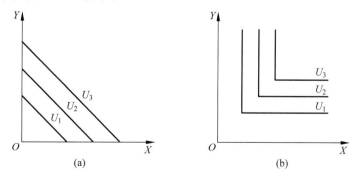

图 3.7 两种特殊的无差异曲线

如果两种商品必须按固定的比例同时被使用,那么这两种商品就是互补品,如眼镜框和眼镜片。这时的无差异曲线为直角形状,如图 3.7(b)所示。平行于横轴的一段无差异曲线表示,在商品 X(如眼镜片)数量既定的情况下,商品 Y(如眼镜框)的数量无论怎么增加,消费者的效用水平也不会增加,这一段无差异曲线的边际替代率等于 0。垂直于横轴的一段无差异曲线表示,在商品 Y(如眼镜框)数量既定的情况下,X 商品(如眼镜片)的数量无论怎么增加,消费者的效用水平仍然保持不变。这一段无差异曲线的边际替代率是∞。

二、预算线

消费者总是偏好数量较多的商品组合。假如没有收入的限制,消费者会去购买位置最高的无差异曲线上的商品组合。现实中,不是所有商品组合都是消费者能够选择的,因为消费者无限的欲望往往面临支付能力的约束。

假如,王女士准备用 100 元钱来购买大米和豆油。假设大米 2 元一斤,豆油 5 元一斤,那么,王女士可以选择的大米和豆油的数量组合有无数种。极端的情况是,只买大米或只买豆油,即图 3.8 中的 E 和 F 两种情况。除此之外,还有各种其他的可能,比如商品组合 A(25 斤大米,10 斤豆油)或商品组合 B(10 斤大米和 16 斤豆油),见表 3.5。

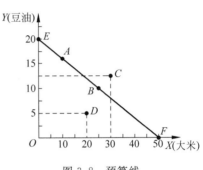

图 3.8 预算线

表 3.5 预算约束下的商品组合

商品组合	大米/斤	豆油/斤
E	50	0
F	0	20
A	25	10
B	10	16

我们注意到,这些组合点都在同一条直线 EF 上,如图 3.8 所示。直线 EF 被称为预算线(budget line),它表示消费者在收入和商品价格给定的条件下,花掉全部收入所能购买到的两种商品的各种最大数量组合。图 3.8 中的预算线 EF 就是王女士在 100 元的限制下能够选择的大米和豆油的所有组合。预算线右侧区域,超出了王女士的收入限制,比如商品组合 C 的总价超出了 100 元,王女士是无法购买的。预算线左侧区域,低于王女士的收入限制,比如商品组合 D 的总价低于 100 元,王女士有这个支付能力,但不符合消费者行为分析的前提——用掉全部预算。

如果用 I 表示收入,P_X、P_Y 分别表示商品 X 和商品 Y 的价格,X、Y 表示需求量,那么,预算线方程是

$$I = P_X X + P_Y Y \tag{3-10}$$

或

$$Y = -\frac{P_X}{P_Y}X + \frac{I}{P_Y} \tag{3-11}$$

我们注意到,预算方程其实就是上一节消费者均衡中的限制条件。预算线斜率的绝对值是两种商品的价格之比,它反映的是两种商品的相对价格。

三、效用最大化原则的重新表述

消费者均衡问题的实质是,消费者如何根据自己的偏好,在给定商品价格和收入的约束下,选择最佳的商品组合,以实现效用最大化。下面,我们将利用预算线和无差异曲线两个工具,推导出消费者均衡的条件。

我们把预算线添加到无差异曲线中,如图 3.9 所示。王女士可以在预算线上任意选择商品组合。她把购买组合定在哪一点,才能获得最大效用呢?因为位置越高的无差异曲线代表的效用水平越高,显然,王女士的最佳购买组合应该在她的预算线所能达到的位置最高的那一条无差异曲线上。满足这个要求的只能是预算线和无差异曲线切点。由于任意两条无差异曲线不能相交,所以能与预算线 EF 相切的无差异曲线只有一条,也就是图上的 U_2,于是 E 点便成为在收入和价格既定条件下的消费者唯一的均衡点。除此之外,别无其他。以预算线上的 C 点为例,通过 C 点的无差异曲线 U_1 低于通过 E 点的无差异曲线 U_2,此时,如果消费者沿着预算线向下调整购买组合,就能使效用增加,所以 C 点不是均衡点。如果消费者的购买组合位于 E 点的下方,比如 D 点,通过 D 点的无差异曲线 U_1 低于通过 E 点的无差异曲线 U_2,此时,如果消费者沿着预算线向上调整购买组合,也能使效用增加。只有在 E 点,消费者在预算线的约束下,再无增加效用的可能,获得了效用的最大化。

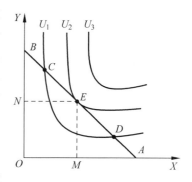

图 3.9 消费者均衡

当无差异曲线与预算线相切时,消费者实现了效用最大化,此时无差异曲线的斜率等于预算线的斜率。我们知道,无差异曲线的斜率代表了两种商品的效用之比,预算线的斜率代表了两种商品的价格之比,因此,消费者实现效用最大化的条件是,在一定的预算约束下,消费者购买的两种商品的边际效用之比等于价格之比。即

$$\frac{MU_X}{MU_Y} = \frac{P_X}{P_Y} \tag{3-12}$$

第四节 收入和价格变动的影响

本节我们要考虑货币收入变化和商品价格变化对消费者均衡的影响,从而增进对需求曲线的理解。

一、预算线的移动

(一) 实际收入变化使预算线平行移动

我们知道,预算线方程是 $I = P_X X + P_Y Y$,由预算线方程可知,预算线在横轴的截距是 I/P_X,在纵轴上的截距是 I/P_Y,斜率的绝对值是 P_X/P_Y。因此,在商品价格 P_X、P_Y 不变的条件下,如果货币收入 I 增加,预算线的斜率不会改变,但预算线在横、纵轴的截距会增大,预算线向外平行移动;反之,预算线向内平移。如果货币收入 I 不变,P_X、P_Y 同比上升或下降时,消费者的实际收入就会发生变化,此时,预算线也是平行移动,价格上升时向内移动,价格下降时向外移动,如图 3.10(a) 所示。

(二) 单一价格变化使预算线旋转

在消费者收入和商品 Y 的价格不变的情况下,如果商品 X 的价格上升,预算线在纵轴的截距不变,在横轴的截距变小,所以预算线以 B 点为中心向内旋转到 BA_2;如果商品 X 的价格下降,预算线向外旋转到 BA_1,如图 3.10(b) 所示。

在消费者收入和商品 X 价格不变的情况下,如果商品 Y 的价格上升,预算线在横轴的截距不变,在纵轴的截距变小,预算线以 B 点为中心向内旋转到 BA_2;如果商品 Y 的价格下降,预算线向外旋转到 BA_1,如图 3.10(c) 所示。

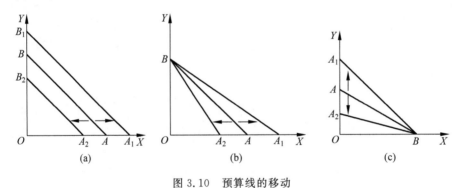

图 3.10 预算线的移动

(三) 收入和价格同向同比例变化预算线不变

在这种情况下,预算线的斜率和横纵截距均保持不变。

二、收入消费线和恩格尔曲线

(一) 收入消费线

1. 收入消费线的含义

当消费者的收入改变而其他条件不变时,消费者的均衡点会随着预算线的位置改变而发生变化。如图 3.11(a) 所示。假定 X、Y 均为正常品,在价格不变的情况下,收入提高时,预算线将由 M_0 平行右移到 M_1,与更高的一条无差异曲线 U_1 相切,均衡点由 E_0 变

为 E_1。如果收入下降,预算线将由 M_2 平行左移到 M_1,与位置较低的一条无差异曲线 U_1 相切,均衡点由 E_2 变为 E_1。将所有均衡点连接起来的曲线就是收入消费曲线(income consumption curve)。收入消费曲线是指在其他条件不变时,由收入发生变化所引起的消费者均衡点变动的轨迹。

2. 收入消费曲线的分类

图 3.11(a)所描述的收入消费曲线斜率为正,说明收入需求弹性大于零,即需求量随着收入的提高而增加,这是正常品的收入消费曲线。

如果一种商品是劣等品,它的收入消费曲线是向后弯曲的,如图 3.11(b)所示。起初,商品的购买量随着收入增加而增加,说明在收入水平很低的时候,对于该消费者而言,所购之物是好东西(正常品)。当收入达到一定的水平之后,随着收入的进一步提高,该商品就成为坏的东西(劣等品),需求量开始下降,因此收入消费曲线的斜率由正值变为负值,形成向后弯曲的形状。

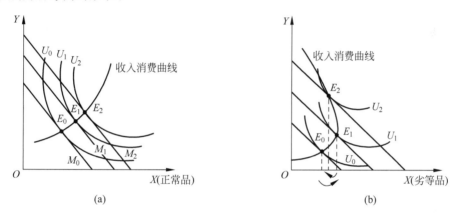

图 3.11　收入消费曲线

(二)恩格尔曲线

恩格尔曲线是一条用来描述商品需求量同收入之间对应关系的曲线。它可以由收入消费曲线推导出来。我们知道,收入消费曲线是由消费均衡点构成的,它表示消费者在不同的收入水平能够获得最大效用的一对对商品组合。如果将不同的收入水平及与之相对应的一种商品的最佳消费量转换到另一个坐标系中,可以作出一条恩格尔曲线。

1. 正常品的恩格尔曲线

当商品为正常品时,恩格尔曲线的斜率为正,表示正常品的需求量与收入变动的方向一致。在正常品中,还有必需品和奢侈品之分,二者的恩格尔曲线斜率都为正值,但是形状却不相同。图 3.12(a)表示必需品的恩格尔曲线,其经济含义是,收入的增长使人们有更多的能力去购买必需品,但是,人们对生活必需品需求的增长速度要慢于收入的增长速度。图 3.12(b)表示奢侈品的恩格尔曲线,其经济含义是,人们对奢侈品需求的增长速度要快于收入的增长速度。

2. 劣等品的恩格尔曲线

图 3.12(c)表示劣等品的恩格尔曲线,表示劣等品的需求量会随着收入的提高而

下降。

需要注意的是,劣等品、正常品和奢侈品的划分是动态的,它随着收入水平的变化而改变,在低收入水平阶段的奢侈品,可能是中等收入水平阶段的正常品,或者高收入水平阶段的劣等品。这一点我们在需求收入弹性理论中做过说明。

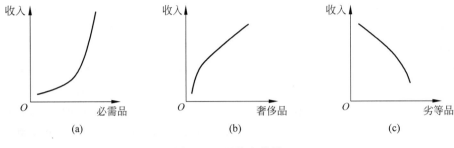

图 3.12　恩格尔曲线

三、价格消费曲线和需求曲线的推导

我们知道,预算线会因为商品价格的变化发生旋转,形成不同的消费均衡点,如图 3.13 所示。

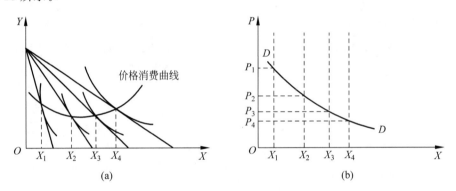

图 3.13　价格消费曲线和需求曲线

假定有商品 X、Y,商品 X 的价格下降,商品 Y 的价格和消费者收入保持不变。由于商品 X 的价格下降,会形成无数条在 X 轴上截距不同的消费者预算线。这些预算线与代表不同效用水平的无差异曲线相切形成新的消费均衡点,将这些均衡点连接起来,便作出一条价格消费曲线。可见,价格消费曲线(price consumption curve)是在消费者偏好、收入及其他商品价格不变的条件下,仅由商品自身价格变化所导致的消费者均衡点变化的轨迹。

从图 3.13 中可以看出,价格消费曲线上的任何一点都是消费者均衡点,表示消费者在不同的价格条件下能够获得最大效用的商品 X 的消费量。当商品 X 的价格下降时,预算线向右移动,均衡点也向右移动,商品 X 消费量随着增大。因此,图中的价格消费曲线反映了价格与商品 X 需求量之间的某种对应关系,将商品 X 的不同价格与各自的最佳消费量的一一对应关系转换到另一个坐标系中,可以作出商品 X 的需求曲线。

如图 3.13(b)所示,用横轴仍然表示 X 的数量,纵轴表示商品 X 的价格,将商品 X 的不同价格 P_1、P_2、P_3、P_4 与其各自的最佳消费量 X_1、X_2、X_3、X_4 的组合点一一描出,连成一条曲线,便得到了一条需求曲线 DD。由此可见,需求曲线表示在任意价格下消费者获得效用最大化的需求量。

从推导出的需求曲线来看,价格与需求量是反向变动关系,这是需求曲线的一般形态,这样的商品叫作正常品。

我们已经知道,除了正常品以外,还有一种很特殊的商品,叫作吉芬商品。吉芬商品的需求量与价格呈同方向变动。至于"吉芬之谜"的谜底,我们将在替代效应与收入效应中揭开。

第五节　替代效应和收入效应

一、替代效应和收入效应的含义

当某种商品的价格发生变化时,会使需求量发生变化,我们称为价格的总效应。价格的总效应可以分解为收入效应和替代效应。收入效应是指价格变化使消费者的实际收入水平发生变化,从而引起消费者对商品需求量的改变。收入效应改变了消费者的效用水平。比如说,一种商品价格下降,意味着消费者的实际收入(购买力)增加,从而使需求量增加,效用水平相应提高。替代效应是指价格变化使商品间的相对价格发生变化,从而使商品需求量发生变化,替代效应不改变消费者的效用水平。不同类型商品的替代效应和收入效应是不同的,下面分别予以说明。

二、正常品的替代效应和收入效应

如图 3.14 所示,假定有正常品 X 和 Y。当商品 X 的价格下降,商品 Y 的价格和消费者收入不变时,预算线从 AB_1 向右旋转到 AB_2,均衡点从 E_1 变为 E_2,从而 X 的消费量从 X_1 增加到 X_2,X_2-X_1 就是价格变化的总效应,这个总效应可以被分解为替代效应和收入效应。

作一条补偿预算线 CD,CD 满足以下两点:第一,CD 与新的预算线 AB_2 平行,由于 CD 的斜率与 AB_2 相同,从而保证了购买是在新的相对价格上进行的。第二,补偿预算线 CD 与原无差异曲线 U_1 相切,保证了消费者的原效用水平不变。这样便得到均衡点 E_3。X 的需求量增加了 X_3-X_1,这是由于商品 X 的价格下降使其他商品看

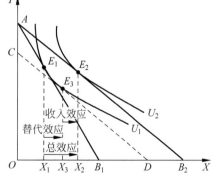

图 3.14　正常品的替代效应和收入效应

起来更贵了,导致消费者对商品 X 的需求量增加,这就是替代效应。由于 E_3、E_1 在同一条无差异曲线上,说明消费者的效用水平不变。X_3-X_1 是一个正值,说明正常商品的替代效应与价格的变动方向相反,价格下降,需求量增加。

现在看收入效应。在分析替代效应的时候,我们为了分析商品 X 的价格下降所引起的相对价格变化对需求量的影响,而剔除掉了由价格下降所引起的收入上涨这个因素,现在,我们把这个因素重新考虑进来。由于收入上涨表现为预算线的右移,所以我们把补偿预算线平行向外推,使之与新的预算线 AB_2 重合,这样价格下降引起收入上涨这个因素就被还原了。新的预算线 AB_2 与无差异曲线相切于 E_2 的位置,需求量也由 X_3 增加到 X_2,这是由于商品 X 价格下降,使实际收入上涨,从而引起的需求量增加,我们称为收入效应。收入效应与价格反方向变动。

由以上分析可知,正常品的收入效应和替代效应均与其价格呈反方向变动,从而使价格的总效应与价格呈相反方向变动,需求曲线向右下方倾斜。

三、低档商品的替代效应和收入效应

所谓低档商品(劣等品)是指收入增加,需求量反而减少的商品。低档商品不同于吉芬商品,它依然满足需求法则,即价格与需求量反向变动。现假定商品 X 为低档商品,并且它的价格 P_X 下降。如图 3.15 所示,预算线从 AB_1 向右旋转到 AB_2,均衡点从 E_1 变为 E_2,从而 X 的消费量从 X_1 增加到 X_2,X_2-X_1 就是价格变化的总效应,这个总效应同样可以被分解为替代效应和收入效应。

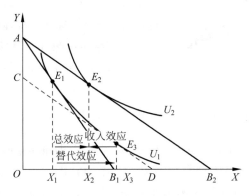

图 3.15　低档品的替代效应和收入效应

作一条补偿预算线 CD,CD 与新的预算线 AB_2 平行,得到均衡点 E_3。新的均衡点 E_3 与原均衡点 E_1 的水平距离 X_3-X_1,就是替代效应。X_3-X_1 是一个正值,这说明低档商品的替代效应与价格的变动方向相反,价格下降,需求量增加。

现在看收入效应。把虚拟的补偿预算线 CD 平行向外推,使之与新的预算线 AB_2 重合,新的预算线 AB_2 与无差异曲线相切于 E_2 的位置,需求量也由 X_3 下降到 X_2,我们称为收入效应。这就是由于商品 X 价格下降,使实际收入增加,收入增加以后,人们对低档品的需求减少。低档品的收入效应与价格同方向变动。

由以上分析可知,低档商品的替代效应与其价格呈反方向变动,收入效应与价格同方向变动,在一般情况下,低档商品的替代效应大于收入效应,从而使总效应与价格呈相反方向变动,需求曲线也是向右下方倾斜的。

四、吉芬商品的替代效应和收入效应

现假定商品 X 为吉芬商品,并且它的价格 P_X 下降。如图 3.16 所示,预算线从 AB_1 向右旋转到 AB_2,均衡点从 E_1 变为 E_2,从而 X 的消费量从 X_1 减少到 X_2,X_2-X_1 就是价格变化的总效应,与正常品和低档商品都不同,这个总效应是负值。下面我们用替代效应和收入效应进行解释。

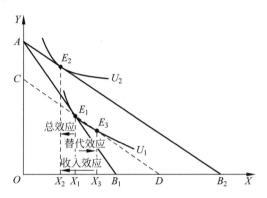

图 3.16　吉芬商品的替代效应和收入效应

作一条补偿预算线 CD,CD 与新的预算线 AB_2 平行,得到均衡点 E_3。新的均衡点 E_3 与原均衡点 E_1 的水平距离 X_3-X_1,就是替代效应。替代效应 X_3-X_1 是一个正值,这说明吉芬商品的替代效应与价格的变动方向相反,价格下降,需求量增加。

现在看收入效应。把补偿预算线平行向外推,使之与新的预算线 AB_2 重合,新的预算线 AB_2 与无差异曲线相切于 E_2 的位置,需求量也由 X_3 下降到 X_2,这是收入效应。收入效应是由于商品 X 价格下降,从而使实际收入增加,由于吉芬商品也属于劣等品,需求与收入反方向变动,所以消费者对吉芬商品的需求减少。吉芬商品的收入效应与价格同方向变化。

作为一种特殊的劣等品,吉芬商品的特殊性在于,它的收入效应很大,超过替代效应,使总效应与价格呈同方向变动,出现价格下降,需求量减少,价格上涨,需求量增加的奇怪现象。

本 章 小 结

本章的核心内容是消费者行为分析,它是对上一章中需求理论的延续和深入。消费者的需求源于各种各样的欲望。为了使欲望能够在有限的收入约束下得到最大的满足,消费者首先需要对不同商品满足其欲望的能力进行判断。经济学把消费者对于商品满足其需要的主观评价称作效用。关于效用大小的比较,有基数效用论和序数效用论两种不同的观点。

预算线则代表了消费者的收入约束。它反映了不同商品的价格之比。消费者获得最大效用的商品组合就是预算线和无差异曲线的切点,也叫作消费者均衡点。均衡点意味着商品的边际效用之比与价格之比相等时,消费者实现效用最大化。

预算线会随着商品的价格变化发生位置的改变,从而引起消费均衡点的改变,使商品的购买量相应地发生变化。因此,每一个不同的消费均衡点都代表了一个不同的商品价格和需求量的组合,这些组合的集合叫作价格消费曲线。由价格消费曲线可以推导出需求曲线。可以说,需求曲线的实质就是与不同价格相对应的、使消费者实现效用最大化的最佳需求量。

人物介绍:杰里米·边沁、卡尔·门格尔、约翰·希克斯

预算线也会随着收入的变化而平行移动,从而引起消费均衡点的改变,使商品的购买量相应地发生变化。此时,每一个不同的消费均衡点都代表了一个不同的收入水平和需求量的组合,这些组合的集合叫作收入消费曲线。

课后练习题

一、名词解释

1. 效用:是消费者对物品的主观评价,即消费者因消费某种物品而得到的满足程度。

2. 边际效用:是每增加一单位某种商品消费使消费者得到的满足程度的增加量。

3. 边际效用递减规律:随着某种产品消费的数量不断增加,消费者获得的边际效用是递减的。边际效用递减规律是经济学家在研究消费者行为时用来解释需求规律的一种理论观点。

4. 无差异曲线:给某一消费者带来相同效用水平的两种商品的各种可能的组合。

5. 边际替代率:消费者在保证总效用水平不变的前提下,为增加一单位某种商品的消费所必须放弃的另一种商品的数量,就是边际替代率。

6. 边际替代率递减规律:是指在维持效用水平不变的前提下,不断增加一种商品的消费,所能替换出来的另一种商品的数量是递减的。

7. 消费者剩余:指消费者购买一定数量商品的意愿支付与实际支付之间的差额。

8. 恩格尔曲线:是一条用来描述商品需求量同收入之间对应关系的曲线。正常品的需求量与收入变动的方向一致,劣等品的需求量会随着收入的提高而下降。

9. 消费者均衡:指消费者实现效用最大时,既不会增加,也不会减少任何商品购买量的相对静止状态。

二、单项选择题

1. 效用是人们需要的一切商品所共有的一种特性,它是( )。
   A. 主观的   B. 客观的
   C. 客观和主观的统一   D. 既非客观,也非主观

2. 对于一种商品,消费者要有的数量已经满足了,这时( )。
   A. 边际效用最大   B. 边际效用为零   C. 总效用为零   D. 边际效用为1

3. 一个消费者想要1单位 X 商品的心情甚于1单位 Y 商品,原因是( )。
   A. 商品 X 有更多的效用   B. 商品 X 的价格较低

C. 商品 X 紧缺 D. 商品 X 是满足精神需要的
4. 当总效用增加时,边际效用应该( )。
   A. 为正值,且不断增加　　　　B. 为正值,但不断减少
   C. 为负值,且不断减少　　　　D. 为正值,可能增加也可能减少
5. 某消费者逐渐增加某种商品的消费量,直至达到了效用最大化,在这个过程中,该商品的( )。
   A. 总效用和边际效用不断增加
   B. 总效用不断下降,边际效用不断增加
   C. 总效用不断增加,边际效用不断下降
   D. 总效用和边际效用同时下降
6. 同一条无差别曲线上的不同点表示( )。
   A. 效用的水平不同,但所消费的两种商品组合比例相同
   B. 效用的水平相同,但所消费的两种商品组合比例不同
   C. 效用的水平不同,所消费的两种商品组合比例也不同
   D. 效用的水平相同,所消费的两种商品组合比例也相同
7. 无差异曲线为斜率不变的直线时,表示相结合的两种商品是( )。
   A. 可以替代的　　B. 完全替代的　　C. 互补的　　D. 互不相关的
8. 无差异曲线上某一点切线的斜率表示( )。
   A. 商品价格的比率　　　　B. 要素价格的比率
   C. 边际替代率　　　　　　D. 收入水平
9. 若张某消费牛奶和面包时的边际替代率为 1/4,即一单位牛奶相当于 1/4 单位的面包,则( )。
   A. 牛奶价格为 4,面包价格为 1 时,张某获得最大效用
   B. 牛奶价格为 1,面包价格为 4 时,张某获得最大效用
   C. 牛奶价格为 10,面包价格为 2 时,张某应增加牛奶的消费
   D. 以上都不对
10. 已知商品 X 的价格为 2 元,商品 Y 的价格为 1 元。如果消费者在获得最大效用时,商品 Y 的边际效用是 15,那么商品 X 的边际效用是( )。
    A. 20　　　　B. 30　　　　C. 60　　　　D. 70
11. 预算线反映了( )。
    A. 消费者的收入约束　　　　B. 消费者的偏好
    C. 消费者人数　　　　　　　D. 货币的购买力
12. 商品 X、Y 价格与消费者收入按相同比例下降,预算线( )。
    A. 向左下方移动　　B. 向右上方移动　　C. 不变动　　D. 转动
13. 若消费者购买的商品组合点低于他的预算线,则消费者( )。
    A. 没有完全用完预算支出　　　　B. 用完了全部预算支出
    C. 超出了预算支出　　　　　　　D. 处于均衡状态
14. 某人消费苹果和香蕉。假定他的收入增加了一倍,苹果与香蕉的价格也上升了

一倍。那么,他的预算线将( )。
  A. 保持不变   B. 向外移动,但斜率不变
  C. 向外移动,但更陡峭了   D. 向外移动,但更平坦了
15. 在消费者均衡点上无差异曲线的斜率( )。
  A. 大于预算线的斜率   B. 小于预算线的斜率
  C. 等于预算线的斜率   D. 可能大于、小于或等于预算线斜率
16. 需求曲线从( )导出。
  A. 价格消费曲线   B. 收入消费曲线
  C. 无差异曲线   D. 预算线
17. 恩格尔曲线从( )导出。
  A. 价格消费曲线   B. 收入消费曲线
  C. 无差异曲线   D. 需求曲线
18. 当某消费者对商品 X 的消费达到饱和点时,则边际效用 MU_X 为( )。
  A. 正值   B. 负值
  C. 零   D. 不确定,需视具体情况而定
19. 根据序数效用理论,消费者均衡是( )。
  A. 无差异曲线与预算线的相切之点
  B. 无差异曲线与预算线的相交之点
  C. 离原点最远的无差异曲线上的任何一点
  D. 离原点最近的预算线上的任何一点
20. 消费品价格变化时,连接消费者诸均衡点的线称为( )。
  A. 收入消费曲线   B. 需求曲线
  C. 价格消费曲线   D. 恩格尔曲线
21. 消费者均衡的条件是( )。
  A. $MU_X/P_X < MU_Y/P_Y$ B. $MU_X/P_X > MU_Y/P_Y$
  C. $MU_X/P_X = MU_Y/P_Y$ D. 以上都不对
22. 预算线的位置和斜率取决于( )。
  A. 消费者的收入   B. 消费者的收入和商品的价格
  C. 消费者的偏好   D. 收入和商品的价格
23. 若消费者张某只准备买两种商品 X 和 Y,X 的价格为 10,Y 的价格为 2。若张某买了 7 个单位 X 和 3 个单位 Y,所获得的边际效用值分别为 30 个和 20 个单位,则张某为了获得最大效用,应( )。
  A. 同时增加 X 和 Y 的购买   B. 增加 X 的购买,减少 Y 的购买
  C. 增加 Y 的购买,减少 X 的购买   D. 张某获得了最大效用
24. 消费者剩余是消费者的( )。
  A. 实际所得   B. 主观感受
  C. 没有购买的部分   D. 消费剩余部分
25. 消费者预算线发生平移时,连接消费者诸均衡点的曲线称为( )。

  A. 需求曲线   B. 价格消费曲线

  C. 收入消费曲线   D. 恩格尔曲线

26. 无差异曲线任一点上商品 X 和 Y 的边际替代率是等于它们的(　　)。

  A. 价格之比   B. 数量之比

  C. 边际效用之比   D. 边际成本之比

27. 某消费者逐渐增加某种商品的消费量,直至达到了效用最大化,在这个过程中,该商品的(　　)。

  A. 总效用和边际效用不断增加

  B. 总效用不断下降,边际效用不断增加

  C. 总效用不断增加,边际效用不断下降

  D. 总效用增加,边际效用不变

28. 下列哪种情况不属消费者均衡的条件(　　)。

  A. $MU_X/P_X = MU_Y/P_Y = MU_Z/P_Z = \cdots = \lambda$

  B. 货币在每种用途上的边际效用相等

  C. $MU_n = \lambda P_n$

  D. 各种商品的边际效用相等

三、多选题

1. 序数效用论对偏好的假设包括(　　)。

  A. 完全性   B. 可传递性   C. 非饱和性   D. 效用赋值

2. 无差异曲线具有的特征包括(　　)。

  A. 是一条向右下方倾斜的曲线   B. 是凸向原点的曲线

  C. 是斜率为负的曲线   D. 任意两条无差异曲线不能相交

四、判断题

1. 如果一种商品满足一个消费者坏的欲望,说明该商品具有负效用。(　　)

2. 如果边际效用递减,则总效用相应下降。(　　)

3. 无差异曲线表示不同的消费者消费两种商品的不同数量组合所得到的效用是相同的。(　　)

4. 消费者的无差异曲线群中的两条不同的无差异曲线可相交。(　　)

5. 消费者剩余是消费者的实际所得。(　　)

6. 消费者均衡点是无差异曲线与预算线两个交点中的任一点。(　　)

五、简答题

  钻石用处极小而价格昂贵,生命必不可少的水却非常之便宜。请用边际效用的概念加以解释。

六、计算题

1. 某消费者在一个月内需消费 100 个单位的商品 X 和 50 个单位的商品 Y,如果 X 的价格从 2 元上升到 3 元,Y 价格不变。为使该消费者维持原来的消费数量,他的收入需要增加多少元?

2. 已知某消费者每年用于商品 X 和商品 Y 的收入为 900 元，两种商品的价格分别为 20 元和 30 元，该消费者的效用函数为 $U=2XY^2$：

(1) 该消费者每年购买这两种商品的数量各应为多少？

(2) 每年从中获得的总效用是多少？

3. 某消费者的效用函数为 $U=XY^4$，他会在 X 商品和 Y 商品的消费上如何分配收入？

第四章

生产理论

本章导读

企业进行生产的一个重要目标就是追求利润最大化,而在这一过程中对于产量和成本的控制又是极其重要的两个方面,它直接决定了企业能否在市场竞争中脱颖而出。一般来说,生产规模扩大,生产成本就相应下降,这就为企业的产品降价提供了条件。格兰仕在微波炉定价上的做法是:当生产规模达到 100 万台时,将出厂价定在规模 80 万台企业的成本价以下;当规模达到 400 万台时,将出厂价又调到规模为 200 万台的企业的成本价以下;而当规模达到 1 000 万台以上时,又把出厂价降到规模为 500 万台企业的成本价以下。这种在成本下降的基础上所进行的降价,是一种合理的降价。降价的结果是将价格平衡点以下的企业一次又一次大规模淘汰,行业的集中度不断提高,使行业的规模经济水平不断提高,进而带来整个行业的成本不断下降。

第一节 生产的主体——厂商

在西方经济学中,生产者也称厂商或企业,它是指能够作出统一的生产决策的单个经济单位。在集中讨论生产者行为之前,有必要介绍一下厂商这一概念。

一、厂商的组织形式

厂商主要可以采取三种组织形式:个人企业、合伙制企业和公司制企业。

个人企业指单个人独资经营的厂商组织。个人企业家往往同时就是所有者和经营者。个人业主的利润动机明确、强烈,决策自由、灵活,企业规模小,易于管理。但个人企业资金往往有限,制约了生产的发展,而且也较容易破产。

合伙制企业指两个人及以上合资经营的厂商组织。相对个人企业而言,合伙制企业的资金较多,规模较大,比较易于管理,分工和专业化得到加强。但由于多人所有和参与管理,不利于协调和统一;资金和规模仍有限,在一定程度上不利于生产的进一步发展;合伙人之间的契约关系欠稳定。

公司制企业指按公司法建立和经营的具有法人资格的厂商组织。它是一种重要的现代企业组织形式。公司由股东所有,公司的控制权在董事监督下的总经理。在资本市场上,公司制企业是一种非常有效的融资组织形式,它主要利用发行债券和股票来筹集资金。其中,公司债券是由公司作出的债权凭证,或者说,它是以公司作出在将来某一特定时间偿还一定的固定数量的货币,并按期付息的许诺的方式,从居民户或其他厂商那里借款。债券所有人不是公司的所有者,也不参加管理。公司股票是由公司发行的一定数量的具有一定票面价值的投资凭证。股票所有者是公司的股东,股东是公司的所有者,股东有权利参加公司的管理和索取公司利润,也有义务承担公司的损失。由于公司制企业能够通过发行债券和股票的形式筹集大量的资金,所以,公司制企业的资金雄厚,有利于实现规模生产,也有利于进一步强化分工和专业化。而且公司的组织形式相对稳定,有利于生产的长期发展。但公司组织往往可能由于规模庞大,给内部管理协调带来一定的困难。公司所有权和管理权的分离,也带来一系列的问题,特别是管理者在经营上能否符合所有者意愿的问题。

二、厂商的经营目标

在微观经济学中,一般总是假定厂商的目标是追求最大的利润。这一基本假定是理性经济人的假定在生产理论中的具体化。但是,在现实经济生活中,厂商有时并不一定选择实现最大利润的决策。

在信息不完全的条件下,厂商所面临的市场需求可能是不确定的,而且,厂商也有可能对产量变化所引起的生产成本的变化情况缺乏准确的了解,于是,厂商长期生存的经验做法也许就是实现销售收入最大化或市场份额最大化,以此取代利润最大化的决策。

更为一般的情况是,在现代公司制企业组织中,企业的所有者往往并不是企业的真正经营者,企业的日常决策是由企业所有者的代理人即经理作出的。企业所有者和企业经理人之间是委托人和代理人之间的契约关系。由于信息的不完全性,尤其是信息的不对称性,所有者并不能完全监督和控制公司经理的行为,经理会在一定的程度上偏离企业的利润最大化目标,而追求其他一些有利于自身利益的目标。譬如,经理会追求自身效用最大化,他们并不一定很努力工作,而追求豪华舒适的办公环境,讲求排场。他们也可能追求销售收入最大化和销售收入持续增长,一味扩大企业规模,以此来扩张自己的特权和增加自己的收入,并提高自己的社会知名度。他们也可能只顾及企业的短期利益,而牺牲企业的长期利润目标。

但是,经理对利润最大化目标的偏离会受到制约。例如,如果经理经营不善,企业效率下降,公司的股票价值就会下降,投资者就会抛售公司股票。在这种情况下,企业就有可能被其他投资者低价收购,或者,董事会也有可能直接解雇经营不善的经理。总之,经理的职位将难以保住,而且被解雇的经理再寻找合适的工作,往往是很困难的。

利润最大化的假定比较真实地反映了市场经济下厂商的行为,而且,根据竞争生存的原则,不以利润为目标的企业在竞争中最终将因亏本而被淘汰。利润最大化意味着厂商的总收益与总成本之间的差额取最大值。厂商的总收益取决于产销量及其价格,总成本则取决于要素投入数量和要素价格。为此,如何根据要素投入与产品产出之间的物质技术关系,合理选择生产要素投入的种类和数量,力争实现产量既定情况下的成本最小,或成本既定情况下的产量最大,就成为生产与成本理论关注的问题。

第二节 生 产 函 数

一、生产与生产要素

现代经济拥有丰富多彩的生产活动。农民使用化肥、种子、土地和劳动,将它们变成小麦或玉米;工厂使用能源、原料、机械和劳动,生产出汽车、家用电器等产品;航空公司使用飞机、燃油和劳动,以及由计算机网络控制的订票系统,向旅客提供从国家的一个角落到另一个角落的快捷的旅行服务。因此,生产活动就是指从投入生产要素到生产出产品的过程。而在经济分析中,生产要素通常是指劳动、资本、土地和企业家才能这四种类型。劳动是生产中劳动者所提供的体力和智力的总和。资本是生产者的投资,其实物形态就是生产中使用的厂房、机器、设备、原材料等。土地是生产中所使用的各种自然资源,不仅包括土地本身,还包括矿藏、森林、水源等。企业家才能是指生产经营者对生产过程的组织、管理以及所能承担风险的能力。只有通过企业家的组织与管理,才能使劳动、资本、土地等资源得到合理的组合配置,取得较好的经济效率。生产者通过对生产要素的运用和整合,不仅可以提供小麦、玉米、汽车等实物产品,还可以提供旅游、医疗、金融等无形产品。

二、生产函数的概念和公式

从本质上说,生产者的生产行为体现了在一定技术条件下的投入和产出关系。而生产过程中这种生产要素投入量和产品的产出量之间的关系,可以用生产函数来表示。所谓生产函数(production function)是指在一定时间内,在技术水平不变的情况下,生产中所使用的各种生产要素与所能生产的最大产量之间的关系,或者说,一组既定的投入与之所能生产的最大产量之间的关系。如果用 Q 表示产出量,$X_1, X_2, \cdots, X_n$ 表示各种生产要素的投入量,那么生产函数可用下式表示:

$$Q = f(X_1, X_2, \cdots, X_n) \tag{4-1}$$

该生产函数表示一定时期内在既定的生产技术水平下的生产要素组合($X_1, X_2, \cdots, X_n$)所能生产的最大产量为 Q。

为了分析方便,假定生产中只使用劳动(用 L 表示)和资本(用 K 表示)这两种生产要素,产量随 L 的投入量和 K 的投入量的变化而变化,则生产函数又可以表示为

$$Q = f(L, K) \tag{4-2}$$

生产一定量某种产品所要求投入的各种生产要素之间的配合比例被称为技术系数。不同产品生产的技术系数是不同的。如果生产某种产品所要求的各种投入的配合比例是可以改变的,那么,它的生产函数就是具有可变技术系数的生产函数。如果生产某种产品所要求的各种投入的配合比例是不变的,那么,生产函数就是具有固定系数的生产函数。一般而言,生产过程中各种投入的配合比例是可以变动的。

关于生产函数应注意以下三点:①生产函数说明某一时期投入的生产要素数量和产出产品数量之间的关系,它是从某个特定时期来考察的,如果时期不同,生产函数也可能

不同。②一种生产函数取决于一定的技术水平,如果技术水平提高了,用同样的生产要素投入量可以生产出更多的产量,生产函数将随之改变。③要生产一定数量的产品,生产要素投入量的比例通常是可以变动的。

三、柯布—道格拉斯生产函数简介

在经济分析中,较常使用的生产函数是柯布—道格拉斯生产函数。20 世纪 20 年代后期,美国数学家柯布(C. W. Cobb)和经济学家道格拉斯(P. H. Douglas)根据历史统计资料,研究了 1899—1922 年美国的劳动和资本这两种生产要素对产量的影响,提出了这一时期美国的生产函数。该生产函数的一般表达形式为

$$Q = AL^{\alpha}K^{\beta} \tag{4-3}$$

式中,Q 为产量,L 为劳动投入量,K 为资本投入量,A、α 和 β 均为大于零的参数,且 $0<\alpha<1, 0<\beta<1$。

柯布—道格拉斯生产函数通常被人们称为性状良好的生产函数,因为利用它可以较好地研究生产过程中的投入和产出问题。α 和 β 分别表示劳动和资本在生产过程中的相对重要性,或者说是表示劳动所得和资本所得在总产量中所占的份额;A 通常用来表示技术进步因素。根据 α 和 β 的组合情况,往往可以用柯布—道格拉斯生产函数来判断企业的规模报酬状况。当 $\alpha+\beta>1$ 时,称为递增报酬型,表明按现有技术用扩大生产规模来增加产出是有利的;当 $\alpha+\beta<1$ 时,称为递减报酬型,表明按现有技术用扩大生产规模来增加产出是得不偿失的;当 $\alpha+\beta=1$ 时,称为不变报酬型,表明生产效率并不会随着生产规模的扩大而提高,只有提高技术水平,才会提高经济效益。

而根据柯布和道格拉斯对美国 1899—1922 年期间有关经济资料的分析和估算,A 值为 1.01,α 值为 0.75,β 值为 0.25,代入式(4-3)为

$$Q = 1.01 L^{\frac{3}{4}} K^{\frac{1}{4}} \tag{4-4}$$

这说明,在技术水平不变的情况下,每增加 1% 的劳动所引起的产量增加将 3 倍于每增加 1% 的资本所引起的产量增加。这一结论与美国工资收入与资本收益之比(3∶1)大体相符。

第三节 短期生产函数

一、经济学的短期和长期

生产中不仅需要劳动、资本等生产要素,而且还需要时间。例如,农民不可能在一个季节中改种作物;发电站不可能在一夜之间就完成建造,而且一旦建造完成,在很长的时间内就要持续运转。因此,微观经济学的研究必须区分短期和长期这两个概念。

经济学中的短期与长期并非指一个特定的时间长短,而是看在某一期限内生产者是否来得及调整全部生产要素。如果生产者来不及调整全部生产要素的数量,至少有一种生产要素的数量是固定不变的,则这一时期称为短期(short-run)。在短期内,生产要素投入可以区分为不变投入和可变投入:生产者在短期内无法进行数量调整的那部分要素

投入是不变要素投入。例如,机器设备、厂房等。生产者在短期内可以进行数量调整的那部分要素投入是可变要素投入。例如,劳动、原材料、燃料等。短期生产函数所要研究的是可变投入的不同数量与固定投入两者的和所能带来最大的产出。假定短期中资本不变,用 $\bar{K}$ 表示,劳动是可变的,用 L 表示,则短期生产函数可以写成

$$Q = f(L, \bar{K}) \tag{4-5}$$

而长期(long-run)则是指生产者可以调整全部生产要素的数量的时间周期。在长期中,生产者可以调整全部的要素投入。例如,生产者根据企业的经营状况,可以缩小或扩大生产规模,甚至还可以加入或退出一个行业的生产。由于在长期所有的要素投入量都是可变的,因而也就不存在可变要素投入和不变要素投入的区分。

当然在实际中,对不同企业来讲,短期的时间长短可能有所差异。一家快餐店大概能够在几周的时间内就增加其生产车间,比如说增加另外一个比萨饼烤炉,或者增加一些桌子和椅子等。而相反,像汽车这样的企业如果要通过安装一些新的设备来增加其汽车装配车间的产能,可能需要一年或者更长的时间。

本节将介绍只具有一种可变生产要素的生产函数,即短期生产函数。正如前面所提到的,在短期内,产量的多少只决定于劳动量的多少。因此,接下来我们将讨论在短期内产出与投入要素(即劳动)变化之间的关系。

二、总产量、平均产量和边际产量

(一) 总产量、平均产量和边际产量的概念

根据短期生产函数,资本不变,劳动是唯一的可变投入要素,因此可以得到劳动的总产量、平均产量和边际产量三个概念。

总产量(total physical product,TP),是在资本投入量既定条件下由可变要素劳动投入所生产的产量总和。公式为

$$TP = f(L) \tag{4-6}$$

如表 4.1 所示,在劳动投入量为零时,总产量为零;此后,随着劳动投入增加,总产量也在不断增加。

平均产量(average physical product,AP),是指平均每一单位劳动所生产的产量。公式为

$$AP = \frac{TP}{L} \tag{4-7}$$

如表 4.1 所示,在使用 1 个劳动时,平均产量为 6,在使用两个劳动时,平均产量为 9,等等。

边际产量(marginal physical product,MP),是指每增加一单位劳动投入量所增加的产量。如果用 ΔTP 表示总产量的增量,用 ΔL 表示生产要素的增量,则边际产量的公式为

$$MP = \frac{\Delta TP}{\Delta L} \tag{4-8}$$

或

$$\mathrm{MP} = \lim_{\Delta L \to 0} \frac{\Delta \mathrm{TP}}{\Delta L} = \frac{\mathrm{dTP}}{\mathrm{d}L} \tag{4-9}$$

在其他条件不变的情况下,如果保持其他生产要素的投入量不变而使劳动的投入连续增加,那么总产量、平均产量和边际产量将表现出类似于表 4.1 所表示的变化。

表 4.1 总产量、平均产量和边际产量

劳动投入量 L	总产量 TP	平均产量 AP	边际产量 MP
0	0		
1	6	6	6
2	18	9	12
3	27	9	9
4	33	8.3	6
5	36	7.2	3
6	36	6	0
7	33	4.7	−3
8	27	3.4	−6

(二)总产量曲线、平均产量曲线和边际产量曲线

根据表 4.1,可以绘制如图 4.1 所示的产量曲线。

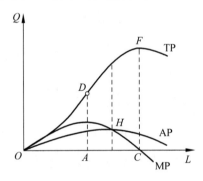

图 4.1 总产量曲线、平均产量曲线和边际产量曲线

图中的横轴表示可变要素劳动的投入数量 L,纵轴表示产量 Q,TP、AP、MP 三条曲线依次表示总产量曲线、平均产量曲线和边际产量曲线。从图中可以看出,随着可变投入的增加,三条曲线都是先不断增加,在某一点达到最大值之后,随着可变要素的继续增加,三条曲线转而呈下降的趋势。

(三)总产量曲线、平均产量曲线和边际产量曲线的关系

借助图 4.1,可以从三个方面来分析总产量曲线、平均产量曲线和边际产量曲线之间的关系:

第一,总产量和边际产量。根据边际产量的定义 $\mathrm{MP} = \frac{\Delta \mathrm{TP}}{\Delta L}$,可以推知,过 TP 曲线

任何一点的切线的斜率就是相应的 MP 值。因此,当边际产量是正值时,总产量是增加的,当边际产量为零时,总产量最大,当边际产量为负值时,总产量开始递减。表现在图 4.1 中,在 AC 表示的生产要素变化范围内,总产量以递减的比率增加,边际产量不断减少;当边际产量等于零时,总产量曲线位于最高点 F 点。

第二,平均产量和总产量。根据平均产量的定义 $AP = \dfrac{TP}{L}$,可以推知,连接 TP 曲线上任何一点和坐标原点的线段的斜率,就是相应的 AP 值。因此,在过原点作 TP 曲线的切线,在该切点处 AP 达到最大,而后下降。在图 4.1 中,在 OA 表示的生产要素变化范围内,总产量以递增的比率增加,平均产量和边际产量不断增加。当总产量到达 D 点时,增长比率由递增变为递减,平均产量继续增加,边际产量达到最大值。

第三,边际产量和平均产量。由于边际产量代表的是新增一单位的投入而多生产出来的产量和产出,而平均产量代表的是总产量除以总投入的单位数。因此,当边际产量大于平均产量时,平均产量必然会增加;当边际产量小于平均产量时,平均产量必然递减;只有当平均产量等于边际产量时,平均产量才会达到最大值。这表现在图 4.1 中,边际产量曲线在平均产量曲线的最高点 H 点与其相交。

三、边际收益递减规律

通过表 4.1 和图 4.1,可以发现边际产量表现出先上升后下降的特征,这实际上反映了经济学中一个比较重要的规律,即边际收益递减规律,有时也被称为边际报酬递减规律或边际产量递减规律。

所谓边际收益递减规律,是指在技术水平不变的条件下,当连续等量地把一种可变要素追加到其他一种或几种数量不变的生产要素上去的过程中,这种可变要素的投入量小于某一特定值时,增加一单位该要素的投入量所带来的边际产量是递增的;当这种可变要素的投入量连续增加并超过这个特定值时,增加一单位该要素的投入量所带来的边际产量是递减的。

边际收益递减规律表明了一个很基本的关系。当一种投入如劳动,被更多地追加于既定的土地、机器和其他投入要素上时,每单位劳动所能发挥作用的对象越来越有限。土地会越来越拥挤,机器会被过度地使用,从而劳动的边际产量会下降。

边际收益递减规律要发生作用必须具备以下三个前提条件:

第一,生产要素投入量的比例是可变的。这就说明,在保持其他生产要素不变而只增加某种生产要素投入量的时候,边际报酬才发生递减。如果各种生产要素投入量按原比例同时增加,边际收益不一定递减。

第二,技术水平保持不变。如果技术水平提高了,在保持其他生产要素不变而增加某种生产要素时,边际收益不一定递减而有可能递增。

第三,所增加的生产要素具有同样的效率。如果增加的第二个单位的生产要素比第一个单位有更大的效率,那么边际收益不是递减而可能递增。

在具备这三个条件的情况下,边际收益递减规律成立的原因在于:在任何产品的生产过程中,可变要素的投入量和不变要素的投入量之间都存在着一个最佳的组合比例。

开始时,由于可变要素的投入量为零,而不变要素的投入量总是存在的,因此,生产要素的组合比例远远没有达到最佳状态。随着可变要素投入量的逐渐增加,生产要素的组合越来越接近最佳组合比例,在这一过程中,可变要素的边际产量必然呈递增趋势。一旦生产要素组合达到最佳比例时,可变要素的边际产量达到最大值。在这之后,随着可变要素投入量的继续增加,生产要素的组合越来越偏离最佳组合比例,可变要素的边际产量便呈现递减趋势了。正是由于边际收益递减规律的存在,决定了边际产量曲线呈现出先升后降的趋势。

四、短期生产的三个阶段

前面主要分析了总产量、平均产量和边际产量及边际收益递减规律,但是,作为追求利润最大化的厂商,在生产中应如何安排要素投入才算合理呢?根据总产量、平均产量和边际产量的变化,可将生产划为三个阶段,如图4.2所示。

在阶段Ⅰ中,边际产量先递增后递减,总产量和平均产量都呈上升趋势。劳动的边际产量是正值,说明在该阶段增加可变要素劳动的数量,能进一步提高总产量,增加收益。显然,一个有理性的生产者通常不会把可变投入的使用量限制在这一阶段内,因为只要生产要素的价格和产品的价格给定不变,进一步扩大可变投入的使用量从而使产量扩大是有利可图的,至少到平均产量达到最高点为止。

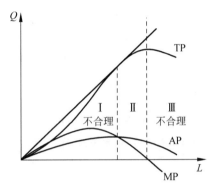

图4.2 短期生产的三个阶段

在阶段Ⅲ中,边际产量为负值,总产量和平均产量均呈递减趋势。在此阶段,生产要素投入过多,非但不能增加生产,反而会使总产量减少,使生产者蒙受资源浪费和产量减少的双重损失。因此,阶段Ⅲ可称为生产不经济的阶段。

在阶段Ⅱ中,边际产量递减,但仍为正值;平均产量呈递减趋势;总产量仍呈上升趋势。因此,理性厂商会在平均产量最大和总产量最大这两点之间寻找自己的合意生产点。由此看来,只有第Ⅱ阶段才是可变投入使用量的合理区间。因此,阶段Ⅱ称为生产的经济阶段,也称为生产的决策区。

第四节 长期生产函数

上一节主要以短期为考察对象,分析了在其他要素不变的情况下,一种要素的投入与产出量之间的关系。而在长期中,所有生产要素投入量都是可变的。假定厂商只使用劳动和资本两种可变要素,则长期函数往往可以表现为

$$Q = f(L,K) \tag{4-10}$$

本节将以此为基础,来研究在成本一定的条件下,投入要素之间怎样组合,才能使产量最大;或在产量一定的条件下,怎样组合,才能使成本最低,即多种投入要素最优组合问题。

一、等产量线

(一) 等产量曲线及其特征

假设生产 24 吨玉米所需的劳动和资本的组合可以为(5,7)、(4,9)、(3,12)、(2,18)(表 4.2)。将这些数据描绘在坐标轴上,即可得到一条曲线(图 4.3),这条曲线就是等产量曲线。

表 4.2 生产产量为 24 吨玉米的劳动与资本组合

劳动投入量 L	资本投入量 K
5	7
4	9
3	12
2	18

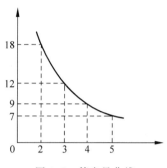

图 4.3 等产量曲线

所谓等产量曲线(isoquant curve),是指在技术水平不变的条件下,生产同一产量的两种生产要素投入的各种不同组合点的轨迹。生产理论中的等产量曲线和效用理论中的无差异曲线很相似,所以它又被称作"生产的无差异曲线"。等产量曲线和无差异曲线的几何性质是相似的,唯一的区别在于,无差异曲线表达的是消费者对两种消费品的效用大小的主观评价,等产量线表达的是投入品数量与产出量之间的关系。因此等产量线同无差异线一样具有以下特点。

第一,一般情况下,等产量曲线向右下方倾斜,其斜率为负值。这是因为等产量曲线上的每一个点都代表着能生产同一产量的两种投入的有效组合,这意味着增加一单位某种投入的使用量,要保持产量不变,就必须相应减少另一种投入的使用量,如果不是这样的话,则说明这一点所代表的投入组合是无效率的。

第二,在同一平面图上,可以有无数条等产量曲线,距离原点越远的等产量线所代表的产量越大;越接近原点,所代表的产量水平越低;在同一条等产量曲线上的各点,都代表同一产量水平。

第三,同一平面上的任意两条等产量曲线不能相交。这是因为,两条等产量曲线相交之点意味着该点代表的劳动与资本数量都是一样的,这与不同的等产量曲线代表不同的产量显然是矛盾的。

第四,等产量曲线通常凸向原点。对于这一点的解释,将通过下面所述的边际技术替代率递减规律加以说明。

(二) 边际技术替代率及其递减规律

1. 边际技术替代率

与等产量曲线相联系的一个概念是边际技术替代率。由于长期中两种生产要素都是可变的,则厂商可以通过两种要素之间的相互替代,来维持一个既定的产量水平。如为了生产 24 吨玉米,可以使用较多的劳动和较少的资本,也可以使用较少的劳动和较多的资本。实际上,这可以看成是劳动与资本之间的互相替代。所谓边际技术替代率(marginal rate of technical substitution,MRTS),是指在维持产量水平不变的条件下,增加一单位某种生产要素投入量时所减少的另一种要素的投入量。劳动对资本的边际技术替代率的定义公式为

$$\text{MRTS}_{LK} = \frac{K \text{ 的减少量}}{L \text{ 的增加量}} = -\frac{\Delta K}{\Delta L} \tag{4-11}$$

式中,ΔK 和 ΔL 分别为资本投入量和劳动投入量的变化量。公式中加一负号是为了使 MRTS_{LK} 值为正,便于比较。

从等产量曲线的特性来看,等产量曲线上某一点的边际技术替代率就是等产量曲线在该点斜率的绝对值,因此相应的边际技术替代率的定义公式为

$$\text{MRTS}_{LK} = \lim_{\Delta L \to 0} \left(\frac{-\Delta K}{\Delta L} \right) = -\frac{\mathrm{d}K}{\mathrm{d}L} \tag{4-12}$$

此外,边际技术替代率也可用 L 和 K 的边际产量之比来表示。因为放弃一单位的劳动,产量将减少 MP_L,如果放弃 ΔL 的劳动,产量将减少 $\text{MP}_L \cdot \Delta L$,为了维持原产出水平,势必会增加资本的投入,而每增加一单位资本可增加的产量为 MP_K,因此增加 ΔK 的资本,可以增加 $\text{MP}_K \cdot \Delta K$ 的产量。在相同的产量水平下,劳动减少而导致下降的产量必将与资本增加所提高的产量相同,即 $\text{MP}_L \cdot \Delta L + \text{MP}_K \cdot \Delta K = 0$(增加与减少的产量之和必须为零),故

$$\text{MRTS}_{LK} = -\frac{\Delta K}{\Delta L} = \frac{\text{MP}_L}{\text{MP}_K} \tag{4-13}$$

2. 边际技术替代率递减规律

在两种生产要素相互替代过程中,普遍地存在着这么一种现象:在维持产量不变的前提下,当一种生产要素的投入量不断增加时,每一单位的这种生产要素所能替代的另一种生产要素的数量是递减的。这一现象被称为边际技术替代率递减规律。如图 4.4 所示,在两要素的投入组合沿着既定的等产量曲线 Q_0 由 a 点顺次运动到 b 点、c 点和 d 点的过程中,劳动投入量等量地由 L_1 增加到 L_2,再增加到 L_3 和 L_4,即有 $OL_2 - OL_1 = OL_3 - OL_2 = OL_4 - OL_3$,而相应的资本投入量的减少量为 $OK_1 - OK_2 > OK_2 - OK_3 > OK_3 - OK_4$。这表示:在产量不变的条件下,在劳动投入量不断增加和资本投入量不断减少的替代过程中,边际技术替代率是递减的。

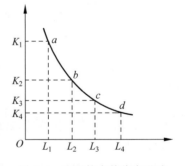

图 4.4 边际技术替代率递减

边际技术替代率递减的主要原因在于:任何一种产品的生产技术都要求各要素投入之间有适当的比例,这意味着要素之间的替代是有限制的。简单地说,以劳动和资本两种要素投入为例,在劳动投入量很少和资本投入量很多的情况下,减少一些资本投入量可以很容易地通过增加劳动投入量来弥补,以维持原有的产

量水平,即劳动对资本的替代是很容易的。但是,在劳动投入增加到相当多的数量和资本投入量减少到相当少的数量的情况下,再用劳动去替代资本就将是很困难的了。

等产量曲线之所以具有凸向原点的特征,也是由边际技术替代率递减规律所决定的。因为等产量曲线上某一点的边际技术替代率就是等产量曲线在该点的斜率的绝对值,又由于边际技术替代率是递减的,所以,等产量曲线的斜率的绝对值是递减的,即等产量曲线是凸向原点的。

（三）生产的经济区域

在所有投入的资本和劳动两种要素都可以变动的情况下,不存在像只有一种生产要素投入情况下那种生产三个阶段的划分。但是,对于追求最大利润的厂商来说,总是希望尽可能用比较少的劳动和资本投入量去生产一个既定的产量。因此,在等产量曲线平面图中,存在着生产的经济区域和非经济区域的划分。

在图 4.5 中,有四条等产量曲线:Q_1、Q_2、Q_3 和 Q_4。就其中任一条等产量曲线而言,并非在曲线上的每一点上斜率都是负的,也就说并非曲线上每一点的边际技术替代率都是正值。为此,在四条曲线上,找出斜率为零和斜率为无穷大的点,然后分别将这些点连成两条曲线 OF 和 OE。这两条曲线就称为脊线。

所谓脊线(ridge line)是指连接等产量曲线上边际技术替代率为零与连接等产量曲线上边际技术替代率为无穷大的两条曲线。其中,OE 又称之为上脊线,代表生产既定产量的最小 L 和最大 K 的各种组合;脊线 OF 又被称为下脊线,代表生产既定产量的最小 K 和最大 L 的各种组合。处于 OE 以上的区域,资本的边际产量为负,等产量曲线斜率为正,K、L 同时增加才能维持产量;而 OF 以下的区域,劳动的边际产量为负,同样等产量曲线斜率为正,且 K、L 同时增加才能维持产量。相反,脊线 OE、OF 以内的区域等产量曲线斜率为负,L、K 的相互替代可生产既定产量。这表明,在脊线以外,为了维持既定的产量水平,在增加一种要素的同时必须增加另一种要素,要素之间并不存在替代关系。若将生产从脊线以外的区域移到脊线以内的区域,既维持了既定的产出

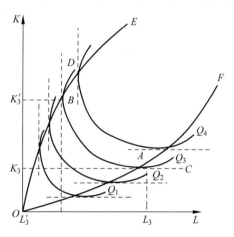

图 4.5　生产的经济区域

水平,又节约了资本与劳动两种要素的投入,因此脊线以外的区域是生产的非经济区域,而脊线以内的区域是生产的经济区域。

二、等成本线

要探讨生产者的最佳行为,除了考虑产量之外,厂商对生产要素的购买支付也是一个重要的问题。所以在生产论中,等成本线是一个非常重要的分析工具。

等成本线(isocost lines)是在既定的成本和既定生产要素价格条件下生产者可以购

买到的两种生产要素的各种不同数量组合的轨迹。假定厂商使用劳动和资本两种生产要素,要素市场上既定的劳动价格即工资为 w,既定的资本价格即利息率为 r,厂商既定的成本支出为 C,则成本方程式为

$$C = wL + rK \tag{4-14}$$

由成本方程可得

$$K = -\frac{w}{r}L + \frac{C}{r} \tag{4-15}$$

根据等成本方程式可知,等成本线的纵截距为 $\frac{C}{r}$,等成本线的斜率为 $-\frac{w}{r}$,即为两种生产要素价格之比的负值。当成本一定时,如果不买劳动只买资本,则 $C = rK$,如果不买资本只买劳动,则 $C = wL$。因此在资本一定的情况下 $rK = wL$,即 $\frac{K}{L} = \frac{w}{r}$,即等成本线斜率绝对值等于两种要素 L 和 K 的价格比。

由于上述成本方程式是线性的,所以等成本线必定是一条直线(图 4.6)。图中横轴上的点 $\frac{C}{w}$ 表示既定的全部成本都购买劳动时的数量,纵轴上的点 $\frac{C}{r}$ 表示既定的全部成本都购买资本时的数量,连接这两点的线段就是等成本线。它表示既定的全部成本所能购买到的劳动和资本的各种组合。在图 4.6 中,等成本线以内区域中的任何一点,如 A 点,表示既定的全部成本都用来购买该点的劳动和资本的组合后还有剩余。等成本线以外的区域中的任何一点,如 B 点,表示用既定的全部成本购买该点的劳动和资本的组合是不够的。唯有成本线上的任何一点,才表示用既定的全部成本刚好购买到的劳动和资本的组合。

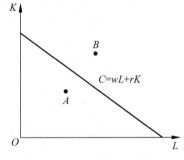

图 4.6 等成本线

在成本固定和要素价格已知的条件下,便可得到一条等成本线。所以,任何关于成本和要素价格的变动,都会使等成本线发生变化。例如,当资本价格不变,而劳动价格发生变化时,会使等成本线左右旋转。如果两种生产要素的价格不变,等成本线可因总成本的增加或减少而平行移动。在同一平面上,距离原点越远的等成本线代表成本水平越高。

三、生产要素的最优组合

等产量曲线表达生产任一给定产量所需两种要素之各种可能的组合。等成本线描述了任一给定总成本可能买进的两种要素之各种可能的组合。作为追求利润最大化的厂商来说,它理性的决策就是确定一个他所能购买的两种要素数量的组合,以便用最低的成本来生产既定数量的产品,或者以既定的成本所生产的产量最大。

(一) 既定成本条件下的产量最大化

假定在一定的技术条件下,厂商的总成本固定不变,并已知生产要素的价格,那么厂

商应如何确定要素的投入量,才能使产量最大化呢?

因为成本固定,所以图 4.7 中只有一条等成本线,但可供厂商选择的产量水平有很多,图中画出了三个产量水平 Q_1、Q_2、Q_3,并且 $Q_3>Q_2>Q_1$。图中等产量线 Q_3 代表的产量水平最高,但处于等成本线以外的区域,表明厂商在既定成本条件下,不能购买到生产 Q_3 产量所需要的要素组合,因此 Q_3 代表厂商在既定成本下无法实现的产量。等产量曲线 Q_1 与等成本线相交于 M 点和 N 点,虽然它们所代表的总成本与既定总成本相等,但 Q_1 所代表的产量低于 Q_2 所代表的产量。而在等产量曲线 Q_2 上,除 E 点之外的其他各点虽然代表的产量与 E 点相等,但这些

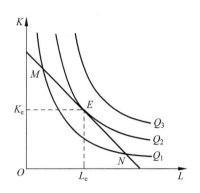

图 4.7 既定成本条件下的产量最大化

点均在等成本线的右上方,表明购买资本和劳动的成本远远大于既定的成本。所以,最优组合点只能是等成本曲线与等产量曲线相切的那一点,即图 4.7 中的 E 点。

由于过等产量曲线 Q_2 上 E 点所作切线的斜率是 E 点的劳动与资本的边际技术替代率,且有

$$|MP_K \cdot \Delta K| = |MP_L \cdot \Delta L|$$

即

$$MRTS_{LK} = -\frac{\Delta K}{\Delta L} = \frac{MP_L}{MP_K} \tag{4-16}$$

而等成本线的斜率的绝对值为 $\dfrac{w}{r}$。因此,在 E 点上,有

$$MRTS_{LK} = \frac{MP_L}{MP_K} = \frac{w}{r} \tag{4-17}$$

这就是说,两种变动要素的最优组合条件是等产量曲线和等成本线的切点,或两要素的边际技术替代率(两种要素的边际产量的比率)与两种要素价格比率相等,或一种要素每增加一单位货币所增加的产量和另一种投入要素每增加一单位货币所增加的产量相等。在投入要素价格既定的条件下,如果两种变动要素的边际技术替代率大于要素的价格比率(如图 4.7 中的 M 点),就意味着使用劳动要素有利,厂商应设法增加 L 要素,相应减少 K 要素,直到边际技术替代率降低到与两种要素价格的比率相等为止。同理,当两种变动要素的边际技术替代率小于要素的价格比率时(如图 4.7 中的 N 点),厂商则应减少 L 要素,增加 K 要素,直到 $\dfrac{MP_L}{MP_K} = \dfrac{w}{r}$ 为止。

(二) 既定产量下的成本最小化

假定在一定的技术条件下,厂商的产量既定,并已知生产要素的价格,则厂商两种要素的最优组合可利用图 4.8 说明。

在图 4.8 中,Q 代表既定产量的等产量曲线,C_1、C_2 和 C_3 分别代表不同水平的等成本线,且 $C_1<C_2<C_3$。等产量曲线 Q 与等成本线 C_2 相切于 E 点,切点 E 即为最优要素投入

组合点。这是因为，C_1 与 Q 既不相交，也不相切，表明只花费 C_1 所代表的总成本，根本无法达到 Q 的产量水平；C_3 与 Q 曲线在 M 点和 N 点相交，虽然它们代表的产量与既定产量相等，但所花费的总成本均高于 C_2 所代表的成本水平，所以最优组合点不可能在 C_3 线上；在 C_2 线上，除 E 点之外的其他各点虽然代表的总成本水平与 E 点相等，但产量均低于既定产量。因此，只有 E 点表示的要素投入组合才是成本最低的组合。

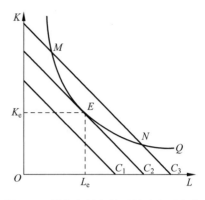

图 4.8　既定产量条件下的成本最小化

因此厂商最优组合的约束条件是

$$\text{MRTS}_{LK} = \frac{w}{r} = \frac{\text{MP}_L}{\text{MP}_K} \quad (4\text{-}18)$$

式(4-18)表示厂商应该选择最优的生产要素组合，使两要素的边际技术替代率等于两要素的价格之比，从而实现成本既定条件下产量最大，或产量既定条件下成本最小。

四、生产扩展线

等产量曲线与等成本线的切点所代表的生产要素组合，被认为是厂商最优要素组合。在其他条件不变的情况下，当生产的产量或成本发生变化时，企业会重新选择最优的生产要素组合，在变化了的产量条件下实现最小的成本，或在变化了的成本条件下实现最大的产量。

如果生产要素的价格、生产技术和其他条件不变，厂商的经费支出增加，等成本线会平行地向上移动，厂商可以扩大生产要素的投入以增加产量。向上移动的等成本曲线与更高的等产量曲线相切，形成一系列不同的生产者均衡点。把所有这些点连接起来形成的曲线叫作生产扩展线(productive expansion curve)，如图 4.9 所示。

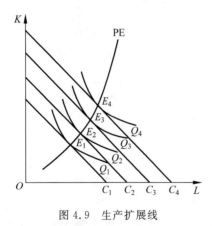

图 4.9　生产扩展线

图 4.9 中的曲线 PE 是一条扩展线。由于生产要素价格保持不变，两要素的价格比例是固定的，又由于生产均衡的条件为两要素的边际技术替代率等于两要素的价格比例，所以，在扩展线上所有的生产均衡点上边际技术替代率都是相等的。

扩展线表示：在生产要素价格、生产技术和其他条件不变的情况下，当生产的成本或产量发生变化时，厂商必然会沿着扩展线来选择最优的生产要素组合，从而实现既定成本条件下的最大产量，或实现既定产量条件下的最小成本。扩展线是厂商在长期的扩张或收缩生产时必须遵循的路线。

五、规模报酬

由于从长期来看，企业可以通过调整全部生产要素的投入，影响生产规模的变动，进而引起产出水平的变动,这就涉及规模报酬的变动问题。为了研究方便,在生产理论中,通常是以全部的生产要素都以相同的比例发生变化来定义企业的生产规模的变化。

所谓规模报酬变化是指在其他条件不变的情况下,企业内部各种生产要素按相同比例变化时所带来的产量变化。例如,某厂商扩大生产规模,使其投入的数量增加为原来的 n 倍,则其产出可能也是 n 倍,也可能大于 n 倍或小于 n 倍。为此,视不同产业而异,规模报酬可以分为规模报酬递增、规模报酬不变和规模报酬递减三种类型。

所谓规模报酬递增是指产量增加的比例大于各种生产要素增加的比例。例如,当劳动和资本的投入都增加100%时,产出的增加将大于100%。造成规模报酬递增的原因在于规模扩大带来生产效率的提高。例如,厂商利用更先进的技术、设备,企业内部分工更加合理和专业化,投入较多的技术培训和具有一定规模的生产经营管理,均可以形成规模报酬递增。

规模报酬不变是指产量增加的比例等于各种生产要素增加的比例。例如,当劳动和资本的投入都增加100%时,产出的增加也是100%。造成规模报酬不变的原因,是由于在规模报酬递增阶段的后期,大规模生产的优越性已得到充分发挥,厂商逐渐用完了种种规模优势,从而导致厂商规模增加的幅度与报酬增加幅度相等。

如果产量增加的比例小于各种生产要素增加的比例,则为规模报酬递减。例如,当劳动和资本的投入都增加100%时,产出的增加小于100%。造成规模报酬递减的原因在于,由于规模过大使得生产的各个方面难以协调,从而降低生产效率。这表现在企业内部合理分工的破坏,生产有效运行的障碍,获取生产决策所需的各种信息的不易等方面。

由于规模报酬分析研究的是企业的生产规模变动与它所引起的产量变动之间的关系,而等产量曲线是由生产函数推导出来的,因此可以从等产量曲线的图形来判断规模报酬究竟是递增、递减还是固定的。

图4.10(a)表示规模报酬递增:如从 A 点到 B 点,两要素的增加比例为 $\frac{L_1L_2}{OL_1}=\frac{K_1K_2}{OK_1}<1$,而产量增加的比例为100%,产量增加比例大于两要素增加的比例。在规模报酬递增的情况下有 $OA>AB>BC$。

图4.10(b)表示规模报酬不变:如从 D 点到 E 点,两要素的增加比例为 $\frac{L_1L_2}{OL_1}=\frac{K_1K_2}{OK_1}=1$,而产量增加的比例为100%,产量增加比例等于两要素增加的比例。在规模报酬不变的情况下有 $OD=DE=EF$。

图4.10(c)表示规模报酬递减:如从 G 点到 H 点,两要素的增加比例为 $\frac{L_1L_2}{OL_1}=\frac{K_1K_2}{OK_1}>1$,而产量增加的比例为100%,产量增加比例小于两要素增加的比例。在规模报酬递减的情况下有 $OG<GH<HI$。

一般来说,企业规模报酬变化呈现出如下规律:当企业从最初的很小的生产规模开始逐步扩大的时候,企业面临的是规模报酬递增的阶段。在企业得到了由生产规模扩大所带来产量递增的全部好处以后,一般会继续扩大生产规模,将生产保持在规模报酬不变

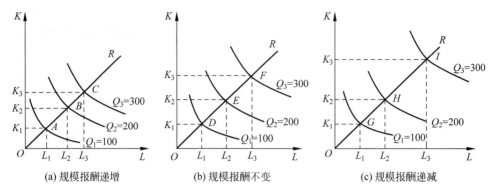

图 4.10　等产量曲线与规模报酬递减、规模报酬不变和规模报酬递减的情况

的阶段。这个阶段有可能比较长。在这以后，企业若继续扩大生产规模，就会进入一个规模报酬递减阶段。

本 章 小 结

生产者行为理论的核心是，生产者如何最有效地分配和使用有限的资源，以达到利润最大化的目标。而围绕着这个目标，必须处理好投入与产出之间的关系。本章主要从生产函数着手，分析了投入的生产要素与产出量之间的关系。通过本章学习，要求学生在了解厂商组织形式和经营目标的基础之上，借助对短期生产函数和长期生产函数的分析，重点掌握边际报酬递减规律、等产量曲线、边际技术替代率，以及既定成本条件下的产量最大化和既定产量条件下的成本最小化等内容。

人物介绍：道格拉斯、威廉斯坦利·杰文斯

课后练习题

一、名词解释

1. 边际收益递减规律：在技术水平不变的条件下，当连续等量地把一种可变要素追加到其他一种或几种数量不变的生产要素上去的过程中，这种可变要素的投入量小于某一特定值时，增加一单位该要素的投入量所带来的边际产量是递增的。当这种可变要素的投入量连续增加并超过这个特定值时，增加一单位该要素的投入量所带来的边际产量是递减的。

2. 等产量曲线：是指在技术水平不变的条件下，生产同一产量的两种生产要素投入的各种不同组合点的轨迹。

3. 边际技术替代率：在维持产量水平不变的条件下，增加一个单位的某要素投入量时所减少的另一种要素的投入数量。

4. 边际技术替代率递减规律：在维持产量不变的前提下，当一种生产要素的投入量不断增加时，每一单位的这种生产要素所能替代的另一种生产要素的数量是递减的。

二、单项选择题

1. 经济学中短期与长期划分取决于（　　）。
   A. 时间长短
   B. 可否调整产量
   C. 可否调整产品价格
   D. 可否调整生产规模

2. 当劳动（L）的总产量下降时，（　　）。
   A. AP_L是递增的
   B. AP_L为零
   C. MP_L为零
   D. MP_L为负

3. 对于一种可变生产要素的生产函数 $Q=f(L,K)$ 而言，当 TP_L 达到最大值且已开始递减时，MP_L 处于（　　）阶段。
   A. 递减且 $MP_L<0$
   B. 递减但是 $MP_L>0$
   C. $MP_L=0$
   D. 无法确定 MP_L 值

4. 如果连续地增加某种生产要素，在总产量达到最大时，边际产量曲线（　　）。
   A. 为正
   B. 为负
   C. 为零
   D. 上述任何一种都对

5. 等产量线上某一点的切线的斜率等于（　　）。
   A. 预算线的斜率
   B. 等成本线的斜率
   C. 边际技术替代率
   D. 边际报酬

6. 在以横轴表示生产要素 X，纵轴表示生产要素 Y 的坐标系中，等成本曲线斜率绝对值等于2表明（　　）。
   A. $P_X/P_Y=2$
   B. $Q_X/Q_Y=2$
   C. $MP_L/P_L=MP_K/P_K$
   D. 上述任意一项

7. 等成本线向外平行移动表明（　　）。
   A. 产量提高
   B. 投入的成本增加
   C. 生产要素价格按相同比例上升了
   D. 上述都是

8. 等成本曲线围绕着它与纵轴的交点逆时针移动表明（　　）。
   A. 生产要素 Y 的价格上升了
   B. 生产要素 X 的价格上升了
   C. 生产要素 X 的价格下降了
   D. 生产要素 Y 的价格下降了

9. 下列有关厂商的利润、收益和成本的关系描述正确的是（　　）。
   A. 收益多，成本高，则利润就大
   B. 收益多，成本高，则利润就小
   C. 收益多，成本低，则利润就大
   D. 收益多，成本低，则利润就小

10. 如果连续地增加某种生产要素，在总产量达到最大值的时候，边际产量曲线与（　　）相交。
    A. 平均产量曲线
    B. 纵轴
    C. 横轴
    D. 总产量曲线

11. 在经济学中，短期是指（　　）。
    A. 一年或一年以内的时期
    B. 在这一时期内所有投入要素均是固定不变的
    C. 在这一时期内所有投入要素均是可以变动的
    D. 在这一时期内生产者来不及调整全部生产要素的数量，至少有一种生产要素的数量是固定不变的

12. 下列各说法中错误的是(   )。
    A. 只要总产量减少,边际产量一定是负数
    B. 只要边际产量减少,总产量一定也减少
    C. 随着某种生产要素投入量的增加,边际产量和平均产量增加到一定程度将趋于下降
    D. 边际产量曲线一定在平均产量曲线的最高点与之相交

13. 等产量曲线(   )。
    A. 说明了为生产一个给定的产出量而可能的各种投入要素的组合
    B. 除非得到所有要素的价格,否则不能画出该曲线
    C. 表明了投入与产出的关系
    D. 表示无论投入数量怎样变化,产出量都是一定的

14. 当生产处于有效区域内时,等产量线应该为(   )。
    A. 凸向原点   B. 负向倾斜   C. 不相交   D. 以上均对

15. 已知等成本曲线与等产量曲线既不相交也不相切,此时,要达到等产量曲线所表示的产出水平,应该(   )。
    A. 增加投入   B. 保持原投入不变
    C. 减少投入   D. A 或者 B

16. 边际收益递减规律发生作用的前提条件是(   )。
    A. 连续地投入某种生产要素而保持其他生产要素不变
    B. 生产技术既定不变
    C. 按比例同时增加各种生产要素
    D. A 和 B

17. 下列关于等产量曲线说法错误的是(   )。
    A. 向右下方倾斜
    B. 在同一平面图上可以有无数条等产量线
    C. 等产量曲线是凸向原点的
    D. 同一平面上的等产量线可以相交

三、多选题

1. 边际报酬递减规律发生作用的前提是(   )。
    A. 存在技术进步   B. 生产技术水平不变
    C. 具有两种以上可变要素的生产   D. 只有一种可变要素的生产

2. 关于生产函数 $Q=f(K,L)$ 的生产的第二阶段应该是(   )。
    A. 开始于 AP_L 递减处,终止于 MP_L 为零处
    B. 开始于 MP_L 开始递减处,终止于 AP_L 为零处
    C. 开始于 AP_L 曲线和 MP_L 曲线相交处,终止于 MP_L 曲线和水平轴的相交处
    D. 开始于 AP_L 的最高点,终止于 TP_L 的最高点

3. 随着某要素投入增加,总产量、平均产量和边际产量描述正确的是(   )。
    A. 总产量、平均产量和边际产量都是先增加后减少

B. 边际产量最先由递增变递减

C. 当平均产量和边际产量相等时平均产量达到最大值

D. 当边际产量为零时总产量达到最大值

4. 如果只有一种生产要素可以变动,那么要素合理投入量应处于(　　)。

A. 生产要素投入的第二区域

B. 平均产量和边际产量都递增的阶段

C. 平均产量和边际产量都递减并且大于 0 的阶段

D. 平均产量递增,而边际产量递减的阶段

E. 平均产量递减,而边际产量递增的阶段

四、判断题

1. 在生产函数中,只要有一种投入要素不变,便是短期生产函数。(　　)

2. 边际产量曲线穿过平均产量曲线最高点并带动其下降。(　　)

3. 边际报酬递减规律发生作用的前提之一是生产要素均为可变要素。(　　)

4. 边际报酬递减规律发生作用的前提之一是存在技术进步。(　　)

五、简答题

简述边际技术替代率具有递减规律的原因。

六、计算题

1. 已知某厂商生产函数为 $Q=2KL-0.4L^2-0.6K^2$,处于短期生产,当 $K=5$ 时,求:

(1) 劳动的总产量函数、劳动的平均产量函数和劳动的边际产量函数。

(2) 分别计算劳动的总产量函数、劳动的平均产量函数和劳动的边际产量函数达到最大时的劳动投入量。

2. 已知某厂商的生产函数为 $Q=L^{3/8}K^{5/8}$,又 $P_L=3$ 元,$P_K=5$ 元。求:

(1) 产量 $Q=10$ 时的最低成本支出和使用的 L 与 K 的数量。

(2) 产量 $Q=25$ 时的最低成本支出和使用的 L 与 K 的数量。

(3) 总成本为 160 元时厂商均衡的 Q、L 与 K 的值。

第五章

成本理论

本章导读

青岛是我国著名的滨海旅游度假胜地,这里有温暖的海水、细软的沙滩还有美味的海鲜,城市风景优美秀丽,一到夏季便游人如织,但每年的10月到次年的4月,长达半年的时间里,海滨的高级饭店和旅游景点的生意就很惨淡,游人很少。不过即使是在旅游淡季,饭店和景点仍然开门营业,惨淡经营。既然这个时段亏本,他们为什么不关门,等到旅游旺季再开门呢?这是因为饭店和景点的成本主要是固定成本,它已经支出了,如果停止营业的话,一样会产生费用,不如继续营业,只要收入能支付可变成本就行了。再说如果旅游旺季开门淡季关门的话,一方面员工拿不到稳定的工资收入会流失,使得旺季也无法经营,另一方面饭店和景点的声誉也会受到影响。

可见,生产者要想在经营中获得最大利润,必须合理地考虑生产要素的投入,尽可能地降低成本,扩大供给,增加收入。因此,对于成本理论的研究是西方经济学中的一个重要内容。

第一节 成本与利润概述

在现实世界中,生产几乎无处不在,而成本则与生产紧密相连。生产汽车,企业需要投入钢铁、橡胶、劳动等生产要素;开办学校,需要建设校舍、使用水电、雇用师资等。因此作为市场主体的生产者,其在生产过程中必须考虑投入要素的多少,才能实现其追求利润最大化的目的。在现代西方经济学中,经济成本(economic cost)是指厂商为生产一定数量的产品和劳务所消耗的生产要素的价格总额。换句话说,成本是指生产要素的所有者从生产中所得到的报酬或补偿。成本作为生产经营中所支付的费用,要随着经营规模的扩大和产量的增加而变化,因此成本和产量之间有密切的依存关系,即成本随着产量的变动而变动。用公式表示这种关系即成本函数(cost function),可写成

$$C = f(Q, P) \tag{5-1}$$

生产要素的价格是由要素市场上生产要素的供求决定的。因此,本章这里假定要素的价格不变,主要研究的是成本支出与产量之间的函数关系,所以成本函数又可以记作

$$C = f(Q) \tag{5-2}$$

而产量 Q 又是生产要素投入量的函数:

$$Q = f(L, K) \tag{5-3}$$

代入后得

$$C = f(L, K) \tag{5-4}$$

这说明总成本既是总产量的函数,又是生产要素投入量的函数。

一、机会成本

经济学是要研究一个经济社会如何对稀缺的资源进行合理配置的问题。因此,资源的稀缺性是西方经济学研究的重要前提。在这一前提下,作为生产者来说,他所面临的问题不仅仅是如何能保证生产要素供给的充足,而且还要保证现有的资源如何配置才能使生产达到最优化。例如,某农民拥有一块土地,可以种植小麦或玉米。如果他选择了种植玉米,那么他实际上就放弃了种植小麦给他带来的收入;而相反,如果种的是小麦,那么他就享受不到种植玉米所获得的收入。由此,便产生了机会成本的概念。所谓机会成本(opportunity cost)是指生产者利用一定资源获得某项收入时,所放弃用同样资源来生产其他产品所能得到的最高收入,或将同样资源投入另外一种用途时所能获得的最高收益。"鱼,我所欲也;熊掌,亦我所欲也;二者不可兼得,舍鱼而取熊掌者也。"取熊掌,这时的机会成本就是舍鱼的费用。

【专栏 5-1】 比尔·盖茨的选择

如果比尔·盖茨走在路上突然掉了 10 美元,这时,在他面前有两种选择:一是弯腰捡钱,二是继续前行。相比较而言,是第一种选择合理呢,还是置之不理以节省时间更为划算?我们从经济学的"机会成本"角度来对此事讨论一下。比尔·盖茨创业已经有 30 多年,目前积累的财产数以百亿美元计,如果将时间换算成金钱的话,那么,他每秒钟的价值远超 10 美元,而他弯腰捡钱至少要花掉两三秒钟。由此可以看出,他将弯腰捡钱的时间花在工作上的话,所获利润更多。所以从经济学"机会成本"的角度,比尔·盖茨不应该弯腰捡钱。

需要注意的是,经济学中所讨论的机会成本与财务会计中的成本概念是不同的。所谓会计成本(accounting cost)是指在生产过程中按市场价格直接支付的一切费用,这种费用是实实在在发生的,一般可以通过会计账目反映出来。而机会成本则不同,它不是作出某项选择时实际支付的费用或损失,但它是决策者进行正确决策所必须考虑的现实因素。忽视了机会成本,往往有可能使投资决策分析发生失误。从这一角度来说,机会成本实际上是一种观念上的成本或损失。这就促使生产者在作出任何决策时,都要使收益大于或至少等于机会成本。如果机会成本大于收益,则这项决策从经济学的观点看就是不合理的。

此外,机会成本是作出一种选择时所放弃的其他若干种可能中最好的一种。虽然生产者在作出某种选择时,往往也会给其他生产者带来机会成本。但是西方经济学主要从单个生产者在作出某项投资或其他决策时,主要考虑自己的机会成本这一角度进行研究的。当然,利用机会成本概念进行经济分析时,还要具备相应的前提条件,具体包括:资源的用途有多种多样;资源的流动没有任何限制;资源的利用程度能得以最大限度的充分发挥;等等。

总之,机会成本这一概念,无论是从全社会的角度还是从个体经营的角度都可以使用。机会成本虽然有些抽象,但在西方经济学中是一个十分重要的经济学概念,不管是微观分析还是宏观分析都很重要。

二、显明成本与隐含成本

从企业所使用的要素本身的属性来看，企业的生产成本可以分为显明成本和隐含成本两个部分。显明成本（explicit cost）就是一般会计学上的成本概念。它是指厂商会计账目上作为成本项目记入账上的各项支出费用，由于这些成本在账目上一目了然，所以称为显明成本。例如，厂商在进行生产的时候，雇用工人所支付的工资、购买机器设备和原材料所支付的费用、向土地所有者租用土地所支付的租金，以及向银行贷款所支付的利息等都可以纳入显明成本的范畴。

隐含成本（implicit cost）是指厂商自己提供生产要素所应支付的费用。但这些费用并没有在会计成本账目上表现出来，所以叫作隐含成本。隐含成本相当于厂商本身所拥有的生产要素的报酬，它是厂商将自有的劳动、资本和土地投入自己经营的企业中而放弃的将这些生产性资源用于其他用途可赚钱的收入。因此，厂商自己投入的资金的利息、企业主为该厂提供的劳务应得的报酬等都属于隐含成本的范畴。

显明成本和隐含成本之间的区别说明了经济学家和会计师分析经营活动之间的主要不同。经济学家关心研究企业如何作出生产和定价决策，因此，当他们衡量成本时就包括了隐含成本。而会计师的工作是记录流入和流出企业的货币，他们只衡量显明成本而忽略了隐含成本。

【专栏5-2】 显明成本和隐含成本的小例子

某人是一家餐馆的老板。在经营这个餐馆的过程中，他付给工人的工资、支付的水电以及原材料的成本等属于明显的显明成本。但是很重要的一部分是隐性的。在开餐馆前，他可以帮助其他人管理其他店，而自己可以获得30 000元的年薪。现在为了创业，他辞掉了以前的工作，并花费50 000元装修房子、购买桌椅等设备，而如果将这笔钱存入银行，则可以为他带来3 000元的利息。这33 000元对他来说就是一种隐含成本。

此外，需要注意的是由于生产成本可以从机会成本的角度来考虑，因此显明成本和隐含成本也可以借助机会成本来理解。例如，显明成本虽然属于财务上的会计成本，但这些成本支出必须等于这些相同的生产要素用在其他最好途径时所能得到的收入，否则，这个企业就不能购买或租用到这些生产要素，并保持对他们的使用权。所以，经济学上成本概念与会计学上成本概念可以存在以下关系：

$$生产成本 = 机会成本$$
$$会计成本 = 显明成本$$
$$机会成本 = 显明成本 + 隐含成本$$

即
$$生产成本 = 会计成本 + 隐含成本$$

三、利润

在经济学中，追求利润最大化是生产者的目标。这里的利润是指经济利润（economic profit），等于总收益减去总成本的差额。总收益是指厂商销售产品和劳务的全部所得，即价格与销售量的乘积。而总成本则是企业的显明成本与隐含成本之和。因此经济学中的利润概念与会计利润也不一样。会计利润(accounting profit)是指厂商销售产品的总收益减去所有的显明成本或会计成本后的余额。可见,在会计利润的计算中没有考虑隐性成本,也就是厂商使用早已占有的并非购买也非租用的要素进行生产而导致的机会成本,这在会计记录中体现不出来,但经济分析中必须考虑这部分成本。

除了经济利润外,经济学中讲到利润时,还有一种被称为正常利润(normal profit)。由于隐含成本是指稀缺资源投入任意一种用途中所能得到的正常的收入,如果在某种用途上使用经济资源所得到的收入还抵不上这种资源正常的收入,厂商就会将这部分资源转向其他用途以获得更高的报酬。因此,在西方经济学中,隐含成本又被称为正常利润。正常利润相当于中等的、平均的利润,是指稀缺资源投入任何一种用途中所能得到的正常的收入。可见,经济利润等于会计利润减去隐含成本。

所以,对于正常利润、会计利润、经济利润可以存在以下关系:

正常利润 = 隐含成本
会计利润 = 总收益 — 显明成本
　　　　 = 经济利润 + 正常利润
　　　　 = 经济利润 + 隐含成本
经济利润 = 总收益 — 总成本
　　　　 = 总收益 —(显明成本 + 隐含成本)
　　　　 = 总收益 —(会计成本 + 隐含成本)
　　　　 = 总收益 —(会计成本 + 正常利润)

从上述公式中,可以发现经济利润可以为正、负或零。在西方经济学中经济利润是厂商生产经营活动的一项重要的指标,经济利润对资源配置和重新配置具有重要意义。如果某一行业存在着正的经济利润,这意味着该行业内企业的总收益超过了总成本,该行业有利可图,生产资源的所有者将要把资源从其他行业转入这个行业内。因为他们在该行业中可能获得的收益,超过该资源的其他用途。反之,如果一个行业的经济利润为负,生产资源将要从该行业退出。经济利润是资源配置和重新配置的信号。正的经济利润是资源进入某一行业的信号;负的经济利润是资源从某一行业撤出的信号;只有经济利润为零时,企业才没有进入某一行业或从中退出的动机。

第二节 短期成本分析

如同生产函数的分析一样,在成本分析中也要区分短期与长期,其划分标准是厂商能否全部调整生产要素的投入量。短期是只能调整部分生产要素,长期是可调整所有要素数量。由此,成本也分为短期成本和长期成本。本节研究的就是在一定时期内和一定技术水平下,一部分生产投入要素不变,一部分变动时的有关成本理论。

一、固定成本、可变成本和总成本

由于在短期内,厂商投入的全部生产要素中,只有一部分是可以变动的,而另一部分则固定不变。例如,在短期内,厂商可以调整原料、燃料及生产工人数量这些生产要素,而不能调整厂房、设备等生产要素。在短期内厂商从事生产所发生的成本称为短期成本(short-run cost)。根据短期内生产要素的变化情况,短期成本可以分为固定成本和可变成本两大类。

(一) 固定成本

固定成本(fixed cost, FC),是指不随产量变化而变化的成本。例如,贷款利息就是一种固定成本。厂商在取得贷款时已承诺在一定时期内按固定的利率支付利息,在这期间内不管是生产还是停产,是增产还是减产,厂商都要按期支付利息。除此之外,如厂房的租赁费、设备的购买和折旧等费用都属于固定成本的范畴。

而固定成本的总和称为固定总成本(total fixed cost, TFC)。由于在短期内不管企业的产量为多少,这部分不变要素的投入量都是不变的,所以,固定总成本是一个常数,它不随产量的变化而变化。即使产量为零时,固定总成本也依然存在。如图 5.1 所示,图中的横轴 Q 表示产量,纵轴 C 表示成本,固定总成本 TFC 是一条水平线,它表示在短期内,无论产量如何变化,固定总成本 TFC 是不变的。

(二) 可变成本

可变成本(variable cost, VC),是指随产量的变化而变化的成本,如原料和燃料的费用、工人的工资、企业的增值税等。可变成本的总和称为可变总成本(total variable cost, TVC)。当产量为零时,可变成本也为零,产量越大,可变成本也越高。因为厂商在短期内要生产出更大的产量,必须雇用较多的工人,使用较多的电力,购买更多的原材料,等等,所有这些都使成本随产量的提高而提高。由于可变生产要素数量随产量的变化而变化,因此,可变总成本的公式可以写为

$$TVC = TVC(Q) \qquad (5-5)$$

如图 5.1 所示,可变总成本 TVC 是一条由原点出发向右上方倾斜的曲线,它表示在短期内,厂商是根据产量的变化不断调整可变要素的投入量。当产量为零时,总可变成本也为零,此后随着产量的增加而增加。

(三) 总成本

短期总成本(total cost, TC),是指生产一定数量产品的成本总额,是固定成本与可变成本之和,其公式为

$$TC = TFC + TVC(Q) \qquad (5-6)$$

如图 5.1 所示,短期总成本 TC 是一条从纵轴上相当于固定总成本 TFC 高度的点出发向右上方倾斜的曲线。它表示短期总成本随产量的增加而增加,是产量的增函数,当 TVC=0 时,TC=TFC,故在坐标图上 TC 是以纵轴截距 C_0 为起点由左下向右上方上升的曲线,且 C_0 与 TFC 值相等。

从图 5.1 中可以看出,由于固定总成本不随产量的增加而变动,因此固定总成本是一条水平曲线。而可变总成本和总成本由于是产量的函数,随产量的增加而增加,因此,TC

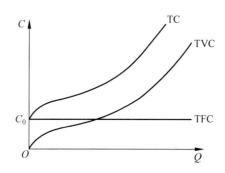

图 5.1　总成本曲线、可变总成本曲线和固定总成本曲线

和 TVC 是两条向右上方倾斜的曲线,而且在每一个产量水平上 TC 和 TVC 的斜率都是相等的。同时,由于总成本是可变总成本与固定总成本的和,因此可以理解总成本曲线 TC 是通过把可变成本曲线 TVC 向上平移 TFC 的距离而得到的。

二、平均成本和边际成本

(一) 平均固定成本

平均固定成本(average fixed cost,AFC),是厂商在短期内平均每生产一单位产品所消耗的不变成本,等于固定成本除以产出的单位数。公式表示为

$$\text{AFC} = \frac{\text{TFC}}{Q} \tag{5-7}$$

(二) 平均可变成本

平均可变成本(average variable cost,AVC),是厂商在短期内平均每生产一单位产品所消耗的可变成本,等于可变成本除以产出的单位数。公式表示为

$$\text{AVC} = \frac{\text{TVC}}{Q} \tag{5-8}$$

(三) 平均总成本

平均总成本(average cost,AC),是厂商在短期内平均每生产一单位产品所消耗的全部成本,等于总成本除以产出的单位数。公式表示为

$$\text{AC} = \frac{\text{TC}}{Q} \tag{5-9}$$

由于总成本可以分为固定总成本和可变总成本,所以相应的,平均总成本也可以分解为平均固定成本和平均可变成本。公式表示为

$$\text{AC} = \text{AFC} + \text{AVC}(Q) \tag{5-10}$$

(四) 边际成本

边际成本(marginal cost,MC),是指厂商在短期内每增加生产一单位产品所带来的总成本的增量。如果用 ΔQ 表示产量的增加量,用 ΔTC 表示由产量的变动所引起的总成

本的变化,则边际成本的公式表示为

$$MC = \frac{\Delta TC}{\Delta Q} \quad (5-11)$$

或

$$MC = \lim_{\Delta Q \to 0} \frac{\Delta TC}{\Delta Q} = \frac{dTC}{dQ} \quad (5-12)$$

总成本可分为固定总成本和可变总成本,用 ΔTFC 表示由产量的变动所引起的固定总成本的变化,用 ΔTVC 表示由产量的变动所引起的可变总成本的变化,所以边际总成本的公式还可表示为

$$MC = \frac{\Delta TFC + \Delta TVC}{\Delta Q} = \frac{\Delta TFC}{\Delta Q} + \frac{\Delta TVC}{\Delta Q} \quad (5-13)$$

既然固定成本是不随产量的变化而变化的,所以 $\Delta TFC = 0$,因此式(5-13)还可写为

$$MC = \frac{\Delta TVC}{\Delta Q} \quad (5-14)$$

由上可知,边际成本仅与可变总成本有关,而与固定总成本无关。

三、各类短期成本的变动规律及其相互关系

为了便于说明各类短期成本的变化及其相互关系,现假定某产品的生产成本见表5.1。其中,表中的平均成本和边际成本的各栏均可以分别由相应的总成本的各栏推算出来。该表体现了各种短期成本之间的相互关系。

表 5.1 短期成本表

产量	总 成 本			平 均 成 本			边际成本
Q	FC	VC	STC	AFC	AVC	SAC	SMC
0	1 200	0	1 200	—			
1	1 200	600	1 800	1 200	600.0	1 800.0	600
2	1 200	800	2 000	600	400.0	1 000.0	200
3	1 200	900	2 100	400	300.0	700.0	100
4	1 200	1 050	2 250	300	262.5	562.5	150
5	1 200	1 400	2 600	240	280.0	520.0	350
6	1 200	2 100	3 300	200	350.0	550.0	700

根据表5.1,可以绘制一张如图5.2所示的短期成本曲线综合图。下面就将结合图5.2分析一下各种成本曲线的形状以及它们之间的关系。在了解这些曲线的特征之前,先来认识短期成本变动的决定因素。

(一) 短期成本变动的决定因素

由于边际报酬递减规律是短期生产的一条基本的规律。因此,它也决定了短期成本曲线的特征。

正如在生产论中所描述的一样,边际报酬递减规律是指在短期生产过程中,在其他条件不变的前提下,随着一种可变要素投入量的连续增加,它所带来的边际产量先是递增,

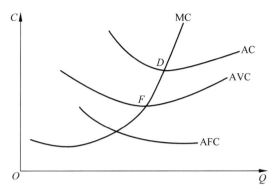

图 5.2 短期成本曲线综合图

达到最大值以后再递减。关于这一规律,也可以从产量变化所引起的边际成本变化的角度来理解:假定生产要素的价格是固定不变的,在开始时的边际报酬递增阶段,增加一单位产量所需要的边际成本是递减的。在以后的边际报酬递减阶段,增加一单位可变要素投入所产生的边际产量递减,则意味着也可以反过来说:在这一阶段增加一单位产量所需要的边际成本是递增的。显然,边际报酬递减规律作用下的短期边际产量和短期边际成本之间存在着一定的对应关系。这种对应关系可以简单地表述为:在短期生产中,边际产量递增阶段对应的是边际成本的递减阶段,边际产量递减阶段对应的是边际成本的递增阶段,与边际产量最大值相对应的是边际成本的最小值。正因为如此,在边际报酬递减规律作用下的边际成本曲线 MC 呈现出先降后升的 U 形特征(图 5.2)。

(二) 总成本、可变成本和固定成本的变动规律

从图 5.2 中可以看出,可变总成本曲线和总成本曲线在同一产量水平各存在着一个拐点。在拐点以前,可变总成本曲线和总成本曲线的斜率是递减的;在拐点以后,总可变成本曲线和总成本曲线的斜率是递增的。这是因为在每一个产量水平上的边际成本就是相应的总成本曲线的斜率,而总成本曲线和总可变成本曲线的斜率是相等的,因此每一产量水平的边际成本值就是相应的总成本曲线和总可变成本曲线的斜率。受边际收益递减规律的影响,边际成本曲线呈现先降后升的特征。与此相对应,总成本曲线和总可变成本曲线的斜率也由递减变为递增。而且,边际成本曲线的最低点与总成本曲线和可变总成本曲线的拐点相对应。

(三) 平均成本、平均可变成本和边际成本的变动规律

从图 5.2 中可以看出,平均总成本、平均可变成本和边际成本呈现出 U 形特征。这表示随着产量的增加,平均总成本、平均可变成本和边际成本先递减,各自达到本身的最低点之后再递增。主要原因在于:对于任何一对边际量和平均量而言,只要边际量小于平均量,边际量就把平均量拉下;只要边际量大于平均量,边际量就把平均量拉上;当边际量等于平均量时,平均量必达本身的极值点。由此可推知,当边际成本小于平均总成本时,平均总成本曲线不断下降;当边际成本大于平均总成本时,平均总成本曲线上升。而

在边际收益递减规律的作用下,边际成本曲线呈现出先降后升的特征,故平均总成本也呈现出先降后升的特征,且边际成本通过平均总成本的最低点 D。以此类推,平均可变成本也呈现出先降后升的特征,且边际成本通过平均可变成本的最低点 F。D 点被称为收支相抵点或盈亏平衡点,这时厂商不存在经济利润,只获得正常利润。F 点是停止营业点,如果市场价格低于此点,厂商会选择停产,因为生产补偿不了可变成本。如果价格处于 D 点和 F 点之间的区域,企业会选择在亏损的状态下生产,因为可以弥补全部可变成本和一部分固定成本。

此外,虽然边际成本曲线与平均总成本曲线和平均可变成本曲线都相交于最低点,但是可以发现,前者的出现慢于后者,并且前者的位置高于后者。这是因为在平均总成本中不仅包括平均可变成本,还包括平均固定成本。

第三节 长期成本分析

上一节主要考察了厂商的短期成本,即厂商短期内可以调整原料、燃料及生产工人数量这些生产要素,而不能调整厂房、设备等生产要素的情况。但是在长期分析中,厂商根据其预计的产销量可以调整变动的,不仅仅限于人工、原材料等可变要素的投入量,而且厂房、设备规模也是可以变动的。为了与短期成本相区别,本节中的短期成本前都冠以"S",长期成本前都冠以"L",如短期总成本写为 STC,长期总成本写为 LTC。

一、长期平均成本

(一) 长期平均成本曲线的推导

长期平均成本(long-run average cost,LAC;SAC 为短期平均成本),是厂商在长期内按产量平均计算的最低总成本,用长期总成本除以产量来表示。公式为

$$\text{LAC} = \frac{\text{LTC}}{Q} \tag{5-15}$$

可以看出,长期平均成本是产量的函数,随着产量的变动而变动。长期平均成本曲线可由短期平均成本曲线得出,长期平均成本曲线是短期平均成本曲线的包络线。其推导过程如下。

既然厂商在长期里可以调整生产规模,他可以按不同的产量水平来选择不同的生产规模以使自己付出的成本为最小。因此,能够用最低的成本来生产不同数量产品的短期平均成本曲线构成了长期的平均成本曲线。为了便于研究,可以假设厂商在生产过程中,采用了三种不同的生产规模,在图 5.3 中分别用 SAC_1、SAC_2 和 SAC_3 三条短期平均成本曲线来代表。可以看出,如果厂商生产 Q_1 的产量,则厂商会选择曲线 SAC_1 所代表的生产规模,以 OC_1 的平均成本进行生产。而对于产量 Q_1 而言,平均成本 OC_1 是低于其他任何生产规模下的平均成本的。同样的道理,对于产量 Q_2、Q_3,厂商相应地选择 SAC_2 和 SAC_3 曲线所代表的规模,分别以 OC_2 和 OC_3 所代表的最低平均成本生产。

而对于产量 Q_1' 来说,厂商面临的短期生产规模有 SAC_1 和 SAC_2 所代表的两种情况。

至于选择哪种生产规模进行生产,完全是看厂商的意愿。如果厂商考虑投资要少一点、规模小一点,则可以选择 SAC_1;相反如果厂商考虑今后企业的发展需求,则可以选择 SAC_2。因此,在长期生产中,厂商总是可以在每一产量水平上找到相应的最优的生产规模进行生产。这在短期是做不到的。例如,厂商现有的生产规模由 SAC_1 代表,而他需要的产量是 Q_2,那么厂商在短期内就只能以 SAC_1 曲线上的平均成本来生产,而不可能是曲线 SAC_2 上的更低的平均成本。

由此可见,沿着图 5.3 中 Ⅰ、Ⅱ、Ⅲ 三个区域中实线所代表的部分,厂商总是可以找到长期内生产某一产量的最低平均水平的。从理论上说,厂商在长期内可供选择的生产规模不仅仅局限于上述的三种情况,而是无限多种。这就是说,任何产量变化都会引起适合这一变化的规模的变化。因此,短期平均成本曲线是无限的。由最低的短期平均成本所构成的长期平均成本曲线,就是无数条短期平均成本曲线的切线,如图 5.4 所示的 LAC 曲线,它表示厂商在每一产量水平上通过最优生产规模所实现的最小的长期平均成本。

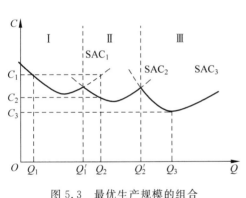

图 5.3 最优生产规模的组合

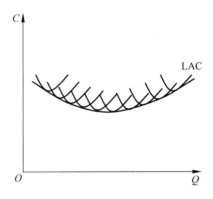

图 5.4 长期平均成本曲线

(二) 长期平均成本曲线的形状

从图 5.4 中可以看出,长期平均成本曲线也呈 U 形变化。长期平均成本递减阶段与短期平均成本曲线最低点的左端相切;长期平均成本递增阶段与短期平均成本曲线最低点的右端相切;只有在长期平均成本的最低点上,长期平均成本曲线才与短期平均成本曲线的最低点相切。

长期平均成本曲线呈 U 形是规模报酬变化规律导致的。上一章我们谈到,企业生产投入先是规模报酬递增,然后经过规模报酬不变阶段,进入规模报酬递减状态。因此,长期平均成本曲线呈现出先降后升的特征,但升降的快慢在生产规模上具有不同的意义,现结合图 5.5 分析如下。

第一种,若 LAC 曲线下降的区间很长,一直到产量很大的时候才开始上升,此种产业适宜于大规模经营[图 5.5(b)]。一般来说,凡固定投资庞大的产业都具有这种特征,如电信、电力、自来水及钢铁等产业。

第二种,若 LAC 曲线只作短暂的下降,其后即不断上升,此种产业不适宜大规模经营[图 5.5(a)]。一般来说,凡内容庞杂、管理上有困难的产业多属此类,如餐饮及食品零

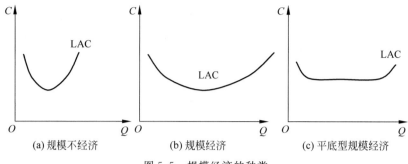

图 5.5　规模经济的种类

售业等。

第三种，这种情况常发生在一些发达的市场经济国家，具有规模经济的企业，不会停留在过小的规模不经济状态（甚至刚一投产就直接进入规模经济状态），也不会进入规模过大的规模不经济状态，一般都处于规模经济不变阶段。也就是说，长期平均成本并不像刚刚阐述的两种情况一样，只有一个最低点，而是一个"平锅底"[图 5.5(c)]。在该图中，LAC 曲线两头翘起，中间有一段较长的平坦部分。此种产业的经营规模可大可小，不会对平均成本有太大的影响。一种产业如果规模小，有小的好处，也有小的坏处；规模大，有大的好处，也有大的坏处，那么，这种产业属于固定规模报酬产业。百货商店也许是一个比较适当的例子，小百货店与大百货店各有其利弊，故能并存于市场。

综合以上所述，可知规模经济是产业是否适宜作大规模经营的概念。如果适宜作大规模经营，则称具有规模经济；否则即不具有规模经济。规模经济涉及是否适宜大规模经营，而不含大规模经营就是好、小规模经营就是不好的意思。

（三）长期平均成本曲线的位置移动

上面提到的企业规模经济和规模不经济是就一条给定的长期平均成本 LAC 曲线而言的。至于长期平均成本曲线位置的变化原因，则需要用企业的外在经济和外在不经济的概念来解释。企业外在经济是由于厂商的生产活动所依赖的外界环境得到改善而产生的。例如，整个行业的发展，可以使行业内的单个厂商从中受益。相反，如果厂商的生产活动所依赖的外界环境恶化了，则是企业的外在不经济。例如，整个行业的发展，使生产要素的价格上升，交通运输紧张，从而使行业内单个厂商的生产带来困难。外在经济和外在不经济是由企业以外的因素所引起的，它影响厂商的长期平均成本曲线的位置。在图 5.6 中，企业外在经济使 LAC_1 曲线向下移至 LAC_2 曲线的位置。相反，企业的外在不经济使 LAC_2 曲线向上移至 LAC_1 曲线的位置。

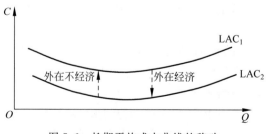

图 5.6　长期平均成本曲线的移动

二、长期总成本和长期边际成本

(一) 长期总成本

长期总成本(long-run cost,LTC),是指厂商在长期中,在各种产量水平上的最低总成本。长期总成本函数的公式为

$$\text{LTC} = f(Q) \tag{5-16}$$

在长期内,厂商可以根据所要生产产品的产量要求来调整全部要素的投入,使其可以在每一个产量水平选择最优的生产规模进行生产。因此,所谓长期总成本就是在长期中厂商在各种产量水平上通过改变生产规模所能达到的最低总成本的点的轨迹。其推导过程如下。

在图 5.7 中,有三条短期总成本曲线 STC_1、STC_2、STC_3,由这三条短期总成本曲线在纵轴上的截距可知,三条曲线所代表的总固定成本存在着如下关系:$\text{TFC}_1 < \text{TFC}_2 < \text{TFC}_3$,而总固定成本的多少(如厂房、机器设备等)往往可以代表生产规模的大小,因此从生产规模看,STC_1 最小,STC_3 最大,STC_2 居中。

在短期内,如果厂商计划生产量为 Q_2,厂商可能面临 STC_1 线所代表的较小的生产规模或 STC_3 曲线所代表的较大的生产规模。由于短期内厂商无法调整生产规模,所以厂商只能按较

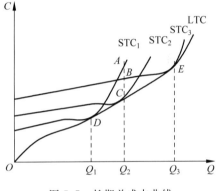

图 5.7 长期总成本曲线

高的总成本来生产,即在 STC_1 曲线上的 A 点或 STC_3 上的 B 点进行生产。但在长期,情况就会发生变化。厂商在长期内可以变动全部的要素投入量,选择最优的生产规模,于是,厂商必然选择 STC_2 曲线所代表的生产规模进行生产,从而将总成本降低到最低水平,即厂商在 STC_2 曲线上的 C 点进行生产。同样道理,厂商会选择在 STC_1 上的 D 点生产 Q_1 的产量,在 STC_3 上的 E 点生产 Q_3 的产量。

虽然在图 5.7 中,只有三条短期总成本线,但在理论上可以假设有无数条短期总成本曲线。长期内厂商在任何一个产量水平上,都会找到相应的一个最优的生产规模,从而把总成本降到最低水平。也就是说,在图形中,会有无数个像 C、D、E 一样的点,这些点的轨迹就构成了 LTC 曲线。所以,LTC 曲线表示长期内厂商在每一产量水平上由最优生产规模所带来的最小生产总成本。同时,从图形中可以看出,LTC 曲线是从原点出发向右上方倾斜的。它表示:当产量为零时,长期总成本为零,以后随着产量的增加,长期总成本是增加的。而且,由于规模报酬规律的作用,长期总成本 LTC 曲线的斜率先递减,经拐点后,又变为递增。

(二) 长期边际成本

长期边际成本(long-run marginal cost,LMC),是指长期中每增加一个单位的产量所

引起的长期总成本的增加量。公式表示为

$$\text{LMC} = \frac{\Delta \text{LTC}}{\Delta Q} \tag{5-17}$$

或

$$\text{LMC} = \lim_{\Delta Q \to 0} \frac{\Delta \text{LTC}}{\Delta Q} = \frac{\text{dLTC}}{\text{d}Q} \tag{5-18}$$

长期边际成本随产量的变动而变动,其变化情况与短期边际成本相似,先递减,到最小值之后开始递增,因此 LMC 曲线的形状也是 U 形,其推导过程如下。

如图 5.8 所示,在每一个产量水平,代表最优生产规模的 SAC 曲线都有一条相应的 SMC 曲线,每一条 SMC 曲线都过相应的 SAC 曲线最低点。在 Q_1 的产量上,生产该产量的最优生产规模由 SAC_1 曲线和 SMC_1 曲线所代表,相应的短期边际成本由 P 点给出,PQ_1 既是最优的短期边际成本,又是长期边际成本,即有 $LMC=SMC_1=PQ_1$。或者说,在 Q_1 的产量上,长期边际成本 LMC 等于最优生产规模的短期边际成本 SMC_1,它们都等于 PQ_1 的高度。同理,在 Q_2 的产量上,有 $LMC=SMC_2=RQ_2$。在 Q_3 的产量上,有 $LMC=SMC_3=SQ_3$。在生产规模可以无限细分的条件下,可以得到无数个

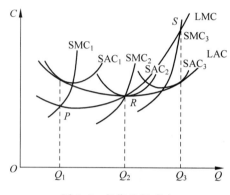

图 5.8 长期边际成本

类似于 P、R 和 S 的点,将这些点连接起来便得到一条光滑的长期边际成本 LMC 曲线。

从图 5.8 中可以看出,长期边际成本曲线与长期平均成本曲线的关系同短期边际成本与短期平均成本曲线的关系一样:当长期边际成本小于长期平均成本时,长期平均成本曲线递减;当长期边际成本大于长期平均成本时,长期平均成本曲线递增;当长期边际成本等于长期平均成本时,长期平均成本曲线处于最低点。

第四节 厂商利润最大化原则

厂商从事生产或出售商品的目的是赚取利润。如果总收益大于总成本,就会有剩余,这个剩余就是利润。值得注意的是,这里讲的利润,不包括正常利润,正常利润包括在总成本中,这里讲的利润是指超额利润。如果总收益等于总成本,厂商不亏不赚,只获得正常利润,如果总收益小于总成本,厂商便要发生亏损。厂商从事生产或出售商品不仅要求获取利润,而且要求获取最大利润。那么厂商将如何获取最大利润呢?本节将围绕这一方面展开研究。在研究之前,需要先来认识一下收益的有关概念。

一、收益的概念

厂商收益(revenue),是指厂商出售产品所得到的收入,即销售量与价格的乘积。厂商收益可分为总收益、平均收益和边际收益。

总收益(total revenue,TR),是厂商生产并销售一定数量商品和劳务所获得的货币收入总额,或全部的销售收入。以 P 表示既定的市场价格,以 Q 表示销售总量,总收益的定义公式为

$$TR = P \cdot Q \tag{5-19}$$

平均收益(average revenue,AR),是厂商出售每单位商品和劳务所得到的平均货币收入,即平均每个单位商品的卖价。它等于总收益除以销售数量,用公式表示为

$$AR = \frac{TR}{Q} = \frac{P \cdot Q}{Q} = P \tag{5-20}$$

所以,平均收益实际上就是销售任一数量商品时每单位商品的售价。由于需求曲线可以理解为消费者能够为任一购买量支付的价格,故在任何市场条件下,厂商的平均收益曲线均可用它的需求曲线来表示。

边际收益(marginal revenue,MR),是指厂商每多销售一单位商品而带来的总收益的增加量。它等于总收益的增量与销售量增量之比。用公式表示为

$$MR = \frac{\Delta TR}{\Delta Q} \tag{5-21}$$

或

$$MR = \lim_{\Delta Q \to 0} \frac{\Delta TR}{\Delta Q} = \frac{dTR}{dQ} \tag{5-22}$$

二、利润最大化推导

在了解完收益的概念后,就可以与成本结合起来,探讨厂商应该生产多少才能获得最大的利润。所谓厂商的利润(π)是指总收益(TR)与总成本(TC)的差额,即

$$\pi = TR - TC \tag{5-23}$$

由于它们都是产量 Q 的函数,都根据 Q 的变化而变化,因此厂商的利润公式又可以写为

$$\pi(Q) = TR(Q) - TC(Q) \tag{5-24}$$

要使利润最大化,就意味着厂商要选择使总收益与总成本之间的差额最大。于是对 π 求导,其结果如下:

$$\frac{d\pi(Q)}{dQ} = \frac{dTR}{dQ} - \frac{dTC}{dQ} \tag{5-25}$$

由于 $\frac{dTR}{dQ} = MR, \frac{dTC}{dQ} = MC$,故

$$\frac{d\pi(Q)}{dQ} = MR - MC \tag{5-26}$$

利润最大化的必要条件为一阶导数等于零,即

$$\frac{d\pi(Q)}{dQ} = MR - MC = 0 \tag{5-27}$$

这样,就得到了利润最大化的原则:

$$MR = MC \tag{5-28}$$

三、利润最大化原则

厂商要实现利润最大化,必须使边际收益等于边际成本,即 MR=MC。边际收益是最后增加一单位销售量所增加的收益,边际成本是最后增加一单位产量所增加的成本。如果最后增加一单位产量的边际收益大于边际成本,就意味着增加产量可以增加总利润,于是厂商会继续增加产量,以实现最大利润目标。如果最后增加一单位产量的边际收益小于边际成本,那就意味着增加产量不仅不能增加利润,反而会发生亏损,这时厂商为了实现最大利润目标,就不会增加产量而只会减少产量。只有在边际收益等于边际成本时,厂商的总利润才能达到极大值。所以 MR=MC 成为利润最大化的条件,这一条件适用于所有类型的市场结构。

需要说明的是 MR=MC 的均衡条件,有时也被称为利润最大化或亏损最小的均衡条件。这是因为,当厂商实现 MR=MC 的均衡条件时,并不意味着厂商一定能获得利润。从更广泛的意义上讲,实现 MR=MC 的均衡条件,能保证厂商处于由既定的成本状况(由给定的成本曲线表示)和既定的收益状况(由给定的收益曲线表示)所决定的最好的境况之中。这就是说,如果在 MR=MC 时,厂商是获得利润的,则厂商所获得的一定是相对最大的利润;相反,如果在 MR=MC 时,厂商是亏损的,则厂商所遭受的一定是相对最小的亏损。

【专栏 5-3】 大陆航空公司为什么会盈利?

20 世纪 60 年代,很多美国航空公司都遵循一个简单规则,就是只有乘坐率在 65% 以上时,它们才提供飞行服务,因为根据盈亏平衡分析,乘坐率在 65% 以下会亏本。但是大陆航空公司却不是这样,乘坐率在 65% 以下只要达到 50% 它们也飞行。当大陆航空公司宣布了这项政策后,它的股东们很愤怒,其竞争者也在等着看笑话。结果,大陆航空公司的利润却在持续增长。

大陆航空公司为什么会盈利?这是因为它采用的是边际分析法,增加一次飞行的边际成本约 2 000 美元,而乘坐率为 50% 的边际收益为 3 000 美元,仍旧大于它的边际成本,因此增加飞行能够增加利润。

资料来源:崔伟国,刘学虎.小故事,大经济[M].北京:经济日报出版社,2008.

本 章 小 结

成本是生产者在生产经营过程中必须考虑的一个重要因素。本章主要围绕着生产成本展开论述。首先主要阐述了成本论中的一个重要概念,即机会成本。在此基础之上,了解了经济学中的成本和利润与财务会计中成本和利润的区别。由于成本论是以生产论作为基础,而生产论可以分为短期和长期两种。相应的,成本理论也可以分为短期成本理论和长期成本理论。因此,在接下来的分析中,本章主要围绕着生产要素是否可以变动这一主线,分析了各种成本函数及其成本曲线的形状及特点等。最后,将生产论和成本论相结合,研究了生产者利润最大化的条件及其原则。

案例分析

打官司的经济学

打官司当然要付出成本。首先,你需要付出时间和精力,而你本来是可以用它们去获取收入的;其次,你要请律师,付给他律师费;再次,你可能还要忍受旁人的非议,特别是当你要求被告给予赔偿的时候;最后,如果你的官司输掉了,你还要负担法院的诉讼费用。所有这些成本加起来可能成为一个可观的数目。那么,一旦你赢了官司,你的回报是什么呢?当然要看你打的是什么官司。比如说,你打的官司是这样的:你在你买的跑步机上跑步时,跑步机的皮带突然断裂,致使你摔断了小腿骨。你认为是跑步机的质量问题造成的,而厂家则认为是因为你用力过猛。你把厂家告上法庭,并赢了这场官司。你可以从厂家得到如下赔偿:更换跑步机的皮带、你的医疗费及你的误工费。前两项不过是对你付出的费用的补偿。按照法律规定,最后一项应是本地上年职工平均日工资乘以你因受伤而休息的天数。倘若你的单位开恩,不扣你的工资,这笔赔偿费是对你的额外补贴;否则,它也不过是对你的损失的赔偿。收入与成本两相权衡,打一场官司下来,你能落个够本已是相当不错。

（资料来源:三亿文库,http://3y.uu456.com/原作者:北京大学中国经济研究中心姚洋.）

人物介绍:罗纳德·科斯、琼·罗宾逊

课后练习题

一、名词解释

1. 机会成本:是指生产者利用一定资源获得某项收入时,所放弃用同样资源来生产其他产品所能得到的最高收入,或将同样资源投入另一种用途时所能获得的最高收益。

2. 经济利润:经济利润等于总收益减去总成本的差额,弥补了会计利润计算中没有考虑隐性成本的不足。

3. 会计利润:是指厂商销售产品的总收益减去所有的显明成本或会计成本后的余额。

4. 边际成本:是指厂商在短期内每增加生产一单位产品所带来的总成本的增量。

二、单项选择题

1. 使用自有资金也应计算利息收入,这种利息从成本角度看是(　　)。
  A. 固定成本　　　　B. 隐含成本　　　C. 会计成本　　　D. 生产成本
2. 在长期中,下列成本中(　　)是不存在的。
  A. 可变成本　　　　　　　　　　　　B. 平均成本
  C. 机会成本　　　　　　　　　　　　D. 隐含成本
3. 不随产量变动而变动的成本为(　　)。
  A. 平均成本　　　　　　　　　　　　B. 固定成本
  C. 长期成本　　　　　　　　　　　　D. 总成本
4. MC曲线是由(　　)决定的。
  A. TFC曲线的斜率

B. TVC 曲线的斜率

C. TC 曲线的斜率

D. 既是 TC 曲线的斜率也是 TVC 曲线的斜率

5. 随着产量的增加,平均固定成本将(　　)。

  A. 先降后升　　　　　　　　　　　B. 先升后降

  C. 保持不变　　　　　　　　　　　D. 一直趋于下降

6. 边际成本是指(　　)。

  A. 总成本除以产量

  B. 平均成本除以产量

  C. 投入的生产要素每增加一个单位所增加的产量

  D. 增加生产一单位产量所增加的成本

7. 当(　　)时,厂商如果要使成本最低,应停止营业。

  A. AC＜AR　　　B. P＜AFC　　　C. P＜AVC　　　D. MR＜MC

8. 一个企业在(　　)应该停产。

  A. AVC 的最低点大于价格时　　　　B. AC 的最低点大于价格时

  C. 发生亏损时　　　　　　　　　　D. MC＞MR 时

9. 企业使其利润最大化意味着(　　)。

  A. 使其亏损最小化

  B. 使总收益和总成本之间的差额最大

  C. 根据边际收益和边际成本相等来决定产出水平

  D. 以上都是

10. 如果生产 10 单位产品的总成本是 100 美元,第 11 单位的边际成本是 21 美元,那么(　　)。

  A. 第 11 单位产品的 TVC 是 21 美元　　B. 第 10 单位的边际成本大于 21 美元

  C. 第 11 单位的平均成本是 11 美元　　D. 第 12 单位的平均成本是 12 美元

11. 当(　　)时,厂商如果要使成本最低,应停止营业。

  A. AC＜AR　　　B. P＜AFC　　　C. AR＜AVC　　　D. MR＜MC

12. 短期内在每一产量上的 MC 值应该(　　)。

  A. 是该产量上的 TVC 曲线的斜率,但不是该产量上的 TC 曲线的斜率

  B. 是该产量上的 TC 曲线的斜率,但不是该产量上的 TVC 曲线的斜率

  C. 既是该产量上的 TVC 曲线的斜率,又是该产量上的 TC 曲线的斜率

  D. 以上都不对

13. (　　)是厂商自己提供生产要素所应支付的费用。

  A. 隐含成本　　　B. 显明成本　　　C. 机会成本　　　D. 会计成本

三、多选题

1. 以下说法中正确的是(　　)。

  A. MC 大于 AC 时,AC 下降　　　　B. MC 小于 AC 时,AC 下降

  C. MC 等于 AC 时,AC 下降　　　　D. MC 等于 AC 时,AC 达到最低点

2. 边际成本与平均成本的关系是（　　）。
   A. 边际成本大于平均成本，边际成本上升
   B. 边际成本小于平均成本，边际成本下降
   C. 边际成本大于平均成本，平均成本上升
   D. 边际成本小于平均成本，平均成本下降
3. 平均固定成本（　　）。
   A. 属于短期成本
   B. 属于长期成本
   C. 随产量的增加不发生任何变动，即平均固定成本曲线为一条水平线
   D. 随产量的增加而减少
4. 固定成本是指厂商（　　）。
   A. 在短期内必须支付的可变生产要素的费用
   B. 在短期内不能调整的生产要素的支出
   C. 厂房及设备折旧等不变生产要素引起的费用
   D. 在短期内不随产量变动的那部分生产要素的支出

四、判断题

1. 如果产量减少到零，短期内总成本也将为零。（　　）
2. 在 MC 与 AC 的曲线关系中，当 MC 等于 AC 时，AC 达最高点。（　　）
3. 在 MC 与 AC 的曲线关系中，当 MC 大于 AC 时，AC 下降。（　　）
4. 厂商增加一单位产量时所增加的总可变成本等于边际成本。（　　）
5. 所谓平均收益就是单位商品的价格。（　　）
6. 短期内，只要总收益小于总成本，厂商就会停止生产。（　　）
7. 生产成本就是会计成本。（　　）

五、计算题

假定某企业的短期成本函数为 $TC(Q)=Q^3-5Q^2+15Q+66$。

(1) 指出该函数中可变成本部分与不变成本部分。

(2) 写出下列函数：$TVC(Q)$、$AC(Q)$、$AVC(Q)$、$AFC(Q)$ 和 $MC(Q)$。

第六章

市场结构与厂商均衡

本章导读

北欧一家远洋捕捞公司发现捕到的沙丁鱼十分懒惰,不喜游动,半死不活。后来,他们想到一个绝招,在船舱中放入几条生性凶猛的鲶鱼,沙丁鱼为避免丧身鲶鱼口中,拼命游动,反而存活得时间更长,这就是"鲶鱼效应"。经济学家认为,竞争使这个世界更具活力。

在上一章中已推导出厂商利润最大化的一般条件,任何理性的厂商的供给行为都会遵循这一基本原则,即 $MR=MC$。但是对于处于不同市场条件的厂商,即使都按照利润最大化的原则进行决策,产品的均衡价格和均衡产量的决定也有不同的特征。厂商实现利润最大化不仅取决于它的成本条件,而且还取决于它的收益状况,即它所面临的市场需求情况。本章以不同市场为研究对象,具体分析不同条件下厂商的运行情况。通过本章的学习,要求理解和掌握在完全竞争市场、完全垄断市场、垄断竞争市场和寡头垄断市场的情况下,厂商如何进行最优化产量、价格决策等有关问题,并对不同市场结构运行的效率作出评价。

第一节 市场的基本内容

一、市场的含义与划分标准

(一)市场的含义

市场(market)是经济运行的载体或现实表现,一个市场意味着同种商品由供求两种力量共同决定价格的"地方"。一个市场固然可以是一个特定的、交易某种商品的地区或场所,如集市贸易市场就是包括许多种农副产品的交易市场;但有些商品(如旧汽车、旧家具)可能无须交易场所,而是通过发布广告的形式进行交易;有许多商品的交易活动可以通过电话、电报、电传、国际互联网等形式来进行,因而这些商品往往拥有一个无形市场,如小麦、冻肉、食油、油脂以及一些基本工业原料如羊毛、棉花、石油、橡胶、有色金属等。

市场在其发育和壮大过程中,推动着社会经济的进一步发展。市场通过信息反馈,直接影响着人们生产什么、生产多少,以及上市时间、产品销售状况等,联结经济发展过程中供给和需求各方,为供需各方提供交换场所、交换时间和其他交换条件,以此实现商品生产者、经营者和消费者各自的经济利益。

经济学家主要是从市场的作用出发,把不同类型的市场按其在决定价格方面的作用区分为不同的市场结构,反映了市场以其组织和构成方面的一些特点影响厂商的经济行为。

(二)划分市场结构的标准

划分市场结构的标准主要有以下五个方面。

1. 市场上交易者的数量

市场上某种商品买者和卖者的数量多少与市场竞争程度高低有很大关系。参与者越多,竞争程度可能就越高,否则竞争程度就可能很低。这是因为参与者很多的市场,每个参与者的交易量只占市场交易的很小份额或比重,对市场价格缺乏控制能力,竞争能力就比较小,厂商之间的竞争相对比较激烈。

2. 产品差异程度

产品差异是同一种产品在质量、牌号、形式、包装等方面的差别。产品差别引起垄断,产品差别越大,垄断程度越高。产品差异可以分为物质差异、售后服务差异和形象差异。产品之间的差异越小,甚至雷同,相互之间替代品很多,竞争程度就越强。对于替代性较强的无差异的产品,每个市场参与者不可能或无法凭借自己的产品控制市场价格。

3. 行业的进入限制

进入行业的限制来自自然原因和立法原因。自然原因指资源控制与规模经济。如果某个企业控制了某个行业的关键资源,其他企业得不到这种资源,就无法进入该行业。立法原因是法律限制进入某些行业。这种立法限制主要采取三种形式。一是特许经营,二是许可证制度,三是专利制。行业进入的限制,主要体现在资源流动的难易程度上。厂商能否自由进入和退出某个行业,取决于资源在这个行业中流入和流出的难易程度。如果生产某种产品的原材料被人控制,又没有适当的替代品,生产者就不容易进入这个行业,在这个行业中市场竞争程度就比较低。

4. 价格决策形式

如果产品交易价格是由市场的供求关系来决定的,市场的竞争程度就比较高。如果企业能够用自己的力量在不同程度上决定产品的市场交易价格,其市场竞争程度就比较弱,这样的市场结构就容易不同程度地产生垄断现象。

5. 市场信息通畅程度

在信息时代,信息是企业经营的生命,市场信息流通渠道越通畅,企业参与市场竞争的能力就越强。市场参与者对供求关系、产品质量、价格变动、销售方法、广告效果等信息资料了如指掌,市场竞争程度就高;否则市场竞争程度就低。

二、市场结构的类型与特征

(一)市场结构的类型

各种市场的竞争与垄断程度不同形成了不同的市场结构。根据以上评价标准,可以把市场结构分为四种类型。

1. 完全竞争市场

完全竞争市场(perfect competition market)是一种竞争不受任何阻碍和干扰的市场结构。形成这种市场的条件是企业数量多,而且每家企业规模都非常小。价格由整个市场的供求关系决定,每家企业不能通过改变自己的产量而影响市场价格。

2. 垄断竞争市场

垄断竞争市场(monopolistic competition market)是既有垄断又有竞争,但更能体现竞争性的市场。这种市场与完全竞争市场的相同之处是市场集中度低,而且无进入限制。企业规模小和进入无限制保证了这个市场上竞争的存在。但关键差别是完全竞争市场上产品无差别,而垄断竞争市场上产品有差别。

3. 寡头垄断市场

寡头垄断市场(oligopoly market)是只有几家大企业的市场,形成这种市场的关键是规模经济。在这种市场上,大企业集中程度高,对市场控制力强,可以通过变动产量影响价格。而且,由于每家企业规模大,其他企业就难以进入。由于不是一家垄断,所以在几家寡头之间仍存在竞争。

4. 完全垄断市场

完全垄断市场(perfect monopoly market)是只有一家企业控制整个市场的供给。形成垄断的关键条件是对进入市场的限制,这种限制可以来自自然原因,也可以来自立法。此外,垄断的另一个条件是没有相近的替代品,如果有替代品,则有替代品与之竞争。在完全垄断市场上由于没有替代品,因而形成一个厂商独占市场供给,可以根据市场需求控制产品的价格。

(二) 各类市场结构的特征

根据市场结构分类的标准和影响因素,我们可以把各类市场结构的特征用表6.1中的资料进行表示。

表6.1 各类市场结构的特征说明

项 目	完全竞争市场	垄断竞争市场	寡头垄断市场	完全垄断市场
生产者和消费者	很多	较多	少数生产者	一个生产者
产品差别	同质、替代品多	有差别、但轻微	有差别或同质	产品唯一,无替代品
价格控制	企业接受市场价格,不能制定自己的价格	企业有一些定价能力,但不是很大	企业制定自己的价格,但关注竞争对手的反应	企业根据需求有完全的制定价格的自由
进入市场难易	无市场进入障碍	较少的市场进入障碍	有较多的市场进入障碍	行业封闭,无新企业进入
经济效率	最高	较高	较低	最低
典型行业举例	农产品	轻工、零售	汽车、钢铁	公用事业领域

第二节　完全竞争市场的厂商均衡

完全竞争（perfect competition）也叫作纯粹竞争（pure competition），意思是说不存在垄断因素。完全竞争市场上各个经济主体都不具有影响市场的势力，而只能作为市场机制安排的接受者。严格而言，完全竞争只是理论上的一个极端特例，几乎不存在于现实生活中。

一、完全竞争市场的特征

第一，市场上有大量的买者和卖者，交易双方都是市场价格的接受者。作为众多参与市场经济活动的经济单位的个别厂商或个别消费者，单个的销售量和购买量都只占很小的市场份额，其供应能力或购买能力对整个市场来说是微不足道的。这样，无论买方还是卖方都无法左右市场价格，或者说单个经济单位将不把价格作为决策变量，他们是价格接受者。显然，在交换者众多的市场上，若某厂商要价过高，顾客可以从别的厂商处购买商品和劳务，同样，如果某顾客压价太低，厂商可以拒绝出售给顾客而不怕没有别的顾客光临。

第二，参与经济活动的厂商出售的产品具有同质性。这里的产品同质不仅指商品之间的质量、性能等无差别，还包括在销售条件、包装等方面是相同的。因为产品是相同的，对于购买产品的消费者来说哪一个厂商生产的产品并不重要，他们没有理由偏爱某一厂商的产品，也不会为得到某一厂商的产品而必须支付更高的价格。同样对于厂商来说，没有任何一家厂商拥有市场优势，他们将以可能的市场价格出售自己的产品。

第三，厂商可以自由地进入或退出一个行业，要素资源也可以在各行业之间自由流动。劳动可以随时从一个岗位转移到另一个岗位，或从一个地区转移到另一个地区；资本可以自由地进入或撤出某一行业。资源的自由流动使厂商总是能够及时地向获利的行业运动，及时退出亏损的行业，这样，效率较高的企业可以吸引大量的投入，缺乏效率的企业会被市场淘汰。资源的流动是促使市场实现均衡的重要条件。

第四，交易双方对交易具有完全信息。消费者、资源所有者和厂商对现在的以及将来的价格、成本及其机会拥有完全的信息。消费者不会支付高于市场价格的价格，资源所有者总是将资源出售给开价最高者，而厂商能够准确地确定为了争取最大利润而需要生产的产量。

显然，理论分析上完全竞争市场的假设条件是非常严格的，在现实的经济中没有一个市场真正满足以上四个条件，通常只是将某些农产品市场看成是比较接近的完全竞争市场类型。但是完全竞争市场作为一个理想经济模型，有助于我们了解经济活动和资源配置的一些基本原理，解释或预测现实经济中厂商和消费者的行为。

【专栏 6-1】　股票市场与完全竞争

应该说，规范运作的股票市场是一个接近完全竞争的市场。在这里，每种特定股票的价格都是由供需双方的市场力量所决定的。单个买者与单个卖者都无法对价格施加足够大的影响，也就是说，他们都是价格的被动接受者。同一个公司所有的股票，都是同质的。

股票经常被买进和卖出,频率很高,说明在这个市场里,资源在行业和地区间的流动和转移是很容易的。特别是在目前信息技术高度发达的时代,有关股票价格和公司的信息的传递和获得较为方便。因而,在这样的市场里,股票价格就能比较充分地反映企业的价值,它能够对人们在国民经济中有效地分配投资起到一定的引导作用。不过,也应看到,在现实生活中,股票市场里不同程度的欺骗和操纵行为,损害了股票市场的正当竞争,干扰了市场在资源配置方面应起的作用。

二、完全竞争厂商的需求曲线

在任何一个商品市场中,市场需求是针对市场上所有厂商组成的行业而言的,消费者对整个行业所生产商品的需求称为行业所面临的需求,相应的需求曲线称为行业所面临的需求曲线,也就是市场的需求曲线,它一般是一条从左上方向右下方倾斜的曲线。图 6.1(a)中的 D 曲线就是一条完全竞争市场的需求曲线,是向右下方倾斜的。

消费者对行业中的单个厂商所生产的商品的需求量,称为厂商所面临的需求量,相应的需求曲线称为厂商所面临的需求曲线,简称为厂商的需求曲线。在完全竞争条件下,厂商所面临的需求曲线是一条由既定的市场均衡价格出发的水平线。图 6.1(b)中的 d 曲线就是一条完全竞争厂商的需求曲线,是一条与横轴平行的水平线。

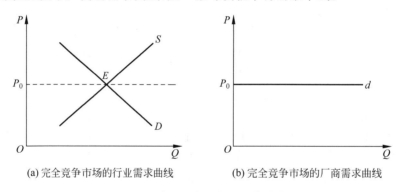

(a) 完全竞争市场的行业需求曲线　　(b) 完全竞争市场的厂商需求曲线

图 6.1　完全竞争市场的需求曲线

在完全竞争市场上,单个厂商是市场价格的接受者,而不是价格的设定者。假设某家厂商把价格定得略高于市场价格,由于产品具有同质性,且消费者有完备信息并可以自由流动,那么将没有人购买该厂商的产品。也就是说,厂商一旦涨价,它所面临的需求会下降为零。如果厂商的价格等于市场价格,则由于厂商数目众多的条件,一个厂商的供应是无足轻重的,无论厂商供应多少,价格都维持不变,或者说在既定的市场价格下,厂商可能销售掉任意数量的商品。厂商会不会把价格降到市场价格以下呢?降价原本是为了刺激需求,既然每个厂商在市场价格下都可以供应任意数量,那又何必降价呢?因此,在完全竞争市场上,厂商既不能提高价格,又不愿降低价格,只能是市场价格接受者。从需求的角度看,完全竞争厂商所面临的需求是水平的,水平需求的弹性是无穷大的,价格趋近于零的上升,需求降为零,价格趋近于零的下降,购买者会蜂拥而至,厂商面对的需求会变成无穷大。

图(b)中厂商的需求曲线 d 是相对于图(a)中的市场需求曲线和市场供给曲线共同作用所决定的均衡价格 P_E 而言的。如果市场的供给曲线或需求曲线的位置发生移动,就会形成新的市场均衡价格,相应地,在图(b)中便会形成另一条从新的均衡价格水平出发的呈水平线形状的厂商需求曲线。

三、完全竞争厂商的短期均衡

均衡是指实现利润最大化下的最优产量点的决定。完全竞争厂商的短期均衡意味着市场供求可能会发生变化,市场价格可能会发生波动。厂商只能被动地接受市场价格,厂商在这一期限内并不能根据市场需求情况来调整全部生产要素。

(一) 完全竞争厂商短期均衡产量的决定

当厂商的生产水平保持不变,既不扩大也不缩小时,厂商达到并处于均衡状态。在短期里,不仅产品的市场价格是既定的,而且生产中的不变要素投入量是无法改变的,或者说厂商只能通过变动可变要素的投入量来调整产量,从而通过对产量的调整来实现 MR=MC 的利润最大化均衡条件。在完全竞争的市场中,市场供给和需求相互作用形成的产品价格,可能高于、等于、低于厂商的平均成本,因此在短期内,厂商出售产品就有可能处于盈利、盈亏平衡或亏损等不同状态。完全竞争厂商短期均衡时的盈亏状态可以用图 6.2 来说明。

图 6.2 中成本曲线表示了厂商短期内既定的生产规模,从分析中可以看到,完全竞争厂商短期均衡的基本条件满足 MR=MC 的原则,但不同的市场价格水平将直接影响既定规模下的厂商短期均衡的盈亏状况。

(1) 价格或平均收益大于平均总成本,即 P=AR>SAC,厂商处于盈利状态,如图 6.2(a)所示。

当市场价格较高,达到 P_1 时,厂商面临的需求曲线为 d_1,为获取最大利润,厂商根据 MR=SMC 的利润最大化原则,把产量确定在 Q_1 上,SMC 曲线与 MR_1 曲线的交点 E_1 即为厂商的短期均衡点。这时平均收益为 OP_1,平均总成本为 Q_1F,单位产品获得的利润为 E_1F,总收益为 $OQ_1 \cdot OP_1$,总成本为 $OQ_1 \cdot Q_1F$,经济利润为 $OQ_1 \cdot E_1F$,即图中矩形 HP_1E_1F 的面积。如果产量超过 OQ_1 以后,$MC>P_1$,增加产量会降低总利润,若产量小于 OQ_1,增加产量都能增加总利润,只有使产量确定在 OQ_1,MR=P=SMC,总利润达到最大。

(2) 价格或平均收益等于平均总成本,即 P=AR=SAC,厂商的经济利润恰好为零,处于盈亏平衡状态,如图 6.2(b)所示。

当市场价格为 P_2 时,厂商面临的需求曲线为 d_2,这条需求曲线刚好切于短期平均成本曲线 SAC 的最低点,同时短期边际成本 SMC 曲线也通过此点,SMC 曲线与 MR_2 曲线的交点 E_2 就是均衡点,相应的均衡产量确定在 Q_2。在 Q_2 产量上,平均收益等于平均成本,总收益也等于总成本,如图中矩形 $OP_2E_2Q_2$ 面积,此时厂商的经济利润为零,但实现了全部的正常利润。由于在该点上,厂商既无经济利润,又无亏损,所以也把 SMC 与 SAC 的交点 E_2 点称为"盈亏平衡点"或"收支相抵点"。

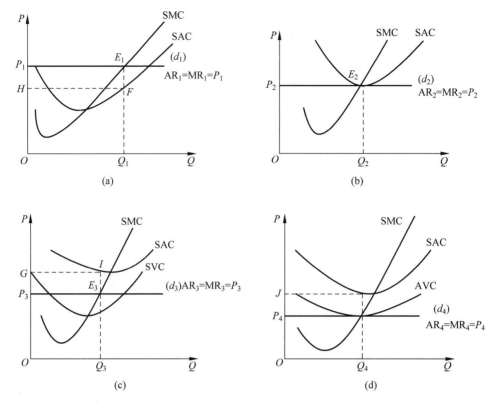

图 6.2　完全竞争厂商短期均衡

(3) 价格或平均收益小于平均总成本,但仍大于平均可变成本,即 AVC<AR<SAC,厂商亏损,在存在沉没成本时,厂商还应继续生产,如图 6.2(c)所示。

当市场价格为 P_3 时,厂商的平均总成本已经高于产品的市场价格,整个平均总成本曲线 SAC 处于价格 P_3 线之上,出现了亏损。为使亏损达到最小,产量由 SMC 曲线和 MR_3 曲线的相交的均衡点 E_3 决定,在 Q_3 的均衡产量上,平均收益为 OP_3,平均总成本为 OG,总成本与总收益的差额构成厂商的总亏损量,如图中矩形 P_3GIE_3 面积。不过平均可变成本小于平均收益。厂商在这种情况下,应立即停止生产,还是应继续进行生产? 取决于是否存在沉没成本。沉没成本是指一旦停止生产,已投入的不能再收回的成本。这里我们假定厂商的某些不变成本或全部不变成本是沉没成本,则当价格或平均收益介于平均总成本和平均可变成本之间时,虽然出现亏损,厂商仍会继续生产,因为此时厂商获得的全部收益,不仅能够弥补全部的可变成本,还能够收回一部分固定成本,即厂商继续生产所获得的收益超过继续生产所增加的成本。当然,如果某厂商一旦停止生产,成本就会变为零,并且所有的不变成本都可以收回,也就是说厂商没有沉没成本,那么只要价格降到平均总成本水平以下,厂商就会停止生产。

(4) 价格或平均收益等于平均可变成本,即 $P=AR=AVC$,厂商处于亏损状态,且处于生产与停产的临界点,如图 6.2(d)所示。

当价格为 P_4 时,厂商面临的需求曲线为 d_4,此线恰好切于平均可变成本 AVC 曲线的最低点，SMC 曲线也交于该点。根据 $MR_4=SMC$ 的利润最大化原则，这个点就是厂商短期均衡点 E_4，决定的均衡产量为 Q_4。在 Q_4 产量上，平均收益小于平均总成本，必然是亏损的。同时平均收益仅等于平均可变成本，这意味着厂商进行生产所获得的收益，只能弥补可变成本，而不能收回任何的不变成本，生产与不生产对厂商来说，结果是一样的。所以，SMC 曲线与 AVC 曲线的交点是厂商生产与不生产的临界点，也称为"停止营业点"或"关闭点"。

当价格进一步下降时，平均收益已小于平均可变成本，意味着厂商若继续生产的话，所获得的收益连可变成本都收不回来，更谈不上收回固定成本了，所以厂商会停止生产。

（二）完全竞争厂商短期均衡的条件

短期内，在完全竞争的市场条件下，无论市场价格怎样变化，由于厂商不能根据市场需求情况来调整全部生产要素，厂商只能按 $AR \geqslant AVC$ 且 $SMC=MR$ 原则来调整自己的产量点。厂商应该将生产点推进到边际成本与边际收益相等点。即可得出完全竞争厂商短期均衡的条件：

$$P = AR \geqslant AVC, SMC = MR \tag{6-1}$$

也就是我们在上面所说的企业的最佳产量点 Q_1、Q_2、Q_3、Q_4，在上述的最佳产量点上，厂商或者可以获得最大利润，或者可以利润为零，或者可以蒙受最小亏损。

四、完全竞争厂商的长期均衡

（一）完全竞争厂商的长期均衡与短期均衡不同

从厂商均衡的角度来分析，短期与长期的区别在于：在短期内，厂商规模和厂商的数目都是不变的（因为时间过短，厂商来不及调整规模，新厂商也来不及加入该行业）；而在长期内，不仅厂商的规模可以调整，而且厂商的数目也是可以增减的。在完全竞争市场价格给定的条件下，厂商在长期内对全部生产要素的调整可以表现为两个方面：一方面表现为厂商进入或退出一个行业，这也就是行业内企业数量的调整；另一方面表现为厂商对生产规模的调整。完全竞争厂商的长期均衡就是通过这两个方面的调整而实现的。

在短期的情况下，只要厂商出售产品的平均收益大于平均变动成本就可以开工生产。长期厂商则不能这样做。长期内厂商必须使自己所出售的产品的平均收益能够弥补平均总成本，即平均变动成本加平均固定成本。如果长期调整也不能改变企业的亏损状态，则企业应该退出该行业，而转入那些其平均收益可以弥补其平均成本的行业生产。

（二）完全竞争厂商的长期均衡

在长期生产中，所有的生产要素投入量都是可变的，完全竞争厂商是通过对全部生产要素投入量的调整，来实现利润最大化的均衡条件 $MR=MC$ 的。

1. 完全竞争厂商自身对最优生产规模的调整

在短期里，如果厂商能够获得利润，它会进一步加以调整，以得到更多的利润。从图 6.3 可以看到，假定产品的市场价格为 P_0，且既定不变，短期里厂商已拥有的生产规模

以 SAC_1 曲线和 SMC_1 曲线表示,在短期里厂商生产规模给定,只能在既定的生产规模下进行生产,根据利润最大化均衡条件,厂商选择的最优产量为 Q_1,所获得的利润为图中 P_0E_1GF 面积。但是,在长期里,厂商会调整生产规模,假设厂商将生产规模调整为 SAC_2 曲线和 SMC_2 曲线所代表的最优生产规模,按照 $MR=LMC$ 的利润最大化原则,相应的最优产量达到 Q_2,此时厂商获得的利润增大为图中 P_0E_2IH 所示的面积。很显然,在长期内,厂商通过对生产规模的调整,能够获得比在短期所能获得的更大的利润。

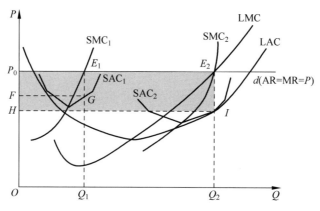

图 6.3 长期内厂商对最优生产规模的调整

不过,这里是假定产品的市场价格始终不变。但实际上,如果市场需求不变的话,各个厂商自身都调整规模,即使厂商数量没有变化,整个行业的产量也会相应地发生变化,随着整个市场供给量的增加,往往会引起价格下降。

2. 行业中厂商数目的调整

前面已经指出,在完全竞争市场,要素可以在不同部门之间自由流动,或者说厂商可以自由进入或退出一个行业。实际上生产要素总是会流向能获得更大利润的行业,也总是会从亏损的行业退出,正是由于行业之间生产要素的自由流动或厂商的自由进出,导致了完全竞争厂商长期均衡时的经济利润为零。具体来看,如果当某一行业开始时的产品价格较高为 P_1 时,厂商根据利润最大化均衡条件,将选择最优生产规模进行生产,如图 6.4 中的 Q_1 产量。此时厂商获得了利润,这会吸引一部分厂商进入该行业中。随着行业内厂商数量的增加,市场上的产品供给就会增加,在市场需求相对稳定的情况下,市场价格就会不断下降,单个厂商的利润随之逐步减少,厂商也将随着价格的变化进一步调整生产规模。只有当市场价格水平下降到使单个厂商的利润减少为零时,新厂商的进入才会停止,至此厂商的生产规模调整至 Q_2 产量上。

相反,如果市场价格较低为 P_3,厂商根据 $MR=MC$ 的条件,相应的最优生产规模选择在 Q_3 产量上。此时,厂商是亏损的,这会使得行业内原有厂商中的一部分退出该行业的生产,随着行业内厂商数量的逐步减少,市场上产品的供给就会减少,若市场需求相对稳定,产品的市场价格就会上升,单个厂商的利润又会随之逐步增加。只有当市场价格水平上升到使单个厂商的亏损消失即利润为零时,厂商的退出才会停止。总之,不论是新厂商的加入,还是原有厂商的退出,最终这种调整都将使市场价格达到等于长期平均成本最

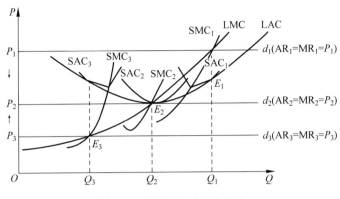

图 6.4　厂商进入或退出行业

低点的水平,如图中的价格水平 P_2。在这一水平,行业中的每个厂商既无利润,也无亏损,但都得到了正常利润,实现了长期均衡。

图中 E_2 点是完全竞争厂商的长期均衡点。在这个长期均衡点上,LAC 曲线达到最低点,代表最优生产规模的 SAC_2 曲线相切于该点,相应的 SMC_2 曲线和 LMC 曲线都从该点通过,厂商面对的需求曲线与 LAC 曲线相切于这一点。总而言之,完全竞争厂商的长期均衡出现在 LAC 曲线的最低点。此时不仅生产的平均成本降到长期平均成本的最低点,而且商品的价格也等于最低的长期平均成本。

因此我们得到完全竞争厂商的长期均衡条件为
$$MR = AR = P = LMC = SMC = LAC = SAC \tag{6-2}$$
此时单个厂商的经济利润等于零。

在理解长期均衡时,我们要注意,长期均衡点 E_2 就是长期平均成本最低点。这时,成本等于收益,厂商所能获得的只是正常利润;也说明了在完全竞争条件下,可以实现成本最小化,从而使经济效率最高。

五、完全竞争市场的经济效率分析

经济效率是指利用经济资源的有效性。经济学家认为市场竞争程度越高,经济效率就越高;垄断程度越高,经济效率越低。西方经济学家通过对不同市场的厂商长期均衡状态的分析得出结论:完全竞争市场的经济效率最高,垄断竞争市场较高,寡头市场较低,垄断市场最低。

按照经济学家的分析,各种资源或生产要素要发挥最大的效率的条件是企业必须达到这样的产量水平:使自己的成本达到平均成本曲线的最低点,同时使边际成本等于价格(即 $P=MC=AC$ 的最低点)。只有完全竞争的市场结构能同时满足这两个条件,所以完全竞争的市场结构经济效率最高。

按照经济学的理论,在完全竞争条件下,只要企业追求最大利润,从长期看,不仅能使企业生产效率达到最高,而且资源的配置也是最优的。这是市场机制这只"看不见的手"作用的结果。

在完全竞争市场上,价格可以充分发挥其"看不见的手"的作用,从而自发调节着整个经济的有效运行。通过市场调节，最终会实现长期均衡。从社会的供求均衡来看，产品既不会出现供不应求，也不会出现供过于求的状况，不会有生产不足或过剩，消费者的需求得到满足，从而使资源得到最优配置。

在完全竞争市场上市场价格是一条水平线，这表明厂商使用现有技术使厂商生产的平均成本为最低，因而完全竞争厂商在生产技术使用方面是有效率的。如果全社会所有厂商都能在 AC 的最低点组织生产，则社会稀缺资源的消耗最小，即经济效率最高。从经济运行的过程来看，完全竞争市场长期均衡是通过市场供求关系的变动来实现的，当消费者的偏好、收入等因素发生变化，市场将可以迅速作出反应，使得厂商及时调整生产经营决策。

通过对经济剩余的分析也有助于理解完全竞争市场的效率。以前我们曾学习过消费者剩余，是指某一物品对于消费者的价值或效用超过了这一物品的购买价格。这里，我们再引入生产者剩余的概念。生产者剩余（producer surplus）是指生产者获得了超过他的生产成本的收益。生产者剩余与消费者剩余有相似之处，也有不同之处。相似之处是：二者都是由实际发生额（实际收入额或实际支付额）与心目中的数额（愿意接受的数额或愿意支付的数额）之差形成的；二者不同之处是：消费者剩余是一种心理上的感觉，而并不是实际收入的增加，生产者剩余则是实际收入的增加。生产者剩余和消费者剩余的总和叫作经济剩余（economic surplus），它表示一个经济体所得到的总效用或满足超过了它的生产成本。

在一个完全竞争的市场上，市场均衡由供给曲线和需求曲线的交点决定。如图 6.5 所示，市场均衡价格为 P_0，区域 A 为消费者剩余，区域 B 则为生产者剩余。二者的总和即经济剩余的大小可以用来反映市场的效率。在完全竞争条件下，消费者剩余和生产者剩余的总和达到最大。为什么呢？因为在完全竞争市场里，代表消费者剩余和生产者剩余的 A 和 B 两个区域覆盖了 P_0 的市场价格条件下需求曲线之下供给曲线之上的全部面积，因此，消费者剩余和生产者剩余的总和达到了最大值；在非完全竞争市场上，消费者剩余和生产者剩余的总和都没有这么大。从这个意义上来说，完全竞争是最有效率的。

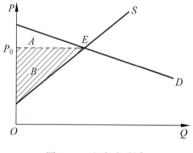

图 6.5　生产者剩余

但是在完全竞争市场结构下，同样存在以下问题：各个企业的规模很小，小企业通常没有能力进行技术创新，从而不利于技术进步和发展；由于产品无差别，不能很好满足消费者多样化的需求；各个厂商的最低平均成本不一定就是最低社会成本；由于信息是完全和对称的，所以不存在对技术创新的保护。

第三节　完全垄断市场的厂商均衡

完全垄断（perfect monopoly），又称垄断或独占，是指整个行业中只有唯一的一个厂商，一个厂商控制了某种产品全部供给的市场结构。

一、完全垄断的特征与成因

（一）完全垄断的特征

我们把具有如下特征的市场称为完全垄断市场：

第一，厂商数目唯一，一家厂商控制了某种产品的全部供给。完全垄断市场上垄断企业排斥其他竞争对手，独自控制了一个行业的供给。由于整个行业仅有唯一的供给者，企业就是行业。

第二，完全垄断企业是市场价格的制定者。由于垄断企业控制了整个行业的供给，也就控制了整个行业的价格，成为价格制定者。完全垄断企业可以有两种经营决策：以较高价格出售较少产品，或以较低价格出售较多产品。

第三，完全垄断企业的产品不存在任何相近的替代品。否则，其他企业可以生产替代品来代替垄断企业的产品，完全垄断企业就不可能成为市场上唯一的供给者。因此消费者无其他选择。

第四，完全垄断市场上存在进入障碍，其他任何厂商进入该行业极为困难或不可能，要素资源难以流动。

【专栏 6-2】 机场出口收费的完全垄断

某城市的国际机场年客流量超过 1 000 万人次。机场唯一的车辆出口处有个收费站，对出站的各类车辆实行收费。这项收费已经收了很多年了，还不知道哪天会结束。以前有一段时期，收费的名义是车辆要上高架公路，所以往郊区方向的车辆可以不收费；于是有些车辆就宁愿绕个大圈子避开收费站。后来这个例外也被取消了，所有出机场的车辆必须在收费站交费后才被允许通过。

这个案例是一个典型的完全垄断的例子。首先是市场上仅此一家，没有竞争；其次是市场不准入，不可能允许另一家厂商也去修条路，再设个收费站，无论你具有怎样的资质和条件；最后是产品无替代，原先的绕路可以看作是替代产品，而现在的对开往郊区的车辆也实行了收费，就使该市场完全垄断的特征更加显著了。

资料来源：陈宏民、赵旭.管理经济学[M].上海：上海交通大学出版社，2004.

（二）完全垄断的成因

垄断厂商之所以能够成为某种产品的唯一供给者，是由于该厂商控制了这种产品的供给，使其他厂商不能进入该市场并生产同种产品。导致垄断的原因一般有以下几方面。

一是对资源的独家控制。如果一家厂商控制了用于生产某种产品的全部资源或基本资源的供给，排除了经济中的其他厂商生产同种产品的可能性，从而该厂商就可能成为一个垄断者。例如，南非的钻石开采企业德比尔公司控制了世界钻石生产的 80% 左右。虽然这家企业的市场份额并不是 100%，但它也已大到足以对世界钻石价格产生重大影响的程度。

二是规模经济的要求形成自然垄断。如果某种商品的生产具有十分明显的规模经济，需要大量固定资产投资，规模报酬递增阶段要持续到一个很高的产量水平，此时，大规模生产可以使成本大大降低。那么由一个大厂商供给全部市场需求的平均成本最低,两个或两个以上的厂商供给该产品就难以获得利润。这种情况下,该厂商就形成自然垄断。许多公用行业,如电力供应、煤气供应、地铁等都是典型的自然垄断行业。

三是拥有专利权。专利权是政府和法律允许的一种垄断形式。专利权是为促进发明创造,发展新产品和新技术,而以法律的形式赋予发明人的一种权利。专利权禁止其他人生产某种产品或使用某项技术,除非得到发明人的许可。一家厂商可能因为拥有专利权而成为某种商品的垄断者。不过专利权带来的垄断地位是暂时的,因为专利权有法律时效。

四是政府特许权。在某些情况下,政府以通过颁发执照的方式限制进入某一行业的人数,如大城市出租车牌照限额等。很多情况下,一家厂商可能获得政府的特权,而成为某种产品的唯一供给者,如邮政、手机通信、公用事业等。执照特权使某行业内现有厂商免受竞争,从而具有垄断的特点。作为政府给予企业特许权的前提,企业同意政府对其经营活动进行管理和控制。

二、完全垄断厂商的需求曲线

完全垄断条件下,市场上只有一家企业,企业和行业合二为一,企业就是行业。因此垄断厂商所面临的需求曲线就是整个市场的需求曲线,这是垄断厂商的重要特征。垄断厂商的需求曲线向右下方倾斜,斜率为负,销售量与价格成反比关系。因此,完全垄断厂商是价格的制定者,可以通过减少销售量来提高市场价格,在其产量水平较高时,市场价格也随之下降。这一点与完全竞争市场上厂商是价格的接受者不同。

一般地说,厂商的销售价即平均收益等于消费者的买价,所以平均收益曲线在任何情况下都与需求曲线重合。因此,完全垄断厂商的需求曲线也就是它的平均收益曲线。由于垄断厂商的平均收益和边际收益都随销售量的变化而变化,而且边际收益比平均收益下降得更快,边际收益曲线必然位于平均收益曲线的下方,如图6.6所示。

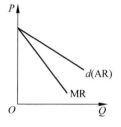

图6.6 完全垄断厂商需求曲线

三、完全垄断厂商的短期均衡

完全垄断厂商仍旧受市场需求和成本的约束。作为价格制定者,完全垄断厂商可以在高价少销和低价多销之间进行选择,自行决定其价格和产量。但是,完全垄断厂商的决策必然受到既定市场需求和成本条件的约束,遵循利润最大化原则。

(一)完全垄断厂商的短期均衡条件

在完全垄断市场上,厂商仍然根据边际收益与边际成本相等(MR=MC)的原则来决定产量,这种产量决定后,在短期内,厂商对产量的调整也要受到限制,因为在短期内,产量的调整同样要受到固定生产要素(厂房、设备等)无法调整的限制。这样,也可能出现供大于求或供小于求的情况,当然也可能是供求相等。在供大于求的情况下,会有亏损;在供小于求的情况下,会有超额利润;供求相等时,则只有正常利润。

完全垄断市场短期均衡的条件为

$$MR = MC \qquad (6-3)$$

因此,在短期均衡点上,完全垄断厂商因受市场需求的约束,它的短期均衡可能是获得经济利润的均衡,也可能是仅获得正常利润的均衡,甚至还可能是亏损条件下的均衡。

(二)完全垄断厂商的产量与价格

在完全竞争市场上,厂商的停止生产点之上的 MC 曲线表达了确定的价格——产量组合关系,成为厂商的短期供给曲线。然而,在完全垄断市场上,厂商的边际收益曲线与需求曲线是相互分离的,均衡产量由 MC 和 MR 的交点决定,而价格却取决于与之相分离的需求曲线。由于需求弹性和需求水平的不同,在不同的价格之下,厂商可能生产相同的产量;而在相同的价格之下,厂商也可能生产不同的产量。所以,完全垄断厂商的价格与产量之间并不存在唯一的对应关系,因而不可能建立起完全垄断厂商的供给曲线。进一步讲,完全垄断厂商的停止生产点之上的边际成本曲线也不是其短期供给曲线。在垄断市场条件下,不存在具有规律性的厂商和行业的短期供给曲线。上述结论,对于任何一个需求曲线向右下方倾斜的厂商都是适用的。

四、完全垄断厂商的长期均衡

在短期调整中,完全垄断厂商无法改变其生产规模或成本条件,所以如果市场需求太小,完全垄断厂商短期可能不能获得垄断利润,甚至承担亏损。但在长期中,完全垄断厂商将根据对其产品的长期需求进行规模调整,建立最适当的工厂规模来生产最适当的长期产量。完全垄断厂商还可以以做广告、提高服务质量等手段扩大产品需求,使需求曲线向右上方移动,当然,这样也会增加产品的成本。如果完全垄断厂商经过综合考虑,发现即使采用优化规模和广告促销这些措施仍然不能获得最低限度的垄断利润,就会退出行业。不过,一般而论,完全垄断厂商总能通过控制产量而操纵价格,获得经济利润,并可以凭借其垄断势力将其长期保持下去。所以完全垄断厂商将在至少能获得最低限度垄断利润的条件下达到长期均衡。

如图 6.7 所示,假定垄断厂商目前的生产规模为 SAC_1、SMC_1 表示的生产规模,在 $SMC_1 = MR$ 所确定的产量水平 Q_1 上,垄断厂商实现了短期的利润最大化。其利润为矩形 $HABP_1$ 所表示的面积。

但是从长期看,这并不是最优的生产规模。由于长期中其他厂商不能进入,垄断厂商可以通过规模调整实现更大的利润。垄断厂商将会把产量调整到 $MR = LMC = SMC$ 所确定的产量 Q_2 水平上,此时对应的生产规模为 SAC_2 和 SMC_2 所表示的生产规模。对应的总利润为矩形 IP_2FG 所表示的面积,此时的总利润大于短期内所获得的总利润。

在长期中,垄断厂商可以通过调节产量与价格来实现利润最大化。这时厂商均衡的条件是 $MR = LMC$ 和 $MR = SMC$,即

$$MR = LMC = SMC \qquad (6-4)$$

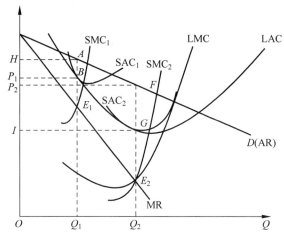

图 6.7　垄断厂商的长期均衡

五、完全垄断厂商的差别定价

在完全竞争市场上,同一商品有完全相同的市场价格,也就是说完全竞争厂商在价格上对任何消费者均是一视同仁的。但是由于完全垄断厂商的特殊垄断地位,使它可以实行价格歧视。价格歧视(price discrimination)又称价格差别,是指完全垄断厂商对成本基本相同的同种商品在不同的市场上以不同的价格出售。由于同种商品的成本基本相同,这种价格差别并不是因为产品本身成本存在差别,因而带有歧视的性质。例如:供电部门根据不同时段的需求确定不同的电价;医生根据病人的富有程度收取不同费用;公交公司对公共汽车的盈利线路和亏损线路实行不同的价格;航空公司根据旅游旺季和淡季实行不同的客运价;出口商品实行出口价和内销价;等等。

(一) 实行价格歧视的条件

实行价格歧视的目的是要获得经济利润(或称垄断利润)。要使价格歧视得以实行,一般须具备三个条件。

第一,市场存在不完善性。当市场存在竞争信息不通畅,或者由于种种原因被分隔时,垄断者就可以利用这一点实行价格歧视。例如,美国图书出版商通常使图书在美国的销售价高于在国外的销售价,这是因为国外的图书市场竞争更激烈,并且存在盗版复制问题。

第二,市场需求弹性不同。当购买者分别属于对某种产品的需求价格弹性差别较大的不同市场,而且垄断厂商又能以较小的成本把这些市场区分开来,垄断厂商就可以对需求弹性小的市场实行高价格,以获得垄断利润。例如,国外航空公司将顾客分为商务人员和普通游客,按不同需求类别执行不同票价。

第三,市场之间的有效分割。它是指垄断厂商能够根据某些特征把不同市场或同一市场的各部分有效地分开。比如公司可以根据国籍、肤色、语言的不同来区分中国人和外国人,对他们实行差别工资。市场有效分割的实质就是厂商能够防止其他人从差别价格中套利。

很明显,完全垄断市场具备上述条件,所以完全垄断厂商可以实行价格歧视。

【专栏 6-3】 购买打折机票的市场有效分割

现如今机票打折是很常见的。两个人乘的是同一航空公司的飞机,甚至是同一架飞机,同样的机组,时间里程也一样,价格相差也会很悬殊。

在发达的资本主义国家这种事也是常有的。以美国为例,航空公司之间经常发生价格大战,优惠票价常常只是正常票价的 1/3 甚至 1/4。然而,即使是价格大战,航空公司也不愿意让出公差的旅客从价格大战中得到便宜。但是,当旅客去买飞机票的时候,他脸上并没有贴着是出公差还是私人旅行的标记,那航空公司如何区分乘客和分割市场呢?原来购买优惠票总是有一些条件的,如规定要在两星期以前订票,又规定必须在目的地度过一个甚至两个周末等。老板叫你出公差,往往都比较急,很少有在两个星期以前就计划好了的国内旅行。这就避免了一部分出公差的旅客取得优惠。最厉害的是一定要在目的地度过周末的条件。老板派你出公差,当然要让你住较好的旅馆,还要付给你出差补助。度过一个周末,至少多住两天,这笔开支,肯定比享受优惠票价所能节省下来的钱多得多,更何况,度完周末才回来,你在公司上班的时间又少了好几天。精明的老板才不会为了那点儿眼前的优惠,而贪小便宜吃大亏。因此,这些优惠条件基本就把出公差者排除了。

资料来源:三亿文库,http://3y.uu456.com/。

(二)价格歧视的类型

英国经济学家庇古(Pigou)于 1920 年提出,根据歧视程度的高低,价格歧视可以分为一级价格歧视、二级价格歧视和三级价格歧视三种类型。

1. 一级价格歧视

一级价格歧视又称完全价格歧视,是指企业根据每一个买者对产品可能支付的最大货币量(买者的保留价格)来制定价格,从而获得全部消费者剩余的定价方法。也就是说,垄断厂商按不同的价格出售不同单位的商品量,而且这些价格可以因人而异。例如,一个医术高超的医生对每个患者收取不同的费用就是这种情况。实行一级价格歧视,垄断厂商必须确切知道各个消费者购买每单位商品愿意支付的价格。因此,它只有在垄断厂商面临少数消费者以及垄断者机灵到足以发现消费者愿意支付的价格时才可能实行。在一级价格差别中,由于垄断厂商是按消费者意愿支付的价格来确定售价的,所以它占有了全部消费者剩余,并把这些剩余变成了垄断利润。在现实中,由于企业通常不可能知道每一个顾客的保留价格,所以在实践中不可能实行完全的一级价格歧视。

2. 二级价格歧视

二级价格歧视是指垄断厂商根据消费者购买单位的多少收取不同的价格,如以团体票的方式购买景区门票,即为垄断厂商把商品需求按购买量分成几组,按不同的价格出售不同组别的商品,但是每个购买相同数量的人支付相同的价格,比如,批量购买可以打折,电的单价经常取决于购买的电量等。实行二级价格歧视只是把部分消费者剩余变成了垄断利润。二级价格歧视实质就是按销售量定价。

3. 三级价格歧视

三级价格歧视是指对于同一商品,完全垄断厂商根据不同市场上的需求价格弹性不同,将其顾客划分为两种或两种以上的类别,对每类顾客索取不同的价格。三级价格歧视是最普遍的价格歧视形式,如电厂对于弹性较大的工业用电实行低价格,而对弹性较小的家庭用电采用高价格。三级价格歧视中,制造商对每个群体内部不同的消费者收取相同的价格,但不同群体的价格不同。在每一个群体内部与统一定价相似,存在正的社会福利净损失,与完全竞争相比降低了社会总福利。

【专栏 6-4】 肯德基优惠券的三级价格歧视

肯德基经常以某种形式发放优惠券。例如,在肯德基网站上发放,顾客只要打印这张优惠券,就可以凭券到肯德基以 7~8 折不等的优惠价格享受某种套餐。或者把优惠券夹在肯德基的宣传报纸里,顾客只要看这张报纸就会得到优惠券,或者在路边免费发放,等等。事实上,不仅仅是肯德基,许多餐厅也有类似的优惠券。

为什么要发放优惠券呢?

一种容易想到的解释是:吸引更多的顾客,扩大销售量。但如果是这样的目的,那么为什么不直接降价呢? 可见,这个解释不对。

另一种解释是:肯德基想借此进行价格歧视——把顾客分开。请注意,要获取肯德基的优惠券,总是要花费一定的时间成本的,而不是随手可得——上肯德基的网站浏览寻找优惠券,打印优惠券,或者阅读肯德基的宣传报纸,或者到路边索取,都需要花费少许成本,主要是时间成本。通常是什么人才愿意花费这些成本呢? 是时间成本比较便宜的人。到肯德基吃饭的人中,什么人时间比较便宜呢? 显然是一些收入偏低的人——工薪阶层。

另外,优惠券能够购买的通常是某种指定的商品组合,而不是随意购买。也就是说,使用优惠券的顾客,是要付出代价——不能随意挑选商品的代价。这也是一种成本。

总而言之,使用优惠券,是要付出代价的——此代价即成本。

通过上述种种方式,肯德基成功地把顾客中的富人和穷人分开,然后,对于富人——不持有优惠券的人,肯德基供给他们的商品就比较贵(没有优惠),而对于穷人——持有优惠券的人,肯德基给他们打折。时间地点商品相同但价格不同,这就是典型的价格歧视。通过价格歧视,肯德基向消费者榨取了更多的消费者剩余,增加了利润。

思考:相对于传统优惠券,肯德基手机 APP 里面的优惠商品种类是否丰富? 为什么?

资料来源:三亿文库,http://3y.uu4456.com。

【专栏 6-5】 关于星巴克价格歧视的争论

2013 年 10 月,央视报道称,星巴克对中国消费者存在"价格歧视"。报道指出,星巴克中杯 354 毫升拿铁咖啡在北京的售价为 27 元,这一价格比美国售价贵 1/3,比印度售价贵一倍,而其物料成本不足 5 元。此前,也有报道称星巴克中国"暴利",披露亚太区利润率为欧洲 16 倍。

据此,一些消费者认为星巴克定价过高,感觉价格不公。但也有一些消费者认为,星巴克咖啡不是刚需,在星巴克的品牌运作之下,到星巴克喝咖啡已经成为一种小资身份的象征,其售价是顾客能接受的价格。也有学者指出,各个国家的成本完全不同,星巴克咖啡售价应由原材料、租金这些综合因素决定,而不能单独比较物料成本。

在这些争论中,更多反映的是我们的问题,而不是星巴克的问题。作为以营利为目的的商家,只要有赢利的空间,且没有明确制约的条件下,不会考虑道德因素,不会因为中国人均收入水平比欧美国家低很多,而将咖啡定价降低一些。但是,星巴克在中国的定价到底是基于市场的合理定价,还是有歧视的定价?请你思考。

资料来源:星巴克咖啡定价有问题吗?人民网,http://politics.people.com.cn/,2013年10月22日。

六、完全垄断市场的经济效率分析

许多经济学家根据完全垄断市场和完全竞争市场的比较分析,认为完全垄断对经济是不利的。

第一,生产资源的浪费。因为完全垄断与完全竞争相比,平均成本与价格高,而产量低。在完全竞争条件下长期均衡的条件是 MR=AR=AC=MC,即厂商是在最低的成本情况下,保持生产均衡,因而生产资源得到最优配置。但在完全垄断条件下的长期均衡,是由 MR 曲线与 MC(包括 SMC 与 LMC)曲线的交点确定均衡产量。由于生产是在生产成本高于最低平均成本处保持均衡,因此资源未能得到最优配置。

第二,社会福利的损失。垄断厂商实行价格歧视,消费者支付的价格高,消费者剩余减少。这种减少是社会福利的损失。此外,垄断者凭借其垄断地位而获得超额利润加剧了社会收入分配的不平等,也阻碍了技术进步。

但也有许多经济学家认为对完全垄断也要作具体分析。首先,有些完全垄断,尤其是政府对某些公用事业的垄断,并不以追求垄断利润为目的。这些公用事业往往投资大,投资周期长而利润率低,但它又是经济发展和人民生活所必需的。这样的公用事业由政府进行完全垄断,会给全社会带来好处。然而也应该指出,由政府完全垄断这些公用事业,往往也会由于官僚主义而引起效率低下。其次,也有的经济学家认为,垄断厂商因能获得垄断利润,具有更雄厚的资金与人力,从而更有能力进行新的研究,促进技术进步。

第四节 垄断竞争市场的厂商均衡

垄断竞争(monopolistic competition),是一种介于完全竞争和完全垄断之间的市场组织形式,在这种市场中,既存在着激烈的竞争,又具有垄断的因素。

一、垄断竞争市场的特征

垄断竞争市场是最常见的一种市场结构,如肥皂、洗发水、毛巾、服装、布匹等日用品市场,餐馆、旅馆、商店等服务业市场,牛奶、火腿等食品类市场,书籍、药品等市场大都属于此类。作为垄断竞争市场,它们一般具有如下基本的特征。

第一,市场中存在着较多数目的厂商,彼此之间存在着较为激烈的竞争。由于每个厂商都认为自己的产量在整个市场中只占有一个很小的比例,因而厂商会认为自己改变产量和价格,不会招致其竞争对手们相应行动的报复。

第二,厂商所生产的产品是有差别的,或称"异质商品"。至于产品差别是指同一产品在价格、外观、性能、质量、构造、颜色、包装、形象、品牌、服务及商标广告等方面的差别以及消费者想象为基础的虚幻的差别。由于存在着这些差别,使得产品成为带有自身特点的"唯一"产品,也使得消费者有了选择的必然,使得厂商对自己独特产品的生产销售量和价格具有控制力,即具有了一定的垄断能力;而垄断能力的大小则取决于它的产品区别于其他厂商的程度。产品差别程度越大,垄断程度越高。

第三,行业进出容易。厂商的生产规模比较小,因而进入和退出一个行业比较容易。

二、垄断竞争厂商的需求曲线

由于垄断竞争厂商生产的是有差别的产品,因而和完全竞争的厂商只是被动地接受市场的价格不同,垄断竞争厂商对价格有一定的影响力。比如,厂商如果将它的产品价格提高一定的数额,则习惯于消费该产品的消费者可能不会放弃该产品的消费,该产品的需求不会大幅度下降。但若厂商大幅度提价的话,由于存在大量的替代品,消费者就可能舍弃这种偏好,转而购买该商品的替代品。因此其面临的需求曲线不像完全竞争市场上是一条水平直线,而是一条向右下方倾斜的曲线。又因为市场上存在着其他具有垄断势力的厂商,且产品之间具有良好的替代性,这样,单个厂商的降价虽然能吸引一部分消费者,却无法吸引所有其他厂商的购买者,因此单个厂商面临的需求曲线和完全垄断厂商也有所区别。垄断竞争厂商所面临的需求曲线相对于完全竞争厂商而言要更陡一些(即更缺乏弹性),而相对于垄断厂商来讲需求曲线要更缓,即更富有弹性。更进一步分析,在垄断竞争市场上,存在着两条需求曲线,一条是厂商"想象"的需求曲线,一条是真实的需求曲线。

由于在垄断竞争行业中厂商生产的产品都是有差别的替代品,因而市场对某一厂商产品的需求不仅取决于该厂商的价格—产量决策,而且取决于其他厂商对该厂商的价格—产量决策是否采取对应的措施。比如一个厂商采取降价行动,如果其他厂商不降价,则该厂商的需求量可能上升很多,但如其他厂商也采取降价措施,则该厂商的需求量不会增加很多。这样在分析垄断竞争厂商的需求曲线时,就要分两种情况进行讨论,如图6.8所示。

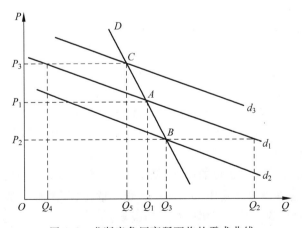

图6.8 垄断竞争厂商所面临的需求曲线

d 曲线表示：在垄断竞争生产集团中的单个厂商改变产品价格，而其他厂商的产品价格保持不变时，该厂商的产品价格与销售量之间的对应关系。因为在市场中有大量的企业存在，因而单个厂商会认为自己的行动不会引起其他厂商的反应，于是他便认为自己可以像垄断厂商那样，独自决定价格。这样，单个厂商在主观上就有一条斜率较小的需求曲线，称为主观需求曲线。

D 曲线表示：在垄断竞争生产集团中的单个厂商改变产品价格，而其他所有厂商也使产品价格发生相同变化时，该厂商的产品价格和销售量之间的关系。在现实中，一个垄断竞争厂商降低价格时，其他厂商为了保持自己的市场，势必也会跟着降价，该厂商因而会失去一部分顾客，需求量的上升不会如厂商想象的那么多，因而还存在着另外一条需求曲线，称为客观需求曲线或比例需求曲线。

在图 6.8 中，垄断竞争厂商的主观需求曲线为 d_1，厂商最初的产量为 Q_1，最初的价格为 P_1，因而位于主观需求曲线上的 A 点。当该厂商将产品的价格由 P_1 下调至 P_2 后，按照其主观需求曲线 d_1，厂商预期其销售量将提高至 Q_2。但是，由于该厂商降价时，其他厂商也将采取同样的措施，以维护自己的市场占有率，因此，该厂商的销售量实际只有 Q_3，即介于 Q_1 和 Q_2 之间，厂商实际只能移动到 B 点。当厂商意识到这点之后，厂商的主观需求曲线就会作出相应的调整，改为通过 B 点的 d_2。相反，如果厂商将它的价格由 P_1 提高至 P_3，厂商按照主观需求曲线 d_1 会预期自己的需求量将降低至 Q_4，但由于其他厂商也同样采取提价措施，该厂商需求量的下降并不像预期的那么多，实际的需求量为 Q_5，即厂商实际移动到 C 点，厂商的主观需求曲线也将随之调整至通过 C 点的 d_3。根据客观需求曲线的定义，连接 A、B、C 三点的曲线 D 即是客观需求曲线。

当所有厂商同样调整价格时，整个市场价格的变化会使单个垄断竞争厂商的 d 曲线沿着 D 曲线上下移动；d 曲线表示单个厂商改变价格时预期的产量，而 D 曲线表示单个厂商在每一价格水平实际面临的市场需求量或销售量，所以 d 曲线与 D 曲线相交，意味着垄断竞争市场的供求平衡状态；客观需求曲线 D 更缺乏弹性，所以更陡峭一些；主观需求曲线 d 弹性较大，较平坦些。

三、垄断竞争厂商的短期均衡

垄断竞争厂商在短期内通过调整它的产量和价格来实现它的利润最大化目标。

如图 6.9 所示，SMC 是代表性厂商的边际成本曲线，d_1 是厂商的主观需求曲线，D 是厂商的客观需求曲线。假定厂商一开始处于 A 点，此时产量是 Q_0，价格为 P_0。厂商为了实现利润最大化，会按照 $MR_1 = MC$ 的原则来调整其价格和产量，即沿着主观需求曲线调整至 B 点，此时价格是 P_1，产量为 Q_1。由于在行业中的其他厂商也面临着相同的情况，每个厂商都在假定其他厂商不改变产量和价格的条件下根据自己的利润最大化原则降低了价格。于是，当其他厂商都降低了自己产品的价格时，代表性厂商实际的需求量不能增加到 Q_1，而只能是 Q_0 和 Q_1 之间的一点 C，需求量只有 Q_2。厂商的主观需求曲线也要修正到通过 C 点的 d_2，边际收益曲线也相应调整至 MR_2。这样该厂商在 P_1 的价格下无法实现最大利润，必须进一步作出调整。按照厂商利润最大化的条件 $MR_2 = MC$，厂商将会把价格进一步降低至 P_2，厂商预期自己的需求量将会增加至 Q_3。但是由于其他厂商采取同样的行动,该厂商的需求量实际只能沿客观需求曲线增加到 Q_4,厂商在 P_2 价格下仍无法实现最大利润。以此类推,厂商的价格还需作出进一步的调整,其主观需求曲线也将沿客观需求曲线不断移动。调整过程实际是一个"试错"的过程,这一"试错"过程不断进行,一直持续到实现短期均衡状态为止。

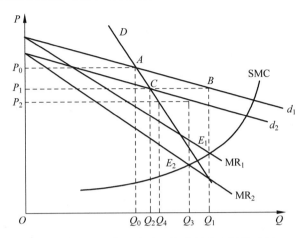

图 6.9 垄断竞争厂商在短期内的生产调整过程

垄断竞争厂商实现短期均衡时的利润如图 6.10 中阴影部分所示。当然,和垄断厂商、完全竞争厂商一样,垄断竞争厂商也可能获得经济利润,也可能经济利润为零,甚至是亏损,经济利润为负。这主要取决于厂商所面临的需求曲线与其平均成本曲线的位置,如果厂商的平均成本曲线位于需求曲线之上,也就是说,厂商的平均成本太高或者需求太低,则厂商在短期内无论如何调整其价格和产量,都无法摆脱亏损的命运。

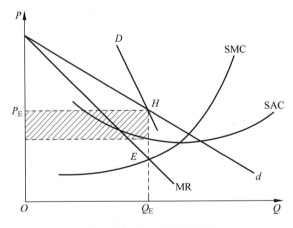

图 6.10 垄断竞争厂商的短期均衡

四、垄断竞争厂商的长期均衡

在长期内,垄断竞争厂商可以通过扩大或缩小其生产规模来与其他企业进行竞争,也可以根据自己能否获得经济利润来选择是进入还是退出一个行业。

假设垄断竞争厂商在短期内能够获得经济利润,在长期内所有的厂商都会扩大生产规模,也会有新的厂商进入该行业进行生产,在市场总的需求没有大的改变的情况下,代表性厂商的市场份额将减少,虽然主观需求曲线不变,但客观需求曲线将向左下方移动,从而厂商产品的实际需求量低于利润最大化的产量。厂商为了实现长期均衡必须降低其价格提高其产量来适应这种变化,从而主观需求曲线和客观需求曲线都会向左下方移动。这一过程会一直持续到行业内没有新的厂商进入,也没有企业愿意扩大生产规模为止,此时厂商的经济利润为零。

厂商实现长期均衡时的所处状态如图 6.11 所示。在长期均衡时,厂商的主观需求曲线 d 与长期平均成本曲线 LAC 相切于 E 点,客观需求曲线也与 d 和 LAC 曲线相交于 E 点,此时厂商的均衡产量 Q_E 满足厂商利润最大化的要求 $MR=LMC=SMC$。而此时的 $P=AR=LAC$,所以厂商的经济利润为零。

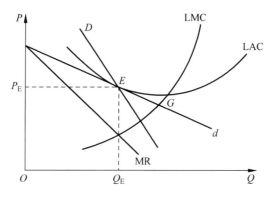

图 6.11　垄断竞争企业的长期均衡

如果考虑行业内厂商亏损,厂商退出行业或者减少产量的过程,与上述的分析过程类似,只不过两条需求曲线的移动方向相反而已,最终均衡的结果都是主观需求曲线与 LAC 曲线相切,经济利润为零。

从长期均衡的条件看,垄断竞争厂商与完全竞争厂商相同,但实际上却存在着很大不同,其差别在于:完全竞争厂商 D、AR、MR 曲线三线合一,且为平行线;垄断竞争厂商 D、AR 重合,且向右下方倾斜,并且 $MR<AR$。完全竞争下长期均衡时的产量的平均成本处于最低点;垄断竞争下长期均衡时的产量其平均成本高于最低点。完全竞争下长期均衡时价格低于垄断竞争下的均衡价格,且 $P=MC$;垄断竞争下长期均衡时价格较高,$P>MC$。完全竞争下长期均衡的产量高于垄断竞争时的均衡产量。

五、垄断竞争厂商的非价格竞争

厂商之间的竞争一般采取两种手段,一是价格竞争(price competition),二是非价格竞争(non-price competition)。价格竞争是通过降价使顾客花更少的钱却得到同样产品和服务的一种竞争;非价格竞争,就是为顾客提供更好、更有特色,或者更能适合各自需求的产品和服务的一种竞争。垄断竞争市场上价格竞争会引起其他企业明显的反应,而通过非价格手段进行竞争,虽然也会引起对方的反应,但这种反应比起价格竞争引起的反应要小得多。这是因为非价格因素的变化,一般不易被对方发觉,即使被对方发觉之后,到有所反应也要一个过程(如设计新产品、训练推销人员需要时间)。

非价格竞争的效果就是改善消费者对本企业产品的看法,使本企业的产品在消费者头脑中与别的企业的产品区别开来。显然,一旦厂商在竞争中取得了这种效果,对方要把顾客重新夺回去是不容易的,因为这需要把顾客对产品的看法再转变过来。

垄断竞争厂商的非价格竞争策略具体包括以下几个途径。

第一,产品创新策略。社会发展飞速前进,在今天知识经济时代的前提下,消费者对产品的要求越来越高,标准化产品、统一的营销方式和水准已经远远不能满足消费者的需要。单一的产品品种无法满足消费者,价格因素在竞争中的影响降低,消费者开始关注产品的差异化还有其更新换代的速度。

第二,产品品牌个性化。每一种产品的不同的质量、价格、外观、品位、内涵都会给消费者带来不同的感受和理念,也会给消费者带来不同程度的心理上的满足,这些都是影响消费者购买产品的重要因素。现代生活水平在不断提高,高技术含量还有高档次的产品在不断增加,产品的差异化、品牌的个性化倾向越来越显著。除了质量、价格、外观等理性方面外,消费者越来越强调的是产品的文化内涵、个性等感性方面的影响因素,这种情感因素的增加也加宽了消费者对产品及品牌的理解和依赖。

第三,产品服务竞争策略。美国著名市场营销学家莱维特曾说过:"未来企业竞争的焦点不再是企业能为消费者生产出具有什么使用价值的产品,而是企业能为消费者提供什么样的附加价值——服务。"因此,企业拥有的竞争优势,必须通过实施销售服务竞争策略取得。

第四,战略联盟。所谓战略联盟就是指两家或两家以上厂商为了达到某些共同的战略目标而结成的一种网络式联盟,联盟成员各自发挥自己的竞争优势,相互合作,共担风险,在完成共同的战略目标后,这种联盟一般都会解散,其后为了新的战略目标,公司也可能与新的合作者结成新的联盟。战略联盟是一种适应市场环境变化的新型竞争观念,它以一种合作的态度来对待竞争者,形成商业联盟,通过建立双方的信任关系,在合作中竞争,实现优势互补,借助对方来加强各自的竞争力,在合作的基础上展开竞争,从而不断提高竞争的水平,促进社会经济和技术的不断发展进步。

第五,广告策略。随着经济的不断发展进步,买方市场格局逐渐稳定,广告越来越显示出其不可替代的价值与作用。广告是以促进销售为目的,付出一定的费用,通过特定的媒体传播商品或劳务等有关经济信息的大众传播活动。广告宣传的基本功能在于向消费者传递商品的信息,沟通生产者与消费者之间的联系,以此促进商品销售。而广告之所以能在市场促销过程中具备举足轻重的作用是由于广告的功能所决定的。广告的功能特点是高度普及公开、渗透性强、富于表现力,广告促销既能用于树立企业形象,也能促进快速销售。当前,促销宣传不再是仅以某种优惠或变相优惠来吸引消费者购买,而是以妥善处理公共关系,树立产品和企业的良好形象,增强消费者和社会的信任为其主流的一种商业模式。

【专栏6-6】 减价与提价

保罗和彼得在同一条河上经营航运。他们各自拥有一个航运公司,整日在河上运送货物和旅客。保罗想,如果河上只有我一家航运公司,生意该更红火了。保罗比彼得的资本雄厚得多,共有 20 条大船,彼得只有 10 条,而且,彼得还欠下银行的大笔债务。于是,保罗降低了票价,打起了价格战。彼得没有办法,只得跟着降价;保罗再次降价,彼得再次跟上。如此反复交锋,乘客大占便宜,两个公司都受到重大损失。保罗亏损巨大,彼得更是欠债累累,行将破产。最后彼得不得不将所有的船都出售给保罗。保罗获胜了,成了河上唯一的航运公司。后来保罗逐步提高了票价,很快成为当地首富。来往的乘客一面抱怨着票价太贵,一面却只得坐他的船,让自己的血汗钱填满了保罗的口袋。

讨论:1. 案例中主要涉及何种竞争策略?
2. 保罗和彼得还可以采用何种竞争策略?

资料来源:要竞争,还是垄断?中国经济网,http://book.ce.cn,2009 年 2 月 13 日。

六、垄断竞争市场的经济效率分析

比较完全竞争长期均衡条件 $P=MR=AR=MC=AC$,两者都是 $P(AR)=AC$。差别是完全竞争下 $AC=MC,P(AR)=MR$,而垄断竞争市场 $AC>MC,P(AR)>MR$。这说明垄断竞争下成本较高,未能达到最低点,存在资源浪费。在垄断竞争市场中,同一行业里的厂商数目过多,各厂商的市场份额不能使厂商充分利用已有的生产设备、生产资源,从而导致产品的平均成本无法达到最低点;而且在垄断竞争市场中,非价格竞争非常普遍,厂商将大量的成本花费在广告等营销宣传上,但不少时候这样做的结果并未使厂商的销售量增加多少,却导致了销售成本的上升。

但也并不能由此得出完全竞争市场就优于垄断竞争市场的结论。因为尽管垄断竞争市场上平均成本与价格高,资源有浪费,但对于消费者来说,可能会欢迎因垄断竞争条件而造成的产品差别,因为这样消费者就能在品种繁多的替代品中任意挑选,满足自己的特殊偏好,所以他们可能十分愿意为垄断竞争条件下的低经济效率付出代价。因此如果不是单纯从成本角度看问题,而是从消费者福利的角度看问题,垄断竞争企业的低效率生产并不能算是一种弊病。而且垄断竞争市场上的产量要高于完全垄断市场,价格却要低。特别是在非价格竞争中,垄断竞争企业必须提高技术,改进产品,因而垄断竞争企业比完全竞争企业更有利于创新。因此,许多经济学家认为,垄断竞争从总体上看还是利大于弊的。

第五节　寡头垄断市场的厂商均衡

一、寡头垄断市场的特征

寡头垄断(oligopoly)是指少数几家厂商控制整个市场的产品生产和销售的市场组织。这与完全垄断和垄断竞争市场不同。完全垄断市场只有一家厂商,这家厂商的供给和需求就是一个行业的供给和需求;垄断竞争市场则有较多的厂商,每家厂商只是行业中的一小部分;而寡头垄断则是几家大企业生产和销售了整个行业的极大部分产品,它们每家都在该行业中具有举足轻重的地位。寡头垄断市场是既包含垄断因素和竞争因素,但更接近于完全垄断的一种市场结构,只是在垄断程度上有所差别。

寡头垄断市场在现实经济中占有十分重要的地位。钢铁、石油、汽车、造船、航空等行业就是典型的寡头垄断市场。比如,美国汽车业就是被通用汽车公司、福特汽车公司和克莱斯勒汽车公司三家控制的。

寡头行业可以分为两大类,即每个厂商所生产的产品是同质的,称为纯粹寡头行业(pure oligopoly),如钢铁、水泥、铜等产品生产的寡头;每个厂商所生产的产品是有差别的,称为差别寡头行业(differentiated oligopoly),如汽车、计算机产品生产的寡头。

寡头垄断市场的特征有:

第一,厂商数目极少。市场上只有少数几个厂商,每个厂商在市场上都占有举足轻重的地位,对其产品价格具有相当的影响力。一是由于市场规模较小,只能容纳下几家厂商。例如,在一个小城市中,通常只有几家银行、几家电影院等。二是由于规模经济。在使用综合生产线和大型机械的资本密集型工业中,工厂的适度规模是很大的,只有少数几家厂商才能达到这个标准,使自己的平均成本下降到最低状态。因此,新厂商很难进入。

第二,行业进出不易。因为在规模、资金、市场、原料、专利、信誉等方面,其他企业难以与原有企业匹敌,尤其是某些行业有明显的规模经济性,存在许多进入障碍。而且由于原有企业相互依存、休戚相关,不仅其他企业难以进入,本行业企业也难以退出。

第三,厂商相互依存。这是寡头市场最基本的特征。任何一个企业进行决策时,都必须考虑竞争者可能的反应。由于寡头市场只有几家厂商,所以,每家厂商的产量和价格的变动都会显著地影响到本行业竞争对手的销售量和销售收入。这样,每家厂商必然会对其他厂商的产量和价格变动作出直接反应,他在作决策时必须考虑其他厂商的决策,同时,他也要考虑自己的决策对别的厂商的影响。因此,寡头市场是一个相互依存的市场结构。它们既不是价格的制定者,也不是价格的接受者,而是价格的寻求者。因而寡头厂商的行业具有不确定性。

寡头市场的这个特征,决定了:①它很难对产量与价格问题作出像前三种市场那样确切而肯定的答案。因为,各个寡头在作出价格和产量决策时,都要考虑到竞争对手的反应,而竞争对手的反应又是多种多样并难以判断的。②价格和产量一旦确定以后,就有其相对稳定性。这就是说,各个寡头由于难以判断对手的行为,一般不会轻易变动已确定的价格与产量水平。③各寡头之间的相互依存性,使它们之间更容易形成某种形式的勾结。但各寡头之间的利益又是矛盾的,这就决定了勾结不能代替或取消竞争,寡头之间的竞争往往会更加激烈。这种竞争有价格竞争,也有非价格竞争。

【专栏6-7】 垄断的组织形式

垄断的基本组织形式可以分为卡特尔、辛迪加、托拉斯、康采恩和其他组织形式的垄断。

卡特尔(cartel)是指生产同类商品的企业,为了获取高额利润,在划分市场、规定商品产量、确定商品价格等一个或几个方面签订正式的书面协议,形成的垄断性联合。卡特尔的各成员企业在生产、销售、财务和法律上均保持自身的独立。

辛迪加(syndicate)是同一生产部门的企业为了获取高额垄断利润,通过签订协议,共同采购原料和销售商品而形成的垄断性联合。参加辛迪加的企业在生产和法律上仍保持独立,但在购销领域已失去独立地位,所有购销业务均由辛迪加的总办事机构统一办理,参加辛迪加的企业不再与市场直接发生联系,很难脱离辛迪加的约束,因而它比卡特尔更集中,更具有稳定性。

托拉斯(trust)是垄断组织的一种高级形式,通常指生产同类商品或在生产上有密切联系的企业,为了获取高额利润,从生产到销售全面合并而形成的垄断联合。托拉斯的参加者本身虽然是独立的企业,但在法律上和产销上均失去了独立性,由托拉斯董事会集中掌握全部业务和财务活动。原来的企业成为托拉斯的股东,按股权分配利润。托拉斯组织具有全部联合公司或集团公司的功能,因此它是一种比卡特尔和辛迪加更高级的垄断形式,具有相当的紧密性和稳定性。

康采恩(konzern)是分属于不同部门的企业,以实力最为雄厚的企业为核心而结成的垄断联合,是一种高级而复杂的垄断组织。这种垄断组织的参加者并不限于某一行业或某一生产部门的企业,生产、服务、运输、金融等不同部门的企业均可成为该组织的成员。康采恩是比卡特尔、辛迪加和托拉斯更为高级的垄断组织形式,是工业垄断资本和银行垄断资本相融合的产物。

其他组织形式的垄断主要指混合联合公司(conglomerate)以及包括国际卡特尔、国际辛迪加、国际托拉斯在内的国际垄断组织等。

由于寡头间对策的不确定性,因此要想建立一个理想的模型解释寡头的价格与产量决定是不可能的。人们只能根据一些不同的假设对寡头行为进行各自的解释。寡头垄断的市场理论是依据企业行为的目标假定、勾结的程度以及它们对各自对手的相关反应的不同理解建立起来的,主要有合作的寡头垄断市场定价模型和非合作的寡头垄断市场定价模型。前者主要有卡特尔定价模型、价格领导模型和成本加成定价模型;后者主要有古诺模型、张伯伦模型、埃奇沃思模型和斯威齐模型。下面择要进行介绍。

二、合作的寡头垄断模型

寡头垄断市场厂商数目很少,具有较强的相互依存性,这就使厂商认识到,如果相互间展开激烈的竞争,势必两败俱伤,因而厂商之间进行勾结成为必然。寡头厂商通过相互勾结(合作或者说是串谋),以获得更大的利润。

(一)卡特尔定价模型

寡头垄断行业的厂商通过相互勾结以达到协调行动的一种形式是建立卡特尔——独立厂商之间有关价格、产量和瓜分市场销售区域的明确协议,"限产保价"。一个卡特尔是一个行业的各个独立的厂商,就价格、产量和其他诸如瓜分销售地区或分配利润等事项达成必须严格遵守的明确的协议,通常是正式的协议。假如一个卡特尔能够根据该行业产品的需求状况和各厂商的成本状况,按照行业利润最大化原则确定产品的销售价格和全行业的生产数量,这样的寡头垄断市场就和完全垄断市场一样了。

为简化起见,我们仅分析只有两家厂商的卡特尔的情况。假定两家厂商的成本曲线分别如图 6.12(a)与(b)所示,那么,卡特尔作为整体的边际成本曲线可通过将这两家厂商的边际成本曲线按水平方向加总得到。D 为整个行业的需求曲线,MR 为行业的边际收益曲线。这样,卡特尔即可根据 $MR=MC$ 的利润最大化原则,确定其总产量为 $\bar{Q}$,相

应的垄断价格为 $\bar{P}$。在此基础上,卡特尔将按照等边际成本原理来分配其总产量,因为在总产量 $\bar{Q}$ 和价格 $\bar{P}$ 已定的情况下,卡特尔的总收益已经确定,那么,利润最大化就等同于成本最小化。因此,按等边际成本原理分配总产量可使其总利润最大化。如图 6.12(c) 所示,曲线 MR 与曲线 MC 的交点确定了相同的边际成本水平(拉一条水平虚线),再由这条虚线与各家厂商的边际成本曲线的交点确定各自的产量 Q_1 与 Q_2。

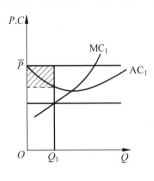 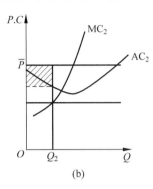 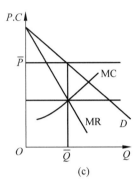

图 6.12　卡特尔的利润最大化

然而,上述分配方式往往只在理论上是合理的,实践中的产量分配则取决于建立卡特尔时达成的协议所作出的安排。事实上,从图 6.12 中容易看到,产量不同,各成员厂商的利润也往往不同(图中阴影部分大小不同)。各厂商从自身利益出发,或者对这种分配结果不满,或者在已经获取较多利润的情况下希望得到更多的利润,就可能暗中采取削价行动,或者扩大产量。由于卡特尔成员往往不多,一旦有某个成员违反协议,其行动很容易被其他厂商察觉,从而引起"连锁反应",最终导致卡特尔崩溃。这说明卡特尔是很不稳定的。

【专栏 6-8】 欧佩克和世界石油市场

世界上大部分石油主要是由少数国家(中东国家)生产的。这些国家在一起组成了一个卡特尔,称为石油输出国组织(Organization of Petroleum Exporting Countries, OPEC,中文音译为欧佩克)。这些国家控制了世界石油储藏量的 3/4。正如任何一个卡特尔一样,欧佩克力图通过协调减少产量来提高其产品的价格。但是,欧佩克的每个成员都受到增加生产以得到更大总利润份额的诱惑,其成员常常就减少产量问题达成协议,然后又私下违背协议。

1973—1985 年,欧佩克成功地维持了合作和高价格,原油价格从 1972 年每桶 2.64 元上升到 1974 年的 11.17 元,然后在 1981 年又上升到 35.10 元;但在 20 世纪 80 年代初,各成员国开始扩大生产水平,欧佩克在维持合作方面变得无效率了。到了 1986 年,原油价格回落到每桶 12.52 元。

20 世纪 90 年代期间,欧佩克成员继续每两年开一次会,但卡特尔在达成或实施协议上多因成员国为自身利益不肯妥协导致无果而终。欧佩克成员主要是相互独立地作出生产决策,世界石油市场竞争性加剧。20 世纪 90 年代的大部分年份,根据总体通货膨胀调整后的原油价格仍然不到欧佩克在 1981 年达到的水平的一半。1999 年,石油输出国之间的合作又开始加强了。而最近的一次减产协议发生于 2016 年底。2016 年 11 月 30 日欧佩克在维也纳召开部长级会议,达成 8 年来的首次减产协议决定,每日将减产约 120 万桶,导致国际油价大幅上涨。此次是欧佩克自 2008 年以来首次达成减产协议,于 2017 年 1 月开始执行,为期 6 个月。

思考：结合本案例,理解卡特尔组织不稳定的原因。

资料来源：世界石油市场中的卡特尔 OPEC,新浪微博,http://blog.sina.com.cn,2017 年 2 月 11 日。

通过以上的模型可以知道,寡头厂商之间的竞争会使厂商受到损失,甚至导致厂商亏损或者破产。为了避免出现这种情况,寡头厂商经常会相互勾结(或者称合作、串谋),以期获得更大的利润。通常的做法是：大企业分配的限额多,小企业分配的限额少。按实力地位分配,或者按地区和国别瓜分市场的方式来分配,通过讨价还价的谈判达成一致协议。

(二) 价格领导制

卡特尔在美国是非法的。卡特尔的非法性促使寡头在没有明示协议和通信联系条件上,寻求一种暗中默契的勾结方式,即价格领导制。它是指一个行业的价格通常由某一寡头率先制定,其余的寡头追随其后确定各自的价格。率先制定和调整价格的寡头就是价格领导。在美国汽车行业中,通用汽车公司传统上就是价格领导。作为价格领导的寡头一般有以下三种。

第一,支配型价格领导。领先确定价格的厂商是本行业中最大的、具有支配地位的厂商。它根据自己利润最大化的原则确定产品价格及变动,其余规模较小的寡头则根据这种价格来确定自己的价格及产量。

第二,效率型价格领导。领先确定价格的厂商是本行业中成本最低、效率最高的厂商。它对价格的确定也使得其他厂商不得不随之变动。

第三,信号型价格领导。信号型厂商不一定是该行业规模最大或效率最高的企业,但它在管理或掌握信息方面可能有很强的判断力。它能衡量行业面临的需求压力,估计其他厂商想调整的价格。一旦需求变化,信号型企业就第一个宣布调整价格,其他企业随之改变自己的价格。

(三) 成本加成定价模型

寡头企业为了获得满意的利润,可以采用尊重对方的统一定价方式,即在估计平均企业成本的基础上,加上平均成本的一个百分比作为利润,从而确定价格,这就是成本加成定价法。如果 P 为价格,AC 为企业平均成本,n 为目标利润率,则有

$$P = \text{AC} \times (1+n) \tag{6-5}$$

在现实经济生活中,寡头厂商对未来的成本、需求和竞争对手的反应等信息都难以知道得很确切,很难精确地计算边际成本和边际效益；而且,在市场引导下的企业也不一定追求最大化利润,也许有一个满意的利润就可以了。源于此,成本加成定价法以其所需数据少、方法简单易行而被广泛应用。

采用成本加成法定价,可以避免各寡头之间的价格竞争,使价格相对稳定,从而避免

在降价竞争中两败俱伤。诚然,这种价格并不能实现理论分析中的最大化利润。但是,如果行业长期处于正常发展状态,平均成本变化不大,这种方法和目标利润最大化的定价方法是一致的,实际价格趋近于理性决策价格。

三、非合作的寡头垄断模型

(一) 古诺模型

古诺双寡头模型(Cournot duopoly model)又称双寡头模型(duopoly model),由法国经济学家奥古斯丁·古诺(Augustin Cournot)于1838年提出,描述了两个寡头厂商相互竞争的市场行为。我们要注意的是,在双寡头模型中的厂商作出决策时,要考虑它的竞争者。厂商知道它的竞争者也在作出产量决策,最终的市场价格则取决于两个厂商的总产量。

古诺模型的假设条件:一个产业只有两个寡头厂商,每个寡头生产和销售相同的产品,他们的生产成本为零,并追求利润最大化;两个寡头同时作出产量决策,即寡头间进行的是产量竞争而非价格竞争,产品的价格依赖于二者所生产的产品总量;双方无勾结行为;每个生产者都把对方的产出水平视为既定,并依此确定自己的产量。

古诺模型的产量和价格的决定用图 6.13 来说明。

第一轮,A 厂商面临 D 曲线,将产量定为市场总容量的 $1/2$,将价格定为 OP_1,从而实现了最大的利润;然后,B 厂商进入市场,也按同样的方式行动,生产他所面临的市场容量的 $1/2$,此时价格下降为 OP_2。

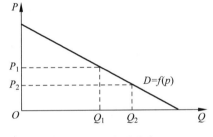

图 6.13 古诺均衡

第二轮,为了实现最大的利润,A 厂商将产量定为自己所面临的市场容量的 $1/2$,B 厂商也生产自己所面临的市场容量的 $1/2$,于是 A 厂商的产量略有减少,B 厂商的产量略有增加。

在这样轮复一轮的过程中,A 厂商的产量会逐渐减少,B 厂商的产量会逐渐增加;最后,达到 A、B 两个厂商的产量都相等的均衡状态为止。在均衡状态中,A、B 两个厂商的产量都为市场总容量的 $1/3$,即每个厂商的产量为 $1/3\ OQ$,行业的总产量为 $2/3\ OQ$。

以上古诺双寡头模型的结论可以推广。令寡头厂商的数量为 m,则可以得到一般的结论如下:

$$\text{每个寡头厂商的均衡产量} = \text{市场总容量}/(m+1) \tag{6-6}$$

$$\text{行业的均衡总产量} = \text{市场总容量} \cdot m/(m+1) \tag{6-7}$$

(二) 斯威齐模型

斯威齐模型(Sweezy model)是美国经济学家保罗·斯威齐于 20 世纪 30 年代所建立的。由于寡头厂商之间价格战的结果往往是两败俱伤,竞争的双方利润都趋向于零。所以在寡头垄断市场上,产品的价格往往比较稳定,厂商比较喜欢采用非价格竞争方式,即便采用价格战的方式也是非常慎重的。美国钢铁产业曾有过典型实例：在需求和成本都有较大变动的情况下，1901—1916 年，铁轨的价格一直保持在每吨 28 美元，1922—1933 年，一直保持在每吨 43 美元。这说明寡头垄断行业的价格往往在一段时间内保持稳定。对于寡头市场价格的经验研究表明，寡头厂商不愿轻易地变动产品价格，价格能够维持一种比较稳定的状态的情况，被称为价格刚性。对于寡头垄断市场中的价格刚性，斯威齐于 1939 年建立了一个著名的理论对此进行解释。这个理论就是折弯的需求曲线模型。

斯威齐指出：如果寡头企业降低其价格，可以肯定它的竞争对手也会降价与之争夺市场，结果率先降价的厂商并不能扩大它的需求，甚至会减少总收益。因此，寡头厂商在降价时，面临一条缺乏弹性的需求曲线。如果某寡头企业由于成本增大而提高价格，其他寡头则可能会维持既定价格，乘机争夺市场份额，使它的总收益减少。这实际上意味着寡头厂商在提高价格时，面临一条富于弹性的需求曲线。所以，需求曲线在既定的价格和产量所对应的点上被折弯。

斯威齐模型的具体形式如图 6.14 所示。假定厂商原来处于 A 点，即产量为 Q_1，价格为 P_1。按照斯威齐的假定，厂商提价的时候，其他厂商价格不变，因而厂商的需求量将会下降很多，即产品富有弹性，相当于图中 AE 段的需求曲线；当厂商降价的时候，其他厂商的价格也下降，因而厂商的需求量不会增加很多，从而产品是缺乏弹性的，相当于图中 AD 段。与需求曲线相对应的边际收益曲线也标在图中，可以看出，在 H 点与 N 点之间，边际收益曲线有一个较大的落差。如果厂商的边际成本为 MC_2 所代表，厂商的产量和价格分别将是 Q_1 和 P_1；如果厂商边际成本提高至 MC_1，厂商的产量和价格仍然是 Q_1 和 P_1；如果厂商的边际成本降低到 MC_3，厂商的利润最大化的产量和价格仍然不变。由此可见，厂商的成本即使在一个很大的范围内发生变动，只要是在 H 和 N 之间，厂商的产量和价格仍将保持稳定。

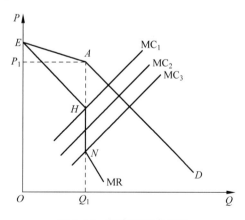

图 6.14　折弯的需求曲线

利用斯威齐提出的间断的边际收益曲线，可以解释价格刚性现象：只要边际成本 SMC 曲线的位置变动不超出边际收益的垂直间断范围，寡头厂商的均衡价格和均衡数量都不会发生变化。

四、寡头垄断市场的经济效率分析

寡头垄断市场被认为是经济效率仅仅高于完全垄断市场的结构。它的低经济效率主要表现在：一是低产量，同时价格高于边际成本，因而从社会角度讲，意味着寡头垄断企业生产不足和资源分配的低效。由于资源不能得到最有效的利用，消费者不能得到最大的满足，因此社会福利受到损失。二是寡头垄断企业的产量一般比完全竞争企业低，价格却比完全竞争企业高，因而利润也比完全竞争企业多。由于行业壁垒的存在，使寡头垄断市场的企业可以尝试得到经济利润，这意味着社会分配的不公平。三是寡头垄断企业过度重视产品差别和广告等非价格竞争，造成了资源的浪费。

但一些经济学家认为寡头垄断企业有它的优势。主要表现在：一是规模经济性。和小规模企业相比，大企业可以以较低的单位成本进行生产。这也是一些国家鼓励、刺激企业合并成为少数寡头的主要原因。二是寡头垄断企业有研究开发的动力，而且有研究开发的实力，因而有助于技术进步。美国经济学家约翰·肯尼恩·加尔布雷恩认为：只有大规模的公司和企业才能承担风险，支付产品的研究与开发费用，指导宏大的战略计划。

本 章 小 结

在本章中，我们先后对完全竞争市场和三种不完全竞争市场，即完全垄断市场、垄断竞争市场和寡头垄断市场的产量和价格决定理论进行了介绍，对不同市场结构下的经济效率进行了比较。完全竞争市场是一种不受任何阻碍和干扰的市场结构，指那些不存在足以影响价格的企业或消费者的市场。这是经济学中理想的市场竞争状态。可以证明，完全竞争的结果符合帕累托最优。完全垄断市场是指整个行业中只有唯一的一个厂商的市场类型。在短期中，垄断既可能带来超额利润，也可能造成亏损；但在长期中，厂商可以通过生产规模的调整取得超额利润。在完全垄断市场上，厂商可以实现价格歧视。垄断竞争市场是生产和销售有差别产品的厂商构成的市场。在这一市场上，厂商的需求曲线有两条，即主观需求曲线 d 和实际需求曲线 D。在短期中，垄断竞争厂商可能获得超额利润，也可能亏损；但在长期中，厂商只能取得正常利润。寡头垄断市场是由少数几家厂商供给该行业全部或大部分产品的一种市场。相互依存是这一市场的基本特征。

人物介绍：纳什

案例分析

博弈论小故事——骨头公司的发展

一、目标

一条猎狗将兔子赶出了窝，一直追赶它，追了很久仍没有捉到。牧羊犬看到此种情景，讥笑猎狗说："你们两个之间小的反而跑得快得多。"猎狗回答说："你不知道我们两个跑的目的是完全不同的！我仅仅为了一顿饭而跑，他却是为了性命而跑呀！"

二、动力

这话被猎人听到了，猎人想：猎狗说的对啊，那我要想得到更多的猎物，得想个好法子。于是，猎人又买来几条猎狗，凡是能够在打猎中捉到兔子的，就可以得到几根骨头，捉不到的就没有饭吃。这一招果然有用,猎狗们纷纷去努力追兔子,因为谁都不愿意看着别的猎狗有骨头吃,自己没得吃。就这样过了一段时间,问题又出现了。大兔子非常难捉到,小兔子好捉。但捉到大兔子得到的骨头和捉到小兔子得到的骨头差不多,猎狗们善于观察,发现了这个窍门,专门去捉小兔子。慢慢地,大家都发现了这个窍门。猎人对猎狗说,最近你们捉的兔子越来越小了,为什么?猎狗们说反正没有什么大的区别,为什么费那么大的劲去捉那些大的呢?

三、长期的骨头

猎人经过思考后,决定不将分配骨头的数量与是否捉到兔子挂钩,而是采用每过一段时间,就统计一次猎狗捉到兔子的总重量的方法。按照重量来评价猎狗,决定其在一段时间内的待遇。于是猎狗们捉到兔子的数量和重量都增加了。猎人很开心。但是过了一段时间,猎人发现,猎狗们捉兔子的数量又少了,而且越有经验的猎狗,捉兔子的数量下降得就越厉害。于是猎人又去问猎狗。猎狗说:"我们把最好的时间都奉献给了您,主人,但是我们随着时间的推移会变老,当我们捉不到兔子的时候,您还会给我们骨头吃吗?"

四、骨头与肉兼而有之

猎人作了论功行赏的决定。分析与汇总了所有猎狗捉到兔子的数量与重量,猎人规定如果捉到的兔子超过了一定的数量后,即使捉不到兔子,每顿饭也可以得到一定数量的骨头。猎狗们都很高兴,大家都努力去达到猎人规定的数量。一段时间过后,终于有一些猎狗达到了猎人规定的数量。这时,其中有一只猎狗说:"我们这么努力,只得到几根骨头,而我们捉的猎物远远超过了这几根骨头,我们为什么不能给自己捉兔子呢?"于是,有些猎狗离开了猎人,自己捉兔子去了。

五、有权分享

猎人意识到猎狗正在流失,并且那些流失的猎狗像野狗一般和自己的猎狗抢兔子。情况变得越来越糟,猎人不得已引诱了一条野狗,问他到底野狗比猎狗强在哪里。野狗说:"猎狗吃的是骨头,吐出来的是肉啊!"接着又道:"也不是所有的野狗都顿顿有肉吃,大部分最后骨头都没得舔!不然也不至于被你诱惑。"于是猎人进行了改革,使得每条猎狗除基本骨头外,可获得其所猎兔肉总量的 $n\%$,而且随着服务时间加长,贡献变大,该比例还可递增,并有权分享猎人总兔肉的 $m\%$。就这样,猎狗们与猎人一起努力,将野狗们逼得叫苦连天,纷纷强烈要求重归猎狗队伍。

六、只有永远的利益,没有永远的朋友

日子一天一天地过去,冬天到了,兔子越来越少,猎人们的收成也一天不如一天。而那些服务时间长的老猎狗们老得不能捉到兔子,但仍然在无忧无虑地享受着那些它们自以为应得的大份食物。终于有一天猎人再也不能忍受,把它们扫地出门,因为猎人更需要身强力壮的猎狗……

七、骨头公司的诞生

被扫地出门的老猎狗们得到了一笔不菲的赔偿金,于是它们成立了 Micro Bone 公司。它们采用连锁加盟的方式招募野狗,向野狗们传授猎兔的技巧,它们从猎得的兔子中抽取一部分作为管理费。当赔偿金几乎全部用于广告后,它们终于有了足够多的野狗加盟。公司开始赢利。一年后,它们收购了猎人的家当。

八、骨头公司的发展

Micro Bone 公司许诺给加盟的野狗能得到公司 $n\%$ 的股份。这实在是太有诱惑力了。这些自认为是、怀才不遇的野狗都以为找到了知音:终于做公司的主人了,不用再忍受猎人们呼来唤去的不快,不用再为捉到足够多的兔子而累死累活,也不用眼巴巴地乞求猎人多给两根骨头而扮得楚楚可怜。这一切对这些野狗来说,比多吃两根骨头更加受用。于是野狗们拖家带口地加入了 Micro Bone 公司,一些在猎人门下的年轻猎狗也开始蠢蠢欲动,甚至很多自以为聪明实际愚蠢的猎人也想加入。好多同类型的公司像雨后春笋般地成立了,Bone Ease、Bone.com、Janapese Bone……一时间,森林里热闹起来。

九、明星的诞生

猎人凭借出售公司的钱走上了老猎狗走过的路,最后千辛万苦地要与 Micro Bone 公司谈判的时候,老猎狗出人意料地答应了猎人,把 Micro Bone 公司卖给了他。老猎狗们从此不再经营公司,转而开始写自传《老猎狗的一生》,又写了《如何成为出色的猎狗》《如何从一只普通猎狗成为一只管理层的猎狗》《猎狗成功秘诀》《成功猎狗 500 条》《穷猎狗,富猎狗》,并将老猎狗的故事搬上屏幕,取名《猎狗花园》,老猎狗成了家喻户晓的明星。收版权费,没有风险,利润更高。

资料来源:猎狗的故事,企业博客网,http://www.bokee.net,2012 年 3 月 31 日。

课后练习题

一、名词解释

1. 完全竞争市场:也叫作纯粹竞争,意思是说不存在垄断因素,市场上各个经济主体都不具有影响市场的势力,而只能作为市场机制安排的接受者。

2. 垄断竞争市场:是一种介于完全竞争和完全垄断之间的市场组织形式,在这种市场中,既存在着激烈的竞争,又具有垄断的因素。

3. 寡头垄断市场:指少数几家厂商控制整个市场的产品生产和销售的市场组织,每家厂商都在该行业中具有举足轻重的地位。

4. 完全垄断市场:是指整个行业中只有唯一的一个厂商,一个厂商控制了某种产品全部供给的市场结构。

5. 价格歧视:又称价格差别,是指完全垄断厂商对成本基本相同的同种商品在不同的市场上以不同的价格出售。

6. 三级价格歧视:指对于同一商品,完全垄断厂商根据不同市场上的需求价格弹性不同,将其顾客划分为两种或两种以上的类别,对每类顾客索取不同的价格。

二、单项选择题

1. 在任何市场中,厂商的平均收益曲线可以由(　　)。
   A. 其产品的供给曲线表示　　　　B. 其产品的需求曲线表示
   C. 替代品供给曲线表示　　　　　D. 替代品需求曲线表示

2. 当完全竞争厂商和行业都处于长期均衡时(　　)。

A. $P=MR=SMC=LMC$　　　　　B. $P=MR=SAC=LAC$
C. $P=MR=LAC$ 的最低点　　　D. 以上都对

3. 不完全竞争市场中出现低效率的资源配置是因为产品价格（　　）边际成本。
A. 大于　　　B. 小于　　　C. 等于　　　D. 不确定

4. 属于产品差别的是（　　）。
A. 同一种产品在质量、构造、外观等方面的差别
B. 不同种产品在质量、构造、外观等方面的差别
C. 不同种产品在价格方面的差别
D. 不同种产品在商标等方面的差别

5. 垄断竞争厂商实现最大利润的途径有（　　）。
A. 调整价格从而确定相应产量　　B. 品质竞争
C. 广告竞争　　　　　　　　　　D. 以上途径都有可能

6. 寡头垄断和垄断竞争之间的主要区别是（　　）。
A. 厂商的广告开支不同　　　　　B. 非价格竞争的数量不同
C. 厂商之间相互影响的程度不同　D. 以上都不对

7. 对垄断厂商来说，下述（　　）说法是不正确的。
A. 面临的需求曲线向右下方倾斜
B. 在利润最大化产量上，价格等于边际收益
C. 边际收益与平均收益不相等
D. 在利润最大化产量上，价格高于边际成本

8. 由于垄断会使效率下降，因此任何垄断都是要不得的，这一命题（　　）。
A. 一定是正确的　　　　　　　　B. 并不正确
C. 可能是正确的　　　　　　　　D. 基本上是正确的

9. 对一个完全竞争企业来说，平均收益曲线（　　）。
A. 和企业的需求曲线一样，边际收益曲线在企业的需求曲线之下
B. 在企业的需求曲线之上，边际收益曲线在企业的需求曲线之下
C. 在企业的需求曲线之上，边际收益曲线与企业的需求曲线相同
D. 和边际收益曲线都与企业的需求曲线相同

10. 根据完全竞争市场的条件，（　　）接近完全竞争行业。
A. 自行车行业　　B. 玉米行业　　C. 糖果行业　　D. 服装行业

11. 厂商之间关系最密切的市场是（　　）。
A. 完全竞争市场　　　　　　　　B. 寡头垄断市场
C. 垄断竞争市场　　　　　　　　D. 完全垄断市场

12. 当一个完全竞争行业实现长期均衡时，每个企业（　　）。
A. 都实现了正常利润　　　　　　B. 利润都为零
C. 行业中没有任何厂商再进出　　D. 以上说法都对

13. 在任何市场中，厂商的平均收益曲线可以由（　　）。
A. 它的产品的供给曲线表示　　　B. 它的产品的需求曲线表示

C. 行业的产品供给曲线表示 D. 行业产品需求曲线表示

14. 在短期中,企业所能出现的最大经济亏损是( )。
    A. 零 B. 其总成本
    C. 其可变总成本 D. 其固定总成本

15. 在垄断竞争中( )。
    A. 只有为数很少几个厂商生产有差异的产品
    B. 有许多厂商生产同质产品
    C. 只有为数很少几个厂商生产同种产品
    D. 有许多厂商生产有差异的产品

16. 假定完全竞争行业内某厂商在目前产量水平上的 MC=AC=AR=1 美元,则这家厂商( )。
    A. 肯定只得到正常利润 B. 肯定没得到最大利润
    C. 他是否得到最大利润无法确定 D. 一定亏损

17. 采取( )时,消费者剩余最小。
    A. 一级价格歧视 B. 二级价格歧视
    C. 三级价格歧视 D. 无差别价格

18. 面临折弯需求曲线的寡头垄断企业,其生产成本稍有下降时,则最可能的结果是( )。
    A. 降价销售 B. 产量增加 C. 利润不变 D. 利润增加

19. 在 MR=MC 的均衡产量上,企业( )。
    A. 必然得到最大的利润
    B. 不可能亏损
    C. 必然得到最小的亏损
    D. 若获利润,则利润最大;若亏损,则亏损最小

20. 如果一个竞争企业生产的产量使价格等于平均总成本,那么( )。
    A. 将停止营业 B. 收支相抵
    C. 仍然会获得经济利润 D. 处于有经济亏损状态

21. 垄断竞争厂商短期均衡时( )。
    A. 厂商一定能获得超额利润
    B. 厂商一定不能获得超额利润
    C. 只能得到正常利润
    D. 取得超额利润、发生亏损及获得正常利润三种情况都可能发生

22. 折弯需求曲线模型中,拐点左右两边的需求弹性是( )。
    A. 左边弹性大,右边弹性小 B. 左边弹性小,右边弹性大
    C. 左右两边弹性一样大 D. 以上都不对

23. 为提高资源配置效率,一般来说,政府会对那些自然垄断部门的垄断行为采取( )措施。
    A. 坚决反对 B. 任其发展 C. 加以交换 D. 加以管制

三、多选题

1. 一般来说,垄断存在的缺点是( )。
    A. 缺乏效率
    B. 利润低
    C. 与完全竞争或垄断竞争相比,产品价格高,产量低
    D. 与完全竞争或垄断竞争相比,产品价格低,产量高

2. 斯威齐双寡头模型的特点有( )。
    A. 具有折弯需求曲线
    B. 揭示了存在价格刚性
    C. 不太注意寡头间的相互依赖性
    D. 边际成本曲线移动既改变均衡价格也改变均衡产量

3. 一个卡特尔要使利润极大,必须( )。
    A. 使每一个厂商的边际成本之和等于行业的边际收益
    B. 为每个厂商确定一个产量配额
    C. 厂商间有某种分配利润制度
    D. 对退出卡特尔的厂商进行惩罚

4. 在一个完全竞争市场上,超额利润的存在将导致( )。
    A. 单个厂商的产量增加
    B. 行业内厂商数量增加
    C. 单个厂商的产量不变
    D. 行业的产量增加

四、简答题

1. 简答划分市场结构的标准。
2. 市场结构可以有几种分类?
3. 完全竞争市场和完全垄断市场的特征是什么?
4. 垄断竞争是如何定义的?垄断竞争市场有哪些特征?
5. 垄断的形成原因有哪些?
6. 什么是价格歧视?实行价格歧视的基本条件有哪些?

第七章

分配理论

本章导读

社会生产出来的产品如何分配给社会各成员,这是解决为谁生产的问题,也就是社会产品如何分配的问题。这种分配通常要由消费者的收入水平来表现,而消费者的收入水平在很大程度上又取决于其拥有的要素的价格和厂商对该要素的使用量,所以研究产品如何分配的理论就是研究要素价格如何决定的理论。生产要素的价格决定与商品的价格决定没有分别,也是由市场供求关系来决定的,只不过在这里我们研究的领域由前面的产品市场转到了要素市场,这也意味着本章的研究将从价格理论转到要素理论,探讨一个社会一定时期的生产成果是按照怎样的原则或规律在各社会成员之间进行分配,最后进入消费的问题,也可称为分配理论。

第一节 生产要素分析

一、分配方式与生产要素释义

任何生产活动都离不开劳动力、资本、土地和技术等生产要素,在市场经济条件下,取得这些要素必须支付一定的报酬,这种报酬就形成各要素提供者的初次分配收入。初次分配主要由市场机制形成,生产要素价格由市场供求状况决定,根据各生产要素在生产中发挥的效率带来的总收益多少进行分配。政府通过税收杠杆和法律法规进行调节和规范,一般不直接干预初次分配。

所谓生产要素(factors of production),是指生产产品和劳务所需要的各种社会资源,它包括劳动、资本、土地和企业家才能四大类。

劳动是指人类在生产活动中所付出的体力或智力的活动,是所有生产要素中最能动的因素。劳动者是劳动这一生产要素的基本所有者,所获得的收入形式是工资。

资本是指人类生产出来又用于生产中的经济货物。从企业的角度看,既包括有形资产,如机器、厂房、设备、工具等生产资料,也包括无形资产,如商标、信誉和专利权等。资本所有者是资本这一生产要素的基本所有者,所获得的收入形式是利息。

土地是指土地、河流、森林、矿藏、野生生物等一切自然资源,它们是最稀缺的经济资源。土地所有者是土地这一生产要素的基本所有者,所获得的收入形式是地租。

企业家才能是指综合运用其他生产要素进行生产、从事企业组织和经营管理的能力,以及创新和冒险精神。企业家是企业家才能这一生产要素的基本所有者,所获得的收入形式是利润。

例如，一家生产新的软件程序的电脑企业，它需要程序员的时间（劳动）、办公楼和电脑设备（资本）、它的机构所处的实际空间（土地）和管理者的管理（企业家才能）。对应着生产要素的价格为工资、利息、地租和利润。

初次分配是更为基础性的分配关系，在初次分配时，由于各人的能力、社会地位、机遇等的不同，会造成分配的不公。初次分配市场中调节机制的缺失，会导致分配秩序混乱，从而造成收入差距扩大，现实情况也正是如此。

由于初次分配存在不公的弊端，才出现二次收入分配，即再分配。再分配指在初次分配结果的基础上，政府通过税收、政策、法律等措施，使各收入主体之间实现现金或实物转移的一种收入再次分配过程，也是对要素收入进行再次调节的过程。再分配主要由政府调控机制起作用，政府进行必要的宏观管理和收入调节，是保持社会稳定、维护社会公正的基本机制。

再分配主要形式如下：

一是收入税。居民和企业等各收入主体当期得到的初次分配收入依法应支付的所得税、利润税、资本收益税和定期支付的其他经常收入税。政府以此对企业和个人的初次分配收入进行调节。

二是财产税。居民等财产拥有者，根据现有财产状况，依法缴纳的动产税和不动产税，如房产税、遗产税等，政府以此对居民收入进行的调节属于存量调节。

三是社会缴款。居民为维持当前和未来的福利，保证在未来各个时期都能获得社会福利金，而对政府组织的社会保险计划或各个单位建立的基金所缴纳的款项，如失业保险、退休保险、医疗保险等。

四是社会福利。社会福利指居民从政府获取的、维持最基本生活的收入，主要包括社会保险福利金（如失业金、退休金、抚恤金、医疗保险金等）和社会救济金（如生活困难补助、救济金）。

五是其他转移收支。其他转移收支包括政府内部转移收支；本国政府与外国政府、国际组织之间的援助、捐赠、会费缴纳等，对私人非营利性机构的捐赠、赞助等转移收支；居民之间的内部转移收支，如城镇居民对农村居民的转移收支。

初次分配注重效率，再分配注重公平。初次分配注重效率，通过适当拉开收入差距，有利于实现有限资源的合理配置，鼓励更多的人通过市场竞争走上富裕之路，激发不同生产要素所有者追求高效率的投资热情，创造更多的财富，从而提高整个经济运行的效率。再分配注重公平，减少社会成员收入上的差距，有利于保持社会稳定。所以，再分配要充分发挥政府的调节功能，实现收入分配的相对公平，限制社会各类人员之间收入差距的过分悬殊，通过税收、财政转移支付等政策措施，使高收入者个人、阶层、行业或机构收入的一部分再转化为社会的收入，并使低收入阶层成为收入再分配的主要获益者。

二、生产要素的需求

（一）生产要素需求的性质

第一，生产要素的需求是一种引致需求（derived demand）。厂商对要素的需求不同于一般消费者对消费品的需求。在产品市场上，厂商是产品的供给方，消费者是要素的需求方。消费者为了直接满足自己的吃、穿、住、行等需要而购买产品，因此消费者对产品需求是所谓的"直接"需求。而在要素市场上，情况就不一样了，厂商成为生产要素的需求方，消费者成为生产要素的供给方。首先要指出的是，厂商购买生产要素不是为了自己的直接需要，而是为了生产和出售产品以获得收益。从这个意义上说，厂商对生产要素的需求不是直接需求，而是一种派生需求，或者叫"引致需求"。厂商之所以对生产要素产生需求，是因为消费者对产品有需求，厂商为了满足消费者对产品的需求，就要使用生产要素来生产出产品。我们把这种由于消费者对于产品的需求而引起的厂商对生产要素的需求，叫作引致需求。这种引致需求可以是直接的，也可以是间接的、迂回的。比如，消费者的直接需求是汽车，这种直接需求引起汽车厂要购买生产要素来生产汽车，从而轮胎厂也要购买生产要素生产轮胎，钢铁厂也要购买生产要素来生产钢铁才能满足这种需求。进一步地说，矿山企业也要购买生产要素生产铁矿石，农场也要购买生产要素以种植更多的橡胶树。不论这种需求经历了怎样一个过程，都是由于消费者对汽车的需求引起的。厂商购买生产要素的目的只有一个，那就是通过购买生产要素生产出满足消费者需要的产品，从而实现自己的利润最大化。

第二，生产要素的需求是一种联合需求（joint demand）或相互依存的需求。任何生产行为所需要的都不是一种生产要素，而是多种生产要素，因为厂商要进行生产活动，必须同时购买所有的生产要素才能够进行生产，这样各种生产要素之间就是互补的。如果只增加一种生产要素而不增加另一种，就会出现边际收益递减现象。而且，在一定的范围内，各种生产要素也可以互相替代。生产要素相互之间的这种关系说明它的需求之间是相关的。因此，厂商对生产要素的需求也可以叫作联合需求或共同需求，即对生产要素的需求是共同的、相互依赖的需求。

（二）生产要素需求的影响因素

第一，市场对产品的需求以及产品的价格。这两个因素影响产品的生产与企业的利润，从而也就要影响生产要素的需求。市场对某种产品的需求越大，该产品的价格越高，则生产这种产品所用的各种生产要素的需求也就越大；反之，就越小。

第二，产业结构状况。产业结构状况决定了对某种生产要素需求的大小。如果企业是资本密集型的，则对资本的需求大；如果企业是劳动密集型的，则对劳动的需求大。

第三，生产要素的价格。各种生产要素之间有一定程度的替代关系，如何进行替代在一定范围内取决于各种生产要素本身的价格。企业一般要用价格低的生产要素替代价格高的生产要素，从而生产要素的价格本身对其需求就有重要的影响。

（三）生产要素的需求曲线

对生产要素的需求取决于该要素的边际产量。边际产量（marginal productivity）是指在其他条件不变的情况下，每增加一个单位生产要素的投入所增加的产量。一般以收益来表示生产要素的边际产量。

厂商使用要素的边际收益，称为边际收益产品，记为 MRP。边际收益产品反映了厂

商增加一单位的要素所能增加的收益。以 F 代表生产要素，MRP 可以表示为

$$\text{MRP} = \frac{\Delta \text{TR}}{\Delta F} \tag{7-1}$$

由于厂商的收益取决于产量，厂商的产量又取决于生产要素，因此 MRP 又可表示为

$$\text{MRP} = \frac{\Delta \text{TR}}{\Delta} = \frac{\Delta \text{TR}}{\Delta Q} \cdot \frac{\Delta Q}{\Delta F} = \text{MR} \cdot \text{MP} \tag{7-2}$$

由于产品的边际收益 MR 反映了增加一单位产量所增加的收益（注意这里的 MR 是对产品而言的），要素的边际产量 MP 反映了增加一单位要素所增加的产量（注意 MP 是对要素而言的），因而产品的边际收益 MR 与要素的边际产量 MP 的乘积就是边际收益产品 MRP。

由于边际收益递减规律的存在，生产要素的边际收益曲线是一条向右下方倾斜的曲线，这条曲线也就是生产要素的需求曲线，如图 7.1 所示。

在图 7.1 中，横轴 OQ 表示生产要素需求量，纵轴 OP 表示生产要素价格，MRP 曲线是生产要素的边际收益产品曲线，也是生产要素的需求曲线。

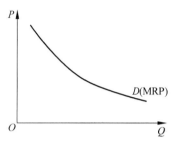

图 7.1　生产要素的需求曲线

三、生产要素的供给

就要素的供给来看，它不是来自厂商，而是来自个人或家庭。个人或家庭在消费理论中是消费者，在要素价格理论中是生产要素所有者。个人或家庭拥有并向厂商提供各种生产要素。

生产要素的供给，是指在不同的报酬下，生产要素市场上所提供的要素数量。生产要素的供给价格是生产要素所有者对提供一定数量生产要素所愿意接受的最低价格。一般来说，如果某种生产要素的价格提高，这种生产要素的供给就会增多；如果某种生产要素的价格降低，这种生产要素的供给就会减少，其供给数量与价格成同方向变化。所以，生产要素的供给曲线表现为一条向右上方倾斜的曲线。

如果从一个较短的时间来看，一个要素供给者拥有的生产要素有一个明显的特点，就是它的数量是有限的。假设一个要素供给者拥有 10 亩地，每年的收入是 10 万元，他每天可以支配的时间只有 24 小时。所以要素供给者的决策只能在这有限的资源范围内进行。比如，这个要素供给者每天用于劳动的时间不可能超过 24 小时（由于他要睡觉、吃饭，所以他能够供给市场的时间实际不超过 16 小时），他每年的新增储蓄不可能超过 10 万元（除非他获得别人的馈赠），他可以出租的土地也不会超过 10 亩。

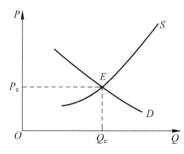

图 7.2　不完全竞争要素市场下的厂商均衡

四、生产要素价格的决定

同产品的价格是由产品的供给和需求共同决定的一样，生产要素的价格和使用量也是由生产要素的需求和供给共同决定的。

如图 7.2 所示，生产要素的供给曲线是一条向右上方倾斜的曲线，供给曲线 S 与需求曲线 D 相交于 E

点,相对应的均衡价格为 OP_e,均衡数量为 OQ_e。

第二节 工资、利息、地租和利润

一、工资理论

(一)工资的含义

广义的工资泛指人们从事各种劳动获得的货币收入或有价物。狭义的工资专指劳动法中所调整的劳动者基于劳动关系而取得的各种劳动收入。

经济学上的工资通常指的是广义的工资(wage),也就是劳动力价值的货币表现,即劳动力所提供的劳务的报酬。

【专栏 7-1】 工资存在的合理性

蜜蜂的社会是由大量蜜蜂的个体组成的。它们一只一只地离开蜂房去采集蜂蜜。虽然蜂蜜是每个蜜蜂的劳动所得,但是当它们将蜂蜜放入公共的仓库以后,它们并没有获得什么工资。这是为什么呢?

这是因为同一个蜂房的蜜蜂虽然有许多的个体,但是它们都是一家的。它们将蜂蜜放在公共的仓库中就是放在自己家的仓库中。它们可以随时取用,就像人到自己家的仓库中取用食品一样。所以蜜蜂不需要获得工资,否则就是多此一举。难道左手给右手东西也要付钱吗?

如果要工人也像蜜蜂一样不拿工资,那么人类也就必须像蜜蜂一样只有一个家庭。相应的财产也是属于整个社会的。这样整个社会也就成了一个工厂,工厂也就是工人自己的工厂。工人们需要什么,也就可以从社会中随时取用。工人们自然也就不再需要什么工资了。

但是人类社会并不是这样子的。人是分成许多家庭的,相应的人的财产也是分开的,分成你的财产我的财产。工人在工厂中上班,使工厂得以运行。而工厂却是别人家的,不是工人的。所以工厂主必须付给工人工钱,以便工人可以养活自己的家庭。这样工资也就出现了。

劳动价格是在劳动市场上形成的。同一般商品的价格决定一样,在完全竞争市场和不完全竞争市场中,工资的决定也有不同的情况。

(二)完全竞争市场上工资的决定

这里所说的完全竞争是指在劳动市场上的完全竞争状况,无论是劳动力的买方或卖方都不存在对劳动的垄断。在这种情况下,工资完全是由劳动的供求关系决定的。

1. 劳动的需求

劳动的需求曲线是一条向右下方倾斜的曲线,表明劳动的需求量与工资呈反方向变动。如图 7.3 所示。

在图 7.3 中,横轴 OL 表示劳动的需求量,纵轴 OW 表示工资水平,D 表示劳动的需求曲线。

2. **劳动的供给**

从供给方面说,劳动的供给曲线是一条向后弯曲的曲线:最初从左下方向右上方倾斜,在达到一定点以后,便开始转向左上方弯曲。即劳动供给量开始时随工资的提高而增加,后来则随工资的提高而降低,如图7.4所示。

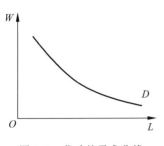
图7.3 劳动的需求曲线

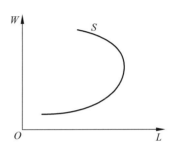
图7.4 劳动的供给曲线

在图7.4中,横轴 OL 表示劳动的供给量,纵轴 OW 表示工资水平,S 表示劳动的供给曲线。

【专栏7-2】 遗产使人变懒

一个商人有两个儿子,他想把财产全留给大儿子。他夫人可怜小儿子,想把财产平分。这位母亲为财产之事哭泣,一位路人知道原因后告诉她:你只管向两个儿子宣布,大儿子得到全部财产,小儿子什么也得不到,以后他们将会各得其所。小儿子知道什么也得不到后,就离家到外地,学会了手艺,增加了知识。大儿子认为有遗产可以依靠什么也不学。之后大儿子把遗产花光,一无所有,贫困而死。小儿子学会了本事,变得富裕起来。

与遗产一样,任何意外之财都会使人变懒。美国经济学家研究了彩票中奖的影响。他们发现,中奖奖金在5万美元以上者,有25%左右的人在一年内辞职,另有9%的人减少了工作时间。那些中奖奖金在100万美元以上的人几乎有40%的人不再工作。看来意外之财的确会使人变懒。

资料来源:梁小民.小民经济学[M].北京:北京联合出版公司,2015.

为什么遗产或意外之财会有这种效应呢?经济学家用劳动供给理论解释了这一点:每个人的时间是有限的——一天24小时,人要把时间这种资源配置于两种用途——工作和闲暇。工作是指有报酬的活动,比如上班工作或从事商业活动。闲暇是指一切无报酬的活动,比如休息、娱乐,以及家务劳动。人把多少时间用于工作,多少时间用于闲暇,取决于劳动(有报酬活动)的价格,即实际工资水平。

实际工资的变动会引起两种效应:替代效应和收入效应。

替代效应是指工资增加,人们用工作替代闲暇。这是因为在工资增加时,闲暇的代价高了。比如,每小时工资为5元时,闲暇一小时减少5元收入;每小时工资为10元时,闲暇一小时就减少10元收入。这时人们就会减少闲暇,增加工作。所以,替代效应能引起劳动供给随工资上升而增加。

工资的增加还有另一种收入效应,即工资增加,人们的收入增加,就要减少工作,增加闲暇。这是因为,闲暇是一种正常物品,其需求随收入的增加而增加。通俗点儿说就是,人们收入多了,就想有更多的时间用于休息或娱乐。随着收入的增加,人们想有更多的闲暇。而增加闲暇必然会减少工作,所以,收入效应的结果就是工资增加,劳动供给减少。

替代效应与收入效应对劳动供给的作用是相反的。而工资增加则会同时引起这两种效应,其最后结果是什么呢?如果替代效应大于收入效应,工资增加使劳动供给增加,如果收入效应大于替代效应,工资增加使劳动供给减少。一般而言,当收入水平不是很高时,工资增加的替代效应大于收入效应,所以,工资增加,劳动供给增加,如图7.4中供给曲线S的下半段;但当收入水平达到一定程度时,工资增加的收入效应就会大于替代效应,工资增加,劳动供给减少,如图7.4中供给曲线S的上半段。得到一笔遗产或彩票中大奖这类意外之财,相当于收入极大增加,这时收入效应远远大于替代效应,人们就会减少工作,甚至不工作,而去享受闲暇了。因此,劳动供给曲线是一条向后弯曲的供给曲线。

3. 工资的决定

劳动的需求与供给共同决定了完全竞争市场上的工资水平,如图7.5所示。

在图7.5中,纵横两轴分别代表工资水平和劳动数量。劳动需求曲线 D 向右下方倾斜,劳动供给曲线 S 开始向右上方倾斜,而过一定点后,转而向左上方弯曲。曲线 D 和曲线 S 的交点 E,决定了劳动要素的均衡数量为 L_e,劳动的均衡价格为 W_e。

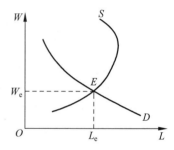

图7.5 劳动市场上工资的决定

根据供求定理,在劳动供给不变的条件下,通过增加对劳动的需求,不但可以使工资增加,而且可以增加就业。在劳动需求不变的条件下,通过减少劳动的供给同样也可以使工资增加,但这种情况会使就业减少。

(三) 工资差别

上述模型说明了工资决定的一般理论,并不说明工人在同一行业或不同行业里的工资水平都一样。实际的工资水平受到很多因素的影响。比如,有的行业舒适、安静、安全、有趣,有的行业则肮脏、吵闹、危险、枯燥,前者会吸引众多的求职者,后者则少有人问津,因此前者工资低后者工资高,这种工资差别叫作补偿性工资差别。劳动者之间工作效率的差别也是工资差异的一个重要原因。工会在西方劳动市场上起着举足轻重的作用,工会对劳动市场的垄断会使得工人的实际工资水平高于竞争性的工资水平。政府的最低工资法也会影响工人的工资。此外,劳动市场的信息不完全、对劳动者流动的限制、性别歧视等都是造成工资差别的因素。

二、利息理论

(一) 利息的含义

关于利息(interest)的论述,经济学家有各种观点。亚当·斯密认为借款人借钱以后,可用作资本投入生产,也可用于消费。利息的来源有两个:一是当借款用于资本时,利息源于利润;二是当借款用于消费时,利息来源于别的收入。凯恩斯认为利率是在一定时期内放弃资金周转灵活性的报酬。当然还有其他许多关于利息本质的论述。总的来看,经济学对利息本质的看法基本围绕着这样一个思路,即把利息看作是资本的价格,是资本所有者的收入,或使用资本这一生产要素的报酬。

西方经济学认为,资本之所以能带来利息,这是因为使用资本,可以提高生产效率。从经济学角度分析,对资本支付利息的原因主要有以下两点。

1. **时间偏好**

在未来消费与现期消费中,人们更加偏好现期消费。也就是说,现在多增加一单位消费所带来的边际效用大于将来多增加一单位消费所带来的边际效用。究其原因主要有三:一是人们预期未来的产品稀缺性会减弱;二是人们认为人生短促,也许自己活不到享受未来产品的时候;三是人们不太重视未来的欢乐和痛苦,习惯于低估未来的需要、低估满足未来需要的产品的效用。时间偏好的存在,决定了人们总是偏好现期消费。一旦人们放弃现期消费而把它变成资本,就应该得到利息作为补偿。

2. **迂回生产与资本净生产力**

迂回生产是指首先生产生产资料(或称资本品),然后用这些生产资料去生产消费品。这种迂回的办法可以提高生产效率,而且迂回的过程越长,生产效率越高。例如,用猎枪比用弓箭、石头打猎效率更高。现代生产的特点就在于迂回生产,但迂回生产的实现就必须有资本。利用资本进行迂回生产,可以提高资本的生产效率,这种因使用资本而提高的生产效率叫作资本的净生产力。资本具有净生产力是资本能带来利息的根源。

(二)利率的决定

利率是一定时期内利息额同本金的比率,也称为"利息率"。利率是衡量利息高低的指标。利率取决于对资本的需求与供给。

1. **资本的需求**

从整个社会来看,对资本的需求主要来自厂商。厂商的投资行为形成了对于资本的需求,那么影响厂商投资决策的因素是什么呢?在厂商进行投资决策时,它追求的是利润最大化,它所考虑的主要方面是预期利润率和利息率,另外还要考虑到投资风险。这一点与土地、劳动等要素是不同的,当土地所有者和劳动者提供要素时,无论厂商是盈利还是亏损,土地所有者和劳动者都能根据合同获取相应的报酬;而对于资本的投资则不是这样,因为投资总是伴随着风险。

厂商在进行投资决策的时候,由于利息构成了厂商的成本,所以如果一个投资项目的预期利润率大于市场的利息率,那么就意味着厂商资本的预期收益大于成本,厂商投资该项目就可以获得利润。如果一个投资项目的预期利润率小于市场的利息率,那么厂商资本的预期收益小于成本,厂商就会亏损,所以厂商会放弃该项目或转而去寻求其他合适的项目。注意,如果厂商的投资所用资金是自有资金,利息可被看成是机会成本,上述分析依然有效。如果厂商的各个投资项目的预期利润率不变,而市场利率提高,就会有许多的投资项目被否定,从而厂商的投资意愿降低,投资就会下降,从而对可贷资本的需求下降;如果利息率降低,厂商的成本降低,就会使一些原本不合算的项目变得有利可图,厂商的投资意愿上升,投资增加,对可贷资本的需求就会上升。因此资本的需求曲线是向右下方倾斜的曲线,它表示在利润率既定时,利率与投资呈反方向变动。

2. 资本的供给

资本的供给,就是资本的所有者在各个不同的利率水平上愿意而且能够提供资本的数量。它依存于人们的收入用于个人消费以后的余额——储蓄。利息是为了诱使人们抑制或推迟眼前消费,进行储蓄以提供资本的一种补偿。这种补偿随放弃现时消费量的增加而递增,只有相应地提高利率,人们才愿意提供更多的资本,所以,资本的供给是一条向右上方倾斜的曲线,它表示利率与储蓄呈同方向变动。

3. 利率的决定

利率是由资本的需求与供给双方共同决定的,如图 7.6 所示。

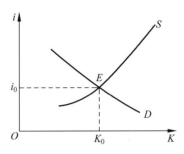

图 7.6 资本市场的利率决定

资本的需求曲线 D 和供给曲线 S 的交点为 E,均衡利率为 i_0,它表示利率水平为 i_0 时,投资者对资本的需求恰好等于储蓄者愿意提供的资本,两者均为 K_0。

(三) 利率的经济作用

利率是一种重要的经济杠杆,对宏观经济运行和微观经济运行都有极其重要的调节作用。一般来说,一个经济体系中市场越发达,金融资产越丰富,微观经济主体的独立权益越受保护,利率发挥作用的余地就越大。因此,利率政策往往成为货币当局重要的调控手段之一。

第一,利率可以影响企业投资。在现代商品经济条件下,无论是企业为扩大再生产进行新的投资,还是企业产品销路不好时维持简单再生产,甚至仅仅为了偿还债务,都需要借贷资金。利率的变化将影响借贷资金成本,从而鼓励或者抑制企业投资,甚至关系到企业生存。

第二,利率可以调节货币供给量。借贷资金市场的扩大和发展,投资场所的不断增加,人们收入的增加使得人们更加注意比较使用货币的效益,选择货币的用途。因此,当利息率提高时,储蓄增多,货币供给量相对减少;反之,当利率下降时,储蓄减少,货币供给量相对增加。

第三,利率可以影响工资与消费。利率通过影响企业投资规模和基本建设规模、企业利润状况进而影响就业状况,从而影响工资和消费水平。当利率较高时,企业投资、基建规模受到抑制,因而减少就业机会,从而减少工资性支出和消费总额;利率下降时,情况则相反。不仅如此,利率的变动还能促使消费和投资的转化。当利率提高时,人们会把原计划用于购买消费品的一部分钱储蓄起来,投资会增多,消费就会相应减少。反之,当利率下降时,投资减少,消费相应增加。

第四,利率可以影响价格水平。利率的高低直接影响价格水平的高低。这是因为一方面货币量的变动将直接影响价格水平,另一方面企业都把利息作为生产费用计算。对那些生产某些"垄断"性商品的企业来说,利率提高,成本增加,为了不减少利润,需要提高价格。但是利率的提高,同时影响到储蓄增加,货币流通量相对减少,使社会对商品的需求减少,从而使社会商品的价格下降。企业此时即使提高价格,但整个社会购买力的减少,也能抵消这一影响,抑制一般商品价格的上升。同时,较高的利率还能抑制消费信贷。因此,从总的方面讲,提高利率能够起到抑制社会一般商品的价格水平上升的作用。而降低利率,情况则相反。

第五,利率可以影响证券价格。利率是影响证券价格的基本因素。利率变动对证券价格的影响通过以下两条途径实现。一是利率变动的资本增值效应。利率变动会影响公司经营环境的变化,改变公司经营业绩,引起公司资本价值及投资者预期的变化,从而使证券价格发生变动。如利率下调时,由于投资和消费成本降低,企业一般增加投资,居民增加消费,也可以带动企业提高收益,有利于企业股票价格上升。二是利率变动的投资替代效应。利率调整会引起证券投资的相对收益率,即证券投资收益率与其他投资收益率的对比的变化。当证券投资的相对收益率提高时,引起证券投资对其他投资的替代;反之,当证券投资的相对收益率下降时,引起其他投资对证券投资的替代。如利率上升时,持有股票的机会成本上升,人们会选择抛出股票,转为储蓄,导致股票价格下跌。

三、地租理论

经济学中的土地泛指一切自然资源。从短期来看,土地的自然供给可以看作是一个固定不变的量,但从长期来看,人类可以通过改造沙漠、移山填海、围海造田等增加土地的自然供给,也可能由于洪涝、风沙等自然灾害和污染、毁林、对土地的破坏性使用等人为因素导致土地的有效供给减少。但从整体来看,在一个较短的时期内,土地自然供给的增减在总的土地自然供给中所占的比例毕竟非常之小,为了简化问题,我们把土地的自然供给看作是一个固定不变的量(图 7.7)。

图 7.7 是土地供给曲线的示意图。图中横轴为土地的供给量 Q,纵轴为土地的价格——地租 R,S 为土地的供给曲线,Q_0 表示土地的自然供给。

地租(rent)是土地的价格,地租的高低由土地的供求决定。租地人对土地的需求取决于土地的边际产量。由于土地的边际产量是递减的,因此,土地的需求曲线是一条向右下方倾斜的曲线。两条曲线的交点决定地租水平,如图 7.8 所示。

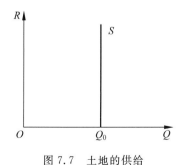

图 7.7 土地的供给

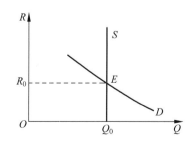

图 7.8 地租的决定

在图 7.8 中,横轴 OQ 代表土地量,纵轴 OR 代表地租,垂线 S 为土地的供给曲线,表示土地的供给量固定为 Q_0,D 为土地的需求曲线,D 与 S 相交于 E,决定了地租为 R_0。

随着经济的发展,对土地的需求不断增加,而土地的供给不能增加,这样,地租就有不断上升的趋势,如图 7.9 所示。

在图 7.9 中,土地的需求曲线由 D_0 向右方移动到 D_1,表明土地的需求增加了,但土地的供给仍然为 S,均衡点由 E_0 移动到 E_1,相应地,地租由 R_0 上升到 R_1。说明由于土地的需求增加,地租上升。

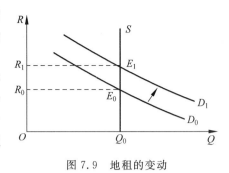

图 7.9 地租的变动

【专栏 7-3】 中国房地产价格的要素供给分析

截至目前,中国房价节节攀升,已经影响到一些中低收入家庭,引起了中央政府的高度关注,并于近几年连续出台了许多旨在于降低房价的措施。为什么中国的房地产价格会节节攀升?目前,比较流行的一种观点认为罪魁祸首是投机商,即投机商对住房的炒卖推动了价格的持续上涨。中央政府的政策看来是受到了这个观点的影响。但如果我们设问:为什么投机商能够把楼价炒高?你该如何回答?

在经济学的供给需求模型里,均衡价格是由供给和需求的力量共同决定的。投机商应该属于土地的需求者这个角色,他们能够影响的是需求曲线。要说明是投机商推高了楼价,必须同时说明为什么楼盘的供给曲线没有右移或者右移幅度比较小。

看来,认为罪魁祸首是投机商的观点需要补充,可以考虑以下两点:第一,在中国,土地的一级供给方是地方政府,出售土地所获得的收入是地方政府的一个重要财源,地方政府可能会限制土地的供给以抬高地价;第二,土地的二级供给商是企事业单位个人,但这个二级市场受到许多条件的限制而运转不灵——土地交易费用很大。这两个原因导致土地供给曲线不能灵活地移动。

四、利润理论

(一)企业家才能与利润

企业要进行生产活动,就必须把各种生产要素组织、协调起来,这个组织者就是企业家。作为企业家有两个主要的任务,一是生产的组织、协调;二是对企业的经营行为承担风险,并且尽可能把风险降到最低。

作为对企业家才能这种特殊生产要素的报酬,利润有着与工资、地租等要素收入不同的特点:首先,利润可大可小、可正可负,不像劳动、土地那样其收入可以事先通过合同确定并只能是正值;第二,利润是与市场的不确定性联系在一起的,所以可以出现剧烈的波动,不像其他生产要素有一个社会平均的价格水平作保证。

在社会化大生产之前,由于企业主同时又是企业家,利息与利润事实上不可分,因而利润问题并不是经济学要研究的重要课题。随着大规模生产的出现,许多企业的所有权和经营权逐渐分离,所有权归企业主而经营权归企业家,企业家才能作为一种独立的生产要素才得以出现。

在经济学上,一般把利润分为正常利润和超额利润。这两种利润的性质与来源都不相同。

(二) 正常利润

正常利润是企业家才能的价格,也是企业家才能这种生产要素所得到的收入。它包括在成本之中,其性质与工资相类似,也是由企业家才能的需求与供给所决定的。

企业家才能的需求不同于其他生产要素的需求。其他生产要素的需求都是厂商及企业家的需求,因而都是通过企业家的购买来实现的,在这种情况下,劳动、资本、土地等生产要素的供给者和需求者分属不同的人。所以,它的需求表现为直接的需求。而企业家的需求则属于企业家自己。企业家既是组织管理才能这个生产要素的供给者,同时又是需求者。所以,企业家的需求是社会的需求,企业家才能的需求表现为间接的、社会的需求。

市场对企业家才能的需求是很大的,因为企业家才能是生产经营好坏的关键。劳动、资本与土地结合在一起生产出更多产品的决定性因素就是企业家才能。

而企业家才能的供给又是很少的。并不是每个人都具有企业家的天赋、能受到良好的教育。只有那些有胆识、有能力又受过良好教育的人才具有企业家才能。企业家才能的供给成本是指企业家为获得组织和管理企业能力而支付的费用,培养企业家才能所耗费的成本也是很高昂的。

企业家才能的需求与供给的特点,决定了企业家才能的收入——正常利润必然是很高的。可以说,正常利润是一种特殊的工资,其特殊性就在于其数额远远高于一般劳动所得到的工资。

【专栏7-4】 *一元年薪制*

一元年薪,顾名思义,是指用一元钱来作为年薪的报酬。多是在企业陷入危机,或者金融危机时为救企业而采用,对象通常是该企业高管。拯救克莱斯勒的艾科卡拿过"一元年薪",重振苹果公司的史蒂夫·乔布斯一直在拿"一元年薪"。因此,"一元年薪"更多的是管理层用于展现共克时艰的态度,表明走出困境的信心。按照管理专家的说法,"一元年薪"的激励作用相当明显,不仅可以降低企业脱困时的变革阻力,而且更重要的是管理层表明了与企业共命运的决心。据美联社2007年6月9日报道,美国386家顶级企业的首席执行官(CEO)中,不少人只拿1美元年薪。

印象中的"一元年薪"只属于洋企业。2008年经济危机,"一元年薪"终于和中国的企业高管们挂上钩。2009年1月,中国民营企业三一集团接受董事长梁稳根2009年"一元年薪"的申请。一时间,高管"一元年薪"的新闻频频出现报端,与之而来的也是舆论一片叫好之声。但是,肯定"一元年薪"的积极作用时不能刻意夸大,这不过是正常的薪酬激励设计,更不能对"一元年薪"进行曲解,让普通工薪族承担减薪的压力。年薪只是高管收入的一部分,期权奖励才是大头。而且从影响程度而言,高管们的损失看起来绝对金额相当可观,论起对正常生活的冲击,可能却是普通人每月几百元的减薪更为严重。

资料来源:央广网,http://finance.cnr.cn/,2016年9月14日。

（三）超额利润

超额利润是指超过正常利润的那部分利润，又称为纯粹利润或经济利润。这样的利润在完全竞争下并不存在。根据超额利润的来源和性质的不同，具体分为以下几种。

第一，垄断与超额利润。由垄断而产生的超额利润称为垄断利润。可以分为卖方垄断和买方垄断。卖方垄断指对某种产品出售权的垄断，抬高商品卖价以损害消费者而取得的利润。它能够为厂商提供超过正常利润的纯利润。例如，一家厂商享有某种产品的专利权或声誉卓著的商标，能够赚得超过正常利润的垄断利润。买方垄断指对某种产品或生产要素购买权的垄断。垄断者可以压低收购价格，以损害生产者或生产要素供给者的利益而获得超额利润。垄断所引起的超额利润是不合理的，是市场竞争不完全的结果。

第二，创新与超额利润。美国经济学家熊彼特的创新（innovation）是指对原有均衡的突破，也就是说，创新是指企业家对生产要素实行新的组合。创新主要涉及五个方面：第一，提供新产品；第二，发明新技术和新工艺；第三，开辟新市场；第四，控制原材料的新来源；第五，建立新的组织形式。创新是社会进步的动力，能够提高生产效率，促进经济增长。因此，由创新所获得的超额利润是合理的，是对创新者给予的鼓励和补偿。

第三，风险与超额利润。超额利润也被看作是企业进行冒险所承担风险的一种报酬。风险是指厂商决策所面临的亏损可能性。任何决策总是面向未来的，而未来是不确定的，因而，企业决策总存在风险。一家企业可以从原来未曾料到的事件中获得意料之外的利润，也可能蒙受没有预料到的损失，前者像其他超过正常利润的企业利润一样，可列入超额利润这个范畴之中。因此，由承担风险而产生的超额利润也是合理的，从事具有风险的生产就应该以利润的形式得到补偿。

（四）利润在经济中的作用

第一，正常利润中包含了企业家承担风险的报酬，是经济社会进步的动力。它能够激励企业家努力工作，推动社会创新，勇于从事风险投资，有利于节约资源，有利于资源合理配置和企业发展壮大。如果没有利润的诱惑，凡是有风险的生产行为就没有人愿意去从事。

第二，超额利润向企业指出了哪些行业应该发展，哪些企业应该压缩，这就是利润导向机制。某些企业获得超额利润就会促使其他企业调整自己的生产方向和规模，也可能退出某个行业转而进入另一个行业。所以超额利润导致了资源在经济中的重新配置。

第三，超额利润是企业进行创新的动力和物质基础。企业为了追求超额利润，就必须不断进行创新，创新产品的不断推广也会有利于社会。同时要进行新技术的改进和发明等创新活动，就必须有充分的财力做保障。超额利润的存在为创新活动提供了重要的财力支持。

第四，超额利润也为企业进一步扩大生产规模创造了条件，为企业的发展提供了资金。

第三节 收入分配平等程度的测量

一、洛伦茨曲线

前面分析了经济学的生产要素价格决定理论，这些理论构成经济学中分配理论的重要基础。但是还有一个重要的问题，那就是每个人在经济社会中所拥有的资本不一样，各人的天赋和从小所受的教育不同，勤劳的程度不同，因而在经济社会中人们所能得到的收入存在很大的差别，这就是收入分配的不平等问题。一个经济社会如果收入分配过于不平等，国民收入的大部分落到少数人手里，而大多数人一贫如洗，这样的社会必然是一个不稳定的社会。反之，如果一个经济社会收入分配过于平均化，每个人无论工作的勤劳程度如何、工作业绩如何，都只能得到同样的收入，这个社会一定是一个缺乏效率的社会。正因为如此，建立一个能够测度一个国家收入分配不平等程度的标准或指标就是至关重要的。

【专栏 7-5】 分配的公平性

中国的改革开放，使我国的国民生产总值(GNP)从改革开放之初的 3 685 亿元人民币，飞跃到了 2016 年 74.4 万亿元人民币(GDP)，无论是在国家还是在人民的身上，都发生了天翻地覆的变化。但与此同时，我国的贫富差别也在加大。当然，贫富差别并非都是坏事，保持一定程度的贫富差别，对我们的社会是必须的，是有益的和健康的。它既是一种激励机制，又体现着一种真正意义上的社会公平。由于人的个体天生就存在着巨大的差别，这种差别势必会反映在收入的分配上。我们甚至不能想象，完全没有了贫富差别的社会，会是个什么样子。

可问题是，怎样确定和保持"一定程度"的贫富差别，即适度的贫富差别？如果不控制好这个度，以致使贫富差别过大，那也会导致对社会公平的破坏。从而引发仇富心理，以及对社会财富重新分配的冲动，那将会危及整个社会的安定和健康发展。关于这件事，关心它的不仅是现在的中国。全世界的经济学家和社会学家一直都在研究贫富差别问题，并建立了一套预警机制，这就是著名的"洛伦茨曲线"和"基尼系数"。

资料来源：搜狐财经，http://www.sohu.com，2017 年 3 月 9 日。

洛伦茨曲线(Lorenz curve)是用来衡量社会收入分配(或财产分配)平均程度的曲线。它由美国统计学家洛伦茨提出。具体统计方法是先将一国人口按收入由低到高排队，分为五组，各占人口总数的 20%，并说明每组的收入在总收入中所占的百分比。例如，收入最低的 A 组 20% 人口、B 组 20% 人口等，所得到的收入比例分别为 5%、12%，而在 E 组的 20% 为最高收入人口，其收入占所有人口总收入的 40%，见表 7.1。

根据表 7.1 中人口与收入百分比的合计，将对应关系描绘在图形上，即得到洛伦茨曲线。如图 7.10 所示。

表 7.1　人口与收入分布表

组别	人口 占人口百分比/%	人口 合计/%	收入 占收入百分比/%	收入 合计/%
A	20	20	5	5
B	20	40	12	17
C	20	60	18	35
D	20	80	25	60
E	20	100	40	100

显而易见,洛伦茨曲线的弯曲程度具有重要意义,反映了收入分配的不平等程度。在图 7.10 中,横轴代表人口百分比,纵轴代表收入百分比。如果任一人口百分比等于其收入百分比,从而人口累计百分比等于收入累计百分比,洛伦茨曲线成为通过原点的 45°线 OX,表明收入分配绝对平均,称为绝对平均线;如果所有收入都集中在某一个人手中,而其余人口均一无所有,收入分配达到完全不平等,洛伦茨曲线成为折线 OEX,表明收入分配绝对不平均,称为绝对不平均线。实际的洛伦茨曲线应该介于这两条线之间,利用洛伦茨曲线可以表明收入与财产分配的不平等程度。洛伦茨曲线离绝对平均线越近,表明收入或财产分配越平等;洛伦茨曲线离绝对不平均线越近,表明收入或财产分配越不平等。

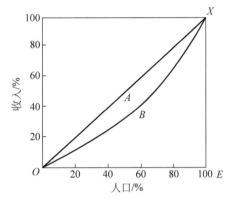

图 7.10　洛伦茨曲线

二、基尼系数

一般来说,一个国家的收入分配,既不是完全不平等,也不是完全平等,而是介于两者之间;相应的洛伦茨曲线,既不是折线,也不是 45°线,而是向横轴凸出,尽管凸出的程度有所不同。

20 世纪初,意大利经济学家基尼根据洛伦茨曲线找出了判断分配平等程度的指标,这一指标被称为基尼系数(Gini coefficient)。将洛伦茨曲线与绝对平均线之间的面积用 A 来表示,洛伦茨曲线与绝对不平均线之间的面积用 B 来表示(图 7.9),则计算基尼系数 G 的公式为

$$G = \frac{A}{A+B} \quad (0 \leqslant G \leqslant 1) \tag{7-3}$$

洛伦茨曲线与绝对平均线之间的面积为 0 时,收入分配绝对平均,基尼系数为 0。洛伦茨曲线与绝对不平均线之间的面积为 0 时,收入分配绝对不平均,基尼系数为 1。实际基尼系数总是大于 0 而小于 1。基尼系数是衡量一个国家贫富差距的标准。基尼系数越小,收入分配越平均;基尼系数越大,收入分配越不平均。

目前基尼系数是国际通用的衡量贫富差距的最可行方法。联合国有关组织规定的基

尼系数见表 7.2,国际上一般以 0.4 为警戒线。

表 7.2 国际通用的基尼系数

基 尼 系 数	收入分配平等程度	基 尼 系 数	收入分配平等程度
0	绝对平等	0.4~0.5	差距较大
小于 0.2	高度平等	大于 0.5	差距悬殊
0.2~0.3	比较平等	大于 0.6	高度不平等
0.3~0.4	基本合理	1	绝对不平等

基尼系数的优点在于便于了解、掌握和比较。人们可以对一个国家不同时期的基尼系数进行纵向比较,也可以对不同国家的基尼系数进行横向比较。但是,基尼系数有数学意义("分布"均匀度)不等于有经济学意义("分配"合理度),基尼系数不能反映合理分配或公平分配的本质:绝对贫困程度。因为市场经济条件下,相对贫困是正常的,有贫富差距也是正常的,这恰恰是市场经济动力之源。因此,发达的市场经济国家政府只关注与绝对贫困有关的贫困线与贫困率。贫困线与贫困率比基尼系数更能体现效率优先、兼顾公平的分配原则,能真正反映收入分配的合理程度。比如,有两个地区,其基尼系数均相同或相近,但人均收入却相差两倍。其中一个地区可能有 50% 的人在贫困线以下,而另一个地区可能没有一个人低于贫困线。在这种情况下,基尼系数非但不能说明任何经济问题,反而掩盖了不公平这一事实。如果低收入地区的基尼系数再低于高收入地区,则反经济科学性更加严重。从表面上看,低收入地区分配较平均似乎较合理,但实际上这正是无效率的表现。任何一个经济人,都会喜欢生活在一个尽管基尼系数较高但却没有绝对贫困(通过社会保障解决)的地方,也不愿生活在一个尽管基尼系数较低但却有许多绝对贫困的地方。而且,基尼系数也有对老龄化社会评估偏于悲观等问题。因此,基尼系数的缺点主要在于不能说明不平等的全部情况。

【专栏 7-6】 关于幸福的联想

假如将全世界各种族的人口按一个一百人村庄的比例来计算的话,那么,这个村庄将有:57 名亚洲人,21 名欧洲人,8 名非洲人;52 名女人,48 名男人;30 名白人,70 名非白人;30 名基督教徒,70 名非基督教徒;89 名异性恋,11 名同性恋;6 人拥有全球财富的89%,而这 6 人均来自美国;80 人住房条件不好;70 人为文盲;50 人营养不良;1 人正在死亡;1 人正在出生;1 人拥有电脑;1 人拥有大学文凭。

如果我们以这种方式认识世界,那么忍耐与理解则变得再明显不过。也请记住下列信息:如果你今天早上起床时身体健康,没有疾病,那么你比其他几百万人更幸运,他们甚至看不到下周的太阳了;如果你从未尝过战争的危险、牢狱的孤独、酷刑的折磨和饥饿的滋味,那么你的处境比其他 5 亿人更好;如果你能随便进出教堂或寺庙而没有任何被威胁、暴行和杀害的危险,那么你比其他 30 亿人更有运气;如果你的冰箱里有食物,身上有衣可穿,有房可住及有床可睡,那么你比世上 75% 的人更富有;如果你在银行里有存款,钱包里有钞票,口袋里有零钱,那么你属于世上 8% 最幸运之人;如果你父母双全,没有离异,那么你的确是那种很稀有的地球人;如果你读了这个小故事,那么你刚刚得到了一个祝福,因为你并不属于那另外 20 亿文盲。

资料来源:新浪微博,http://blog.sina.com.cn,2015 年 4 月 23 日。

三、我国基尼系数与收入分配的现状分析

20世纪的五六十年代,我国的基尼系数不到0.2,在80年代初为0.3多一点,国民处于普遍的短缺与贫困状态,贫富差距不突出。改革开放使国民的生活水准得到了快速的提高,由于不同人群的收入提高幅度存有较大的差异,分配格局失衡导致部分社会财富向少数人集中,又使得此期间的基尼系数不断扩大。据国家统计局公布的数据,中国的基尼系数在1994年就超过了0.4的国际公认警戒线,于2008年达到了最大值0.491,之后虽缓慢回落,总体上呈下降趋势,但仍在0.4以上。

2013年1月18日,国务院新闻办公室举行新闻发布会,国家统计局局长马建堂公布了2003—2012年我国的基尼系数。马建堂介绍称,中国全国居民收入的基尼系数,2003年是0.479,2004年是0.473,2005年是0.485,2006年是0.487,2007年是0.484,2008年是0.491。然后逐步回落,2009年是0.490,2010年是0.481,2011年是0.477,2012年是0.474。而2013—2016年,中国基尼系数分别为0.473、0.469、0.462、0.465,贫富差距早已突破合理界限,由此带来的诸多问题正日益成为社会各界关注的焦点。

对上述数据进行分析,可以发现,第一,这些数据说明了我们国家加快收入分配改革、缩小收入差距的紧迫性。因为0.47到0.49之间的基尼系数不算低。第二,说明了从2008年金融危机以后,随着我国各级政府采取了惠民生的若干强有力的措施,中国的基尼系数从2008年最高的0.491逐步有所回落。要守住贫富差距的"红线",还是要立足于中国的基本国情,正确处理市场与效率、发展与分配的关系,坚持标本兼治、综合治理、多管齐下、各方配合的原则,尽快启动收入分配制度改革,结合深层次原因和直接原因设计系统的改革方案,缩小收入差距。

【专栏7-7】 2007年世界各国贫富差距分析

2007年8月8日,亚洲开发银行发表了《减少不平等,中国需要具有包容性的增长》的新闻稿,并公布了《亚洲的分配不均》的研究报告。在22个纳入亚行研究范围的国家和地区中,中国大陆贫富差距居首位(参见下列数据)。在衡量分配不平等的两个常见指标中,收入最高的20%人口的平均收入与收入最低的20%人口的平均收入的比率,中国是11倍;2004年中国大陆的基尼系数是0.4725,仅比尼泊尔的0.4730低。亚行指出,从1993年到2004年,中国大陆的基尼系数从0.407扩大到0.473,贫富差距在持续扩大。

国家/地区	最高20%人口收入 / 最低20%人口收入	基尼系数	国家/地区	最高20%人口收入 / 最低20%人口收入	基尼系数
中国大陆	11.37倍	0.4725	泰国	7.72倍	0.4196
尼泊尔	9.47倍	0.4730	马来西亚	7.7倍	0.4033
菲律宾	9.11倍	0.4397	柬埔寨	7.04倍	0.3805
土库曼斯坦	8.33倍	0.4302	斯里兰卡	6.83倍	0.4018

续表

国家/地区	最高20%人口收入 最低20%人口收入	基尼系数	国家/地区	最高20%人口收入 最低20%人口收入	基尼系数
越南	6.24 倍	0.370 8	蒙古	5.44 倍	0.328 4
中国台湾地区	6.051 倍	0.338 5	老挝	5.4 倍	0.346 3
阿塞拜疆	5.95 倍	0.365 0	塔吉克斯坦	5.14 倍	0.326 3
哈萨克斯坦	5.61 倍	0.338 3	亚美尼亚	5.08 倍	0.338 0
印度	5.52 倍	0.362 2	文莱	5.03 倍	0.340 8
印度尼西亚	5.52 倍	0.343 0	巴基斯坦	4.46 倍	0.311 8
韩国	5.47 倍	0.315 5	吉尔吉斯斯坦	4.43 倍	0.303 0

资料来源：亚洲开发银行，Asian Development Bank，2007 年 8 月 8。

本 章 小 结

分配理论涉及劳动、资本、土地和企业家才能这四种基本生产要素，对应着工资、利息、地租和利润。

衡量社会收入分配（或财产分配）平均程度的指标主要有洛伦茨曲线和基尼系数。洛伦茨曲线越弯曲，说明收入分配越不平等。基尼系数介于 0 和 1 之间。基尼系数越小，收入分配越平等；基尼系数越大，收入分配越不平等。在现实经济生活中，收入不平等是客观事实。公平与效率是一对永恒的矛盾。

人物介绍：熊彼特、比尔·盖茨

案例分析

漂亮的收益

美国经济学家丹尼尔·哈莫米斯与杰文·比德尔在 1994 年第 4 期《美国经济评论》上发表了一份调查报告。报告表明，漂亮的人的收入高于一般人。两个各方面条件大致相同的人，由于漂亮程度不同而得到的收入不同。根据这份调查报告，漂亮的人的收入比长相一般的人高 5％左右，长相一般的人又比丑陋一点儿的人收入高 5％～10％。为什么漂亮的人收入高？

经济学家认为，人的收入差别取决于人的个体差异，即能力、勤奋程度和机遇的不同。漂亮程度正是这种差别的表现。

个人能力包括先天的禀赋和后天培养的能力，长相与人在体育、文艺、科学方面的天赋一样是一种先天的禀赋。漂亮属于天生能力的一个方面，它可以使漂亮的人从事其他人难以从事的职业（如当演员或模特）。漂亮的人少，供给有限，自然市场价格高，收入高。

漂亮不仅仅是脸蛋和身材，还包括一个人的气质。在调查中，漂亮由调查者打分，实际是包括外形与内在气质的一种综合。这种气质是人内在修养与文化的表现。因此，在漂亮程度上得分高的人实际往往是文化水平高、受教育程度高的人。两个长相接近的人，也会由于受教育程度不同表现出来不同的漂亮程度。所以，漂亮是反映人受教育水平的标志之一，而受教育是个人能力的来源，受教育多，文化高，收入水平高就是正常的。

漂亮也可以反映人的勤奋和努力程度。一个工作勤奋、勇于上进的人，自然会打扮得体，举止文雅，有一种朝气。这些都会提高一个人的漂亮得分。漂亮在某种程度上反映了人的勤奋，与收入相关也就不奇怪了。

最后，漂亮的人机遇更多。有些工作，只有漂亮的人才能从事，漂亮往往是许多高收入工作的条件之一。就是在所有的人都能从事的工作中，漂亮的人也更有利。漂亮的人从事推销更易于被客户接受，当老师会更受到学生热爱，当医生会使病人觉得可亲，所以，在劳动市场上，漂亮的人机遇更多，雇主总爱优先雇用漂亮的人。有些人把漂亮的人机遇更多，更易于受雇称为一种歧视，这也不无道理。但有哪一条法律能禁止这种歧视？这是一种无法克服的社会习俗。

收入分配不平等是合理的，但有一定限度，如果收入分配差距过大，甚至出现贫富两极分化，既有损于社会公正的目的，又会成为社会动乱的隐患。因此，各国政府都在一定程度上采用收入再分配政策以纠正收入分配中较为严重的不平等问题。

资料来源：梁小民.微观经济学纵横谈.上海译文出版社，2005.

2011"两会"委员沈雯称上亿人"被脱贫"，建议提高贫困线

1985年，中国将人均年纯收入200元确定为贫困线，2009年这一标准为1 196元，24年来增长约5倍；而在此期间，中国GDP由7 780亿元增至33万亿元，增长42倍。对此，全国政协委员、上海紫江(集团)有限公司党委书记沈雯在递交给全国两会的提案中称，太低的贫困线让过亿居民人为"被脱贫"，建议现有贫困线应至少提高1倍至2 400元以上。

"中国的贫困人口标准低得让人惊讶。"沈雯说，中国在2009年将贫困线上调至人均年收入1 196元之前，贫困线标准为785元，按2005年汇率折算每天收入只有0.57美元，与世界银行确定的1.25美元标准差距悬殊。

沈雯了解到，中国贫困线标准的制定，长期都依据每人每天摄入热量2 100大卡路里来推算。1985年首次测算贫困线时，在整个基本温饱的测算体系中，食品消费占到60%，而在1997年调整时，食品开支比例高达85%，"从很大程度上说，中国贫困线仍只是一条保障'吃饭权'的贫困线。"

据中国国际扶贫中心公布的报告显示，在目前仍采用国内自定义贫困线的86个国家里，贫困发生率最低的是中国，2009年为4.2%，大大低于86国平均水平的37.4%。

沈雯在提案中认为，当前中国的贫困线划分标准制定模糊不合理，和国际标准距离长期偏低，扶贫投入过少，有过亿人没有被划分在贫困人口线，人为地"被脱贫"。

联合国千年发展目标确定的标准是，日均消费低于1美元属于"绝对贫困"。2009年，中国新贫困线1 196元启用后，贫困人口从2008年的1 479万增至4 300多万；但如果按联合国标准算，这个数字应是1.5亿。

沈雯认为，面对物价飞涨，提高贫困线可以帮助更多的人，"不但考虑吃饭，还要考虑教育和医疗保障。"沈雯举例说，受金融危机影响，美国贫困线以下人口由2008年的3 980万上升至2009年的4 360万，"每7个美国人中就有一个需接受政府救济。"

资料来源：姜丽钧.东方网.2011-03-03.

课后练习题

一、名词解释

1. 引致需求：由于消费者对于产品的需求而引起的厂商对生产要素的需求，叫作引致需求。

2. 洛伦茨曲线：是用来衡量社会收入分配（或财产分配）平均程度的曲线，由美国统计学家洛伦茨提出。

二、单项选择题

1. 在下列各项中，不属于生产要素的是（　　）。
   A. 农民拥有的土地　　　　　　　　B. 企业家的才能
   C. 在柜台上销售的产品——服装　　D. 煤矿工人采煤时付出的劳动

2. 当经济学家关注经济中所有成员的福利改善时，一般用的概念是（　　）。
   A. 效率　　　　B. 名义工资　　　C. 实际工资　　　D. 货币收入

3. 洛伦茨曲线用来表示（　　）。
   A. 贫困的程度　　　　　　　　B. 税收体制的效率
   C. 收入分配不平等的程度　　　D. 税收体制的透明度

4. 洛伦茨曲线越是向横轴凸出，（　　）。
   A. 基尼系数就越大，收入就越不平等　　B. 基尼系数就越大，收入就越平等
   C. 基尼系数就越小，收入就越不平等　　D. 基尼系数就越小，收入就越平等

5. 基尼系数可以从洛伦茨曲线中计算，基尼系数的变大表示（　　）。
   A. 洛伦茨曲线向45°线移动　　　B. 收入分配不平等增加
   C. 收入分配不平等减少　　　　　D. 不平均没有改变

6. 收入分配绝对不平均时，基尼系数为（　　）。
   A. 1　　　　　B. 0　　　　　C. 0.5　　　　D. 2

7. 工资率的上升所导致的替代效应系指（　　）。
   A. 工作同样长的时间可以得到更多的收入
   B. 工作较短的时间也可以得到同样的收入
   C. 工人宁愿工作更长的时间，替代闲暇带来的享受
   D. 以上均正确

8. 如果（　　），居民将增加他们的储蓄量。
   A. 预期的未来收入小于现期收入或利率下降
   B. 预期的未来收入小于现期收入或利率上升
   C. 预期的未来收入大于现期收入或利率下降

D. 预期的未来收入大于现期收入或利率上升

9. 某工人在工资率为每小时 2 美元的时候每周挣 80 美元,每小时 3 美元的时候每周挣 105 美元,由此可以断定(　　)。

　　A. 收入效应起主要作用　　　　　　B. 替代效应起主要作用
　　C. 收入效应和替代效应都没有发生作用　　D. 无法确定

10. 在以下基尼系数中,说明了收入分配最不平均的是(　　)。

　　A. 0.35　　　　B. 0.5　　　　C. 0.42　　　　D. 0.7

11. 消费者对产品的需求导致了厂商对生产要素的需求,故我们称厂商对生产要素的需求是(　　)。

　　A. 引导需求　　B. 隐性需求　　C. 引致需求　　D. 消费需求

三、多选题

1. 不同国家之间的工资差别较大的原因在于(　　)。

　　A. 劳动者接受的训练和受教育的程度不同
　　B. 劳动的供给量不同,以及劳动在国际间流动的障碍
　　C. 在不同国家,劳动者能得到的资本数量不同
　　D. 以上均不正确

2. 下列各项中属于引致需求的是(　　)。

　　A. 电工对万能表的需求
　　B. 投资商为开发房地产而对某块地皮的需求
　　C. 某公司为扩大销售额而对营销人才的需求
　　D. 个体户李某为跑运输而对卡车的需求

四、判断题

1. 土地的供给曲线中,有一段"向后弯曲"。(　　)
2. A、B 两国的基尼系数分别为 0.4 和 0.3,说明 A 国收入分配要比 B 国平等。(　　)

五、简答题

简述收入分配不平等的原因,如何度量收入分配不平等?

第八章

市场失灵与微观经济政策

本章导读

到目前为止,微观经济学的理论都是在论证"看不见的手"的原理的,几乎所有的理论都是为了证明市场作用的,单个家庭和厂商的竞争将导致帕累托最优状态。但是在经济现实中的一些因素也会导致市场调节失灵,资源配置无法达到最优状态。本章探讨了帕累托最优状态,论证了市场失灵的表现与原因,并提出了相应地解决市场失灵的措施。

第一节 帕累托最优与市场失灵

早在两百多年前,亚当·斯密就曾断言:人们在追求自己的私人目的时,会在一只"看不见的手"的指导下,实现增进社会福利的社会目的。每一个人所考虑的不是社会利益,而是他自身的利益。但是,他对自身利益的研究自然会或不如说必然会引导他选定最有利于社会的用途。所以,每一个人受着一只看不见的手的指导,去尽力达到一个并非他本意想达到的目的。当代西方经济学家将亚当·斯密的上述思想发展成为一个更加精致的"原理":给定一些条件,单个家庭和厂商在完全竞争经济中的最优化行为将导致帕累托最优状态。

【专栏 8-1】 排队的帕累托改进

在超市购物付款时往往需要排队。假定有两个人排队付款,第一个人买了很多东西,需要 20 分钟才能付清。第二个人买得很少,付款只需要 10 秒钟,但他必须在 10 分钟之内赶到飞机场,路上还需要 5 分钟时间。按正常情况,第二个人要等 20 分钟,就会耽误去机场。如果第二个人和第一个人交换,对于第一个人只需等候 10 秒钟,影响不大。但第二个人节约了近 20 分钟时间。在两种情况下,从付款时间上来看,对于社会来说都是一样的,但交换后,购物少者先付款,能使个体等候的时间减少,从社会上来讲,从而达到帕累托最优。

帕累托最优状态是用于判断市场机制运行效率的一般标准。我们现在利用帕累托标准考察下面一个举例。假定一个人手里有较多的 CD 和较少的书籍,而另一个人手里有较多的书籍和较少的 CD,那么用前者的一部分 CD 交换后者的一部分书籍,两个人的福利都会增加,这时,可以说两者之间资源的重新配置使得两个人的境况都变得更好。我们可以将两个人推广到整个经济社会,并且将资源的配置也推广到整个经济社会。帕累托改进是指,对于一种既定的资源配置进行改变,改变的结果使得至少有一个人的境况变得更好,而没有任何一个人的境况变得更差。如果既定的资源配置状态不存在帕累托改进,也就是说任何资源配置状态的改变,已经不可能在无损于任何人的条件下,使得任一个人的境况变得更好,则称这种资源配置状态为帕累托最优状态。

要达到帕累托最优状态必须满足三个条件,即交换的最优条件、生产的最优条件和交换与生产最优条件相结合。分析帕累托最优状态条件采取的主要工具是无差异曲线、等产量曲线,采用的基本图式称埃奇沃斯盒形图。这是英国经济学家佛朗西斯·Y.埃奇沃斯提出的,因而以他的名字命名。我们以图8.1为例说明埃奇沃斯盒形图的基本原理。

假定一个经济体中只有两种商品,面包和饮料。该经济体中只有两个人,小张和小李。最初,小张有7个面包和1瓶饮料,小李有3个面包和5瓶饮料。要确定小张和小李之间进行交易是否对双方有利,我们需要知道他们对面包和饮料的偏好。假设小张由于有很多面包和很少饮料,他用饮料换取面包的边际替代率(MRS)是2。就是说,他愿意放弃2个面包以获得1瓶饮料;而小李用饮料换取面包的边际替代率为1/2,即他愿意放弃2瓶饮料以获得1个面包,因为他拥有的饮料比面包多。

图8.1显示了一个埃奇沃斯盒形图。图中水平线代表面包的总数量为10个,垂直线代表饮料的总数量为6瓶。

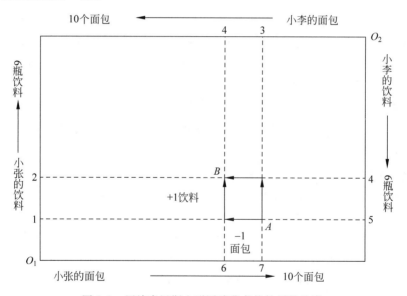

图8.1 用埃奇沃斯盒形图消费者的帕累托改进

埃奇沃斯盒形图其实由两个坐标系组成,但它将一个坐标系翻转了180°,因此盒形图内的任何一点都有两个坐标,可以看作是两个消费者拥有的商品组合。O_1点表示小张的初始点,在这一点上,小张不拥有任何商品,而小李拥有全部的10个面包和6瓶饮料。O_2点则为小李的初始点,在这一点上,小李不拥有任何商品而小张拥有全部商品。容易看出,点A表示小张的商品组合为(7个面包,1瓶饮料),同时A点也表示小李的商品组合为(3个面包,5瓶饮料)。注意,按照图中的方式,所有的商品都在小张和小李之间完全分配。

从A点到B点的移动,表示小张放弃1个面包换取1瓶饮料,小李放弃1瓶饮料换取 1 个面包。B 点代表了进行自愿交换之后小张和小李的商品组合。很明显,资源配置从 A 点移动到 B 点是一个帕累托改进。因为小张愿意放弃 2 个面包以获得 1 瓶饮料,而实际上他只放弃了 1 个面包就换取了 1 瓶饮料;而小李愿意放弃 2 瓶饮料以获得 1 个面包,而实际上他只放弃了 1 瓶饮料就换取了 1 个面包。显然,通过交换使小张和小李的经济福利增加了。这就是埃奇沃斯盒形图的作用,它能够明显地显示资源配置的效率变化。

一、交换的一般均衡

交换的一般均衡是指经济中生产的所有商品都以最有效的方式在个人之间进行分配,从而人们不能通过商品的进一步交换来获益。具体来说,如果 X、Y 这两种商品在 A、B 之间实现了最优分配,那么商品在 A 和 B 之间就不存在任何有益的交换机会。对于怎么才能实现交换的一般均衡,经济学采用边际替代率加以分析:只要各个消费者的边际替代率相等,社会就达到了交换的一般均衡,实现了效用最大化。我们知道,边际替代率反映了消费者在维持效用水平不变的条件下,为了多消费 1 单位 X 商品所愿放弃的 Y 商品的数量;换言之,也就是要使消费者减少 1 单位 X 商品的消费所必须补偿给它的 Y 商品的数量。当消费者 A 的边际替代率(假设为 3)超过消费者 B 的边际替代率(假定为 1)(图 8.2 中的 F 点)时,即消费者 A 为了多享用 1 单位 X 商品所愿意放弃的 Y 商品的量(即 3),超过使消费者 B 放弃 1 单位 X 商品所希望得到的 Y 商品的量(即 1)时,A 消费者以 2 单位 Y 商品向 B 消费者换取 1 单位 X 商品,那么消费者 A 节约了 1 单位 Y 商品,而消费者 B 多得 1 单位 Y 商品,两位消费者的满足程度都比交易前提高了。因而,我们可以了解到,若产品在消费者之间的分配并未使每位消费者之间的边际替代率都相等,那必然存在着进一步的交易机会,使交易双方都能得到好处。只有当各个消费者之间的边际替代率相等,商品在消费者之间的任何重新分配都不能进一步提高社会的总效用水平,从而也就不存在进一步交换的可能时,就达到了交换的一般均衡。因此任意两个消费者在任意两种商品之间的边际替代率相等,是实现交换的一般均衡的条件。

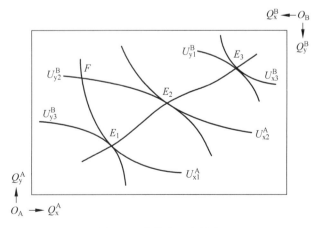

图 8.2　交换的一般均衡

二、生产的一般均衡

生产的一般均衡是指经济中一切资源都以最有效的方式在生产者之间进行配置,因而厂商之间不能通过资源的重新分配来获得好处。在简单经济体系中,要求资源 L、K 在 A、B 两个厂商之间合理分配,以至于它们无法通过资源的再配置来增加产量。现在的问题是:L 和 K 这两种要素如何在 A、B 两个厂商之间进行配置,才能实现生产的一般均衡?为此经济学采用了边际技术替代率(MRTS)来说明:只要两个厂商的边际技术替代率相等,社会就达到了生产的一般均衡,实现了产量的最大化。边际技术替代率描绘了生产者在保持产量水平不变的情况下,为了多使用1单位的 L 所愿意减少的 K 的数量;也就是生产者减少1单位 L 使用所必须补上的 K 的数量。当 A 厂商的边际技术替代率(比如说3)超过 B 厂商的边际技术替代率(比如说1)时(图8.3中 F 点所示),即是说,厂商 A 为了多使用1单位的 L 所愿减少的 K 的数量(即3),超过厂商 B 放弃1单位 L 所须补上的 K 的数量(即1)。在这种情况下,若厂商 A 以介于3和1之间的 K 的某一数量(比如说2),与厂商 B 换取1单位 L,那么 A 厂商节约了1单位的 K,B 厂商则多得了1单位的 K,两个生产者的产量水平都将比交换前提高。因而,若要素在厂商之间的分配没有使每一个厂商的边际技术替代率相等,那么必定存在着进一步交易的可能性且使交易双方都能提高产量。只有各个厂商之间的边际技术替代率相等时,才不存在能够进一步提高产量的交易机会,从而达到生产的一般均衡。因此各个厂商在任意两种要素之间具有相同的边际技术替代率,就是实现生产的一般均衡的基本条件。

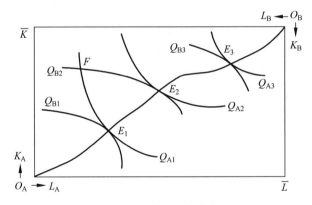

图 8.3 生产的一般均衡

三、产品组合的一般均衡

上面分析可知,交换的一般均衡描述了既定的产品如何在各消费者之间进行合理分配,而生产的一般均衡则描述了既定的资源如何在不同的生产者之间进行分配。产品组合一般均衡是指在社会资源既定的条件下,生产者充分有效地使用这些资源来生产各种产品,同时消费者完全合理地消费所生产的这些产品。经济学采用了边际替代率和边际转换率来进行分析:只要社会消费的边际替代率等于社会生产的边际转换率(MRT,生产可能性曲线斜率的绝对值,由生产契约曲线转换得来),就实现了产品组合的一般均衡。

我们知道，X 商品对 Y 商品的边际替代率等于 X 商品的边际效用与 Y 商品的边际效用之比。如果边际替代率为 3 而产品转换率为 1，即增加 1 单位 X 商品所增加的效用刚好等于减少 3 单位 Y 商品所减少的效用；也就是说，在消费者看来，1 单位 X 商品相当于 3 单位 Y 商品，而在生产者看来，1 单位 X 商品只相当于 1 单位 Y 商品。在这种情况下，由于增加 1 单位 X 商品所增加的效用（$3Y$）大于增加 1 单位 X 商品所增加的成本（$1Y$），因此从社会的角度来看，还应该通过资源的再配置，增加 X 商品的生产和减少 Y 商品的生产。也就是说厂商可以调整资源在产品之间的配置，找到使用相同的投入水平而增加产出的方式，同时消费者也能相应地改善商品的消费组合。一旦消费的边际替代率等于生产的边际转换率，那么资源就不存在使得社会更加有利的配置方式。因此，要实现产品组合的一般均衡，就必须使边际替代率与产品的边际转换率相等，如图 8.4 中 B 点所示。

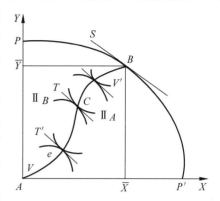

图 8.4　产品组合的一般均衡

【**专栏 8-2**】　*航空公司的帕累托改进*

航空公司总是希望航班上座率越高越好，然而，它们也知道，总有一小部分定了机票的旅客临时取消旅行计划。这就使它们开始尝试超额售票，即在一个合理估计的基础上，让售票数量稍大于航班实际座位数。不过，有时候确实可能出现所有旅客都不打算改变行程，要按期出发的情形，航空公司必须决定取消谁的座位才好。这里列举几种可能的决定办法。

20 世纪 60 年代，航空公司只是简单取消最后到达机场的乘客的座位，安排他们换乘后面的航班，而那些倒霉的乘客也不会因行程被迫改变而获得任何额外补偿，结果确认座位的过程演变成让人血压骤升的紧张时刻。

为了避免这种情况，第二种选择是政府出面明文禁止超额售票。但是这样一来，飞机可能被迫带着空座位飞行，而外面其实还有急于出行的旅客愿意购买这些机票，结果航空公司和买不到票的旅客都蒙受损失。

1968 年，美国经济学家尤利安·西蒙提出了第三种方案。西蒙这样写道："办法非常简单，超额售票需要改进之处就是航空公司在售票的同时，交给顾客一个信封和一份投标书，让顾客填写他们可以接受的延期飞行的最低赔偿金额。一旦飞机出现超载，公司可以选择其中数目最低者如数给予现金补偿，并优先售给下一班飞机的机票，各方受益，没有任何人受到损害。"

实际上，目前航空公司采用的超额售票法同西蒙的方案非常接近，区别在于通常以免费机票代替现金补偿（有时提供相当数量的机票折扣）。消费者更加愿意接受这种安排，航空公司从中受益，因为它们可以继续超额售票，有助于实现航班满员飞行。事实上，免费机票本身可能属于卖不出去的部分，航空公司提供免费机票的边际成本接近于零。这是一个发生在真实世界的帕累托改进，其中涉及的各方均受益，至少不会蒙受损失。

市场机制可以调节产品的供求数量,也可以调节生产要素的供求数量并决定收入分配,还可以调节资金的供求并影响人们在现在与未来之间的选择。如果存在一个没有外部性的完全竞争的市场,市场机制能够使资源达到帕累托最优配置。但是,这个定理并不完全适用于现实的市场经济,也就是说,就某些配置问题而言,现实的市场机制并不能导致资源的有效配置,帕累托最优状态通常不能得到实现。对于市场机制(即价格调节市场的机制)不能实现资源的有效配置,也就是说市场机制造成的资源配置失当的情况,称为市场失灵(market failure)。导致市场失灵的原因包括外部性、公共物品、垄断的存在、不对称信息等。市场在这些情况下不能提供符合社会效率条件的商品或劳务。

既然市场机制本身不能保证在一切场合下导致资源有效配置的结果,那么,政府在这些场合进行某种干预就成为必要。政府干预经济的主要理由是存在着市场失灵,即政府的作用就在于解决市场自身所不能解决的问题。

第二节 外 部 性

到目前为止,微观经济学一直隐含着的假定是,每个经济行为人在进行消费和生产决策时,是不需要考虑其他人的行为的。他们之间的全部影响,都是通过市场发生的。在本节中,我们将放宽这个要求,考察有外部效应时对经济产生的后果。

【专栏 8-3】 外部性与市场失灵的关系

20世纪初的一天,列车在绿草如茵的英格兰大地上飞驰。火车上坐着英国经济学家庇古(A. C. Pigou)。他边欣赏风光,边对同伴说:列车在田间经过,机车在田间经过,机车喷出的火花(当时是蒸汽机)飞到麦穗上,给农民造成了损失,但铁路公司并不用向农民赔偿。这正是市场经济的无能为力之处,称为"市场失灵"。

将近70年后,1971年,美国经济学家乔治·斯蒂格勒(G. J. Stigler)和阿尔钦(A. A. Alchian)同游日本。他们在高速列车(这时已是电气机车)上见到窗外的禾田,想起了庇古当年的感慨,就问列车员,铁路附近的农田是否受到列车的损害而减产。列车员说,恰恰相反,飞速驰过的列车把吃稻谷的飞鸟吓走了,农民反而受益。当然铁路公司也不能向农民收"赶鸟费"。这同样是市场经济无能为力的,也称为"市场失灵"。

同样一件事情在不同的时代与地点结果不同。两代经济学家的感慨也不同。但从经济学的角度看,火车通过农田无论结果如何,其实说明了同一件事:市场经济中外部性与市场失灵的关系。

一、外部性及其分类

一般说来,如果某人或者企业在从事经济活动时给其他个体带来危害或利益,而该个体又没有为这一后果支付赔偿或得到报酬,则这种危害或利益就被称为外部性(externality)。外部性分为正外部性(外部经济)和负外部性(外部不经济)。

如果一个人的行为给他人造成了有利的影响,但没有得到充分的回报,那么,我们说这个人的行为有"正外部性"(positive externality),也叫"外部经济"(external economy);如果一个人的行为给他人造成了损失,但没有给予充分的补偿,或者说这些损失没有表现为行为者的成本,那么,我们说其行为有"负外部性"(negative externality),也叫"外部不经济"(external diseconomy)。当单个经济单位的经济活动产生的私人成本和社会成本不一致、私人收益与社会收益不一致时,外部性就产生了。

比如说,空气污染就产生典型的负外部性,因为它使得很多与产生污染的经济主体没有经济关系的个体支付了额外的成本。这些个体希望减少这样的污染,但是污染制造者却不这样认为。例如,一家造纸厂排放废气,它可以建造设备以减少废气排放量,但是它从中却得不到收益,反而会增加成本;但是,在造纸厂附近居住的人们却可以从减少废气的排放中大大受益。同样,如果邻居家院子里漂亮的花朵在春天都开放了,你也可以认为这对你来说是正的外部性,因为你可能没有支付任何成本而得到了赏心悦目的感觉。又如,养蜂人的蜜蜂飞到果园吸收苹果花粉,而这会使得果园的产量更高,同时养蜂人也得到了蜂蜜,二者同时受益。这也是一种正外部性。

【专栏 8-4】 收益高于成本的激励机制

我们都很熟悉这样一则公益广告:一辆公交车上,一个被人遗弃的易拉罐在人们脚下滚来滚去,人们都看见了,但始终无人伸手捡起丢进垃圾桶。最后有一个人捡起来了。广告的目的在于表扬这种行为并号召大家学习。我们要思考的问题是:为什么人人都认为易拉罐应该捡起来?但又不愿意自己捡?这涉及的单纯是道德问题吗?为什么社会要把捡起易拉罐的这种行为打上美德的标签?

其实这些问题都是经济学问题:人人都认为易拉罐应该捡起来,是因为捡起易拉罐的社会收益大于社会成本,因为若是有人因此而摔倒,也许要损失上千的医疗费都不一定,而捡起易拉罐却相当省事。但是人们都不愿意自己捡,是因为私人成本大于私人收益,一个已经注意到易拉罐存在的人不会因之摔倒,所以捡了对自己也没什么好处,作为个人,经过成本收益比较后,理性的选择是不捡。

如果经济学的分析到此为止,则经济学未免过于冷酷了。人类社会类似的问题相当多,小至路上的香蕉皮,大至陈胜、吴广揭竿起义(他们并不确切知道一定会成功),都是社会收益大于个人收益,而个人收益小于个人成本,个人经过成本收益计算应当选择不做的。但如果没有人做,那人类可能已经灭亡了,于是人类发明了一种机制来鼓励这种类似的行为,即给这种行为打上美德、英雄等标签,而这种道德激励的机制之所以被选中,也是因为这种机制较之其他诸如法律的、政治的安排,更为节约成本,是一种"收益高于成本"的安排。

以上情况表明,外部影响是普遍存在的现象,市场交易中的买方和卖方并不关注他们行为的外部影响,所以存在外部影响时,市场均衡并不是有效率的,在这种情况下,从社会的角度关注市场结果必然要超出交易双方的福利之外。

二、外部性为什么会导致市场失灵?

完全竞争可以导致资源的有效配置的结论,是以经济活动中不存在外部性为前提的,如一个企业的生产成本不取决于相关企业的产出水平,一个消费者的效用水平也不取决于相关消费者的消费水平,一个人的利益最大化决策中仅仅考虑他的私人收益与私人成

本,即

$$MR_{私人} = MC_{私人} \tag{8-1}$$

而关于一种产品生产的社会最优的准则是

$$MR_{社会} = MC_{社会} \tag{8-2}$$

但在现实经济活动中,单个经济行为者的经济活动常常对社会上其他成员的福利造成有利的或有害的影响,从个人的利益出发作出的决策就不可避免地带来资源配置的失当,即资源配置往往达不到帕累托最优状态。那么外部影响是如何导致资源配置不当的呢?

(一) 外部不经济情况下的市场失灵

在外部不经济的情况下,单个经济单位经济活动的私人成本小于社会成本。在市场经济中,个人经济活动的决策基于私人成本与私人利益的比较,只要这个经济行为者从事该项活动所得到的私人利益大于私人成本而小于社会成本,私人就会采取其经济活动,尽管此时从社会的观点看,该项活动应减少或停止。一般而言,在存在外部不经济的情况下,私人活动的水平常常要高于社会所要求的最优水平。假定一个制造污染的造纸厂,排放的污水同时流经下游的一片农田,图 8.5 中 MC 表示厂商的边际成本曲线,而造成的社会成本由私人成本加上给社会造成损失的外部成本构成,用 MSC 表示,必然高于私人成本。

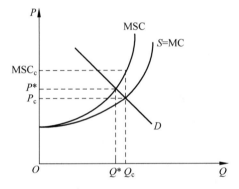

图 8.5 外部不经济情况下的市场失灵

对造纸厂的需求曲线是 D,它的供给曲线由 S 表示,它实际上等于工厂的边际成本线。在价格为 P_c 的时候供求达到均衡。但是,由于造纸厂流经下游的粮田造成了负外部性,这样实际上生产的成本不只是这些。将这些额外的成本加到一块就叫作边际社会成本,由图 8.5 中的 MSC 表示出来。当产量为零的时候,社会成本就等于厂商的边际成本。与边际成本同理,社会成本也是递增的。这样,从整个社会来看,最优的产量应该是 Q^*,而实际上由市场机制决定的产量 Q_c 要大于 Q^*。

因此,在有负外部性的条件下,通过市场配置资源时,产量超过了社会要求的最优产量;而从厂商而言,由于他们不承担超过私人成本的那部分成本,即社会承担了一部分成本,厂商生产实现了利润最大化。此时,如果从私人得到的收益中拿出一部分补偿其他人的损失,这种具有外部不经济的物品供应就会减少,从而使整个社会得到的好处增加,即帕累托改进。

(二) 外部经济情况下的市场失灵

在存在外部性时,单个经济单位经济活动的私人利益小于社会利益,按照利益最大化原则,只要个人从事某一经济活动所支付的私人成本大于私人利益而小于社会利益,则个人就不会采取这项活动,尽管从社会的角度看,继续进行该项活动是有利的。显然在这种情况下,没有实现帕累托最优状态。由于个人受到的损失小于社会上其他人所得到的好处,因而可以从社会上其他人所得到的好处中拿出一部分来补偿行动者的损失,其结果会使社会上的某些人的状况变好而没有使其他人的状况变坏。由此可见,在存在外部性的情况下,通过市场配置资源时,产量低于社会要求的最优产量,此即为市场失灵。

三、外部性与产权界定:科斯定理及其评述

科斯在《社会成本问题》一文中提出的解决外部影响问题的方案是:在交易费用为零时,只要财产权初始界定是清晰的,并允许当事人进行自由谈判交易,则无论在开始时将财产权赋予谁,市场均衡的最终结果都会达到资源的有效配置。科斯的这个方案后来被斯蒂格勒命名为"科斯定理"(the Coase theorem)。

从上述表述可以看出,科斯提出的解决外部影响问题的方案包括三个要素:①交易费用为零;②产权或权利界定清晰;③允许产权或权利在当事人之间自由交易。其中①是假设条件,②、③是导致资源有效配置的途径和手段。而产权界定又是产权交易的前提和基础。没有产权的初始界定,就无法进行协商谈判,就不存在权利转让和重新组合的市场交易。

以上游造纸厂和下游农场为例,假设造纸厂排放的污水给农场造成的利润损失为 6 万元,但造纸厂若停产自身则将损失 7 万元利润,而对造纸厂排放的污水有两种处理办法:一是在工厂安装一个过滤设备,需 2 万元;二是农场建立一个污水处理厂,需 5 万元。只要产权界定清晰,无论产权初始界定如何,若交易成本为零,最终经双方协商谈判和交易,一定会获得有效率的结果。

设产权初始界定方式一:造纸厂有权排放污水,农场只能拥有遭受污染损害的产权,那么农场为了减少所受损失,就会与造纸厂协商,由农场花费 2 万元为造纸厂安装过滤设备,因为这笔费用既低于建立污水处理厂的费用,也大大低于由于污染所造成的利润损失。

设产权初始界定方式二:造纸厂无权排放污水,农场有权享用清洁的水资源进行生产,如果造纸厂排放了污水,将受到 10 万元以上的重罚,此时造纸厂为了减少自己的经济损失,一定会花费 2 万元安装一个过滤设备,绝不会花费 5 万元去为农场建污水处理厂,更不会停产而减少 7 万元利润。可见,只要满足科斯定理中提出的条件,市场机制总会找到最有效率的办法,达到一个帕累托最优状态。

显然科斯定理的结论只有在交易成本为零或很小的情况下才能得到。事实上私人市场常常不能解决外部影响问题,这是因为达成和实施协议往往会发生很大成本,甚至于通过私人交易解决外部影响对于当事人可能是不经济的。正因为交易是有成本的,所以产权的明确界定并不能保证达到帕累托最优状态,有时本来可以两全其美的交易,却因谈判成本太高而无法成交。

由交易费用为零得出的解决外部影响问题的科斯方案后来被称为"科斯第一定理"。显然交易费用为零的假设在现实中是不存在的,于是,由交易费用大于零又得出了"科斯第二定理":一旦考虑到进行市场交易的成本,合法权利的初始界定会对经济制度运行的效率产生影响。

由于存在正数的交易费用,产权的调整和重组是有代价的,所以在存在外部影响时,产权交易能否发生,主要取决于产权的一种安排是否比其他安排产生更多的产值,或者说,产权调整和重组后的产值增加量是否大于产权交易过程所产生的成本。否则,产权最优配置以及由此导致的资源最优配置就不会实现。

由科斯第二定理得出的结论是:要降低交易费用,提高资源的配置效率,产权初始界定的合法性就很重要。合法权利的初始界定会避免在契约的谈判、签订和执行过程中的许多纠纷、摩擦,甚至毁约或无法达成协议的现象。而最优的产权配置应该是交易费用最低的产权安排。

因此,如果说科斯第一定理说的是完全竞争市场机制可以自动导致资源的有效率配置的话,那么,科斯第二定理则是说,不同的产权制度和法律制度安排会导致不同的资源配置效率,产权制度是决定经济效率的内生变量。在造纸厂对农场造成的外在损害的例子里,污染权界定给造纸厂还是界定给农场,这样界定是否合法、恰当,界区是否清晰,会有不同的效率结果。

【专栏 8-5】 科斯定理的实际应用

有一家工厂,它的烟囱冒出的烟尘使得周围的居民受到了损失,损失合计为 375 元。现在有两种解决办法:一种是在工厂的烟囱上安装一个除尘器,费用为 150 元;另一种是给周围的居民提供烘干机,使他们不用在户外晒衣服,成本为 250 元。显然,第一种方法比较好,因为成本较低。

按照科斯定理,只要产权明确,无论这产权属于谁,即不论是给予工厂排放烟尘的权利,还是给予周围居民不受烟尘污染的权利,只要居民协商费用为 0,最终的结果必然是选择第一种方法解决这个问题。如果权利属于工厂,居民会选择大家出钱给工厂安装一个除尘器;如果权利属于居民,则工厂自己出钱买一个除尘器安装在烟囱上。

如果协商的费用不等于 0,通过产权明确也不可能使得资源得到合理配置。如果协商的费用太高,居民会自己买烘干机,而不是给工厂买除尘器,尽管除尘器便宜。由此可见,当交易费用不为 0 时,即使产权明确,解决问题采用的方法也并不是最有效率的方法。

运用科斯定理解决外部影响问题在实际中并不一定完全有效,有以下几个难题。

第一,资产的财产权是否总是能够明确地加以规定?有的资源,如空气,在历史上就是大家均可使用的共同财产,很难将其财产权具体分派给谁;有的资源的财产权即使在原则上可以明确,但由于不公平问题、法律程序的成本问题等也变得实际上不可行。

第二,已经明确的财产权是否总是能够转让?这就涉及信息是否充分以及买卖双方不能达成一致意见的各种原因,如谈判的人数太多、交易成本过高、谈判双方都能使用策略性行为等。

第三,明确财产权的转让是否总能实现资源的最优配置?在这个过程中完全有可能得到这样的结果:它与原来的状态相比有所改善,但并不一定恰好为最优配置。

此外,还应该指出,分配产权会影响收入分配,而收入分配的变动可能造成社会不公平,引起社会动乱。在社会动乱的情况下,就谈不上解决外部影响的问题了。

四、消除外部性的具体措施

外部影响的存在导致了完全竞争市场资源配置非优化,因此降低或消除外部影响所带来的效率损失,成为经济学家所关心的问题。

主张政府干预的经济学者认为,在存在外部影响的条件下,市场不再是理想机制,政府应予以干预;而推崇自由市场的经济学者则主张,市场机制本身有能力解决一些外部影响所产生的问题,政府不必干预市场运作,而只要创造有利于市场交易的必要条件,如明确界定财产权。

(一)税收与补贴

外部性的存在使得生产者或消费者的个人成本与社会成本、个人利益与社会利益不相一致,因此解决外部性可以通过政府征税或发放补贴的办法来解决。英国经济学家庇古在他的《福利经济学》中讨论过的对污染征收庇古税的思想,即通过税收或补贴把个人成本或利益与社会成本或利益拉平,使得总产量达到社会最优产量,实现资源有效率的配置。

对造成外部不经济的企业,国家应该征税,其数额应等于该企业给社会其他成员造成的损失,使得该企业的私人成本恰好等于社会成本。例如,在生产污染情况下,政府向污染者收税,其税额等于治理污染所需要的费用。显然,用税收解决外部不经济的最大弱点在于政府很难确定企业的污染成本,因而无法设定污染税率。但是只要税率不是太高而超过污染成本,就会使完全竞争企业的产量接近社会最优产量,从而对改善市场效率是有积极意义的。

对于产生外部经济的经济活动,政府可以给予补贴,使得个人利益与社会利益一致,以鼓励其生产者和消费者,教育便是一例。受教育者从教育中得到私人利益:能得到较理想的工作,较丰厚的报酬,能较好享受文化生活等。此外教育还产生许多积极的社会影响:良好的社会风气与社会秩序、民主氛围、经济技术进步等。教育不能单靠市场机制,政府有必要对教育进行不同程度、不同方式的干预,采取各种补贴措施降低求学者与办学者的边际成本,有助于将教育水平提高到社会所要求的最优水平。

无论是何种情况,只要政府采取措施使得私人成本和私人利益与相应的社会成本和社会利益相等,则资源配置便可达到帕累托最优状态。

(二)制定污染标准

控制污染的另一项政策是设定污染标准。政府通过调查研究,确定社会所能忍受或承受的环境污染程度,然后规定各企业所允许的排污量。凡排污量超过规定限度的,则给予经济处罚或法律惩罚。排污标准制度的好处在于,排污标准一经制定,只要严格执行,人们对该政策下形成的污染程度有比较确切的估计。虽然设定排污标准能够使排污水平很确定,但排污成本很不确定。因为政府在规定各企业的排污限量时,面临着这样的问题:统一标准还是区别对待?由于不同企业降低同样排污量的成本是不同的,显然对不同企业规定不同的排污量标准比统一规定效率高。社会应该动员最有效率的技术去消除、降低污染。但是政府要有效率地实行区别对待，就必须知道各企业降低、消除污染的边际成本，而政府一般并不掌握这一信息。如果实行相同排污标准，那些减污边际成本较高的企业，不得不忍受较高的成本以达到排放标准。因此，制定排污标准有可能导致排污成本很高。那么有没有较好的机制呢？

经济学家建议引进市场机制，建立排污许可证市场。每张许可证都规定了许可排放污染物的数量，超过规定数量将会被处以巨额罚款。许可证的数量事先确定，以使排放总量达到有效水平。许可证在厂商之间分配，并且允许买卖。如果有足够多的厂商和许可证，就可以形成一个竞争性的许可证市场，那些减污成本较高的厂商会从减污成本较低的厂商那里购买许可证。在均衡水平，所有厂商减污的边际成本都相等，都等于许可证的价格，这意味着整个行业把污染降至规定的理想数量时成本最低。这样，可交易的排污许可证制度，既能够有效控制排放水平，又可以使减污成本尽可能降低，是一种具有很强的可操作性的制度。

（三）企业合并

在有外部影响的条件下，市场经济之所以达不到最优效率配置，是因为市场机制的独立、分散决策不能把外部影响考虑进去。如果能通过某种方式使市场决策者本身承担或享受外部影响，他们就会纠正决策，改善配置。例如，一个企业的生产影响到另外一个企业。如果影响是正的（外部经济），则第一个企业的生产就会低于社会最优水平；反之，如果影响是负的（外部不经济），则第一个企业的生产就会超过社会最优水平。但是如果把这两个企业合并为一个企业，则此时的外部影响就"消失"了，即被"内部化"了。合并后的单个企业为了自己的利益将使自己的生产确定在其边际成本等于边际收益的水平上。而由于此时不存在外部影响，故合并企业的成本与收益就等于社会的成本与收益。于是资源配置达到帕累托最优状态。事实上，现存的许多企业已经内部化了外部影响，比如，发电厂利用粉煤灰生产水泥。

（四）规定财产权

以上所述形式并不是唯一对付外部影响的方法，更不是在任何情况下都可行或最佳的方法。在某些情况下，由外部影响所涉及的各方通过私下讨价还价，或通过法律诉讼来消除外部影响带来的无效率，成本可能更低，效果可能更好。私人的经济行为通常以产权为基础。清晰的产权是私人讨价还价的前提，如果外部影响涉及的相关者很少，财产权是完全确定的并得到充分保障，并且产权界定成本较低时，则有些外部影响就可能不会发生，或者可以用最小的成本解决外部影响问题，也就是说，此时可以在没有政府的干预下实现资源的有效配置。例如，如果给予下游用水者以使用一定水资源的财产权，则上游的污染者将因把下游水质降到特定质量之下而受罚。在这种情况下，上游污染者便会同下游用水者协商，将这种权利买过来，然后再让河流受到一定程度的污染。同时遭到损害的下游用水者也会使用他出售污染权而得到的收入来治理河水。实际上外部影响之所以导致资源配置失当，正是由于财产权不明确。科斯定理说明的就是这一点。

第三节 公 共 物 品

【专栏 8-6】 公共物品与搭便车

一个小区准备统一灭蟑,要求居民按自己对清洁环境的偏好出钱,假设居民张某愿意为没有蟑螂的环境支付 50 元钱,他会否实际支付这笔钱呢?按照"理性人"的自利原则,张某会想:如果周围的李某他们出钱消灭了蟑螂,则一方面因为不存在竞争,多我一个人享受这清洁的环境,对他们没有丝毫损失;另一方面即使我不出钱(当然前提是要告诉其他人我对有无蟑螂根本无所谓),他们拿我也没有办法。此时张某会怎么做呢?事实说明,公共物品会导致"搭便车"现象的出现,人们会压低显示其真实的支付意愿,因而公共物品不能采用通常的市场机制获得有效配置。

一、私人物品和公共物品

在前面所讨论的市场交易中的商品通常是指私人物品(private goods)。对于私人物品,一般而言,如果你没有付费,你就会很容易地被排除在消费范围之外,而且一旦某人已经消费了某个物品,则其他人就不能再消费该商品了,经济学把这两个特性称为私人物品的排他性(excludability)和竞争性(rivalry)。由市场来配置这类私人物品的生产和消费,一般是有效率的。

但是在现实中还存在许多不具备以上特性的物品,市场无法有效率地调节它们的生产和消费,或者说不可能由私人有效地提供。在经济中存在的许多既无竞争性又无排他性的物品通常被称为公共物品(public goods)。

公共物品的第一个特性是非排他性(nonexcludability),即无法排除一些人"不付费便可消费",或者这种排他是不可能的,或者排他的成本过于昂贵而无法排他。国防就是一个典型例子,一旦建立起国防体系,所有国民都会从中受益,不能因为某人没有对国防建设支付费用(如从不纳税),而将他排斥在国防力量保卫之外。疾病预防计划也是如此,只要计划得以实施,社区内没有人会被排除在受益范围之外。

公共物品的第二个特性是非竞争性(nonrivalry)。非竞争性意味着某人对公共物品的消费并不会影响别人同时消费该产品及从中获得效用,即在给定的生产水平下,为另一个消费者提供这一物品所带来的边际成本为零。例如,路灯照明,多一个行路者,既不会增加安装路灯的成本,也不会减少他人在夜间行路时从路灯照明中得到的效用。只要有空位,电影院里多一位观众既不会增加电影制作和放映的成本,也毫不影响其他观众的观赏。

物品的竞争性、非竞争性、排他性、非排他性的特征,使得物品会由于四种可能的组合而形成四类物品。如图 8.6 所描述的,同时具有明显的排他性和竞争性的为私人物品;同时具有明显的非排他性和非竞争性的公共物品称为纯公共物品,如国防、外交、法律、公安、交通安全、基础科学研究等,这类物品通常采用免费提供的方式。但是在现实中,纯公共物品毕竟是极端的例子,并不多见,因为公共物品的非竞争性和非排他性常常是相对的而不是绝对的。如果某些物品在一定范围内具备非竞争性或非排他性,但超过一定的临界点,非竞争性或非排他性就会消失,拥挤就会出现,这类物品通常称为准公共物品。例如,公园、公共图书馆、博物馆、电影院或俱乐部等,不具有竞争性并不是绝对的,只是在一定范围内,即在未达到饱和状态之前是非竞争性的,比如电影院在所有位置坐满之前,增加若干观众并不影响其他观众的观赏,也无须增加电影院的成本,但消费量达到一定程度后,消费则具有竞争性了。另外也有一些物品,如电视信号,原来具有非竞争性和非排他性,后来随着技术的发展和其他条件的改变,在技术上能够通过加密变成排他的,由此成了可以收费的准公共物品。

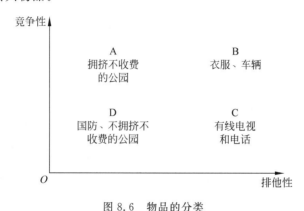

图 8.6 物品的分类

公共物品所具有的非排他性和非竞争性,使得仅依靠市场机制的调节,由私人部门来生产公共物品的产量会低于与资源最优配置状态相对应的水平。换句话说,公共物品会造成市场失灵,其原因在于公共物品是非排他的和非竞争的。

二、公共物品为什么会导致市场失灵?

我们用局部均衡的方法来分析公共物品的供求均衡。为简便起见,假定社会上只有两个消费者 A 和 B,各自的需求曲线分别为 D_A 和 D_B,商品市场的供给曲线为 S,如图 8.7 所示,如果市场是完全竞争的,该物品为私人物品,那么,通常市场的总需求量是在同一价格下所有消费者的需求量的总和,即由单个消费者的个人需求曲线水平相加构成该私人物品的市场总需求曲线 D。市场需求曲线 D 与市场供给曲线 S 的交点决定了该私人物品的均衡供求量 Q_0 和均衡价格 P_0。这个均衡数量显然是私人物品的最优数量,因为在这个数量上,每个消费者的边际收益恰好等于商品的边际成本。我们知道,供给曲线代表了每个产量(供给量)水平上的边际成本,而需求曲线代表了每个产量(需求量)水平上的边际收益,所以当二者均衡时,每个消费者的边际收益都等于边际成本。

再分析公共物品最优数量的决定。由于公共物品在消费上的特殊性导致了其市场需求函数的特殊性。在公共物品的情况下,非竞争性特点使得每个消费者消费的是同一商品数量,尽管他们从这同一数量的公共物品消费中得到的边际效用各不相同,即他们为公共物品所愿意支付的价格不一样。既然所有消费者享用同一公共物品,那么,对一定量的公用物品,消费者集体所愿支付的价格应该是所有消费者所愿支付的价格总和。于是,公

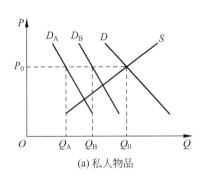 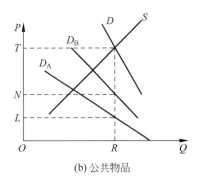

(a) 私人物品　　　　　　(b) 公共物品

图 8.7　私人物品和公共物品的最优数量

共物品的总需求曲线由所有消费者的个人需求曲线纵向相加形成。如图 8.7(b)中，消费者共同消费的公共物品数量为 R，消费者所愿意支付的价格按各自的需求曲线分别为 L 和 N。因此，在公共物品消费量为 R 时，消费者所愿意支付的总价格为 $L+N=T$。市场需求曲线与供给曲线的交点决定了公共物品的均衡供求量和均衡价格。理论分析来看，这个均衡量 R 也代表着公共物品的最优数量。很容易解释这一点。当公共物品为 R 时，根据供给曲线，公共物品的边际成本为 T，而根据消费者的需求曲线，消费者 A 和 B 的边际收益分别为 L 和 N，从而总的社会边际收益为 $L+N=T$。于是边际的社会收益等于边际成本，公共物品数量达到最优。

这里须指出的是，公共物品的最优标准与私人物品的最优标准不同，在私人物品市场，最优标准是每个消费者的边际收益与边际成本相等，而在公共物品市场，则是每个消费者的边际收益之和与边际成本相等。

上述分析的公共物品最优量的决定，实际上并没有多大的现实意义，或者说，现实中是找不到公共物品最优量的均衡点的。因为，如果消费者认为他们的支出取决于他们所显示的偏好，他们在公共物品的消费上就会隐瞒自己的真实偏好，以图"搭便车"，这样，上述的需求曲线 D 不会自动显示出来，也就是说，公共物品的需求曲线是虚假的。实际上如果公共物品由私人提供，则提供量就要小于前面的最优供给量。

三、谁来提供公共物品？

由于公共物品具有非排他性，一旦有人购买了公共物品，其他人即使不付费，也可以照样不误地享用同一公共物品。假若有人在公寓的楼梯上安装了一盏灯，其他上下的人都可以从中得到好处，并不会因不付钱而丝毫减少。如果每个人都想搭别人的便车，期待他人购买公共物品，结果便没有公共物品。显然，市场机制无法达成资源的有效配置。在这里，我们碰到了一个极端的例子：由于公共物品具有极强的外部影响，市场不仅失去效率，而且根本不存在。

通过市场机制供应公共物品还有一个问题。公共物品具有非竞争性，公共物品一旦供应了，所有的人都能够而且必须享用同一数量，多一人享用该物品丝毫不影响其他人的享用，即多一人享用的边际成本为零。既然消费者从公共物品中得到一定的效用，而其消费的边际成本为零，那么，从社会效率的角度看，应该让所有的人都免费享用公共物品，以任何方式阻拦一部分人享用公共物品都会造成效率损失。比如,高速公路已经建成,每辆车通过高速公路的边际维修费用假设为零。如果公路管理局每辆车收过路费10元,则那些从使用高速公路中得到的收益低于10元的车辆便不会进入这段高速公路。例如,某人没有急事要办而绕道行驶,须多花半小时,且多花2元汽油费,与10元相比,此人绕道而行是理性的选择,但对整个社会来说,白白浪费了半小时人力和2元的汽油,因此是一种效率的损失。这里,市场供应公共物品遇到了难题:从效率的角度出发,公共物品应该免费供应,但是如果消费者1分钱也不付,那又如何来支付公共物品的生产成本呢?显然,分散决策的市场机制对公共物品的配置无能为力。

公共物品所具有的特点决定了其主要靠政府来提供。因为,一方面公共物品具有的非排他性,使每个人都能够免费从这类物品的消费中分享到好处,享受到更多利益。每个人都可以做一个"免费乘客"。于是,私人企业绝不肯生产这种物品,因为他得不到任何收益。另一方面公共物品的非竞争性,使得增加一个公共物品使用者的边际成本为零,因此不应当排斥任何需要此物品的消费者,否则社会福利就会下降。如果公共物品由政府生产,政府一方面可用税收获得生产公共物品的费用,这等于让"免费乘客"无形中被迫买了票,另一方面也可免费将此物品提供给全社会成员,使这种物品得到最大限度的利用。

事实上,许多公共物品的供应都是由公共部门来决定的。国防由中央政府提供,其成本则通过税收筹集。街灯、地方治安由地方政府安排,其费用也是靠税收来支付的。当然也有一些居民大楼的路灯、楼梯灯等由居民委员会或其他管理机构统一安装维护,费用由各家各户分摊。

市场在公共物品上的失灵为政府介入提供了依据,但这并不意味着政府应该生产全部公共物品,更不等于政府可以完全取代公共物品,特别是准公共物品的市场。因为:首先,政府部门缺乏足够的利润动机,所以由政府来生产往往会造成投入产出效率低下;其次,政府生产、经营具有垄断性,这将导致政府经营的企业缺乏提高效率的压力;最后,根据有关研究,政府部门有追求各自预算最大化倾向,如果政府来生产公共物品,在预算最大化激励下,有可能导致公共物品的过度供给。现实中可以采取一些折中的办法来协调政府与市场的两难选择。例如,政府通过招标采购,由私人来生产以解决生产的效率问题。这意味着政府提供公共物品,未必一定要由政府直接生产,也可以采用政府与市场相结合的办法,发挥二者的优势,达到有效率的结果。一般来说,对于准公共物品,政府通常安排给私人生产,采取的方式主要有:授权经营——通常将现有的公共设施委托给私人公司经营;政府通过优惠贷款、无偿赠款、减免税收、财政补助等,对从事某些经营的私人给予一定补助;在一些大型公共设施建设上政府通过参股、与企业签订合同、允许个人和社会团体在一些公共领域自愿提供服务等方式提供公共物品。

【专栏8-7】 灯塔的故事

在一个靠海的渔港村落里住了两三百人,大部分的人都是靠出海捕鱼谋生。港口附近礁石险恶,船只一不小心就可能触礁沉没而人财两失。这些村民都觉得该盖一座灯塔,好在雾夜里指引迷津。大家对于灯塔的位置、高度、材料、维护也都毫无异议,那么,剩下的问题就是怎么样分摊盖灯塔的费用。

村民们怎么样分摊这些费用比较好呢?既然灯塔是让渔船趋福避祸,就依船只数平均分摊好了！可是,船只有大有小；船只大的船员往往比较多,享受到的好处比较多。所以,依船员人数分摊可能比较好！可是,船员多少不一定是好的指标,该看渔获量。捞得的鱼多,收入较多,自然能负担比较多的费用。所以,依渔获量来分摊比较好！可是,以哪一段时间的渔获量为准呢？要算出渔获量还得有人秤重和记录,谁来做呢？而且,不打渔的村民也间接地享受到美味的海鲜,也应该负担一部分的成本。所以,依全村人口数平均分摊最公平！可是,如果有人是素食主义者,不吃鱼,难道也应该出钱吗？看来,还是以船只数为准比较好；船只数明确可循,不会有争议！可是,如果有人反对：虽然家里有两艘船,却只有在白天出海捕鱼,傍晚之前就回到港里,所以,根本用不上灯塔,为什么要分摊？或者,有人表示：因为自己了解这片海域,闭上眼睛就能把船开回港里,当然也就用不上灯塔！

好了,不管用哪一种方式,如果大家都同意,可是,由谁来收钱呢？在这个没有村干部的村落里,谁来负责挨家挨户地收钱保管呢？好吧,如果有人自告奋勇,或有人众望所归、勉为其难地出面为大家服务,总算可以把问题解决了。可是,即使当初大家说好各自负担多少,如果有人事后赖皮,或有意无意地拖延时日,就是不付钱,怎么办？

灯塔的例子具体而深刻地反映了一个社会在处理"公共物品"这个问题上所面临的困难。其他的东西像面包牛奶一个人享用了之后别人就不能再享用；灯塔的光线却不是这样,多一艘船享用不会使光芒减少一丝一毫。而且,你在杂货店里付了钱才能得到牛奶面包；可是,即使你不付钱,还是可以享有灯塔的指引,别人很难因为你不付钱而把你排除在灯塔的照明之外。

传统上经济学者一直认为,灯塔非由政府兴建不可。因为,灯塔散发的光芒虽然有用,可是船只可以否认自己真的要靠灯塔指引,或者过港不入；所以,民营的灯塔可能收不到钱。而且,灯塔照明的成本是固定的,和多一艘船或少一艘船无关。因此,灯塔不应该收费,而应该由政府经营。

资料来源：灯塔的故事,豆丁网,http://www.docin.com,2016 年 5 月 28 日。

第四节 垄　　断

一、垄断的含义及其危害

垄断(monopoly)的一般含义是指对市场的直接控制和操纵。市场机制本身不能保证竞争的完全性,自由竞争不可避免要导致垄断,而且程度会越来越高,产生对消费者的掠夺和欺诈。

(一) 垄断与低效率

垄断厂商在生产中,价格高于完全竞争条件下的均衡价格,产量低于完全竞争条件下的均衡产量,社会福利下降,意味着存在经济效率的损失,如图 8.8 所示。

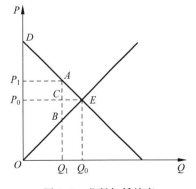

图 8.8　垄断与低效率

按照完全竞争市场状态,均衡产量应在 Q_0 水平上,均衡价格为 P_0,消费者剩余为 EDP_0,生产者剩余为 EP_0O,总的经济福利(生产者剩余加上消费者剩余)等于 EDO。

那么垄断厂商会选择什么样的产量呢?前文已经讨论过,垄断厂商会减少产量,从而确定产量为 Q_1,导致价格为 P_1,此时消费者剩余下降为 ADP_1,消费者剩余损失为 EAP_1P_0,生产者剩余变为 BAP_1O,生产者剩余增加为 CAP_1P_0,生产者剩余损失为 ECB。

由上述分析可见,垄断厂商占据了一部分消费者剩余(图中 CAP_1P_0 区域),同时造成了社会福利的损失(图中 EAB 区域)。这就是垄断降低了经济效率。

(二) 垄断权与寻租

根据传统的经济理论,垄断尽管会造成低效率,但这种低效率的经济损失从数量上来说却相对很小。在图 8.8 中,垄断使社会福利减少了,但减少的数量较小,仅仅等于图中的小三角形 EAB。

上述传统的垄断理论大大低估了垄断的经济损失。传统垄断理论的局限性在于,它着重分析的是垄断的"结果",而不是获得和维持垄断的"过程"。一旦把分析的重点从垄断的结果转移到获得和维持垄断的过程,就会很容易地发现,垄断的经济损失不再仅仅包括图 8.8 中那块被叫作"纯损"的小三角形 EAB,而是要大得多。这是因为,为了获得和维持垄断地位从而享受垄断的好处,厂商常常需要付出一定的代价。例如,向政府官员行贿,或者雇用律师向政府官员游说,等等。这种为获得和维持垄断地位而付出的代价也是一种纯粹的浪费,它不是用于生产,没有创造出任何有益的产出,完全是一种非生产性的寻利活动。这种活动被概括为所谓的"寻租"活动(rent-seeking activity),即为获得和维持垄断地位从而得到垄断利润(也即垄断租金)的活动。

寻租活动的经济损失到底有多大呢?就单个的寻租者而言,他愿意花费在寻租活动上的代价不会超过垄断地位可能给他带来的好处;否则就不值得了。但在很多情况下,由于争夺垄断地位的竞争非常激烈,寻租代价常常要接近甚至等于全部的垄断利润。这意味着,即使局限于考虑单个的寻租者,其寻租损失也往往大于传统垄断理论中的"纯损"三角形。如果进一步来考虑整个寻租市场,问题就更为严重。在寻租市场上,寻租者往往不只一个,单个寻租者的寻租代价只是整个寻租活动的经济损失的一个部分;整个寻租活动的全部经济损失等于所有单个寻租者寻租活动的代价的总和;而且,这个总和还将随着寻租市场竞争程度的不断加强而不断增大。显而易见,整个寻租活动的经济损失要远远超过传统垄断理论中的"纯损"三角形。

上述分析的市场失灵问题,不仅存在于完全垄断情况下,在寡头垄断和垄断竞争市场,也同样存在市场失灵。自由竞争无法消除垄断。要防止垄断,获得竞争的好处,不可能单纯依靠市场机制本身,而必须借助市场以外的力量。

二、垄断的类型与政府管制

(一) 垄断的类型

我们知道垄断的成因是多方面的,但是,垄断主要源于两个方面:一是政府的管制和特许，如对专利权保护而形成的垄断，这是一种正常的、受保护的垄断；二是产业的技术或经济特性，也是我们通常所说的垄断。自然垄断(natural monopoly)就是其中的典型。

如果一个产业因规模经济的存在，以至于厂商的长期平均成本在市场可容纳的产量范围内不断下降，从而造成一个市场上只有一个厂商，这种垄断就是自然垄断。在实际经济生活中，城市供水、供电和电话通常由一个厂商来生产经营，其垄断就具有典型的自然垄断性。

综上所述，自然垄断的产业是源于规模经济的：一方面，具有显著规模经济性的行业，只有大规模生产才能节约成本，而大规模生产需要巨额的投资，这构成了企业进入的巨大壁垒；另一方面，规模经济显著的行业，其固定投资巨大，而且投资的沉淀性很强，一旦投资该行业，企业的退出将带来投资的巨大损失，这个损失实际上也成了企业退出该行业的巨大壁垒；此外，规模经济显著的行业，垄断经营是成本最低和效率最高的，具有经济合理性。

自然垄断产业在市场竞争之后只存在唯一的厂商。如果依照反垄断法强行打破自然垄断，社会反而要负担较高的成本。但是，如果任由自然垄断厂商完全自由经营，为了追求最大化利润，厂商会限产抬价，造成经济效率和社会福利的损失。在市场机制充分发挥作用的条件下，自然垄断的产生和存在会损失效率和福利，因此自然垄断会导致市场失灵。

（二）对自然垄断的政府管理

政府常用三种方法来解决自然垄断造成的市场失灵。

1. 国有化

政府投资于自然垄断产业或接管自然垄断产业的所有权，即自然垄断产业的国有化。将自然垄断产业国有化，除方便主管机构监督之外，若存在垄断利润，则此利润可由全民共享，至少在理论上是可以兼顾公平的。但是政府经营自然垄断产业也存在效率不高的问题。这是因为：被国有化的行业的经理们所管理的不是自己的资产，经营好坏成败与自己没有切身利害关系，使其经营效率难以与民营的相比；自然垄断行业的国有化会使这些行业受制于一些政治压力，负担一些经营之外的政治任务，从而难以以经营的优劣论英雄，经营者易于找到经营不善的借口，约束不力，效率不高；国有化的自然垄断产业，垄断利润是政府的收入，亏损常常是由政府给予补贴，因此该行业缺乏降低成本和锐意创新的动力，管理松懈，表现出明显的低效率。

2. 政府管制

自然垄断产业国有化存在的问题，使得不少国家采取了让私人企业经营自然垄断产业，同时政府又对其实施必要的管制措施。政府管制包括进入管制、技术管制和价格管制，主要采用许可证管理和价格管理两种方式。

利用许可证管理，可以防止自然垄断行业的过度竞争，保证人们享受符合一定的技术标准和质量要求的产品或服务。但是，许可证管理也存在一系列问题。例如，政府根据什么标准来确定许可证的发放对象，才能使经营许可证真正被有能力经营而又最愿意经营的私人企业取得。在一定地区，经营许可证具有垄断资源的性质，拥有者可以据此获得垄断租金。那些通过不正当手段在某一行业获得垄断地位或维持垄断地位来保持垄断租金的行为就是寻租。显然,许可证发放很难避免寻租。

实行价格管理旨在限制自然垄断厂商的垄断高价。对于政府来说,解决垄断条件下的价格高于竞争价格这一问题,方法之一是对垄断厂商可能索取的价格进行管制。如果一个垄断厂商在正常情况下索取 15 美元的价格,那么,政府可以实施一个 12 美元的最高限价,以便降低消费者使用该产品的成本。一般而言,在一个竞争市场上实行最高限价会导致产量减少,从而造成在控制价格下的短缺。但是,垄断厂商对最高限价的反应方式与竞争行业不同,在一定条件下,对垄断价格的强制限制,可能会导致垄断产量的提高。我们知道,垄断厂商限制产量的目的是索取较高的价格,实施最高限价意味着限制产量不能得到较高的价格,所以,最高限价将消除垄断厂商限制产量的理由。

需要指出的是,自然垄断厂商的平均成本曲线一直是下降的,从而边际成本总是在平均成本之下。若不加以管制,厂商也将按照利润最大化原则在较高的价格上提供较少的产量。所以,可行的最佳选择是价格确定在平均成本与平均收益相等的水平上,厂商既没有垄断利润,也利于产量尽可能达到正好不至于使厂商退出经营。

3. 鼓励竞争

解决自然垄断带来的市场失灵,政府选择的最后一种方式就是鼓励竞争。我们知道,尽管自然垄断产业排除了完全竞争的可能性,但它并没有排除寡头竞争和潜在竞争。

随着技术的不断进步和迅速扩散,自然垄断产业的自然垄断性不断弱化,比如原为自然垄断的长途电话服务不再是自然垄断,现在已由几家寡头厂商提供这种服务了,航空服务和铁路服务也已从自然垄断走向寡头垄断了。

【专栏 8-8】 微软公司反垄断案

微软公司反垄断案,是美国政府近几十年来最大一起针对企业的反托拉斯案。从 1990 年联邦贸易委员会开始对有关微软垄断市场的指控展开调查算起,美国政府对微软的反垄断行动历时 10 多年,其间白宫两易其主。根据司法部的指控,杰克逊法官曾于 1997 年底裁定,禁止微软将其 IE 网络浏览器与 Windows 操作系统捆绑在一起销售,但 1998 年 5 月上诉法院驳回了杰克逊的裁决。于是,司法部和 18 个州 1 市于 1998 年 5 月再次将微软拖上被告席,这一次微软险些被分拆为两家公司。2001 年 6 月 28 日,美国哥伦比亚特区联邦上诉法院作出裁决,驳回地方法院法官杰克逊 2000 年 6 月作出的将微软一分为二的判决,但维持有关微软从事了违反反垄断法的反竞争商业行为的裁决。2001 年 11 月,司法部和微软达成的结案协议书送达联邦法院后,联邦法官科林·科特利迅速批准了该解决方案,微软和司法部握手言和,长达几年的微软反垄断案总算尘埃落定。

多数分析家认为,结案协议书代表着微软的一大胜利,微软终于逃过被分割的一劫;但即便这样,微软也不能像过去一样无视竞争对手和消费者了,也就是说,微软从今以后并不能高枕无忧。原因在于,首先,2001 年美国上诉法院 7 位法官对微软作出的不正当竞争行为的司法判决还存在,这就像一把达摩克利斯剑一样,随时悬在微软的头顶上,只要微软以后重犯前科,这把达摩克利斯剑就会刺向它。其次,也是最重要的,为防止微软的垄断行为,司法部在和微软达成的协议中,对它设置了多方面的限制:一是微软必须向其他公司公开其部分计算机代码,使这些公司能设计和视窗兼容的软件,其中包括为服务器设计软件的公司,这一协议条款将防止微软利用视窗对服务器市场进行垄断;二是协议要求微软不得干涉计算机制造商选择什么样的软件,除非这些软件和视窗有技术上的冲突;三是为了保证反垄断措施的实施,司法部有权检查微软的代码、企业内部文件、账户以及相关的记录等;四是司法部在微软总部设立了一个3人专家委员会,专门监督微软对协议的执行情况,专家由微软和政府各选一名,另一名由双方协商挑选,委员会的费用由微软全部支付。司法部和微软还商定,这一协议有效期5年,届时视情况可延长两年。正因为有了这些"紧箍咒",美国司法部长阿什克罗夫特才会在法院判决后信心十足地表示,司法部将"强烈保证"微软遵守解决方案,密切关注微软对各条款的执行情况。

资料来源:美国的反垄断政策与实践,新浪微博,http://blog.sina.com.cn,2008年3月15日。

【专栏 8-9】 欧盟委员会对宝洁和联合利华处以反垄断罚款

欧盟委员会在2011年4月13日宣布,对美国宝洁公司(Procter&Gamble)和联合利华集团(Unilever)处以总额约3.152亿欧元(约4.56亿美元)的反垄断罚款,原因是欧盟委员会发现上述两家公司涉嫌在欧洲八国联合操控洗衣粉价格。宝洁、联合利华等跨国日化公司在欧洲再次卷入价格操纵丑闻。

欧盟委员会表示,在2002年至2005年期间,宝洁、联合利华和德国汉高集团(Henkel)在比利时、法国、德国、希腊、意大利、葡萄牙、西班牙和荷兰八国联合进行价格垄断。2002年初至2005年3月,这三家日用消费品巨头借共同研发,以提高洗涤产品环保性能为名,协调操控价格,并从事了其他有违公平竞争的行为。

事实上,宝洁、联合利华、欧莱雅等日化巨头此前已经多次登上欧洲反垄断组织的黑名单。长期以来,宝洁、联合利华等日化巨头在全球日化市场份额中占据了半壁江山,而他们隐秘的卡特尔组织也让他们有恃无恐。

思考:欧盟委员会为什么要对价格操纵进行处罚?

资料来源:财经网,http://www.caijing.com.cn,2011年4月13日。

三、反托拉斯法

制定反托拉斯法是政府对垄断的更加强烈的反应。西方很多国家都不同程度地制定了反托拉斯法,最为突出的是美国。这里以美国为例做一概括介绍。

19世纪末和20世纪初,美国企业界出现了第一次大兼并。垄断的形成和发展,深刻地影响到美国社会各个阶级和阶层的利益。

从1890年到1950年,美国国会通过一系列法案,反对垄断。其中包括《谢尔曼反托拉斯法》(1890)、《克莱顿反托拉斯法》(1914)、《联邦贸易委员会法》(1914)、《鲁宾逊—帕特曼法》(1936)、《惠特—李法》(1938)和《塞勒—凯弗维尔法》(1950),统称反托拉斯法。

美国的这些反托拉斯法规定:限制贸易的协议或共谋、垄断或企图垄断市场,以及兼并、排他性规定、价格歧视、不正当的竞争或欺诈行为等,都是非法的。

谢尔曼法规定:任何以托拉斯或其他形式进行的兼并或共谋,任何限制州际或国际的贸易或商业活动的合同,均属非法;任何人垄断或企图垄断,或同其他个人或多人联合或共谋垄断州际或国际的一部分商业和贸易的,均应认为是犯罪。违法者要受到罚款和

（或）判刑。

克莱顿法修正和加强了谢尔曼法，禁止不公平竞争，宣布导致削弱竞争或造成垄断的不正当做法为非法。这些不正当的做法包括价格歧视、排他性或限制性契约、公司相互持有股票和董事会成员相互兼任。

联邦贸易委员会法规定：建立联邦贸易委员会作为独立的管理机构，授权防止不公平竞争以及商业欺骗行为包括禁止虚假广告和商标等。

罗宾逊—帕特曼法宣布卖主为消除竞争而实行的各种形式的不公平价格歧视为非法，以保护独立的零售商和批发商。

惠特—李法修正和补充了联邦贸易委员会法，宣布损害消费者利益的不公平交易为非法以保护消费者。

塞勒—凯弗维尔法补充了谢尔曼法，宣布任何公司购买竞争者的股票或资产，从实质上减少竞争或企图造成垄断的做法为非法。

塞勒—凯弗维尔法禁止一切形式的兼并，包括横向兼并、纵向兼并和混合兼并。这类兼并指大公司之间的兼并和大公司对小公司的兼并，而不包括小公司之间的兼并。

在美国，实施反托拉斯法有以下三种途径。

第一种途径是通过美国司法部的反托拉斯署。反托拉斯署主要反对垄断活动。作为行政部门，反托拉斯署执行的政策密切反映了政府的观点。对来自外部申诉或内部研究结果的反应，司法部可决定是否提起刑事诉讼或民事诉讼，还是两者同时进行。刑事诉讼的结果可能会对公司处以罚款并对个人处以罚款或判刑，如果在民事诉讼中败诉则迫使违规者停止其反竞争的做法。

第二种途径是通过联邦贸易委员会的行政程序。从1914年开始，联邦贸易委员会被指定为负责执行联邦反托拉斯法和消费者保护法的实体，主要反对不正当的贸易行为。同样，诉讼可能是由于外部申诉，也可能是由联邦贸易委员会自己发起的。当联邦贸易委员会决定起诉时，既可能要求起诉对象自觉遵守法律，也可能决定以一个正式的委员会命令，强制执行。以微软的诉讼案为例，在此案中，对微软公司的起诉者不是联邦贸易委员会，而是美国司法部。1991年，联邦贸易委员会首先对微软公司进行调查，但是两年后，联邦贸易委员会的委员对是否进行调查争持不下。1993年，在联邦贸易委员会宣布终止这个历时30个月的调查后的数小时内，司法部反托拉斯局宣布接手此案，并且使用提交给联邦调查委员会的证据进行调查。

第三种途径可以说是最常用的途径，即通过秘密程序进行。个人或公司可以控告他们的经营或财产由于违规者行为受到多重损害。必须付出多重损害赔偿的可能性是对可能的违规者的一种强有力的制约。

反垄断法的基本目的在于查明和消除竞争过程中的弊端，保护消费者和竞争者不受竞争过程中的某些违法行为的侵害，以使竞争体制能够更有效地运行。虽然理论上对垄断给予低效率评价，且各国政府也制定了很多反垄断法，但对垄断的"动态效率"的影响，有的经济学家提出不同看法，如美国经济学家约瑟夫·熊彼特认为，垄断厂商会把垄断利润用于研究与开发，推动创新和技术进步，从而降低成本，社会从这种垄断厂商的创新中获得的收益可能要比由于垄断造成的损失大得多。

第五节 信息不对称

一、信息不对称的含义

信息不对称(information dissymmetry)是指市场上买方与卖方所掌握的信息是不对称的,即一方掌握的信息多,另一方掌握的信息少。

在现实经济中,信息常常是不完全的,甚至是很不完全的。这里,信息不完全不仅是指信息在绝对意义上的不完全,即由于知识能力的限制,人们不可能知道在任何时候、任何地方发生和将要发生的任何情况,而且还指信息在相对意义上的不完全,即市场经济本身不能生产出足够的信息并有效地配置它们,如药品的卖者比买者更了解药品的功效,劳动力的卖者比买者更了解劳动的生产力。因为信息是一种有价值的资源,并且分布通常是分散的,获取信息往往需要付出一定的成本,有时甚至是根本不可能获取到某信息,或者说获取该信息的成本无穷大。因此,理性的信息消费者通常总是按照边际原则来搜寻信息,这意味着人们在许多情况下并不具备完全信息。同时信息又不同于一般商品,人们在购买普通商品时,先要了解它的价值,看看是否值得去购买。但是,购买信息商品却无法做到这一点。人们之所以愿意出钱购买信息,是因为还不知道它,一旦知道了它,就没有人愿意再为此进行支付。由此出现了一个困难的问题:卖者让不让买者在购买之前就充分了解所出售的信息的价值呢?如果不让他了解信息的价值,购买者就可能因为不知道究竟值不值得而不去购买;如果让他了解信息的价值,购买者又可能因为已经知道了该信息而不去购买它。在这种情况下,要完成交易,只能靠买卖双方并不十分可靠的信赖,市场的作用受到了很大的限制。

对于不同的交易参与者,获取信息的成本是不同的。例如,一个经过训练的汽车修理工比一位经济学教授更容易知道一辆二手车的质量;一个企业的经理几乎无须花费任何成本就知道自己的努力水平,而企业所有者即使花费巨大成本也难知其详。这表明个人拥有的信息水平是有差异的,不同经济主体拥有的信息量不相等或不平衡,这就是所谓的信息不对称。在信息不对称的场合,至少有一个当事人的信息是不完全的,但是信息不完全并不是信息不对称的充分条件,也就是说,所有的当事人尽管拥有的信息都不完全,但拥有的信息水平可能相同。

信息对人们的预期和选择有着很大的影响,由于市场的价格机制不能解决或至少不能有效地解决不完全信息的问题,因而在信息不完全或信息不对称的情况下,市场体系就不会有效率地运作,由此产生一种与信息相关的市场失灵。例如,消费者可能购买了保证疗效的药物,结果发现毫无作用,那么这种药品的生产和消费数量实际就会大于帕累托最优数量(由于虚假宣传导致的);再如,保险供应商缺乏关于人们的风险信息时,保险的供应就会低于最优水平,有的人可能买不到保险。信息不对称会产生逆向选择、道德风险等问题,从而形成市场失灵。

【专栏8-10】 生活中的信息不对称

中国古代有所谓"金玉其外,败絮其中"的故事,讲的是商人卖的货物表里不一,由此引申比喻某些人徒有其表。在商品中,有一大类商品是内外有别的,而且商品的内容很难在购买时加以检验,如瓶装的酒类、盒装的香烟、录音带、录像带,等等。人们或者看不到商品包装内部的样子(如香烟、鸡蛋等),或者看得到、却无法用眼睛辨别产品质量的好坏(如录音带、录像带)。显然,对于这类产品,买者和卖者了解的信息是不一样的。卖者比买者更清楚产品实际的质量情况。这就是我们这里所说的"信息不对称"。这时卖者很容易倚仗买者对产品内部情况的不了解欺骗买者。在实际中,不仅出现过"败絮其中"的情况,如2008年三鹿奶粉"三聚氰胺"超标致使婴儿死亡的事件,并最终导致了三鹿乳业的破产和负责人的刑拘,同时使国内乳品行业受到了致命的打击,这些当然是比较极端的例子;更多的是以次充好,从中牟取暴利。例如,前些年的南京"冠生园"月饼"陈年老馅"事件,使得月饼市场受到了严重的影响;其他生活中常见的事件,如喷洒了"敌敌畏"的蚕蛹、回收的"口水油"火锅、"福尔马林"发的牛肚、硫黄熏的生姜、喷洒农药的青菜、避孕药催肥的黄鳝等,更是不胜枚举。如此看来,消费者的地位相当脆弱,对于掌握了"信息不对称"武器的骗子似乎毫无招架之术。

人们常说,"吃亏上当就一回"。这并不是说,这次喝了假"茅台",下次就一定能够辨别茅台酒的真假;而是说,人们总会记得,他们是从哪里、从谁那里买的伪劣产品,下次不会再到那里去买了。具有"信息不对称"性质的商品的真假优劣不好辨认,卖这些商品的人却好辨认。人们的买卖活动其实是通过同人打交道而实现产品转移的。因此人们可以通过对人(或由人组织的企业)的品质的辨别来辨别产品的品质。曾经利用信息不对称欺骗过别人的人,他所卖的商品是假、伪、劣商品的可能性就很大;而一直童叟无欺的人,我们就更有把握认为,从他那里买的东西货真价实。美国银行巨子摩根在晚年时酷爱艺术品收藏,但他购买价格高昂的艺术品时,从来不正眼看一下,而是直视卖者的眼睛。有人评论说,"这就是他如何达到金融界顶峰和取得成功的诀窍"。正是因为他把贷款对象的品格看得比其他条件都重要,他才成了银行界的成功者。

所以,信息不对称也有另外一面。它虽然会在短期内给一些钻营取巧之徒带来欺骗消费者的便利,但长期看,也会给一些正直、聪明的企业家创造脱颖而出的机会。设想一下,当利用信息不对称欺骗顾客的现象普遍存在的情况下,有一个人诚实无欺,采取一种顾客能看得见的方法来证明自己的诚实,将会是什么样的结果?这种主动消除因信息不对称而给消费者带来疑虑的方法,可以吸引大量顾客。在国外,股份有限公司主动公布财务账目,并邀请中立的会计师事务所加以审计,是增强股东信心、吸引投资者的明智之举。

二、逆向选择与市场失灵

在完全竞争性市场中,所有产品被假定为具有相同的质量,能以更低价格出售的产品意味着更低的生产成本和更高的效率。通过竞争,那些效率更高的企业获得了市场和发展。因此通过市场竞争不仅实现了优胜劣汰,还有利于资源的最优配置和社会福利的增进。

但是在市场运行中,我们经常看到存在一些与通常规律不相一致的现象。例如,我们所了解的在市场经济中对一般商品的需求规律是,如果某种商品价格降低,对该商品的需求量就会增加,即需求曲线向右下方倾斜;而对一般商品的供给规律是,如果某种商品价格上升,对该商品的供给量就会增加,即供给曲线向右上方倾斜。但是当消费者掌握的市场信息不完全时,对商品的需求量相反地随着价格的下降而减少;当生产者掌握的信息不完全时,对商品的供给量也相反地随着价格的上升而减少,出现了所谓的"逆向选择"问题。

逆向选择(adverse selection)是指在买卖双方信息不对称的情况下,差的商品总是将好的商品驱逐出市场。当交易双方的其中一方对于交易可能出现的风险状况比另一方知道的更多时,便会产生逆向选择问题。逆向选择的存在,意味着市场的低效率,即市场的失灵。

二手市场是一个具有代表性的逆向选择的例子。假如你最近刚刚买了一辆新轿车,但由于一个突发事件你急需用钱,于是你决定把这辆车卖掉。结果你会发现,尽管你的车还非常新,但却不得不以大大低于其实际价值的价格出售它。为什么会出现这种情况呢?原因就在于买卖双方存在着产品质量信息上的不对称性。通常,卖者对旧车质量的信息多于买者。一辆轿车的质量高低往往是在购买者使用一段时间以后才会显示出来,车主很清楚自己车的质量,也知道它的缺陷,但买主却不具有这一信息。对于一辆质量很好的车,买者也可能怀疑其质量有问题,而对于一辆有某些问题的车而言,卖者也可能为了把这种"次品"推销出去而不愿意告诉买者,从而质量高的车和质量低的车出现在同一个二手市场上,可能按相同的价格出售,买者只会按一个平均质量支付价格。这样一来,高质量的旧车就不愿意出售,低质量的旧车充斥在二手市场上,导致买者进一步压低价格。最终实际成交的高质量车所占比重更少,直至低质量的车全部售完。这就是我们所说的"逆向选择"。

尽管上述结果是在只有两种质量产品的条件下得到的,而高质量的产品被完全驱逐出市场的情形也是一种极端,但可以肯定的是,在达到均衡时,消费者购买到的高质量轿车所占比重比实际要少,二手市场上的不对称信息对市场有效运行产生影响。低质量产品把高质量产品逐出市场本身就意味着市场运行失效。

旧车市场只是信息不对称造成市场失灵的一个标准化例子,事实上这种情况在许多市场上都会出现。在消费者信息不完全的条件下,降低商品价格不一定能刺激对该商品的需求;同样,在生产者信息不完全的情况下,提高该商品的价格也不一定能够刺激该商品的供给。保险市场的例子可以进一步说明另一种情况下的逆向选择。

在保险市场中,买方具有更多的信息,保险购买者非常清楚自己的情况,但卖方即保险公司对投保人的情况难以全面了解。例如,我们知道在保险市场中,年龄超过某一临界水平的人,通常难以买到医疗保险。这是因为他们患疾病尤其是严重疾病的可能性太高吗?事实并非如此,因为这一问题可以通过提高保险价格来解决。原因在于信息不对称。尽管保险公司可以坚持通过医疗检查来了解保险购买者的健康情况,但保险购买人对自己的健康状况仍然比保险公司要清楚得多。那些比较健康的人,由于知道自己的风险低,通常购买保险的心情不如健康差的投保人那么迫切,也不愿意为保险支付较高的价格;而那些不健康的人,更有可能选择购买保险,也愿意接受较高的费用。这就产生一个重要结果:迫使保险公司提高保险价格,但是价格的提高减少人们对保险商品的需求,而在减少的保险需求中,主要的却是那些相对"好"的投保人对保险的需求,他们不愿意为保险支付过高的价格,在留下来的投保人中,主要的则是那些相对"坏"的投保人,由于他们具有的风险较大,宁愿为得到保险支付更高的价格。这样,随着保险价格的上升,投保人的结构就发生了变化：健康差的投保人所占的比例越来越大，健康好的投保人所占比例越来越小，由此保险公司对每一投保人的平均赔偿也将增加，这也表明保险公司的平均损失将随着保险价格的提高而提高，若保险公司为弥补损失而继续提高价格，会进一步将那些比较健康的人逐出市场，投保人结构会急剧恶化。由此又产生了在旧车市场所看到的逆向选择问题，可能出现的一个极端是，所有想购买保险的人都是不健康的人，这样对于保险公司而言，出售保险已无利可图，保险市场也就不会产生了。

三、道德风险与市场失灵

在现实的经济活动中，不仅在交易合同签订之前，会出现由于信息不对称导致的劣质产品驱逐优质产品的逆向选择问题，在交易合同签订之后，还会存在另一类信息不对称，交易的一方具有另一方难以监督的行为或难以获得的信息，在这种情况下，交易的一方（通常是拥有信息优势的一方）在签订合同后，有可能采取有悖于合同规定的行为，从事交易另一方并不希望发生的高风险活动，以最大化自己的利益，同时损害另一交易方的利益，这就是所谓的"道德风险"（moral hazard）。道德风险产生的原因是非对称信息。因为在信息非对称的情况下，达成协议的另一方无法准确地核实对方是否在按协议办事。

下面以医疗保险为例说明道德风险造成的资源配置效率损失。假定医疗保险机构每年按个人看病的概率向个人收取医疗保险费。个人在上一年看病次数多，医疗费用支出大，医疗保险公司就在下一年增加个人的医疗保险费。由于个人负担的医疗成本将随着他看病的次数和医疗费用的增加而增加，个人就不会无节制地增加对于医疗服务的需求；其需求是符合资源配置效率要求的。假定个人的医疗保险费与个人的就医次数和实际医疗支出毫无关系，无论就医次数多少、花费高低，都向医疗保险公司支付相同的保险费，那么个人将无节制地增加对医疗服务的需求。显然，这种无节制的需求不符合资源配置效率的要求。

道德风险多发生在契约签订之后，而且主要涉及契约中没有或无法明确规定的代理人的行为。例如，一个人购买了家庭财产保险之后，将不再像以前那样仔细地看管家中的财物了。当出门的时候，他可能不再像没买保险以前那样仔细地检查煤气是否关好，易燃的电源插头是否拔下来了，等等。因为现在如果屋子着火了，损失将由保险公司承担。合同试图通过规定在每种情况下双方应做什么来解决问题。如果合同对双方行为的规定全面而明确，道德风险就较小；但合同是不可能完善的，因为无论怎样设计合同，也不可能考虑到所有的偶然情况。即使能做到这点，要写下所有这些可能性，也要花费很长的时间，而且执行起来也是有成本的。

显然，道德风险会破坏市场的运作机制，严重的情况下使得某些服务的私人市场难以建立，从而导致市场失灵。

四、信息不对称下市场失灵的校正

（一）政府介入

市场机制并不能解决或者至少不能有效解决非对称信息导致的市场失灵，这为政府在市场发挥作用提供了依据,如在保险市场,政府为一定年龄以上的老年人提供保险,就有助于消除逆向选择的问题。政府也可以通过相关的规定与措施尽可能保证消费者和生产者能够得到充分和正确的市场信息,即增加市场的"透明度"。

(二) 其他机制

政府介入并不是消除信息不对称问题的唯一途径,信誉、标准化、市场信号机制等也有助于解决这类问题。

信誉不仅有助于解决逆向选择,而且在解决道德风险方面也起着极为重要的作用。因为信誉是厂商获利的一大资本,保持信誉的激励为厂商生产优质产品提供了激励。高质量产品的生产者往往在销售过程中通过建立信誉来向购买者传达有关其产品的信息,并以适当激励让购买者相信他们的产品是高质量的。在日常生活中,很多消费者常常根据企业的信誉来作出决策,因而厂商能够获得超过成本的信誉租金。通过信誉解决道德风险问题,是经济社会作出的有效选择。但是,诚信问题不仅是道德问题,更是一个制度问题。只有建立起一个完善的制度体系,使得诚信者获益、失信者受损,社会的信誉机制才能真正建立起来。

但是,当一项生意很难建立或根本没有机会树立信誉时,"标准化"——生产一种标准化产品,以连锁经营方式或其他方式提供给顾客,将有助于解决信息不对称带来的逆向选择问题。例如,麦当劳、肯德基等,不管在什么地方,它提供的产品都是一样的,无论在哪儿购买,无须为它的质量和价格担忧。

价格信号是能够缓解逆向选择问题的另一个机制,是指产品卖方通过信号向买方传达有关产品质量的信息,如在劳动市场,待雇者(卖方)把受教育程度作为一个高生产率信号,向厂商传递关于自己生产率的信息,以利于获得与自己生产率相匹配的工资。在产品市场,那些想卖出较高价格的生产高质量产品的厂商,可以通过签订内容广泛的保证书来向消费者传递质量信号。保证书里一般都保证产品在相当长一段时间内的修理服务由生产者来提供,有些产品甚至可以调换。保证书有效地发出了产品质量的信号,因为签订这样的保证书给生产高质量产品的厂商带来的成本较低,而对于生产低质量产品的厂商,签订这样的合同成本很高,它们不愿意签订这样的合同,保证书就成为一个显示质量的信号。因此,消费者就能把一项内容广泛的保证书看作是高质量的信号,并愿为提供保证书的产品支付更高的价格,从而有效规避信息不对称导致的市场风险。

本 章 小 结

微观经济学的主旨在于论证"看不见的手"的原理,即完全竞争的市场经济在一系列理想化假定条件下,可以使资源实现帕累托最优配置。然而,严格的完全竞争假定在现实经济生活中并不普遍存在,因此市场机制在很多场合导致了低效率水平的均衡,这种现象被称为市场失灵,主要表现在外部影响的存在、公共物品的不足、垄断的出现和不完全信息等方面。本章从外部性、公共物品、垄断、信息不对称四个方面分别指出了市场失灵的表现及其原因,并根据导致市场失灵的原因,着重分析了市场失灵的经济效应以及政府如

人物介绍:庇古、斯蒂格勒

何校正市场失灵,探讨了相关的微观经济政策,以使经济接近理想状态。

案例分析

少数服从多数原则的局限性

在我们的心目中,选举的意义恐怕就在于大家根据多数票原则,通过投票推举出最受我们爱戴或信赖的人。然而,通过选举能否达到这个目的呢?1972年诺贝尔经济学奖获得者、美国经济学家阿罗采用数学中的公理化方法,于1951年深入研究了这个问题,并得出在大多数情况下是否定的结论,那就是鼎鼎大名的"阿罗不可能定理"。阿罗不可能定理是指在一般情况下,要从已知的各种个人偏好顺序中推导出统一的社会偏好顺序是不可能的。我们对此加以证明。

假定有张三、李四、王五三个人,他们为自己最喜欢的明星发生了争执,他们在刘德华、张学友、郭富城三人谁更受观众欢迎的问题上争执不下,张三排的顺序是刘德华、张学友、郭富城。李四排的顺序是张学友、郭富城、刘德华。王五排的顺序是郭富城、刘德华、张学友。到底谁更受欢迎呢?没有一个大家都认可的结果。如果规定每人只投一票,三个明星将各得一票,无法分出胜负,如果改为对每两个明星都采取三人投票然后依少数服从多数的原则决定次序,结果又会怎样呢?

首先看对刘德华和张学友的评价,由于张三和王五都把刘德华放在张学友的前边,二人都会选择刘德华而放弃张学友,只有李四认为张学友的魅力大于刘德华,依少数服从多数的原则,第一轮刘德华以二比一胜出。再看对张学友和郭富城的评价,张三和李四都认为应把张学友放在郭富城的前边,只有王五一人投郭富城的票。在第二轮角逐中,自然是张学友胜出。接着再来看对刘德华和郭富城的评价,李四和王五都认为还是郭富城更棒,只有张三认为应该把刘德华放在前边,第三轮当然是郭富城获胜。

通过这三轮投票,我们发现对刘德华的评价大于张学友,对张学友的评价大于郭富城,而对郭富城的评价又大于刘德华,很明显我们陷入了一个循环的境地。这就是"投票悖论",也就是说不管采用何种游戏规则,都无法通过投票得出符合游戏规则的结果。如果世界上仅限于选明星的事情就好办多了,问题在于一些关系国家命运的事情的决定上,也往往会出现上述的"投票悖论"问题。对此很多人进行了探讨,但都没有拿出更有说服力的办法。

在所有人为寻找"最优公共选择原则"奔忙而无获的时候,美国经济学家阿罗经过苦心研究,在1951年出版的《社会选择与个人价值》中提出他的不可能定理,并为此获得了1972年诺贝尔经济学奖。阿罗不可能定理的意思是,"只要给出几个选择者都必然会接受的前提条件,在这些前提条件的规定下,人们在一般或普遍意义上不可能找到一套规则(或程序)在个人选择顺序基础上推导出来"。由此进一步推出,在一般或普遍意义上,无法找到能保证所有选择者福利只会增加不会受损的社会状态。

阿罗所说的几个选择者必然接受的条件是:①广泛性。至少有三个或三个以上的被选方案,以供选择者选择。②一致性。即一定的社会选择顺序以一定的个人选择为基础,但必须符合公众的一致偏好。③独立性。不相关的方案具有独立性。④独立主权原则。对备选方案的选择和确定,应由公民完全依据个人的喜好而定,不能由社会强加。⑤非独裁性。不能让每一个人的喜好决定整个社会对备选方案的排序顺序,应坚持自由和民主的原则。

阿罗认为上述五个相互独立的条件每一个都是必要的,但是要构造能同时满足这些条件的社会福利函数是不可能的。导致不可能的原因在于1~5个条件之间存在相互矛盾,因此不可能达到完全一致。他从中得出了一个似乎不可思议的结论:没有任何解决办法能够摆脱"投票悖论"的阴影,在从个人偏好过渡到社会偏好时,能使社会偏好得到满足,又能代表广泛的个人偏好这样一种排序方法,只有强制与独裁。这样寻找合理的社会选择机制的努力就几乎陷入了困境。

阿罗不可能定理,打破了一些被人们认为是真理的观点,也让我们对公共选择和民主制度有了新的认识。因为我们所推崇的"少数服从多数"的社会选择方式不能满足"阿罗五个条件",如市场存在着失灵一样,对公共选择原则也会导致民主的失效。因此多数票原则的合理性是有限度的。

资料来源:佚名.人大经济论坛,2011-12。

课后练习题

一、名词解释

1. 帕累托最优:如果任何资源配置状态的改变,已经不可能在无损于任何人的条件下,使得任一个人的境况变得更好,则称这种资源配置状态为帕累托最优。

2. 帕累托改进:是指对于一种既定的资源配置进行改变,使得至少有一个人的境况变得更好,而没有任何一个人的境况变得更差。

3. 市场失灵:对于市场机制(即价格调节市场的机制)不能实现资源的有效配置,也就是说市场机制造成的资源配置失当的情况,称为市场失灵。

4. 外部性:如果某人或者企业在从事经济活动时给其他个体带来危害或利益,而该个体又没有为这一后果支付赔偿或得到报酬,则这种危害或利益就被称为外部性。

5. 科斯第一定理:在交易费用为零时,只要财产权初始界定是清晰的,并允许当事人进行自由谈判交易,则无论在开始时将财产权赋予谁,市场均衡的最终结果都会达到资源的有效配置。

6. 信息不对称:是指市场上买方与卖方所掌握的信息是不对称的,即一方掌握的信息多,另一方所掌握的信息少。

7. 逆向选择:是指在买卖双方信息不对称的情况下,差的商品总是将好的商品驱逐出市场。

二、单项选择题

1. 人寿保险公司知道吸烟对健康不利,但是却无法确定哪些投保人吸烟,(　　)问题会体现在(　　)更愿意投保。

  A. 逆向选择,非吸烟者　　　　　　B. 道德风险,非吸烟者
  C. 逆向选择,吸烟者　　　　　　　D. 道德风险,吸烟者

2. 交易双方信息不对称,如买方不清楚卖方一些情况,是由于(　　)。

  A. 卖方故意要隐瞒自己一些情况　　B. 买方认识能力有限

C. 完全掌握情况所费成本太高　　　　D. 以上三种情况都有可能

3. 若企业进入垄断竞争市场,且争夺业务外部性大于产品多样外部性,那么(　　)。

　　A. 市场上企业过多,如果企业退出市场,市场效率会提高

　　B. 市场上企业太少,增加进入会提高市场效率

　　C. 市场上企业数量最优,市场是有效的

　　D. 以上都不对

4. 关于科斯定理,正确的论述是(　　)。

　　A. 科斯定理阐述的产权和外部性的关系

　　B. 科斯定理假设没有政府的干预

　　C. 科斯定理一般在涉及的交易主体数目较少时才较为有效

　　D. 以上各项都正确

5. 市场失灵是指(　　)。

　　A. 市场已达到可能最佳结果

　　B. 市场没能使社会资源的配置达到最有效率的状态

　　C. 市场已达到出清点

　　D. 以上四种都是

6. 解决外部不经济可采取(　　)。

　　A. 征税的办法　　　　　　　　　　B. 产权界定的方法

　　C. 将外部性内在化的方法　　　　　D. 以上各项都可行

7. 在"囚徒困境"中,占优策略均衡是(　　)。

　　A. 一方交代,一方不交代　　　　　B. 双方都不交代

　　C. 双方都交代　　　　　　　　　　D. 双方沟通

三、多选题

1. 外部不经济是指(　　)。

　　A. 私人成本高于社会成本　　　　　B. 私人成本低于社会成本

　　C. 私人利益低于社会利益　　　　　D. 私人利益高于社会利益

2. 外部经济是指(　　)。

　　A. 私人成本低于社会成本　　　　　B. 私人利益高于社会利益

　　C. 私人利益低于社会利益　　　　　D. 私人成本高于社会成本

四、简答题

市场失灵主要有几种表现形式?

第九章

国民收入核算理论

本章导读

国内生产总值和有关数据就像灯塔一样,帮助政策制定者引导经济向着主要的目标发展。它能够提供经济状况的完整图像,帮助政府判断经济形势是趋于萎缩还是趋于膨胀,是需要刺激还是需要控制。没有像国内生产总值这样的总量指标,政策制定者就会陷入杂乱无章的数字海洋而不知所措。

国民收入核算不仅要具有一整套的核算指标,还需要创建一种科学严密的核算体系。对作为宏观经济学基础的国民经济核算体系作出重要贡献的是美国经济学家库兹涅茨。他从20世纪20年代起,就开始研究如何计量国民收入,1934年出版了《1929—1932年的国民收入》,计算方法日趋完善。20世纪40年代初英国经济学家斯通也对英国的国民收入进行了计算。这为联合国在第二次世界大战后制定标准的国民收入核算体系奠定了基础。

第一节 国内生产总值

【专栏9-1】 两种国民收入核算体系的沿革与比较

国际认可的国民收入核算体系包括两种。一种是基于凯恩斯的所得—支出分析方法,经过斯通和库兹涅茨改造而建立起来的、适用于市场经济各国的核算体系,称为国民经济核算体系(system of national accounting,SNA);另外一种是基于马克思的剩余价值理论而建立起来的、适用于中央计划经济各国的核算体系,称为物质产品平衡体系(material product system,MPS)。这两种核算体系目前已为世界上绝大部分国家所采用。

本章所介绍的是西方国民经济核算体系(SNA)。该体系以西方经济理论为依据,认为创造物质产品和提供服务的劳务活动都是创造价值的生产活动,将国内生产总值(GDP)作为核算国民经济活动的核心指标。SNA以国民生产总值的核算为主,采用复式汇账和矩阵的方法,对国民经济运行过程及其联系进行系统、全面的描述与核算,为国家制定经济政策提供依据。该体系目前已被世界上大多数国家采用,是一种比较合理和科学的核算体系。首先,第三产业创造的价值在现代经济生活中所占的比重越来越大,而物质生产在整个经济生活中的地位已相对下降。因此,在民收入核算体系中应把非物质生产劳务计算在内,把一切有偿劳务的市场价值计入GDP是必要的。其次,根据SNA核算国民收入时可以避免重复计算,区分名义GDP和实际GDP等也都有合理性。

MPS是适应计划经济国家的需要而建立起来的国民经济核算体系,为苏联、东欧及我国所采用。它由物资平衡表、财政平衡表、部门联系平衡表、劳动力平衡表等组成,以社会总产品和国民收入的核算为主,采用综合平衡的方法,对社会再生产的条件、过程和结果作出综合说明,便于国家对国民经济的计划管理服务。这种核算体系与高度集中的计划管理体制相适应,曾发挥过重要作用,但随着全球市场经济体制的改革和发展,其缺陷日益突出。例如:它不能反映信息、劳务等非物质生产部门的发展,不利于反映综合国力和合理调整产业结构;它不能系统反映社会资金运动情况,不利于国家宏观管理和调控;不能反映国民经济循环全貌及各环节间衔接情况,不利国家掌握整个经济运行的综合平衡。因此,东欧、俄罗斯等经济转轨国家和我国也逐渐采用了 SNA。

一、国内生产总值的含义

衡量一国全年的总产值有一系列指标,其中 GDP 或 GNP 是最重要、最广泛的指标。为了解把握国家和地区的宏观经济现状和走势,政策制定者、企业界人士都十分关注 GDP 的总量和变化值。美国著名的经济学家保罗·萨缪尔森曾经说过:"GDP 是 20 世纪最伟大的发现之一。"没有 GDP 这个发明,我们就无法进行国与国之间经济实力的比较;没有 GDP 这个总量指标,我们就无法了解经济增长速度是快还是慢。现在我们就从认识、理解 GDP 开始。那么什么是 GDP 呢?

国内生产总值(gross domestic product,GDP)是指一个国家(或地区)范围内所有居民在一定时间内(通常是一年)所生产的最终产品和劳务的市场价值总和。

要深入理解 GDP 的含义,应该注意以下几个方面的内容。

第一,GDP 是一个地域概念,是指一个国家国境内在一年内所创造的全部最终产品的市场价值,而不管国境内的生产要素是不是本国的,它主要侧重衡量一国本土所具备的生产能力。例如,外国人暂时在中国工作,外国人在中国开办企业,其生产的价值是中国 GDP 的一部分。

第二,GDP 是"流量"而非"存量"。所谓流量,是指一定时期内某种经济变量的量值;而存量,则是指其在某一时点上的量值。例如,某人的收入,它表示在一定时段内(一年或一月)所取得的收入量值,是一个流量。财产,则是个存量,表示该人在某一时刻所拥有的财富总量。

第三,GDP 中的最终产品不仅包括有形的最终产品,而且包括无形的最终产品——劳务。例如,旅游、服务、卫生、教育等行业提供的劳务,按其所获得的报酬也计入国内生产总值中。

第四,GDP 是指最终产品的总价值。最终产品是指在一定时期内生产出来直接供人们消费的产品,中间产品是指生产出来后作为下一道生产程序投入品的产品。最终产品和中间产品的根本区别在于其购买的目的是用于消费还是用于出售或生产,而不在于产品本身的性质。为精确测度总产值,某年度所生产的产品与劳务,都只能计入一次,因此,在计算时不应包括中间产品价值,否则会造成重复计算。

在实际经济中,某些产品既可以作为最终产品,也可以作为中间产品。例如,煤炭在用作燃料发电时是中间产品,而用作人们生活中的燃料时是最终产品。这样,把哪一部分煤炭计入最终产品,哪一部分煤炭计入中间产品就不容易了。为了避免重复计算,在实际计算当中,常采用"增加值法"来统计,只计算在各生产阶段上所增加的价值,即产品的销售收入与生产该产品的生产费用之差额。但不论采用哪种方法,所得结果应是一致的,具体见表 9.1。

表 9.1 最终产品价值的核算

生产阶段	产品价值	中间产品成本	增加值
木材	5	—	5
纸浆	10	5	5
纸张	20	10	10
笔记本	35	20	15
合计	70	35	35

在此例中,笔记本是最终产品,其价值为 35,用增值法计算也是 35。如果不区分最终产品和中间产品,则会得到 70 个单位的总价值,其中含重复计算的 35 个单位的产品价值。在统计 GDP 时,就必须严格区分最终产品和中间产品。

第五,GDP 是一定时期内所生产而不是所售出的最终产品的价值。我们把生产出来而未售出的部分看作是企业自己买下来的部分,视为存货投资,计入当期 GDP。例如,2016 年某企业生产了 5 万台电脑,当年卖出 4 万台,还有 1 万台没有售出。在计算 GDP 时这 1 万台电脑就被当作存货,是企业自己购买自己的产品,按 2016 年的市场价值计入 2016 年的 GDP。同样,二手车等产品在生产出来的时候就已经被计入当时的 GDP,因此不能计入成交时的国内生产总值。

第六,GDP 一般仅指市场活动导致的价值,不经过市场销售的最终产品不计入 GDP 中。例如,家务劳动、自给自足等非市场性的交易项目及非生产性项目不计入 GDP。例如,某女主人雇用一位男管家打理日常事务并向其支付工资,这部分价值计入了 GDP;后来女主人爱上了这位管家并与其结婚,尽管新男主人一如既往地工作,但他再也无法贡献 GDP 了,因为其工作已变成家庭服务了,而没有经过市场交换。

非生产性交易主要是指政府及私人的转移支付和证券交易等,这些项目只是资金(货币)、证券的转移,并未出现产品交换,也就是没有出现最终产品的价值变化,因而不计入 GDP。如果你的叔叔给你 3 000 元帮你支付学费,你叔叔的财富减少,你的财富增加,但该交易不增加现在的生产。在现实中,这些经济活动是普遍存在的,但并不计入 GDP 中。

二、国内生产总值和国民生产总值的比较

前文已经说明,GDP 是按国土原则核算的生产经营的最终成果。例如:德国的工程师在中国的外资企业挣得收入计入中国的 GDP,因为该收入是在中国境内获得的;中国人在海外的收入如海尔集团在美国的分部挣得收入不计入中国的 GDP,因为该收入不是在中国境内获得的。

国民生产总值(gross national product,GNP)是指一个国家(或地区)所有本地居民在一定时期内(通常是一年)所创造出的最终产品和劳务的市场价值总和。例如,我国居民通过劳务输出在境外所获得的收入就应该计算在 GNP 中。

【专栏 9-2】 GDP 和 GNP 的比较分析

为了让大家更容易区分 GDP 和 GNP，在这里举个例子。假如有一个家庭，妻子在家里种苹果，一年的产值是 5 000 元，丈夫在外地卖馄饨，一年的产值是 10 000 元。他们还有一间房屋出租给一个公司搞软件开发，该公司一年的产值是 10 万元。那么，这个家庭的 GNP 就是丈夫和妻子的生产总值，就应该是 15 000 元，这个家庭的 GDP 就是这个妻子和那个公司的生产总值，就是 105 000 元。

GDP 和 GNP，究竟哪个能比较真实地反映一国国民的生活水平呢？当然是 GNP。GNP 是本国国民生产的总产值，当然比 GDP 反映的要真实一些。外资在该国的产值再大，也不是该国的。外资在该国内，就像在一个人肚子里的用塑料膜严密封好的一个蛋糕，这个蛋糕虽然在这个人肚子里，但是不属于这个人。拿上例来说，真正能反映那个家庭生活水平的数据，是 15 000，而不是 105 000，那个软件开发公司的产值再高，也和这个家庭无关。

需要注意的是 GDP 与 GNP 不同：GDP 的统计是以"国土原则"为准，而 GNP 是以"国民原则"为准。国民原则是指，凡是本国公民（指常住居民）所创造的收入，不管是否在国内，都计入国民生产总值。按国民原则计算国民生产总值时，要加上国外要素净收入（国外要素净收入＝本国居民在国外取得的要素收入－外国居民在本国取得的要素收入），即 GNP 是一国居民所拥有的劳动和资本所生产的总产出量。国土原则是指，凡是在本国领土上创造的收入，不管是否本国国民，都计入本国的国内生产总值。按国土原则计算国内生产总值时，要减去国外要素净收入，即 GDP 是一国境内的劳动和资本所生产的总产出量。

例如，中美之间的 GNP 与 GDP 之间的关系为：中国 GDP 的一部分是由美国公司在中国境内的工厂所生产的，这些工厂的利润应划入中国 GDP 但不应计入 GNP；又如当中国的劳动力在海外市场取得报酬时，收入应计入中国的 GNP 而不应计入 GDP。通常，发达国家的国民生产总值 GNP 大于国内生产总值 GDP，发展中国家的国民生产总值 GNP 小于国内生产总值 GDP。GNP 与 GDP 的联系可以用下式表示：

美国的 GDP ＝ 美国的 GNP ＋ 外资在美国的生产总值 － 美国国民在外国的生产总值
中国的 GDP ＝ 中国的 GNP ＋ 外资在中国的生产总值 － 中国国民在外国的生产总值

GNP 和 GDP 两个指标的比较可反映出一国资本输出和输入的情况：GNP＞GDP 时，显示资本输出较多；而 GDP＞GNP 时，则显示资本输入较多。

和 GDP 相比，GNP 能更真实地反映一国人民的生活水平和该国的经济水平，但在国外同等教材中，一般都偏好使用 GDP。其主要原因是按国土原则计算总产值更为便利，同时在全球一体化日益加快的今天，人员的国际流动非常频繁，用地区来计算总产值，可以比用国民生产总值来计算更能准确地反映一个地区的经济活动状况。

第二节 国内生产总值的核算方法

国内生产总值的核算方法主要有三种：支出法、收入法和生产法。对于一个整体经济而言，收入必定等于支出。这是为什么呢？一个经济的收入和支出相同的原因就是一次交易都有两方：买者和卖者。如你雇一个小时工为你做卫生，每小时 10 元，在这种情况下小时工是劳务的卖者，而你是劳务的买者。小时工收入了 10 元，而你支出了 10 元。因此这种交易对经济的收入和支出做出了相同的贡献。无论是用总收入来衡量还是用总支出来衡量，GDP 都增加了 10 元。由此可见，在经济中，每生产 1 元钱的产品，就会产生 1 元钱的收入。由此可知，以下核算方法中的各种方法得出的结果应该是一致的。

一、支出法

支出法(expenditure approach)又称最终产品法。这种方法是通过核算在一定时期内整个社会购买最终产品的总支出，即最终产品的总卖价来计量 GDP。那么谁是最终产品的使用者呢？在现实生活中，产品和劳务的最后使用者包括四个部分：个人消费、私人国内投资、政府购买和净出口。

个人消费支出(C)指所有家庭对最终产品和劳务的支出，可细分为耐用品、非耐用品和劳务三种支出。能使用一年以上的消费品如汽车、电视机、家具等称为耐用消费品，一年以下的是非耐用消费品，如食物、肥皂、汽油等。在不易划清两者的界限时，只能加以硬性规定。例如，衣服一概视为非耐用消费品。劳务包括医疗保健、旅游、理发等支出，也包括租房的租金。

在消费的商品和服务中有少数项目并不通过市场途径到达消费者手中，如农民自产农产品的自行消费部分，这一部分产值不能计入国内生产总值。建造、购买住宅的支出也不属于消费。个人消费支出是 GDP 最大的组成部分，一般能占一半左右。

私人国内投资(I)包括固定资产投资和存货投资。固定资产投资是指非居民购买的新生产的建筑和耐用生产设备的市场价值总额加上居民购买的新建住房的市场价值。存货投资是指厂商持有的存货价值的变动。由于资本具有磨损、消耗的特性，因此投资又可分为净投资和重置投资。重置投资是资本品由于损耗造成的价值减少，也称折旧。用支出法计算 GDP 时的投资，指的是总投资(含折旧)。

宏观经济学中的投资指物质资本存量的增加，而平时所讲的股票债券买卖虽然也是金融投资，但在 GDP 统计分类中，只是资产的转移，而没有引起经济中物质资本的增加，因此不能算入 GDP。而像某企业购买的数控机床，则属于典型的投资，而非居民消费。

政府购买产品和服务支出(G)是指各级政府购买产品和劳务的支出，它包括政府购买军火、军队和警察的服务、政府机关办公用品与办公设施、进行道路等公共工程建设、开办学校等方面的支出。政府支付给政府雇员的工资也属于政府购买。政府购买是一种实质性的支出，表现出商品、劳务与货币的双向运动，直接形成社会需求，因此成为国内生产总值的组成部分。

政府购买只是政府支出的一部分，政府支出的另一部分如政府转移支付、公债利息等都不计入 GDP。政府转移支付包括政府在社会福利、社会保险、失业救济、贫困补助、老年保障、卫生保健、对农业的补贴等方面的支出。转移支出的含义就是把钱给予某人，它代表购买力从一些人手中转移到另外一些人手中，在这个过程中，没有什么产品被消费掉。由于它增加某些人的消费能力，因此，它不包括在政府购买产品和劳务的支出之中，而应包含在个人消费支出之中，不再另行统计。

净出口($X-M$)是出口减进口的净值。为什么要减去进口呢？因为 GDP 是计量一国经济的生产总量,在开放经济情况下,C、I 和 G 中都包括有一部分进口的产品,为了精确地计量本国经济一年内的总产量,必须减去其中的进口部分,不然就会发生重复计算。进口应从本国总购买中减去,因为它表示收入流到国外,不是购买本国产品的支出,而是本国购买外国产品的支出；出口则应加进本国总购买量之中,因为出口表示收入从外国流入,是国外用于购买本国产品的支出,因此,净出口应计入总支出。净出口可能是正值,也可能是负值。当我们向外国人购买的产品与劳务多于我们出售给他们的时,净出口便是负的。

将以上四项加总,我们得到国民收入恒等式

$$GDP = C + I + G + (X - M) \tag{9-1}$$

式(9-1)说明了 GDP 的各个组成部分,这四个部分分别代表来自不同部分的需求,支出法就是通过加总四个部分的需求数值来核算 GDP 的。

二、收入法

一件产品的销售收益中,除了包括工资、利息、租金、利润等各项收入外,还包括从其他厂商购进的原材料和零部件的价值。这些产品是中间产品,因此自销售总收益中减去从其他厂商购买的量,剩下的必然是最终产品的销售量。同时,销售收益减去向其他厂商购买的中间产品又等于工资、利息、租金和利润的总和。因此,用收入法(income approach)核算 GDP,就是从收入的角度,把生产要素在生产中所得到的各种收入相加来计算的 GDP,即把劳动所得到的工资、资本所得到的利息、土地所有者得到的地租以及企业家才能得到的利润相加来计算 GDP。这种方法又叫要素支付法、要素成本法。

严格说来,最终产品市场价值除了生产要素收入构成的成本外,还有间接税、折旧、公司未分配利润等内容。因此,用收入法核算的国内生产总值具体应包括以下一些项目：

第一,工资。它是劳动者的劳动报酬,包括实得工资和其他补贴,及其雇主代其向社会保险机构缴纳的社会保障金等。它是 GDP 中比重最大的一部分。

第二,利息净额。企业借入资金的目的是用于生产,代表资本这种生产要素在一国的产出中作出了贡献,所以应计入 GDP。但它不包括个人因借贷关系而发生的利息和国家发行国债所支付的利息。因为这两者均没有对社会的产出作出贡献。

第三,租金。它是指企业租用土地、厂房、设备等支付的租金,也包括个人和家庭出租房屋所获得的租金。此外,如果企业或个人使用的是自己的土地和房屋,则被认为把租金付给自己,被计入 GDP 中。另外,享有专利权、版权及具有自然资源所有权性质的收入,也包括在租金项目内。

第四,折旧。它是指对一定时期内因经济活动而引起的固定资本消耗的补偿。资本的折旧不同于中间产品,它是企业投资的一部分,因此也被计入 GDP 中。

第五,间接税和企业转移支付。在没有政府的简单经济中,企业的增加值即其创造的国内生产总值,就等于要素收入加上折旧,但当政府介入后,政府往往征收间接税,这时的 GDP 还应包括间接税和企业转移支付。间接税是对产品销售征收的税,主要包括货物税、周转税。这种税收名义上是对企业征收,但企业可以把它打入生产成本之中,最终转嫁到消费者身上,故也应视为成本。直接税(如个人所得税、企业所得税等)已包括在工资、利息、租金、利润等要素收入中。在政府的税收中,只有间接税被单独计入 GDP 中。企业转移支付同样不创造收入,但也要通过产品价格转嫁给购买者,故也应该视为成本。企业转移支付包括对非营利组织的社会慈善捐款和消费者呆账。

第六,非公司业主收入。它是指合伙制企业及个人制企业所取得的收入,也指不受人雇用的独立生产者,包括医生、律师、小店铺主、农民等的收入。他们使用自己的资金,自我雇用,其工资、利息、租金很难像公司的账目那样分类很详细,而是混在一起作为非公司企业主收入。

第七,公司税前利润。它是指所有制企业在一定时期内获得的利润。它是在公司的销售收入中扣除工资、利息、地租、折旧、间接税及其他成本项目之后获得的净剩余。公司利润包括公司所得税、社会保险税、股东红利及公司未分配利润等。

我们可以将一国的经济按上述流向汇总,收入法下的 GDP 可以表示为

$$GDP = 工资 + 利息 + 地租 + 折旧 + 间接税和企业转移支付 +$$
$$非公司业主收入 + 利润 \tag{9-2}$$

从理论上说,按支出法和收入法计算的 GDP 在量上是相等的。我们可通过图 9.1 进行理解。先假定一个简化的两部门经济。在两部门模型中,经济活动的主体是厂商和居民户。厂商是指最终产品和劳务所有生产者的总和。一国在一年内生产的最终产品和劳务的价值就是该国的国内生产总值。居民户是指生产要素所有者的总和,也是所有消费者的总和。

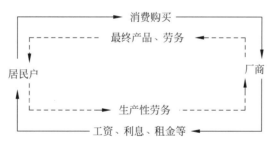

图 9.1 简化宏观经济环形图

(注:实线代表货币的流动,虚线代表商品与劳务的流动)

厂商和居民户的关系是:居民户向厂商提供生产要素,如劳动力、资本、土地和企业家才能;厂商向生产要素所有者支付报酬,如工资、利息、租金和利润。这种交易形成生产要素市场。居民户因提供生产要素而得到的全部货币收入就是国民收入。

居民户和厂商还存在另一种关系:厂商购得生产要素以后,生产出最终产品和劳务并销售给消费者,作为消费者的居民户用出售生产要素所得到的收入去购买最终产品和劳务。这种交易便形成最终产品市场。

在环形图上部,人们支出货币购买最终产品,其花费的货币流量加总即是以支出法计算出的 GDP;在环形图下部,产出成本的流量加总即是以收入法计算出的 GDP。因此,从理论上来说,两种方法衡量的 GDP 必然相等。但在实际核算中经常会出现误差,因而在实际核算时要加上一个统计误差项来进行调整,使其达到一致。

三、生产法

用生产法(production approach)核算 GDP,是指按提供物质产品与劳务的各个部门的产值来计算国内生产总值。生产法又叫部门法。这种计算方法反映了国内生产总值的来源。

运用这种方法进行计算时,各生产部门要把使用的中间产品的产值扣除,只计算所增加的价值。商业和服务等部门也按增值法计算。卫生、教育、行政、家庭服务等部门无法计算其增值,就按工资收入来计算其服务的价值。

由于各国的国民经济部门分类不同,一般是按照克拉克的三大产业部门来划分。第一产业,农林渔业、采掘业等;第二产业,建筑业、制造业、运输业等;第三产业,邮电、通信、公用事业、水电气业、批发和零售商业、服务业、金融、保险、房地产、政府服务等。

把以上部门生产的国内生产总值加总,再与国外要素净收入相加,考虑统计误差项,我们就可以得到用生产法计算的 GDP 了。

生产法核算 GDP 的公式为

$$\text{GDP} = \text{总产出} - \text{中间产品} = \text{增加值之和} \tag{9-3}$$

例如:把小麦加工成面包,其中间环节要经历一个面粉的生产过程,假定小麦为最初产出,中间品投入为 0,其最初的增加值为 4 000 元;如果把它加工成面粉,对面粉而言小麦就是中间产品,其增加值为 2 000 元;对面包而言面粉就是中间产品,其增加值为 4 000 元。最终出售的面包市场价值为 10 000 元(小麦最初的增加值 4 000 元+面粉的增加值 2 000 元+面包的增加值 4 000 元),见表 9.2。运用生产法旨在剔除中间产品的重复计算影响。

表 9.2　生产法核算 GDP　　　　　　　　　　　　单位:元

种类	总产出	中间投入	增加值	GDP
小麦	4 000	—	4 000	
面粉	6 000	4 000	2 000	
面包	10 000	6 000	4 000	10 000

从理论上说,按支出法、收入法与生产法计算的 GDP 在量上是相等的。实际统计中,一般以国民经济核算体系的支出法为基本方法,即以支出法所计算出的国内生产总值为标准。

第三节　国民收入指标体系

在国民收入核算体系中,国民收入总量指标是最重要的,也是经常用于表示经济成就的总量,主要有以下五个国民收入总量指标:一是国内生产总值,二是国内生产净值,三是国民收入,四是个人收入,五是个人可支配收入。

一、国内生产总值 GDP

衡量国民收入总量的指标中应用最广泛的是国内生产总值和国民生产总值,这两个指标的共同之处是：都是反映一个国家在一年内新创造的价值总量。所不同的是前者是地域性概念，后者是国民性概念。我们前述的讨论已经说明了 GDP 的基本内容，接下去再讨论其他几个指标。它们均可以由 GDP 推导出。

二、国内生产净值 NDP

国内生产净值(net domestic product, NDP)是国内生产总值减去厂房、机器等资本设备中被磨损掉部分的价值以后的商品和劳务的价值。这是因为国内生产总值中的私人国内总投资计量的是一国资本存量的总增加额，没有考虑到它的磨损和老化而产生的损失，因此要减去这部分损失，以计算出私人国内净投资。具体计算的方式就是从国内生产总值中减去折旧得出国内生产净值，即在 GDP 中扣除了折旧之后的产值，就得到 NDP。

$$NDP = GDP - 折旧 \tag{9-4}$$

三、国民收入 NI

国民收入有广义和狭义之分。广义的国民收入泛指国民收入五个总量，即国民收入可以是指国内生产总值、国内生产净值，也可以指个人收入和个人可支配收入等。国民收入决定理论中所讲的国民收入就是指广义的国民收入。本文以后所提到的国民收入，是指广义的国民收入。

这里的国民收入(national income, NI)是指狭义的国民收入，指一国一年内提供各种生产要素的所有者获得的收入总和，它包括工资、利息、利润和地租的总和，但不包括企业间接税。企业间接税是由企业缴纳但并非由企业负担的税。企业在制定产品价格时要考虑到间接税的缴纳，企业把间接税支出附加在成本上，在产品销售中转移出去。间接税作为产品价格的附加，既不是任何生产要素提供的，也不为任何生产要素所有者获得，因此，必须在计算国民收入时扣除。国民生产净值与国民收入之间的关系可表示如下：

$$NI = NDP - 间接税 \tag{9-5}$$

四、个人收入 PI

个人收入(personal income, PI)是指个人在一年内从各种来源所得到的收入总和，包括劳动收入、业主收入、租金收入、利息和股息收入、政论的转移支付等。它是从国民收入派生出来的一项指标。从国民收入中减去那些不会成为个人收入的项目(如公司所得税、公司未分配的利润、社会保险金)再加上那些不是来自个人要素收入的项目(如政府转移支付等)，就是个人收入。一般来说，国民收入大于个人收入，但是，在经济衰退时期，由于公司利润减少，转移支付增加，个人收入也可能大于国民收入。国民收入与个人收入的关系可表示如下：

$$PI = NI - 公司所得税 - 公司未分配利润 - 社会保险金 + 政府转移支付 \tag{9-6}$$

五、个人可支配收入 DPI

个人可支配收入(disposable personal income, DPI)是指一国所有个人在一年内实际得到的可用于消费和储蓄的收入总和。它是从个人收入派生出来的一项指标。个人收入并不是实际得到的可任意支配的款项,它必须在扣除个人所得税、财产税、房地产税等之后才能归个人自由支配。对个人可支配收入,居民可以按自己意愿来支配它。但一般只有两种选择:一是个人消费支出,二是个人储蓄。

$$DPI = PI - 个人所得税 \tag{9-7}$$

第四节 国民收入核算中的恒等式

要核算一定时期的GDP,先要弄清产出、收入和支出之间的关系。生产要素投入生产过程生产出来的是产品,生产要素获得的是收入;而对于厂商来说是支出。所以说总产出、总收入、总支出三者相等。从另一个角度看,总支出是整个社会购买最终产品的总支出,总需求是社会对这些产品的消费需求,总支出等于总需求;总收入是投入的生产要素的报酬,总供给是投入生产要素生产的产品,总收入等于总供给。所以总产出=总收入=总支出=总供给=总需求。后文我们还将用到这个等式。

在对国民收入核算体系进行了解和分析的基础上,可以进一步推导出国民收入构成的基本公式,即投资—储蓄恒等式。

一、两部门经济的恒等式

两部门经济是指由厂商和居民户这两种经济单位所组成的经济社会,这是一种最简单的经济。在两部门经济中,居民户向厂商提供各种生产要素、得到相应的收入,并用这些收入购买和消费各种产品与劳务;厂商购买居民户提供的各种生产要素进行生产,并向居民户提供各种产品与劳务。

假设一个国家只有厂商和居民户两个经济部门,没有政府活动即没有税收,没有进出口,为使分析简化,先不考虑折旧,这样就有GDP=NDP=NI,都用Y代表,国民收入的构成就可以从支出和收入两个方面来加以分析。

一方面,从支出的角度看,由于企业库存的变动作为存货投资,因此,国民收入等于消费加投资,即

$$Y = C + I \tag{9-8}$$

另一方面,从收入的角度看,假设家庭的总收入只有两种用途,不是用于消费,就是用于储蓄,因此,国民收入等于消费加储蓄,即

$$Y = C + S \tag{9-9}$$

由于$C+I=Y=C+S$,就有两部门下投资—储蓄恒等式:

$$I = S \tag{9-10}$$

二、三部门经济的恒等式

三部门经济是指由厂商、居民户与政府这三种经济单位所组成的经济社会。在三部门经济中,政府的经济职能是通过税收与政府支出来实现的。政府通过税收与支出和居民户、厂商发生经济上的联系。三部门经济中国民收入的构成也可以从支出和收入两个方面加以分析。

一方面,从支出的角度看,国民收入等于消费加投资再加上政府购买,政府转移支付转化为居民的消费,即

$$Y = C + I + G \tag{9-11}$$

另一方面,从收入的角度看,由于存在政府活动,家庭的总收入只有在交完税以后才能用于消费或储蓄,因此,国民收入总等于消费加储蓄再加上税收,即

$$Y = C + S + T \tag{9-12}$$

由于,$C+I+G=Y=C+S+T$,就有

$$I + G = S + T$$

可得

$$I = S + (T - G) \tag{9-13}$$

式中:S 为居民储蓄;$(T-G)$ 为政府储蓄,这就是三部门经济中投资—储蓄恒等式。

三、四部门经济的恒等式

四部门经济是指由厂商、居民户、政府和国外这四种经济单位所组成的经济社会。在四部门经济中,国外部门的作用是:一方面,本国商品和劳务可以对国外出口;另一方面,可以从国外进口商品和劳务。四部门经济中国民收入的构成也可以从支出和收入两个方面来加以分析。

一方面,从支出的角度看,国民收入等于消费、投资、政府购买和净出口的总和,用公式表示,即

$$Y = C + I + G + (X - M) \tag{9-14}$$

另一方面,从收入的角度看,由于存在外贸活动,家庭的总收入不仅用于消费、储蓄、交税,还有可能用于对外国人的转移支付。例如,1998年印尼发生海啸时,我国政府就进行了较大规模的经济和物资援助。这种对国外的转移支付(用 K_r 表示)也来自生产要素的收入。因此可得

$$Y = C + S + T + K_r \tag{9-15}$$

由于,$C+I+G+(X-M)=Y=C+S+T+K_r$,就有

$$I + G + (X - M) = S + T + K_r$$

可得

$$I = S + (T - G) + (M - X + K_r) \tag{9-16}$$

式中,S 为居民储蓄,$(T-G)$ 为政府储蓄,$(M-X+K_r)$ 为外国对本国的储蓄。这就是四部门经济中投资—储蓄恒等式。

第五节 国民收入核算的调整及其局限性

一、名义 GDP 和实际 GDP

由于 GDP 是用货币价值来衡量的,因此,一国 GDP 的变动有两个影响因素:一个是所生产的产品和劳务的数量变动;另一个是产品和劳务的价格变动。对于一国来讲,由

于价格上升而导致的GDP上升是没有任何意义的,因为产品和劳务的数量没有增加,人们的消费水平没有得到提高。所以,有必要将国内生产总值变动中的价格因素分离出来,只研究产品和劳务的数量变化。这就需要区别名义国内生产总值和实际国内生产总值两个概念。

名义国内生产总值(nominal GDP)是用生产产品和劳务的当期价格计算出来的国内生产总值,而实际国内生产总值(real GDP)是用之前某一年的基期价格计算出来的国内生产总值。

假设某国只生产两种产品,苹果和猪肉。以2000年为基年,现在需要核算2016年的名义GDP和实际GDP,2000年和2016年最终产品的数量和价格见表9.3。

表9.3 名义GDP和实际GDP

项目	2000年名义GDP	2016年名义GDP	2016年实际GDP
苹果	10万吨×1美元/吨=10万美元	20万吨×1.2美元/吨=24万美元	20万吨×1美元/吨=20万美元
猪肉	5万吨×10美元/吨=50万美元	10万吨×15美元/吨=150万美元	10万吨×10美元/吨=100万美元
合计	60万美元	174万美元	120万美元

从表中可以看出,从2000年到2016年,GDP名义上从60万美元增加到了174万美元,但实际只增长到了120万美元,即扣除物价上涨因素,GDP只增长了100%,即(120−60)÷60=100%,而名义上却增长了190%,即(174−60)÷60=190%。

GDP平减指数是名义GDP和实际GDP的比率。通过2016年名义GDP和实际GDP的比值,可以得到当年与基期年份相比价格变动的程度,即174÷120=145%,说明从2000年到2016年该国平均价格水平上升了45%,在这里,145%称为GDP平减指数。在实际分析中,为了消除价格水平的变动,通常用GDP平减指数来反映GDP的真实变动。

$$GDP\ 平减指数 = \frac{某年名义GDP}{某年实际GDP} \times 100\% \tag{9-17}$$

GDP平减指数是重要的物价指数之一,能反映通货膨胀的程度。只有根据实际GDP,才能准确反映国民经济的实际增长情况。

二、GDP的局限性

国内生产总值作为国民收入核算体系中最重要、最核心指标,代表了一国居民在一定时期内可以消费的产品和劳务的数量,因而能从总体上代表一国国民的经济福利水平,但GDP本身还存在着诸多缺陷与不足。

(一) GDP不能反映非市场交易

由于GDP是用市场价格来评价产品和劳务,没有把市场之外进行的活动包括进来,因此至少有两个方面的产出得不到反映:一是自给性产品和劳务的价值;二是地下经济活动产生的价值。

有些非市场活动在人们的日常生活中占有很重要的位置,比如家庭妇女做饭、照顾老人、养育儿童等。这些活动没有发生支付行为,按照国际标准,GDP 不反映这些活动。但是,如果这些工作由雇用的保姆来承担,顾主就要向保姆支付报酬,按照国际标准,相应的活动就必须反映在 GDP 中。在发达的市场经济国家,家务劳动市场化的程度比较高。比如,大多数家庭都把孩子送到幼儿园去看护,许多老人被送到养老院去照顾,许多家庭经常到餐馆里去就餐,等等。而发展中国家家务劳动市场化程度比较低,大部分家务劳动都是由家庭成员自己来承担。同样或几乎同样的家务劳动,发达的市场经济国家市场化程度高,对 GDP 的贡献就大;发展中国家市场化程度低,对 GDP 的贡献就小。因此,就这一点来说,发展中国家的 GDP 与发达国家的 GDP 并不完全可比。

另外,地下经济也是经济的一部分。从政府的角度看,地下经济是为了逃税和逃避管制或者由于生产的产品和劳务是非法的,由于这些活动并没有报告,因而在官方统计的 GDP 中漏掉了。

(二) GDP 不能反映经济增长的代价

有的国家经济增长是低消耗高效率的,而有的国家经济增长是高消耗低效率的。对于后一类国家,其往往为了发展经济,对资源采用低效的、掠夺式的利用,经济增长的同时带来了巨大的环境污染和生态破坏。在这种情况下,尽管国内生产总值增长了,却极大地伤及了一国的可持续发展能力。

可见,GDP 不能完全反映自然与环境之间的平衡,不能完全反映经济增长的质量与代价。这些缺陷使传统的国民经济核算体系不仅无法衡量环境污染和生态破坏导致的经济损失,相反还助长了一些部门和地区为追求高的 GDP 增长而破坏环境、耗竭式使用自然资源的行为。可以肯定的是,目前 GDP 数字里有相当一部分是靠牺牲后代的资源来获得的。有些 GDP 的增量用科学发展观去衡量和评价,不但不是业绩,反而是一种破坏。

【专栏 9-3】 中国经济增长的环境代价

古印度有一句格言:"空气、水和土地不是父辈给我们的礼物,而是我们向子孙的借款。"采伐树木时,GDP 在增加;把污染排放到空气和水中,GDP 在增加;GDP 反映增长,却不反映资源耗减和环境损失。

近年来,我国土地荒漠化速度加快,造成水土流失和沙尘暴由西向东不断蔓延,但这些在 GDP 中没有反映。阿联酋等国家靠出卖石油、木材等资源维持 GDP 增长。若干年后,资源卖光了,又会怎样呢?这样的 GDP 能是社会实际财富和社会生产力发展的反映吗?比如,沿淮河曾建有 1 500 多个小造纸厂,其产值给当地 GDP 带来增长。但小造纸厂造成的污染使沿河流域 1.2 亿百姓喝不上净水。如果治理就要花钱,但 GDP 中却没有体现。

中国的人均资源占有量很低,人均水资源为世界人均水平的 25%,石油探明储量为世界平均水平的 12%,天然气人均水平为世界平均水平的 4%。长期以来,我国经济增长的成本比国际水平高出许多,中国成为世界上单位 GDP 创造能耗最高的国家之一,万元 GDP 耗水量比国际水平高 5 倍,万元 GDP 总能耗是世界平均水平的 3 倍。当然,中国的能耗水平也在下降中,但是和国际标准相比还有很大差距。历史经验表明:质量差的高增长往往容易做到,只要层层政府部门都去搞几个大项目就可以实现。但是,却不能等同于为社会创造相应的财富,很多时候反而带来新的问题和隐患。

资料来源:约瑟夫·E.斯蒂格利茨.对我们生活的误测:为什么GDP增长不等于社会进步[M].北京:新华出版社,2011年1月1日.

(三)GDP不能反映经济增长的效率

今天的一个西红柿和20年前没什么两样,但是一架飞机或一辆汽车却和20年前有了很大区别。一些产品的质量(和价格)几乎每年都会发生变化。考虑一下计算机的迅速发展产生的问题。假如那些计算GDP的人们只使用计算机的市场价格进行计算,他们可能得出计算机产出上升缓慢,甚至是下降的结论,因为计算机的价格迅速下降。但是人们不应该只单纯地比较计算机的数量,否则将忽视新式计算机功能日益强大的事实。计算机产业的真实产出计算方法应该同时考虑质量的改进,但在GDP里面是无法反映出这一类问题的。当这种情况在经济中较为普遍时,GDP可能表现为下降,但是社会的效率和真正福利却在提高。

另外存在一种情况,如车辆在路上正常行驶,那是不产生GDP的;一旦发生车祸,那就需要牵引车甚至吊车,找保险公司定损理赔,然后送修理店交工人维修,还要购买使用汽车厂商提供的零配件。这些都反映在经济效益里面,就进入了GDP。于是,在车祸后数十人几天努力的基础上,为汽车修理业、汽车制造业、汽车销售业创造了一定数额的GDP。

又如,某地遭受百年未遇的特大洪水,大量房屋被冲毁,大片庄稼被淹没。次年,本地居民或支储蓄或举债务搞灾后重建,建筑运输等产业一片繁荣,这一年的GDP是往年的130%,但老百姓反倒感觉自己的生活质量比原来差了一大截。原因很简单,洪水把多年来的劳动成果毁于一旦,而劳动成果就是往年GDP的累积,这些GDP因为洪水瞬间消失。但是在GDP里,这种情况是不能被体现的。

(四)GDP不能反映人们的生活质量

同等规模的GDP,如果分配结构不同,贫富悬殊的社会总福利远小于公平合理的社会总福利。人均GDP的增加代表一个国家人民平均收入水平的增加,从而当一个国家的人均GDP增加时,这个国家的平均福利状况将得到改善;但是,也许由于收入分配的不平等,一小部分人得到了更多的收入,大多数人的收入并没有增加,或者增加得较少,因此他们的福利状况并没有得到改善,或者没有得到明显的改善。从人均GDP就看不出这种由于收入分配的差异而产生的福利的差异状况。如果A国与B国GDP总量相同,人均GDP也相同(即人口总量相同),但A国的收入分配比较均等,而B国的收入差距悬殊,显然这两国国民的生活水平是不尽相同的。

另外,闲暇、良好的工作条件是人们生活水平的一个重要组成部分,而GDP却不能反映这方面的状况。如果A国与B国GDP总量相同,但A国居民工作节奏慢,有大量的时间外出旅游、度假,而B国居民生活节奏快,整天忙忙碌碌、疲于奔命,显然这两国居民的生活质量是不同的。

由于 GDP 作为衡量经济发展水平的指标存在诸多的问题,因此,人们不断探索新的方法和新的测度指标。近年来,经济学家试图不断修正 GDP 数字的缺陷,以便使这些数字能够更好地反映社会生产与社会福利之间的关系。首先,人们对传统 GDP 数字的迷恋应该终止。为求 GDP 的增长不择手段必将陷入"增长的异化"——没有发展的增长,虚假无效的增长,短期行为的增长,不能持续的增长,结构失衡的增长,配置失灵的增长,机会主义的增长,偏离公正的、危害社会的增长。其次,在衡量一国的经济发展速度时,还应引进一些新的衡量标准,树立新的发展观,如一些经济学家提出了纯经济福利的概念;1989年美国经济学家戴利和科布提出了一套衡量国家进步的指标,其中包括计算财富分配的状况;1995 年联合国环境署提出可持续发展指标,包括社会、经济、环境、政府组织及民间方面的指标;同年世界银行开始利用绿色 GDP 来衡量一国或地区的真实国民财富。

【专栏 9-4】 GDP 不是万能的,但没有 GDP 是万万不能的

从 GDP 的含义到它的计算方法不难看出,GDP 只是用来衡量那些易于度量的经济活动的营业额,不能全面反映经济增长的质量。美国政治家罗伯特·肯尼迪(美国前总统约翰·肯尼迪之弟)曾说:"GDP 衡量一切,但并不包括使我们的生活有意义的东西。"这句话就是他在竞选总统的演说中对 GDP 这个经济指标的批评。他不是经济学家,但他的这段话颇受经济学家的重视。

越来越多的人包括非常著名的学者,对 GDP 衡量经济增长的重要性发生了怀疑。斯蒂格利茨曾经指出,如果一对夫妇留在家中打扫卫生和做饭,这将不会被列入 GDP 的统计之内,假如这对夫妇外出工作,另外雇人做清洁和烹调工作,那么这对夫妇和佣人的经济活动都会被计入 GDP。说得更明白一些,如果一名男士雇用一名保姆,保姆的工资也将计入 GDP。如果这位男士与保姆结婚,不给保姆发工资了,GDP 就会减少。

需要进一步指出的是,国内生产总值其中所包括的外资企业虽然在我们境内从统计学的意义上给我们创造了 GDP,但利润却是汇回他们自己的国家的。一句话,他们把 GDP 留给了我们,把利润转回了自己的国家,这就如同在天津打工的安徽民工把 GDP 留给了天津,把挣的钱汇回了安徽一样。看来 GDP 只是一个"营业额",不能反映环境污染的程度,不能反映资源的浪费程度,看不出支撑 GDP 的"物质"内容。在当今中国,资源浪费的亮点工程、半截子工程,都可以算在 GDP 中,都可以增加 GDP。

尽管 GDP 存在着种种缺陷,但这个世界上本来就不存在一种包罗万象、反映一切的经济指标,在我们现在使用的所有描述和衡量一国经济发展状况的指标体系中,GDP 无疑是最重要的一个指标。正因为有这些作用,所以我们说,GDP 不是万能的,但没有 GDP 是万万不能的。

三、国民经济核算方式的新实践

(一)我国修订完善国民经济核算体系

随着社会主义市场经济的发展,我国经济生活中出现了许多新情况和新变化,宏观经济管理和社会公众对我国国民经济核算产生了许多新需求。国民经济核算国际标准也发生了变化。2009 年,联合国等五大国际组织联合颁布了新的国民经济核算国际标准——

《国民账户体系2008》(2008年SNA)。为更加准确地反映我国国民经济运行情况,更好地体现我国经济发展的新特点,满足经济新常态下宏观经济管理和社会公众的新需求,实现与国民经济核算新的国际标准相衔接,提高我国国民经济核算方法和核算数据的国际可比性,国家统计局会同国务院有关部门及高等院校和科研机构,对2008年SNA和我国经济社会发展变化情况进行了深入研究,根据我国实际情况,借鉴其他国家的有益经验和做法,对《中国国民经济核算体系(2002)》进行了全面系统的修订,形成了《中国国民经济核算体系(2016)》。

2017年7月,国务院批复了国家统计局《关于报请印发〈中国国民经济核算体系(2016)〉的请示》,由国家统计局印发实施。在2002年核算体系的基础上,2016年核算体系主要在基本框架、基本概念和核算范围、基本分类、基本核算指标以及基本核算方法五个方面进行了系统修订。

一是调整了基本框架。2016年核算体系分为基本核算和扩展核算两大部分,为适应经济发展和经济管理需求,对两大部分核算内容都进行了调整、丰富和完善。在基本核算部分,调整了资产负债表的结构,重新设置了与2008年SNA基本一致的表式;增加了资产负债交易变化表和其他变化表;专门设立价格统计和不变价核算一章,反映货物和服务价格变化以及GDP和国民总收入的实际变化;调整了国际收支平衡表和国际投资头寸表的内容,与《国际收支和国际投资头寸手册》(第六版)进行了衔接;不再单独设置国民经济账户。在扩展核算部分,充实和调整了核算内容,将自然资源实物量核算表延伸到资源环境核算,调整了人口和劳动力核算,增加了卫生核算、旅游核算和新兴经济核算。

二是更新了基本概念和核算范围。针对经济发展出现的新情况、新变化和2008年SNA的建议,2016年核算体系引入了一些新的概念,拓展了部分核算范围。引入了"经济所有权"概念,改变了相关交易的记录方式;引入了"知识产权产品"概念,取消了原有的"无形生产资产"的概念;引入了"雇员股票期权"概念,将其作为雇员报酬;引入了"实际最终消费"概念,以客观反映我国居民的真实消费水平和我国政府在改善民生方面发挥的作用;扩展了生产范围,将自给性知识载体产品生产纳入生产范围;扩展了资产范围,将知识产权产品等纳入非金融资产的核算范围,将金融衍生品和雇员股票期权等纳入金融资产的核算范围。

三是细化了基本分类。参照2008年SNA,结合我国分类标准的发展变化,2016年核算体系调整和细化了一些基本分类。在机构部门分类中,单独设置了"为住户服务的非营利机构"部门,反映我国非营利组织的发展变化情况;增加了产品分类,将《统计用产品分类目录》作为国民经济核算的基本分类;细化了GDP支出项目分类,使其更加详细完整;调整细化了非金融资产分类,引入了知识产权产品等类别;修订了金融资产分类,引入了金融衍生工具和雇员股票期权等类别。

四是修订了基本核算指标。根据2008年SNA,结合我国社会主义市场经济发展出现的新情况和新变化,2016年核算体系修订了一些重要的国民经济核算指标的定义和口径范围。修订了"总产出"指标,按2008年SNA定义的"生产者价格"计算总产出;修订了"劳动者报酬"指标,将雇员股票期权纳入劳动者报酬;修订了"生产税净额"指标,进一步明确了我国生产税和生产补贴的核算范围;修订了"资本形成总额"指标,包含了研和开发、娱乐文学艺术品原件等知识产权产品;修订了"财产收入"指标,将非上市公司的红利、准公司的收入提取、养老金权益的应付投资收入等纳入财产收入;修订了"社会保险缴费"和"社会保险福利"指标。

五是改进了基本核算方法。2016年核算体系采用了与2008年SNA基本一致的核算方法,使得核算结果能够更加客观地反映我国有关经济活动的成果,提高国际可比性。调整了研究与开发支出的处理方法,将能为所有者带来经济利益的研究与开发支出不再作为中间投入,而是作为固定资本形成计入国内生产总值;改进城镇居民自有住房服务产出的计算方法,采用市场租金法计算城镇居民自有住房服务产出;改进了间接计算的金融中介服务产出的核算方法,采用了参考利率法;改进了中央银行产出的计算方法,依据服务性质区分为市场服务和非市场服务分别计算;改进非寿险服务产出的核算方法,对巨灾后的实际索赔进行了平滑处理。

实施《中国国民经济核算体系(2016)》的重要意义主要体现在以下几个方面:一是国民经济核算体系是反映国民经济运行状况的有效工具;二是国民经济核算体系是经济统计的基本框架;三是国民经济核算体系是开展国际比较的重要依据。

中国国民经济核算体系确定了一套全面、系统的基本概念、基本分类、核算原则、核算框架、基本指标和基本核算方法,是我国开展国民经济核算工作的标准和规范。根据这个标准核算的一整套国民经济核算数据,相互联系、协调一致,是经济分析的重要依据,是推进国家治理体系和治理能力现代化的重要基础。

(二) 绿色GDP

绿色GDP(green GDP)就是在GDP的基础上,扣除经济发展所引起的资源耗减成本和环境损失的代价之后的国民财富总量核算指标。绿色GDP占GDP的比重越高,表明国民经济增长的正面效应越高,负面效应越低,反之亦然。

多年来,国内外许多专家致力于绿色GDP核算体系的研究,取得了许多进展。但目前,学术界围绕绿色GDP还有许多争论,虽然世界上许多国家开始尝试绿色GDP,但世界上还没有一套公认的绿色GDP核算体系,也无一个国家政府正式公布绿色GDP数据。其中很重要的原因就是很多资源耗减成本和环境损失代价很难估价的。

从技术难点上说,GDP是以市场经济为前提的,它反映的是以货币为手段的市场价格信号,由于环境要素大部分没有进入市场买卖,所以如何衡量环境要素的价值就是一个难点。例如,砍伐一片森林,卖掉原木,原木的销售价格只可表达出原木的价值,但是森林同时还具有极大的生态价值,砍伐森林造成水土流失和物种减少,这个损失没有市场价格,就难以确定其价值。专家们已研究出了不少测算模型,可以在实践中逐步修正完善。

可持续发展是经济、环境、社会三大系统的协调发展,绿色GDP只是在GDP的基础上考虑了环境因素,只是在某种程度上反映了经济与环境之间的相互作用,并没有考虑经济与社会、环境与社会之间的相互影响。西方国家已经认识到这个问题,采取了一些政策导向。2004年我国也曾在一些城市试点考核绿色GDP,进行环保与政绩考核挂钩。

从观念的难点上说,绿色 GDP 意味着观念的深刻转变,意味着全新的政绩观。绿色 GDP 综合性地反映国民的真实净福利,实施绿色 GDP,发展的内涵和衡量标准就改变了,扣除了环境成本,一些地区的经济发展数据就会大大下降。这就要使人们的观念逐步有一个转变。尽管这是一个艰难的过程,但一定要转变这个观念。

总之,绿色 GDP 将"可持续发展"作为其出发点和落脚点。绿色 GDP 揭示了经济增长过程中的资源环境成本,成为新的发展观指导下经济增长方式转变的一个重要概念和指标。

(三) 国民幸福指数

国民幸福指数(gross national happiness, GNH)最早由南亚不丹王国的国王于 20 世纪 70 年代提出的,他认为政策应该关注幸福,并应以实现幸福为目标,人生基本的问题是如何在物质生活和精神生活之间保持平衡。在这种执政理念的指导下,不丹创造性地提出了由政府善治、经济增长、文化发展和环境保护四级组成的"国民幸福总值"指标。旅游是不丹很有发展潜力的产业,但不丹不是"来者不拒,多多益善",而是采取了一种限制规模的旅游发展模式,从来不在国际上搞大型的促销宣传。不丹限制入境旅游者的总数,实行"高质量、高价格、全包价"的做法。政府对旅游经营者制定了《工作手册》,对旅游者有《行为规范》。虽然不丹每年从旅游业获得的收入仅 300 万美元,但足以保持旅游业稳定发展,而对社会自然的影响则很小。

【专栏 9-5】 英国制定国民幸福指数衡量国民生活质量

2010 年 11 月,英国首相卡梅伦提出,全球通用的用经济活动衡量幸福标准的方法已经不再适用了,英国将引入"国民幸福指数"来衡量国民的生活质量和整体幸福感,并且作为未来政府决策的核心指标。卡梅伦邀请国家统计局制定出衡量国民幸福程度的方法。经过 5 个月的全民讨论,共计 34 000 多人通过互联网或统计部门在全国各地组织的 175 次活动给出了他们的答案。英国国家统计局于 2011 年 4 月推出了英国第一套"国民幸福指数",包括健康、与亲友的关系、工作满意度、经济安全度、目前和将来的环境状况以及教育和培训等指标。新的"国民幸福指数"衡量法将帮助政府聚焦在如何让国民的生活变得更有意义,而不仅仅只是提升其物质生活水平。加拿大也在调查引入类似方案的可行性,法国也曾宣布有意将幸福度作为评估法国经济发展的标准之一。看来,追求国民生活的整体满意度和幸福度,已经成为全球越来越多国家的共同诉求。

资料来源:中国新闻网,http://www.chinanews.com/,2014 年 6 月 9 日。

【专栏 9-6】 2009 年中国幸福指数调查报告:公务员幸福感排名第一

2010 年 3 月发布的"2009 中国幸福指数调查报告"显示,2009 年中国人幸福感指数得分 69.84,总体感觉比较幸福。报告显示,影响中国人幸福感最重要的三项是经济、社会环境和娱乐。调查结果还包括:男人比女人幸福,北方人普遍比南方人感到幸福,中国幸福感最强的地方是华北。在"职业与行业"的分类幸福感调查这一项,公务员的幸福感排名第一。调查数据显示,公务员在家庭、婚姻方面的幸福感体验尤其显著。据介绍,这项调查由江苏卫视牵头,历时 3 个月,涉及全国除港澳台外的所有省市自治区的城乡,取样 1.5 万余份样本。

资料来源：吴伟，《新京报》，2010 年 4 月 1 日。

【专栏 9-7】《2017 年全球幸福报告》

2017 年 3 月 20 日，即联合国的"国际幸福日"，联合国发布了《2017 年全球幸福报告》。该报告基于 2014—2016 年的多项调查数据，量化了每个国家公民的主观幸福感，并解释了幸福的原因。

报告显示，在全球 155 个国家中，挪威人是全世界最幸福的人，和丹麦、冰岛、瑞士与芬兰这 4 个国家位列全球幸福指数榜单的前 5 位，中非共和国则排在最后一位。美国从之前的第 13 位降为第 14 位，中国大陆则从 2016 年的 83 位上升到了 79 位。中国香港地区在这份幸福排行榜上名列第 71 位。

联合国的这份幸福报告的依据其实很简单，主要依靠每一年向每个国家超过 1 000 位公民提一个简单并且主观的问题："想象一个阶梯，0 即最底端，代表生活非常糟糕，10 为最顶端，代表生活再幸福不过。你个人觉得你此时处于哪一个等级。"超过 1 000 人给出的分数的平均值即是幸福指数。根据调查的结果，最幸福的挪威人给出了 7.54 分的幸福平均数，而垫底的中非共和国人只有 2.69 分。虽然报告的依据很简单，但它试图通过数据分析来解释为什么一个国家会比另一个国家更幸福。考量的因素包括经济实力（主要通过人均 GDP 衡量）、社会支持、寿命、自由程度、宽容度和腐败程度等。

从最近两年的幸福报告来看，中国人的幸福感有所提高，从 2016 年报告中的第 83 位提高到了今年的第 79 位。但该报告在第三章中专门分析了 1990—2015 年中国人的幸福感和物质变化。该报告称，在过去的 40 多年里，中国人的物质水平、生活质量和人均寿命都有了显著的提高，但就主观的幸福感而言，如今的中国人还不如 25 年前的中国人那么幸福。

报告的最后一章专门分析了美国人的幸福状况，标题为"恢复美国人的幸福感"。报告解释了为什么在美国经济逐渐复苏和改善的情况下，美国人的幸福指数却在下滑。报告的作者表示："美国可以而且应该通过解决美国多方面的社会问题——加剧的不公平感、腐败、孤立感和不信任——来提高人们的幸福感，而不是只聚焦在经济增长上。""美国真正的危机在短期内是社会危机而不是经济危机。"参与发布这份报告的联合国可持续发展解决方案网络负责人萨克斯担心，美国总统特朗普的政策可能会让事情变得更糟糕。因为，这些政策把主要目标瞄准了经济上的不公平，比如给企业和个人减税、废除覆盖了买不起医保人群的医改法案等。报告还提出，"白领们"的幸福感超过"蓝领们"。同时，高收入所带来的幸福边际效益会递减。也就是说，对于低收入人群来说，工资提高 100 美元所获得的幸福感会远远高于高收入人群。

资料来源：新浪财经，http://finance.sina.com.cn/，2017 年 3 月 21 日。

虽然我国经济总量看起来很大，但人均数据却处于较低的水平；而且，我国城乡居民收入增长缓慢，落后于我国经济的增长，基尼系数长期位于警戒线以上，贫富差距较为明显，高昂的房价与社会保障的缺失，这些都进一步导致国民幸福感的减少。根据中国社科院发布的报告，北京住房价格快速上涨严重超过了一般家庭的支付能力，一般家庭需要

25年的收入才能买得起一套90平方米的住宅,房价收入比为25∶1,这也意味着一般家庭一旦买房,将要做25年的房奴。可以看出,经济持续快速增长和国民幸福的持续增加,并不具备完全正相关的关系。

(四)人类发展指数

人类发展指数(human development index,HDI)是由联合国开发计划署(UNDP)在《1990年人文发展报告》中提出的,用以衡量联合国各成员国经济社会发展水平的指标,主要测量一个国家在人类发展的三个基本方面的平均成就:一是健康长寿的生活,用出生时预期寿命表示;二是知识,用成人识字率以及小学、中学和大学综合入学率表示;三是体面的生活水平,用人均GDP(购买力平价美元)表示。如果某国或地区的人类发展指数高于0.80,则是高人类发展水平;指数在0.50~0.79是中等人类发展水平;低于0.50则是低人类发展水平。

【专栏9-8】 联合国人类发展指数中国大陆排名第90

联合国开发计划署(UNDP)公布最新的《人类发展报告》(Human Development Report 2015),在"人类发展指数"(HDI)排名中,前三名依序是挪威、澳洲、瑞士。中国香港在全球排名第12,中国大陆则排名第90。

联合国开发计划署12月14日发布的报告显示,排名前五位的国家或地区依次是挪威、澳洲、瑞士、丹麦及荷兰。在亚洲区排名最高的是新加坡,排第11,中国香港排名第12,较去年上升3位,韩国排名第17,日本排名第20,中国大陆则排名第90。

欧洲国家的排名均在前列,德国和爱尔兰同排名第6,美国排名第8,加拿大和新西兰排名第9,英国排名第14,法国排名第22。

尽管人类发展有所改善,但报告指出,全球有2.04亿人处于失业状态,一天生活费不足2美元的劳动贫困人口达到约8.3亿。此外,全球发展仍然不均,全球八成人口争夺6%的财富,到2016年,最富有的1%人口会增加五成,工人所得比例却日益下降。报告呼吁,为提高国民生活水平,须采取改善劳动环境的政策。

人类发展指数是根据寿命、教育水平(成人识字率与粗在学率)、生活水准(以购买力平价计算的平均每人GDP)等三大领域为指标,对全球188个国家或地区进行评比。

资料来源:凯迪网络,http://club.kdnet.net/,2016年12月16日。

HDI是对传统的GDP指标挑战的结果,但是一些专家、学者在肯定人类发展指数优势的同时,认为HDI也存在着不足,应该进行适宜的修正和改进,建立一个更能全面反映人类发展的尺度,这个尺度将政治自由、保障人权、自尊和生态环境等都包含在内,利用这个尺度来反映人类发展的进度,为决策者提供政策选择。

(五)国内发展指数

国内发展指数(measure of domestic progress,MDP)是由英国新经济学基金会组织、由萨里大学教授蒂姆·杰克逊领衔创设的。他认为经济发展带来了令人无法接受的环境风险,这种发展不能确保社会进步。MDP是人类在探索经济增长与社会全面发展关系方面的一个成果,它弥补了 GDP 只重数量产值的缺陷,还考虑了诸如犯罪率、能源消耗、污染和政府投资、失业率等因素,考虑了经济增长带来的社会和环境成本。它比较全面地反映了国家的发展状况和可持续发展的目标,以及人民生活质量的提高。MDP 是对发展概念的一个深化,是对 GDP 的完善。当然,MDP 仍然是离不开 GDP 的,经济增长是个基础,特别是对于发展中国家,没有 GDP 的攀升,没有较快的经济增长,也就很难有社会的全面进步。

从西方创立 MDP,可以得出如下的启示:环境资源是一国的主要财富之一,一旦被破坏,恢复很难,我们必须对之加以严格的保护;环境破坏、工作条件恶化将导致医疗开支增加、财富损失,因此,预防、保护性开支等必须在 MDP 中有所体现;有时 GDP 增长了,但社会财富总量减少了,如抗震、抗洪的行动;贪污腐败、贫富差距扩大、公民权利受到压制,社会将处于不稳定之中,犯罪现象将激升,为此,全社会将付出巨大的预防和打击代价,因此,社会公正也必须体现在社会发展指标之中;谨慎投资、贸易平衡等关系到一国经济的健康发展,也必须对之有所体现;家庭劳动没有包含在 GDP 之中,应当反映在新的发展指标之中。

本 章 小 结

宏观经济学研究的是国家整体的经济运行,而对经济活动水平的测算又是通过一系列国民收入总量指标完成的。在国民经济账户体系中,最为重要的是国内生产总值(GDP)指标和国民生产总值(GNP)指标,两者都是通过对一国国民经济在某一特定时期所生产的所有最终产品和服务的价值进行加总而获得的,差别仅体现在国外要素净收入这一项上。

在国民经济核算体系中,主要有支出法、收入法与生产法来计算国内生产总值。支出法是统计四种类型的支出(消费 C、投资 I、政府购买 G 和净出口 NX)总和,收入法是加总所有生产要素的所得收入,生产法是统计不同生产部门的增加值。这三种方法是对经济运行从不同角度进行的测算,其所得的 GDP 总值从理论上来说是一致的。

除了 GDP、GNP 指标外,国民收入总量指标还包括:国内生产净值 NDP、国民收入 NI、个人收入 PI 及个人可支配收入 DPI。从 GDP 中减去一些不同项,即可得到 NDP、NI、PI 和 DPI,考虑物价变动因素,以名义 GDP 除以 GDP 平减指数,可得到实际 GDP。

国民收入核算体系是测算国民经济活动水平的一个重要方法和体系,但它也存在缺陷,如核算范围的局限性、核算内容的片面性、国际间的不可比较性等,针对这些缺陷,各国经济学家与国际组织都试图予以弥补,提出了若干办法。

人物介绍:库兹涅茨、斯通

案例分析

中国国民经济核算体系演变

中国国民经济核算体系的建立和发展,大体可分为三个阶段。

第一阶段为中华人民共和国成立初期的 1952 年至 1984 年。这一阶段采用的是物质产品平衡表体系(MPS),它是当时高度集中的计划经济管理体制下的历史产物。

第二阶段为1985年至1992年。这一阶段是MPS和SNA两种核算体系共存阶段。当时采用两种体系相互并存的方式,主要是因为当时中国实行的是有计划的商品经济。加之,国际上苏联东欧等国家仍继续采用MPS体系。应当说,这两种体系共存的现象,深深打上了当时社会经济发展水平和经济理论发展制约的烙印,有着特殊的历史背景。1992年,中国在参照国际标准的基础上,成功地研制出符合中国实际的、能够把两种核算体系相互转换的《中国国民经济核算体系试行方案(1992)》并付诸实施,从而较好地解决了从计划经济向社会主义市场经济转换时期的核算问题。在这一阶段,国家统计局不仅发布以MPS的"国民收入"为核心指标的系列核算数据,同时还发布以SNA的"国内生产总值"为核心指标的系列核算数据,并且成功地解决了历史国民核算资料的相互衔接问题。

第三阶段为1993年至今。这一阶段是取消MPS、采用SNA基本核算框架、核算原则和方法,并结合中国的实际建立中国新国民经济核算体系的时期,也可称为与国际接轨时期。在此阶段,为了适应中国改革开放新形势发展及宏观经济管理的需要,中国新国民经济核算体系以联合国1993年SNA为基础,结合中国的具体情况,设计和编制了国内生产总值及其使用表、投入产出表、资金流量表、资产负债表、国际收支平衡表和一套国民经济循环账户,同时取消了MPS的国民收入等有关指标。

31省市区GDP之和超全国总量近3.5万亿元

国家统计局摆放在2011年"两会"新闻中心的一份统计信息资料显示,31省市区2010年实现的GDP加总之和为43.2738万亿元,超出其公布的全国总量近3.5万亿元。对此,中国人民大学经济学院教授陶然表示,他的结论与国家统计局此前的口径类似,认为主要是各地统计的数据存在重复计算的问题。"比如一家大型公司,在各地均有分支机构,公司总部算进去各分公司营收之和。而各地又将各分公司营收纳入统计。因此,经常出现各地GDP总和大于国家统计局发布的数据。"在现有统计方法之下,无法避免地方政府存在虚报数据的问题,所以现在关键是要将统计数据"夯实",出口与消费统计数据不易失真,投资这一部分,统计的数字不能仅看纸面上的,而是要统计有多少投资最终转化为实物工作量。

资料来源:徐海瑞.潇湘晨报.2011-03-03.

课后练习题

一、名词解释

1. 国内生产总值:是指一个国家(或地区)范围内所有居民在一定时间内(通常是一年)所生产的最终产品和劳务的市场价值总和。

2. 国民生产总值:是指一个国家(或地区)所有本地居民在一定时期内(通常是一年)所创造出的最终产品和劳务的市场价值总和。

3. 国民收入:一个国家一年内提供各种生产要素的所有者获得的收入总和。

4. 名义国内生产总值:是用生产产品和劳务的当期价格计算出来的国内生产总值。

5. 实际国内生产总值：是用之前某一年的基期价格计算出来的国内生产总值。

二、单项选择题

1. 宏观经济学包括的内容有（　　）。
   A. 总产出是如何决定的　　　　　　　B. 什么决定就业和失业总量
   C. 什么决定一个国家发展的速度　　　D. 以上说法全都正确

2. 在宏观经济学创立过程中起了重要作用的一部著作是（　　）。
   A. 亚当·斯密的《国富论》　　　　　　B. 大卫·李嘉图的《赋税原理》
   C. 马歇尔的《经济学原理》　　　　　　D. 凯恩斯的《就业、利息和货币通论》

3. 宏观经济学（　　）。
   A. 解释为什么家庭消费者为他们的抵押品偿付的利率要高于政府所偿付的利率
   B. 探讨利率平均水平波动的决定因素
   C. 指出利息超过15％是不公平的
   D. 指出通货膨胀时借入者会剥削借出者，获得不公平的利息

4. 以下变量除了（　　），都是流量。
   A. 个人可支配收入　　B. 消费支出　　C. 个人财富　　D. GDP

5. "面粉是中间产品"这一命题（　　）。
   A. 一定对　　　　　　　　　　　　　　B. 一定不对
   C. 可能对也可能不对　　　　　　　　　D. 以上答案都对

6. 在经济学的定义中，投资包括（　　）。
   A. 任何企业存货的增加　　　　　　　　B. 储蓄账户上的现金增加
   C. 购买普通股票或优先股票　　　　　　D. 购买耐用品，如汽车、冰箱等

7. 在下列四种情况中作为最终产品的是（　　）。
   A. 公司用于联系业务的小汽车　　　　　B. 工厂用于运送物品的小汽车
   C. 旅游公司用于载客的小汽车　　　　　D. 汽车制造厂生产出来的小汽车

8. 在核算国民收入时，（　　）会被计入"投资"项目。
   A. 购买私人用汽车　　　　　　　　　　B. 购买新房屋
   C. 购买洗衣机　　　　　　　　　　　　D. 购买金币

9. 下列（　　）计入GDP。
   A. 购买一辆用过的旧自行车　　　　　　B. 购买普通股票
   C. 汽车制造厂买进10吨钢板　　　　　　D. 银行向某企业收取一笔贷款利息

10. 在下列四种产品中应该计入当年国内生产总值的是（　　）。
    A. 当年生产的拖拉机
    B. 去年生产而在今年销售出去的拖拉机
    C. 某人转售二手拖拉机
    D. 生产商今年计划明年生产的拖拉机

11. 已知某国的资本品存量在年初为10 000亿美元，它在本年度生产了2 500亿美元的资本品，资本消耗折旧是2 000亿美元，则该国在本年度的总投资和净投资分别是（　　）。

A. 2 500 美元和 500 美元 B. 12 500 美元和 10 500 美元
C. 2 500 美元和 2 000 美元 D. 7 500 美元和 8 000 美元

12. 经济学上的投资是指（　　）。
    A. 企业增加一笔存货 B. 建造一座住宅
    C. 企业购买一台电脑 D. 以上都是

13. 下列（　　）项不属于要素收入但被居民收到了。
    A. 租金 B. 职业经理人年薪
    C. 工资 D. 养老金

14. 如果个人收入等于 580 元，而个人所得税等于 110 元，消费等于 430 元，个人储蓄为 40 元，个人可支配收入则等于（　　）元。
    A. 500　　　　B. 470　　　　C. 460　　　　D. 400

15. 三部门经济中，总需求的表达式为（　　）。
    A. 总需求＝消费＋投资＋政府支出 B. 总需求＝消费＋储蓄＋税收
    C. 总需求＝消费＋投资 D. 总需求＝消费＋政府支出＋出口

16. 今年的名义国内生产总值大于去年的名义国内生产总值，说明（　　）。
    A. 今年物价水平一定比去年高
    B. 今年生产的产品和劳务总量一定比去年多
    C. 今年的物价水平和实物产量水平一定都比去年高
    D. 以上三种说法都不一定正确

17. 在四部门经济中，哪种变动会使国民收入下降？（　　）。
    A. 税收增加，或进口上升 B. 出口提高，或税收降低
    C. 出口上升 D. 进口下降

18. 宏观经济的研究包括下列哪些课题？（　　）
    A. 通货膨胀
    B. 失业和经济增长的根源
    C. 为实现经济目标，可以制定经济政策以增加取得成功的可能性
    D. 上述答案都正确

19. 国内私人总投资是指（　　）。
    A. 私人投资加上公共投资
    B. 净投资加上资本折旧
    C. 经过按物价变动幅度调整之后的净投资
    D. 净投资加上净出口

20. "外生变量"与"内生变量"之间的相同点与区别点在于（　　）。
    A. 都必须由模型中不包括的关系决定
    B. 外生变量值由模型外部决定而内生变量值由模型内部决定
    C. 外生变量由模型内部决定，内生变量由模型外部决定

D. 内生变量是确定的,而外生变量则不是

三、多选题

1. 下列哪些项目属于投资行为?(　　)
   A. 私人购买二手房　　　　　　　　B. 居民购买中央政府债券
   C. 企业增加存货　　　　　　　　　D. 企业购买新设备

2. 消费支出包括(　　)部分。
   A. 耐用品消费支出　　　　　　　　B. 非耐用品消费支出
   C. 劳务支出　　　　　　　　　　　D. 非公司业主收入

3. 三部门经济模型包括(　　)部门。
   A. 家庭　　　　B. 国外　　　　C. 企业　　　　D. 政府

4. 下列选项不属于政府转移支付的是(　　)。
   A. 退伍军人的津贴　　　　　　　　B. 贫困家庭的困难补助
   C. 政府支付给教师的工资　　　　　D. 政府用于国防建设的支出

5. GDP 核算不反映以下(　　)交易。
   A. 购买一幢别人以前拥有的住房,支付给中介 6% 的中介费
   B. 新建但未销售的住房
   C. 与朋友打赌赢得 100 元
   D. 大学生每月获得的生活补贴

6. 下列说法中,(　　)不是 GDP 的特征。
   A. 它是从地域角度衡量的
   B. 它测度的是最终产品和劳务的价值
   C. 它只适用于给定的时点
   D. 它测度的是销售的产品价值

四、判断题

1. 根据萨伊定律,有效需求不足是市场经济运行的常态。(　　)
2. 凯恩斯认为供给创造需求,有多大供给就有多大需求,总供求必相等。(　　)
3. 今年建成并出售的房屋的价值和去年建成而在今年出售的房屋的价值都应计入今年的国内生产总值。(　　)
4. 居民购买住房属于个人消费支出。(　　)
5. 国民生产总值衡量的是一国国民的收入。(　　)
6. 今年的名义 GDP 大于去年的名义 GDP,则今年的实物产量水平比去年提高了。(　　)
7. 今年的名义 GDP 大于去年的名义 GDP,则今年物价水平比去年高了。(　　)

五、计算题

1. 某年发生了以下活动:(a)一银矿公司支付 8.5 万美元工资给矿工,让其开采了 60 千克银卖给一银器制造商,售价 12 万美元;(b)银器制造商支付 6 万美元工资给工人,

让其造了一批项链卖给消费者,售价 50 万美元。计算:①用支出法计算 GDP;②用收入法计算 GDP;③用生产法计算 GDP。

2. 假设国内生产总值是 5 000,个人可支配收入是 4 100,政府预算赤字是 200,消费是 3 800,贸易赤字是 100,(单位为亿元)试计算:①储蓄;②投资;③政府支出。

3. 假设一国有下列国民收入统计资料。试计算国内生产净值、净出口、政府税收减去政府转移支付后的收入、个人可支配收入、个人储蓄。

国内生产总值	4 800
总投资	800
净投资	300
消费	3 000
政府购买	960
政府预算盈余	30

4. 假定某经济社会有 A、B、C 三个厂商,A 厂商年产出 5 000 美元,卖给 B、C 和消费者。其中 B 买 A 的产出 200 美元,C 买 2 000 美元,其余 2 800 美元卖给消费者。B 年产出 500 美元,直接卖给消费者,C 年产出 6 000 美元,其中 3 000 美元由 A 买,其余由消费者买。

(1) 假定投入在生产中用完,计算价值增加多少。

(2) 计算 GDP 为多少。

(3) 如果只有 C 有 500 美元折旧,计算国民收入。

第十章

简单国民收入决定理论

本章导读

18世纪初,一个名叫孟迪维尔的英国医生写了一首题为《蜜蜂的寓言》的讽喻诗。这首诗叙述了一个蜂群的兴衰史。最初,蜜蜂们追求奢侈的生活,大肆挥霍浪费,整个蜂群兴旺发达。后来它们改变了原有的习惯,崇尚节俭,结果蜂群凋敝,终于被敌手打败而逃散。蜜蜂的故事说的是"节俭的逻辑",在经济学上叫"节俭悖论"。众所周知,节俭是一种美德,既然是美德,为何还会产生这个悖论呢?宏观经济学的创始人凯恩斯对此给出了令人信服的经济学解释。他认为从微观上分析,某个家庭勤俭持家,减少浪费,增加储蓄,往往可以致富;但从宏观上分析,节俭对于经济增长并没有什么好处:公众节俭将会导致社会总消费支出下降,社会总消费支出下降又导致社会商品总销量下降,产量下降又影响厂商生产规模缩小、失业人口上升,进而导致国民收入下降、居民个人可支配收入下降,最终社会总消费支出下降。1931年1月他在广播中断言,节俭将促成贫困的"恶性循环",他还说"如果你们储蓄五先令,将会使一个人失业一天"。凯恩斯的解释后来发展成为凯恩斯定理,即需求会创造自己的供给,一个国家在一定条件下,可以通过刺激消费、拉动总需求来达到促进经济发展和提高国民收入的目的。国民收入决定理论是宏观经济学的核心内容,本章将结合凯恩斯理论从不同角度来分析一下国民收入的决定。

第一节 均 衡 产 出

一、均衡产出的研究假设

为了说明一个国家的生产或收入是如何决定的,要从分析最简单的经济关系开始,讨论两部门经济国民收入的决定问题。为此,有必要先作些假设。

第一,假设该经济为两部门经济,只有厂商和居民户,社会中不存在政府,也不存在对外贸易,消费行为和储蓄行为都发生在居民部门,生产和投资行为都发生在厂商部门。

第二,假定厂商投资是自发性投资,即不随利率和产量而变动,是一个常数。

第三,假定不论需求量多少,经济社会均能以不变的价格提供相应的供给量。这就是说,社会总需求变动时,只会引起产量变动,不会引起价格变动。这在西方经济学中有时被称为凯恩斯定律。由于凯恩斯写作《就业、利息和货币通论》时,面对的是1929—1933年的大萧条,工人大批失业,资源大量闲置。在这种情况下,社会总需求增加时,只会使闲置的资源得到利用,使生产增加,而不会使资源的价格上升,从而产品成本和价格能保持不变。这就是所谓凯恩斯定律。凯恩斯认为在短期中,价格不易变动,或者说具有粘性。当经济社会需求变动时,企业首先考虑的是调整产量,而不是价格。

第四,假定折旧和公司未分配利润为零。即忽略 GDP 和 NDP 之间的区别,这样,GDP、NDP、NI 和 PI 就都相等了。

二、均衡产出的概念

均衡产出是和总需求相一致的产出,也就是经济社会的收入正好等于全体居民和厂商的支出。一个经济社会的产出或者说国民收入就决定于总需求。均衡是指一种不再变动的情况,当产出水平等于总需求水平时,厂商生产就会稳定下来。

举例来说,假定企业部门由于错误估计形势,生产了 1 200 亿美元的产品,但市场实际需要的只是 1 000 亿美元的产品,于是,就有 200 亿美元产品成为企业中非意愿存货投资或称非计划存货投资。这部分存货投资在国民收入核算中是投资支出的一部分,但不是计划投资的部分。在国民收入核算中,实际产出等于计划支出(或称计划需求)加非计划存货投资。但是均衡产出指的是和计划需求相一致的产出。所以,在均衡产出水平上,计划支出和计划产出正好相等,此时,非计划存货投资等于零。

三、国民收入的决定

当总需求与潜在产出有差距时,价格调整与数量调整都有可能发生,但价格调整发生很慢,而产出与就业调整比较迅速。具体来说,总需求所包含的消费、投资、政府支出等都可能在较短时间内变化,当这种变化出现时,首先引起产出的变化,然后是价格的变化,因此在短期中认为价格不变是个可行的假设。为什么厂商在短期中选择数量调整呢?有一种观点认为,大多数厂商都保留剩余的生产能力,当需求增加时,可以比平常生产更多,所以产出可以灵活变化,以满足市场需求。需求增加与减少可决定产出的增加与减少。

如果生产(供给)大于需求,企业非计划的存货水平就会上升,企业就会减少生产;如果生产小于需求,企业库存就会减少,企业就会增加生产。总之,企业总是根据市场销售情况来安排生产,会把产品生产水平调整到与产品需求相一致的水平上。

均衡产出或收入的条件 $E=y$,也可用 $i=s$ 表示,因为这里的计划支出等于计划消费加上计划投资,即 $E=c+i$。另一方面生产创造的收入等于计划消费加计划储蓄,即 $y=c+s$,这里的经济变量剔除了价格变动的影响。在两部门经济中,均衡条件 $E=y$,也就是 $c+i=c+s$,等式两边同时减去 c,就得到

$$i = s \tag{10-1}$$

需要指出的是,这个公式的含义是指国民收入达到均衡时,计划投资等于计划储蓄。这两者并非总是相等的,如果两者不相等,则宏观经济处于不均衡的状态。当 $i>s$ 时,说明 $c+i>c+s$,即总需求>总供给,社会生产是供不应求的;反之,当 $i<s$ 时,总需求<总供给,说明社会生产能力是过剩的。

第二节 凯恩斯的消费理论

一、消费函数

（一）消费函数的含义

消费是指居民户购买产品和劳务的行为。而消费函数(consumption function)是消费支出与影响它的各个因素之间的相互关系。影响消费的因素很多，如收入水平、价格水平、利率水平、收入分配、个人偏好等。凯恩斯认为，在这些变量中，对消费最有影响的变量是居民的收入水平。因此，这里的消费函数集中研究消费和收入之间的关系。

根据凯恩斯的观点，随着收入的增加，消费也会增加。所以，研究国民收入决定或变动时，可以假定消费只受收入的影响，则消费函数就表示社会消费支出与收入之间的关系。如果以 c 代表消费，以 y 代表收入，则消费函数为

$$c = c(y) \tag{10-2}$$

假定某家庭的消费和收入之间具有如表 10.1 所示关系，则此表说明了家庭消费随收入增加而不断增加的情况。从表中可以看出，当收入是 900 元时，消费为 911 元，当收入是 1 000 元时，消费为 1 000 元，当收入为 1 500 元时，消费为 1 336 元，消费随收入的增加而增加。

表 10.1 某家庭消费表　　　　　　　　　　　　　　　　　　单位：元

组别	收入 y	消费 c	边际消费倾向 MPC	平均消费倾向 APC
A	900	911		1.01
B	1 000	1 000	0.89	1.00
C	1 100	1 085	0.85	0.99
D	1 200	1 160	0.75	0.97
E	1 300	1 224	0.64	0.94
F	1 400	1 283	0.59	0.92
G	1 500	1 336	0.53	0.89

（二）边际消费倾向和平均消费倾向

边际消费倾向(marginal propensity to consume, MPC)是指增加的消费与增加的收入之比率，即增加 1 单位的收入中用于增加的消费部分的比率。公式表示为

$$\text{MPC} = \frac{\Delta c}{\Delta y} \tag{10-3}$$

或

$$\text{MPC} = \frac{\mathrm{d}c}{\mathrm{d}y} \tag{10-4}$$

凯恩斯认为，边际消费倾向的变动存在一个基本的心理规律，即随着收入的增加，人们的消费支出也增加，但消费支出增加的速度慢于收入增加的速度，因此，随着收入的增

加,增加的单位收入中消费支出所占的比例越来越小,这就是凯恩斯著名的"边际消费倾向递减规律"。从表 10.1 中可看出,当收入依次增加 100 元时,消费依次增加 89 元、85 元、75 元、64 元、59 元和 53 元,边际消费倾向呈现出递减的规律。

平均消费倾向(average propensity to consume,APC)是指任一收入水平上消费支出在收入中的比率。公式表示为

$$\text{APC} = \frac{c}{y} \tag{10-5}$$

从式(10-5)中可以看出,当 APC 等于 1 时,表示全部收入用于消费,储蓄为零;当 APC 大于 1 时,表示消费大于收入,出现负储蓄;当 APC 小于 1 时,表示除了消费外,还有剩余收入用于储蓄。

(三) 消费曲线

将表 10.1 中消费和收入之间的对应关系表示在坐标系中,就可得到消费曲线。在图 10.1 上,横轴表示收入 y,纵轴表示消费 c,45°线上任一点到横纵轴的垂直距离都相等,表示收入全部用于消费。$c=c(y)$ 曲线是消费曲线,表示消费和收入之间的函数关系。B 点是消费曲线和 45°线交点,表示这时候消费支出和收入相等。B 点左方,表示消费大于收入,B 点右方,表示消费小于收入。

消费曲线主要有以下特点:消费曲线与纵轴相交在原点以上(即消费总是大于零);消费曲线向右上方倾斜(即消费随收入的增加而增加);随着消费曲线向右延伸,这条曲线和 45°线的距离越来越大,

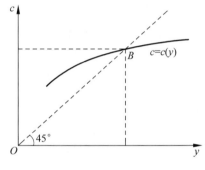

图 10.1 消费曲线

表示消费随收入增加而增加,但增加的幅度越来越小于收入增加的幅度;消费曲线上任一点的斜率,都是与这一点相对应的边际消费倾向,而消费曲线上任一点与原点相连而成的射线的斜率,则是与这一点相对应的平均消费倾向;随着这条曲线向右延伸,曲线上各点的斜率越来越小,说明边际消费倾向递减,同时曲线上各点与原点的连线的斜率也越来越小,说明平均消费倾向也递减,但平均消费倾向始终大于边际消费倾向,即 APC>MPC。由于消费增量只是收入增量的一部分,因此边际消费倾向总大于零而小于 1,但平均消费倾向则可能大于、等于或小于 1,因为消费可能大于、等于或小于收入。

(四) 线性消费曲线

消费可以分为两部分,第一部分是自发消费,这部分是为了维持生计而必须进行的基本消费。自发消费主要受地域和时间的影响,比如美国的自发消费水平比中国的要高,今天的自发消费水平比 50 年前的要高。自发消费部分之外的消费被称为引致消费,主要受到边际消费倾向和收入水平的影响。边际消费倾向越高,表示收入中用于消费的比例越大,引致消费就越高;反之,如果边际消费倾向越低,则表示收入中用于消费的比例越小,引致消费就越低。而引致消费水平与收入水平是正相关关系,收入越多,相应的消费水平

就越高;反之,收入越低,相应的消费水平就越低。

根据消费的特点和收入之间的关系,可以用线性方程来描述消费函数,其公式为

$$c = a + by \tag{10-6}$$

式中,a 和 b 都是大于零的常数,a 为自发消费部分,即收入为 0 时通过举债或动用过去的储蓄也必须有的基本生活消费,b 为边际消费倾向,b 和 y 的乘积表示收入引致的消费。因此,$c=a+by$ 的经济含义是:消费等于自发消费与引致消费之和。

当消费和收入之间呈线性关系时,消费函数就是一条向右上方倾斜的直线,消费函数上每一点的斜率都相等,并且大于 0 而小于 1,如图 10.2 所示。

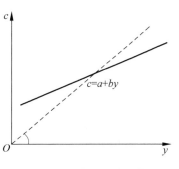

图 10.2 线性消费函数

二、储蓄函数

(一)储蓄函数的含义

储蓄是指收入中未被消费的部分。个人储蓄是指把收入或购买力暂时储存起来;企业储蓄是指企业把利润的一部分留存,作为以后的生产投入;政府储蓄是指政府收入大于政府支出的富余部分用于未来的支出。影响储蓄的因素很多,如收入水平、利率水平、收入分配、消费者财富、个人偏好以及制度、风俗、习惯等。

在研究国民收入决定和变动时,一般假定储蓄只受收入的影响,则储蓄函数(save function)就表示社会储蓄总量与收入之间的关系,公式表示为

$$s = s(y) \tag{10-7}$$

假定某家庭的储蓄和收入之间具有表 10.2 所示关系,则此表说明了家庭储蓄随收入增加而不断增加的情况。从表中可以看出:当收入是 900 元时,储蓄为 -11 元;当收入是 1 100 元时,储蓄为 15 元;当收入为 1 500 元,储蓄为 164 元,储蓄随收入的增加而增加。根据表 10.2,可以画出储蓄曲线。如图 10.3 所示。在图 10.3 中,横轴表示收入 y,纵轴表示储蓄 s。$s=s(y)$ 曲线是储蓄曲线,表示储蓄和收入之间的函数关系。B 点是储蓄曲线和横轴的交点,表示这时候收支平衡。在 B 点右方,表示有正储蓄,B 点以左表示负储蓄。随着储蓄曲线向右延伸,它和横轴的距离越来越大,表示储蓄随收入的增加而增加,且增加的幅度越来越大。

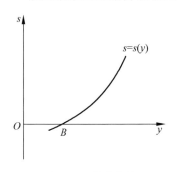

图 10.3 储蓄曲线

表 10.2 某家庭储蓄表   单位:元

组别	收入 y	消费 c	储蓄 s	边际储蓄倾向 MPS	平均储蓄倾向 APS
A	900	911	-11		-0.01
B	1 000	1 000	0	0.11	0
C	1 100	1 085	15	0.15	0.01

续表

组别	收入 y	消费 c	储蓄 s	边际储蓄倾向 MPS	平均储蓄倾向 APS
D	1 200	1 160	40	0.25	0.03
E	1 300	1 224	76	0.36	0.06
F	1 400	1 283	117	0.41	0.08
G	1 500	1 336	164	0.47	0.11

(二) 边际储蓄倾向和平均储蓄倾向

由表 10.2 可发现，储蓄随着收入的增加而增加，且随着收入的增加储蓄增加得越来越多，也就是增加的储蓄与增加的收入比率不断增大。我们把增加的储蓄与增加的收入之间的比值称为储蓄倾向，储蓄倾向主要有边际储蓄倾向和平均储蓄倾向。

边际储蓄倾向(marginal propensity to save, MPS)是储蓄增量与收入增量的比率，公式表示为

$$\text{MPS} = \frac{\Delta s}{\Delta y} \tag{10-8}$$

或

$$\text{MPS} = \frac{\mathrm{d}s}{\mathrm{d}y} \tag{10-9}$$

平均储蓄倾向(average propensity to save, APS)是指任一收入水平上储蓄在收入中所占的比率，公式表示为

$$\text{APS} = \frac{s}{y} \tag{10-10}$$

(三) 线性储蓄曲线

储蓄和收入之间可以用以下线性方程式表示：

$$s = -a + (1-b)y \tag{10-11}$$

式中，a、b 都是常数，a 为自发消费，b 是边际消费倾向，$(1-b)$ 是边际储蓄倾向。$(1-b)y$ 表示由收入所引致的储蓄，即与收入相关的那部分储蓄。因此，$s = -a + (1-b)y$ 的经济含义是：储蓄等于收入所引致的储蓄减去自发消费。

储蓄函数方程式是从储蓄的定义和消费函数推导出来的。因为 $s = y - c$，$c = a + by$，所以 $s = y - c = y - (a + by) = -a + (1-b)y$，如图 10.4 所示。

结合图 10.4，可以看出储蓄函数具有以下两个性质：

第一，当储蓄曲线位于 A 点以下，表明 $s < 0$，此时为负储蓄区；当储蓄曲线位于 A 点时，表明 $s = 0$，此时表明收支相抵；当储蓄曲线位于 A 点以上，表明 $s > 0$，此时为储蓄区。

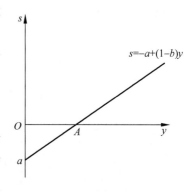

图 10.4 线性储蓄函数

第二,储蓄曲线向右上方倾斜,它和横轴的距离越来越大。这表明储蓄随着收入的提高而增加,储蓄是收入的增函数。

三、消费函数与储蓄函数的关系

消费函数和储蓄函数要说明的是消费、储蓄和收入之间的依存关系。决定消费和储蓄的最基本因素都是收入。可以看出消费函数和储蓄函数之间存在着以下关系:

第一,消费函数和储蓄函数互为补数,二者之和总等于收入,这种关系可以从图 10.5 中看出。在图 10.5 中,当收入为 y_0 时,即消费支出等于收入,储蓄为零。在 A 点左方,消费曲线 c 位于 $45°$ 线之上,表明消费大于收入,因此,储蓄曲线 s 位于横轴下方;在 A 点右方,消费曲线 c 位于 $45°$ 线之下,因此,储蓄曲线 s 位于横轴上方。

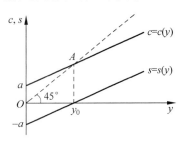

图 10.5　消费曲线和储蓄曲线的关系

第二,APC 和 APS 之和恒等于 1,MPC 和 MPS 之和也恒等于 1。原因如下:

由于 $y=c+s$,可得

$$\mathrm{APS} = \frac{s}{y} = \frac{y-c}{y} = 1 - \mathrm{APC}$$

所以

$$\mathrm{APS} + \mathrm{APC} = 1 \tag{10-12}$$

同样,全部收入的增加也只分为增加消费和增加储蓄:

$$\Delta y = \Delta c + \Delta s$$

即

$$\frac{\Delta y}{\Delta y} = \frac{\Delta c}{\Delta y} + \frac{\Delta s}{\Delta y}$$

所以

$$\mathrm{MPS} + \mathrm{MPC} = 1 \tag{10-13}$$

【专栏 10-1】　国情决定中国应保持适当储蓄率

世界经济发展史证明,一个国家必须保持恰当的储蓄率,否则对经济以及百姓将会带来影响。美国的过度超前消费、透支消费、低储蓄率,最终酿成金融风险,发生金融危机,最后经济、金融崩溃,民众失业增加,受危害最大的还是百姓。当然,一个国家储蓄率过高还表现为消费不振,同样对经济发展不利。

一个国家的储蓄率高低还与该国的国情、文化有关系。如果人口众多,社会保障覆盖率低,百姓就会自觉储蓄防老、防病、防不测;一个国家如果有勤俭持家、量入为出的传统习惯,储蓄率就会长期居于高位。

1998 年前后,中国的储蓄率大约 37.5%,2002 年后,储蓄率开始显著上升,到 2007 年,上升为 49.9%,2015 年储蓄率则为 48.4%,始终处于较高水平。

笔者认为,原因主要有三:一是随着中国经济的快速增长,百姓财富增加;二是在财富增加的情况下,适合百姓储蓄以外的投资品种缺乏,无法对储蓄资金有效分流;同时,中国的看病、养老、最低生活保障等社会保障体系不健全,百姓消费有后顾之忧,通过储蓄以养老、看病,以备不测,为未来支出做打算;三是中国百姓有喜爱储蓄、量入为出、勤俭持家的历史传统习俗。更为主要的是,随着1998年以后中国的全面市场化改革,百姓对未来就业的不确定性、收入支出的不确定性担忧,造成依靠增加储蓄来为未来着想的倾向大幅增加。比如,住房市场化、医疗市场化、教育市场化,百姓对未来这些项目支出的不确定性大大增加,促使百姓不得不通过积累储蓄预防这些项目支出。

对于有13亿人口,其中农业人口占近9亿的中国来说,建立完善的社会保障体系不可能一蹴而就。在短期内不可能全面覆盖的情况下,保持一定的储蓄率不仅必要,而且必须;反之,社会风险会更大。再者,中华民族勤俭持家、量入为出的传统习俗很难改变。同时,从保持经济平稳发展的角度来说,中国绝不能倡导美国式的超前消费。试想,在这次金融危机中如果中国也与美国一样储蓄率非常低,那么,金融危机的危害程度将会更大,经济复苏将会大大减缓,后果不堪设想。正是中国保持了高储蓄率,保持了流动性充足,才有挽救金融危机、拉动经济复苏的后劲和潜力。

笔者认为,不宜用降低利率等货币政策把百姓的储蓄逼出银行,而应通过增加百姓收入、加大社会保障、提供优质服务和提供具有吸引力的理财产品以及创新百姓投资渠道等方面,引导百姓自觉自愿消费、投资。中国还是要保持适度的储蓄率为最佳选择。

资料来源:余丰慧,新华网,2009年2月12日。

第三节　其他消费理论

从凯恩斯主义关于边际消费倾向递减和平均消费倾向递减的理论中,可以引申出的结论是:随着国民收入水平的提高,消费会越显不足,生产出来的产品和劳务会越来越难以销售。尽管凯恩斯主义消费函数取得了早期的成功,但很快出现了两种异常现象。这两种异常现象都涉及凯恩斯关于平均消费倾向随收入增加而下降的猜测。

第一个异常现象是,根据凯恩斯的消费函数,一些经济学家推测,随着经济中收入的一直增加,家庭收入中用于消费的比例越来越小。他们担心,没有足够的有利投资项目来吸引所有储蓄。如果是这样的话,低消费将引起产品与劳务需求不足,一旦政府的战时需求停止,就会引起衰退。换言之,根据凯恩斯主义消费函数理论,这些经济学家预言,除非用财政政策扩大总需求,否则经济将经历他们所说的长期衰退。然而,第二次世界大战的结束并没有使国家陷入另一次衰退,这对经济是幸运的,但对凯恩斯主义消费函数则是不幸的。虽然战后收入比战前有了大幅度增加,但这种较高收入并没有引起储蓄的大幅度上升。凯恩斯关于平均消费倾向随收入增加而下降的猜测看来不能成立了。

当西蒙·库兹涅茨构建追溯到1869年的消费与收入的数据时出现了第二种异常现象。库兹涅茨在20世纪40年代整理这些数据,并在以后因这项工作而获得诺贝尔奖。他发现,尽管在他所研究的时期中收入有了较大增长,但从一个10年到另一个10年,消费与收入的比率是稳定的。凯恩斯关于平均消费倾向随收入增加而下降的猜测又不能成立了。

长期衰退假说的失败和库兹涅茨的发现都表明,在长期中平均消费倾向是相当稳定的。

这个事实提出了关于消费研究的一个谜。经济学家想知道,为什么一些研究证实了凯恩斯的猜测,而另一些研究否认了这些猜测。这就是说,为什么在家庭数据研究和短期时间序列研究中凯恩斯的猜测得以成立,但在考察长期时间序列时却失败了。

一、相对收入消费理论

相对收入消费理论由美国经济学家詹姆斯·杜森贝里(J. S. Duesenberry)所提出。他认为消费者会受自己过去的消费习惯以及周围消费水平的影响来决定消费,从而消费是相对地决定的,因此得名。按他的看法,消费与所得在长时期维持一个固定比率,故长期消费函数系出自零点的直线,但短期消费函数则为有正截距的曲线。这不论从时间数列或从横断面观察都是如此。杜森贝里理论的核心是消费者易于随收入的提高增加消费,但不易随收入降低而减少消费,以致产生有正截距的短期消费函数。这种特点被称为"棘轮效应",即上去容易下来难。如图 10.6 所示。总之,杜森贝里的短期消费函数之所以有正截距,是由于消费者决定当期消费时,不能摆脱过去的消费习惯。因而当期消费决定于当期收入及过去的消费支出水平。

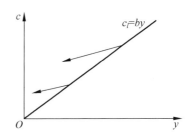

图 10.6　相对收入消费理论的消费函数

消费者的消费行为要受周围人们消费水准的影响,这就是所谓"示范效应"。就低收入家庭而言,它的收入虽低,但因顾及它在社会上的相对地位,不得不打肿脸充胖子提高自己的消费水平。这种心理会使短期消费函数随社会平均收入的提高而整体向上移动。

【专栏 10-2】　朱元璋与珍珠翡翠白玉汤

相传,朱元璋少时家贫,从没吃饱过肚子,17 岁那年他又因父母双双死于瘟疫,无家可归,被迫到家乡的黄觉寺当了一名小和尚,以图有口饭吃。但是,不久家乡就闹了灾荒,寺中香火冷落,他只好外出化缘。在这期间他历尽人间沧桑,常常一整天讨不到一口饭吃。有一次,他一连三天没讨到东西,在街上昏倒了,后为一位路过的老婆婆救起带回家,将家里仅有的一块豆腐和一小撮菠菜,红根绿叶放在一起,浇上一碗剩粥一煮,喂给朱元璋吃了。朱元璋食后,精神大振,问老婆婆刚才吃的是什么,那老婆婆苦中求乐,开玩笑说叫"珍珠翡翠白玉汤"。后来,朱元璋投奔了红巾军,当上了皇帝,尝尽了天下美味佳肴。突然有一天他生了病,什么也吃不下,于是便想起了当年在家乡乞讨时吃的"珍珠翡翠白玉汤",当即下令御厨做给他吃。那御厨无奈,只得用当初的配料放在一起,煮成汤献上,朱元璋尝后,觉得根本不对味,一气之下便把御厨杀了,又让人找来一位他家乡的厨师去做。这位厨师很聪明,他暗想:皇上既然对真的"珍珠翡翠白玉汤"不感兴趣,我不妨来个仿制品碰碰运气。因此,他便以鱼龙代珍珠,以红柿子椒切条代翡(翡为红玉),以菠菜代翠(翠为绿玉),以豆腐加馅代白玉,并浇以鱼骨汤。将此菜献上之后,朱元璋一吃感觉味道很好,与当年老婆婆给他吃的一样,于是下令重赏那位厨师。那厨师得了赏钱后,便告病回家了,并且把这道朱皇帝喜欢的菜传给了凤阳父老。

二、生命周期假说

美国经济学家弗兰科·莫迪利安尼(F. Modigliani)的生命周期消费理论与凯恩斯消费理论的不同之处在于,后者假定人们在特定时期的消费是与他们在该时期的可支配收入相联系的,而前者强调人们会在更长时间范围内计划他们的生活消费开支,以达到他们在整个生命周期内消费的最佳配置,如图10.7所示。

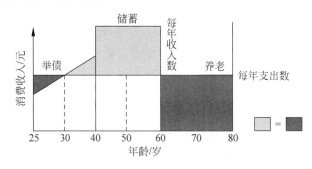

图 10.7　生命周期消费理论对消费的解释

一般说来,年轻人家庭收入偏低,这时消费可能会超过收入,随着他们进入壮年和中年,收入日益增加,这时收入会大于消费,不但可能偿还青年时代欠下的债务,更重要的是可以积些钱以备养老,等到年老退休,收入下降,消费又会超过收入,形成所谓负储蓄状态。总储蓄和总消费会部分地依赖于人口的年龄分布,当有更多人处于储蓄年龄时净储蓄就会上升。根据生命周期的消费理论,如果社会上年轻人和老年人比例增大,则消费倾向会提高,如果社会上中年人比例增大,则消费倾向会下降。除了想使自己一生平稳消费这一点,还有一系列因素会影响消费和储蓄。例如,当有更多人想及时行乐的话,储蓄就会减少;当社会建立起健全的社会保障制度从而有更多人享受养老金待遇时,储蓄也会减少;当社会上有更多人想留一笔遗产给后代时,社会总储蓄率就会提高,但很高的遗产税率又会影响这种储蓄积极性。

莫迪利安尼认为,理性的消费者要根据一生的收入来安排自己的消费与储蓄,使一生的收入与消费相等。

三、永久收入消费理论

美国经济学家米尔顿·弗里德曼(M. Friedman)的永久收入消费理论认为,消费者的消费支出主要不是由他的现期收入决定,而是由他的永久收入决定的。所谓永久收入是指消费者可以预计到的长期收入。永久收入大致可以根据所观察到的若干年收入的数值加权平均数计得。短期边际消费倾向较低的原因是,当收入上升时,人们不能确信收入的增加是否会一直继续下去,因而不会马上充分调整其消费。相反,当收入下降时,人们也不能断定收入的下降是否就一直会如此。因此,消费也不会马上发生相应的下降。然而,如果收入变动最终被证明是永久的,则人们就会在永久收入水平上充分调整其消费支出。

按这种消费理论,如果一个人认为自己的事业很有前途,这项事业将来会有更大发展,今后他会挣到更多的钱,他就会在当前不多的暂时收入之外借债消费。又如,经济繁荣时期,居民的收入水平提高,由于不能断定今后的收入会持续增长,故居民基本上按照原有收入来消费,消费不会增加太多,所以,经济繁荣时期的消费倾向低于长期平均消费倾向。反之,经济萧条时期,消费者不会减少太多的消费,此时消费倾向是高的,高于长期平均消费倾向。

弗里德曼认为,永久收入不仅包括劳动收入,而且还包括财产收入,因此,永久收入消费理论认为,消费不仅取决于收入,而且还取决于财产,这一点与生命周期假说相同。

四、影响消费的其他因素

在日常生活中,除收入外,对其他会影响消费行为的因素归纳如下。

(一) 利率

传统的看法认为,提高利率可刺激储蓄,但现代西方经济学家认为,提高利率是否会增加储蓄,抑制当前消费,要根据利率变动对储蓄的替代效应和收入效应而定。

什么是利率的变动对储蓄产生替代效应及收入效应?当利率提高时,人们认为减少目前消费,增加将来消费比较有利,从而鼓励他增加当期储蓄。利率提高使储蓄增加是利率变动对储蓄的替代效应。另外,利率提高使他将来的利息收入增加,会使他认为自己较为富有,以致增加目前消费,从而可能反而会减少储蓄。这种储蓄的减少是利率对储蓄的收入效应。利率如何影响他的储蓄,须视替代效应与收入效应之总和而定。就低收入者言,利率提高,主要会发生替代效应(因为他没有太多钱可收利息,利率提高也不会增加他将来的收入),故利率提高会增加储蓄。就高收入者而言,利率提高,主要会发生收入效应,从而可能会减少储蓄。但在一般情况下,利率提高会导致社会储蓄的增加,进而使消费水平下降。

(二) 价格水平

影响消费的另一因素为价格水平。所谓价格水平,是价格水平的变动,通过实际收入改变而影响消费。货币收入(名义收入)不变时,若物价上升,实际收入下降,若消费者要保持原有生活消费水平,则消费倾向(平均消费倾向)就会提高;反之,物价下跌时,实际收入上升,平均消费倾向就会下降。若物价与货币收入以相同比例提高,实际收入不变,照理不会影响消费,但假如消费者只注意到货币收入增加而忽略了物价上升,则会误以为实际收入增加,从而平均消费倾向也会上升,这种情况就是消费者存在"货币幻觉"。

(三) 收入分配

研究收入分配对居民消费需求的制约,对于启动消费具有重要意义。几乎所有消费需求的新变化,都可以从收入分配来解释。传统的刺激消费方法,如果加入收入差距因素,就难以扩大消费。因为随着收入分配差距的扩大,这些方法所带来的收入增量,主要流向了低消费率的高收入阶层,高消费率的中低收入阶层收入增长有限,即高收入家庭消费倾向较小,低收入家庭消费倾向较大,这样总的效果将是消费率的下降。

因此,国民收入分配越是平均,全国性的平均消费倾向就会越大;而收入分配越是不平均,全国性平均消费倾向就会越小。

(四) 预期

产生于 20 世纪 60 年代的理性预期学派进一步提出和强调了预期对消费的重要影响。这一学派的著名经济学家霍尔提出的理性预期消费函数理论已受到了越来越广泛的关注。

理性预期的消费函数理论认为,消费决定于收入和财产,财产取决于所有的未来收入,未来收入越多的人也就越富有。人们并不知道他未来可以获得多少收入,但他必须作出现期消费决策,为此,他就必须形成有关未来收入的预期。理性预期学派认为,人们通过利用所有可以得到的信息,可以对未来的收入和财产作出合乎理性的预期,即尽量使其预期值与未来的实际值相一致。人们根据这种对未来收入的预期来作出消费计划和消费决策,由于对未来收入的预期是理性的,因此,根据这种预期所作出的消费计划可以达到在未来时期他们认为最好的消费配置。这种根据理性预期而作出的消费计划就是长期消费函数稳定的原因。

理性预期的消费函数理论中,预期也会发生变化,但预期的变化只与信息的变化相关,这种引起预期变化的信息就是以前所没有掌握的新信息。信息的获得是随机的,因此,人们对未来收入和财产的估计也会发生随机性变化。由于消费计划是根据对未来收入和财产的预期作出的,所以,消费计划也会发生随机性变动,这就是短期消费函数波动的原因。

第四节　两部门经济中的国民收入决定及乘数

一、两部门经济中的国民收入决定

两部门经济是指只有厂商与居民户即家庭的经济。在这种经济中,居民户向厂商提供各种生产要素,并得到各种收入;厂商用各种生产要素进行生产,向居民户提供产品与劳务。

采用总需求—总供给法来决定均衡国民收入,就是使总需求等于总供给。总需求代表全社会对产品和劳务的需求,总供给代表全社会对产品和劳务的产出,当两者相等时,厂商刚好能将其想要卖出的产品和劳务卖掉,居民刚刚能买到他们想要购买的产品和劳务,因而这时的国民收入就是均衡国民收入。如果总需求超过总供给,厂商销售的产品和劳务可以多于产出的数量,则厂商会扩大生产,增加产出,直到总需求与总供给相等时为止;相反,如果总需求小于总供给,厂商生产的产品和劳务不能全部卖出去,则厂商会减少其产出直至总需求与总供给相等为止。可见,只有当总需求等于总供给时,厂商才既不会扩大生产也不会缩减生产,因而这时的国民收入是一种均衡的国民收入。

均衡收入指与计划支出相等的收入,而计划支出由消费和投资构成,即 $y=c+i$。为简化分析,先假设计划投资是一个给定量,不随利率和国民收入水平的变化而变化。根据这一假设,只要把收入恒等式和消费函数结合起来就可求得均衡收入。

$$y = c + i \quad (收入恒等式)$$
$$c = a + by \quad (消费函数)$$

解联立方程式,就得到了均衡国民收入:

$$y = \frac{a + i}{1 - b} \tag{10-14}$$

图 10.8 表示如何用消费曲线加投资曲线和 45°线相交决定收入。

图 10.8 中横轴表示收入,纵轴表示消费加投资,即总需求。此时投资被假定为一个常量,所以曲线发生平移,斜率不变,即在消费曲线(c)上加投资曲线(i)得到消费投资曲线($c+i$),这条曲线就是总需求曲线。总需求曲线与 45°线相交于 E 点,E 点决定的收入水平就是均衡收入。此时,家庭部门想要有的消费支出和企业想要有的投资支出的总和,正好等于收入(产出)。如果经济离开了这个均衡点,企业部门销售额就会大于或小于它们的产出,从而被迫进行存货负投资或存货投资(出现意外的存货减少或增加),这就会引起生产的扩大或收缩,直到回到均衡点为止。

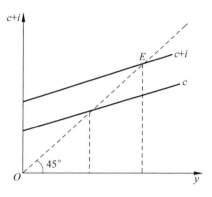

图 10.8 消费投资曲线和 45°线相交决定收入

如果投资增加而其他条件不变,总需求曲线就会平行向上移动,则总需求曲线与 45°线的交点就会向右边移动,因而均衡国民收入增加;相反,如果投资减少,则均衡国民收入也会减少。如果自发消费增加而其他条件不变,则总需求曲线也会平行向上移动,这会使均衡国民收入增加;相反,如果自发消费减少,则会使均衡国民收入减少。

二、两部门经济中的乘数

(一) 乘数的含义

乘数(multiplier)是指国民收入的变动量与引起这种变动量的最初注入量之间的比率。由乘数的定义可知,乘数是衡量国民收入影响因素的变化量与国民收入变化量之间倍数关系的一个指标,那么为什么国民收入影响因素的变化会引起国民收入成倍的变化呢?

乘数原理可以表述如下:若一国增加一笔投资(以 Δi 表示),那么,由此引起的国民收入的增加量(以 Δy 表示)并不限于原来增加的这笔投资,而是原来这笔投资的若干倍,即 $\Delta y = k \Delta i$(凯恩斯用自己的名字的第一个字母 k 表示 Δi 前面的系数),式中的 k 称为"投资乘数",k 之值通常是大于 1 的正数,故有乘数原理之称。

(二) 投资乘数

投资乘数(invest multiplier)指均衡国民收入的变化与引起这种变化的投资支出的

变化的比率。如果以 k 代表投资乘数，Δy 代表国民收入的变化，Δi 代表投资的变化，则投资乘数可表示为

$$k = \frac{\Delta y}{\Delta i} \tag{10-15}$$

投资之所以会产生乘数效应，是因为国民经济各部门之间是相互联系的，某一部门的一笔投资不仅会增加本部门的收入，而且会在国民经济各部门中引起连锁反应，从而增加其他部门的投资与收入，最终使国民收入成倍地增长。当总投资增加时，收入的增量将是投资增量的数倍。

当我们增加1 000亿元投资用来购买投资品时，实际上是用来购买制造投资品所需要的生产要素。因此，这1 000亿元经工资、利息、租金和利润的形式流入生产要素的所有者手中，即居民手中，从而居民收入增加了1 000亿元，这1 000亿元是投资对国民收入的第一轮增加。

也许你会说，1 000亿元投资怎么都会化为居民的收入呢？如果这1 000亿元投资是购买机器设备，难道这些机器设备中不包含制造机器设备所需要的原材料价值吗？难道这些原材料价值也会转化为居民的收入吗？西方学者解释这一问题的关键是要记住这1 000亿元投资购买的机器设备乃是最终产品。最终产品的价值是国民收入，也就是说，这批机器设备的价值等于为生产这批机器设备所需要全部生产要素（包括开采铁矿、炼钢铁、制造机器等整个生产序列中所需要的各种生产要素）所创造的价值，这些价值都被认为转化为工资、利息、地租和利润，因此，投资买1 000亿元机器设备，就会使收入增加1 000亿元。

假定在一个两部门经济社会中，投资增加了1 000亿元，边际消费倾向是0.8，当1 000亿元被用于购买投资品时，投资品生产部门得到1 000亿元的收入，导致社会收入第一次增加1 000亿元。由于边际消费倾向是0.8，这增加的1 000亿元中的800亿元会被用来购买消费品，消费品生产部门得到800亿元的收入，导致社会收入第二次增加了800亿元。同样，消费品生产部门也会将800亿元中的640亿元用于消费，导致社会收入第三次增加了640亿元。依此类推，国民收入最终增加的情况见表10.3。

表 10.3 投资增加1 000亿元导致的收入增量

收入增加次数	每次收入增加数量	每次增量
第1次	1 000	i
第2次	$1\,000\times0.8=800$	bi
第3次	$1\,000\times0.8^2=640$	b^2i
…	…	…
第n次	$1\,000\times0.8^{n-1}$	$b^{n-1}i$
收入总量增加	$1\,000+1\,000\times0.8+1\,000\times0.8^2+\cdots+1\,000\times0.8^{n-1}$	$i+bi+b^2i+\cdots+b^{n-1}i$

由表10.3的第二列可以计算出国民收入增量，计算过程如下：

$$\begin{aligned}\Delta Y &= 1\,000+1\,000\times0.8+1\,000\times0.8^2+1\,000\times0.8^3+\cdots\\&=1\,000\times(1+0.8+0.8^2+0.8^3+\cdots)\end{aligned}$$

$$= 1\,000 \times \left(\frac{1}{1-0.8}\right) = 5\,000(亿元)$$

也就是说,投资增加 1 000 亿元,最终导致国民收入增加了 5 000 亿元,也就是说投资乘数为 5 倍。同样,根据表 10.3 的第三列,可以计算出国民收入增量与投资增量之间用边际消费倾向表示的倍数关系:

$$\Delta y = \Delta i + b\Delta i + \Delta b^2 \Delta i + \cdots + b^{n-1}\Delta i$$
$$= \Delta i \times (1 + b + b^2 + \cdots + b^{n-1})$$
$$= \Delta i \times \left(\frac{1}{1-b}\right)$$

可见,在两部门经济中,投资乘数

$$k = \frac{\Delta y}{\Delta i} = \frac{1}{1-b} = \frac{1}{1-\mathrm{MPC}} = \frac{1}{\mathrm{MPS}} \tag{10-16}$$

从式(10-16)来看,乘数大小与边际消费倾向(边际储蓄倾向)有关,边际消费倾向越大或者说边际储蓄倾向越小,乘数就越大,投资增加带来的国民收入增量也就越大;当然此时如果投资减少,那么所带来的国民收入减量也就越大。可见,乘数效应的发挥是两方面的,是把"双刃剑"。

第五节 三部门经济中的国民收入决定及乘数

一、三部门经济中的国民收入决定

三部门经济是包括了厂商、居民与政府的经济。政府在经济中的作用主要是通过政府支出与税收来实现的。政府支出包括对产品与劳务的购买和转移支付,转移支付是政府不以换取产品和劳务为目的的支出。政府税收包括两类:一类是直接税,这种税是对财产与收入征收的税,它的特点是税收负担由纳税人直接承担,无法转移出去;另一类是间接税,这种税是对产品和劳务所征收的税,它的特点是税收负担不由纳税人直接承担,可以转嫁出去。

政府税收按照税率规定的不同,一般分为定量税和比例税两种。定量税是指政府所征收的税额与实际国民收入无关,是一个常量;比例税是指政府所征收的税额与国民收入相关,随国民收入变动而变动。为了便于研究,我们仅讨论定量税。

在三部门经济中,由于考虑了税收收入因素和政府转移支付因素,所以三部门的收支方程式为

$$y = c + i + g$$

消费函数为

$$c = a + by_d$$

其中 y_d 为可支配收入,而可支配收入等于总收入(或总产出)减去税收再加转移支付,即

$$y_d = y - t_0 + t_r \tag{10-17}$$

其中 t_r 代表转移支付,而 t_0 则代表税收。

将公式联立可求得均衡时的国民收入为

$$y = \frac{a + b(t_r - t_0) + i + g}{1 - b}$$

整理得均衡国民收入的公式：

$$y = \frac{a + i + g - bt_0 + bt_r}{1 - b} \tag{10-18}$$

二、三部门经济中的乘数

考虑到政府部门以后，不仅投资支出变动具有乘数效应，政府购买、税收和政府转移支付的变动同样具有乘数效应，因为政府购买性支出、税收和转移支付都会影响消费。下面就运用以上公式，来分别分析政府购买支出乘数、税收乘数、政府转移支付乘数和平均预算乘数。

（一）政府购买支出乘数

政府购买支出乘数是指收入变动与引起收入变动的政府购买支出变动的比率。用 k_g 表示政府购买支出乘数，Δy 表示收入变动，Δg 表示政府购买支出变动，则

$$k_g = \frac{\Delta y}{\Delta g} \tag{10-19}$$

假定除 g 之外，构成收入的其他因素保持不变，当政府购买支出从 g_1 变为 g_2 时，收入分别为

$$y_1 = \frac{a + i + g_1 - bt_0 + bt_r}{1 - b}$$

$$y_2 = \frac{a + i + g_2 - bt_0 + bt_r}{1 - b}$$

$$y_2 - y_1 = \Delta y = \frac{g_2 - g_1}{1 - b} = \frac{\Delta g}{1 - b}$$

整理得

$$k_g = \frac{\Delta y}{\Delta g} = \frac{1}{1 - b} \tag{10-20}$$

可见，政府购买支出乘数等于 1 减去边际消费倾向 b 的倒数，与边际消费倾向 b 成正比。由于 $1 - b > 0$，故 $k_g > 0$，即收入变动与政府购买支出变动呈同方向变动关系。

（二）税收乘数

税收乘数是指收入变动与引起收入变动的税收变动的比率。用 k_t 表示税收乘数，Δy 表示收入变动，Δt 表示税收变动，则

$$k_t = \frac{\Delta y}{\Delta t} \tag{10-21}$$

用上述推导方法，可得出税收乘数的另外一种表达式：

$$k_t = \frac{\Delta y}{\Delta t} = \frac{-b}{1 - b} \tag{10-22}$$

可见,税收乘数等于边际消费倾向 b 与 1 减去边际消费倾向 b 之比的负值,$k_t<0$ 表明收入变动与税收变动呈反方向变动关系。

(三) 政府转移支付乘数

政府转移支付乘数是指均衡国民收入变动与引起这种变动的政府转移支付变动之间的比率。用 k_{tr} 表示政府转移支付乘数,Δy 表示收入变动,Δt_r 表示政府转移支付变动,则

$$k_{tr} = \frac{\Delta y}{\Delta t_r} \tag{10-23}$$

政府转移支付乘数的另外一种表达式为

$$k_{tr} = \frac{\Delta y}{\Delta t_r} = \frac{b}{1-b} \tag{10-24}$$

可见,政府转移支付乘数等于边际消费倾向 b 与 1 减去边际消费倾向 b 的倒数,政府转移支付乘数与边际消费倾向 b 成正比,且政府转移支付乘数为正值,表明收入变动与政府转移支付变动成正比。

(四) 平衡预算乘数

平衡预算乘数是指政府收入和支出同时以相等的数量增加或减少时均衡国民收入变动与引起这种变动的政府收支变动之间的比率。

用 k_b 表示平衡预算乘数,Δy 表示政府支出和政府收入同时以相等的数量变动时国民收入的变动量,则

$$\Delta y = k_g \Delta g + k_t \Delta t = \frac{1}{1-b} \Delta g + \frac{-b}{1-b} \Delta t$$

由于政府支出和政府收入相等即 $\Delta g = \Delta t$,所以

$$\Delta y = \frac{1}{1-b} \Delta g + \frac{-b}{1-b} \Delta g = \frac{1-b}{1-b} \Delta g = \Delta g$$

同样得

$$\Delta y = \frac{1}{1-b} \Delta t + \frac{-b}{1-b} \Delta t = \frac{1-b}{1-b} \Delta t = \Delta t$$

因而

$$k_b = \frac{\Delta y}{\Delta g} = \frac{\Delta y}{\Delta t} = 1 \tag{10-25}$$

可见,平衡预算乘数等于 1。

比较 k_g, k_t, k_{tr},可知 k_g 的值最大。因此,改变政府购买支出水平是政府调控经济比较有效的手段。

第六节 四部门经济中的国民收入决定及乘数

一、四部门经济中的国民收入决定

四部门经济是包括了厂商、居民户、政府与国外部门的经济,又称开放经济。国外部

门对本国经济的影响是：作为国外生产要素的供给者，向本国提供产品与劳务，对本国来说，这是进口；同时，作为本国产品与劳务的需求者，向本国进行购买，对本国来说，这是出口。同时，国外部门向本国政府交纳关税。

（一）四部门经济中均衡的国民收入

在开放经济中，一国均衡的国民收入不仅取决于国内消费、投资和政府支出，还取决于净出口，即

$$y = c + i + g + nx \tag{10-26}$$

式中，nx 指净出口，为出口和进口之差额：$nx = x - m$，它现在成了总需求的一部分，其中出口表示本国产品在外国的销售，代表着国外对本国商品的需求。在总需求中引入进口是因为 $c+i+g$ 虽然代表着居民户、厂商和政府的全部支出，但并不意味着这些支出一定会全部花费在本国生产的产品上。厂商可能会购买外国设备，政府可能购买外国武器，居民户可能购买外国的消费品。因此，应当从国内总支出中扣除进口部分的支出，才是真正代表对本国产品的总支出或总需求，于是，$c+i+g+(x-m)$ 才成为对本国产品的真正需求。显然，进出口变动也会同其他变量（如消费、投资、政府购买、税收、储蓄等）一样，影响国民收入。

（二）进出口函数

在净出口 nx 中，当国民收入水平提高时，一般可假定 nx 会减少，而国民收入水平下降时，nx 会增加。这是因为，在 $nx = x - m$ 中，出口 x 是由外国的购买力和购买要求决定的，本国难以左右，因而一般假定是一个外生变量，即 $x = x_0$。反之，进口却会随本国收入提高而增加，因为本国收入提高后，人们对进口消费品和投资品（如机器设备、仪器等）的需求会增加。这样，可以把进口写成收入的一个函数：

$$m = m_0 + ry \tag{10-27}$$

式中，m_0 为自发性进口，即和收入没有关系或者说不取决于收入的进口部分，如本国不能生产，但又为国计民生所必需的产品，不管收入水平如何，是必须进口的。r 表示边际进口倾向，即收入增加 1 单位时进口会增加多少。

（三）四部门经济中均衡国民收入决定的模型

有了净出口以后，国民收入决定的模型可以表示如下：

$$y = c + i + g + x - m$$
$$c = \alpha + b y_d$$
$$y_d = y - t + t_r$$
$$t = t_0$$
$$i = i_0$$
$$g = g_0$$
$$t_r = t_{r0}$$
$$x = x_0$$

$$m = m_0 + ry$$

得四部门经济中均衡收入为

$$y = \frac{1}{1-b+r}(a + i_0 + g_0 - bt_0 + bt_{r0} + x_0 - m_0) \tag{10-28}$$

二、四部门经济中的乘数

采取同样的方法,再根据四部门经济中均衡国民收入的决定模型,可以得到四部门经济中各种乘数:投资乘数 k_i,政府购买乘数 k_g,税收乘数 k_t,政府转移支付乘数 k_{tr},对外贸易乘数 k_m。其中对外贸易乘数 k_m 反映的是一国净出口变动对其国民收入变动的影响,是三部门经济中所没有的。

$$k_i = \frac{1}{1-b+r} \tag{10-29}$$

$$k_g = \frac{1}{1-b+r} \tag{10-30}$$

$$k_t = \frac{-b}{1-b+r} \tag{10-31}$$

$$k_{tr} = \frac{b}{1-b+r} \tag{10-32}$$

$$k_m = \frac{1}{1-b+r} \tag{10-33}$$

从上述四个公式中可以看出,四部门经济的乘数与三部门经济的乘数并不相同。由于 $0 < r < 1$,因此,$\frac{1}{1-b} > \frac{1}{1-b+r}$。

可见,有了对外贸易以后,不仅净出口的变动,而且投资、政府支出、税收的变动对国民收入变动的影响,与封闭的三部门经济相比,也发生了变化。在三部门经济中,投资、政府购买支出增加 1 单位,国民收入增加 $\frac{1}{1-b}$ 倍,而在四部门经济中,国民收入则增加 $\frac{1}{1-b+r}$ 倍,也就是说国民收入增加的倍数缩小了。这主要是由于增加的收入一部分用到进口商品中的原因。

【专栏 10-3】 外贸对国民经济发展贡献日增

改革开放以来,尤其是进入 21 世纪后,在投资、消费和出口这拉动经济增长的"三驾马车"中,外贸出口对经济增长的贡献日益突出。国家统计局数据显示,2016 年中国货物进出口总值为 24.33 万亿元人民币。

作为连结国内产业和国际市场的桥梁,外贸不仅密切了我国同世界各国的经济合作关系,而且作为发展最快的行业之一,对国民经济发展作出了巨大的贡献。具体表现为以下几个主要方面。

第一,促进了经济增长和结构调整。外贸出口规模的扩大进一步提升了国内的生产加工能力,出口竞争的需要有力地促进了国内的产业结构调整升级和自主创新能力的提高,高新技术设备的进口对推进我国工业化进程和技术进步发挥了巨大作用。

第二,扩大了社会就业。外贸的发展会促进工商业的发展,带动其他行业连锁发展,各行业就会需要大量劳动人员。因此通过发展对外贸易促进劳动者就业在我国有非常重要的现实意义。

第三,增强了国家财政实力。进出口贸易会为国家创造税收,成为国家税收的重要税源,有助于增强一国的财政实力。

第四,平衡了国际收支。自1994年始,我国对外贸易外汇收入大量增加,目前外汇储备为3.18万亿美元(数据截至2017年7月,国家外汇管理局),外汇储备充足,增强了我国防御外部风险的能力。

第七节 乘数理论的适用性

虽然投资对国民收入具有成倍的扩张作用,即投资的增加会对国民收入产生乘数效应。但是乘数作用本身也要受到诸多前提条件的制约,现具体说明如下。

一、社会闲置生产能力

社会闲置生产能力的多少与乘数作用的发挥成正比关系。凯恩斯乘数效应发挥作用的前提是:社会存在闲置的生产能力,工人存在大量的失业现象。如果一国经济中不存在过剩的生产能力,或者投资的增长超过了生产能力的闲置数量,就没有足够的生产能力去满足对产品和劳务需求的上升。那么新增的投资以及所引起的新增加的消费,就不会刺激产量和收入的增加,而是引起物价的上涨。

相反,社会闲置生产能力的增加,工人失业现象的增长,使得家庭收入急剧下降,消费支出也随之下降。而从厂商来看,由于失业的增加,厂商产品的销售市场萎缩,有效需求下降,社会产出降低,企业利润率开始下降。此时,整个社会处于一个比较萧条的时期。在这种情况下,增加投资就会充分利用生产设备、劳动力等闲置资源,从而更多地增加国民收入。

二、投资和储蓄的相互独立性

投资乘数作用的顺利发挥,还取决于边际消费倾向和边际储蓄倾向的稳定。如果储蓄决定不独立于投资决定,实际的投资乘数作用就会降低。比如,增加投资就会引起利率一定程度的上升,结果是鼓励储蓄而削弱消费,而且利率的上升又会抑制投资需求的增长。所有这些,都会部分地抵消投资乘数的效应。反之,只有投资与储蓄独立性较强时,投资增加才不会使利率上升,也就不会增加储蓄和减少消费,收入自然就能增多。

这主要是因为在既定的收入中,消费与储蓄是反方向变动的,即消费增加,储蓄减少,消费减少,储蓄增加。消费是总需求的重要组成部分,储蓄增加使消费减少,总需求减少,从而国民收入减少;反之,储蓄减少使消费增加,总需求增加,从而国民收入增加。

三、货币供给量与总支出增加的匹配性

货币供应量的大小,对投资乘数的作用也有影响。例如,在产出小于充分就业即存在资源闲置的情况下,政府购买的增加会促使企业增加产出。产出的增加导致可支配收入的增加,后者的增加又促使消费支出的增加,从而进一步引起产出的增加。产出的增加意味着有一个更大的产品规模需要借助货币的媒介通过交易进入使用领域。这样就引起了货币需求量的增加。在货币供给量不变的情况下,货币需求量的增加导致货币需求大于货币供给。货币市场的这种非均衡状态刺激货币的"价格"即市场利息率上升。利息率的上升导致投资产出的下降,通过反过来的乘数效应,引起总需求进一步下降,从而使产出的增加受到了限制。

四、"注入""漏出"与乘数作用

在影响国民收入的各项因素中,消费、投资、政府支出和政府转移支付被称为"注入"因素,而储蓄、税收属于"漏出"因素。由于它们对消费和产出的刺激作用不同,因而对国民收入乘数作用的影响也不同。

对"注入"因素来说,由于它能增加企业生产产品和劳务的即期消费,对消费进而对生产具有正的激励作用,所以它对国民收入的变动起着积极的作用。因此,国民收入与"注入"因素同向变动,即"注入"因素增加将提高国民收入水平,而"注入"因素减少将降低国民收入水平。

对"漏出"因素来说,由于它能减少企业生产产品和劳务的即期消费,对消费进而对生产具有负的激励作用,所以它对国民收入的变动起着消极的作用。因此,国民收入与"漏出"因素反向变动,即"漏出"因素增加将降低国民收入水平,而"漏出"因素减少将提高国民收入水平。

所以,要增加国民收入,充分发挥乘数效应,就需要增加"注入",减少"漏出",即增加投资、政府支出和政府转移支付,降低储蓄和税收。

本 章 小 结

国民收入决定理论是宏观经济学的核心,它为分析各种宏观经济问题提供了一种重要的分析工具,宏观经济学中的失业、通货膨胀、经济周期和经济增长等问题均可以运用国民收入决定理论进行分析。

社会总需求的变动不仅会引起国民收入的变动,而且还会引起国民收入的倍数变动,这就是乘数原理。乘数被认为是一柄"双刃剑",不仅需求的增加会引起国民收入的倍数增加,而且需求的减少也会引起国民收入的倍数减少。乘数原理反映了社会化大生产中国民经济各部门之间的相互联系和相互影响,揭示了消费、投资、政府支出、税收、对外贸易、就业和收入之间的相互作用和连锁反应。但实际生活中的连锁反应效果远远没有凯恩斯主义乘数原理所描述的那样,因为在实际生活中乘数作用的发挥要受到一系列因素和条件的制约。

人物介绍:杜森贝里、莫迪利安尼、弗里德曼

课后练习题

一、名词解释

1. 均衡产出：是和总需求相一致的产出，也就是经济社会的收入正好等于全体居民和厂商想要有的支出。
2. 边际消费倾向：指增加的消费与增加的收入之比率，即增加一单位的收入中用于增加的消费部分的比率。
3. 边际储蓄倾向：指增加的收入中储蓄增加所占的比重。
4. 投资乘数：指均衡国民收入的变化与引起这种变化的投资支出的变化的比率。
5. 政府转移支付乘数：是指均衡国民收入变动与引起这种变动的政府转移支付变动之间的比率。

二、单项选择题

1. 在两部门经济模型中，若现期 GDP 水平为 4 000 亿元，消费者希望从中支出 2 900 亿元消费，计划投资为 1 300 亿元，则可预计（　　）。
    A. GDP 处于不均衡状态，将下降 B. GDP 处于不均衡状态，将上升
    C. GDP 处于均衡水平 D. 以上说法都有可能
2. 一般来说，如果（　　），居民将增加他们的储蓄量。
    A. 预期的未来收入小于现期收入，或利率下降
    B. 预期的未来收入小于现期收入，或利率上升
    C. 预期的未来收入大于现期收入，或利率下降
    D. 预期的未来收入大于现期收入，或利率上升
3. 边际消费倾向与边际储蓄倾向之和（　　）。
    A. 大于 1 B. 等于 1 C. 小于 1 D. 等于 2
4. 在以下四种情况中，投资乘数最大的是（　　）。
    A. 边际消费倾向为 0.6 B. 边际消费倾向为 0.4
    C. 边际消费倾向为 0.75 D. 边际储蓄倾向为 0.2
5. 在一般情况下，当 MPS＝0.25 时，则投资乘数为（　　）。
    A. 2 B. 3 C. 4 D. 2.5
6. 在一般情况下，当 MPC＝0.8 时，则投资乘数为（　　）。
    A. 1 B. 5 C. 2 D. 3
7. 政府支出乘数（　　）。
    A. 等于投资乘数 B. 等于投资乘数的相反数
    C. 比投资乘数小 1 D. 等于转移支付乘数
8. 政府计划使实际国民生产总值增加 120 亿元，如果乘数为 4，政府对物品与劳务的购买应该增加（　　）。
    A. 40 亿元 B. 30 亿元 C. 120 亿元 D. 360 亿元
9. 已知充分就业的国民收入是 10 000 亿元，实际的国民收入是 9 800 亿元，边际消

费倾向是 0.8；在增加 100 亿元的投资后，经济将（　　）。

　　A. 过热　　　　　B. 萧条　　　　　C. 稳定　　　　　D. 极度衰退

10. 乘数的作用必须在（　　）条件下才能发挥作用。

　　A. 经济实现了充分就业　　　　B. 总需求大于总供给

　　C. 政府支出等于政府税收　　　D. 经济中存在闲置资源

11. 如果边际储蓄倾向为 0.2，则税收乘数值为（　　）。

　　A. 5　　　　　B. 0.25　　　　　C. −4　　　　　D. 2

12. 如果消费函数为 $C=100+0.8(Y-T)$，那么政府支出乘数是（　　）。

　　A. 0.8　　　　　B. 1.253　　　　　C. 4　　　　　D. 5

13. 如果边际储蓄倾向为 0.3，投资支出增加 60 亿元，可以预期，这将导致均衡水平 GDP 增加（　　）。

　　A. 20 亿元　　　B. 60 亿元　　　C. 180 亿元　　　D. 200 亿元

14. 根据弗里德曼的持久收入假说（　　）。

　　A. 在长期，持久消费与持久收入成比例

　　B. 暂时消费仅仅取决于持久收入

　　C. 暂时消费仅仅是持久消费的函数

　　D. 暂时消费增加时，储蓄也将增加

15. 国民收入均衡水平的提高往往被认为是下列何者的增加所引起的？（　　）

　　A. 进口　　　　　　　　　　　B. 意愿的自主性支出

　　C. 税率　　　　　　　　　　　D. 私人储蓄

16. 假设在封闭经济中，家庭把所增加的可支配收入的 80% 用于消费。在简单国民收入模型中，税收减少 1 亿美元（每个家庭的减税额相同），这将使国民产出的均衡水平改变（　　）。

　　A. 0.8 亿美元　　B. 1 亿美元　　C. 4 亿美元　　D. 5 亿美元

17. 当出现财政预算赤字时，意味着（　　）。

　　A. 其进口大于出口　　　　　　B. 政府支出大于政府收入

　　C. 政府支出大于出口总值　　　D. 政府收入大于政府支出

18. 边际消费倾向小于 1，意味着当前可支配收入的增加将使意愿的消费支出（　　）。

　　A. 增加，但幅度小于可支配收入的增加幅度

　　B. 有所下降，这是由于收入的增加会增加储蓄

　　C. 增加，其幅度等于可支配收入的增加幅度

　　D. 保持不变，这是由于边际储蓄倾向同样小于 1

19. 根据相对收入假说，在（　　）情况下，边际消费倾向较高。

　　A. 教育程度较低　　　　　　　B. 社会地位较低

　　C. 拥有较多流动资产　　　　　D. 周围人群消费水平较高

20. 根据消费函数，引起消费增加的因素是（　　）。

　　A. 价格水平下降　　B. 收入增加　　C. 储蓄增加　　D. 利率提高

21. 在三部门经济中，如果用支出法来衡量，GDP 等于（　　）。

A. 消费＋投资 B. 消费＋投资＋政府支出
C. 消费＋投资＋政府支出＋净出口 D. 消费＋投资＋净出口

22. 平衡预算乘数等于（　　）。
A. 1 B. 边际储蓄倾向
C. 边际消费倾向 D. 平均消费倾向

23. 相对收入假说主要来自（　　）。
A. 米尔顿·弗里德曼 B. 詹姆斯·杜森贝里
C. 詹姆斯·托宾 D. 亚当·斯密

三、多选题

1. 根据凯恩斯消费函数，下列（　　）因素会引起消费的增加。
A. 价格水平下降 B. 收入增加
C. 储蓄增加 D. 边际消费倾向增大

2. 两部门模型的投资乘数等于（　　）。
A. 收入变化除以投资变化 B. 投资变化除以收入变化
C. 边际储蓄倾向的倒数 D. 边际消费倾向的倒数

3. 对于平均消费倾向，下列说法正确的是（　　）。
A. 说明了家庭既定收入在消费和储蓄之间分配的状况
B. 平均消费倾向总是为正数
C. 收入很低时，平均消费倾向可能大于1
D. 随着收入的增加，平均消费倾向的数值也不断增加

四、计算题

假设两部门经济的消费函数 $C=100+0.8Y$，投资 $I=50$（单位：亿元）。
（1）求均衡收入、消费和储蓄。
（2）若投资增加至100，求增加的收入。

第十一章

产品市场与货币市场的一般均衡

本章导读

上一章讨论了消费、投资、政府支出和净出口这四方面的总支出水平如何决定经济社会的总需求,从而决定了均衡的国民收入或产出。因为,正如上一章指出的那样,西方学者假设,不论需求的数量为多少,整个社会均能以不变的价格提供相应的供给量。这种分析只是讲了产品市场的均衡,可是,市场经济不只是产品经济,还是货币经济,不但有产品市场,还有货币市场,而且这两个市场是相互影响、相互依存的。

凯恩斯通过利率把货币经济和实物经济联系起来,打破了新古典学派把实物经济和货币经济分开的两分法,认为货币不是中性的,货币市场上的均衡利率要影响投资和收入,而产品市场上的均衡收入又会影响货币需求和利率,这就是产品市场和货币市场的相互联系和作用。但凯恩斯本人并没有用一种模型把上述四个变量联系在一起。

英国学者希克斯根据凯恩斯的《就业、利息和货币通论》提出了产品市场和货币市场一般均衡的 IS-LM 模型,从而使凯恩斯的有效需求理论得到了较为完善的表述。不仅如此,凯恩斯主义的经济政策即财政政策和货币政策的分析,也是围绕 IS-LM 模型而展开的。一直到现在,IS-LM 模型被大多数西方学者认为是宏观经济学的最核心的理论。它进一步勾画了凯恩斯的整个思想体系,并为后面分析宏观经济政策效果提供了一个工具。

第一节 投资的决定

决定总需求的因素,除了消费,还有投资。在西方国家,人们购买证券、土地和其他财产,都被说成投资,但在经济学中,这些都不能算是投资,而只是资产权的转移。经济学中所讲的投资,是指资本的形成,即社会实际资本的增加。包括厂房、设备和存货的增加,新住宅的建设等,其中主要是厂房、设备的增加。下面分析的就是这样的投资。

一、投资的影响因素

决定投资的因素很多,主要的因素有实际利率水平、预期收益和投资风险等。

在投资的预期利润率既定时,企业是否进行投资,首先就决定于实际利率的高低。利率上升时,投资需求量就会减少,利率下降时,投资需求量就会增加。因为,企业用于投资的资金多半是借来的,利息是投资的成本。

影响投资的另一个重要方面是预期收益,即一个投资项目在未来各个时期的收益。

影响这种预期收益的因素也是多方面的,这里可指出如下三点。

第一,对投资项目的产出的需求预期。企业决定对某项目是否投资及投资多少时,首先会考虑市场对该项目的产品在未来的需求情况,因为这种需求状况,不但会决定产品能否销售出去,还会影响产品价格的走势。如果企业认为投资项目产品的市场需求在未来会增加,就会增加投资;假设一定的产出量会要求有一定的资本设备来提供,则预期市场需求增加多少,就会相应要求增加多少投资,产出增量与投资之间的关系可称加速数,说明产出变动和投资之间关系的理论称为加速原理。以后的章节还会对这一原理加以叙述,这里仅指出产出的需求预期会影响投资的预期收益进而影响投资意愿。

第二,产品成本。投资的预期收益在很大程度上也取决于投资项目的产品生产成本,尤其是劳动者的工资成本。因为工资成本是产品成本中最重要的构成部分,在其他条件不变时工资成本上升会降低企业利润,减少投资预期收益,尤其是对那些劳动密集型产品的投资项目而言,工资成本上升显然会降低投资需求。然而,对于那些可以用机器设备代替劳动力的投资项目,工资上升又意味着多用设备比多用劳动力更有利可图,因而实际工资的上升等于是投资的预期收益相对增加从而会增加投资需求。可见,工资成本的变动对投资需求的影响具有不确定性。但就多数情况来说,随着劳动成本的上升,企业会越来越多地考虑采用新的机器设备来替代劳动,从而使投资需求增加,新古典经济学之所以认为投资需求会随工资的上升而上升,理由就在这里。

第三,政府的税收。政府可以通过提高所得税来增加企业投资成本,抑制企业投资,也可以通过税收减免等措施鼓励企业投资。

投资需求还与企业对投资的风险考虑密切相关。这是因为,投资是现在的事,收益是未来的事,未来的结果究竟如何,总有不确定性。未来存在的不确定性是难以预测的,这使投资决策在很大程度上依赖于投资者的主观判断。人们的乐观态度或悲观情绪,以及证券市场上证券价格的波动,都可能对投资前景的预期产生一定的影响。在经济发展的不稳定时期,预期在决定投资的作用中尤为突出,如在经济萧条时期,低利率对投资的刺激作用不大,在经济繁荣时期,高利率也不能有效地抑制投资。

二、资本边际效率准则

把影响投资的主要因素结合在一起,西方经济学家提出了几种用于投资决策的准则,其中在宏观经济学中较为常用的是凯恩斯提出的资本边际效率准则。凯恩斯认为,是否要对新的实物资本如机器、设备、厂房、仓库等进行投资,取决于这些新投资的预期利润率即资本的边际效率与为购买这些资产而必须借进的款项的利率的比较。前者大于后者时,投资是值得的;前者小于后者时,投资就不值得。

什么是资本边际效率呢?按照凯恩斯的说法,资本边际效率(marginal efficiency of capital,MEC)是使资本资产在未来各年预期收入的现值之和等于资本资产的购买价格的贴现率。为了进一步说明资本边际效率的概念,设 R_1、R_2、R_3、$\cdots$、R_n 为投资形成的资本资产在未来 n 年的年预期净收入流量;R_0 为本年资本资产的购买价格,由于 R_0 表示费用支出,它可以看成是本年的负收入流量;r 为把未来各年的收入流量折现成现值的贴现率。

这样,未来各年收入流量的现值之和是

$$\frac{R_1}{(1+r)}+\frac{R_2}{(1+r)^2}+\frac{R_3}{(1+r)^3}+\cdots+\frac{R_n}{(1+r)^n}$$

而投资项目(或投资项目形成的资本资产)的净现值 NPV 是

$$\text{NPV}=-R_0+\frac{R_1}{(1+r)}+\frac{R_2}{(1+r)^2}+\frac{R_3}{(1+r)^3}+\cdots+\frac{R_n}{(1+r)^n} \tag{11-1}$$

式(11-1)中,贴现率 r 通常被称作投资项目(或资本资产)的预期收益率。如果净现值 NPV 等于 0,则投资项目既不盈利也不亏损,那么由公式

$$R_0=\frac{R_1}{(1+r)}+\frac{R_2}{(1+r)^2}+\frac{R_3}{(1+r)^3}+\cdots+\frac{R_n}{(1+r)^n} \tag{11-2}$$

解出的 r 值就是资本边际效率,它是使资本资产的购买价格等于它的预期收入流量的现值时的预期收益率。从式(11-2)可以看出:预期收益 R_n 既定时,供给价格 R_0 越大,r 越小;而供给价格 R_0 既定时,预期收益 R_n 越大,r 越大。

三、投资需求曲线

在对消费需求的研究中,收入是对消费起决定作用的一个变量。在影响投资的诸因素中,投资与利率之间的关系是最重要的。下面举一个简单的例子来说明投资与利率之间的关系。

在实际生活中,每一个投资项目的资本边际效率是不一样的,每一个企业都会面临一些可供选择的投资项目,假定这些项目的资本边际效率如图 11.1 所示。

图 11.1 表示某企业有可供选择的 4 个投资项目:项目 A 的投资量为 100 万元,资本边际效率 10%;项目 B 的投资量为 50 万元,资本边际效率为 8%;项目 C 的投资量为 150 万元,资本边际效率为 6%;项目 D 的投资量为 100 万元,资本边际效率为 4%。显然,如果市场利率为 10%,只有 A 项目值得投资;如果市场利率为 8%或稍低些,则 A 和 B 都值得投资,投资总额

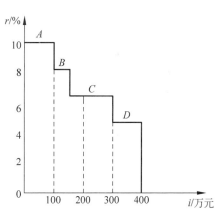

图 11.1 某企业可供选择的投资项目

可达 150 万元;如果市场利率降到 4%或 4%以下,则 C 和 D 也值得投资,投资总额可达 400 万元。可见,对这个企业来说,利率越低,投资需求量会越大。图中各个长方形顶端所形成的折线就是该企业的资本边际效率曲线。

一个企业的资本边际效率曲线是阶梯形的,但经济社会中所有企业的资本边际效率曲线如果加总在一起,分阶梯的折线就会逐渐变成一条连续的曲线,这条曲线就是凯恩斯所讲的资本边际效率曲线,如图 11.2 中的 MEC 曲线。

在资本边际效率曲线一定的情况下,给定较高的利息率,按照投资的基本原则,只有

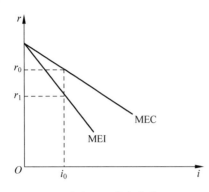

图 11.2 资本边际效率曲线 MEC 和投资边际效率曲线 MEI

较少的投资量是值得的,利率越低,值得投资的投资量越多,由此得到一条利率与投资量之间关系的曲线,称为投资需求曲线。它表明了投资需求量和利率之间存在着负相关关系。利率提高会导致投资需求减少;反之,利率降低会促使投资需求量增加。

西方一些经济学家认为,MEC 曲线还不能准确代表企业的投资需求曲线。因为当利率下降时,如果每个企业都增加投资,资本品的价格会上涨,就是说式(11-2)中的 R_0 要增加,在相同的预期收益情况下,r 必然缩小,否则,公式两边无法相等,即这一贴现率(资本边际效率)无法使未来收益折合成等于资本供给价格的现值。这样,由于 R_0 上升而被缩小了的 r 的数值被称为投资的边际效率(marginal efficiency of investment,MEI)。因此,在相同的预期收益下,投资的边际效率小于资本的边际效率。例如,在图 11.2 中,一笔投资量 i_0 所带来的预期收益量,其资本边际效率为 r_0,但投资的边际效率为 r_1,$r_1<r_0$。因此,在西方经济学中,常用投资的边际效率曲线代表投资需求曲线。

由于投资需求曲线是由资本边际效率曲线或者投资边际效率曲线决定的,因此,后者的变化必然引起前者的变化,引起投资需求曲线的移动。

四、投资需求函数

投资与利率之间的这种关系称为投资需求函数,可写作

$$i = i(r) = e - dr \tag{11-3}$$

式中,e 为自发性投资,这部分投资与利率无关,可以理解成企业或家庭为了正常的生产或生活必须进行的投资;d 为投资对利率变化的敏感程度,如果 d 比较大,则表示投资对利率比较敏感,利率的较小变化导致投资出现较大的波动,如果 d 比较小,则表示投资对利率比较不敏感,利率的较大变化只能引起投资出现较小的波动。习惯上用纵轴表示利率,用横轴表示投资,根据投资函数可以得到如图 11.3 所示的投资需求曲线。

投资需求曲线是一条向右下倾斜的曲线,曲线的斜率取决于投资对利率的敏感程度,如果投资对利率比较敏感(d 值较大),则投资曲线比较平坦,如果投资对利率比较不敏感(d 值较小),则投资曲线比较陡峭。

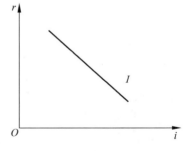

图 11.3 投资需求曲线

投资曲线的位置取决于自发性投资的大小,自发性投资增大,投资曲线就向右平移,自发性投资减小,投资曲线就向左平移。

上面叙述了几种投资需求的相关理论,下面根据理论表述的需要,仍然根据凯恩斯的投资需求理论来说明国民收入决定的 IS-LM 模型。

第二节 产品市场的均衡:IS 曲线

一、IS 曲线及其推导

IS 曲线是描述产品市场达到均衡时,国民收入与利率之间存在着反方向变动关系的曲线。上一章所讲述的两部门经济模型中均衡收入决定的公式是 $y=\dfrac{a+i}{1-b}$。在这里,投资 i 是作为外生变量参与均衡收入决定的。现在把投资作为利率的函数,即 $i=e-dr$,则均衡收入的公式就要变为

$$y=\frac{a+e-dr}{1-b} \tag{11-4}$$

或者

$$r=\frac{a+e}{d}-\frac{1-b}{d}y \tag{11-5}$$

经济学家们通常用含有四个象限的图形来描述 IS 曲线的推导过程。

图 11.4 中象限(1)的曲线表示,投资需求是利率的减函数,纵轴表示利率 r,横轴表示投资量 i,该曲线是根据投资需求函数 $i=1\,250-250r$ 得出的。

图中象限(2)表示投资和储蓄的均衡状态,纵轴表示储蓄 s,横轴表示投资 i,那条起

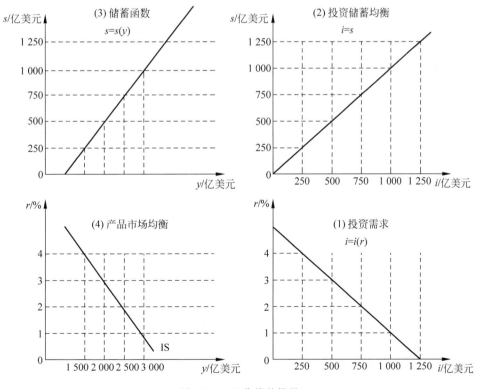

图 11.4 IS 曲线的推导

自原点的 45°的直线,表示投资始终等于储蓄的组合点的集合。例如,利率 $r=3\%$ 时,投资 $i=500$ 亿美元,储蓄 s 也等于 500 亿美元,利率下降时,投资增加,储蓄也相应增加,才达到均衡。

图中象限(3)的曲线表示储蓄是国民收入的函数,这条曲线是根据 $s=-500+0.5y$ 画出的。例如,象限(1)中,当 $r=3\%$ 时,$i=500$;在第(2)象限,由于 $i=s$ 必然有 500 亿美元的储蓄;在象限(3),由储蓄函数计得,应有收入 2 000 亿美元才能有 500 亿美元储蓄($500=-500+0.5y$,所以 $y=2 000$)。如果利率下降到 2%,投资增加到 750 亿美元,因此均衡的储蓄也是 750 亿美元,从而均衡收入就是 2 500 亿美元($750=500+0.5y$,所以 $y=2 500$)。

最后,图中象限(4)便得到了产品市场的均衡点,就是说,当利率 $r=3\%$ 时,使储蓄与投资恰好相等的国民收入是 2 000 亿美元;若利率上升到 4%,投资和相应的储蓄将减少到 250 亿美元,从而均衡收入必须是 1 500 亿美元;同样,利率降到 2% 时,投资和相应的储蓄将增加到 750 亿美元,从而均衡收入水平一定是 2 500 亿美元。总之,当利率分别为 2%、3%、4%、5% 时,只有国民收入分别为 2 500 亿美元、2 000 亿美元、1 500 亿美元、1 000 亿美元时,才能满足 $i=s$ 这一产品市场均衡的条件,将满足产品市场均衡条件的利率和收入的各个组合点连接起来,就得到了 IS 曲线。

二、IS 曲线的斜率

由于利率下降意味着一个较高的投资水平,从而导致较高的储蓄和收入水平,因此,IS 曲线的斜率是负值。由前式可知,$\frac{1-b}{d}$ 就是 IS 曲线斜率的绝对值,它既取决于边际消费倾向 b,也取决于投资对利率的敏感程度 d。一般来说,边际消费倾向 b 比较稳定,因此,影响 IS 曲线斜率的主要因素就是投资对利率的敏感程度 d。

d 表示利率变动一定幅度时投资变动的程度,如果 d 的值较大,即投资对于利率变化比较敏感,IS 曲线斜率的绝对值就较小,即 IS 曲线较平缓。这是因为,投资对利率较敏感时,利率的较小变动就会引起投资较大的变化,进而引起收入较大的变化,反映在 IS 曲线上是:利率较小变动就要求有收入的较大变动与之相配合,才能使产品市场均衡。

三、IS 曲线的移动

从图 11.4 中可以看到,如果投资函数或储蓄函数变动,IS 曲线就会变动。

(一)投资曲线移动对 IS 曲线的影响

如果由于种种原因(例如,投资边际效率提高,或出现了技术革新,或国际经济形势转好,等等),在同样利率水平上投资需求增加了,比方说前面例子中的 $i=1 250-250r$ 变成了 $i=1 500-250r$,即投资需求曲线向右上方移动,于是,IS 曲线就会向右上方移动,其向右的移动量等于投资需求曲线的移动量乘以乘数。在上例中,投资需求曲线移动 250 亿美元,即 $1 500-1 250=250$(亿美元),乘数 $k=\frac{1}{1-0.5}=2$,因此,IS 曲线右移 500 亿美元。

反之,若投资需求减少,则 IS 曲线向左移动。

图 11.5 中,投资需求曲线从 i_1 增加到 i_2,IS_1 则相应右移到 IS_2,$\Delta y = k \cdot \Delta i$。反之,IS 曲线左移的情况可以同样画出。

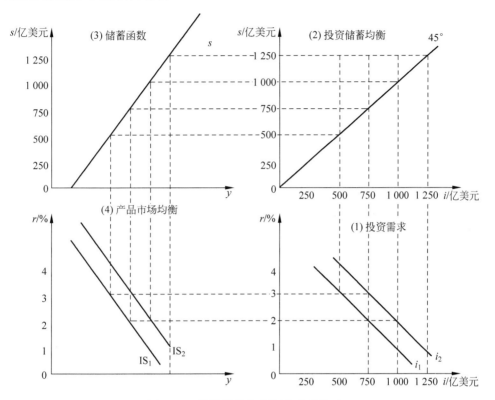

图 11.5 投资需求变动使 IS 曲线移动

(二) 储蓄曲线移动对 IS 曲线的影响

假定人们的储蓄意愿增加了,即人们更节俭了,比方说,上例中储蓄函数从 $s = -500 + 0.5y$ 变成了 $s = -250 + 0.5y$(即消费函数从 $c = 500 + 0.5y$ 变成 $c = 250 + 0.5y$),这样,储蓄曲线就要向左移动,如果投资需求不变,则同样的投资水平现在要求的均衡收入水平就要下降,因为同样的储蓄,现在只要有较低的收入就可以提供出来了,因此 IS 曲线就会向左移动,其移动量等于储蓄增量乘以乘数。

图 11.6 描述了这一情况。当储蓄意愿增加,s_1 左移到 s_2 时,IS_1 相应左移到 IS_2。

(三) 三部门经济中 IS 曲线的移动

上述图中 IS 曲线移动,只是考虑两部门经济中产品市场均衡的情况。在三部门经济中,IS 曲线则是根据国民收入均衡的条件从 $i + g = s + t$ 的等式推导出来的,因此,不仅 i 曲线和 s 曲线移动会使 IS 曲线移动,而且 i、g、s、t 中任何一条曲线的移动或几条曲线同时移动,都会引起 IS 曲线移动,如果考虑到开放经济情况,则引起 IS 曲线移动的因素还要包括进出口的变动。总之,一切自发支出量变动,都会使 IS 曲线移动。增加政府购买

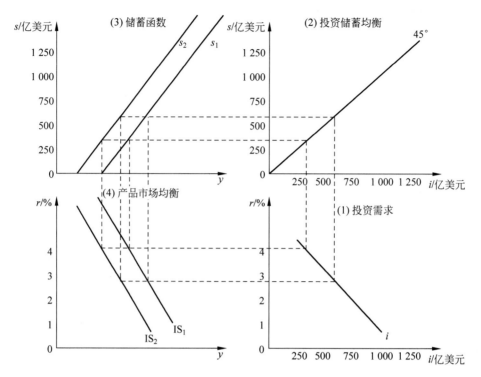

图 11.6 储蓄变动使 IS 曲线移动

性支出，其作用等于增加投资支出，因此，会使 IS 曲线向右平行移动。政府增加一笔税收，则会使 IS 曲线向左移动。

增加政府支出和减税，都属于增加总需求的扩张性财政政策；而减少政府支出和增税，都属于减少总需求的紧缩性财政政策。因此，政府实行扩张性财政政策，就表现为 IS 曲线向右上方移动；实行紧缩性财政政策，就表现为 IS 曲线向左下方移动。

四、IS 曲线上的非均衡区域

IS 曲线表示的是与各个利率对应的均衡产出水平。显然，IS 曲线之外的利率—产出组合表示产品市场处于非均衡状态。我们可以采用一个简便方法证明这一点。在图 11.6 的(2)中，我们假设此时投资和储蓄是不相等的，而是 $i > s$，我们引出一条 $i > s$ 的射线，此射线肯定处于 45°线与横轴 i 之间的区域。我们以这条 $i > s$ 线作为折返线，则很容易看到，此时对应的利率和收入组合点落在 IS 曲线左下方。这说明 IS 曲线左下方的区域，是投资大于储蓄的区域，$i > s$ 说明 $c + i > c + s$，即总需求>总供给，因此，可以判断：在 IS 曲线左下方任何利率—产出组合均表示需求大于供给，产出倾向于增加。

反之，我们假设 $i < s$，我们引出一条 $i < s$ 的射线，此射线肯定处于 45°线与纵轴 s 之间的区域。我们以这条 $i < s$ 线作为折返线，则很容易看到，此时对应的利率和收入组合点落在 IS 曲线右上方。这说明 IS 曲线右上方的区域，是投资小于储蓄的区域，$i < s$ 说明 $c + i < c + s$，即总需求<总供给，因此，可以判断：在 IS 曲线右上方的任何利率—产出组合均表示供给大于需求，即供给过度，产出倾向于减少。

第三节　利率的决定

在一定条件下，利率可以决定投资，并进而影响国民收入。但是，利率本身又是怎样决定的呢？IS曲线的分析并没有解决这个问题。在IS曲线的分析中，利率被认为是外生给定的。

一、货币的供给

凯恩斯理论以前的经济理论认为，投资与储蓄都只与利率相关。投资是利率的减函数，储蓄是利率的增函数。而且，储蓄是对资金的供给，投资是对资金的需求。当投资与储蓄相等，均衡的利率就被决定。

凯恩斯提出，利率不是由储蓄与投资决定的，而是由货币的供给(money supply)和对货币的需求(demand for money)所决定的。货币的实际供给量一般由国家货币当局加以控制，是一个外生变量。具体的货币供给问题，我们将在第六章"货币政策"部分详细阐述。在本章讨论中，货币供给被描述为给定的常量，其曲线形状是垂直于横轴的一条直线，即不随利率的变动而变动。

二、凯恩斯的货币需求理论

对货币的需求就是人们在不同条件下出于各种考虑对持有货币的需要或要求。

首先是人们作为财产来持有货币的考虑。由于人们在一定时期所拥有的财富数量总是有限的，他们必须决定自己以何种形式来拥有财富。人们以货币形式拥有财富的比例越大，则他们以其他资产形式拥有财富的量就越少。由于人们拥有其他资产形式(如证券、实物资本等)将能带来一定的收益，因而会使他们减少对货币的需要。所以，不管人们持有货币的动机多么强烈，都得仔细权衡以货币形式保存财富所花费的成本。

持有货币的成本主要是利息。对于一个想借款的人来说，利息是他为获得一定量货币所必须支付的价格。而对一个货币持有者来说，利息则表示他持有货币的机会成本，也就是持有货币而得不到的利息收入。

（一）货币需求的动机

既然持有货币会失去利息收入，人们为什么还要把不能生息的货币保留在手中呢？凯恩斯认为，人们需要货币是出于以下三类不同的动机。

第一，交易动机(the transactional motive)，指个人和企业为了进行正常的交易活动而需要货币的动机。在经济生活中，由于收入和支出在时间上不同步，因而个人和企业必须有足够的货币资金来支付日常需要的开支。个人或企业出于这种交易动机所需要的货币量，决定于他们的收入水平、经济生活惯例和商业制度。经济生活惯例和商业制度在短期内一般可假定为固定不变。按凯恩斯的说法，出于交易动机的货币需求量主要决定于收入。收入越高，交易数量越大；交易数量越大，为应付日常开支所需的货币量就越大。

第二，谨慎动机或预防性动机(the precautionary motive)，指为预防意外支出而需要持有一部分货币的动机。在经济生活中，个人或企业为应付事故、失业、疾病等意外事件而需要事先持有一定数量货币。货币的预防性需求则产生于未来收入和支出的不确定性。凯恩斯认为，个人对货币的预防性需求数量主要决定于他对意外事件的看法。但从全社会来看，这一货币需求量大体上和收入成正比，是收入的增函数。

因此，如果用 L_1 表示交易动机和预防动机所产生的全部实际货币需求量，用 y 表示实际收入，则货币需求量和收入的关系可表示为

$$L_1 = L_1(y) = ky \tag{11-6}$$

式中，k 是出于上述两种动机所需要的货币量同实际收入的比例，称为货币需求的收入系数，它反映当收入变化一单位时，货币需求的变动量；y 为具有不变购买力的实际收入。例如，实际收入 $y=1\,000$ 万元，交易和预防动机需要的货币量占实际收入的 20%，则 $L_1=1\,000 \times 0.2 = 200$（万元）。

第三，投机动机（the speculative motive），指人们为了抓住有利的购买有价证券的机会而需要持有一部分货币的动机。利率越高，有价证券价格就越低，人们就会抓住机会及时买进有价证券，于是，人们手中出于投机动机而需要持有的货币量就会减少；相反，利率越低，则有价证券价格越高，人们就会抓住时机卖出有价证券，这样，人们手中出于投机动机而持有的货币量就会增加。总之，对货币的投机需求取决于利率。如果用 L_2 表示货币的投机需求，用 r 表示利率，则这一货币需求量和利率的关系可以表示为

$$L_2 = L_2(r) = -hr \tag{11-7}$$

式中，h 表示出于投机动机所需要的货币量同利率的比例，称为货币需求的利率系数，它也反映当利率变动一单位时，投机性货币需求的变动量。

（二）货币需求函数

综合以上观点可知，对货币的总需求是人们对货币的交易需求、预防需求和投机需求的总和。货币的交易需求和预防需求决定于收入，而货币的投机需求决定于利率，因此，对货币的总需求函数可以表示为

$$L = L_1 + L_2 = L_1(y) + L_2(r) = ky - hr \tag{11-8}$$

式中的 L、L_1、L_2 都是代表对货币的实际需求，即具有不变购买力的实际货币需求量。货币需求函数可用图11.7来表示。

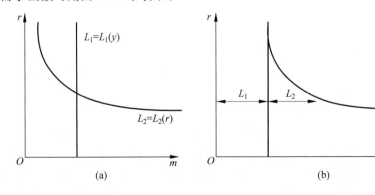

图 11.7 货币需求函数

图 11.7(a)中,垂线 L_1 表示为满足交易动机和预防动机的货币需求曲线,它和利率无关,因而垂直于横轴。L_2 线表示满足投机动机的货币需求曲线。它起初向右下方倾斜,表示货币的投机需求量随利率下降而增加,最后为水平状,表示流动性陷阱。图 11.7(b)中的 L 线则是包括 L_1 和 L_2 在内的全部货币需求曲线,其纵轴表示利率,横轴表示货币需求量。由于具有不变购买力的实际货币一般用 m 表示,因此横轴也可以用 m 表示。这条货币需求曲线表示在一定收入水平上货币需求量和利率的关系。利率上升时,货币需求量减少;利率下降时,货币需求量增加。

货币需求量和收入水平的正向关系可以通过在同一坐标图上画若干条货币需求曲线来表示,如图 11.8 所示。

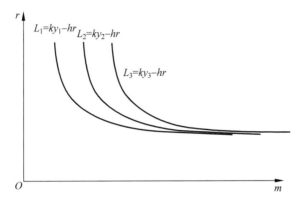

图 11.8 不同收入的货币需求曲线

图 11.8 中三条货币需求曲线分别代表收入水平为 y_1、y_2 和 y_3 时的三条货币需求曲线,可见,货币需求量与收入的正向变动关系是通过货币需求曲线向右上和左下移动来表示的,而货币需求量与利率的反向变动关系则是通过每一条需求曲线都是向右下方倾斜来表示的。

三、货币供求均衡与利率水平的决定

前面的内容分别讨论了货币供给及货币供给曲线、货币需求及货币需求曲线,现在我们分析货币市场的均衡和均衡利率水平的决定。

只有当货币供给等于货币需求时,货币市场才能达到均衡状态。如图 11.9 中,货币供给曲线 m 和货币需求曲线 L 相交于 E 点,决定了货币市场的均衡状态及均衡的利率水平。

图 11.9 中,当市场利率低于均衡利率 r_0 时,货币的供求处于不均衡状态,对货币的需求大于货币的供给。这时人们感到手中持有的货币太少,就会卖出有价证券。因此,证券价格就要下降,同时也就是利率要上升,一直要到均衡利率对应的货币供求相等时为止。相反,当市场现有利率高于均衡利率 r_0 时,说明货币供给暂时超过了货币需求,这时

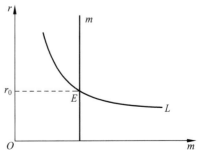

图 11.9 货币供给和货币需求的均衡

人们感到手中持有的货币太多,就会以多余的货币买进有价证券。于是,证券价格要上升,亦即利率要下降。这种情况也一直要持续到均衡利率对应的货币供求相等时为止。只有当货币供求相等时,利率才不再变动。

实际上,货币需求曲线和货币供给曲线都会变动。例如,当人们对货币的交易需求或投机需求增加时,货币需求曲线就会向右上方移动;当政府增加货币供给量时,货币供给曲线则会向右移动,如图11.10所示。

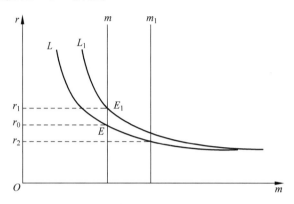

图 11.10　货币需求和供给曲线的变动

图 11.10 中,若货币供给不变,货币需求曲线从 L 移动到 L_1,均衡利率就会从 r_0 上升到 r_1;相反,如果货币需求不变,货币供给曲线从 m 右移到 m_1,均衡利率则会从 r_0 下降到 r_2。如果货币需求和供给同时变动,利率就会受到两者的共同影响,在移动后的需求曲线和供给曲线的交点上达到均衡。

从图 11.10 中还可以看到,当利率降低到一定程度时,货币需求曲线接近于水平状态,流动性偏好趋向于无限大。原因在于:此时人们会认为利率不大可能再下降,或者说有价证券价格不大可能再上升,而只会跌落,因而会将所持有的有价证券全部换成货币,人们不管有多少货币都愿意保持在手中。这就是凯恩斯所说的流动性陷阱(liquidity trap)。这时候,不管货币供给曲线向右移动多少,即不管政府增加多少货币供给,都不可能再使利率下降。

第四节　货币市场的均衡:LM 曲线

一、LM 曲线及其推导

我们已经知道,利率是由货币市场上的供给和需求的均衡决定的。而货币的供给量由货币当局所控制,即由代表政府的中央银行所控制,因而它被假定为是一个外生变量。在货币供给量既定情况下,货币市场的均衡只能通过调节对货币的需求来实现。

LM 曲线表示在货币供给和价格水平保持不变的情况下,货币市场均衡时,利率和国民收入组合点的轨迹。货币市场的均衡是

$$m = L = L_1 + L_2 = L_1(y) + L_2(r) = ky - hr \tag{11-9}$$

从这个等式中可知,当 m 为一定量,L_1 增加时,L_2 必须减少,否则就不能保持货币市

场的均衡。

由于货币市场均衡时，$m=ky-hr$，因此

$$y=\frac{hr}{k}+\frac{m}{k} \tag{11-10}$$

或者

$$r=\frac{ky}{h}-\frac{m}{h} \tag{11-11}$$

式(11-10)和式(11-11)都是 LM 曲线的代数表达式。由于 LM 曲线的斜率为正值，因此它是一条向右上方倾斜的曲线，如图 11.11 所示。其经济含义是：在其他条件不变的情况下，在国民收入增加时，货币需求将增加，为使货币市场保持均衡，市场利率必须相应上升；反之，在国民收入减少时，货币需求将减少，为使货币市场保持均衡，市场利率必须相应下降。

西方学者也常用下面这样一个包含有四个象限的图形来表示，如图 11.12 所示。

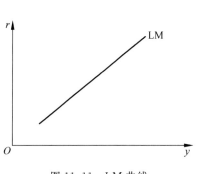

图 11.11　LM 曲线

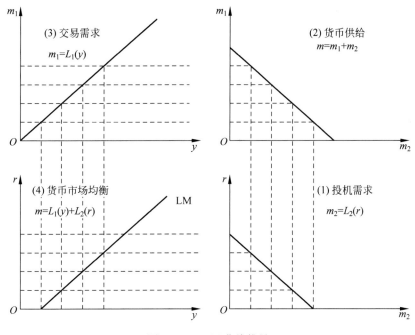

图 11.12　LM 曲线推导

图 11.12 的象限(1)中向右下方倾斜的曲线是货币的投机需求函数 $m_2=L_2(r)$，利率逐渐下降时，货币的投机需求逐渐增加。

象限(2)则表示当货币供给为一定时，应如何来划分用于交易需求的货币和投机需求的货币。由于货币市场均衡时 $m=L_1+L_2$，或 $m-L_2=L_1$，那条和纵横轴都成 45°的直线

就表示这种关系。

象限(3)的曲线是货币的交易需求函数 $m_1 = L_1(y)$。

象限(4)表示与货币市场均衡相一致的利息与收入的一系列组合,这是(1)、(2)、(3)象限中说明的内容。将一系列使货币市场均衡的利率和收入组合点连接起来,就描绘出 LM 曲线。这条曲线上的任一点所表示的利率与所对应的国民收入都会使货币供给 m 等于货币需求 L。

二、LM 曲线的斜率

由 LM 曲线的代数表达式 $r = \dfrac{ky}{h} - \dfrac{m}{h}$ 可知,$\dfrac{k}{h}$ 是 LM 曲线的斜率。当 k 为定值时,h 越大,即货币需求对利率的敏感度越高,则 $\dfrac{k}{h}$ 就越小,于是 LM 曲线越平缓;另一方面,当 h 为定值时,k 越大,即货币需求对收入变动的敏感度越高,则 $\dfrac{k}{h}$ 就越大,于是 LM 曲线越陡峭。从图 11.12 来看,h 越大,就象限(1)中货币交易需求曲线越平缓,因而 LM 曲线越平缓;而 k 越大,就是象限(3)中货币交易需求曲线越陡峭,因而 LM 曲线越陡峭。

西方学者认为,货币的交易需求函数一般比较稳定,因此,LM 曲线的斜率主要取决于货币的投机需求函数 h。

上一节里说过,当利率降到很低时,货币的投机需求趋于无限大,这就是"凯恩斯陷阱"或"流动性陷阱",由于在这一极低的利率水平上(如 2%),货币投机需求量已趋于无限大,因此货币的投机需求曲线成为一条水平线,这会使 LM 曲线也成为水平线。

在图 11.13 中,当利率降到 r_1 时,象限(1)中货币投机需求曲线成为一条水平线,因而 LM 曲线上也相应有一段水平状态的区域,这一区域称"凯恩斯区域",也称"萧条区域"。理由是,如果利率一旦降到这样低的水平,政府实行扩张性货币政策,增加货币供给,不能降低利率,也不能增加收入,因而货币政策在这时无效。相反,扩张性财政政策,使 IS 曲线向右移动,收入水平在利率不发生变化情况下提高,因而财政政策有很大效果。凯恩斯

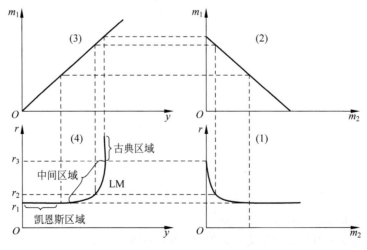

图 11.13　LM 曲线的三个区域

认为 20 世纪 30 年代大萧条时期西方国家的经济就是这种情况,因而 LM 曲线呈水平状,这一区域被称为"凯恩斯区域"或"萧条区域"。

相反,如果利率上升到很高水平,货币的投机需求量将等于零,这时候人们除了为完成交易必须持有一部分货币(即交易需求)外,不会为投机而持有货币。由于货币的投机需求等于零,因此,图 11.13 的象限(1)中货币投机曲线表现为从利率为 r_3 以上是一条与纵轴重合的垂直线,不管利率再上升到 r_3 以上多高,货币投机需求都是零,人们手持货币量都是交易需求量。这样,象限(4)中 LM 曲线从利率为 r_3 开始,就成为一段垂直线。西方学者认为,这时候如实行扩张性财政政策使 IS 曲线向右上方移动,只会提高利率而不会增加收入,但如果实现使 LM 曲线右移的扩张性货币政策,则不但会降低利率还会提高收入水平。因此这时候财政政策无效而货币政策有效,这符合"古典学派"以及基本上以"古典学派"理论为基础的货币主义者的观点。因而 LM 曲线呈垂直状态的这一区域被称为"古典区域"。

古典区域和凯恩斯区域之间这段 LM 曲线是中间区域,LM 曲线的斜率在古典区域为无穷大,在凯恩斯区域为零,在中间区域则为正值,这从图 11.13 上可清楚看出。

三、LM 曲线的移动

LM 曲线的代数表达式 $r=\dfrac{ky}{h}-\dfrac{m}{h}$ 中,$\dfrac{k}{h}$ 是 LM 曲线的斜率,而 $\dfrac{m}{h}$ 是 LM 曲线截距的绝对值,因此,只有 $\dfrac{m}{h}$ 的数值发生变动,LM 曲线才会移动。而这里讨论的是 LM 曲线的移动,而不是 LM 曲线的转动,因此就假定 LM 曲线的斜率不变,也就是假定 k 和 h 都不变。这样,LM 曲线移动就只能是实际货币供给量 m 变动。实际货币供给是名义货币供给 M 和价格水平 P 决定的,即 $m=\dfrac{M}{P}$。因此,造成 LM 曲线移动的因素只能是名义货币供给量和价格水平变动。

(一)名义货币供给量 M 变动

在价格水平 P 不变时,名义货币供给量 M 增加,表现为实际货币供给量 m 上升,LM 曲线向右下方移动;反之,名义货币供给量 M 下降,LM 曲线向左上方移动。实际上,中央银行实行变动货币供给量的货币政策,在 IS-LM 模型中就表现为 LM 曲线的移动。

【专栏 11-1】 美国 1979 年的货币政策转变

美国 1979 年前后,货币政策发生了巨大的转变,对美国经济产生了严重的负作用。这是当时美国政府所没有料到的事情。

在 20 世纪 70 年代卡特总统上台执政以前,福特政府采取了扩张性的财政政策和货币政策来刺激经济,国民生产总值增长很快,失业率由 9% 下降到 5.6%。但负效应是通货膨胀率迅速上升,从 4.3% 上升到 12.3%。到了 1979 年第三季度,卡特政府所面临的一个主要问题就是高通货膨胀。因此,采取了紧缩的货币政策,控制货币供给,使货币的增长率一下子从 1979 年第三季度的 13.9% 下降到第四季度的 4.4%。货币供给的减少,引发了两个后果:一是利率迅速从 9.7% 上升到第四季度的 11.8%,1980 年第一季度的 13.4%;二是国民生产总值的增长率变成了负增长,1980 年第二季度增长率为 -9.5%。

由于担心经济危机的爆发,卡特政府又迅速采取宽松的货币政策。1980 年第三季度,货币供给一下又猛增到了 19.5%,其结果是通货膨胀再度飞升,投资只是略有回升,国民生产总值增长率由 -9.5% 回升到 5.1%。但是,原本脆弱的美国经济再也经不起忽冷忽热的折腾,1981 年以后美国经济陷入了危机之中。有人形容美联储这段时间的行为就像一个喝醉酒的司机。

资料来源:魏加宁,反思美国 20 世纪 70 年代滞胀的成因与对策,新浪微博,http://blog.sina.com.cn,2011 年 10 月 8 日。

(二)价格水平的变动

名义货币供给量 M 不变时,价格水平 P 上升,实际货币供给量 m 就变小,LM 曲线就向左上方移动;反之,LM 曲线就向右下方移动。

四、LM 曲线上的非均衡区域

图 11.14 中,在 LM 曲线上的点所对应的国民收入和利率的组合都是货币市场均衡时的组合。换言之,不在 LM 曲线上的点所对应的国民收入和利率的组合都不能使货币市场实现均衡。例如,在图中的 A 点,国民收入为 Y_a,利率为 r_a。而当收入为 Y_a 时,要使货币市场实现均衡,利率就必须高于 r_a。因此,当收入为既定时,A 点的利率水平偏低,从而导致货币需求偏高。换一个角度来说,当利率为 r_a 时,要使货币市场实现均衡,国民收入水平就必须低于 Y_a。因此,当利率为既定时,A 点的国民收入水平偏高,从而导致货币需求偏高。因此,A 点所表示的国民收入和利率的组合,反映了货币市场存在过度需求的情况。不难推知,在图 11.14 中,所有 LM 曲线右下方的点所对应的收入和利率的组合都是货币市场存在过度需求的情况。

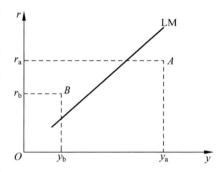

图 11.14　LM 曲线上的非均衡区域

在图 11.14 中的 B 点,国民收入为 Y_b,利率为 r_b。而当国民收入为 Y_b 时,要使货币市场实现均衡,利率就必须低于 r_b。因此,当国民收入为既定时,B 点的利率水平偏高,从而导致货币需求偏低。换一个角度来说,当利率为 r_b 时,要使货币市场实现均衡,国民收入水平就必须高于 Y_b。因此,当利率为既定时,B 点的国民收入水平偏低,从而导致货币需求偏少。因此,B 点所表示的国民收入和利率的组合,反映了货币市场存在过度供给的情况。不难推知,在图 11.14 中,所有 LM 曲线左上方的点所对应的收入和利率的组合都是货币市场存在过度供给的情况。

第五节　双重均衡的实现:IS-LM 分析

IS-LM 模型通过把 IS 曲线和 LM 曲线联合起来考察,分析了在产品市场和货币市场同时达到均衡的条件下,利率和国民收入的决定问题。

一、利率与收入的相互作用

凯恩斯在《就业、利息和货币通论》中说明了总收入取决于与总供给相等的总有效需求，而有效需求决定于消费支出和投资支出，由于消费倾向在短期是稳定的，因而有效需求主要取决于引致投资。投资量又决定于投资边际效率和利率的比较。若投资边际效率为一定，则投资取决于利率，利率取决于货币数量和流动性偏好即货币需求。货币需求由货币的交易需求（包括预防需求）和投机需求构成。交易货币需求取决于收入水平，而投机需求取决于利率水平。可见，在产品市场上，要决定收入，必须先决定利率，否则投资水平无法确定；而利率是在货币市场上决定的，在货币市场上，如果不先确定一个特定的收入水平，利率又无法确定，而收入水平又是在产品市场上决定的，因此利率的决定又依赖于产品市场。这样，凯恩斯的理论就陷入了循环推论：利率通过投资影响收入，而收入通过货币需求又影响利率；或者反过来说，收入依赖于利率，而利率又依赖于收入。凯恩斯的后继者发现了这一循环推论的问题，于是把产品市场和货币市场结合起来，建立了一个产品市场和货币市场的一般均衡模型，即IS-LM模型，以解决循环推论的问题。

二、双重市场均衡的确定

从前面的分析中已经知道，在IS曲线上，有一系列利率与相应收入的组合可使产品市场均衡，在LM曲线上，又有一系列利率和相应收入组合可使货币市场均衡。但能够使产品市场和货币市场同时达到均衡的利率和收入组合却只有一个。这一均衡的利率和收入可以在IS曲线和LM曲线的交点上求得，其数值可通过求解IS和LM的联立方程得到。

产品和货币两个市场同时达到均衡时的利率和收入可通过求解以下联立方程而得

$$i(r) = s(y) \quad \text{IS 曲线}$$
$$m = L = L_1(y) + L_2(r) \quad \text{LM 曲线}$$

由于货币供给量 m 被假定为既定，因此，在这个二元方程组中，变量只有利率（r）和收入（y），解出这个方程组，就可得到 r 和 y 的一般解。

上述一般解可在图11.15中IS曲线和LM曲线的交点 E 上获得。

在图中，E 点是能使产品市场和货币市场实现均衡的收入和利率。这时候，投资 i 等于储蓄 s，因而实现了产品市场均衡；同时，货币的需求 L 等于货币供给量 m，因而实现了货币市场均衡。在 E 点同时实现了两个市场的均衡。只要投资、储蓄、货币需求和供给的关系不变，任何失衡情况的出现都是不稳定的，最终会趋向均衡。

从图11.15中可看到，IS曲线和LM曲线把坐标平面分成四个区域：Ⅰ、Ⅱ、Ⅲ、Ⅳ，在这四个区域中都存在产品市场和货币市场的非均衡状

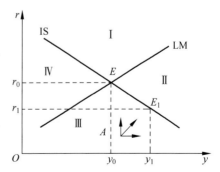

图11.15 产品市场和货币市场同时均衡

态。例如,区域Ⅰ中任何一点,一方面在 IS 曲线右上方,因此有投资小于储蓄的非均衡;另一方面又在 LM 曲线左上方,因此有货币需求小于货币供给的非均衡。其余三个区域中的非均衡关系也可以这样推知。在四个区域中的非均衡关系可列于表 11.1 中。

表 11.1 产品市场和货币市场的非均衡

区域	产品市场	货币市场
Ⅰ	$i<s$ 有超额产品供给	$L<m$ 有超额货币供给
Ⅱ	$i<s$ 有超额产品供给	$L>m$ 有超额货币需求
Ⅲ	$i>s$ 有超额产品需求	$L>m$ 有超额货币需求
Ⅳ	$i>s$ 有超额产品需求	$L<m$ 有超额货币供给

各个区域中存在的各种不同的组合的 IS 和 LM 非均衡状态,会得到调整,IS 不均衡会导致收入变动:投资大于储蓄,即总需求大于总供给,会导致收入增加,投资小于储蓄,即总需求小于总供给,会导致收入减少。LM 不均衡会导致利率变动:货币需求大于货币供给会导致利率上升;货币需求小于货币供给会导致利率下降。这种调整最终都会趋向均衡收入和利率。

例如,在图 11.15 中,假定经济处于 A 点所表示的收入和利率组合的不均衡状态。A 点在Ⅲ区域中,一方面有超额产品需求,从而收入会增加,收入从 A 点沿平行于横轴的方向向右移动;另一方面有超额货币需求,从而利率会上升,利率从 A 点平行于纵轴的方向向上移动。在两个方面调整的共同结果是引起收入和利率的组合沿对角线方向向右上方移到 E_1 点。在 E_1 点,产品市场均衡了,货币市场仍不均衡,于是,仍会再调整。这种调整直到 E 点才会停止。

三、产品市场和货币市场均衡的变动

IS 曲线和 LM 曲线的交点 E 同时实现了产品市场和货币市场的均衡,由此决定了均衡的国民收入。如果 IS 曲线和 LM 曲线发生了变动,不仅收入会变动,利率也会变动,则均衡国民收入随之发生变动,如图 11.16 所示。

(一)LM 曲线不变,IS 曲线移动

当 LM 曲线不变而 IS 曲线向右上方移动时,则不仅收入提高,利率也上升。这是因为,IS 曲线右移是由于投资、消费或政府支出增加,即总支出增加,总支出增加使产出和收入增加,收入增加了,对货币交易需求也增加。

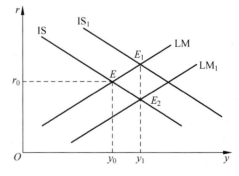

图 11.16 产品市场和货币市场同时均衡

由于货币供给不变,因此,人们只能售出有价证券来获取从事交易增加所需货币,这就会使证券价格下降,即利率上升。同样可以说明,LM 不变而 IS 曲线向左下方移动时,收入和利率都会下降。

(二) IS 曲线不变，LM 曲线移动

当 IS 曲线不变而 LM 曲线向右下移动时，则收入提高，利率下降。这是因为，LM 曲线右移，或者是因为货币供给不变而货币需求减少，或者是因为货币需求不变，货币供给增加。在 IS 曲线不变，即产品市场供求没有发生变化的情况下，LM 曲线右移都意味着货币市场上供过于求，这必然导致利率下降。利率下降刺激消费和投资，从而使收入增加。相反，当 LM 曲线向左上方移动时，则会使利率上升，收入减少。

如果 IS 曲线和 LM 曲线同时移动，收入和利率的变动情况则由 IS 和 LM 如何同时移动而定。如果 IS 向右上方移动，LM 同时向右下方移动，则可能出现收入增加而利率不变的情况。这就是所谓扩张性的财政政策和货币政策相结合可能出现的情况。

本 章 小 结

本章建立的 IS-LM 模型，是包括产品市场和货币市场在内的进行总需求分析的基本模型。IS 曲线表明了使产品市场处于均衡状态时的利率和收入水平的反方向组合轨迹。IS 曲线斜率的大小取决于边际消费倾向、投资支出对利率变动的敏感程度。政府的扩张性财政政策会使 IS 曲线向右移动，紧缩性财政政策会使 IS 曲线向左移动。LM 曲线表示货币市场处于均衡状态时利率和收入水平的同方向组合轨迹。LM 曲线斜率的大小取决于货币需求对收入变动和利率变动的反映程度。政府增加货币供给会使 LM 曲线向右移动，减少货币供给会使 LM 曲线向左移动。产品市场和货币市场的同时均衡决定了均衡的产出水平和利率水平。IS 曲线和 LM 曲线的变动都会影响到均衡产出水平和利率水平。

人物介绍：托宾

课后练习题

一、名词解释

1. IS 曲线：是描述产品市场达到均衡时，国民收入与利率之间存在着反方向变动关系的曲线。

2. LM 曲线：表示在货币供给和价格水平保持不变的情况下，货币市场均衡时，利率和国民收入组合点的轨迹。

二、单项选择题

1. 实际国民生产总值增加是由于（　　）。
   A. 物价水平上升　　　　　　　　B. 最终产品与劳务增加
   C. 失业率上升　　　　　　　　　D. 存在温和的通货膨胀

2. IS 曲线表示满足（　　）关系。
   A. 收入—支出均衡　　　　　　　B. 总供给和总需求均衡
   C. 储蓄和投资均衡　　　　　　　D. 以上都正确

3. 当投资支出和利率负相关时,产品市场上的均衡收入(　　)。
   A. 与利率不相关　　　　　　　　　B. 与利率负相关
   C. 与利率正相关　　　　　　　　　D. 随利率下降而下降
4. 在 IS 曲线和 LM 曲线相交时,表现为(　　)。
   A. 产品市场均衡而货币市场非均衡
   B. 产品市场非均衡而货币市场均衡
   C. 产品市场和货币市场处于非均衡
   D. 产品市场和货币市场同时达到均衡
5. 价格水平上升时,会(　　)。
   A. 减少实际货币供给,LM 曲线右移　　B. 减少实际货币供给,LM 曲线左移
   C. 增加实际货币供给,LM 曲线右移　　D. 增加实际货币供给,LM 曲线左移
6. 货币市场和产品市场同时均衡出现于(　　)。
   A. 各种收入水平和利率上　　　　　B. 一种收入水平和利率上
   C. 各种收入水平和一定利率水平上　D. 一种收入水平和各种利率水平上
7. 利率和收入组合点出现在 IS 曲线右上方、LM 曲线左上方的区域中,则表示(　　)。
   A. 投资小于储蓄且货币需求小于货币供给
   B. 投资小于储蓄且货币需求大于货币供给
   C. 投资大于储蓄且货币需求小于货币供给
   D. 投资大于储蓄且货币需求大于货币供给
8. 若货币供给量减少,LM 曲线将(　　)。
   A. 右移　　　　B. 左移　　　　C. 不变　　　　D. 无法判定
9. 一般来说,IS 曲线的斜率(　　)。
   A. 为负　　　　B. 为正　　　　C. 为零　　　　D. 等于 1
10. 一般地说,LM 曲线斜率(　　)。
    A. 为正　　　　B. 为负　　　　C. 为零　　　　D. 可正可负

三、多选题

1. IS 曲线上的每一个点都表示使(　　)。
   A. 货币供给等于货币需求的收入和利率的组合
   B. 货币供给大于货币需求的收入和利率的组合
   C. 产品市场达到均衡
   D. 产品需求等于产品供给的收入和利率的组合
2. LM 曲线上的每一个点都表示使(　　)。
   A. 货币供给等于货币需求的收入和利率的组合
   B. 货币供给大于货币需求的收入和利率的组合
   C. 货币市场达到均衡
   D. 产品需求大于产品供给的收入和利率的组合
   E. 货币供给小于货币需求的收入和利率的组合

四、简答题

1. 什么是货币需求？人们需要货币的动机有哪些？
2. 怎样理解凯恩斯流动性陷阱区域 LM 曲线的特性？

五、计算题

1. 假定消费函数为 $C=50+0.8y$，投资函数为 $I=100-5r$，求 IS 曲线。
2. 假定一个只有家庭和企业的两部门经济中，消费 $C=100+0.8y$，投资 $I=150-6r$，名义货币供给 $M=150$，价格水平 $P=1$，货币需求 $L=0.2y-4r$。

(1) 求 IS 和 LM 曲线。

(2) 求产品市场和货币市场同时均衡时的利率和收入。

第十二章

总需求—总供给模型

本章导读

2005年10月,我国商务部公布的《600种主要消费品和300种主要生产资料商品供求状况调查报告》称,中国商品市场出现部分行业库存增加、供求关系发生逆转的新情况。600种主要消费品中,供求基本平衡的商品只占26.7%,供过于求的商品占73.3%,没有供不应求的商品。这里谈到的产品供求关系,实际上是一国国民经济中总需求和总供给关系的一个缩影。本章将讨论和分析哪些因素会影响到总需求和总供给的变化,它们之间有怎样的互动关系,以及介绍在经济学中常见的一些分析供需双方关系的模型。这些分析对于理解经济的运行很有帮助。

第一节 总需求曲线

一、总需求曲线的定义

总需求(aggregate demand, AD)是社会对产品和劳务的需求总量,通常以产出水平来表示。总需求由消费需求、投资需求、政府支出需求以及国外对本国产品和劳务的需求构成。在不考虑国外需求的情况下,经济社会的总需求是指在价格、收入和其他经济变量既定条件下,家庭、企业部门和政府将要支出的数量。因此,总需求衡量的是经济中各种行为主体的总支出:家庭购买的电冰箱、企业购买的卡车、政府购买的办公设备等。实际上,除了价格水平、人们的收入水平、对未来的预期等因素推动总需求的力量外,还包括税收、政府支出或货币供给等政策变量。

总需求函数被定义为对产出(收入)的需求和价格水平之间的关系。它表示在某个特定的价格水平下,社会需要多大数量的产量。在以价格水平为纵坐标、产出水平为横坐标的坐标系中,总需求函数的几何图形被称为总需求曲线。

二、总需求曲线的推导

总需求函数一般同产品市场与货币市场有关。换句话说,总需求函数也可以从产品市场与货币市场的同时均衡中得到。以两部门经济为例,这时IS曲线的方程为

$$i(r) = s(y) \tag{12-1}$$

LM曲线的方程为

$$m = \frac{M}{P} = L_1(y) + L_2(r) \tag{12-2}$$

在上面两个方程中,如果把 y 和 r 当作未知数,而把其他变量,特别是 P 当作参数来将这两个方程联立求解,则所求得的 y 的解式一般包含 P 这一变量。该解式表示了不同价格 P 与不同的总需求量之间的函数关系,即总需求函数。

在这种情况下,总需求函数反映的是产品市场和货币市场同时处于均衡时,价格水平和产出水平之间的关系。因此,总需求曲线可以从 IS-LM 图形中求取。

在 IS-LM 模型中,一般价格水平被假定为是一个常数。在价格水平固定不变且货币供给为已知时,IS 曲线和 LM 曲线的交点决定有效需求,从而也是均衡的收入水平。现用图 12.1 说明如何根据 IS-LM 图形推导总需求曲线。

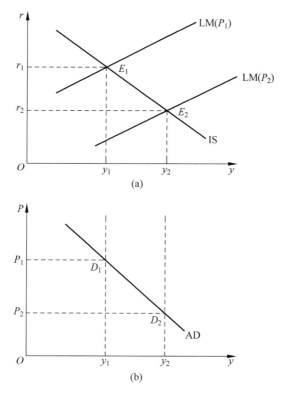

图 12.1 总需求曲线的推导

图 12.1 分为(a)、(b)两个部分。(a)图为 IS-LM 图形。(b)图表示价格水平和总需求量之间的关系,即总需求曲线。当价格 P 的数值为 P_1 时,LM 曲线 $LM(P_1)$ 与 IS 曲线相交于 E_1 点,E_1 点所表示的国民收入和利率顺次为 y_1 和 r_1。将 P_1 和 y_1 标在(b)图中便得到总需求曲线上的一点 D_1。现在,假设 P 由 P_1 下降到 P_2。由于 P 的下降,LM 曲线移动到 $LM(P_2)$ 的位置,它与 IS 曲线的交点为 E_2 点。E_2 点所表示的收入和利率顺次为 y_2 和 r_2。对应于(a)图中的 E_2 点,又可在(b)图中找到 D_2。按照同样的程序,随着 P 的变化,LM 曲线和 IS 曲线可以有许多交点,每一个交点都标志着一个特定的 y 和 r。于是就有许多 P 与 y 的组合,从而构成了(b)图中的一系列点。把这些点连在一起所得到的曲线便是总需求曲线 AD。

从以上对总需求曲线的推导中看到,总需求曲线表示社会的需求总量和价格水平之间相反方向的关系。价格水平的提高使货币需求增加(即居民由于价格上涨而需要比原来持有更多的货币余额),但由于货币量保持不变,于是货币市场出现了非均衡,结果是利率提高。伴随着较高的利率,投资支出下降,从而导致产量减少。相反,较低的价格水平使货币需求减少,进而导致利率下降,较低的利率刺激了投资,从而导致产量的提高。

三、总需求曲线的移动

根据前面对于 IS 曲线和 LM 曲线的讨论,我们还可以讨论财政政策和货币政策变化对总需求曲线的影响。其一般性结论为:扩张性财政政策会使总需求曲线向右移动,扩张性货币政策也会使总需求曲线向右移动。这里,我们仅以扩张性财政政策的效果加以说明。

在图 12.2 的(a)中,IS 曲线和 LM 曲线对应于一定的货币数量和价格水平 P_0,均衡点为 E,在(b)图的 AD 曲线中有与之对应的 E 点。现在增加政府支出,结果是 IS 曲线向右移动到 IS_1。在原来的价格水平下,新的均衡点为 E_1,此时,利率提高,收入增加。在(b)图中,也画出对应的 E_1 点,E_1 点是新的总需求曲线 AD_1 上的一点,AD_1 曲线反映了增加政府支出对经济的影响。可见,在一个既定的价格水平下,政府支出的增加也就意味着总需求的增加。

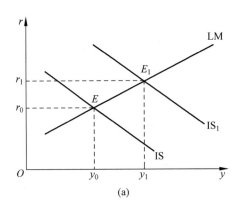

(a)

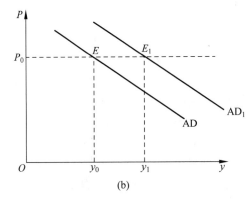

(b)

图 12.2 总需求曲线的移动

实际上，总需求方面任何因素的变动都会引起总需求曲线的移动，比如消费、投资、政府支出、出口、名义货币供给量、税收额、税率、进口、实际货币需求等因素的自发变动。其他因素不变时，消费、投资、政府支出、出口、名义货币供给量的自发增大，会使总需求曲线向右上方移动；反之，则总需求曲线向左下方移动。税收额、税率、进口、实际货币需求等因素的自发增加，会使总需求曲线向左下方移动；反之，则总需求曲线向右上方移动。

总需求曲线不仅在价格变动的条件概括了前面所述的 IS-LM 模型，而且还较为直观地说明了财政政策和货币政策都是旨在影响总需求的需求管理政策。

此外，总需求曲线只是给出了价格水平和以收入水平来表达的总需求水平之间的关系，并不能决定价格水平和均衡的总需求水平。为了说明整个经济中价格水平和总产出水平是如何决定的，还需要引入另一个分析工具，即总供给曲线。

【专栏 12-1】 白宫的凯恩斯主义者

1961年，当一个记者问肯尼迪总统为什么他主张减税时，肯尼迪回答："为了刺激经济，难道你不记得你上的101号经济学了吗？"（一般美国大学把一年级的经济学基础称为101号经济学）。肯尼迪的政策目的是要增加总需求，以刺激生产和就业。

在选择这种政策时，肯尼迪依靠了他的经济顾问小组。这个小组包括极负盛名的经济学家詹姆斯·托宾和罗伯特·索洛，他们以后都由于对经济学的贡献而获得了诺贝尔经济学奖。他们在20世纪40年代作为学生，都深入地研究过凯恩斯的《就业、利息和货币通论》。当肯尼迪的顾问提出减税时，他们把凯恩斯的思想付诸了实施。

肯尼迪政策的一项内容是减免投资税。高投资不仅直接刺激了总需求，而且也增加了经济中长期的生产能力。因此，通过提高总需求刺激生产的短期目标与通过提高总供给以增加生产的长期目标是相对称的。而且，实际上当肯尼迪提出的减税在1964年实施时，它促成了一个经济高速增长的时期。

自从1964年减税以来，决策者不时地主张把财政政策作为控制总需求的工具。布什总统企图通过减少税收来加快从衰退中复苏的步伐。同样，当克林顿总统1993年入主白宫时，他的政策之一就是增加政府支出的"一揽子刺激"。他宣称其政策目的是帮助美国经济更快地从刚刚经历的衰退中复苏。但是，"一揽子刺激"最后遭到了失败。许多议员和经济学家认为，克林顿的政策太晚了，以致对经济没有多大帮助。

资料来源：人人文库，http://www.renrendoc.com/，2015年12月15日。

第二节 总供给曲线

一、总供给曲线的含义

总供给(aggregate supply, AS)是社会的收入总量（或总产出），它描述了经济社会的基本资源用于生产时可能有的产量。一般而言，总供给主要是由劳动力、生产性资本存量和技术水平决定的。在宏观经济学中，描述总产出与劳动、资本和技术之间关系的适当工具是宏观生产函数。凯恩斯主义的理论主要强调总需求方面，对于总供给方面并未加以讨论。当经济学家们感到必须引入总供给时，大多数人便把古典经济学关于劳动市场和生产函数的理论与价格变动对劳动市场的影响结合起来，来推导总供给曲线。

总供给曲线(函数)是指总产量与一般价格水平之间的关系。在以价格水平为纵坐标、总产量为横坐标的坐标系中，总供给函数的几何图形表示的就是总供给曲线。

二、短期与长期宏观生产函数

在西方经济学中，生产函数是指投入和产出之间的数量关系。生产函数有微观和宏观之分，宏观生产函数又称总量生产函数，是指整个国民经济的生产函数，它表示总量投入和总产出之间的关系。

假定一个经济社会在一定的技术水平下使用总量意义下的劳动和资本两种要素进行生产，则宏观生产函数可表示为

$$y = f(N, K) \tag{12-3}$$

式中，y 为总产出，N 为整个社会的就业水平或就业量，K 为整个社会的资本存量。为了避免复杂，技术水平没有被明确地表示出来。式(12-3)表明，经济社会的产出主要取决于整个社会的就业量、资本存量和技术水平。

宏观生产函数可以被区分为短期和长期两种。在短期宏观生产函数中，由于资本存量和技术水平在短期内不可能有较大的改变，所以二者被认为是不变的常数。用 $\overline{K}$ 表示不变的资本存量，把它代入式(12-3)，有

$$y = f(N, \overline{K}) \tag{12-4}$$

短期宏观生产函数用式(12-4)表示，在一定的技术水平和资本存量条件下，经济社会生产的产出 y 取决于就业量 N，即总产量是经济中就业量的函数，随总就业量的变化而变化。

西方宏观经济学假定宏观生产函数式(12-4)有两条重要的性质：一是总产出随总就业量的增加而增加；二是在技术水平和 K 为常数的假设条件下，由于"边际报酬递减规律"的作用，随着总就业量的增加，总产出按递减的比率增加。这样，短期宏观生产函数式(12-4)可以用图12.3表示。

图12.3中，横轴 N 表示劳动的总就业量，纵轴 y 表示总产量，曲线 $y = f(N, \overline{K})$ 表示总

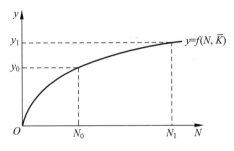

图 12.3 宏观生产函数

产量是总就业量的函数。例如，当总就业量为 N_0 时，对应的总产量为 y_0，图中曲线越来越平缓，表示总产量随总就业量的增加，按递减的比率增加。当 N 达到充分就业的 N_1 时，相应的产量为 y_1。

长期生产函数与短期生产函数的不同之处在于：在长期生产函数中，包括生产函数中的三个主要自变量在内的一切自变量都可以改变。首先，技术水平可以有很大进步，存在着足够的改善技术的时间；其次，人口的增长能够影响充分就业的劳动者的数量；最后，资本的存量也会随着积累的增加有很大的变化。这样，长期生产函数可以用式(12-5)

表示出来。

$$y^* = f(N^*, K^*) \tag{12-5}$$

式中,N^*为各个短期中的充分就业量;K^*为各期的资本存量,技术水平的变化没有被明确表示出来;y^*为各期的充分就业时的产量,也被称为潜在产量。

在目前,我们所涉及的仅仅限于短期生产函数。换句话说,正如式(12-4)所显示的那样,在一定时期和一定条件下,总供给将主要由经济的总就业水平决定。

第三节 总供给曲线的经济含义

宏观经济学将总产出与价格水平之间的关系分为三种,即古典总供给曲线、凯恩斯总供给曲线和常规总供给曲线。

一、古典总供给曲线

按照西方古典经济学派的理论,在长期中,价格和货币工资具有伸缩性,因此,按照该理论,经济的就业水平就会处在充分就业的状态。换句话说,在长期中,经济的就业水平或产量并不随着价格水平的变动而变动,而始终处在充分就业状态上。这时,经济的产量水平也将位于潜在产量或充分就业的水平上,不受价格变动的影响。因此,古典学派认为,总供给曲线是一条位于经济的潜在产量或充分就业产量水平上的垂直线。如图12.4所示,该图所显示的垂直线即为古典总供给曲线。

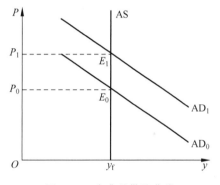

图 12.4 古典总供给曲线

古典总供给曲线的政策含义也可以用图12.4表示出来:在该图中,代表总需求曲线的 AD_0 与古典总供给曲线的 y_f 垂直线相交于 E_0 点;此时的价格水平为 P_0,总产量是充分就业时的产量 y_f。处于 E_0 的状态下,国家即使通过增加需求的政策来使 AD_0 向右移动到 AD_1 的位置,其与 y_f 垂直线的新交点为 E_1。在 E_1 点,价格水平为 P_1,可是产量仍然是 y_f。换言之,增加需求的政策并不能改变产量,而只能造成物价上涨,甚至通货膨胀。

二、凯恩斯总供给曲线

凯恩斯的《就业、利息和货币通论》出版于1936年,那时,整个西方世界都处于严重的大萧条时期,经济社会存在着大量的失业人口和闲置的生产能力,《就业、利息和货币通论》基本上是针对这种状态而撰写的。此外,该书也提出了货币工资具有"刚性"的假设,即假设由于种种原因,货币工资不会轻易变动。

处于上述状态,在"刚性"货币工资的假设条件下(当时的事实也表明),当产量增加时,价格和货币工资均不会发生变化。因此,凯恩斯的总供给曲线被认为是一条水平线,如图12.5中的 P_0E_0 所示。

图中的 y_f 代表充分就业的产量或国民收入，P_0E_0 为水平的总供给曲线，其经济含义是：在产量小于 y_f 的条件下，由于货币工资 W 和价格水平 P 都不会变动，所以在既有的价格 P_0，经济社会能提供任何数量的 y_0，即在达到充分就业以前，经济社会能按照既定的价格提供任何数量的产量或国民收入。此外，该图也表明，在达到充分就业之后，社会已经没有多余的生产能力，从而，不可能生产出更多的产品，因此，增加的需求不但不会增加产量，反而会引起价格的上升，如图中 E_0 点以上的垂直线所示。例如，在 E_1 点，产量仍旧是 y_f，但是，价格已经上升到 P_1。

凯恩斯总供给曲线的政策含义是：只要国民收入或产量处在小于充分就业的水平，那么，国家就可以使用增加需求的政策来使经济达到充分就业状态，如图 12.6 所示。

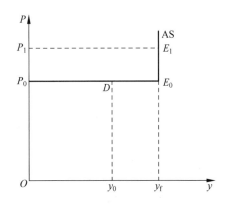

图 12.5 凯恩斯总供给曲线

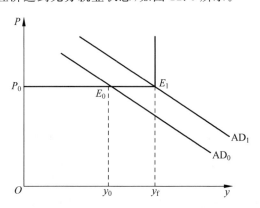

图 12.6 凯恩斯总供给曲线的政策含义

在图 12.6 中，代表总需求曲线的 AD_0 与凯恩斯总供给曲线相交于 E_0 点。在 E_0 点，价格水平为 P_0，产量 y_0 处于小于充分就业的萧条状态。为了改善这一状态，国家可以通过增加需求的政策来使总需求曲线 AD_0 向右移动到 AD_1 的位置。这样，凯恩斯总供给曲线与 AD_1 相交于 E_1 点。该点表明，此时的价格水平仍然为 P_0，但国民收入已经达到充分就业的产量 y_f。

三、常规总供给曲线

垂直的古典总供给曲线和水平的凯恩斯总供给曲线分别代表两种极端状态。西方学者认为，在通常的或常规的情况下，短期总供给曲线位于两个极端之间，向上倾斜。向上倾斜的 AS 曲线表示，价格水平越高，经济中的企业提供的总产出就越多。从微观经济学的角度看，在短期，当经济中的工资和其他资源的价格相对固定，或不太易变时，随着企业产品价格的提高，企业增加产量通常能够盈利。因此，更高的价格水平将导致更高的总产量。这意味着，在短期中，总供给曲线是向右上方延伸的，如图 12.7 所示。

图 12.7 的总供给曲线 AS 为非线性的常规总供给曲线。图中，左下方的点代表较为严重的萧条状态；由于这种状态存在着大量的失业和闲置的生产能力，所

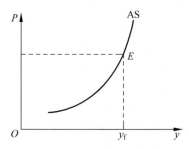

图 12.7 常规的总供给曲线

以当产量或国民收入 y 增加时，P 会稍有上升，但上升的速度不会很快，即 AS 曲线的斜率相对较小。由左方的点沿着 AS 曲线向右方移动，产量和国民收入逐渐增加，随着经济的好转，P 的上升越来越快，从而 AS 的斜率逐渐陡峭，一直到代表充分就业的 E 点。这时，由于充分就业并不意味着整个社会的全部资源和有劳动能力的人口均已就业，所以仍然存在着难以利用的资源和能力较差的劳动者无法就业，因此，在 E 点之后，如果产量还要增加，那么 P 的上升还要加快，从而 AS 曲线的斜率将明显加大。总之，在位于 E 点左方的区域，离开 E 点越远，曲线的斜率越小；而在处于 E 点右方的区域，离开 E 点的距离越大，曲线的斜率越大。西方学者认为，这种形状的总供给曲线可以代表西方经济的常规状态。

【专栏 12-2】 改革开放至今中国总供求的波动

20 世纪 80 年代中期以前，中国经济基本上属于短缺经济，总供给不足是影响中国经济增长的主要因素。这一时期的宏观经济调控，侧重于增加供给，而抑制过快的消费增长则是该时期在需求管理方面的中心内容。自 20 世纪 80 年代末至 90 年代初，中国基本产品短缺的局面基本上消失，供给方面的约束主要体现在若干基础设施的"瓶颈"制约上。这一时期需求变化对短期经济增长的影响也明显地表现出来，如 1989—1991 年，消费需求的增速减缓，同时由于国家提出了"治理整顿"的方针，实行宏观紧缩，固定资产投资的增长也明显放慢，需求增长的缓慢使总需求低于经济供给能力。经济发展速度明显放慢，市场疲软，企业开工不足。虽然这一时期出口需求的增长较快，但出口增长主要是内需不足的被动反应，不能改变总需求不足的状态。而在 1992—1993 年，以邓小平南方谈话为契机，固定资产投资迅速扩张，成为带动需求增加和整个经济增长的主要动力。

中国经济自 1993 年开始，又进入一个新的发展阶段，由于实行了适度从紧的宏观调控政策，在此后几年中，高通货膨胀率逐渐降低。1997 年东南亚金融危机严重影响了中国的总需求和总供给，使中国经济又经历了一个较长时期的调整过程，从 1998 年开始，中国逐渐实施了积极的财政政策和稳健的货币政策，使衰退的中国经济迅速复苏。随着 2003 年后经济的恢复、石油成本的上升和本币升值预期导致的外资流入，导致国内总需求过热，并在 2007 年出现了通货膨胀。政府适时推出了从紧的货币政策以抑制总需求过热和通货膨胀。不过，由于次贷危机引发的国际金融危机也波及我国，转而造成国内总需求下降。对此，政府又开始实施扩张的财政政策和货币政策，力图拉动经济的增长。

由于强刺激政策导致通胀的抬头，2010 年末中央经济工作会议和 2011 年政府工作报告中，将货币政策的取向由"适度宽松"转为"稳健的货币政策"。从 2015 年开始，以去产能、去库存、去杠杆、降成本、补短板为重点的供给侧结构性改革，经中央经济工作会议定调后，也正式拉开大幕。

第四节 总需求—总供给模型的现实解释

在得到总需求和总供给曲线之后，运用这两条曲线，总需求和总供给模型便能对现实的经济情况加以简单解释。

一、总需求曲线移动对均衡国民收入和价格的影响

总需求的变动是指总需求曲线的移动,凡是价格以外因素造成的总需求变动都会引起总需求曲线的移动。

总需求曲线移动的后果可以用图 12.8 加以说明。该图表明,在某一时期,AD_0 和 AS 相交于代表充分就业的 E_0 点。E_0 点的产量为 y_f,价格水平为 P_0。这时,由于总需求减少,AD 向左移动到 AD_1 的位置,这样,AD_1 和 AS 相交于 E_1 点。这表明,经济社会处于萧条状态,其产量和价格分别为 y_1 和 P_1,二者均低于充分就业的数量。然而,AS 的形状表明,二者下降的比例并不相同。在小于充分就业的水平时,越是偏离充分就业,经济中的过剩的生产能力就越来越多,价格下降的空间就越来越小,这说明:价格下降的比

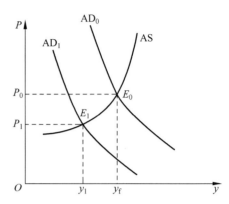

图 12.8　总需求曲线移动的后果

例要小于产量下降的比例。为了简化图形,我们没有做出 AD 从 AD_0 向右移动的情况。但是,读者可以自行推想,这一情况代表经济处于过热的状态。这时的生产能力比较紧缺,产量增加的可能性越来越小,而价格上升的压力越来越大;也就是说,在 E_0 的右方,AD 向右方移动的距离越大,价格上升的比例越要高于产量增加的比例。

另外,关于凯恩斯总供给曲线和古典总供给曲线两种极端情况下总需求曲线变动的影响,前文已做分析。

二、总供给曲线移动对均衡国民收入和价格的影响

总供给曲线移动的后果可以由图 12.9 表示出来。

在该图中,AD 和 AS_0 相交于充分就业的 E_0 点。这时的产量和价格水平顺次为 y_f 和 P_0。此时,如果由于某种原因,如大面积的粮食歉收或石油供给的紧缺、原料价格猛涨等,AS 曲线由 AS_0 向左移动到 AS_1,使 AD 与 AS_1 相交于 E_1 点,那么,E_1 点可以表示滞胀

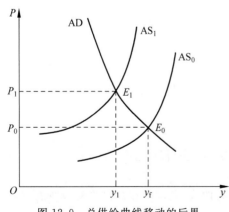

图 12.9　总供给曲线移动的后果

的状态,其产量和价格水平顺次为 y_1 和 P_1,即表示失业和通货膨胀的并存。进一步说,AS 向左偏离 AS_0 的程度越大,失业和通货膨胀也会越为严重。读者可以设想 AS 向右移动的后果。当生产技术的突然提高使 AS 由 AS_0 向右移动时,产量增加,而价格水平则会下降。然而,必须注意:在短期内,生产技术虽然有可能突然提高,但是,要想很快得到它的成果却是很困难的。因此,AS 从 AS_0 在短期内向右方移动是非常少见的,甚至只是一种理论上的相信而已。

【专栏 12-3】 石油对总供给的冲击

石油是现代经济社会中一种重要的投入品,而世界大部分石油都来自沙特阿拉伯、科威特和其他中东国家。当某个事件导致中东地区的石油供给减少时,世界石油价格上升。各国生产汽油、轮胎和许多其他产品的企业成本会增加,结果总供给曲线向左移动,引起滞胀。

第一起这种事件发生在 20 世纪 70 年代中期。当时,有大量石油储藏的国家作为欧佩克成员走到了一起,欧佩克是一个卡特尔,它企图通过减少生产以提高石油价格。从 1973 年到 1975 年,石油价格几乎翻了一番。世界石油进口国都经历了同时出现的通货膨胀和衰退。在美国,按 CPI 衡量的通货膨胀率几十年来第一次超过了 10%。失业率从 1973 年的 4.9% 上升到 1975 年的 8.5%。

几年后,几乎完全相同的事件又发生了。20 世纪 70 年代末期,欧佩克国家再一次限制石油的供给以提高价格。从 1978 年到 1981 年,石油价格翻了一番还多,结果又是滞胀。第一次欧佩克事件之后,通货膨胀已有点儿平息,但现在每年的通货膨胀率又上升到 10% 以上。1978 年和 1979 年的失业率为 6% 左右,在其后上升到 10% 左右。

世界石油市场也可以对总供给产生有利影响。1986 年欧佩克成员之间爆发了争执。成员违背限制石油生产的协议。在世界石油市场上,价格下降了一半左右。石油价格的这种下降减少了各国企业的成本,这又使总供给曲线向右移动。结果,美国经济经历了滞胀的反面:产量迅速增长,失业减少,而通货膨胀率达到了多年来的最低水平。

20 世纪 90 年代末,世界石油价格大幅波动,先是因为亚洲金融危机和经济衰退,对石油需求减少,导致石油价格大幅下降,一度跌至每桶 10 美元以下。后来,由于亚洲的复苏和欧佩克的限产,石油价格又大幅上涨到每桶 35 美元以上。不过,不少学者认为,以高科技为基础的美国"新经济"对石油依赖的程度下降了。这次石油价格上升对美国的影响不会很大,但可能对复苏中的亚洲各国影响较大。有意思的是,刚刚进入新世纪,美国的"新经济"就屡屡遭受包括石油价格大幅上升的打击。美国的次贷危机到 2008 年 9 月演变为严重的国际金融危机。与此同时,国际石油价格一直上升到 147 美元/桶,从而再次影响了世界经济的增长。

资料来源:深度解析国际原油市场价格影响因素,新浪微博,http://blog.sina.com.cn,2015 年 5 月 26 日。

本 章 小 结

本章主要介绍了总需求和总供给模型的基本理论。其中分别阐述了总需求曲线和总供给曲线的推导过程,总需求、总供给曲线和价格水平之间的关系,总需求和总供给曲线的形状以及影响其移动的原因,并具体介绍了总供给曲线

人物介绍:克鲁格曼、萨缪尔森

的三种形态，即古典总供给曲线、凯恩斯总供给曲线和常规总供给曲线，最后讨论了总需求和总供给变动对价格水平及产量水平的具体影响。

课后练习题

一、名词解释

1. 总需求：是社会对产品和劳务的需求总量，由消费需求、投资需求、政府支出需求以及国外对本国产品和劳务的需求构成。

2. 总供给：是经济社会的基本资源用于生产时可能有的产量，主要是由劳动力、生产性资本存量和技术水平决定的。

二、单项选择题

1. 总需求曲线向右下方倾斜是由于（   ）。
   A. 价格水平上升时，投资会减少   B. 价格水平上升时，消费会减少
   C. 价格水平上升时，净出口会减少   D. 以上结论均正确

2. 总需求曲线（   ）。
   A. 当其他条件不变时，政府支出减少时会使其右移
   B. 当其他条件不变时，政府支出减少时会使其左移
   C. 当其他条件不变时，税收减少会使其左移
   D. 当其他条件不变时，名义货币供给增加会使其左移

3. 古典总供给曲线表示（   ）。
   A. 经济中已经实现了充分就业
   B. 经济中的资源还没有得到充分利用
   C. 在价格不变时，总供给可以无限增加
   D. 经济中存在着严重的失业

4. 经济实现充分就业时，（   ）。
   A. 总需求曲线水平   B. 总供给曲线趋于垂直
   C. 总供给曲线水平   D. 总需求曲线垂直

5. 若总需求增加，总供给曲线（   ）时，则产出增长效果最大。
   A. 垂直   B. 水平   C. 向右上方倾斜   D. 左移

6. 若扩张总需求政策的价格效应最大，则表明总供给曲线是（   ）。
   A. 水平的   B. 向上方倾斜的   C. 垂直的   D. 难以确定

7. 总供给曲线具有正斜率时，总需求曲线向右移动会增加（   ）。
   A. 实际工资、就业量和实际产出   B. 价格水平、就业量和实际产出
   C. 劳动生产率和实际产出   D. 劳动力需求、就业量和实际工资

8. 给定其他条件，总供给曲线右移可能是因为（   ）。
   A. 产品价格上涨   B. 税收增加
   C. 原材料价格上涨   D. 劳动生产率提高

9. 总供给曲线向上移动的原因是（   ）。

A. 工资提高　　　　B. 价格提高　　　　C. 技术进步　　　　D. 需求增加

10. 在水平的总供给曲线区域,决定产出增加的主导力量是(　　)。

　　A. 供给　　　　　B. 需求　　　　　C. 工资　　　　　D. 技术

11. 在垂直总供给曲线区域,决定价格的主导力量是(　　)。

　　A. 供给　　　　　B. 需求　　　　　C. 利率　　　　　D. 以上均正确

12. 扩张总需求政策适用的区域是总供给曲线(　　)。

　　A. 水平　　　　　B. 向右上方倾斜　　C. 垂直　　　　　D. A 和 B

13. 对于向上倾斜的 AS 曲线,如果税收减少同时货币扩张(　　)。

　　A. 总需求相对而言保持不变,但利率减少

　　B. 总需求相对而言保持不变,但利率增加

　　C. 总需求、价格水平和产出都减少

　　D. 总需求、价格水平和产出都增加

14. 总需求曲线 AD 是一条(　　)。

　　A. 向右下方倾斜的曲线　　　　　B. 向右上方倾斜的曲线

　　C. 水平的直线　　　　　　　　　D. 垂直的直线

15. 总供给曲线向右移动的原因是(　　)。

　　A. 工资下降　　　B. 价格提高　　　C. 技术停滞　　　D. 需求增加

16. 总需求不变时,生产成本上升形成的总供给冲击将使短期中(　　)。

　　A. 价格上升、产出增加　　　　　B. 价格下降、产出下降

　　C. 价格上升、产出下降　　　　　D. 价格上升、产出不变

17. 扩张性财政政策将使(　　)。

　　A. 总需求曲线向右移动　　　　　B. 总供给曲线向左移动

　　C. 总需求曲线向左移动　　　　　D. 总供给曲线向右移动

18. 假设总供给是 540 亿美元,消费是 460 亿美元,投资是 70 亿美元,在该经济中(　　)。

　　A. 计划投资等于计划储蓄　　　　B. 存货中包含有非计划投资

　　C. 计划投资等于非计划投资　　　D. 计划投资等于存货投资

19. 总需求曲线是表明(　　)。

　　A. 产品市场达到均衡时,总需求与价格水平之间的关系

　　B. 货币市场达到均衡时,总需求与价格水平之间的关系

　　C. 产品市场和货币市场达到均衡时,收入与利率之间的关系

　　D. 产品市场和货币市场达到均衡时,总需求与价格水平之间的关系

三、多选题

1. 当 AD 曲线交于 AS 曲线的垂直段时,这意味着(　　)。

　　A. 经济未达到充分就业

　　B. 宏观经济已达到充分就业

　　C. 资源已充分利用

　　D. 增加总需求不能引起产出水平提高

2. 下列表述正确的是（　　）。
   A. 总需求曲线是反映总需求与利率之间关系的曲线
   B. 总需求曲线上的点表明产品市场和货币市场尚未达到均衡
   C. 总需求曲线是表明总需求与价格水平之间关系的曲线
   D. 在以价格和收入为坐标的坐标系内，总需求曲线是向右下方倾斜的
3. 总需求曲线表明（　　）。
   A. 价格水平和收入之间的关系
   B. 曲线上的任意一点表示产品市场和货币市场同时处于均衡
   C. 价格水平和总需求之间反方向的变动关系
   D. 价格水平变动时，实际国民收入的变动

四、判断题

1. 当一般价格水平上升时，在名义货币供给量不变的情况下，实际货币供给减少，资产市场均衡的实际利率上升，将会使总需求减少。（　　）
2. 古典总供给曲线所表示的就业水平处于充分就业的状态。（　　）
3. 在长期总供给曲线水平，由于生产要素等得到了充分利用，因此经济中不存在失业。（　　）

五、简答题

1. 影响总需求曲线移动的因素有哪些？
2. 简答总供给曲线的三种形态及政策含义。

第十三章

宏观经济政策

本章导读

2008年国际金融危机后,在各国开出的"强力药方"作用下,全球经济出现大病初愈迹象。美国经济在经历了前几个季度的衰退后初露增长曙光,世界各大主要经济体均出现不同程度增长。美、欧、日等主要经济体开始出现复苏迹象,但目前仍面临失业率飙升、财政赤字剧增和消费不振等诸多挑战,经济刺激计划也将收缩或陆续退出,经济全面复苏将是一个曲折而漫长的过程。

面对国际金融危机带来的严峻挑战和极其复杂的国际国内形势,中国出台的应对危机保持经济平稳较快发展的一揽子计划的实施,在一定程度上扭转了经济增速下滑的态势,但国际大环境仍然不乐观。近年来,以美国为首的一些西方国家频频施压,人民币汇率面临前所未有的升值压力。面对国内外错综复杂的形势,政府采取了及时有效的调控措施,使各种危机和压力不断得以化解,保证了经济的平稳增长。

第一节 宏观经济政策概述

一、宏观经济政策定义

宏观经济政策(macro-economic policy)是指国家或政府有意识有计划地运用一定的政策工具,调节控制宏观经济的运行,以达到一定的政策目标。宏观经济政策主要包括需求管理政策、供给管理政策以及国际经济政策。根据凯恩斯主义的理论,在短期内生产技术、资本设备的质量与数量、劳动力的质量与数量都是不变的,因此国家宏观调控就是在总供给既定的前提下,来调节总需求,即进行需求管理。同时,从供给角度调节经济的供给管理政策,主要包括收入政策、人力政策和经济增长政策等。本章将需求管理政策和供给管理政策一并纳入体系中,以使学生能够全面了解宏观经济政策内容。

二、宏观经济政策目标

经济学家认为,宏观经济政策应该达到四个目标:充分就业、物价稳定、经济增长、国际收支平衡。

(一)充分就业

充分就业是宏观经济政策的首要目标。失业意味着稀缺资源的浪费或闲置,从而使经济总产出下降,社会总福利受损。因此,失业的成本是巨大的,降低失业率,实现充分就业就常常成为西方宏观经济政策的首要目标。至于失业的经济学讨论,我们将在相关章节进行详细阐述。

(二) 物价稳定

物价稳定是指物价总水平的稳定。一般用价格指数来衡量一般价格水平的变化。价格稳定不是指每种商品价格的固定不变,也不是指价格总水平的固定不变,而是指价格指数的相对稳定。价格指数又分为消费价格指数(CPI)、生产者价格指数(PPI)和国内生产总值平减指数(GDP deflator)三种。

在任何一个经济社会中,由于各种经济和非经济因素的影响,物价不可能保持在一个固定不变的水平上,一般来说,随着经济的发展会或多或少地有一些通货膨胀,因此,物价稳定就是避免或减少通货膨胀,但并不是通货膨胀率为零,而是允许保持一个低而稳定的通货膨胀率。所谓低,一般是指通货膨胀率在 $1\% \sim 3\%$;所谓稳定,一般是指在相当时期内能使通货膨胀率维持在大致相等的水平上。这种通货膨胀率能为社会所接受,对经济也不会产生不利的影响。

【专栏 13-1】 美国 CPI 的确立和表示

在美国居民居住类消费权重最大,超过了四成;其次是交通运输、食品和饮料。

美国国家统计局工作人员在每个月的前三周要抽查相关企业,并对大约 23 000 个零售商和 87 个城市中的其他商业机构进行电话采访,以此来收集 8 万种商品和服务价格,并对相同组成的商品和服务进行月度分析,以获得对消费品价格变化的基本信息。为了减少统计中的误差,美国还另外发布了一个核心消费物价指数,即扣除食品和能源等不稳定因素后的 CPI。也就是说,CPI 的测量是随着时间变化的。CPI 是包括 200 多种不同商品与服务的零售价格的平均值,这些商品与服务分为 8 个主要类别。在计算 CPI 时,每一个类别都有一个能够显示其重要性的权数。这些权数是通过调查成千上万个家庭和个人前两年购买消费品的比重来确定的。这些权数每两年要修正一次,以便保持消费者物价指数的权数与居民变化了的消费偏好相一致。

在这里可以看到,美国的 CPI 指数从数据收集、数据制作、数据发表及数据修改等每一个环节都是透明公开的,是以数据的透明公开性来保证其数据的科学性、规范性及权威性。比如说,CPI 权重的确定,不仅能够根据市场消费者消费模式的变化不断地进行调整与修订,而且每一次修订后的权重完全公开透明,从而使政府确立 CPI 能尽量反映居民消费模式的变化。

由于美国 CPI 的公开透明,它不仅能够不断反映居民消费生活的连续性,而且也能反映居民消费生活的变化性,同时也成为企业、经济分析人员及研究者的重要参考依据。可以说,CPI 的任何变化都反映在市场变化的预期中。这样,不仅有利于企业及个人的经济行为,也有利于政府决策。

资料来源:我国 CPI 指数与美国 CPI 指数编制时有何不同,南方财富网,http://www.southmoney.com/,2016 年 12 月 30 日。

【专栏 13-2】 中国的 CPI 指数中为什么不包含房价

我国 CPI 的调查内容覆盖多类，根据抽样选出近 13 万户城乡居民家庭的消费习惯，再确定基本分类，并选出 600 种左右具体商品和服务，进行经常性的定期调查。值得注意的是，各类商品在 CPI 指数中所占权重不同。随着人民生活水平的提高，消费结构在不断变化，我国 CPI 权数都会适时做一些调整。CPI 每五年进行一次基期轮换，前三轮基期分别为 2000 年、2005 年和 2010 年。2016 年 1 月，国家统计局对居民消费价格（CPI）构成分类及相应权重进行了调整。

住房一直被认为是居民基本消费的最大支柱，近几年，随着中国房价如"过山车"一样上涨，房价在反映物价水平的 CPI 中没有得到充分体现的争议一直不断，因为 CPI 中并没有直接包括商品房的价格指标，只包含了建房及装修材料、房租、房屋维修费、物业费、自有住房消费成本、水电燃气以及其他与居住有关的项目。

伴随楼市价格上涨，最能反映物价水平的 CPI 统计为什么没把房价纳入，这是老百姓最关心的问题。国家统计局有关人士称，之所以不能将商品房价格直接纳入 CPI 统计中，主要有三个原因。

其一，通行的国际标准，如联合国统计局向各个成员国推荐的方法，一般认为住房属于投资产品，不计算在 CPI 中；其二，居民购房的花费，少则几十万元多则上百万元，而按照房屋使用 70 年算，购买的房子是逐年逐月使用的，因此在购买和消费的时间上存在严重脱节，而 CPI 统计是按月调查即期的商品和服务项目价格变化，房价不符合统计要求；其三，不可能编制一个万能的价格指数，可以把所有各类商品价格反映出来。

至于房价统计指标为什么与民众感受不一致，主要是在统计方法设计上，还不能完全反映真实的居民生活。例如，在欧美发达国家，住房市场主要以二手房为主，交易量占 80%，因此住房列为投资品；而中国恰恰相反，新房交易占八成，许多家庭第一次购房，是纯居住用的，不是为了投资，这在 CPI 中就反映不出来。另外，居住类消费在 CPI 中的权重过低，也使房价的变动在 CPI 中反映不明显。

目前统计 CPI 的数据关键难点是，数据都是加权平均的，可社会不同人群的收入水平、财富拥有的两极分化程度却在加大，这必然导致大家的感受不一致。目前低收入人群消费水平低、消费面窄，收入主要用于吃、穿、医疗和子女教育，对价格上涨的承受能力低。国家统计局认为，近几年一些生活必需品不断涨价，低收入居民反应敏感，感觉实际消费价格上涨应该比公布的 CPI 数字要高。

资料来源：我国 CPI 指数与美国 CPI 指数编制时有何不同，南方财富网，http://www.southmoney.com/，2016 年 12 月 30 日。

（三）经济增长

经济增长是指一个经济社会在一定时期内（通常为一年）所生产的商品和劳务即产量或收入的增加，通常用一定时期内实际年均 GDP 或年人均 GDP 来衡量。一般认为，经济增长与就业目标是一致的。经济增长会增加社会福利，但并不是增长率越高越好。这是因为经济增长一方面要受到各种资源条件的限制，不可能无限地增长，尤其是对于经济已相当发达的国家来说更是如此；另一方面经济增长也要付出代价，如造成环境污染，引起各种社会问题等。因此,经济增长就是实现与本国具体情况相符的适度增长率。从这一角度分析,经济增长的内涵包括:一是维持一个相对较高的经济增长率;二是培育一个经济持续增长的能力。

(四) 国际收支平衡

国际收支平衡是指既无国际收支赤字又无国际收支盈余。从长期看,一国的国际收支状况无论是赤字还是盈余对一国经济的稳定发展都会产生不利的影响,会对其他宏观经济目标的实现造成障碍。

国际收支平衡具体分为静态平衡与动态平衡、自主平衡与被动平衡。静态平衡,是指一国在一年的年末,国际收支不存在顺差也不存在逆差;动态平衡,不强调一年的国际收支平衡,而是以经济实际运行可能实现的计划期为平衡周期,保持计划期内的国际收支均衡。自主平衡,是指由自主性交易即基于商业动机,为追求利润或其他利益而独立发生的交易实现的收支平衡;被动平衡,是指通过补偿性交易即一国货币当局为弥补自主性交易的不平衡而采取调节性交易而达到的收支平衡。

国际收支平衡的目标要求做到汇率稳定,外汇储备有所增加,进出口平衡。国际收支平衡不是消极地使一国在国际收支账户上经常收支和资本收支相抵,也不是消极地防止汇率变动、外汇储备变动,而是使一国外汇储备有所增加。适度增加外汇储备被看作是改善国际收支的基本标志。同时一国国际收支状况不仅反映了这个国家的对外经济交往情况,还反映出该国经济的稳定程度。

三、宏观经济目标之间的关系

以上四大目标相互之间既存在互补关系,也存在交替关系。

从长期来看,这四个宏观经济目标之间是相互促进的,存在互补关系,如经济增长是充分就业、物价稳定和国际收支平衡的物质基础;物价稳定又是经济持续稳定增长的前提;国际收支平衡有利于国内物价的稳定,有利于利用国际资源扩大本国的生产能力,加速本国经济的增长;而充分就业本身就意味着资源的充分利用,这当然会促进本国经济的增长。

但是,在短期中,从迄今为止的各国宏观经济政策实践来看,这几个目标之间并不总是一致的,而是相互之间存在着矛盾,即存在交替关系,如物价稳定与充分就业之间就存在两难选择。为了实现充分就业,必须刺激总需求,扩大就业量,这一般要实施扩张性的财政和货币政策,由此就会引起物价水平的上升;而为了抑制通货膨胀,就必须采取紧缩性财政和货币政策,由此又会引起失业率的上升。又如经济增长与物价稳定之间也存在着相互排斥的关系。因为在经济增长过程中,通货膨胀是难以避免的。再如国内均衡与国际均衡之间存在着交替关系。这里的国内均衡是指充分就业和物价稳定,而国际均衡是指国际收支平衡。为了实现国内均衡,就可能降低本国产品在国际市场上的竞争力,从而不利于国际收支平衡;为了实现国际收支平衡,又可能不利于实现充分就业和稳定物价的目标。

经济政策之间的矛盾给制定宏观经济政策带来了一定的困难,但宏观经济政策是为了尽量实现这些宏观经济目标,而不仅仅是要达到其中某一个目标,因此,在制定经济政策时,就需要考虑各种因素,对经济政策目标进行价值判断,权衡轻重缓急和利弊得失,确定目标的实现顺序,同时使各个目标能最佳地匹配组合,使所选择和确定的目标体系成为一个和谐的有机的整体。

从本质上说,宏观经济政策是短期的调控宏观经济运行的政策,需根据经济形势的不断变化而作调整,不宜长期化。在经济全球化趋势不断发展的今天,一国的宏观经济政策,不仅取决于国内的经济趋势,还在相当程度上取决于全球经济的趋势。

第二节　财 政 政 策

财政政策(fiscal policy)是通过政府支出与税收来调节经济的政策。政府支出包括政府购买和转移支付,政府税收主要是个人所得税、公司所得税和其他税收。

一、财政政策的主要内容及运用

(一)财政政策的主要内容

1. 政府支出

政府购买是政府对商品和劳务的购买,包括购买军需品、警察装备用品、政府机关办公用品、付给政府雇员的酬金、各种公共工程项目的支出等都属于政府购买。可以说,政府购买涉及各种项目,从航空母舰到森林管理人员的薪金,无所不包。由于政府购买发生了商品和劳务的实际交换,直接形成了社会总需求和实际购买力,是国民收入的一个重要组成部分,因此是一种实质性的支出,它的大小是决定国民收入水平的主要因素之一,直接关系社会总需求的规模。政府购买支出的变动对整个社会总支出水平起着举足轻重的调节作用。当社会总支出水平过低、人们的有效需求不足、存在严重的失业时,政府可以通过增加购买支出,如兴办学校、增加教育投入、举办公共工程,以增加整个社会的总需求水平,减少失业,应对经济衰退。相反,当社会总支出水平过高、社会存在超额需求、存在通货膨胀时,政府应该采取减少政府购买性支出的政策,以降低社会的总体有效需求,抑制通货膨胀,从而使经济达到充分就业的均衡。因此,通过改变政府购买性支出水平是政府财政政策的强有力手段之一。

政府支出的另一部分是转移支付,与政府购买性支出不同,政府转移支付是指政府单方面的、无偿的资金支付,如社会保障、社会福利支出、政府对农业的补贴以及公债利息支出、捐赠支出等。其特点是不以取得商品和劳务作报偿的支付。它是货币性支出,是通过政府把一部分人的收入转给另一部分人,整个社会的收入总量并没有变化,变化的仅是收入总量在社会成员之间的分配比例。正是由于政府转移支付只是资金使用权的转移,并没有相应的商品和劳务的交换发生的这个特点,因此它不能计入GDP,不能算作国民收入的组成部分。

既然转移支付也是政府支出的重要组成部分,政府转移支付的增减对整个社会总支出同样具有重要的调节作用。与政府购买性支出一样,政府转移支付也是一项重要的财政政策工具。一般来说,当社会总支出水平不足、社会的有效需求不足、经济社会失业增加时,政府可以通过增加政府的转移支付来提高社会福利水平,使公众手中的可支配收入增加,从而提高人们的消费水平,增加整个社会的有效需求,减少失业;当社会总支出水平过高、有效需求过旺、存在通货膨胀时,政府则应该减少政府的转移支付,降低社会福利水平,使人们的可支配收入减少,降低公众的消费水平,从而使社会的有效需求降低,以抑制通货膨胀。总之,通过政府转移支付的变动达到总供给与总需求的均衡,以实现经济持续稳定地增长。

2. 政府收入

政府收入主体上来源于税收和公债两个部分。税收是政府收入中最主要的部分,它是国家为了实现其职能按照法律预先规定的标准,强制地、无偿地取得财政收入的一种手段。各国的税收通常由许多具体的税种组成,且依据不同的标准可以对税收进行不同的分类。

第一,按照课税对象的性质,可将税收分为财产税、所得税和流转税三大类。财产税是对不动产或房地产即土地和土地上的建筑物等所征收的税,主要包括财产税、遗产税、赠与税等。所得税是指对个人或公司的收入征收的税,如个人的工薪收入和股票、债券、存款等资产的收入,公司的利润等。所得税是大多数西方国家的主体税种,因此,所得税税率或税收的变动对经济活动会产生重大影响。流转税则是对流通中的商品和劳务买卖的总额征税,它包括增值税、消费税、关税等,流转税是目前我国最大的税类。

第二,按税负能否转嫁,税收可分为直接税和间接税两种。直接税是直接征收的,不能再转嫁给别人的税,如财产税、所得税等。间接税是间接地向最终消费者征收的,作为生产商和销售商的原来纳税人能转嫁给最终消费者的税,如增值税、关税等。

第三,按照收入中被扣除的比例,税收可以分为累退税、累进税和比例税三种。累退税是指税率随征税对象数量增加而递减的一种税,即发生额越大,税率越低。累进税是税率随征税对象数量的增加而递增的一种税,即课税对象数额越大,税率也越高,上述的财产税和所得税一般是累进税。比例税是税率不随征税对象数量的变动而变动的一种税,即按固定比率从发生额中征税。多适用于流转税,如财产税、营业税和大部分关税,一般属于此类。

税收既是作为西方国家财政收入的主要来源之一,又是国家实施其财政政策的一个重要手段,它与政府的购买性支出、政府的转移支付一样,同样具有乘数效应,即政府税收的变动对国民收入的变动具有成倍的作用。税收作为一种财政政策工具,既可以通过改变税率也可以通过变动税收总量来实现宏观经济政策目标。例如,可以通过一次性减税即变动税收总量来达到刺激社会总需求的目的,还可以通过改变税率使社会总需求得以变动,以此达到预定的目标。由于改变税率主要是使所得税率的变动,一般而言,当税率降低时,会引起税收的减少,个人和企业的消费和投资增加导致整个社会的总需求增加和国民收入水平的提高;反之,税率的提高,会导致社会总需求的减少和国民收入水平的降低。因此,当有效需求不足时,一般可采用减税这种扩张性的财政政策抑制经济的衰退,而经济出现需求过旺通货膨胀时,可通过增加税收这种紧缩性的财政政策抑制通货膨胀。

公债是政府向公众举借的债务,或者说是公众对政府的债权,它是政府财政收入的另一个组成部分。公债是相对于私债而言的,其最大的区别就在于公债的债务人是拥有政治权力的政府。公债与税收不同,公债是以国家(或政府)信用为基础的,是政府以其信用向公众筹集财政资金的特殊形式。从公债发行的主体看,有中央(联邦)政府公债和地方各级政府公债,通常将中央政府发行的公债称为国债,它是指本国公民持有的中央政府债券。公债一般分为短期公债、中期公债、长期公债三种形式。短期公债一般指偿还期在1年或1年以内的公债,短期公债最常见的形式是国库券,主要是为了弥补当年财政赤字或解决临时资金周转不灵的问题,利息一般较低;中期公债是指偿还期限在1~5年的公债,主要目的是弥补财政赤字或筹措经济建设资金;长期公债则是指偿还期限在5年以上的公债,但一般按预先确定的利率逐年支付利息,主要目的是筹措经济建设资金。中长期公债由于期限长且风险大因而利率较高,也是西方国家资本市场上最主要的交易手段之一。从以上对公债性质的分析可以看出,政府发行公债,一方面能增加政府的财政收入,弥补财政赤字,筹措建设资金,影响财政收支,属于政府的财政政策;另一方面又能对货币市场和资本市场在内的金融市场产生扩张和收缩的作用,即通过公债的发行在金融市场上影响货币的供求,促使利率发生变动,进而影响消费和投资,调节社会总需求水平,对经济产生扩张和收缩的效应。因此,从这一点上来看,公债既具有财政政策的功能,又有一定的货币政策作用。

财政收支的构成见图13.1。

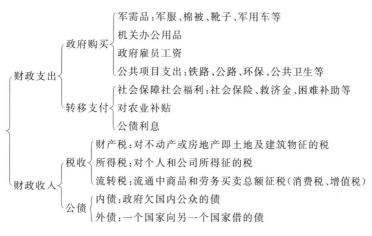

图13.1　财政收支的构成

(二)斟酌使用的财政政策

斟酌使用的财政政策是政府根据经济形势的分析,运用财政政策即变动政府开支与税收来调节经济。具体来说,第一,在经济萧条时期,总需求小于总供给,经济中存在失业,政府就要增加政府支出与减税以拉动经济。减税可以增加企业和居民的可支配收入,从而增加消费和投资;政府支出的增加则直接刺激总需求,从而可能使经济走出萧条。第二,在经济繁荣时期,总需求大于总供给,经济中存在通货膨胀,政府则要通过减少政府支出与增税来抑制总需求,以实现物价稳定。减少政府支出直接使总需求下降;征税则可以减少居民和企业的消费和投资。

增支减税的财政政策称为扩张性财政政策,也叫积极的财政政策或膨胀性财政政策;减支增税的财政政策称为紧缩性财政政策。究竟什么时候采取扩张性财政政策,什么时候采取紧缩性财政政策,应由政府对经济发展的形势加以分析权衡,斟酌使用。它是凯恩斯主义的需求管理的内容。凯恩斯分析的是需求不足型的萧条经济,因此他认为调节经济的重点应放在总需求的管理方面,使总需求适应总供给。当总需求小于总供给出现衰退和失业时,政府应采取扩张性财政政策以刺激经济,当总需求大于总供给出现通货膨胀时,政府应采取紧缩性财政政策以抑制总需求。扩张性财政政策和紧缩性财政政策的政策目标和特点可通过表13.1来反映。

表 13.1 财政政策的目标和特点

政策目标	政策特点	财政收入政策	财政支出政策
实现充分就业	扩张性财政政策	减少政府税收	增加政府支出
抑制通货膨胀	紧缩性财政政策	增加政府税收	减少政府支出

二、内在稳定器及其作用评价

内在稳定器(built-in stabilizers),也称为自动稳定器(automatic stabilizers),是财政政策的自动作用机制,它可以自动地减少由于总需求变动而引起的国民收入波动,使经济发展较为平稳。内在稳定器的功能表现在:当经济繁荣时,会自动地引起政府支出的减少和税收的增加,从而自动抑制通货膨胀;而在经济出现萧条时,又会自动地引起政府支出的增加和税收的减少,从而阻止国民收入进一步下降,自动减轻萧条,而不需要政府采取任何措施。

具有内在稳定器作用的财政政策主要包括以下几个。

首先是政府税收。这一部分税收主要指所得税,特别是个人所得税和公司所得税,具有内在稳定器的作用。在经济萧条时期,国民收入水平下降,个人收入减少,在税率不变的条件下,政府税收会自动减少,因此人们的可支配收入也会因此自动地少减少一些,虽然萧条时期的消费和需求有一些下降,但会下降得少一些。例如,在累进税制的情况下,由于经济萧条会引起收入的降低,使某些原来属于纳税对象的人下降到纳税水平以下,另外一些人也被降到较低的纳税等级。结果,个人缴纳的税因为国民收入水平的降低而减少了,从而起到抑制经济萧条的作用。反之,在通货膨胀时期,失业率较低,人们收入会自动增加,税收会因个人收入的增加而自动增加,使个人可支配收入由于税收的增加少增加一些,从而使消费和总需求自动增加得少一些。在实行累进税制的情况下,经济的繁荣使人们收入增加,更多的人由于收入的上升自动地进入较高的纳税等级,从而使通货膨胀有所收敛。公司所得税也具有同样的作用。因此,在税率既定不变的条件下,税收随经济周期自动地同方向变化,税收的这种自动变化与政府在经济繁荣时期应当增税、在经济衰退时期应当减税的意图正相吻合,因而它是经济体系内有助于稳定经济的自动稳定因素。

其次是政府转移支付。这里的政府转移支付主要包括政府的失业救济金和其他的社会福利支出。各种福利支出的发放主要取决于就业与收入状况。在经济出现衰退和萧条时期,由于失业人数增加,符合领取失业救济金的人数相应增加,政府转移支付会自动增加,使人们的可支配收入会增加一些,这就可以抑制经济萧条导致的人们收入下降以及随之而来的个人消费和总需求的下降,起到抑制经济萧条的作用,如图 13.2 所示。反之,当经济过热产生通货膨胀时,由于失业率降低,符合领取失业救济金和各种补贴的人数减少,政府的这笔支出会因此自动地减少,从而自动地抑制可支配收入的增加,使消费和总支出增加得少一些,在一定程度上可以起到抑制通货膨胀的作用。

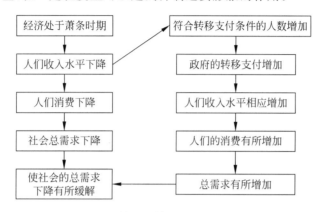

图 13.2　转移支付的自动稳定器作用

最后,是农产品价格维持制度。经济萧条时期,国民收入水平下降导致价格水平会降低,农产品价格也将下降,政府为了抑制经济的衰退,依照农产品价格维持制度,按支持价格收购农产品,使农民收入和消费维持在一定水平上,不会因国民收入水平的降低而减少太多,也起到刺激消费和总需求的作用。当经济繁荣时,由于国民收入水平提高使整体价格水平上升,农产品价格也因此上升,这时政府减少对农产品的收购并售出库存的农产品,平抑农产品价格,无形中抑制了农民收入的增加,从而降低了消费和总需求水平,起到抑制通货膨胀的作用。农产品价格维持制度有助于减轻经济波动,故认为是内在稳定器之一。

【专栏 13-3】　美国的农业补贴

美国从 1933 年开始使用农产品补贴工具对农业进行补贴,具体包括贷款差额补贴、直接收入补贴、反周期补贴、资源保育补贴和农产品贸易补贴五种方式,90% 以上集中在小麦、大豆、玉米、大麦和棉花五种农作物上。国内补贴是为了扶持本国的农民,出口补贴则是帮助农民出口农产品,使价格通常都低于其他国家的相应产品,以此保证美国农产品在国际贸易中的价格优势最大化。

补贴是由政府提供财政支付,激励农民种植某些作物。因为农民只能种植一定数量的农作物,这些补贴直接指引农民的意愿,种植什么类型的农作物。补贴农民的计划,一直存在争议,因为它们改变了正常的市场供应需求。而从国际上来看,一些国家对美国长期补贴农业的做法也颇有微词。一国为出口产品补贴,对进口国消费者当然有利,但是对于进口国的相关产业却不利。

2011 年 10 月 21 日,美国参议院投票通过了一项提案,将停止向年收入超过 100 万美元的农场主发放农业补贴,旨在减少以直接支付的方式提供补贴。参众两院农业委员会的两党议员均提议,在未来10年内将削减230亿美元直接提供的农业补贴,占到目前预算500亿美元的近一半。

2014年1月29日,经过一年多的争论和协商,美国国会众议院最终通过了新的5年农业法案。根据该法案2014—2018年,美国政府将安排总额度为9564亿美元的财政预算,用于支持农产品贸易、农业研究、可再生能源和粮食援助等项目。除财政预算有所减少之外,该法案还对上一个5年农业法案做了较大修改,尤其是取消了饱受其他国家争议的农民直接支付(DP)、反周期补贴(CCPS)和平均作物收入选择补贴等项目,并决定以优惠价格为农民提供农作物保险,加大了农业保险的支持力度和覆盖范围。

运用市场调节手段,创造农业领域的投资机会,增加社会资本的投资收益,是近年来美国联邦政府化解财政压力的主要手段之一。2014年美国新农业法案决定削减"补充营养支持计划"的项目金额。该项目和其他营养计划占农业法案支出的比重最大,约为75%。有美国专家指出,新法案将有助于减少230亿美元的财政赤字。这些规定不仅意味着美国政府的农业支持预算表现出稳中有降的趋势,而且标志着美国农业逐渐由政策驱动为主向市场调节为导向转变。

资料来源:美国农业补贴政策的历史演变,网易财经,http://money.163.com/,2014年11月20日。

总之,政府税收和转移支付的自动变化,以及农产品价格维持制度都是财政制度的内在稳定器,是政府稳定经济的第一道防线,它在轻微的经济萧条和通货膨胀中往往起着良好的稳定作用。但是,内在稳定器调节经济的作用是十分有限的。当经济发生严重的萧条和通货膨胀时,它不但不能使经济恢复到充分就业和无通货膨胀的状态,而且还会起到阻碍作用。例如,当经济陷入严重萧条时,政府采取措施促使经济回升,但是当国民收入增加时,税收趋于增加,转移支付却减少,使经济回升的速度减缓,这时内在稳定器的变化与政府的需要背道而驰。因此,内在稳定器只能减轻萧条或通货膨胀的程度,并不能改变萧条或通货膨胀的总趋势;只能对财政政策起到自动配合的作用,并不能代替财政政策。仅仅依靠某些财政政策的内在稳定器作用是不够的,必须采用更加有力的宏观经济政策。

三、功能财政

根据上述内容,政府实施财政政策主要目的是实现物价稳定和充分就业水平。当实现了这一目标时,财政预算(budget)可以是盈余的,也可以是赤字的。这样的财政称为功能财政。

预算赤字往往是政府采取扩张性的财政政策即减税和扩大政府支出而造成的政府支出大于收入的结果,政府支出大于收入的差额即为预算赤字(budget deficit)。预算盈余则是政府实行紧缩性财政政策即增加税收和减少政府支出而造成政府的收入大于支出的结果,政府收入超过支出的余额产生了预算盈余(budget surplus)。

功能财政思想是凯恩斯主义的财政思想,是对凯恩斯之前的财政平衡预算(balanced budget)思想的否定。20世纪30年代以前,西方国家奉行的理财思想基本上还是亚当·斯密在其1776年出版的《国富论》中提出的原则:一个谨慎行事的政府应该厉行节约,量入为出，每年预算都要保持平衡。这就是所谓的年度平衡预算思想，它要求政府每个财政年度的收支平衡。20世纪30年代的世界经济危机和"凯恩斯革命"使人们意识到在经济衰退时期机械地保持预算平衡既无必要同时也会加深衰退。在衰退时税收会由于收入的减少而减少，要保持年度预算平衡，就必然减少政府支出或提高税率，结果加深了衰退；在经济繁荣、通货膨胀严重时，由于税收随收入的增加而增加，为了减少盈余，保持年度预算平衡，政府必然增加支出或降低税率，结果造成更严重的通货膨胀。因此，年度预算平衡的思想受到众多经济学家的质疑。这样，年度平衡预算思想演变为保持每一个经济周期的预算平衡思想，这就是周期平衡预算。在萧条时期政府采取扩张性政策，可以允许赤字的存在；在繁荣时期政府采取紧缩性政策，可以有预算盈余，但要以繁荣时期的预算盈余弥补衰退时期的预算赤字，使每个经济周期政府的盈余和赤字相抵，实现整个经济周期的预算平衡。周期平衡预算思想从理论上讲十分完美，但具体实行起来却非常困难，因为在一个经济周期内很难准确地估计出繁荣和衰退的时间和程度，并且两者更难相等，因此，周期平衡预算很难实现。

1962年美国肯尼迪政府总统经济顾问委员会提出一个新的思想，认为每年度的预算平衡甚至周期的预算平衡都是不必要的。财政政策目标应该是提供足够的有效需求，在抑制通货膨胀的同时实现充分就业，因此，不能机械地用财政预算收支平衡的观点对待预算盈余和预算赤字，而应从反经济周期的需要出发来合理地利用预算盈余和预算赤字。当存在通货紧缩缺口即有大量失业存在时，政府有责任不惜一切代价实行扩张性财政政策，增加政府支出和减少税收，实现充分就业。即使原来存在预算赤字，政府也应不惜赤字的继续扩大而果断地执行扩张性财政政策。当经济存在通货膨胀缺口时，政府要采取紧缩性财政政策即减少支出、增加税收。即使原先存在预算盈余，也要不惜盈余的继续扩大实施紧缩性政策。功能财政的中心思想就是：政府为了实现充分就业和物价稳定，应根据经济形势的变化采取相应的政策措施，而不应单纯为实现财政的收支平衡而影响政府制定和执行正确的财政政策。

功能财政思想否定了原来的预算思想，主张预算的目标是实现无通货膨胀的充分就业，而不是仅仅追求政府的收支平衡，因此，这一思想的提出同单纯强调政府收支平衡的思想相比是一大进步。但是，也应该看到，功能财政的实施也存在相当大的困难。一方面，经济形势的波动常常难以预测，对经济形势的估计也不会十分准确；另一方面，政府的决策需要一定的时间，并且效果也具有某种滞后性，所以导致这种政策难以完全奏效。例如，为消除失业采取了减税和增加政府支出等扩张性财政政策后，由于政策的滞后性，经济形势可能已转入了繁荣，但扩张性政策的影响仍在延续，结果会导致更加严重的通货膨胀。

四、赤字与公债

遵循功能财政的思想，许多西方国家先后实行了政府干预经济的积极财政政策，这种政策就是逆经济风向行事的"相机抉择"。但由于政府出于政治上的考虑，大部分是实行消除失业的扩张性财政政策，结果造成财政赤字的上升和国家债务的累积。

财政赤字是国家的预算开支超过收入的结果。弥补财政赤字的方法有两种：借债和出售政府资产。政府借债又有两种方法：一是向中央银行借款，由中央银行购买政府债券，这会引起货币供给增加。中央银行购买政府债券，实际上是通过创造新货币来进行支付，这种筹资方式称为货币筹资，结果会引发通货膨胀，其本质上是用征收通货膨胀税、降低货币购买力的方法解决赤字问题。许多发展中国家解决赤字问题往往采用这种方法，但发达国家很少使用这种方法。二是发行公债包括内债和外债。内债是政府向本国居民、企业和各种金融机构发行的债券；外债是向外国举借的债务，包括向外国借款和发行外币债券，这一办法可称为债务筹资。从一般意义上讲，内债是向国内公众举借的债务，是将购买力由公众向政府进行转移，由于基础货币并没有增加，故不会引起直接的通货膨胀。

【专栏 13-4】 政府公债政策的好处

不管学术界的争论是怎样的，各国政府公债始终保持上升的趋势，因为政府公债政策的好处是明显的：

第一，有利于政治上的稳定。特别是财政支出大幅度增加时，如果用大幅度的提高税率来弥补赤字，往往会引起纳税人的普遍不满，以致影响整个社会的稳定。如果以借债的形式筹措资金，人们是比较容易接受的。

第二，有助于将项目受益者和纳税人联系在一起。政府用大量财政支出所举办的公共工程，如公路、水利工程、学校等，受益者可能要分布或延续到几代人中去，如果用大量征税的办法来支付这些建设项目的费用，结果是把整个费用重担都压到了项目建设时期那些纳税人身上，真正的或大多数的受益者反而没有负担任何费用。如果采用举债的办法，可在短期内筹措大量资金，使这些公共项目尽快开工，然后再从税收中将这些资金收回来，使这些项目所需资金更多地负担到它的受益人身上。

第三，有助于刺激经济。增加税收，公众的收入降低，会对经济产生紧缩的作用。而公债与税收不同，它是政府暂时将公众手中的部分钱借走，对经济是有刺激作用的。

公债作为政府取得收入的一种形式起到了弥补财政赤字的作用，但政府发行公债毕竟是一种负债，与税收不同，发行公债是要还本付息的，当每年累积的债务构成了巨大的债务净存量时，这些债务净存量所支付的利息又构成政府预算支出的一个重要部分。在美国，政府的利息支出在 GDP 中的比重在 20 世纪 60 年代为 1.3%，到 90 年代初上升到 3.5%，政府的利息支付比重在 30 年间增长了近 3 倍，利息支付已成为政府支出中的主要组成部分。在政府预算的总赤字中，包括两个主要部分：非利息赤字（除利息支出外的全部政府支出与政府收入之差）和利息支出。因此，当非利息赤字为零或不变时，只要利息支出增加，政府的预算赤字就会进一步增长。假设其他条件不变，赤字增长会引起政府增加债券的发行，导致政府债务增加，债务的增加又会引起政府利息负担的加重，使赤字进一步增长，如此循环往复，公债的利息会越来越多。

【专栏 13-5】 美国政府的巨额债务

2017 年 7 月 27 日，美国财政部长姆努钦呼吁国会在 9 月 29 日之前上调联邦债务上限。此前，美联储主席耶伦也对不断增长的国债表达了担忧。她表示，联邦债务的增长趋势是不可持续的，如果债务上限问题不能顺利解决，可能导致政府停摆以及市场波动。

美国债务滚雪球式增长,其中有联邦预算赤字历史积累的因素。小布什政府时期,美国发动阿富汗战争和伊拉克战争,耗资巨大,8年间积累国债近5万亿美元,国债总体规模超过10万亿美元。奥巴马的任期内,美国债务规模几乎又翻了一倍。面临巨大的财政窟窿,时任政府便大量发行国债来筹集资金,国债规模接近20万亿美元,债务与GDP之比达到106%,远超过60%的国际警戒线。

截至2017年7月3日,美国政府债务总额为19.8万亿美元,约为国内生产总值(GDP)的104%,相当于平均每个美国公民负债约6万美元。不仅债台高筑,国会预算局的报告指出,特朗普政府2018财年(2017年10月至2018年9月)的财政预算不足以支持实现预算平衡。报告认为,到2027年,美国联邦财政赤字将达7 200亿美元。国会预算局还预计,公共债务占GDP比重将从2017年的76.7%升至2027年的79.8%,2047年将达到GDP的150%。同时,国会预算局预计,如果债务上限保持不变,财政部很可能会在10月中旬之前耗尽现金,届时政府将无法运作,同时也会使市场出现巨大波动。因此,特朗普政府将不得不说服国会继续提高债务上限。

打一个比方,美国总统和国会的关系,就像夫妻俩,总统主导的行政分支是老公,男主外,它负责赚钱(征税)和具体的花钱行为(各类行政开支);而国会则是老婆,女主内,老婆掌管家庭的财政大权,老公花钱用的信用卡只是老婆的附属卡,附属卡额度到底有多少,都由老婆说了算。所谓的"债务上限",其实就是这个附属卡的额度,由老婆(国会)来决定老公(总统)可以透支(发行国债)消费。由于美国是两党政治,只要国会和总统不是一党控制的,在债务上限就会频频出现争执。

美国债务"爆表"已不是第一次。美国设定国债上限的做法始于1917年,至今已100多次提高债务上限。比如里根任内,债务上限一共上调了18次;克林顿任内8次,小布什任内也有7次。从1977年到1996年的19年间,联邦政府曾关门17次,几乎平均每年关门一次,最短1天,最长21天。其中1995年至1996年,克林顿政府执政时期,曾两次关门,导致数十万政府雇员被遣散回家"待业"。2013年10月1日,由于债务上限问题,美国联邦政府的非核心部门关门,持续16天。

巨额债务导致了高额的债务利息,成为美国财政的沉重负担;此外,巨额债务还吸收了一部分原本可以用于投资的私人储蓄,降低了经济增长潜力。巨额国债不仅给美国经济前景蒙上了阴影,也威胁到世界经济稳定。如果美国不能缓解债务状况而任由其扩大,很可能通过"借新还旧"或使货币贬值制造通胀来减缓债务压力,这将使美元大幅贬值,造成国际上以美元计价的大宗商品价格上涨,造成全球性通货膨胀,引发全球性的金融恐慌和股市震荡。

通常,解决债务问题主要有三个办法:一是经济实现快速增长,增加GDP总体规模从而缩小债务比重;二是采取货币宽松政策,提高通胀率,让债权人承担损失;三是直接违约。目前,美国经济温和复苏,但要实现经济大幅增长仍缺乏巨大动力。哈佛大学经济学教授马丁·费尔德斯坦认为,美国政府不会明目张胆地违约,但可以采取措施达到类似效果,这将使外国债权人利益受损。

资料来源:改编自宋鸿兵.货币战争[M].北京:中信出版社,2007:71-72.

目前世界上大多数国家的政府债务累积额都在不断地增加。面对日益庞大并且不断增长的政府债务,西方经济学家对公债的是非功过提出了各自不同的看法,争论的焦点涉及两大问题:公债的资源配置效应和公债的收入分配效应。一些经济学家认为,公债无论是内债还是外债,和税收一样,都是政府加在人民身上的一种负担。原因是公债要还本付息,它最终是要通过征税和发行货币的方法得以解决,必然加重人民的负担。同时这种负担还将转移到未来几代人的身上,往往通过发行新债的办法来偿还旧债。然而,另外一些经济学家则认为,外债对一国公民而言是一种负担,因为其本金和利息必须使用本国公民创造的产品来偿还,但内债则不同,因为内债是政府欠人民的债,而内债的还本付息,归根结底来自课税,所以是"自己欠自己的债",因而不构成负担。况且政府总是存在的,会通过发新债的办法来偿还旧债;即使通过征税的办法来偿还债务,实际上也仅是财富的再分配而已,对整个国家来说,财富并未损失。尤其是当经济未达到充分就业时,由于发行公债可以促进资本的形成,增加有效需求,使经济增长速度加快,可以为子孙后代创造更多的财富,因此不会对子孙后代产生不良影响。

五、财政政策效果的经济分析

财政支出增加的基本经济效果如图 13.3 所示。当政府实行扩张性财政政策时,反映在 IS-LM 中,表现为 IS 向右上方平移。当 LM 曲线不变时,移动后的 IS 曲线与 LM 曲线新的交点决定的国民收入为 y_1,利率为 r_1,表明扩张性财政政策的基本经济后果是利率上升,国民收入增加;反之亦然。当然,在实际经济运行中,扩张性财政政策的经济分析远较此复杂。本小节将详细分析财政政策的各种经济效应。

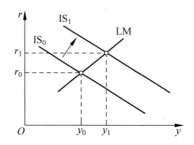

图 13.3 财政政策效果的 IS-LM 分析

(一)财政政策的挤出效应

挤出效应(crowding out effect),具体地说就是政府扩张性财政政策的挤出效应,是指政府支出增加使国民收入水平提高的同时也引起利率的提高,从而使私人部门的消费与投资减少。

政府支出增加会导致私人投资以如下方式减少:由于政府支出增加,产品市场上产出水平上升,导致在产品市场上对商品和劳务的购买竞争加剧,物价水平上涨,如果这时货币的名义供给量不变,实际的货币供给量会由于价格的上涨而减少,实际利率上升,导致私人投资支出减少。私人投资的减少,必将产生一系列的影响,使总需求减少,导致国民收入降低,影响人们的消费水平,使人们的消费随之降低。这就是说,政府支出的增加

"挤占"了私人的投资和消费。

【专栏 13-6】 发改委否认 4 万亿元投资挤占民资空间

为应对金融危机的冲击,中国 2008 年四季度推出一揽子经济刺激方案。4 万亿元人民币投资计划在拉动中国经济企稳回升的同时,也引发对民间投资或产生"挤出效应"的担忧。国家发改委有关负责人表示,中国 2008 年推出的 4 万亿元投资计划既不挤占民间投资的空间,也不挤占民营企业的资金来源。相反,政府投资的大幅增加引导和带动了民间投资的增长,是"与民兴利",而非"与民争利"。

"国家队"的大举入场,是否挤压民间资本生存空间?这位官员澄清说,4 万亿元投向的领域均为社会效益高于经济效益、市场机制难以充分发挥作用的领域,也是中央财政发挥结构调整主导作用的领域。

根据官方部署,4 万亿元重点投向七大领域,包括保障性住房、农村民生工程、重大基础设施、社会事业、自主创新和节能减排等。这些领域或有历史欠账,或已成为经济社会发展的瓶颈,但都与百姓日常生活息息相关。该负责人强调,对这些方面加大中央投资力度,有利于稳定当前的经济增长,也有利于优化投资结构,增强发展后劲。

对于中央投资挤占民企资金来源的说法,这位官员也不认同。他说,适度宽松的货币政策"为各方面投资主体的资金来源"都提供了有力保障。2009 年前三季度,中国新增贷款 8.67 万亿元,同比多增 5.19 万亿元。城镇固定资产投资到位资金增长 39.4%,自年初以来持续高于投资增速。

该负责人说,由于货币供应充足,利率水平基本稳定,民营企业的借贷成本并未上升。与此同时,银行还重点加大了对中小企业的支持力度。来自金融部门的数据显示,上半年,中小企业贷款占全部企业贷款的比重为 54.3%,比年初增长 24.1%,比全部企业贷款平均增幅高 1.5 个百分点。

这位官员指出,从 4 万亿元投资计划执行效果看,政府投资的大幅度增加实际上引导和带动了民间投资增长。几组数据为其提供佐证:1—9 月份,中国城镇非国有投资增长 29.5%,呈稳步回升态势。反映民间投资活跃度的房地产投资也持续回升,前九个月增长 17.7%,较年初大幅回升。为鼓励民间投资加快跟进,维持经济回升的可持续性,这位负责人透露,官方将继续加大对中小企业的扶持力度,鼓励和促进民间投资的措施意见也在抓紧制定中,将尽快出台。

资料来源:俞岚.中国新闻网,2009-10-27.

如图 13.4 所示,在政府实施了扩张性的财政政策条件下,IS 向右上方平移;由于货币政策没有变化,LM 曲线不变;移动后的 IS 曲线与 LM 曲线新的交点决定的国民收入为 y_1,利率为 r_1。但在这一过程中,可以发现,发生了挤出效应。如果利率没有发生变动,实际国民收入应该增长到 y_2;但此时,y_2-y_1 部分的收入,由于利率上升,被"挤出"了,因此说存在着挤出效应。

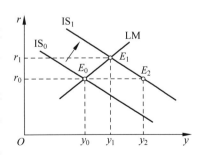

图 13.4 财政政策的挤出效应

在给定的条件下,扩张性的财政政策可以使产出水平提高,这是无须质疑的,但需要进一步研究的问题是:扩张性的财政政策为什么在不同的情况下会产生不同的效果?下面的研究是在 IS-LM 模型的框架下展开的。从 IS-LM 模型来看,财政政策效果的大小是指政府税收和支出的变化所导致 IS 曲线的变化对国民收入产生的影响。研究影响政策效应的因素实际上就是研究 IS 曲线、LM 曲线中的各参数的数值及其变化对曲线的空间位置的变化,从而对均衡产出水平的影响。从 IS 曲线和 LM 曲线的图形上看,这种影响的大小会因 IS 曲线和 LM 曲线斜率的不同而不同。下面分别加以论述。

(二) 不同斜率的 IS 曲线财政政策效果分析

当 LM 曲线不变时,IS 曲线斜率的绝对值越大,即 IS 曲线越陡峭,政府收支变化使 IS 曲线发生移动时,导致国民收入变化就越大,挤出效应就越小,财政政策效果就越大;反之,IS 曲线斜率的绝对值越小,即 IS 曲线越平坦,则 IS 曲线发生移动时导致国民收入的变化就越小,挤出效应就越大,财政政策效果也就越小。这一结果可以用图 13.5 表示。

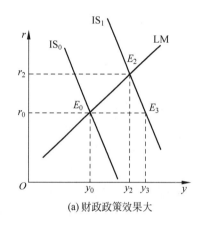
(a) 财政政策效果大

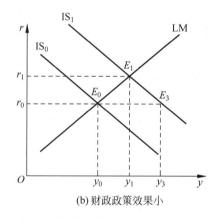
(b) 财政政策效果小

图 13.5　不同斜率的 IS 曲线财政政策效果分析

在图 13.5 中,假定 LM 曲线的斜率不变,初始状态下的均衡收入 y_0 和利率 r_0 也完全相同,现假定政府实行一项扩张性的财政政策(增加政府支出或减少税收),增加相同的一笔支出量均为 Δg,则会使 IS 曲线右移,假定右移的距离是 $E_0 E_3$,$E_0 E_3$ 为政府支出乘数和政府支出增加额的积,即 $E_0 E_3 = k_g \cdot \Delta g$,也就是说,政府支出的增加能带动国民收入增加若干倍,这其中的原理在前面的内容中已有论述,这里不再赘述。由于 IS 曲线斜率的不同,国民收入的增加额大不相同,但有一点是相同的,即两者的增加额 $y_0 y_1$ 和 $y_0 y_2$ 均小于 $E_0 E_3$(即 $y_0 y_3$),原因是要想使国民收入的增加额为 $E_0 E_3$,必须保持利率水平不变。但是,保持利率水平不变是不可能的。因为 IS_0 曲线向右分别平行移动到 IS_1 时,在 (r_0, y_3) 点上,商品市场实现了新的均衡,但货币市场却发生了失衡——货币需求大于货币供给。原因是什么呢?因为政府支出增加势必导致国民收入的增加,国民收入增加导致对货币交易需求增加,但货币供给不变(LM 曲线不变),这势必导致货币需求大于货币供给,利率必将上升,而利率的上升导致私人投资水平下降以及总需求水平进一步下降,扩张性财政政策的产出效应受到了限制,这种限制就是上文提到的"挤出效应"。由于存在政府支出挤出私人投资的问题,因此,新的均衡点只能是 E_1 和 E_2,收入不可能增加到 y_3,而分别只能增加到 y_1 和 y_2。从图中可以清楚地看到,$y_0y_1 < y_0y_2$,即 IS 曲线越平坦[图 13.5(b)]财政政策效果越小,IS 曲线越陡峭[图 13.5(a)]财政政策对国民收入和利率的影响越大,政策效应越大。

那么有哪些因素能够影响到财政政策的效果呢?具体来说取决于以下几个影响因素。

第一,货币需求的收入弹性。货币需求的收入弹性就是货币需求函数($L=ky-hr$)中的 k。货币需求的收入弹性越大,LM 曲线越陡峭,说明货币需求对产出水平越敏感,一定的国民收入增加所引起的货币需求的增加也大,在货币供给量不变的前提下,货币需求越大,利率上升得越高,私人投资和总需求减少得越多,国民收入增加得越少,即挤出效应越大,财政政策效果越小;反之,货币需求的收入弹性越小,LM 曲线越平坦,挤出效应越小,财政政策效果越大。

第二,货币需求的利率弹性。货币需求的利率弹性就是货币需求函数中的 h。货币需求的利率弹性越小,LM 曲线越陡峭,说明货币需求对利率越敏感,一定的货币需求增加需要利率上升很多,从而投资和总需求减少得就多,国民收入也就减少得越多,即挤出效应越大,财政政策效果越小;反之,货币需求的利率弹性越大,LM 曲线越平坦,挤出效应就越小,财政政策效果越大。

第三,投资的利率弹性。投资函数 $i=e-dr$ 中的 d 就是投资的利率弹性,它表示投资需求对利率的敏感程度。投资的利率弹性越大,说明投资需求对一定的利率变动越敏感,IS 曲线的斜率就越小,IS 曲线越平坦,一定的利率变动所引起的投资变动也就越大,使总需求和国民收入的变动就大,因而挤出效应就越大,财政政策效果越小;反之,投资的利率弹性小,挤出效应也越小,财政政策效果越大。

在这些影响挤出效应的因素中,货币需求的收入弹性 k 主要取决于人们的支付习惯和制度,一般认为其比较稳定。因此,挤出效应和财政政策效果的大小主要取决于货币需求的利率弹性 h 和投资的利率弹性 d,特别是投资的利率弹性 d。

IS 曲线越平坦,表示投资的利率系数越大,即利率变动一定幅度所引起的投资变动的幅度越大。如果投资对利率变动反应较敏感,当政府的一项扩张性财政政策使利率上升时,就会使私人投资下降很多,即挤出效应较大;因此,IS 曲线越平坦,实行扩张性财政政策时被挤出的私人投资就越多,从而使国民收入增加得就越少,即财政政策效果越小;反之,IS 曲线越陡峭,说明投资对利率变动反应不敏感,政府支出增加产生挤出的私人投资较少,因而国民收入增加得较多,财政政策效果较大。

(三) LM 曲线不同区域的 IS 曲线财政政策效果分析

当 IS 曲线的斜率给定不变时,财政政策的效果取决于 LM 曲线的斜率。LM 曲线斜率的绝对值越大,即 LM 曲线越陡峭,财政政策使 IS 曲线移动时对利率的影响越大,导致国民收入的变动越小,也就是说财政政策效果越小;反之,LM 曲线斜率的绝对值越小,LM 曲线越平坦,IS 曲线移动时将导致国民收入发生较大的变动,即财政政策效果越大。

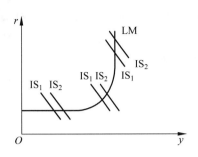

图 13.6　LM 曲线三个区域的财政政策效果分析

这一结果可以用图 13.6 表示出来。

LM 曲线的斜率之所以影响财政政策的效果,是与货币需求的收入弹性和货币需求的利率弹性相关的。政府增加相同的一笔政府支出,当 LM 曲线斜率较大即曲线较陡峭时,表示货币需求的利率弹性 h 较小,或者说,货币需求对利率的反应较不敏感,意味着一定货币需求的增加需要利率较多地上升,利率上升得越多,对私人投资挤占得就越多,挤出效应越大,导致了财政政策效果越小;同时,LM 曲线越陡峭,货币需求的收入弹性 k 越大,一定的国民收入水平提高所引起的货币需求增加得越多,在货币供给量不变的情况下,货币需求增加得越多,利率上升越高;利率上升得越高,私人投资减少得越多,国民收入增加的就少,财政政策的效果就小。相反,LM 曲线斜率越小即 LM 曲线越平坦,表示货币需求的利率弹性 h 越大,说明货币需求对利率的反应越敏感,当政府增加支出,即使通过发行公债向私人部门借了大量的货币,也不会使利率上升许多,利率上升得越小,对私人投资产生的影响越小,挤出效应越小,当政府支出增加时,将会使国民收入增加许多,即财政政策效果较大;同时,LM 曲线越平坦,货币需求的收入弹性 k 越小,在货币供给量不变的情况下,一定的国民收入水平提高所引起的货币需求增加得越少,利率就上升得越少,从而私人投资减少得也越少,挤出效应就越小,国民收入增加的就多,财政政策的效果就大。

(四) 凯恩斯主义的极端情况

1. 凯恩斯主义极端情况的含义

如上所述,LM 曲线越平坦,或者 IS 曲线越陡峭,则财政政策效果就越大,货币政策效果就越小。当 LM 曲线为水平线、IS 曲线为垂直线时,财政政策十分有效、货币政策完全无效,这就是凯恩斯主义的极端情况。如图 13.7 所示。在此情况下,财政政策、货币政策为什么是这样的效果呢?

2. 财政政策完全有效的原因

LM 曲线之所以成为一条水平线,是因为货币需求对利率的弹性变得无穷大,这时向右上方倾斜的货币需求曲线成为一条水平线,由此推导出的 LM 曲线也变成水平方向的曲线。在图 13.7 中,LM 曲线的水平区段就是

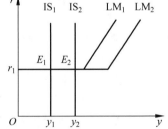

图 13.7　凯恩斯主义极端情况

凯恩斯区域。初始的产品市场均衡曲线为 IS_1 曲线、LM_1 曲线,IS_1 曲线与 LM_1 曲线的交点 E_1 表示初始的均衡产出为 y_1、均衡利率为 r_1。

扩张性的财政政策使 IS_1 曲线向右平移到 IS_2 的位置,LM_1 曲线与 IS_2 曲线相交于 E_2 点,E_2 点表示政府实行扩张性的财政政策后的均衡产出为 y_2,但均衡利率仍然是 r_1。$y_1 y_2$ 即为扩张性财政政策的产出效果,$y_1 y_2 = \Delta y = k \cdot \Delta g$。

为什么凯恩斯区域扩张性财政政策没有使利率水平提高、挤出效应为零从而使财政

政策完全有效呢?

在凯恩斯看来,一旦利率水平极低时,人们手持货币的机会成本将变得很小,极端地讲为零,人们愿意将货币保持在手中,而不会将货币资产转化为有价证券,这时货币投机需求曲线 L_2 为一条水平线,如果这时货币供给不变,$L = ky$,我们可以推导出 LM 曲线为一条水平线,表明国民收入对利率的反应是完全有弹性的。如果这时采取一项扩张性的财政政策,增加政府支出或减税,会导致总产出增加即收入增加,L_1 也会增加,由于货币供给不变,L_2 必须减少,但由于 L_2 为水平线,L_2 的下降不会使利率上升,由于利率不变,挤出效应为零,政府支出的增加不会挤占私人投资,财政政策就完全有效。

3. 货币政策完全无效的原因

存在流动性陷阱时,在任意一给定的较低的利率水平上,当公众持有货币的机会成本非常小以至于可以忽略不计时,公众愿意持有任何数量的货币供给量。这时无论货币当局增发多少货币量,都会沉淀在公众的手中,LM 曲线在这时成为一条水平线,货币供给量的任何变动都不会使水平的 LM 曲线发生上下移动,向右平移的 LM_2 曲线与垂直的 IS_1 曲线仍然相交于 E_1 点,如图 13.7 所示。在这种情况下,无论增加还是减少货币供给量都不会对利率和国民收入产生任何影响,货币政策处在凯恩斯区域时,便无力影响利率和国民收入,货币政策完全没有效果。实际上,当 IS 曲线垂直时,不论 LM 曲线斜率大小,货币政策都是无效的,如图 13.8 所示。

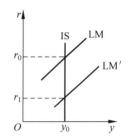

图 13.8 IS 垂直时,货币政策完全无效

从理论上说,当利率为零时就是这种情况。因为当利率为零时,人们持有货币的机会成本近乎为零,因此,公众为了交易的便利不愿意持有任何债券,而宁愿全部持有货币。这时,货币供给量的增加并不会引诱人们购买债券,利率不会发生任何的变动,也就不会对国民收入产生影响。

第三节 货 币 政 策

货币政策(monetary policy)是指中央银行通过调整法定准备率、贴现率和进行公开市场业务,实现对货币供给量的调节,进而影响总需求,以实现经济发展目标的经济政策手段。

一、商业银行和中央银行

西方国家的金融机构主要包括中央银行和金融中介机构,金融中介机构主要包括商业银行、专业性银行和非银行金融机构等,其中最主要的是商业银行。商业银行之所以叫作商业银行,是因为早先向银行借款的人都经营商业,但是后来工业、农业、建筑业、消费者也都日益依赖商业银行融通资金,故其客户遍及经济各部门,业务也多种多样,之所以仍叫做商业银行,只不过是沿用旧称呼罢了。

(一) 商业银行的主要业务

商业银行是以获取利润为经营目标、以多种金融资产和金融负债为经营对象、具有综合性服务功能的金融企业。在各类金融机构中,商业银行是一种历史最悠久、业务范围最广泛、对社会经济生活产生的影响最为深刻的一种。

商业银行的业务种类繁多,主要有负债业务、资产业务和中间业务。负债业务是商业银行筹措资金、借以形成资金来源的业务,按存款的性质分为活期存款、定期存款和储蓄存款。资产业务是指银行运用资财的业务,银行的资产业务主要在放款和证券投资上。放款业务是商业银行为企业提供贷款的业务,它是商业银行的一项基本业务,也是商业银行最重要的资产。在美国,放款占银行全部资产的60%~70%。证券投资业务是商业银行重要的资金运用业务,银行通过有价证券的买卖活动取得利息收入。中间业务是指商业银行通过为客户办理支付、进行担保和其他委托事项,从中收取手续费的各项业务。

(二) 中央银行的职能和特征

中央银行是一个国家最高的金融当局,它统筹管理全国的金融活动,实施货币政策以影响经济。它最主要的使命是控制一国的货币供给量与信贷条件,代表国家发行货币、制定和执行货币金融政策、处理国际性金融事务、对金融体系进行监管、通过货币政策影响经济活动。

中央银行具有以下三个职能。

作为发行的银行,独享发行国家货币的权利。

作为银行的银行,一方面通过票据再贴现、抵押贷款等方式为商业银行提供贷款,另一方面为商业银行集中保管存款准备金,还为各商业银行集中办理全国的结算业务。

作为国家的银行,第一,国家可以向中央银行借款,即由中央银行用贴现国家的短期国库券的形式为政府提供短期资金,也可以帮助政府发行公债或以直接购买公债方式为政府提供长期资金,帮助政府弥补政府预算中出现的财政赤字。第二,代理国库,一方面将国库委托代收各种税款和公债价款等收入作为国库的活期存款;另一方面代理国库拨付各项经费,代办各种付款和转账。第三,充当政府在一般经济事务和处理政府债务等方面的顾问。第四,监督、管理国家的金融市场活动,代表国家处理与外国发生的金融业务关系。第五,根据经济形势采取适当的货币政策,与财政政策相配合,为宏观经济目标的实现服务。

与一般的商业银行和其他金融机构相比,中央银行具有如下特征。

第一,不以营利为目的;第二,不经营普通的银行业务,只与政府和各类金融机构往来,不办理企业和居民的存贷款业务;第三,具有服务机构和管理机构的双重性质,有执行金融监管、扶持金融发展的双重任务;第四,处于超脱地位,在一些国家中甚至独立于中央政府,免受政治周期的影响。

【专栏13-7】 美国央行——美联储

当今世界几乎所有的独立国家都设有自己的中央银行,只不过称呼不同罢了。美国是联邦储备银行,英国是英格兰银行,德国是联邦银行,法国是法兰西银行,日本是日本银行,在中国就是中国人民银行。

中央银行有的独立于政府(如美国的联邦储备银行),有的处于政府的管辖之下(中国人民银行)。央行的独立有两方面的好处:能够保持币值的稳定与确保货币政策的制定不受任何党派政治目标的干扰。

美国的联邦储备系统由12个联邦储备银行组成。其核心机构是美国联邦储备理事会。7名理事由总统提名并经参议院同意批准,任期可长达14年。理事一般由专职的银行家或经济学家担任。美国联邦储备系统的主要决策机构是联邦公开市场委员会,它的12名具有表决权的成员包括7名联邦储备理事会理事与5名地方联邦储备银行的行长。联邦储备理事会理事长控制着整个系统的最高权力,还兼任联储公开市场委员会主席,在决定货币政策方面有非常大的权力。

20世纪30年代大萧条中的银行恐慌曾使美国的9 000家银行倒闭。现在,挤兑恐慌大大减少了,因为美国联邦储备银行保证,无论银行发生什么情况,除最大的存款者外,所有存款人都可以取回他们的钱;而且联邦储备银行将充当最后的贷款者,确保为健康的银行提供资金。

许多年以来,究竟谁拥有美联储一直是一个讳莫如深的话题,美联储自己也总是含糊其辞。和英格兰银行一样,美联储对股东情况严守秘密。《美联储的秘密》(*Secrets of Federal Reserve*)一书的作者尤斯塔斯(Eustace Mullins)经过近半个世纪的研究,终于得到了12个美联储银行最初的企业营业执照(Organization Certificates),上面清楚地记录了每个联储银行的股份构成。

美联储纽约银行是美联储系统的实际控制者,它在1914年5月19日向货币审计署(Comptroller of the Currency)报备的文件上记录着股份发行总数为203 053股,其中:洛克菲勒和库恩雷波公司所控制的纽约国家城市银行,拥有最多的股份,持有3万股;J.P.摩根的第一国家银行拥有1.5万股(当这两家公司在1955年合并成花旗银行后,它拥有美联储纽约银行近1/4的股份,它实际上决定着美联储主席的候选人,美国总统的任命只是一枚橡皮图章而已,而国会听证会更像一场走过场的表演);保罗·沃伯格的纽约国家商业银行拥有2.1万股;由犹太银行家罗斯柴尔德家族担任董事的汉诺威银行(Hanover Bank)拥有1.02万股;大通银行(Chase National Bank)拥有6 000股;汉华银行(Chemical Bank)拥有6 000股。这六家银行共持有40%的美联储纽约银行股份,到1983年,它们总共拥有53%的股份。经过调整后,它们的持股比例是:花旗银行15%,大通曼哈顿14%,摩根信托9%,汉诺威制造7%,汉华银行8%。

资料来源:节选自宋鸿兵.货币战争[M].北京:中信出版社,2007:77-78.

二、存款创造和货币供给

(一)存款创造

1. 存款创造货币的前提条件

在金融体系中商业银行具有创造货币的功能,原因是在金融体系中只有商业银行才允许接受活期存款,并可以签发支票,从而具有了创造货币的能力。商业银行创造货币应具备两个基本的前提条件。

第一,准备金制度。商业银行的准备金有法定准备金和超额准备金之分。在商业银行的经营过程中,银行除将客户的绝大部分存款贷放出去或购买短期有价证券以获取盈利外,只需留下一小部分的存款作为应付客户提款需要的准备金,这种银行经常保留的为应付客户随时提取存款的现金称为存款准备金。存款准备金占存款的比例叫存款准备金率或准备率。中央银行规定的存款准备金率叫法定准备金率。商业银行按照法定准备金率对自己所接受的存款而保留的准备金称为法定准备金。法定存款准备金一部分是银行的库存现金,另一部分存放在中央银行的存款账户上,它一般表现为中央银行的负债方项目。超额准备金指商业银行持有的超过法定存款准备金的部分。

第二,非现金结算制度。在非现金结算制度下,所有经济主体之间的往来均通过银行开具的支票形式或转账的方法进行结算,人们对现金的需要转而变成对存款的需要。只有满足这两个条件,银行才具有创造货币的功能。

2. 货币创造的过程

假定商业银行系统的法定准备金率为20%,由于某种原因商业银行新增1 000万元的存款,1 000万元新增货币究竟最终会增加多少银行存款呢?

银行接受客户的存款后,除法定准备金外,全部贷放出去。在这种情况下,客户甲将1 000万元存入A银行,银行系统因此增加了1 000万元的存款,A银行按法定准备金率保留200万元准备金存入自己在中央银行的账户,其余800万元全部贷放出去;得到这800万元贷款的客户乙将全部贷款存入与自己有业务往来的B银行,B银行得到了800万元的存款,在留足160万元的法定准备金并将其存入自己在中央银行的账户以后,将剩余的640万元再贷放出去;得到这640万元的客户丙又将全部贷款存入与其有业务往来的C银行,C银行留下其中的128万元作为法定准备金而把其余512万元再贷放出去。如此反复,以至无穷,各商业银行的存款总额究竟是多少呢?可以按以下公式计算:

$$1\,000 + 1\,000 \times 0.8 + 1\,000 \times 0.8^2 + 1\,000 \times 0.8^3 + 1\,000 \times 0.8^4 + \cdots$$
$$= 1\,000(1 + 0.8 + 0.8^2 + 0.8^3 + 0.8^4 + \cdots)$$
$$= \frac{1\,000}{1 - 0.8}$$
$$= 5\,000(万元)$$

贷款总和为

$$800 + 640 + 512 + \cdots$$
$$= 1\,000(0.8 + 0.8^2 + 0.8^3 + 0.8^4 + \cdots)$$
$$= 4\,000(万元)$$

从以上的例子可以看出,存款总额(用D表示)同原始存款(用R表示)及法定准备率(用r_d表示)三者之间的关系是:$D = \frac{R}{r_d}$,或者描述为:$\frac{1}{r_d} = \frac{D}{R}$。

3. 简单货币创造乘数

从前面的例子中可以看出,这笔原始存款如果来自中央银行增加的一笔原始的货币供给,而中央银行新增的这笔原始货币供给流入公众或企业手中并转存在支票账户上,就使活期存款总额即货币供给量扩大为新增原始货币供给量的$\frac{1}{r_d}$倍,这个$\frac{1}{r_d}$倍数被称为货币创造乘数,如果用k_m表示货币创造乘数,则

$$k_m = \frac{1}{r_d} \tag{13-1}$$

即货币创造乘数等于法定准备率的倒数,它表示增加存款所创造出的货币的倍数。另外,根据存款总额D同原始存款R及法定准备率r_d的关系,货币创造乘数又可表示为

$$k_m = \frac{D}{R} \tag{13-2}$$

由此可见,①货币的供给不能仅看到中央银行最初发行了多少货币,而必须更为重视派生存款或派生货币,即由于货币创造乘数的作用使货币供给量增加了多少,这种增加被称为货币的创造;②货币创造量的大小,不仅取决于中央银行新增的货币量,而且取决于法定准备率,法定准备率越大,货币创造乘数越小;反之,法定准备率越小,货币创造乘数越大,两者呈反比关系。这是因为,法定存款准备率越大,商业银行吸收的每一轮存款中,保留的法定准备金所占存款的比例越大,可用于贷款的份额越小,由于贷款又转化成下一轮的存款,因而造成下一轮的存款就越少。

4. 复杂货币创造乘数

关于以上所论述的货币创造乘数是法定准备率的倒数的分析实际上隐含有两个假定。

第一,商业银行没有超额储备,商业银行将客户的存款在扣除了法定准备金后全部贷放了出去。但是,商业银行如果找不到合适的贷款对象,或厂商由于预期利润率低于市场贷款利率而不愿借款,诸如此类原因都会使银行的实际贷款小于其贷款能力,实际贷款小于其贷款能力的差额即没有贷放出去的款项就是超额准备金,也就是中央银行规定的法定准备金要求以外的准备金(用ER表示)。超额准备金与全部存款的比率称为超额准备率(可用r_e表示),法定准备金与超额准备金之和形成了银行的实际准备金,法定准备率加上超额准备率就是银行的实际准备率。

当存在超额准备率后,货币创造乘数就不再是$\frac{1}{r_d}$即法定准备率的倒数,而是变为

$$k_m = \frac{1}{r_d + r_e} \tag{13-3}$$

式(13-3)表明,货币创造乘数成为实际准备率的倒数,这时,派生存款总额为

$$D = \frac{R}{r_d + r_e} \tag{13-4}$$

法定准备金和超额准备金都是一种漏出,不能形成银行的派生存款,两者在存款总额中所占比重越大,银行的货币创造乘数越小,派生存款总额越少。因此,货币创造乘数不但与法定准备率有关,还与超额准备率有关。所以,市场贷款利率(用r表示)越高,银行越不愿多留超额准备金,因为准备金不能给银行带来利润。因此,市场利率上升,导致超额准备率下降,从而实际准备率下降,货币创造乘数变大。

第二,银行客户将一切借款都存入银行,经济活动中所发生的支付皆以支票形式进行。在现实经济生活中,每一位银行客户需要保留一部分现金。假如客户将得到的贷款没有全部存入银行,而是抽出一定比例的现金,这就是所谓的现金漏损。现金漏损指的是银行客户从得到的贷款中提留的一部分用于交易的现金。现金漏损会导致货币创造乘数的减小,因为现金与准备金一样不能形成派生的存款。如果用 r_c 表示现金在存款中的比率即漏现率,则存在超额准备和现金漏出时的复杂货币创造乘数为

$$k_m = \frac{1}{r_d + r_e + r_c} \tag{13-5}$$

可见,在经济中存在商业银行超额储备和现金支付的情况下,货币创造乘数变小了。

(二) 货币供给的分类描述

货币供给是指一个国家或地区在某一时点上所拥有的货币数量。为了便于分析,经济学家大体上将货币供给按下述方式加以定义:

1. 狭义货币

狭义的货币供给(M_1)是指一个国家或地区的厂商和居民在某一时点上所持有的硬币、纸币和活期存款的总和。货币被定义为在商品和劳务的交换以及债务的清偿中作为交换媒介或工具而被法定为普遍接受的物品,最符合这个定义的就是硬币、纸币和活期存款。

$$M_0 = 通货 \tag{13-6}$$

$$M_1 = M_0 + 商业银行活期存款 \tag{13-7}$$

M_0 为银行体系外的现金,包括硬币和纸币,主要行使支付手段的职能;活期存款具有储藏职能,但随时可变为现金。M_1 称为狭义货币。狭义货币最大的特点是高度流动性或灵活性。

通货是由法令规定的债务合法清偿手段和计价单位,强制流通,充当交易媒介和计价单位。通货执行货币的职能,不仅由于它被强制流通,更重要是来自政府的信用。

由于活期存款可以和通货一样,随时支取,也可随时用来支付债务,因此,也将其看作严格意义上的货币,同时也是最重要的货币,因为在货币的供给中活期存款占了相当大的比例,更主要的是活期存款的派生机制还会创造货币。人们在商业银行持有即期存款,相当于持有现金。在西方各国,大量的支付都以支票的形式,通过转移存款人在银行的活期存款债权给收款人的办法来实现,且人们甚至可直接以支票代替通货作为债务清偿手段进入流通,在流动性上与现金几乎无异,但其具有比现金更易携带和转移、能以交易实数支付、通过挂失保证安全等优点,因此,活期存款也被视作货币而被广泛用于交易活动中。

2. 广义货币

除狭义货币之外,银行及其他金融机构还发行了大量虽不能直接充当交易媒介,但能带来利息收入,因而能有效执行价值储藏手段职能的信用工具,这些信用工具是广义货币的组成部分。在狭义货币基础上,加上商业银行及其他金融机构的各类定期存款,称为广义货币 M_2。若再加上各种金融机构发行的其他金融资产,如国库券、银行承兑汇票、商业票据等,则构成更广义的货币 M_3。

一般对广义货币的大致划分是

$$M_2 = M_1 + 商业银行定期存款 \tag{13-8}$$

$$M_3 = M_2 + 其他金融机构存款 \tag{13-9}$$

鉴于货币最基本的职能是充当交易媒介,也正是基于这一职能使货币与其他获利性资产相区别,因此在宏观经济理论中,通常使用狭义货币的定义。

三、凯恩斯主义的货币政策工具

凯恩斯主义货币政策的直接目标是利息率,最终目标是总需求变动。货币政策与财政政策的不同之处在于:财政政策是直接影响社会总需求的规模,中间不需要任何变量;而货币政策则是通过货币当局货币供给量的变化来调节利率进而间接地调节总需求,因而货币政策是间接地发挥作用的。

在凯恩斯主义的货币政策中,中央银行一般通过改变法定准备金率、调整再贴现率和公开市场业务这三种主要的货币政策工具来改变货币供给量,以达到宏观经济调控的目标。

(一) 法定准备金率

法定准备金率是中央银行控制货币供给量的有力工具。法定准备金率的变化会直接改变商业银行的过度储备,引起银行贷款数量的变化,遏制商业银行的贷款扩张企图。

由于法定准备金率变动与市场上货币供给量的变动成反比例关系,因此,中央银行可以针对经济的繁荣与衰退以及银根的松紧状况调整法定准备金率。在经济萧条时,为刺激经济的复苏,中央银行可以降低法定准备金率。在商业银行不保留超额储备的条件下,法定准备金率的下降将给商业银行带来多余的储备,使它们得以增加贷款。这样,商业银行的存款和贷款将发生一轮一轮的增加,导致货币供给量的增加。货币供给量的增加又会降低利率,从而刺激投资的增加,最终引起国民收入水平的倍数增加。反之,在经济过热时,中央银行可用提高法定准备金率的方法减少货币供给,以抑制投资的增长,减轻通货膨胀的压力。

从理论上讲,变动法定准备金率是中央银行调整货币供给量的一种最简单的手段。然而,中央银行一般不轻易使用法定准备金率这一政策工具,原因在于银行与金融体系、信贷、存款量、准备金量之间存在着乘数放大的关系,而乘数的大小与法定准备率成反比,因此,即使法定准备金率的一个很微小的变化,都会对金融市场和信贷状况产生强烈的影响。因此,法定准备金率这一政策手段很少使用。

(二) 贴现率

贴现和再贴现是商业银行和中央银行的业务活动之一。商业银行的贴现是指客户将所持有的未到期票据,因急需使用资金,而将这些票据出售给商业银行,兑现现款以获得短期融资的行为。商业银行在用现金购进未到期票据时,可按该票据到期值的一定百分比作为利息预先扣除,这个百分比就叫作贴现率。商业银行在将贴现后的票据保持到票据规定的时间向票据原发行单位自然兑现。但商业银行若因准备金临时不足等原因急需现金时,商业银行可以将这些已贴现的但仍未到期的票据售给中央银行,请求再贴现。中央银行作为银行的银行,有义务帮助解决银行的流动性问题。这样,中央银行从商业银行手中买进已贴现的但仍未到期的银行票据的活动就称为再贴现。并且在再贴现时同样要预先扣除一定百分比的利息作为代价,这种利息就叫作中央银行对商业银行的贴现率,即再贴现率。这就是再贴现率的本意。现在,都把中央银行给商业银行及其他金融机构的贷款称为"贴现",相应的贷款利率都称为"贴现率"。

贴现政策的作用,主要是掌握贷款条件的松紧程度和影响信贷的成本。当中央银行提高贴现率时,意味着商业银行向中央银行贷款的成本增加,将减少商业银行向中央银行贷款的需求,造成货币市场信贷规模收缩,在货币创造乘数的作用下,使货币供给量减少;当降低贴现率时,商业银行向中央银行贷款的成本就会降低,会激励商业银行向中央银行贷款的需求,出现市场信用扩张,在同样货币创造乘数的作用下,货币供给量会增加。中央银行调整贴现率,不仅直接影响到商业银行的筹资成本,同时还间接地影响到商业银行对企业和个人发放贷款的数量,从而对企业和个人的投资与消费的经济活动产生影响。

贴现率对货币供给的影响机制大体可概括为:贴现率上升,商业银行向中央银行的贷款轻微下降,货币供给量有所减少;贴现率下降,商业银行向中央银行贷款有所上升,货币供给量将增加。贴现率的变动与货币供给量的变动成反比关系,同市场利率的变动成正比关系。

目前,贴现率的调整在货币政策中的作用与以前相比大大地减弱。因为在现实经济活动中,商业银行和其他金融机构尽量避免在贴现窗口向中央银行借款,只是将其作为紧急求援的手段,不到万不得已不会轻易利用,以免被人误认为财务状况不佳。每个中央银行的贴现窗口都会执行中央银行关于商业银行和金融机构可以借款的数量和次数的规定,不会随货币政策的变动而变动。

另外,贴现政策也不是中央银行的主动性政策,原因在于中央银行只能等待商业银行向其借款,而不能要求商业银行向其借款,所以,这一货币政策的效果有限。另外,当商业银行的准备金十分缺乏时,即使再贴现率很高,商业银行依然会从中央银行的贴现窗口借款,中央银行想通过较高的贴现率来抑制商业银行的借款就起不到太大的作用。因此,通过贴现率的变动控制银行准备金的效果是相当有限的。实际上中央银行调整贴现率更多的是表达自己的意图,而不是发挥调整贴现率对货币供给量的直接影响。

尽管再贴现率政策对银行的影响较小,但实施再贴现率政策的意义却很重大,这是因为实施再贴现率政策是利率变化和信贷松紧的信号。一般来说,再贴现率变化以后,银行的利率也随之改变。

(三) 公开市场业务

公开市场业务是指中央银行在金融市场上公开买进或卖出政府债券,以控制货币供给量、影响利率、调节消费与投资即总需求而最终达到预定的经济目标的政策行为。这是当代西方国家特别是美国中央银行控制货币供给量最重要也是最常用的政策工具。

公开市场业务的目的是增加或减少货币供给量,以实现对宏观经济的调控。当经济萧条时,为了刺激总需求,中央银行便在公开市场上买进商业银行持有的政府债券,增加货币投放,通过银行系统的存款创造,导致货币供给量的多倍扩大,从而刺激消费与投资,达到促进经济发展的目的;当经济过热时,中央银行便在市场上卖出政府债券,商业银行购买债券后,货币投放减少,通过银行系统的存款创造,导致货币供给量的多倍收缩,从而中央银行达到了控制货币供给、控制投资,从而减少消费和投资,达到抑制经济过热的目的。

公开市场业务与上述两项政策工具相比有下述优点:第一,公开市场业务可以按任何规模进行,中央银行既可以大量也可以小量买卖政府债券,使货币供给量发生较大的或较小的变化。第二,公开市场业务比较主动和灵活,且可以连续进行。在公开市场业务中,中央银行可根据经济情况的需要自由决定买卖有价证券的数量、时间和方向,即使中央银行有时出现某些政策失误,也可以及时纠正。第三,公开市场业务还可以比较准确地预测出其对货币供给的影响。一旦买进或卖出一定数量金额的证券。就可以根据货币乘数估计出货币供给量增加或减少了多少。基于上述原因,公开市场业务就成为中央银行控制货币供给量最重要、最常用的工具。

(四)货币政策工具的搭配运用

一般说来,由于调整法定准备金率对整个经济的影响程度很大,因而在实践中较少使用;变更贴现率可以间接地控制商业银行的准备金和影响市场利率,因而在实践中较为常用;公开市场业务不仅便于操作,而且很容易进行数量控制,因而在实践中最为常用。

上述三大手段是中央银行执行货币政策的最重要的手段,它们不仅可以单独使用,也可以配合使用。除了上述三种调节货币供给量的主要工具外,中央银行还有其他一些次要的货币政策工具,如道义上的劝告、"垫头规定"的控制、控制利息率的上限以及指令性贷款指标等。

道义上的劝告是指中央银行运用其在金融体系中的特殊地位和威望,通过对商业银行发出口头或书面的谈话或声明,劝说商业银行自动地遵循中央银行所要求的信贷政策。虽然道义上的劝告不具有行政的强制性和法律上的约束力,但由于商业银行和金融机构慑于中央银行的权力,一般也能听从中央银行的指令,从而使商业银行及金融机构与中央银行在政策上和行动上保持一致。

垫头规定是一种限制证券投机的管制办法。规定购买有价证券必须付出的现金比例,这就是必须支付的"垫头",如规定"垫头"为60%,则买进证券时必须拿出60%的现款;在萧条时降低垫头规定,反之则相反。

四、货币政策效果的经济分析

货币供给量变动的政策对总需求进而对国民收入和利率影响的大小,即货币政策的效果同样不仅取决于 IS 曲线的斜率,而且还取决于 LM 曲线的斜率。

(一)不同斜率的 IS 曲线对货币政策效果的影响

当 LM 曲线的斜率不变时,IS 曲线越平坦即斜率越小,实行一项货币政策变动货币供给量，LM 曲线发生移动对国民收入变动的影响越大，货币政策效果越大；反之，IS 曲线越陡峭即斜率越大，LM 曲线的移动对国民收入变动的影响就越小，货币政策效果越小，如图 13.9 所示。

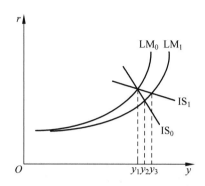

图 13.9　不同斜率的 IS 曲线货币政策效果分析

从图 13.9 中可以看出，IS 曲线越陡峭，即 IS 曲线的斜率越大，表示投资的利率弹性越小，当货币供给量增加使 LM_0 曲线向右移动至 LM_1 而导致利率下降时，投资不会增加许多，国民收入增加量为 y_1y_2，即货币政策的效果小；反之，IS 曲线越平坦，表示投资的利率弹性较大，当货币供给量的增加导致利率下降时，投资将增加许多，国民收入水平有较大幅度的提高，增加量为 y_1y_3，货币政策的效果就大。

（二）LM 曲线不同区域的货币政策效果分析

IS 曲线的斜率不变时，货币政策效果就取决于 LM 曲线的斜率。LM 曲线斜率越大，即 LM 曲线越陡峭，货币政策使 LM 曲线移动导致的国民收入变动就越大，也就是说货币政策效果越大；反之，LM 曲线斜率越小即 LM 曲线越平坦，LM 曲线的移动对国民收入产生的影响就越小，即货币政策效果就越小，如图 13.10 所示。

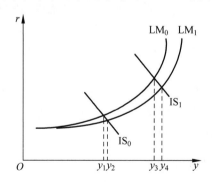

图 13.10　LM 曲线不同区域的货币政策效果分析

这种现象出现的原因是什么呢？因为 LM 越陡峭，表示货币需求受利率影响较小，货币供给量只要稍有增加就会使利率下降许多，因而货币供给量变动对利率变动的作用较大，使增加货币供给量的货币政策将对投资和国民收入有较大的影响。反之，如果 LM

曲线较平坦,表示货币需求受利率的影响大,利率稍有变动会使货币需求变动很多,因而货币供给量变动对利率变动影响较小,货币政策对投资和国民收入的影响较小,即货币政策的效果较小。

总之,在 LM 曲线比较陡峭时,货币当局实行的扩张性货币政策能使利率下降得较多,并且利率的下降对投资产生较大的刺激作用,这种货币政策的效果就越大;反之,在 LM 曲线比较平坦时,货币政策的效果就小。

(三) 古典主义的极端情况

1. 古典主义极端情况的含义

与凯恩斯主义的极端情况相反,还存在着古典主义的极端情况。当水平的 IS 曲线与垂直的 LM 曲线相交时,存在完全的挤出效应,这时财政政策完全无效,而货币政策十分有效,这就是古典主义的极端情况,如图 13.11 所示。为什么产生如此效果呢?

2. 财政政策完全无效的原因

当货币需求对利率的弹性为零时,货币需求曲线成为一条垂直线,由此推导出的 LM 曲线也成为一条垂直线,这时,为什么政府的财政政策完全无效呢?

一方面,垂直的 LM 曲线说明货币需求的利率系数等于零,换句话说,利率已高到如此地步,既使人们

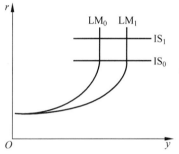

图 13.11 古典主义极端情况

持有货币的机会成本或者说损失达到极大,又使人们看到债券价格如此之低,低到只能上涨而不会再下跌的程度。此时,人们会将手中的全部货币拿去购买有价证券,人们为投机需求所持的货币量为零。这时,政府如果推行扩张性的财政政策而向私人部门借钱的话(出售公债),由于私人部门的手中没有闲置货币,因此,政府的借款利率一定得上升,直到上涨到政府公债产生的收益大于私人投资的预期收益。政府支出增加多少,将使投资支出减少多少。在这种情况下,政府支出对私人投资的"挤出效应"就是完全的,因此,扩张性的财政政策完全无效。图 13.11 中,扩张性财政政策使水平的 IS_0 曲线向上平移,只会导致利率升高,均衡产出不会有任何变化。

另一方面,水平的 IS 曲线说明投资需求的利率弹性无限大,利率的稍微变动都会使投资大幅度变动。当政府因增加支出或减少税收而向私人部门借钱时,利率稍有上升,私人投资便会大大减少,使挤出效应达到完全的地步。

3. 货币政策完全有效的原因

垂直的 LM 曲线表明当货币需求的利率弹性为零时,人们不会对利率的变动作出任何反应,即人们没有对货币的投机需求。因此,增加的货币供给会被人们全部用来增加交易需求,为此,国民收入必须大大增加。图 13.11 表明,货币当局增加货币供给量,即 LM_0 曲线向右平移到 LM_1 曲线的位置,与水平的 IS_0 曲线相交,利率没有上升;同时,均衡收入则增加了,没有产生任何挤出效应,货币量的变动对收入水平有最大的效应。

五、货币政策的局限性

货币政策是政府宏观调控的重要手段之一,它通过影响货币供给量影响 LM 曲线而对利息率产生影响,并影响投资,最终影响国民收入。但是,在实际应用中,货币政策对经济运行的影响会受到下列因素的制约。

(一)经济运行的不同阶段货币政策效果不同

经济运行状况处于不同的时期采取同一货币政策产生的效果会有所不同。例如,在通货膨胀时期实行紧缩性的货币政策效果可能比较显著,但如果经济处于衰退时期采取扩张性的货币政策效果就不会十分理想。原因是在经济衰退时期,由于企业对经济前景普遍存在悲观态度,即使中央银行放松银根,增加货币供给量,降低利率,由于悲观心理,企业投资者也不会增加贷款以从事投资活动;银行从资产的安全性角度出发,也不会轻易发放贷款。特别是由于存在流动性偏好陷阱,当利率降低到一定水平以后,无论银行如何增加货币供给量,利率都不可能继续下降,使作为反衰退的货币政策效果就相当微弱。

因此,有人认为,货币政策在反通货膨胀方面效果比较明显(如同马拉马车前进),而在反衰退方面的效果就不明显(如同马让马车后退)。例如,在经济繁荣期,美联储倾向于通过提高利率来抑制通货膨胀;而在 2008 年金融危机中,美国政府更加侧重依靠政府的财政支持政策来渡过难关。

(二)货币政策对货币供给量的调节受到货币流通速度的影响

从货币市场均衡的情况看,通过增加或减少货币供给量是以货币的流通速度不变为前提的。如果这一假定前提不存在,通过货币供给的变动来影响利率水平进而对经济产生影响的作用将大打折扣。例如,在通货膨胀严重情况下,即使中央银行减少货币的发行量,但由于人们不愿持有货币,往往将货币换成实物,导致货币流通速度加快,实际货币供给量增加,因此无法将通货膨胀率降低。

(三)货币政策存在的时滞也会影响货币政策的效果

货币政策作用的外部时滞也影响政策效果。中央银行变动货币供给量,要通过影响利率,再影响投资,然后再影响就业和国民收入,因而,货币政策作用要经过一段时间才会充分得到发挥。尤其是,市场利率变动以后,投资规模并不会很快发生相应变动。利率下降以后,厂商扩大生产规模,需要一个过程;利率上升以后,厂商缩小生产规模,更不是一件容易的事。总之,货币政策即使在开始采用时不要花很长时间,但执行后到产生效果却要有一个相当长的过程,在此过程中,经济情况有可能发生和人们原先预料的相反变化,比如说,经济衰退时中央银行扩大货币供给,但未到这一政策效果完全发挥出来经济就已转入繁荣,物价已开始较快地上升,则原来扩张性货币政策不是反衰退,却起到了加剧通货膨胀的作用。

(四) 货币政策的效果会受到开放经济的影响

在开放经济中,货币政策的效果还受到外部资金流动的影响。例如,某国因发生通货膨胀,通过提高利率来降低货币流动;但是该国的高利率政策吸引了国外资金进入国内套利,从而导致该国本币供给量上升,在一定程度上弱化了该国紧缩性货币政策的效果。

第四节 财政政策与货币政策的配合使用

从以上分析可以看出,如果一定时期经济处于萧条状态,政府无论采取扩张性货币政策还是扩张性财政政策以及两种政策的搭配使用都可以用于扩大总需求,增加国民收入。又由于凯恩斯区域和古典区域都是极端的情况,在实际中很少存在,因此,决策者在制定政策时既可选择财政政策,也可选择货币政策,或将两种政策结合起来使用。这样就有一个政策如何配合使用的问题。

一、财政政策和货币政策混合使用的效应

这里我们以扩张性财政政策与扩张性货币政策为例,分析两者对社会经济产生不同的影响来说明这一问题。如图 13.12 所示,当均衡的国民收入低于充分就业的国民收入时,决策者可以进行多种政策选择。一是采取扩张性财政政策,使 IS_0 曲线向右移动至 IS_1,LM_0 不变,增加了总需求和国民收入但也使利率上升;二是采取扩张性货币政策,使 LM_0 曲线向右移动至 LM_1,IS_0 不变,可以增加国民收入水平但使利率下降;三是同时采取扩张性财政政策和扩张性货币政策,即对这两种政策搭配使用。

扩张性财政政策和扩张性货币政策对均衡的国民收入和利率有不同的影响,见表 13.2。

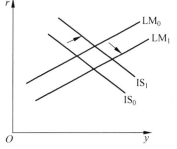

图 13.12 财政政策和货币政策的不同效果

表 13.2 扩张政策对国民收入和利率的不同影响

政　策	均衡的国民收入	均衡利率
扩张性财政政策	增加	上升
扩张性货币政策	增加	下降

从表 13.2 可以得出这样的结论:尽管扩张性的财政政策和货币政策都可以扩大总需求,增加国民收入,但它们对利率的作用方向却不同,从而导致总需求内部结构不同。

二、财政政策和货币政策的搭配选择

应用 IS-LM 模型,可以分析宏观经济政策各种混合使用的政策效应,见表 13.3。

表 13.3　财政政策和货币政策搭配使用的政策效应

序号	政 策 搭 配	产出	利率
1	扩张性财政政策和紧缩性货币政策	不确定	上升
2	紧缩性财政政策和紧缩性货币政策	减少	不确定
3	紧缩性财政政策和扩张性货币政策	不确定	下降
4	扩张性财政政策和扩张性货币政策	增加	不确定

从 IS-LM 模型的分析中可以看出，能使政策效果得以最好发挥的方法是将财政政策和货币政策配合起来使用。

如果政府可以有多种政策选择，就要作出权衡取舍，在实现充分就业均衡的同时，兼顾其他政策目标的实现，见表 13.4。

表 13.4　财政政策和货币政策搭配使用的适用情况

序号	政 策 选 择	适 用 情 况
1	扩张性财政政策与扩张性货币政策	经济萧条严重
2	扩张性财政政策与紧缩性货币政策	经济萧条但不严重
3	紧缩性财政政策与紧缩性货币政策	通货膨胀严重
4	紧缩性财政政策与扩张性货币政策	通货膨胀但不严重

当经济严重萧条时，可采用第一种组合，把扩张性财政政策与扩张性货币政策混合使用，这样能更有力地刺激经济。扩张性财政政策使总需求增加但提高了利率水平，采用扩张性货币政策就可以抑制利率的上升，以消除或减少扩张性财政政策的挤出效应，使总需求增加。

当经济萧条但又不太严重时，可采用第二种组合，以扩张性财政政策刺激总需求，又以紧缩性货币政策抑制通货膨胀。因为扩张性财政政策尽管会产生"挤出效应"，但对刺激总需求还是有一定的作用的，而紧缩性货币政策通过减少货币的供给量，可以抑制由于货币供给量过多而引起的通货膨胀。

当经济出现严重通货膨胀时，可采用第三种组合，实行"双紧"组合，即采用紧缩性财政政策与紧缩性货币政策来降低需求，控制通货膨胀。一方面采用紧缩性的财政政策，从需求方面抑制了通货膨胀；另一方面采用紧缩性货币政策，从货币供给量方面控制通货膨胀。由于紧缩性财政政策在抑制总需求的同时会使利率下降，而紧缩性货币政策使利率上升，从而不使利率的下降起到刺激总需求的作用。

当经济中出现通货膨胀但又不十分严重时，可采用第四种组合，把紧缩财政政策与扩张性货币政策相配合。一方面用紧缩性财政政策压缩总需求，消除财政赤字；另一方面用扩张性货币政策降低利率，刺激投资，拉动总需求，以防止由于财政过度紧缩引起的衰退。

在具体考虑两种政策的搭配使用上，不仅要看到当时的经济形势，还要顾忌到政治上的需要。虽然扩张性财政政策和货币政策都能够增加总需求，但两者的后果对不同的人群会产生不同的影响，也使 GDP 的组成比例发生变化。例如，实行扩张性货币政策，导致利率下降,投资增加,因而对投资部门尤其是住宅建筑部门有利。但是,若实行扩张性财政政策——减税,则有利于个人可支配收入的提高,消费支出将增加;若仍然采取扩张性财政政策——增加政府支出,比如兴办教育、对在职工人进行培训、治理环境等,则受益的人群又将不同。正因为如此,政府在作出政策的抉择时,必须考虑到各行各业、各个阶层的利益,尽量协调好各种利益关系。

总之,财政政策与货币政策必须相互配合,不能互相冲突。两种政策的目标都是实现既无失业,又无通货膨胀的经济运行状态。

【专栏 13-8】 中国货币超发严重,2012 年新增货币占全球近一半

考察一国的货币供给量,国际上一般采用 M_2 指标来度量。M_2 不仅反映现实的购买力(现金+支票存款),还反映潜在的购买力(储蓄存款+政府债券)。

次贷危机之后,全球主要经济体的货币供给量一直飙升。2013 年 1 月 22 日,日本央行推出超量化宽松政策,而美国马不停蹄连推 QE(量化宽松政策),欧洲央行有无限制购债计划。

统计来自全球主要央行的 2008—2012 年 M_2 数据得出,截至 2012 年末,全球货币供应量余额已超过人民币 366 万亿元。其中,超过 100 万亿元人民币即 27% 左右,是在金融危机爆发的 2008 年后 5 年时间里新增的货币供应量。期间,每年全球新增的货币量逐渐扩大,2012 年这一值达到最高峰,合计人民币 26.25 万亿元。全球货币的泛滥,已到了十分严重的地步。

而在这股货币超发洪流中,中国也已成长为流动性"巨人"。2009 年以来,中国已成为全球最大的"印钞机";2012 年,中国占全球新增货币供应量近一半。

从存量上看,中国货币量已领先全球。根据中国央行数据,截至 2012 年末,中国 M_2 余额达到人民币 97.42 万亿元,居世界第一,接近全球货币供应总量的 1/4,是美国的 1.5 倍,比整个欧元区的货币供应量(约 75.25 万亿元人民币)多出不止一个英国全年的供应量(2012 年为 19.97 万亿元人民币)。回顾 2010 年,中国的 M_2 余额才刚与欧元区旗鼓相当;2008 年,中国的 M_2 余额更是排不上全球前三,落后日本、美国,可见中国货币存量增长之快。

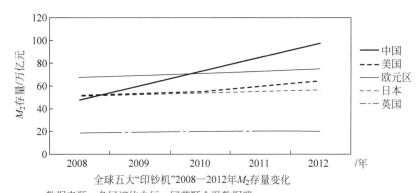

全球五大"印钞机"2008—2012 年 M_2 存量变化

数据来源:各经济体央行、同花顺金融数据端

注:M_2 存量单位为万亿元人民币,按 2013 年 1 月 25 日盘后汇率兑算

从增量上来看，中国的新增货币供应量也让美国、日本、欧元区、英国望尘莫及。2008年中国、美国、欧元区新增的货币供应量分别折合人民币7.17万亿元、5.08万亿元、5.70万亿元，基本在一个水平线上浮动。2009年，美、日、英、欧同时大幅减少新增M_2，但中国的新增货币供应量却一下子升到13.51万亿元人民币。随后每年中国M_2增量均保持在12万亿元左右的水平。只用了4年，中国货币供应量就激增50万亿元，存量翻番。

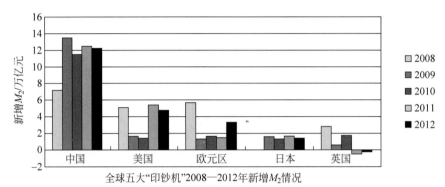

全球五大"印钞机"2008—2012年新增M_2情况

数据来源：各央行

注：日本2008年数据缺失(不影响分析)

从全球范围来看，在新增的货币供应量上，中国已连续4年贡献约一半。根据渣打银行2012年的报告，金融危机爆发以后的2009—2011年，全球新增的M_2中，人民币贡献了48%；在2011年贡献率更是达到52%。这样的增长规模和态势在世界各国经济发展史上都是少有的。2012年，中国继续"巨量印钞"，新增M_2达12.26万亿元，在全球新增M_2中占比仍高达46.7%。

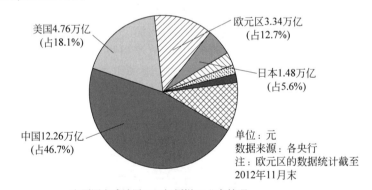

主要国家或地区2012年新增M_2分布情况

值得注意的是，尽管全球2012年新增货币量再度创新高，但事实上，多数国家在新增货币供应量上比2011年有所控制。数据显示，美国2011年新增8 713亿美元M_2，2012年新增M_2下滑12.17%至7 653亿美元；日本2011年新增25.3万亿日元M_2，2012年新增21.6万亿日元M_2，下滑速度达16.19%，更甚于美国。2012年全球新增货币供应量之所以高出2011年，主要源于欧元区2012年新增货币供应量扩大2 174亿欧元，约1.82万亿元人民币。欧元区比全球任何一个国家都急需释放流动性来刺激经济复苏。作为全球最大的"印钞机",中国虽然对货币供应量也有所控制,但无论从绝对水平还是相对水平来看,都遥遥领先。

资料来源:张楠.凤凰财经,2013-01-28.

第五节 供给管理政策

凯恩斯主义是20世纪30年代中期以来,现代资产阶级经济学中影响最大、传播最广、理论体系最为完整的一个流派。50—70年代,其经济思想成为大多数资本主义国家经济政策的理论根据。凯恩斯主义认为,失业和经济危机不是资本主义发展的必然产物,而是"有效需求"不足的结果。只要国家采取适当政策调节经济,增加"有效需求",就可以消除危机。第二次世界大战以后,美国政府基本上执行了凯恩斯主义的需求管理政策,适应了美国经济的需要,构筑了美国神话般的黄金时期。但是,自1974—1975年经济危机后,美国经济陷入了"滞胀"的困境,即经济增长下降而通货膨胀率却居高不下,使美国经济发展受到严重影响。供给管理政策强调通过"收入政策""人力政策"等来补充需求管理政策的不足,摆脱滞胀局面,但是效果不明显。

【专栏13-9】 供给侧结构性改革及其与供给管理学派的区别分析

2015年11月10号,习近平总书记在中央财经领导小组会议上提出,"在适度扩大总需求的同时,着力加强供给侧结构性改革,着力提高供给体系质量和效率",首次提出了"供给侧改革"。

需求侧管理认为需求不足导致产出下降,所以拉动经济增长需要"刺激政策"(货币和财政政策)来提高总需求,使实际产出达到潜在产出。供给侧结构性改革就是从提高供给质量出发,旨在调整经济结构,使要素实现最优配置,提升经济增长的质量和数量。具体而言,就是要求清理僵尸企业,淘汰落后产能,将发展方向锁定新兴领域、创新领域,创造新的经济增长点。需求侧改革主要有投资、消费、出口三驾马车,供给侧则有劳动力、土地、资本、制度创造、创新等要素。

一直以来人们都以为是需求不足,所以用需求学派观点采用刺激需求政策拉动经济增长,但实则是"供给跟不上需求"。打个比方,现在热门的"海淘",还有之前中国人去日本买马桶盖、纸尿裤等新闻,难道是我们中国没有这些产品吗?显然不是,相反,很多这些产品还是"made in China"。为什么人们会不惜重金、不嫌麻烦去国外买这些东西?另外,中国手机厂家那么多,而苹果手机却大受国人追捧。究其原因,是产品质量跟不上,正是我国长期忽视"供给侧"的原因。

过剩产能已成为制约中国经济转型的一大包袱。产能过剩企业会占据大量资源,使人力、资金、土地等成本居高不下,制约了新经济的发展。当前多个行业、多个地区的产能过剩正引起各方的担忧,可能引发通缩、失业、经济动力不足等一系列风险。而这都是我国推进"供给侧改革"的根本动因。

1973—1975年世界经济危机发生后,发达国家普遍出现了经济增长率显著下降、失业状况恶化与通货膨胀加剧等现象长期并存的局面,美国经济的滞胀是从1973年12月爆发的经济危机开始,到1982年经济开始复苏为止,持续长达10年之久。供给学派应运而生,盛行于20世纪80年代,它强调管理经济的供给方面,认为需求会自动适应供给的变化。80年代初美国里根政府接受了这一套学说,出现了"里根经济学"宏观政策。

一些学者认为,中国的供给侧结构性改革来源于美国的供给学派,还有一些人认为,中国的供给侧结构性改革是美国供给学派主张的改进型。总之都认为是美国里根经济学在中国的翻版。其实,供给侧结构性改革与供给学派是有根本区别的。

美国供给学派的核心思想是反思凯恩斯主义经济政策所带来的种种弊端,抛弃需求管理的合理因素,甚至主张与需求管理"彻底决裂",强调自由市场经济,反对政府干预,认为政府干预不仅会破坏市场经济的自动调节机制,而且往往由于干预不当而损害经济中的供给力量。而我国供给侧结构性改革中,不仅要求市场在资源配置中起决定性作用,而且也强调更好地发挥政府作用,既不实行需求紧缩,也不放弃需求管理,而是强调在传统的需求管理还有一定作用和优化提升空间的同时,释放新需求,创造新供给,着力改善供给环境、优化供给侧机制,特别是通过改进制度供给,大力激发微观经济主体活力,构建、塑造和强化经济长期稳定发展的新动力。二者本质、实际内容和政策含义完全不同,不能相提并论。

资料来源:裴长洪,中国供给侧改革与美国供给学派的区别,搜狐财经,http://business.sohu.com,2016年5月19日。

一、收入政策

收入政策是指通过限制工资收入增长率从而限制物价上涨率的政策,因此,也叫工资和物价管理政策。之所以对收入进行管理,是因为通货膨胀有时由成本(工资)推进所造成。收入政策有以下三种形式:一是工资与物价指导线,即根据劳动生产率和其他因素的变动,规定工资和物价上涨的限度,其中主要是规定工资增长率。企业和工会都要根据这一指导线来确定工资增长率,企业也必须据此确定产品的价格变动幅度,如果违反,则以税收形式以示惩戒。二是工资物价的冻结,即政府采用法律和行政手段禁止在一定时期内提高工资与物价,这些措施一般是在特殊时期采用,在严重通货膨胀时也被采用。三是以增税或减税作为惩罚或奖励,以限制工资收入增长率的政策,又称以税收为基础的收入政策。凡遵守规定的工资增长界限的企业和企业里的工人,可以得到减税优待,以示奖励。凡违背这一规定,就对企业加重征税。由于企业不按规定给工人增加工资要受到惩罚,雇主可以以此来拒绝工人增加工资的要求。

收入政策在实施中存在一定的困难:第一,冻结工资会引起工会反对,政治上会出现动荡不安,任何政府都不会轻易使用冻结措施;尤其在竞选换届时期,政府更不肯冒风险。第二,冻结物价会引起企业反对。在成本难以下降的情况下,冻结物价要导致供给减少,甚至形成黑市,物价上涨会更加剧烈。第三,工会和企业不听政府摆布。虽然政府制定工资与物价指导线,又以增减税收为奖罚工具,但是,企业和工会还是根据自身的利弊分析来选择行为,不会轻易听从政府摆布。第四,签订的工资物价协议,有的企业和工会都不能很好遵守,往往流于形式,不起作用。

二、人力政策

人力政策又称就业政策,是一种旨在改善劳动市场结构,以减少失业的政策。主要有:一是人力资本投资,由政府或有关机构向劳动者投资,以提高劳动者的文化技术水平与身体素质,适应劳动力市场的需要;二是完善劳动市场,政府应该不断完善和增加各类就业介绍机构,为劳动的供求双方提供迅速、准确而完全的信息,使劳动者找到满意的工作,企业也能得到其所需要的员工;三是协助工人进行流动,劳动者在地区、行业和部门之间的流动,有利于劳动的合理配置与劳动者人尽其才,也能减少由于劳动力的地区结构和劳动力的流动困难等原因而造成的失业,对工人流动的协助包括提供充分的信息、必要的物质帮助与鼓励。

人力政策在实施中存在一定的困难:第一,经费困难;第二,人力政策不易适应经济技术的变化;第三,发达资本主义国家工资水平高,发展劳动密集部门虽然可以多容纳劳动力,但是会使产品成本增加,在国际市场上竞争力削弱,国际收支趋于恶化;第四,劳动力迁移困难。西方国家在长期中形成的社会文化、社会心理、生活和习惯都难以转变,劳动力流动非常困难。有的宁愿在大城市失业,也不愿意到边远地区工作。

三、经济增长政策

一般说来,政府对决定经济增长的劳动投入、资本形成和技术进步这三个因素都可以产生影响。特别是当存在市场失灵、而经济增长又比较缓慢的时候,政府往往会提出许多刺激经济增长的政策。但是,总的说来,在长期中,财政政策对总产出具有影响,而货币政策却几乎没有什么影响。具体而言,就是说财政政策会影响经济增长的三个因素。作为财政政策的重要组成部分的政府支出、税收和转移支付,都会对潜在GDP产生影响。当然,政府支出不会对劳动、资本和技术立即产生重大影响,但是,其影响会逐渐增强。

政府刺激经济增长的政策主要有:一是增加劳动力的数量和质量。增加劳动力数量的方法包括提高人口出生率、鼓励移民入境等;提高劳动力质量的方法有增加人力资本投资。二是资本积累。资本的积累主要来源于储蓄,可以通过减少税收,提高利率等途径来鼓励人们储蓄。三是技术进步。技术进步在现代经济增长中起着越来越重要的作用,因此,促进技术进步成为各国经济政策的重点。四是计划化和平衡增长。现代经济中各部门之间协调的增长是经济本身所要求的,国家的计划与协调要通过间接的方式来实现。

本 章 小 结

宏观经济政策是国家或政府有计划地运用一定的政策工具,调节控制宏观经济的运行,以达到一定的政策目标。它应该同时达到四个目标:充分就业、物价稳定、经济增长、国际收支平衡。

财政政策是政府为了实现其宏观经济政策目标而对其收入和支出水平所作出的决策,其主要内容包括政府支出与税收。政府支出包含政府公共工程支出、政府购买以及转移支付;政府税收主要是个人所得税、公司所得税和其他税收。内在稳定器是财政制度本身所具有的能够调节经济波动,维持经济稳定发展的作用。凯恩斯主义经济学家主张运用赤字财政政策和公债政策。

货币政策是中央银行通过对货币供给量的调节来影响总需求。在凯恩斯主义的货币政策中,中央银行一般通过改变法定准备率、调整再贴现率和公开市场业务这三种主要的货币政策工具来改变货币供给量,以达到宏观经济调控的目标。

从本质上说,宏观经济政策是短期的调控宏观经济运行的政策,需根据经济形势的不断变化而作调整,不宜长期化。在经济全球化趋势不断发展的今天,一国的宏观经济政策,不仅取决于国内的经济走势,还在相当程度上取决于国际经济的走势。

人物介绍:凯恩斯、格林斯潘、伯南克

案例分析

1997年东南亚金融危机

1997年夏天,一场发自泰国的金融危机迅速席卷东南亚,继而演变成影响全球的金融风暴。这场危机的发展过程十分复杂。到1998年底,大体上可以分为三个阶段:1997年6—12月;1998年1—7月;1998年7月到年底。

第一阶段:1997年7月2日,泰国宣布放弃固定汇率制,实行浮动汇率制,引发了一场遍及东南亚的金融风暴。当天,泰铢兑换美元的汇率下降了17%,外汇及其他金融市场一片混乱。在泰铢波动的影响下,菲律宾比索、印度尼西亚盾、马来西亚林吉特相继成为国际炒家的攻击对象。8月,马来西亚放弃保卫林吉特的努力。一向坚挺的新加坡元也受到冲击。印尼虽是受"传染"最晚的国家,但受到的冲击最为严重。10月下旬,国际炒家移师国际金融中心中国香港,矛头直指香港联系汇率制。中国台湾当局突然弃守新台币汇率,一天贬值3.46%,加大了对港币和香港股市的压力。10月23日,香港恒生指数大跌1 211.47点;28日,下跌1 621.80点,跌破9 000点大关。面对国际金融炒家的猛烈进攻,中国香港特区政府重申不会改变现行汇率制度,恒生指数上扬,再上万点大关。接着,11月中旬,东亚的韩国也爆发金融风暴,17日,韩元对美元的汇率跌至创纪录的1 008∶1。21日,韩国政府不得不向国际货币基金组织求援,暂时控制了危机。但到了12月13日,韩元对美元的汇率又降至1 737.60∶1。韩元危机也冲击了在韩国有大量投资的日本金融业。1997年下半年日本的一系列银行和证券公司相继破产。于是,东南亚金融风暴演变为亚洲金融危机。

第二阶段:1998年初,印尼金融风暴再起,面对有史以来最严重的经济衰退,国际货币基金组织为印尼开出的药方未能取得预期效果。2月11日,印尼政府宣布将实行印尼盾与美元保持固定汇率的联系汇率制,以稳定印尼盾。此举遭到国际货币基金组织及美国、西欧的一致反对。国际货币基金组织扬言将撤回对印尼的援助。印尼陷入政治经济危机。2月16日,印尼盾同美元比价跌破10 000∶1。受其影响,东南亚汇市再起波澜,新元、马币、泰铢、菲律宾比索等纷纷下跌。直到4月8日印尼同国际货币基金组织就一份新的经济改革方案达成协议,东南亚汇市才暂告平静。1997年爆发的东南亚金融危机也使与之关系密切的日本经济陷入困境。日元汇率从1997年6月底的115日元兑1美元跌至1998年4月初的133日元兑1美元;五六月间,日元汇率一路下跌,一度接近150日元兑1美元的关口。随着日元的大幅贬值,国际金融形势更加不明朗,亚洲金融危机继续深化。

第三阶段：1998年8月初,乘美国股市动荡、日元汇率持续下跌之际,国际炒家对中国香港发动新一轮进攻。恒生指数一直跌至6 600多点。中国香港特区政府予以回击,金融管理局动用外汇基金进入股市和期货市场,吸纳国际炒家抛售的港币,将汇市稳定在7.75港元兑换1美元的水平上。经过近一个月的苦斗,使国际炒家损失惨重,无法再次实现把香港作为"超级提款机"的企图。国际炒家在香港失利的同时,在俄罗斯更遭惨败。俄罗斯中央银行8月17日宣布年内将卢布兑换美元汇率的浮动幅度扩大到6.0～9.5:1,并推迟偿还外债及暂停国债交易。9月2日,卢布贬值70%。这使俄罗斯股市、汇市急剧下跌,引发金融危机乃至经济、政治危机。俄罗斯政策的突变,使在俄罗斯股市投下巨额资金的国际炒家大伤元气,并带动了美欧国家股市、汇市的全面剧烈波动。如果说在此之前亚洲金融危机还是区域性的,那么,俄罗斯金融危机的爆发,则说明亚洲金融危机已经超出了区域性范围,具有了全球性的意义。到1998年底,俄罗斯经济仍没有摆脱困境。1999年,金融危机结束。

资料来源：成功应对危机凸显金融核心本色,和讯网,http://news.hexun.com/,2011年7月6日。

2008年全球金融风暴

就像20世纪那个"咆哮的20年代",正是21世纪初那段长时间的繁荣,最终造成了2007—2008年的骤然崩溃。以美联储主席伯南克为首的西方经济学家,责备东亚的储蓄过度导致了过低的利率和过高的流动性,为信贷质量的恶化提供了条件。2007年一年,美国"进口"了约1万亿美元的外国资本来为其赤字融资,也就是说每个工作日40亿美元。

金融海啸、信用危机及华尔街海啸,是一场在2007年8月9日开始浮现的金融危机。自次级房屋信贷危机爆发后,投资者开始对按揭证券的价值失去信心,引发流动性危机。即使多国中央银行多次向金融市场注入巨额资金,也无法阻止这场金融危机的爆发。直到2008年,这场金融危机开始失控,并导致多家大型的金融机构倒闭或被政府接管。

2008年9月15日雷曼兄弟破产后的一个月内,世界银行体系如多米诺骨牌一溃千里,股市几乎崩盘。美国和欧洲的银行被部分国有化,独立投资银行在美国消失。全球股市在截至10月15日的一年内损失了约27万亿美元,也就是缩水了40%。10月10日,道琼斯工业指数盘中低至7 773.71点,相比一年前的峰值刚好"腰斩"。英格兰银行估计,债券和信用证券的市值亏损将达2.8万亿美元左右,比国际货币基金组织(IMF)估算的1.4万亿美元还要高出1倍,相当于全球银行3.4万亿美元核心资本的85%。

此外,2008年4—12月,各国央行和政府或直接或间接向批发融资市场提供了数万亿美元的资金,以避免金融体系的全面瘫痪。同时,美联储将联邦基金利率在2007年内降低了100个基点,又在2008年降了425个基点；2008年12月16日,该利率降至0～0.25%。如今美国的利率政策,与日本央行对1990年日本泡沫危机的处理方式惊人一致,不同之处只是美国降到接近零利率的速度快得多。

次贷危机源于美国但冲击广泛,欧洲银行承担了几乎一半损失。由此引致的银行间借贷的急剧收缩,其后续的影响也是全球性的。

资料来源：王微.每天学一点金融投资学——15个故事讲透金融投资的秘密[M].北京：人民邮电出版社,2014.

课后练习题

一、名词解释

1. 财政政策：是通过政府支出与税收来调节经济的政策。政府支出包括政府购买和转移支付，政府税收主要是个人所得税、公司所得税和其他税收。

2. 货币政策：是指中央银行通过调整法定准备金率、贴现率和进行公开市场业务，实现对货币供给量的调节，进而影响总需求，以实现经济发展目标的宏观经济政策。

3. 内在稳定器：也称为自动稳定器，是财政政策的自动作用机制，它可以自动地减少由于总需求变动而引起的国民收入波动，使经济发展较为平稳。

4. 挤出效应：是指政府支出增加使国民收入水平提高的同时也引起利率的提高，从而使私人部门的消费与投资减少。

5. （简单）货币创造乘数：等于法定准备金率的倒数，表示增加存款所创造出的货币的倍数。

6. M_1：狭义的货币供给，是指一个国家或地区的厂商和居民在某一时点上所持有的硬币、纸币和活期存款的总和。

7. 公开市场业务：是指中央银行在金融市场上公开买进或卖出政府债券，以控制货币供给量、影响利率、调节消费与投资即总需求而最终达到预定的经济目标的政策行为。

二、单项选择题

1. 在下列项目中，（   ）不属于政府购买。
    A. 地方政府办中学
    B. 政府给低收入者提供一笔住房补贴
    C. 政府订购一批军火
    D. 政府给公务员发薪水

2. 属于内在稳定器的财政政策工具是（   ）。
    A. 社会福利支出   B. 政府公共工程支出
    C. 政府购买   D. 货币供给

3. （   ）在经济中不具有内在稳定器作用。
    A. 累进税率制
    B. 政府开支直接随国民收入水平变动
    C. 社会保障支出和失业保险
    D. 农产品维持价格

4. 凯恩斯主义认为财政政策的主要目标是（   ）。
    A. 实现财政收支平衡   B. 实现充分就业
    C. 尽量增加政府税收，增加预算盈余   D. 合理安排政府支出

5. 扩张性财政政策对经济的影响是（   ）。
    A. 缓和了经济萧条但增加了政府债务
    B. 缓和了经济萧条也减轻了政府债务

C. 加剧了通货膨胀但减轻了政府债务
D. 缓和了通货膨胀但增加了政府债务

6. 在经济衰退时期,政府一般会( )。
   A. 减少税收,减少政府支出　　　　　B. 减少税收,增加政府支出
   C. 增加税收,减少政府支出　　　　　D. 增加税收,增加政府支出

7. 商业银行之所以会有超额储备,是因为( )。
   A. 吸收的存款太多　　　　　　　　　B. 未找到那么多合适的贷款对象
   C. 市场的贷款利率较低　　　　　　　D. 以上几种情况都有可能

8. 若商业银行未保留超额准备金,中央银行提高法定准备金率时,商业银行准备金将( )。
   A. 保持不变　　　　　　　　　　　　B. 增加
   C. 减少　　　　　　　　　　　　　　D. 以上三种情况都有可能

9. 中央银行在公开市场卖出政府债券的目的是( )。
   A. 收集一笔资金帮助政府弥补财政赤字
   B. 减少商业银行在中央银行的存款
   C. 减少流通中基础货币以紧缩货币供给
   D. 通过买卖债券获取差价利益

10. 简单来说,中央银行在公开市场上买进政府债券将导致货币供给量( )。
    A. 不变　　　　　　　　　　　　　　B. 增加
    C. 减少　　　　　　　　　　　　　　D. 以上三种情况都可能

11. "挤出效应"发生于( )。
    A. 货币供给减少使利率提高,挤出了对利率敏感的私人部门支出
    B. 私人部门增税,减少了私人部门的可支配收入和支出
    C. 所得税的减少,提高了利率,挤出了对利率敏感的私人部门支出
    D. 政府支出减少,引起消费支出下降

12. 如果法定准备金为20%,那么简单货币乘数就是( )。
    A. 1　　　　　　B. 4　　　　　　C. 2　　　　　　D. 5

13. 中央银行在公开市场上买进政府债券的结果将是( )。
    A. 市场利率上升　　　　　　　　　　B. 银行存款减少
    C. 公众手里的货币增加　　　　　　　D. 银行存款不变

14. 一般来说,开放经济条件下,国内利率上升,将促使外资( )。
    A. 流出　　　　B. 流入　　　　C. 不确定　　　　D. 不变

15. 扩张性财政政策对总需求的影响是( )。
    A. 同一价格水平对应的总需求增加　　B. 同一总需求水平对应的价格提高
    C. 价格水平提高,总需求增加　　　　D. 价格水平提高,总需求减少

16. "滞胀"理论不符合( )的观点。
    A. 供应学派　　　　　　　　　　　　B. 货币主义
    C. 理论预期学派　　　　　　　　　　D. 凯恩斯主义

17. (　　)会增加失业。
    A. 退休工人的数量增加
    B. 退休劳动力队伍的人数增加
    C. 离开学校找工作的人数增加
    D. 离开工作上学的人数增加

18. 扩张性的财政政策对经济的影响是(　　)。
    A. 缓和了经济萧条,减少了政府债务
    B. 缓和了经济萧条,但增加了政府债务
    C. 缓和了通货膨胀,但增加了政府债务
    D. 缓和了通货膨胀,减少了政府债务

19. 财政预算赤字是(　　)。
    A. 政府支出和收入之间的累积差额
    B. 政府欠公众的货币总量
    C. 进口总值和出口总值的差额
    D. 任意一年政府的支出和收入之间的差额

20. 当政府通过把债券卖给中央银行来筹资时,这种方法称为(　　)。
    A. 债务筹资　　　B. 信贷筹资　　　C. 准备金筹资　　　D. 货币筹资

21. 中央银行提高贴现率会导致货币供给量(　　)。
    A. 增加和利率提高　　　　　　B. 减少和利率提高
    C. 增加和利率降低　　　　　　D. 减少和利率降低

22. 当货币供给量增加时,(　　)。
    A. 货币流通速度会降低　　　　B. 利率会下降
    C. 货币流通速度会提高　　　　D. 利率会上升

23. 货币供给由中央银行独立决定是可行的,因为(　　)。
    A. 中央银行可以确定流通货币的精确数量
    B. 政府授权中央银行去规定商业银行向中央银行借款的利率
    C. 中央银行对银行储备水平有最终的控制能力
    D. 银行常常不考虑利率而创造尽可能多的货币

24. 商业银行的超额准备金等于(　　)。
    A. 实际准备金减去法定准备金
    B. 法定准备金减去商业银行从央行的借款
    C. 实际准备金减去自由准备金
    D. 实际准备金减去法定准备金减去商业银行从央行的借款

25. 中央银行最常用最灵活的政策工具是(　　)。
    A. 法定准备率　　　　　　　　B. 再贴现率
    C. 公开市场业务　　　　　　　D. 贷款计划指标

26. 通货是指(　　)。
    A. 铸币、纸币　　B. 储蓄存款　　C. 活期存款　　D. 定期存款

三、多选题

1. 实行紧缩性财政政策一般会形成（　　）。
   A. 财政预算盈余　　　　　　　　B. 财政预算赤字
   C. 财政预算平衡　　　　　　　　D. 抵消以前年度的财政赤字

2. 要用降低法定准备率的方法来增加货币供给量，其前提条件是（　　）。
   A. 商业银行保留超额准备金　　　B. 商业银行不保留超额准备金
   C. 商业银行追求最大利润　　　　D. 商业银行关心国内经济形势

3. 属于政府转移支出的有（　　）。
   A. 政府对农业的补贴　　　　　　B. 社会福利支出
   C. 对政府雇员支出　　　　　　　D. 对失业支出

4. 简单货币乘数成立的条件是（　　）。
   A. 商业银行没有超额储备
   B. 经济活动中发生的支付都以转账方式进行
   C. 没有现金漏出
   D. 法定准备率为零

5. 扩张性的财政政策有（　　）。
   A. 增加政府对商品和劳务的需求　　B. 增加净税收
   C. 增加转移支付　　　　　　　　　D. 降低所得税率

6. 下列属于货币政策的是（　　）。
   A. 增加货币供给　　　　　　　　　B. 提高贴现率
   C. 降低法定准备金率　　　　　　　D. 央行增加购买政府债券

7. 根据征税的对象不同，税收可分为（　　）。
   A. 财产税　　　　　　　　　　　　B. 所得税
   C. 流转税　　　　　　　　　　　　D. 累进税

四、判断题

1. 实行紧缩性财政政策一般会形成财政预算赤字。（　　）
2. 实行紧缩性财政政策一般会抵消过去年份的财政盈余。（　　）
3. 我国的 M_0 包括居民活期存款。（　　）

五、简答题

1. 政府调整财政收支的手段主要有哪些？
2. 简答政府弥补财政赤字的主要方法。
3. 试述改变法定准备金比率如何调节经济。
4. 什么是货币政策？货币政策的工具主要有哪些？

第十四章

失业与通货膨胀

本章导读

失业和通货膨胀都是现代经济中不可回避的基本问题,世界上所有国家都经历过不同原因引起的失业和通货膨胀问题。而且,失业和通货膨胀在许多情况下也都会给各国正常的经济活动带来消极的影响。

自从加入WTO后,中国制造业吸纳了数以亿计的劳动人口,加上长期的计划生育政策导致人口出生率下降,在过去几年时间里中国出现了用工荒。然而受到去产能政策的影响,传统制造业用工需求明显下降,且无法被新型产业用工需求的增长所弥补,反而又造成失业总量增加。就业、失业问题由于关系到社会稳定与国民收入,因而备受政府关注。

北京大学国家发展研究院周其仁教授指出,财政压力下的超发货币是造成国内通货膨胀的根源,加之央行汇率政策下的结汇、购汇等机制,导致巨量购买力缺乏释放通道,无法拉动内需。周其仁认为,这种情况等同于政府收取隐蔽的"通货膨胀税",作为消费链条上最后一个环节,百姓成为高涨的物价水平的最后买单人。

本章从失业和通货膨胀的种类、成因进行分析,研究失业与通货膨胀对经济运行的各种效应以及失业与通货膨胀之间存在的联系,进而探讨应对失业和通货膨胀的方法。

第一节 失业的描述

一、失业的含义

失业是现代社会中的中心问题。失业在全社会的分布往往不平衡,相对集中于一些地区或一些阶层。就个人而言,失业会带来不幸的后果。当失业率居高不下时,人们收入下降,进而生活水平降低,经济上的困扰就会在社会生活中弥漫开来,影响人们的情绪和家庭生活。因此,各国政府都非常重视解决失业问题。

失业问题是总供求矛盾的反映,是宏观经济的一个重要组成部分,相当多的国家把实现充分就业作为宏观经济政策的主要目标之一。失业像许多其他社会现象一样,可以有很多不同的定义。为了方便进行国际比较,国际劳工组织(ILO)将失业定义为:失业(unemployment)是指在某个年龄以上,在考察期内没有工作,而又有能力工作,并且正在寻找工作的状态。

严格来讲,ILO所提供的并不是准确的失业定义,而是测度失业的一些参考标准。因为要照顾到不同国家的情况和发展水平,它不得不在某些方面含糊不清或者允许灵活处理。因此,世界各国在使用这些失业标准时都会根据本国的情况而具体化,从而形成具有本国特色的失业定义。例如,欧洲联盟统计办公室在 ILO 标准的基础上,为欧盟各国统计失业率制定了一个实施的标准,美国和加拿大也都推出了自己的失业标准。在我国失业被界定为:16 周岁以上、在调查周期内没有工作、愿意接受最低标准的工资并能及时就业,且已在寻找工作的人员所处的状态。就业和失业都以当地常住人口作为统计对象,而不以户籍为依据。我国失业只统计城镇范围,农业人口都视为就业。

【专栏 14-1】 中国失业率到底是多少?

2010 年 3 月 22 日,温家宝总理会见出席"中国发展高层论坛 2010 年会"的外方主要代表,听取大家的意见和建议,并就中美贸易摩擦所涉及的一些问题与大家进行了深入和充分的交流。温家宝总理表示,他希望向美国企业传达一个信息:中国会加大美国产品到中国的进口。谈到失业问题时,温家宝总理说:"我知道美国有 200 万失业人口,这让政府十分焦急,但中国失业人口有 2 亿,中国绝不盲目追求贸易顺差,相反,中国想方设法实现国际收支基本平衡,这是我们长期努力的方向。"

我国到底有多少失业人口,相关部门每年都给出了不同的数据,但几乎每次都备受争议。比如人力资源和社会保障部公布的 2009 年城镇登记失业率是 4.3%(大概 5 600 万失业人口)。但是,中国社会科学院发布的《社会蓝皮书》称,2009 年中国的就业压力进一步加大,实际失业率接近 10%(大概 1.2 亿失业人口)。国务院总理李克强也于 2015 年 7 月的经济形势座谈会上表示,大中城市调查失业率始终保持在 5% 左右。一个不容忽视的事实是,中国现阶段的失业问题可能比公布的数字要严重不少。其实早就有业内人士指出,中国的真实城镇失业率=公开失业率+隐藏性失业率+下岗工人失业率+农村流入失业率,大概为 17% 左右。按这个比例,中国的失业人口将超过 2.2 亿。两相对照,可以发现总理所言不虚。

资料来源:人民网,http://cq.people.com.cn/,2015 年 7 月 16 日.

【专栏 14-2】 我国延长法定退休年龄的争议

目前,我国法定退休年龄是 1953 年《劳动保险条例》规定的。1978 年,国务院 104 号文件再次明确,女工人退休年龄是 50 岁,女干部 55 岁,男职工 60 岁。中华人民共和国成立 60 多年来,我国经济社会发展、人口数量、人口结构、人口预期寿命都发生了巨大的变化。

法国现行的退休制度规定,法国人的法定退休年龄是 60 岁,也就是说,法国人 60 岁即可领取养老金,但不能领取全额;退休者要想获得 100% 的退休金,还需要满足下列两个条件之一:其一,缴费满 40 年;其二,年满 65 岁退休。美国现行的"正常退休年龄"为 66 岁,也就是说,只有年满 66 岁,而且终身缴费"积分"达到 40 分,才能领取全额退休金。

世界银行的一份报告称,如果不改革退休制度,20 年后多国的养老金系统将崩溃。随着人口平均预期寿命的不断增长,以及人口老龄化现象的日益加重,延长法定退休年龄,已成为世界流行的大趋势。我国也一直在这方面尝试有所动作。

2010 年 9 月,国务院发布《中国的人力资源状况》白皮书称,到 2035 年,我国将面临 2 名纳税人供养 1 名养老金领取者的情况。中华人民共和国成立初制定的退休年龄政策,和当前经济社会的发展不相适应,有必要作出调整。

2012年7月1日,人力资源和社会保障部社会保障研究所所长何平在"积极应对人口老龄化战略研讨会"上称,建议中国从2016年实行延长退休年龄的政策,并每两年延长1岁退休年龄,到2045年不论男女退休年龄均为65岁。就在这一提议在社会上传得沸沸扬扬,并引起大多数人,尤其是普通职工强烈反弹时,有关部门紧急辟谣,说是误读误传。随后相关人士透露目前人社部关于延迟退休的研究重点主要侧重于阶梯式退休。

所谓阶梯式退休是指根据劳动者所从事的职业、工作性质和个人对工作的意愿不同,设定不同的退休年龄标准。这种退休方式的优势在于,在统筹使用当期社会养老保险并提高资金使用效率的同时,更加尊重不同行业劳动者的行业差异,更具人性化。

2012年7月25日,人社部新闻发言人表示,我国退休年龄延迟将借鉴国外经验,拟对不同群体采取差别措施,并以"小步慢走"的方式实施。对于此前关于养老金"入不敷出"的说法。发言人称目前总体上养老保险基金收入大于支出,当期不存在基金缺口问题。

2015年3月10日,人力资源和社会保障部部长尹蔚民、副部长胡晓义对就业和社会保障的相关问题回答中外记者提问。尹蔚民表示,中国将实行渐进式延迟退休,延迟退休方案2020年前肯定出台。尹蔚民称,延迟退休将是制定渐进性退休年龄的办法,这个时间表是十八届三中全会中提到的2020年前改革的一大任务,人社部门肯定会在这期间把这个方案推出。

2017年7月14日,人力资源和社会保障部部长尹蔚民出席二十国集团劳工就业部长会议时透露,将在今年拿出"延迟退休"的政策。争议多年的"弹性延迟领取基本养老金年龄"即将落实,五年过渡期之后,或在2022年正式实施。

我国是否要延长退休年龄?社会各界对此高度关注。近日网上一项关于"你支持推迟退休年龄吗"的调查中,20万参与投票的网友中,有92%投了反对票。持赞成意见的人认为,随着我国人口平均预期寿命大幅提高,已实行多年的退休年龄到该变更的时候了。更何况,延迟退休还是缓解国家养老金压力的好办法。持反对意见的以一线工人和高校毕业生居多。这是因为,一线工人大多体力消耗大,在职时收入水平偏低且不是很稳定,退休后则可以获得稳定的养老金收入。而年轻人则表示,现在就业压力就够大了,如果再延迟退休,工作就更难找了。还有网友表示,目前中国人的平均寿命为73岁。假若将退休年龄推迟到65岁的话,那么平均下来就只能拿8年的养老金,而此前,已经交了几十年的养老金,因此也让许多人大呼不公平。

阶梯式退休到底是利大于弊,还是弊大于利,一时很难说清,抑或是一柄双刃剑。上海社科院徐霖恩认为:阶梯式退休问题的症结所在,就是养老金的缴纳和领取,怎样在其中实现平衡和公平才是最关键的。他的观点反映了政策制定者所面临的无奈。他认为,养老金的压力已经为社会所熟知,既然开了阶梯式退休的口子,标准就不能让群众失望,特别是提早退休的工资一定要合理。

资料来源:搜狐财经,http://business.sohu.com,2016年5月19日。

二、失业的分类

按失业的原因,失业包括下列几种类型。

第一，摩擦性失业。劳动者的正常流动所发生的失业，叫作摩擦性失业（frictional unemployment）。例如，人们离开原来的工作以后，还需要一段时间寻找新的工作。在老年人退休后，青年人由于经验等原因不能马上补充老年人留下的空缺。所有这些流动都需要时间，一部分人将滞留在失业队伍里。

从定义上说，因为摩擦性失业是短期的，它只给那些受其影响的失业者带来很小的影响。在大多数情况下，人们的储蓄足以维持这段失业时间的生计；他们也可以用信用卡借款，或者从亲戚朋友处借钱度过这段时间。而且，这种失业有一个好处：通过花时间寻找而不是无奈接受一个可以接受的工作，因此人们能发现对自己更合适的工作。结果，工人将获得更高的收入，公司将有更具生产力的雇员，社会将有更多的物品和服务。当代西方经济学家认为，摩擦性失业是不可避免的。

第二，结构性失业。结构性失业（structural unemployment）是指因经济结构变化而发生的失业。随着科学技术的发展，有的部门走向衰落而有的部门逐步兴起。但是从旧工业部门退出来的工人，不一定能适应新工业部门的技术要求，因而一部分人找不到工作。例如，21世纪初，高技术产业，如计算机硬件和软件设计、人造卫星技术及通信，有大量工作岗位。然而，很多失业者没有在这些产业中工作的技能，也没有受这方面的培训——就是他们具有的技能与所要求的技能不相适应。此外，结构性失业还可能源于地区经济发展不平衡，有的地区发展迅速，有的地区发展缓慢。落后地区的剩余劳动力因地理位置的限制，不能迅速流动到发展迅速的地区，因而也有一部分劳动者失业。例如，当建筑工人在美国的北加州、俄勒冈州、华盛顿供不应求时，失业的建筑工人却住在其他各州。

结构性失业在发达国家表现较为明显，特别是在欧洲。1999年11月，当美国的失业率为 4.1% 时，德国的失业率为 9.1%，法国为 10.5%，西班牙为 15.4%。这三个国家中有大量技能低下的工人，他们不能胜任可得的工作。即使是加拿大也比美国遭受了更为严重的结构性失业——它的失业率在1999年底为 6.9%，大部分集中在沿海诸省。在美国，一些地区比另一些地区的结构性失业率更高。例如，2000年初，当全国失业率为 4% 时，纽约市和洛杉矶的失业率就接近 6%。

在某种意义上，结构性失业是长期的摩擦性失业。任何经济结构的变化都伴随着劳动力的重新配置。如果劳动的配置进行得很快，如劳动者离开原来工作即可找到同样类型的工作，这种情况下发生的失业就是摩擦性失业。如果劳动的配置进行得很慢，如劳动者需要重新训练以适应新工作的要求，这种情况下的失业就是结构性失业。

第三，周期性失业。周期性失业（cyclical unemployment）是指经济周期中的衰退或萧条时，因需求下降而造成的失业。当经济陷入萧条，社会总需求不足，生产就会出现过剩。在这种情况下，厂商会减少生产，解雇工人，从而带来失业人数的增加。20世纪90年代的东南亚金融危机期间，以及2008年国际金融危机期间所发生的失业，就是典型的周期性失业。

另外，有些失业是源于季节性因素，比如气候或者一年中某些时段需求的波动。比如，海滨度假区的商店会在冬天减少雇员，正如滑雪胜地在夏天所做的那样。百货公司会在11月和12月增加人手，而在新年之后减少雇用。在农业地区，收获季节就业增加，其他时间就业回落。建筑工人在冬天经历的失业普遍要比在夏天多。季节性失业

(seasonal unemployment)指的是因为诸如气候、旅游季节以及其他与时间相关的因素所形成的失业。

【专栏 14-3】 美国政府减少失业、促进就业的政策措施

美国劳动部公布的数据显示，2017年1月美国新增非农就业人数上升至22.7万个，已连续76个月创造新增就业岗位，失业率为4.8%，处于2008年以来的低位。对比美国特朗普总统一上任就提出的新经济政策目标"计划未来10年内新增2500万个就业岗位，形成美国经济可持续发展的潮流"，美国政府都采取了哪些就业措施来提振经济摆脱高失业？

表面上，美国新任总统特朗普以"美国优先"为施政基本原则，以"贸易保护"为基本政策，以"使用国货"为基本准绳，力争使生产与创新都在美国本土展开，为美国工人创造财富和就业。同时，在特朗普"耐心细致"的工作下，福特、丰田、菲亚特、克莱斯勒、通用等车企都纷纷调整了海外投资计划，并承诺将加大在美国市场的投资。尽管动静不小，但特朗普毕竟刚刚开始执政，其就业政策还有待观察。美国目前的低失业率主要得益于其前任奥巴马实施的相关政策。

奥巴马入主白宫时，美国正面临着20世纪30年代经济大萧条以来最严重的金融危机，经济持续衰退，失业率为7.6%，最高时达10%。2009年12月，奥巴马力促国会通过7 870亿美元的经济刺激措施，通过减税、增加政府开支等一揽子举措刺激经济发展，创造更多就业岗位。奥巴马就业措施的核心思想是调整收入不平衡，提升对富人阶层的税率，增加普通百姓的收入；加强职业培训，帮助弱势群体重新就业。为此，2014年奥巴马签署了6亿美元就业培训计划。在此期间，美国政府出台了多项配套举措，其中包括增加基础设施建设投资，提供更多就业岗位；联邦政府就业办公室为求职者提供全国范围内的招聘信息，加强劳动力市场信息共享；联邦政府对提供职业培训的企业实行减税政策，以此促进职业培训；政府加大对裁员公司征税力度，对公司裁员数量作出限制；公司需要裁员时需委托中介机构，帮助被裁者重新找到工作岗位，费用由公司承担；政府对特殊人群重点帮扶，促进退伍军人、黑人、刑释人员等就业；政府实行分级征税，对高收入者实行高税率，对最低收入群体免税并发放食物；失业人员可通过申请降低医疗保费等医疗帮助，获得正常医疗服务。总体来说，奥巴马的就业政策是比较成功的。

很多人喜欢将奥巴马的经济刺激计划与富兰克林·罗斯福的政策相对比。这两位总统都遭遇了美国历史上严重的经济和金融危机，但为解决危机和就业问题，两届政府在促进就业上的措施还是有很大时代差异的。罗斯福总统深受凯恩斯主义影响，加大了国家对经济政策的干预，更多地以公共项目增加就业岗位。奥巴马则奉行务实的自由主义，国家干预较轻，使用"三管齐下"的政策促进就业，即增加基础设施建设项目、给中小企业减税以刺激企业增加就业岗位、高科技企业创新创造就业。在税收政策上，罗斯福实行增税，奥巴马实施的则是减税。虽然政策有差异，但也有共同之处，两位总统都主张对外发展自由贸易，对内采取刺激经济发展，加大失业救助和社会保障等方式。

罗斯福在1932年初明确表示，"以高关税率为代表的对外经济政策中的经济民族主义，是造成全世界经济萧条旷日持久的原因之一；只有排除这一障碍，国际贸易才能恢复，美国经济才可能从中获益"。

纵观美国历届政府的就业政策,其核心还是要提振本国经济,经济发展一旦提速,就业岗位就随之增多。美国马里兰大学及联邦人口普查局研究发现,新企业比小企业更能创造就业机会。政府应鼓励创业、努力培育新的增长点,为新企业的发展营造有利的营商环境,更多的就业岗位才能应运而生。就业岗位还得更多依靠提振美国经济,单靠贸易保护主义是无法创造多少就业机会的。

资料来源:吴丛司,吴心韬,新华网,2014 年 9 月 17 日.

第二节　失业的经济学解释

一、劳动力市场

充分就业(full employment)是指包含劳动在内的一切生产要素都以愿意接受的价格参与生产活动的状态。按照凯恩斯的观点,失业可以分为自愿失业和非自愿失业。自愿失业是指劳动者不愿意接受现行工资水平和工作条件而导致的失业。非自愿失业是指即使愿意接受现行工资水平和工作条件但仍然找不到工作的失业。

古典学派认为存在竞争性的劳动市场,工资的自由波动灵活地调节劳动的供给与需求,从而使劳动的充分就业成为经常的趋势,失业仅限于自愿失业(具体如图 14.1 所示)。凯恩斯认为由于非竞争性因素的渗入,工资的自由波动受到了阻碍,从而造成小于充分就业的劳动市场均衡。换言之,非自愿失业的存在成为经常的现象。

凯恩斯学派劳动市场的核心是假定存在工资波动下限。工资波动下限是指由于政府或工会的介入,劳动市场上的货币工资不得低于某一水平,高于这一水平则不受限制。这必然造成劳动供给大于劳动需求,形成了失业。这种愿意接受现行实际工资而没有工作机会造成的失业称为非自愿失业(具体如图 14.2 所示)。在竞争性市场中,非自愿失业会导致货币工资下降。货币工资下降,使劳动需求增加,劳动供给减少,从而缓解失业的压力。但是在这里,工资波动下限的存在,不容许货币工资进一步下降。这样,工资自由波动调节劳动供求促使二者趋于一致的机制就没有了。如果价格水平仍然维持不变,则这种非自愿失业的局面无法解决。由于劳动供给大于劳动需求,竞争的优势在劳动需求方,因此,实际的就业量不是取决于劳动供给,而是取决于劳动需求。在价格水平不变的情况下,非自愿失业的状况将持续地存在下去。这被称为劳动的非充分就业均衡。凯恩斯学派就是这样从供给方面解释了经济中经常存在的失业现象。

(一)出清的劳动力市场

失业现象从表面上看就是过多的劳动力去追逐过少的工作岗位。为了更好地理解失业问题,西方学者使用微观经济学的供给——需求分析框架对不同类型的失业加以解释。

图 14.1 描述的是竞争性劳动力供给和需求的一般情况。图中横轴为劳动力数量,纵轴为劳动力价格,即工资率。曲线 D 为劳动需求曲线,曲线 S 为劳动供给曲线。市场均衡点在 E 点,工资水平为 W^*。在竞争性的、市场出清的均衡状态之下,厂商愿意雇用接受市场工资水平为 W^* 的合格工人,雇用的数量为 N_E。在 W^* 的工资水平上,另有数量

为 $(N^* - N_E)$ 的工人，他们虽愿意工作，但却要求较高的工资，由于这部分工人不愿意在现行的市场工资率下工作，所以他们被认为是自愿失业的。在现行工资率下，自愿失业者可能更偏好闲暇或其他活动，而不是工作。他们可能属于摩擦性失业，也可能正在寻找第一份工作；他们也可能是生产率较低的劳动力，相对于较低收入的工作，他们更愿意享受福利和失业保险。

（二）非出清的劳动力市场

图 14.2 则显示的是非出清的劳动市场情况，它用来说明没有伸缩性的工资怎样导致非自愿失业。一次经济波动使劳动市场工资过高，劳动的价格是 W^{**} 而不是均衡工资或市场出清的工资 W^*。

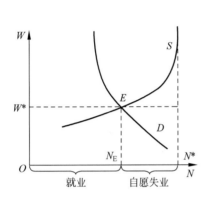

图 14.1　出清劳动力市场中的失业

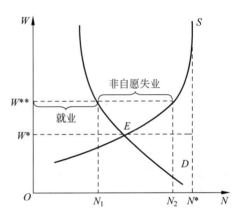

图 14.2　非出清劳动力市场中的失业

在过高的工资率下，寻找工作的合格工人的数量大于提供的工作职位数。愿意在工资 W^{**} 下工作的工人数量是 N_2，而企业愿意雇用的数量则为 N_1。由于工资高于市场出清水平，于是出现劳动供给过剩，$(N_2 - N_1)$ 表示的是这部分非自愿失业的失业者的数量。在劳动力供给过剩的情况下，企业雇用劳动力时将会提出更严格的技能要求，雇用最有资格、最有经验的劳动者。

可见，充分就业并非百分之百的就业，充分就业时仍有一定的失业，凯恩斯认为，消除了非自愿失业，但仍存在自愿失业的就业状态就是充分就业。也就是说，经济社会实现了充分就业时，仍然有自愿失业存在。

非自愿失业的存在，说明社会资源尚未充分利用，全社会对资源的使用未达到最优。这就提出一个重要的宏观经济问题：怎样解决非自愿失业、促进社会实现充分就业？从理论上看，解决问题的途径为：提高价格水平。价格水平提高使实际工资下降，劳动供给量也下降；另一方面，劳动需求量相应上升。于是，当价格水平提高时，劳动市场实现了充分就业均衡。

但是为什么工人愿意接受实际工资下降呢？凯恩斯在这里利用了一个颇为出名的所谓工人存有"货币工资幻觉"的假定。"货币工资幻觉"是指工人对货币工资"情有独钟"，对实际工资反而"听之任之"。如果情况果真如此，那么通过提高物价、降低实际工资来解决就业问题,就会因为货币工资未变而不至遭到工人的反对。凯恩斯的这个观点很自然地受到批评。不过,如果对在现有经济框架下解决问题仍然抱有希望的话,那么凯恩斯的这一观点不失为可供实际操作参考的理论思路。

二、自然失业率

现代西方经济学家认为,充分就业不是指百分之百的就业,因为总是存在自愿失业。但在现实的经济里,摩擦性失业、结构性失业也是难以避免的。换言之,如果没有周期性失业,或者说,当所有的失业都是摩擦性和结构性失业时,也就实现了充分就业。因此,充分就业时的失业率称为自然失业率(natural rate of unemployment),此时的失业属于周期性失业,也属于非自愿失业。

在充分就业时,仍然可能有大量失业,这并不矛盾。正常的劳动力流动,人们不满意现有的工作辞职去寻找更理想的工作,技术进步以及产业结构变化导致人们的技能与工作机会不相适应等均会引起失业,任何一个社会的失业率从来就没有降到零。实际上,在不引发通货膨胀加速上升的前提下,政府可以通过扩张性宏观经济政策减少周期性失业。但是,这些政策在降低自然失业率方面无能为力。为了降低自然失业率,政府必须采取扩张性的宏观经济政策之外的某些结构性政策,如岗位培训、鼓励高流动以及通过税收手段鼓励人们脱离失业队伍参加工作等。

现实经济中,自然失业率也是可变的。例如,根据美国经济学家估计,美国自然失业率在20世纪60年代是4%,在80年代是6%,在90年代是5.2%。自然失业率的高低主要受到以下因素的影响。第一,劳动力的人口统计构成,即各类人员在总劳动力中所占的比例。第二,劳动市场的组织状况,即劳动市场是否完善,如信息是否畅通、是否有就业中介机构和就业服务机构等。第三,新工人加入劳动力队伍的比例及速度。比如,20世纪六七十年代西方经济高速增长,特别是第三产业的飞速发展,吸引了大批妇女加入劳动队伍中,妇女劳动参与率的提高,加速了劳动供给的增长,增加了失业人口。第四,失业者寻找更好工作的愿望和能力,这又在一定程度上受失业保险金的影响。支付的保险津贴越高,则相当于工作搜寻的补贴越高,从而使失业者在寻找工作时挑挑拣拣,在一定程度上降低找到工作的比率,从而提高失业率。第五,实际工资刚性,即工资由于种种原因不能下降到足以迅速消除失业的水平,其中有两个原因是最重要的:工会的压力或政府立法不允许企业降低工资。

第三节　失业的影响与奥肯定律

一、失业的影响

(一)失业对社会的影响

从社会方面看,在过去,失业者只能靠自己的积蓄和亲朋的帮助维持生存,其悲惨境况是可想而知的。现代西方国家则普遍实行了失业保险制度,由政府给失业者一定量的失业救济金,这种失业保险制度在一定程度上缓和了失业的压力,但在高失业率长期持续的时期,政府的失业救济金远不能抵消失业给失业者带来的损害,而且失业救济金也是从有工作的家庭和企业所纳税金中筹得,因而会使社会负担加重,也会造成政府的财政困难。

高失业时期往往伴随着高犯罪率、高离婚率和其他各种社会骚乱,并使更多的人早衰早亡。失业工人及其家庭的地位和声望会因失业而下降,因而他们的身心健康也会受到摧残。经济学家和社会学家根据调查认为,在严重的经济衰退中,即失业问题尖锐时,心脏病、酒精中毒、婴儿死亡、精神错乱、虐待儿童、家庭破裂以及自杀的比例都会上升。失业率的上升往往会引起犯罪率的提高。可以说高犯罪率是高失业率的代价。因此,从社会学角度来看,失业不利于社会的稳定。

从社会经济角度来看,失业的最大损失就是实际国民收入减少。有失业存在时,社会上可利用的资源(劳动力、土地、资本)并未得到充分利用,直接造成资源的浪费。劳动力是最重要的生产要素,失业或劳动力闲置本身就是资源的浪费,而且劳动力这种经济资源具有自身的特点:本期可利用的劳动力不能移至下期使用。本期可利用的劳动力的闲置就是这部分资源的永久性浪费。在劳动者失业的同时,生产设备以及其他经济资源也常常会大量闲置,这直接地减少了社会产品,降低了国民收入水平,使社会经济付出沉重的代价。失业率上升引起的产量损失不可能在失业率下降的时候得到补偿,人们不可能指望所有的工人在一年内干出两年的活儿,失业的损失将无法弥补。

此外,对失业造成的损失,社会各方面的承担是不平衡的,主要是由那些失业的人承担,尤其是那些在经济衰退时期刚刚进入工作岗位或即将进入工作岗位的人,是失业增加时最容易受到伤害的群体。

(二) 失业对个人的影响

由于失业可以分为自愿失业和非自愿失业两种,就个人而言,自愿失业和非自愿失业对失业者的影响是不完全相同的。

对于自愿失业者而言,由于其不愿意接受现行的工资率而失业,更高的工资率才是其就业的目标。其失业不是被动的,因此失业给心理带来的压力明显要小。自愿失业者往往可以利用这段失业的时期享受闲暇生活、旅游度假、学习充电或者寻找自己更满意的工作。

但对于非自愿失业者而言,失业不但会使失业者及其家庭的收入水平和消费水平下降,而且会给人的心理造成巨大的创伤。失业意味着经济拮据以及生活方式的改变:不得不放弃度假,孩子们可能不得不放弃上大学的梦想,寻找更便宜的住房,节约着花每一分钱;等等。同时,失业者长期找不到工作就会悲观失望,丧失对自我的肯定,甚至失去对生活的信念。

二、奥肯定律

阿瑟·奥肯(Arthur Okun)是美国战后最富有创造性的经济政策制定者之一。他首先提出了潜在产出的概念,随后又发现了产出与失业之间显著的相关关系,即奥肯定律(Okun's Law)。奥肯定律的内容是,失业率每高于自然失业率1个百分点,实际GDP将低于潜在 GDP 2 个百分点。换一种方式说,实际 GDP 每下降 2 个百分点,实际失业率就会上升 1 个百分点。

西方学者认为,奥肯定律揭示了产品市场和劳动市场之间极为重要的联系。它描述了实际 GDP 的短期变动与失业率变动的联系。根据奥肯定律,可以通过失业率的变动推测或估计 GDP 的变动,也可以通过 GDP 的变动预测失业率的变动。例如,如果实际失业率为 8%,高于 6% 的自然失业率 2 个百分点,则实际 GDP 将比潜在 GDP 低 4% 左右。在宏观经济学中,GDP 偏离其潜在值的百分比被称为 GDP 缺口。

奥肯定律可以用下面的公式来表示:

$$\frac{y-y_f}{y_f}=-a(u-u^*) \tag{14-1}$$

其中 y 为实际产出,y_f 为潜在产出,u 为实际失业率,u^* 为自然失业率,a 为大于零的参数。

奥肯定律的一个重要结论是,实际 GDP 必须保持与潜在 GDP 同步增长,以防止失业率的上升;换而言之,GDP 必须不断增长才能保证失业率保持不变。如果政府想让失业率下降,那么该经济社会的实际 GDP 的增长必须快于潜在 GDP 的增长。

奥肯定律估计的失业率变化与实际国民收入增长率变化之间 1∶2 的关系只是根据美国的经验统计资料得出来的一个平均数,不一定适用于其他国家,也不一定适用于美国的所有时期。但是,它所指出的失业率与产出之间反方向变动的关系则是普遍存在的。在实际中,如果运用这一定律,往往还必须根据各国在不同时期的实际经济资料计算这种比例关系。因此,奥肯定律的意义在于揭示了经济增长与就业增长之间的关系,而不在于其所提供的具体数值。

三、对失业的治理

为缓和失业所造成的巨大经济和社会影响,政府有时可以在失业的治理方面发挥作用。关于失业的治理政策,大致上可以分为两大类:主动的失业治理政策和被动的失业治理政策。

(一)主动的失业治理政策

主动的失业治理政策首先从劳动供给角度着手,尽量使劳动供给在数量、结构和质量上与劳动需求相符合。失业一般表现为劳动供给总量大于劳动需求总量,因此治理失业的首要问题就是控制劳动供给规模。第一,控制人口增长。一个社会在一定时期是否存在失业,是社会对劳动力需求与社会劳动力供给两方面共同作用的结果。在社会对劳动力的需求既定时,过快的劳动力增长速度会使失业增加。也就是说,要保持劳动力增长与社会对劳动力的吸收相适应。劳动力供给的过快增长,不但不能促进经济增长,反而会成为国民经济发展的包袱,当然也会造成较高的失业率。所以,控制人口增长,可以保持劳动力供给的适度增长。第二,延长劳动者受教育时间。一方面可以推迟青年人进入劳动市场的时间,直接起到缓解失业的作用;另一方面还能提高劳动者的素质,降低结构性失业的可能性。

其次，治理失业要保持经济增长。保持经济增长，是扩大就业减少失业的根本途径。我们知道，在一定时期内，社会就业量的大小取决于劳动力的总需求，而劳动力总需求在根本上又取决于经济发展水平。只有保持国民经济的稳定增长，才能保证社会劳动力总需求的不断增加，才能不断吸收失业工人。在这方面，政府发挥着十分重要的作用。特别是政府可以制定经济政策，实行宏观调控，以保证国民经济的可持续增长。

最后，治理失业要加强职业培训。针对容易失业的劳动者群体，包括青年人、妇女、低技能劳动者、缺乏劳动经验的人以及有长期失业经历的人等，政府可以通过降低最低工资，加强职业培训来降低他们的失业率。例如，欧洲的学徒制度因为能使青年人接受在职培训而受到广泛的赞誉，该制度不仅为青年提供了正常的工作，而且使他们成为长期颇具生产力的工人。在现代经济中，各种职业的专用性程度不断提高，因此职业培训不仅对失业者转岗有意义，而且对就业者提高自身素质也有意义。这样，劳动供给不仅在质量上，而且在结构上符合劳动需求。

另外，主动的失业治理政策还包括加速劳动力的流动性以及通过寻求工资谈判的分散化、提倡工资的非指数化等措施提高工资的灵活性。

（二）被动的失业治理政策

所谓被动的失业治理政策是基于这样的认识，在市场经济条件下，要彻底消除失业现象是不可能的，就业水平是由一个国家的经济活动水平所决定，是难以改变的。既然消除失业现象是不可能的，减少失业人数也很困难，而失业又会造成社会成员收入的巨大差异，那么就应该实施被动的失业治理政策，对失业者进行救济，也就是建立起一套完善的失业保障体系。通过发放失业救济和失业保障，使失业者能维持基本的生活水准，达到社会公平之目的。当然，失业保障和失业救济也可能产生负面效应，比如欧洲一些国家就是因为失业保障和救济金额逐年上升，导致失业问题更加严重。因此在失业保障和失业救济制度的设计过程中，必须尽可能地减轻其负面影响。

【专栏14-4】 人民日报：欧盟高福利助长懒人习气

统计显示，欧盟人口约占世界9%，国内生产总值占全球25%，而福利开支却占世界50%。很多人或许对欧洲的高福利顶礼膜拜，但这种"从摇篮到坟墓"的福利制度不仅成为欧洲难以承受之重，而且日益侵蚀着欧洲的竞争力，使其在全球政治和经济舞台上雄风不再。

"在比利时，孩子只需要母亲生下来，其他的事情都是政府管。"在《人民日报》驻比利时记者的调查中，一位嫁到比利时的中国妇女对比利时的高福利赞不绝口，"在怀孕第六个月就可以向政府申请生育金，第一个孩子可申请1 064.79欧元，如果是双胞胎，可申请两份，第二个孩子可申请801.13欧元，如果再生，每个新生儿还可以得到801.13欧元。"

在比利时，孩子都由政府抚养。根据相关政策，每个孩子小的时候每月可从政府得到一笔牛奶金，从出生到18岁，政府每月还会支付一定的抚养金。18岁以后的成人如果还在读书，或者没有工作，每年只要提交相关证明材料，还可以从政府领取抚养金，直到25岁。比利时的中小学完全免费，不仅如此，每个学生每月还可以通过申请从政府得到一笔上学金。

记者在调查中发现,比利时很多人在失业之后不仅不感到沮丧,反而还有一丝窃喜。一名30岁出头的男子前几年在布鲁塞尔一家报社工作,去年报社裁人时他失去了工作,至今还在待业。"没有了工作,虽然收入少点儿,但基本生活没有问题,而且还有大把时间干些自己想干的事情。"他一脸轻松地对记者说。据他介绍,对于失业者,比利时政府一般每月会提供500~600欧元的失业金,大学本科学历以上的失业者会得到更高的失业金。

在比利时,可以先看病后交钱,医药费可以报销70%。买房可以贷款,不仅房贷利率超低,只有2%~3%,而且借贷手续3个工作日就可以完成。65岁是退休年龄,退休者每月至少可领取800欧元养老金,如果在工作时交纳退休保险,还可以领取一笔不菲的退休金。一个人去世后,政府会支付一笔可观的丧葬费。

"比利时是一个福利国家,其高福利制度把一个人的生老病死都给包了,人们基本上没有什么后顾之忧,所以大都是'月光族',几乎把每个月的收入都花得精光。"比利时安特卫普大学政治学系彼得·伯森斯教授对记者说,不过相比之下,比利时还不是欧洲福利水平最高的国家,欧洲福利水平最高的国家在北欧,比利时的福利水平和德国、法国、荷兰等西欧国家基本持平,西欧国家的福利水平总体上比南欧国家要高一些。

何谓福利国家?尽管说法不一,但学界普遍认可的一个定义是,长期实行大规模社会福利和保障政策的国家可称为福利国家。福利国家出现于第二次世界大战之后的西欧,英国于1948年率先建成福利国家,之后西欧各国纷纷效仿,再之后西欧国家的福利制度又受到欧洲其他资本主义国家的推崇。1945—1975年这30年是欧洲福利制度的"黄金时代",从战争创伤中恢复元气的欧洲工业化国家经济向好,通过税收等途径掌握了大量的社会财富,使政府有能力实行再分配和大规模的转移支付。

欧洲的福利制度虽然很诱人,但因为其不可持续性,在一阵风光之后便步入下行通道。1976—2007年是欧洲福利制度的"白银时代",该制度在继续带来积极效果的同时,其弊端和缺陷也日益显现。高福利是建立在高税收之上的,如果没有了高税收,高福利便成为空中楼阁。高税收导致富人和资本外逃,资本不足又导致经济增长乏力,工人失业严重,从而导致更多的社会福利需求,结果政府不得不提高税收以支撑福利开支。高税收则进一步逼迫资本外逃,如此反复,福利国家的经济就陷入难以自拔的恶性循环之中。

2008年之后,欧洲福利制度便一头栽进"青铜时代"。由于经济不振,政府税收越来越少,而要维持不降反增的福利支出规模,各国政府只能举债度日,政府的债务规模越来越大,这一制度的所有弊端集中爆发。希腊债务危机正是欧洲不能承受之高福利的集中体现。

网络杂志《美国思想者》载文断言,欧洲福利制度不仅是欧债危机的罪魁祸首,而且至今拖累欧元区经济一蹶不振。目前欧盟研发投入占国民生产总值的比例不足2%,而美国则为2.6%,日本为3.4%。欧盟约有1/4的小学生阅读能力弱,50%的人尽管接受过中等水平的教育但经常达不到就业要求。"高福利给欧洲带来的最为负面的结果是在精神层面,剥夺了欧洲人的斗志,让他们意志消沉。"欧盟知名智库布鲁格经济研究所所长宫塔姆·沃尔夫在接受记者采访时表示,欧洲现在看上去暮气沉沉,这不仅仅是因为人口老龄化问题异常严峻,也与广大年轻人好逸恶劳、缺乏进取精神有着密切关系。

虽然欧洲很多人都充分意识到必须改革现有高福利制度,但每当政府计划削减福利支出时，利益集团和广大民众便会群起而反对。在选票政治的作用下，欧洲很少有政客敢在这个问题上大动干戈。目前来看，欧洲已经深陷"高福利、高失业、高债务和低增长"的泥潭而难以自拔。

资料来源：人民网，http://finance.people.com.cn/，2015年8月21日。

实际上，由于每种政策措施都有其局限性和片面性，因此，主动的失业治理政策和被动的失业治理政策在现实中往往是互补的。主动的失业治理政策虽然能改善失业状况，但不可能解决所有的失业问题，对于那些失业者，政府应当为他们提供必要的保障和失业救济；而被动的失业治理政策，如果没有主动的治理政策相伴，失业人数可能会不断上升，最后使被动的治理政策难以为继。

第四节 通货膨胀的描述

通货膨胀被世界各国普遍视为一个重要的社会问题。20世纪70年代，美国总统福特曾将通货膨胀列为"头号公敌"。1994年我国政府曾将控制通货膨胀作为首要工作来抓。由此可见，通货膨胀是关系到宏观经济运行的一个重要问题。

一、通货膨胀的含义

严格地讲，西方经济学中的通货膨胀(inflation)，是指经济中一般物价水平在比较长的时期内以较高幅度持续上涨。按照这一说明，如果仅有一种商品的价格上升，这不是通货膨胀。只有大多数商品和劳务的价格上升才是通货膨胀。此外，物价的偶然上升，或者有升有降时的上升，也都不能叫作通货膨胀。只有普遍、持续的物价上升才能够称为通货膨胀。

人们对通货膨胀的关注随通货膨胀率的变化而变化。例如，1981年，美国的通货膨胀率达到10.4%，在盖洛普公司进行的民意调查中，接受调查的大多数美国人都认为当时的通货膨胀是美国面临的最主要问题。而1983年以后，美国的通货膨胀率维持在6%以下，相关的民意调查显示，通货膨胀在很长一段时间都不被认为是主要问题。

二、通货膨胀的衡量

由于通货膨胀是大多数商品和劳务的价格持续上升的结果，那么，如何才能认为是大多数商品和劳务的价格上升呢？考虑到现实经济当中成千上万种不同商品价格加总的实际情况，以及经济当中一些商品价格上涨的同时，另一些商品的价格却可能在下降，而且各种商品价格涨跌幅度也不尽相同这种复杂情况，宏观经济学运用价格指数这一概念来进行说明。

先看一下人们较熟悉的股票市场的情况。在股票市场上，在开市期间的每时每刻都有许多股票在进行交易。在同一时间里，所交易的股票的价格各异，而且它们都在不断变化。有些股票价格上涨，有些股票价格下跌，且各种股票的涨跌幅度也不相同。在这种市场中，单用某一种股票价格的变化来描述整个股票市场的价格情况显然是不合适的。那么，究竟怎样描述整个股票市场的价格变动情况呢？为此，人们提出了股票价格指数的概念。股票价格指数是指股票市场上各种股票价格的一种平均数,利用股票价格指数及其变化,人们就可以衡量和描述整个股票市场的价格变化情况。

与股票的情形相类似,宏观经济学用价格指数来描述整个经济中的各种商品和劳务价格的总体平均数,也就是经济中的价格水平。上一章已经论述过,宏观经济学中涉及的价格指数主要包括消费者价格指数(CPI)、生产者价格指数(PPI)和国内生产总值平减指数(GDP deflator)三种。

消费者价格指数的基本含义是,人们有选择地选取一组(相对固定的)商品和劳务,然后比较它们按当期价格购买的花费和按基期价格购买的花费。用公式表示,就是:

$$CPI = \frac{当期价格}{基期价格} \times 100 \quad (14-2)$$

生产者价格指数作为衡量生产原材料和中间投入等价格平均水平的价格指数,是对给定期的一组商品的成本的度量。它与 CPI 的一个不同之处在于,它包括原材料和中间产品,这使 PPI 成为表示一般价格水平变化的一个信号,被当作经济周期的指示性指标之一,受到政策制定者的密切关注。

有了价格水平(价格指数)这一概念,就可以将通货膨胀更为精确地描述为经济社会在一定时期价格水平持续地和显著地上涨。通货膨胀的程度通常用通货膨胀率来衡量。通货膨胀率被定义为从一个时期到另一个时期的价格水平变动的百分比。用公式表示就是

$$\pi_t = \frac{P_t - P_{t-1}}{P_{t-1}} \times 100\% \quad (14-3)$$

式中,π_t 为 t 时期的通货膨胀率;P_t 和 P_{t-1} 分别为 t 时期和 $(t-1)$ 时期的价格水平。如果用上面介绍的消费价格指数来衡量价格水平,则通货膨胀率就是不同时期的消费价格指数变动的百分比。

【专栏 14-5】 津巴布韦通货膨胀案例分析

20 世纪 80 年代,被称为非洲的"菜篮子"和"米袋子"的津巴布韦是非洲最富裕的国家之一。到了 2008 年 4 月 4 日,继 2008 年 1 月津巴布韦中央银行发行最大面值为 1 000 万津元后,又发行了世界上面额最大的 2.5 亿津元纸币,可仍旧有人提议要发行更高面值的纸币。在津巴布韦,人们对货币的使用早已不是论张,而是论"堆"或用秤来"称量"。津巴布韦是世界上百万富翁最多的国家,然而它又是最贫困的国家之一。如果在津巴布韦乘坐出租车,即使全用 5 万面额的纸币付费,数钞票付给司机所要花费的时间也差不多与路途全程所用时间相当,其 2008 年通货膨胀率高达 220 万%。每一个到津巴布韦旅行的游客,都会摇身一变成为百万富翁。

高涨的物价给津巴布韦带来的无疑是更多的困扰。在津巴布韦,最紧俏的日用商品是点钞机,津巴布韦国营报纸上每天充斥着日本和新加坡生产的高质量点钞机广告,而每台的价格在 3.45 亿~12 亿津元。津巴布韦低收入家庭平均最低生活消费已经飞升到 4 100 万津元/月。然而在这个国家,目前有超过 60%的劳动力失业,其他部分劳动力每月则只能挣到 400 万津元。这样高昂的物价和低廉的劳动力导致了津巴布韦民众生活的不堪重负,却也使他们深陷尴尬的情境之中。去餐馆吃饭,一盘鱼香肉丝居然要 1.2 亿津

元。当用完餐准备结账时,一沓沓的钞票堆在餐桌中央,给用餐者的感觉像是坐在拉斯维加斯的赌桌旁一样。每次用完餐,还得再等半小时结账。

这样的恶性通货膨胀不仅严重影响了民众的生活,还导致津巴布韦正常的经济发展,国民的生活水平迅速下降。2006年,津巴布韦的失业率在60%以上,而2007年这一比率更是达到了80%以上。高失业率,使国民的收入水平迅速下降,即使依然在工作的一部分劳动力,其收入水平也比较低。在津巴布韦,人们不敢持有过多货币,生怕货币贬值,货币在津巴布韦似乎成了烫手山芋,人们一有货币,就想方设法把它变成商品。然而,津巴布韦国内资源短缺问题严重,食用盐、味精、鸡蛋、牛奶、面粉等都常常断货。这种情况的存在,人民的生活水平低是可想而知的事情。

津巴布韦的通货膨胀在我们看来似乎是不可思议和无法想象的,通货膨胀的原因与政府的货币供给量有密不可分的关联,价格持续上涨的过程,成为了津币价值持续贬值的过程。而津巴布韦通货膨胀的起因之一是粮食等生活必需品的减产供应不足导致了最初的通货膨胀。而粮食减产主要是因为土地改革导致土地废弃。其二,津巴布韦政府出现了巨额财政赤字,津巴布韦的财政支出用于土地改革,对白人农场主的压制及政府支出。津巴布韦商品供应能力下降,而社会上流通的货币与原来一样多,而供应商品能力下降了,必然导致物价上涨。物价上涨导致政府系统开支增大,在政府收入不变的情况之下,为了不使财政赤字,政府发行更多的货币在市场上流通。然而新增的货币又产生了新一轮的物价上涨。此次的物价上涨导致了许多工人发出要求涨工资的呼声,工厂给工人上涨的工资从销售产品价格的上涨中获取,又使物价的普遍上涨。上涨的价格用更多的货币去购买,因为小额货币不能满足人们的需求,政府又发行大额货币,如此恶性循环,最终导致的是津巴布韦居高不下的通货膨胀和物价上涨。

资料来源:各国恶性通货膨胀经典案例,新浪微博,http://blog.sina.com.cn,2016年3月11日.

三、通货膨胀的分类

对于通货膨胀,西方学者从不同角度进行了分类。

(一) 按照价格上升的速度进行分类

1. 温和的通货膨胀

温和的通货膨胀是指每年物价上升的比例在3%以内。目前许多国家都存在这种温和类型的通货膨胀。一些西方经济学家并不十分害怕这种温和的通货膨胀,甚至有些学者还认为这种缓慢而逐步上升的价格有良性作用,对经济和收入的增长有积极的刺激作用。因为提高物价可以使厂商多得一点儿利润,以刺激厂商投资的积极性;同时,温和的通货膨胀不会引起社会太大的动乱,能像润滑油一样刺激经济的发展,这就是所谓的"润滑油政策"。

2. 严重的通货膨胀

严重的通货膨胀指较长时期内所发生的物价水平较大幅度的持续上升,年通货膨胀率一般在3%~20%。在这种通货膨胀发生时,人们对货币的信心产生动摇,经济社会产生动荡,所以这是一种较危险的通货膨胀。但其剧烈程度还不足以导致货币体系和经济生活的崩溃。

3. 恶性的通货膨胀

恶性的通货膨胀是指,年通货膨胀率在20%～100%。这时,货币流通速度提高而货币购买力下降,并且均具有较快的速度。西方学者认为,当恶性的通货膨胀发生时,由于价格上涨率高,公众预期价格还会进一步上涨,因而采取各种措施来保卫自己,以免受通货膨胀之害,这使通货膨胀更为加剧。

4. 超级通货膨胀

超级通货膨胀是指年通货膨胀率在100%以上。发生这种通货膨胀时,价格持续猛涨,人们都尽快地使货币脱手,从而大大加快货币流通速度。其结果,人们对货币完全失去信任,货币购买力猛降,整个社会金融体系处于一片混乱之中,正常的社会经济关系遭到破坏,以致使货币体系和价格体系最后完全崩溃。在严重的情况下,还会出现社会动乱。

这种通货膨胀在经济发展史上是很少见的,通常发生于战争或社会大动乱之后。例如,1923年的德国,短短几年内货币发行量增加了7 253万倍,导致了超级通货膨胀。

【专栏14-6】 德国"经典"的通货膨胀

德国在第一次世界大战败北之后,丧失了1/7的领土和1/10的人口,各种商行及工业产品均减少,同时按1921年金马克赔偿1 320亿赔款。德国不得不靠发行纸币来渡过难关,结果是陷入灾难的深渊。当时政府以极低的利率向工商业者贷款,同时投放巨额纸币,它们又很快贬值,从而债务人得以有廉价的马克偿还贷款。各个经济部门和各个家庭生活在此不公平中受到致命打击。

至1923年,德国货币发行量增加7 253万倍。美元与马克的比率从1921年1月的1∶64,到1923年11月已经崩溃为1∶4 200 000 000 000。每份报纸的价格从1921年1月的0.3马克上升到1922年5月的1马克、1922年10月的8马克、1923年2月的100马克直到1923年9月的1 000马克。1923年秋季,价格实际上飞起来了:一份报纸价格10月1日2 000马克、10月15日12万马克、10月29日100万马克、11月9日500万马克直到11月17日7 000万马克。

德国的日常生活可想而知。薪水得按天给,要不然到了月末你会发现本来买面包的钱只能买面包渣了。发工资前大家都要活动一下腿脚,准备好起跑姿势,钱一到手,立刻拿出百米冲刺的激情和速度——冲向市场与杂货店。腿脚慢点儿的,往往就难以买到足够的生活必需品。农产品和工业品生产都在急遽萎缩,市面上商品短缺,唯一不缺的就是钱,纸钱!孩子们在街上大捆大捆地拿它们堆房子玩。1923年《每日快报》上刊登过一则轶事:一对老夫妇金婚之喜,市政府发来贺信,通知他们将按照普鲁士风俗得到一笔礼金。第二天,市长带着一众随从隆重而来,庄严地以国家名义赠给他们1 000 000 000 000马克——或者半个便士。

沃伦教授和皮尔逊教授曾将德国的通货膨胀数字绘成书本大小的直观柱状图,可是限于纸张大小,未能给出1923年的数据柱,结果不得不在脚注中加以说明:如果将该年度的数据画出,其长度将达到200万英里。

资料来源:各国恶性通货膨胀经典案例,新浪微博,http://blog.sina.com.cn,2016年3月11日。

5. 隐蔽的通货膨胀

隐蔽的通货膨胀又称为受抑制的（抑制型的）通货膨胀。这种通货膨胀是指社会经济中存在着通货膨胀的压力或潜在的价格上升危机，但由于政府实施了严格的价格管制政策，使通货膨胀并没有真正发生。但是，一旦政府解除或放松价格管制措施，经济社会就会发生通货膨胀，所以这种通货膨胀并不是不存在，而是一种隐蔽的通货膨胀。

（二）按照对价格影响的差别进行分类

1. 平衡的通货膨胀

平衡的通货膨胀即每种商品的价格都按相同的比例上升。这里所指的商品价格既包括一般商品的价格，也包括各种生产要素的价格，如工资率、租金、利率等。

2. 非平衡的通货膨胀

非平衡的通货膨胀即各种商品价格上升的比例并不完全相同。例如，甲商品价格的上涨幅度大于乙商品的，或者，利率上升的比例大于工资上升的比例，等等。

（三）按照人们对通货膨胀的可预期程度进行分类

1. 未预期到的通货膨胀

未预期到的通货膨胀即价格上升的速度超出人们的预料，或者人们根本没有想到价格会上涨。例如，国际市场原料价格的突然上涨所引起的国内价格的上升，或者在长时期中价格不变的情况下突然出现的价格上涨。

2. 预期到的通货膨胀

例如，当某一个国家的物价水平年复一年地按 5% 的比例增长成为意料之中的事，则该国居民在日常生活中进行经济核算时会把物价上升的比例考虑在内。诸如，银行贷款的利息率肯定会高于 5%，因为 5% 的利率仅能起到补偿通货膨胀的作用。由于每个人都把 5% 的物价上涨考虑在内，所以每个人所要的价格在每一时期中都要上升 5%，每种商品的价格上涨 5%，劳动者所要求的工资、厂商所要求的利率都会以相同的速度上涨。因此，预料之中的通货膨胀具有自我维持的特点，有点像物理学的运动中物体的惯性。因此，预期到的通货膨胀有时又被称为惯性的通货膨胀。

第五节　通货膨胀的成因

关于通货膨胀的成因，西方经济学家提出了种种解释。大体上，对其可分为三个方面：第一个方面为货币数量论的解释，这种解释强调货币在通货膨胀过程中的重要作用；第二个方面是以总需求和总供给的角度来加以解释；第三个方面是从经济结构中相关因素变动的角度来说明通货膨胀的成因。

一、货币供给的通货膨胀

货币数量论的赞成者解释通货膨胀问题的基本思想是，每一次通货膨胀背后都有货币供给的迅速增加。根据该理论，通货膨胀来源于三个方面，即货币流通速度的变化、货币增长和产量增长。如果货币流通速度不变且收入处于其潜在的水平上,则显然可以得出,通货膨胀的产生主要是货币供给量增加的结果。换句话说,货币供给的增加是通货膨胀的基本原因。如果没有货币供给量增加的支持,通货膨胀不可能长期地持续下去。例如,在通货膨胀发生以后,工资和价格趋于上升,名义产值将增加,在交易动机和预防动机下的货币需求也将增加。如果货币供给量没有增加,厂商和居民只能通过向银行借款或出售债券来取得现金。这样利息率上升。利息率的上升抑制了消费和投资的需求,导致实际产出的下降。在这种情况下,工会将会更多注意就业而不是工资,厂商更关心的是销售量而不是价格。反之,货币供给量的增加,会推动通货膨胀率的上升,使通货膨胀日趋严重。

【专栏 14-7】 银行家眼中的通货膨胀

在金本位体系之下,银行家坚决反对通货膨胀,因为任何货币贬值都直接伤害了银行家的实际利息收入。这种思路还是比较原始的放贷吃利息的办法,主要的缺点就是财富积累得太慢,即使是用上部分准备金制度,仍然不足以满足银行家们日渐膨胀的胃口。特别是黄金和白银增加缓慢,这就等于给银行放贷总量设了一个上限。20世纪之交的欧洲,银行家们已经摸索出一套更为高效也更为复杂的法定货币体制。法定货币彻底摆脱了黄金和白银对贷款总量的刚性制约,让货币控制更加弹性,也更加隐秘。当银行家逐渐明白通过无限制增加货币供应来获得的收益远比通货膨胀带来的贷款利息损失要大得多时,他们随即成为法定货币最热烈的拥护者。通过急剧增发货币,银行家们等于掠夺整个国家储蓄者的巨额财富,而比起原来银行强制拍卖别人财产的方式,通货膨胀要"文明"得多,所遇到人民的抵抗也要小得多,甚至难以为人察觉。这时,银行家们手中发财致富的手段又增加了一个强大的工具:货币通胀。

凯恩斯对通货膨胀的评价可谓一针见血:"用这个办法,政府可以秘密地和难以察觉地没收人民的财富,一百万人中也很难有一个人能够发现这种偷窃行为。"不过实际上,享有这个特权的是私有的美联储,而不是美国政府。

在银行家的引导之下,通货膨胀的经济学探讨逐渐被引导到纯数学游戏的轨道上,由于增发纸币所导致的通货膨胀的概念已经在现代完全被"价格上涨的通胀"理论所淹没。

资料来源:节选自宋鸿兵.货币战争[M].北京:中信出版社,2007:71-72.

二、需求拉动通货膨胀

需求拉动通货膨胀(demand-pull inflation),又称超额需求通货膨胀,是指总需求超过总供给所引起的一般价格水平的持续显著的上涨。需求拉动的通货膨胀理论把通货膨胀解释为"过多的货币追求过少的商品"。图 14.3 说明了需求拉动的通货膨胀。

图 14.3 中,横轴 y 表示总产量(国民收入),纵轴 P 表示一般价格水平。AD 为总需求曲线,AS 为总供给曲线。总供给曲线 AS 起初呈现水平状。

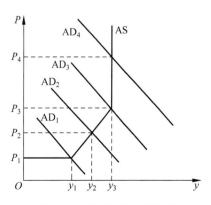

图 14.3 需求拉动通货膨胀

这表示,当总产量较低时,总需求的增加不会引起价格水平的上涨。

图中,当产量从零增加到 y_1,价格水平始终稳定。总需求曲线 AD_1 与总供给曲线 AS 的交点决定的价格水平为 P_1,总产量水平为 y_1。当总产量达到 y_1 以后,继续增加总需求,就会遇到生产过程中一定程度上供给短缺的所谓瓶颈现象,即由劳动、原料、生产设备等的不足而使价格上升,生产成本提高又会引起价格水平的上涨。随着总需求曲线 AD 继续提高时,总供给曲线 AS 便开始逐渐向右上方倾斜,价格水平逐渐上涨。总需求曲线 AD_2 与总供给曲线 AS 的交点决定的价格水平为 P_2,总产量为 y_2。当总产量达到最大,即为充分就业的产量 y_3 时,整个社会的经济资源全部得到利用。价格水平从 P_1 上涨到 P_2 和 P_3 的现象被称作瓶颈式的通货膨胀。在达到充分就业的产量 y_3 以后,如果总需求继续增加,总供给就无法继续增加了,因而总供给曲线 AS 呈垂直形状,这时总需求的增加只会引起价格水平的上涨。如图 14.3 所示,当总需求曲线从 AD_3 提高到 AD_4 时,它同总供给曲线的交点所决定的总产量并没有增加,仍然为 y_3,但是价格水平已经从 P_3 上涨到 P_4。这就是需求拉动的通货膨胀。

西方经济学家认为,不论总需求的过度增长是来自消费需求、投资需求,或是来自政府需求、国外需求,都会导致需求拉动的通货膨胀。需求方面的原因或冲击主要包括财政政策、货币政策、消费习惯的突然改变,以及国际市场的需求变动等。

三、成本推动的通货膨胀

成本推动的通货膨胀理论,是西方学者企图从供给方面说明为什么会发生一般价格水平上涨的一种理论。成本推动的通货膨胀(cost-push inflation),又称成本通货膨胀或供给通货膨胀,是指在没有超额需求的情况下由于供给方面成本的提高所引起的一般价格水平持续和显著的上涨。

如图 14.4 所示,总需求是既定的,不发生变动,变动只出现在供给方面。当总供给曲线为 AS_1 时,这一总供给曲线和总需求曲线 AD 的交点决定了总产量为 y_1,价格水平为 P_1。当总供给曲线由于成本提高而移动到 AS_2 时,总供给曲线与总需求曲线的交点决定了总产量为 y_2,价格水平为 P_2。这时,总产量比以前下降,而价格水平比以前上涨。当总供给曲线由于成本进一步提高而移动到 AS_3 时,总供给曲线和总需求曲线的交点决定的总产量为 y_3,价格水平为 P_3。这时的总产量进一步下降,而价格水平进一步上涨。

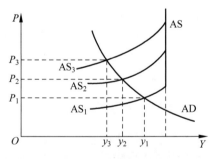

图 14.4 成本推动的通货膨胀

成本推动的通货膨胀又可分为工资推动通货膨胀、利润推动通货膨胀和进口成本推动通货膨胀三种情况。

第一,工资推动通货膨胀(wage-push inflation),是指因工资增长过快而引起的通货膨胀。当代西方经济学家认为,现实的劳动市场是不完全竞争的市场,其原因在于工会的存在。当工会无节制地要求提高工资时,产品的成本将上升,在利润不变的前提下导致商品价格的上升。当这种情况成为普遍的现象时,便引起了通货膨胀。因此,工资推动的通货膨胀最有可能在经济趋于充分就业、劳动力变得紧缺的时候发生。当劳动供不应求时,一方面有利于工会要求提高工资,另一方面也使厂商不愿意冒工人罢工的风险,因而增加工资的要求最容易实现。

第二,利润推动通货膨胀(profit-push inflation),这种通货膨胀又称价格推动的通货膨胀,指市场上具有垄断地位的厂商为了增加利润而提高价格所引起的通货膨胀。在不完全竞争的市场上,具有垄断地位的厂商控制了产品的销售价格,从而就可以提高价格以增加利润。这种通货膨胀是由于利润的推动而产生的。尤其是在工资增加时,垄断厂商往往会以工资的增加为借口,以更大的幅度提高产品价格,使产品价格的上升幅度大于工资的上升幅度,其差额就是利润的增加。这种利润的增加使物价上升,从而形成通货膨胀。

一些经济学家认为,工资推动和利润推动实际上都是操纵价格的上升,其根源在于经济中的垄断,即工会的垄断形成工资推动的通货膨胀,厂商的垄断引起利润推动的通货膨胀。

第三,进口成本推动通货膨胀(imported cost-push inflation),这是由于进口的原材料价格上升而引起的通货膨胀。在这种情况下,一国的通货膨胀通过国际贸易渠道而影响到其他国家。例如,20世纪70年代初,西方国家通货膨胀严重的重要原因之一就是世界石油价格的大幅度上升。这种通货膨胀发生时,物价的上升会导致生产减少,从而引起萧条。

四、结构性通货膨胀

西方经济学家认为,在没有需求拉动和成本推动的情况下,只是由于经济结构因素的变动,也会出现一般价格水平的持续上涨。他们把这种价格水平的上涨称为结构性通货膨胀(structural rigidity inflation)。

结构性通货膨胀理论把通货膨胀的起因归结为经济结构本身所具有的特点。西方学者解释:从生产率提高的速度看,社会经济结构的特点是,一些部门生产率提高的速度快,另一些部门生产率提高的速度慢;从经济发展的过程看,社会经济结构的特点是,一些部门正在迅速发展,另一些部门渐趋衰落;从同世界市场的关系看,社会经济结构的特点是,一些部门(开放部门)同世界市场的联系十分密切,另一些部门(非开放部门)同世界市场没有密切联系。现代社会经济结构不容易使生产要素从生产率低的部门转移到生产率高的部门,从日趋衰落的部门转移到迅速发展的部门,从非开放部门转移到开放部门,但是,生产率提高慢的部门、正在趋向衰落的部门以及非开放部门在工资和价格问题上都要求"公平",要求向生产率提高快的部门、正在迅速发展的部门以及开放部门"看齐",要求"赶上去",结果导致一般价格水平的上涨。

五、预期引起的通货膨胀

预期引起的通货膨胀是指因人们的预期引起的通货膨胀。例如,假定工会的厂商都预期下一年的通货膨胀率为10%。工会将认为:既然明年的产品价格平均上升10%,工资相应提高10%是合情合理的。问题是考虑到明年劳动生产率的增长,工资的增长率应该比10%高多少。厂商将认为:既然明年的产品价格平均上升10%,工资相应提高10%是可以接受的。问题在于怎么使工资的增长不会超过10%。因此,工会和厂商将按至少为 10% 的价格增长率签订劳资合同。另外,厂商与厂商之间签订购销合同,贷方与借方之间签订借贷合同,都同样考虑到 10% 的通货膨胀率。这样,即使下一年不存在需求方面或供给方面的任何压力,价格水平也将至少上升 10%。

在引起通货膨胀的原因被公众认识后,他们就会产生对通货膨胀的预期,进而会发生由预期引起的通货膨胀(expectational inflation)。要缓和预期引起的通货膨胀,必须改变他们对通货膨胀的预期。

第六节 通货膨胀对经济的影响

通货膨胀的影响非常广泛。通货膨胀发生时,商品的价格和工资并不按相同比例变化,也就是说,相对价格会发生变化。相对价格的不断变化,对经济的影响主要体现在两个方面:一是收入和财富在不同阶层之间的再分配;二是不同商品的产出和相对价格的扭曲,甚至是整个经济的产出和就业的扭曲。因此,各国的中央银行反对通货膨胀的决心是一致的。

一、通货膨胀的再分配效应

为了独立地观察价格变动对收入分配的影响,我们暂且假设实际产出是固定的。此外,在分析研究之前,还要区分货币收入和实际收入。货币收入就是一个人所获得的货币数量;而实际收入则是一个消费者用他的货币收入所能够买到的产品和劳务的数量,实际收入是以货币收入和产品、劳务的价格为转移的。通货膨胀的再分配就是通过不同阶层实际收入的变化实现的。

第一,在政府和公众之间,通货膨胀常常是有利于政府而不利于公众,因为政府可以通过"通货膨胀税"的方式实现对公众财富的掠夺。"通货膨胀税"一般有两种含义。

一是政府向银行透支、增发纸币来弥补财政赤字,导致通货膨胀,降低人民手中货币的购买力,这是典型的"通货膨胀税"。它一般是市场经济国家政府执行经济政策的一种工具。在纸币流通条件下,国家增发纸币虽然可达到取得一部分财政收入的目的,但势必造成纸币贬值,物价水平提高,从而使居民用同额的货币收入所能购得的商品和劳务比以前减少。由于它实际上是政府以通货膨胀方式向人民征收的一种隐蔽性税收,所以称为"通货膨胀税"。现在各国政府通过增发货币来弥补财政赤字的办法已很少使用,有些国家还利用金融制度加以限制,如美国的货币发行由联邦储备银行掌握,而联邦储备银行不隶属于总统,所以财政赤字无法通过直接增发通货弥补。

二是由通货膨胀引起的隐蔽性的增税,也被称为"通货膨胀税"。在经济出现通货膨胀时,由于受通货膨胀的影响,名义工资总会有所增加。随着名义工资的提高,达到纳税起征点的人增加了,还有许多人进入更高的纳税等级。这样政府的税收增加了,而公众纳税数额增加,实际收入减少,政府从这种通货膨胀中所得到的税收也被称为"通货膨胀税"。

第二,通货膨胀对企业而言,较之工人,也更为有利。通货膨胀虽然会导致企业的生产成本上升,但是销售价格也上升。正常的通货膨胀会对企业利润形成影响,或者说企业也是受害者,但很难真正导致根本性的利益损害。这是因为,在不可预期的通货膨胀之下,工资不能迅速地根据通货膨胀来调整,从而就在名义工资不变或略有增长的情况下使实际工资下降。同时,通货膨胀表现为产品价格上升,企业收益也会上升,一般能够抵消通货膨胀给企业带来的损失。这样,实际工资的下降和产品价格的上升就会使利润增加,而利润增加是有利于刺激投资的,更利于企业的发展。这正是一些经济学家主张以通货膨胀来刺激经济发展的理由。

第三,通货膨胀不利于靠固定的货币收入维持生活的人。对于固定收入阶层来说,其收入是固定的货币数额,落后于上升的物价水平。其实际收入因通货膨胀而变少,他们接受每一元收入的购买力将随价格的上升而下降。而且,由于他们接受的货币收入没有变化,因而他们的生活水平必然相应地降低。相反,那些靠变动收入维持生活的人,则会从通货膨胀中得益,这些人的货币收入会随通货膨胀率发生变动。

哪些人属于固定收入阶层呢?最为明显的就是那些领取救济金、退休金的人。他们在相当长时间内所获得的收入是不变的。特别是那些只获得少量救济金的老人,遇到这种经济灾难,更是苦不堪言。他们是通货膨胀的牺牲品。

第四,通货膨胀还会在债务人与债权人之间发生收入再分配的作用。具体地说,通货膨胀靠牺牲债权人的利益而且使债务人获利。假如甲向乙借款1万元,一年后归还,而这段时间内价格水平上升一倍,那么一年后甲归还给乙的1万元相当于借时的一半。这里假定借贷双方没有预期到通货膨胀的影响。但是,如果一旦预期到通货膨胀,则上述的再分配就会改变。

第五,通货膨胀对货币持有人(如储蓄者)不利。这是因为通货膨胀会使持有货币的人付出代价,由于现钞和交易存款不会产生任何价值;银行活期存款的利息很低,不足以补偿由通货膨胀所造成的损失。货币便利了各种交易,但没有增值、保值的功能。在通货膨胀期间,人们会因所持货币的不断贬值而蒙受实际的损失。

二、通货膨胀的产出效应

价格水平会影响国民经济的产出水平,国民经济的产出水平会随着价格水平的变化而变化。20世纪70年代以前,较高的通货膨胀一直伴随着较高的就业和产出水平。当通货膨胀发生时,价格是明显上升的,由于追求短期利益,企业为提高产量,扩大生产,增加就业。但统计资料表明,长期来说,通货膨胀与产出之间存在着一种类似倒"U"形的关系。表14.1显示,低通货膨胀的国家经济增长最为强劲,而高通货膨胀或通货紧缩国家的增长趋势则较为缓慢。

表 14.1 通货膨胀与经济增长

通货膨胀率(%/年)	人均 GDP 的增长(%/年)
−20~0	0.7
0~10	2.4
10~20	1.8
20~40	0.4
100~200	−1.7
1 000 以上	−6.5

资料来源:萨缪尔森,诺德豪斯.经济学[M].第17版.北京:中国邮电出版社,2004.

通货膨胀对产出方面的影响可以从以下三种情况来进行分析。

第一种情况,随着通货膨胀的出现,产出增加。这就是需求拉动的通货膨胀的刺激,促进了产出水平的提高。许多经济学家长期以来坚持这样的看法,即认为温和的或爬行的需求拉动通货膨胀对产出和就业将有扩张性的效应。假设总需求增加,经济复苏,造成一定程度的需求拉动的通货膨胀。在这种条件下,产品的价格会跑到工资和其他资源的价格前面,由此而扩大了企业的利润。利润的增加就会刺激企业扩大生产,从而发生减少失业、增加国民产出的效果。这种情况意味着通货膨胀的负面影响,会被更多的就业、增加的产出所获得的收益所抵消。

第二种情况,成本推动的通货膨胀会引起产出和就业的下降。假定在原来的总需求水平下,经济实现了充分就业和物价稳定。也就是说,当成本推动的压力抬高物价水平时,既定的总需求只能在市场上支持一个较小的实际产出。所以,实际产出会下降,失业会上升。美国 20 世纪 70 年代的经济情况就证实了这一点。1973 年末,石油输出国组织将石油价格提高,成本推动使美国 1973—1975 年的物价水平迅速上升,与此同时,美国失业率从 1973 年不到 5% 上升到 1975 年的 8.5%。

第三种情况,恶性或超级通货膨胀将导致经济崩溃。首先,随着价格持续上升,居民和企业都会产生通货膨胀预期,即估计物价会再度升高。这样,人们为了不让自己的储蓄和现有的收入贬值,宁愿在价格进一步上升前把它花掉,从而会产生的过度消费购买,进一步导致总需求的上升,加剧通货膨胀。其次,随着通货膨胀而来生活费用的上升,使劳动者会要求提高工资。他们不但会要求增加工资以抵消过去的价格水平上升所造成的损失,而且要求补偿下次工资谈判前可以预料到的通货膨胀带来的损失。于是,成本型通货膨胀进一步加剧。最后,当出现超级通货膨胀时,情况会变得更糟。当人们完全丧失对货币的信心时,货币就再不能执行它作为交换手段和储蓄手段的职能。这时,任何一个有理智的人都不愿再花精力去从事财富的生产和正当的经营,而会把更多的精力用在如何尽快把钱花出去,或进行种种投机活动上。等价交换的正常买卖、经济合同的签订和履行、经营单位的经济核算,以及银行的结算和信贷活动等,都无法再实现,市场经济机制也无法再正常运行,别说经济增长,大规模的经济混乱也不可避免了。

第七节 失业与通货膨胀的关系——菲利普斯曲线

一、菲利普斯曲线的提出

1958 年,当时在英国伦敦经济学院工作的新西兰经济学家菲利普斯(A. W. Philips)通过整理英国 1861—1957 年近一个世纪的统计资料,发现货币工资增长率和失业率之间存在一种负相关的关系,提出了一条用以表示失业率和货币工资增长之间替换关系的曲线,在以横轴表示失业率,纵轴表示货币工资增长率的坐标系中,画出一条向右下方倾斜的曲线,这就是最初的或原始的菲利普斯曲线。货币工资增长率和失业率之间的负相关关系如图 14.5 所示。该曲线表明:当失业率较低时,货币工资增长率较高;反之,当失业率较高时,货币工资增长率较低,甚至为负数。

以萨缪尔森为代表的新古典综合派随后便把菲利普斯曲线改造为失业和通货膨胀之间的关系,并把它作为新古典综合理论的一个组成部分,用以解释通货膨胀。经改造的菲利普斯曲线就表示了失业率与通货膨胀率之间的替换关系,即失业率高,通货膨胀率低,失业率低,则通货膨胀率高,如图14.6所示。

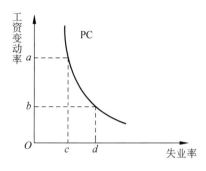

图14.5　失业率与工资增长率示意图

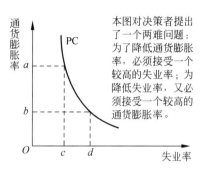

本图对决策者提出了一个两难问题:为了降低通货膨胀率,必须接受一个较高的失业率;为降低失业率,又必须接受一个较高的通货膨胀率。

图14.6　菲利普斯曲线

二、菲利普斯曲线的政策含义

菲利普斯曲线被修正后,迅速成为西方宏观经济政策分析的基石。它表明,政策制定者可以选择不同的失业率和通货膨胀率的组合。例如,只要他们能够容忍高通货膨胀,就可以拥有低的失业率,或者他们可以通过高失业率来维持低通货膨胀率。换言之,在失业和通货膨胀之间存在着一种"替换关系",即用一定的通货膨胀的增加来换取一定的失业率的减少,或者,用后者的增加来减少前者。

具体而言,一个经济社会先确定一个社会临界点,由此确定一个失业与通货膨胀的组合区域。如果实际的失业率和通货膨胀率组合在该区域内,则社会的决策者不用采取调节行动;如在区域之外,则可根据菲利普斯曲线所表示的关系进行调节。

在图14.7中,假定失业率和通货膨胀率在4%以内时,经济社会被认为是安全的或

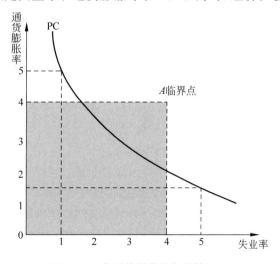

图14.7　菲利普斯曲线与政策运用

可容忍的,这时在图中就得到了一个临界点,即 A 点,由此形成一个四边形的区域,称其为安全区域,如图中的阴影部分所示。如果该经济的实际失业率与通货膨胀率组合落在安全区域内,则决策者无须采取任何措施调节。

如果实际通货膨胀率高于 4%,如达到 5%,这时根据菲利普斯曲线,经济决策者可以采取紧缩性政策,以提高失业率为代价降低通货膨胀率。从图中可以看到,当通货膨胀降到 4% 以下时,经济的失业率仍然在可忍受的范围内。

如果经济社会的失业率高于 4%,如为 5%,这时根据菲利普斯曲线,决策者可以采取扩张性政策,以提高通货膨胀率为代价降低失业率。

三、附加预期的菲利普斯曲线

1968 年,货币主义的代表人物、美国经济学家弗里德曼指出了菲利普斯曲线分析的一个严重缺陷,即它忽略了影响工资变动的一个重要因素:工人对通货膨胀的预期。弗里德曼指出,企业和工人关注的不是名义工资,而是实际工资。当劳资双方谈判新工资协议时,他们都会对新协议期的通货膨胀进行预期,并根据预期的通货膨胀相应地调整名义工资水平。根据这种说法,人们预期通货膨胀率越高,名义工资增加越快。由此,弗里德曼等提出了短期菲利普斯曲线的概念。

(一) 短期的菲利普斯曲线

这里所说的"短期",是指从预期到需要根据通货膨胀作出调整的时间间隔。短期菲利普斯曲线就是预期通货膨胀率保持不变时,表示通货膨胀率与失业率之间关系的曲线。

根据以上说明,为了显示预期通货膨胀的重要性,将菲利普斯曲线方程式改写为

$$\pi - \pi^e = -\varepsilon(u - u^*) \tag{14-4}$$

即

$$\pi = \pi^e - \varepsilon(u - u^*)$$

其中,π^e 表示预期通货膨胀率。方程式被称为现代菲利普斯曲线,或附加预期的菲利普斯曲线。注意,附加预期的菲利普斯曲线有一个重要性质,就是当实际通货膨胀等于预期通货膨胀时,失业处于自然失业率水平。这意味着,附加预期的菲利普斯曲线在预期通货膨胀水平上与自然失业率相交。即利用方程式所示的附加预期的菲利普斯曲线,可以将自然失业率定义为非加速通货膨胀的失业率(nonaccelerating inflation rate of unemployment, NAIRU)。在方程式中,当 $\pi^e = \pi$ 时,$u = u^*$,这意味着,当经济的通货膨胀既不加速也不减速时的失业率即为自然失业率。一般而言,这一自然失业率的定义是西方学者使用最普遍的一个定义。附加预期的菲利普斯曲线如图 14.8 所示。

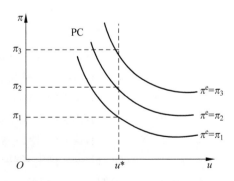

图 14.8 附加预期的菲利普斯曲线

应该指出,附加预期的短期菲利普斯曲线表明,在预期的通货膨胀率低于实际通货膨胀率的短期中,失业率与通货膨胀率之间仍存在着关系。由此,向右下方倾斜的短期菲利普斯曲线的政策含义是,在短期中引起通货膨胀率上升的扩张性财政与货币政策是可以起到减少失业的作用的。换句话说,调节总需求的宏观经济政策在短期是有效的。

(二) 长期的菲利普斯曲线

按照一些西方学者的说法,在长期中,工人将根据实际发生的情况不断调整自己的预期,工人预期的通货膨胀率与实际的通货膨胀率迟早会一致,这时工人会要求改变名义工资,以使实际工资不变,从而较高的通货膨胀就不会起到减少失业的作用。西方学者认为,在以失业为横坐标,通货膨胀率为纵坐标的坐标系中,长期当中的菲利普斯曲线,即长期的菲利普斯曲线是一条垂直线,表明失业率与通货膨胀率之间不存在替换关系。而且,在长期中,经济社会能够实现充分就业,经济社会的失业率将处在自然失业率的水平。

可以用图14.9说明短期菲利普斯曲线不断移动,进而形成长期菲利普斯曲线的过程。

图14.9中假设某经济处于自然失业率 u^*,通货膨胀率为 π_1 的 A 点。若这时政府采取扩张性政策,以使失业率降低到 u_1。由于扩张性政策的实施,总需求增加,导致价格水平上升,使通货膨胀率上升至 π_2。因为在 A 点处,工人预期的通货膨胀为 π_1,而现在实际的通货膨胀率为 π_2,高于预期的通货膨胀率,使实际工资下降,从而会增加生产,增加就业,于是失业率减少为 u_1。于是就会发生图中短期菲利普斯曲线 PC_1 所示的情况,失业率由 u^* 下降为 u_1,而通货膨胀率则从 π_1 上升到 π_2。

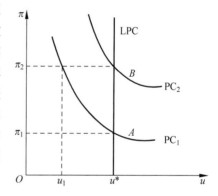

图14.9 短期和长期菲利普斯曲线

但这种情况只能是短期的。经过一段时间,工人们会发现价格水平的上升和实际工资的下降。这时他们便要求提高货币工资。与此同时,工人们会相应地调整预期,即从原来的 π_1 调整到现在的 π_2。伴随着这种调整,实际工资回到了原有的水平。相应地,企业生产和就业也都回到了原有的水平。失业率又回到了原来的 u^*。但此时经济已处于具有较高通货膨胀率预期的 B 点。

将以上过程重复下去,可以想象,在短期,由于工人不能及时改变预期,存在着失业与通货膨胀之间的替换关系,表现在图形上,便有诸如 PC_1,PC_2,……各条短期菲利普斯曲线。随着工人预期通货膨胀率的上升,短期菲利普斯曲线不断上升。

从长期来看,工人预期的通货膨胀与实际的通货膨胀是一致的。因此,企业不会增加生产和就业,失业率也就不会下降,从而便形成了一条与自然失业率重合的长期菲利普斯曲线LPC。从图14.9可知,垂直于自然失业率水平的长期菲利普斯曲线表明,在长期中,不存在失业率与通货膨胀的替换关系。

长期菲利普斯曲线的政策含义是,从长期来看,政府运用扩张性政策不但不能降低失业率,还会使通货膨胀率不断上升。

第八节 抑制通货膨胀的政策

一、采用紧缩性财政政策和货币政策抑制总需求

(一)紧缩性财政政策

紧缩性财政政策是指通过减少政府支出与增加税收来抑制经济的政策。在经济繁荣时期,总需求大于总供给,经济中存在通货膨胀时,政府可以通过紧缩性财政政策来抑制总需求,以实现物价稳定,具体措施有:第一,减少政府公共工程支出与购买;第二,减少转移支付,实现个人可支配收入的减少,引起消费的减少;第三,增税,主要是通过提高税率来实现,从而使个人可支配收入减少。

(二)紧缩性货币政策

紧缩性货币政策是指货币当局通过削减货币供给量来降低社会的总需求水平。当货币供给减少时,利率会上升,利率上升会使投资水平和消费水平一定程度地收缩,从而使总需求水平相应下降,降低通货膨胀率。这些通过降低总需求来抑制通货膨胀的方法,从本质上说就是利用衰退来降低通货膨胀率,虽然此举效果明显,但它在缩小商品需求与供给之间缺口的同时,也减少了对劳动的需求,从而产生更多的失业。

二、采用紧缩性收入政策改善总供给

(一)控制工资与物价

通过对工资控制达到对物价进行控制的政策也被称为收入政策。这是指政府为了降低一般价格水平上升的速度,而采取的强制性或非强制性地限制货币工资和价格的政策。其目的在于影响或控制价格、货币工资和其他收入的增长率。工资—物价控制的具体措施在上一章中已经阐述,这里不再赘述。

面对通货膨胀用法律的手段控制物价和工资的增长,或许是最直接的手段,但绝不是最好的。这是一种用法律的手段移动菲利普斯曲线的方法。政府经常会在战争时期采用控制物价和工资的政策。但大多数经济学家都反对限价的方法,因为它没有触及通货膨胀的深层原因,如对商品的超额需求。再有,这种控制是难以实施的,而且通常会导致不同程度的低效率。另外,通货膨胀是所有商品的价格一起上涨,而不是每个商品的价格分别上升,如果物价控制要持续相当长时间的话,它必须允许不同商品相对价格的变动;否则,低于均衡价格的那些商品就要发生短缺,而另一些商品则会出现过剩。

(二)推行供给刺激政策

供给学派认为通货膨胀率和失业率之间的交替即使在短期也是不存在的,而且他们认为,如果采取供给学派的政策主张,有可能在短期内使失业率和通货膨胀率同时下降,这是因为减税可以增强人们工作和储蓄的积极性,同时也会增强厂商投资的积极性。其结果是,产出、就业和总供给都会增加,从而可以促进价格水平的下降;同时,人们的通货膨胀预期也会迅速下降,引起工资水平和价格水平增长率的下降。供给刺激政策的短期效果是很小的,在长期会比较明显。

(三)道德劝说

政府另一种反通货膨胀的办法,是使用非正式的工资和物价控制。政府不直接控制工资和物价,而是更巧妙地借助于一种被称作道德劝说或施加压力的办法,这种办法试图劝说企业和工人不要涨价和涨工资。政府编制了物价和工资指导线,希望工人和企业能够遵守。政府可以通过一个杠杆,产生一种比求助于人们道德诚实更强有力的力量。这一杠杆就是,政府可以以不购买企业的产品来威胁那些不听从劝告的企业。这种施加压力的做法在一个时期往往具有一定的效果,如肯尼迪总统曾担心美国钢铁公司提价,会引起通货膨胀的螺旋,他通过对钢铁公司施加压力,成功地使公司撤销了提价的企图。

(四)改变预期

道德劝说的方法之所以能够奏效,在很大程度上是因为这种方法打破了人们对通货膨胀的心理预期,这种预期在使通货膨胀得以持续方面扮演着重要角色。如果工会和企业坚信每个人都会屈从政府压力,他们就会愿意缓和自己对工资的要求和提价的要求。如果人们相信政府所采取的打破通货膨胀的任何行动都是成功的,这种预期本身有助于消灭通货膨胀。政府的政策能够成功,部分得益于人们相信它可以成功。相反,如果人们认为政策不可能奏效,那么通货膨胀的预期就不可能被打破,通货膨胀就可能会持续下去。

本 章 小 结

本章主要分析失业问题和通货膨胀问题。从原因上分析,失业包括摩擦性失业、结构性失业和周期性失业。摩擦性失业是难以避免的,结构性失业可以利用人力政策来解决,周期性失业可以利用扩张性的财政政策和货币政策来解决。通货膨胀问题是经济活动中一个难以回避的问题。从原因上分析,通货膨胀包括需求拉动通货膨胀、成本推动通货膨胀、结构性通货膨胀、预期的通货膨胀等。尽管通货膨胀的原因可能是多种多样的,但是,无外乎涉及总需求和总供给两大方面,而最终都要借助货币量的增多而实际表现出来。所以,从防范和治理通货膨胀角度来说,最有效的政策或方

人物介绍:奥肯、菲利普斯

法,就是控制和减少货币供应量以及人为地制造一点儿经济衰退,以减少总需求水平。

案例分析

历史上的通货膨胀

一、古罗马通货膨胀

公元138—301年,古罗马军服的价格上涨了166倍,自2世纪中叶至3世纪末,小麦价格(物价水平的主要标志)涨了200倍。这一次通货膨胀,无论如何也不能归罪于纸币,因为纸币到其后1 000年才出现。

古罗马实行的是金属货币制度,包括金、银、铜和青铜。政府财政基本上采用现金形式。帝国的皇帝们为了强化他们对资源的控制,相继削减铸币尺寸或在铸币中添加贱金属。同时却希望凭着自己的权威保持其价值不变——这当然是不可能的。这种违背经济规律的行为在罗马帝国时代代代相传,最终导致的结果是铸币贬值,物价上涨。公元235—284年,古罗马政治陷入无政府状态,通货膨胀臻于极致,铸币急剧贬值。公元253—268年,银币的含银量还不到5%。

二、黑死病与价格行为

14世纪中叶,欧洲普遍出现了通货膨胀。在3年的时间里,物价至少翻了一番。作为通货膨胀,这一时期并不引人注目,值得重视的是它的背景——黑死病。这是一种能致人猝死的疫病。在当时,此病夺走了2 000万人的生命,是当时整个欧洲人口的1/3。在疫病流行期间,商品的价格出现了突然的、短暂的下降。原因很明显,人口锐减导致需求下降,而流通中的货币及商品存量却基本不变,但幸存者的需求却是有限的。而随着疫情的过去,物价又回升了。原因是储存消耗殆尽,同时由于人口减少,产量随之下降——因为生产者的生活条件恶劣,因而生产人员减少的数量远大于有稳定需求的富人。

三、西班牙的白银与价格革命

16世纪,西班牙物价上涨4倍多,年上涨率1.5%,贵金属过剩是这次通货膨胀的根源。1501—1600年,由墨西哥和秘鲁矿山产出的1 700万千克纯银和18.1万千克纯金涌入西班牙。除官方渠道,走私的数量估计相当于官方进口的10%,相对于已有的储存,来自新世界的金银可谓数额巨大。贵金属的涌入掀起了一场价格革命。这次通货膨胀价格上涨缓慢,没有对西班牙的各个经济部门产生什么影响。想想年增长率1.5%,这在目前来说是经济发展过程中一个再合适不过的数字了。但在当时,它至少证明了这样一些观点:第一,货币不等于财富;第二,缓和的通货膨胀可以和经济增长兼容;第三,以贵金属为保证的货币制度并不能完全有效地预防通货膨胀。

资料来源:历史上五次最著名的通货膨胀,凯迪网络,http://club.kdnet.net/,2010年5月24日.

课后练习题

一、名词解释

1. 失业:是指在某个年龄以上,在考察期内有能力工作而没有工作,并且正在寻找工作的状态。

2. 摩擦性失业:劳动者的正常流动所发生的失业。

3. 结构性失业：是指因经济结构变化而发生的失业。
4. 周期性失业：是指经济周期中的衰退或萧条时，因需求下降而造成的失业。
5. 奥肯定律：描述了实际GDP的短期变动与失业率变动的联系，揭示了产品市场和劳动市场之间的重要联系。
6. 通货膨胀：一般物价水平在较长的时间内以较高幅度持续上涨的一种经济现象。
7. 通货膨胀税：是指政府通过增发纸币来弥补财政赤字，导致通货膨胀，其实质是政府以通货膨胀的方式向民众征收的一种隐蔽性税收。
8. 成本推动的通货膨胀：又称成本通货膨胀或供给通货膨胀，是指在没有超额需求的情况下由于供给方面成本的提高所引起的一般价格水平持续和显著的上涨。
9. 菲利普斯曲线：表示失业率与通货膨胀率之间的替换关系，即失业率高，通货膨胀率低；失业率低，则通货膨胀率高。

二、单项选择题

1. 失业率的计算是用（   ）。
   A. 失业者的人数除以就业者人数　　B. 劳动力总量除以失业者的人数
   C. 失业者的人数除以劳动力总量　　D. 就业者人数除以失业者的人数
2. 某大学毕业生由于不满意现有工作而辞职，在没有找到新工作之前，此种失业为（   ）。
   A. 摩擦性失业　　B. 结构性失业　　C. 周期性失业　　D. 季节性失业
3. 设原先消费价格指数为100,6个月后消费价格指数为102,则年通货膨胀率为（   ）。
   A. 2%　　　　　B. 4%　　　　　C. 5%　　　　　D. 12%
4. 某一经济在3年中，货币增长速度为8%，而实际国民收入增长速度为10%，货币流通速度不变，这3年期间价格水平将（   ）。
   A. 上升　　　　B. 下降　　　　C. 不变　　　　D. 上下波动
5. 如果导致通货膨胀的原因是需求旺盛，则此时的通货膨胀是（   ）。
   A. 结构型　　　B. 需求拉动型　　C. 成本推动型　　D. 混合型
6. 通常情况下，（   ）状态不可能同时发生。
   A. 结构性失业和成本推动型通货膨胀
   B. 有效需求不足与需求拉上的通货膨胀
   C. 摩擦性失业与需求拉上的通货膨胀
   D. 失业与通货膨胀
7. 通货膨胀将使（   ）的价值贬值。
   A. 债券　　　　B. 黄金　　　　C. 汽车　　　　D. 房地产
8. 如果发生了恶性通货膨胀，那么，受害者将是（   ）。
   A. 领取固定工资的人　　　　B. 退休金领取者
   C. 债权人　　　　　　　　　D. 前三个都对
9. 制止通货膨胀最有效的办法是（   ）。
   A. 扩张的货币政策　　　　　B. 扩张的财政政策
   C. 紧缩的货币政策　　　　　D. 紧缩的财政政策

10. 已知充分就业的国民收入是 10 000 亿元,实际的国民收入是 9 800 亿元,边际消费倾向是 80%;在增加 100 亿元的投资后,经济将发生(   )。
    A. 需求拉动型通货膨胀   B. 成本推动型通货膨胀
    C. 结构性通货膨胀   D. 以上说法都不对
11. 某人由于不愿接受现行的工资标准而造成的失业,称为(   )。
    A. 摩擦性失业   B. 结构性失业   C. 自愿失业   D. 非自愿失业
12. 菲利普斯曲线说明(   )。
    A. 通货膨胀由过度需求引起   B. 通货膨胀导致失业
    C. 通货膨胀与失业率之间呈正相关 D. 通货膨胀与失业率之间呈负相关
13. 如果债权人预计第二年通货膨胀率为 6%,这时他所愿意接受的贷款利率为(   )。
    A. 4%   B. 5%   C. 2%   D. 6%以上
14. 通货膨胀中的菜单成本是指(   )。
    A. 当通货膨胀很严重时,人们用于维持较少货币持有量的资源
    B. 由通货膨胀带来的相对价格变化的不确定性造成的资源配置的不合理
    C. 当税收不随通货膨胀作出调整时,由通货膨胀引起的激励机制的不合理
    D. 较高通货膨胀导致更频繁的价格变化而带来的成本
15. 如果经济已形成通货膨胀压力,但因价格管制没有造成物价的上涨,则此时经济(   )。
    A. 不存在通货膨胀   B. 存在抑制性的通货膨胀
    C. 存在恶性的通货膨胀   D. 存在温和的通货膨胀
16. 由于工资提高而引起的通货膨胀是(   )。
    A. 需求拉动型通货膨胀   B. 成本推动型通货膨胀
    C. 货币供给的通货膨胀   D. 结构性通货膨胀
17. 面对通货膨胀,消费者的合理行为应该是(   )。
    A. 保持原有的消费、储蓄比例
    B. 减少消费,扩大储蓄比例
    C. 增加消费,减少储蓄比例
    D. 只购买生活必需品,不再购买耐用消费品
18. 由于经济衰退而形成的失业属于(   )。
    A. 摩擦性失业   B. 结构性失业   C. 周期性失业   D. 自然失业
19. "失业率每高于自然失业率 1 个百分点,实际 GDP 将低于潜在 GDP 2 个百分点。"这一关系被称为(   )。
    A. 奥肯定律   B. 菲利普斯曲线   C. 萨伊定律   D. 凯恩斯定律

三、多选题
1. 通货膨胀的再分配效应表现在(   )。
    A. 通货膨胀不利于名义收入固定者,有利于持有浮动收益债券者
    B. 通货膨胀不利于储蓄者,有利于持有实物资产者
    C. 通货膨胀不利于债权人,有利于债务人

D. 通货膨胀不利于公众,有利于政府

2. 结构性通货膨胀的原因是(　　)。
   A. 各经济部门生产率提高的快慢不同
   B. 生产率提高慢的部门要求工资增长向生产率提高快的部门看齐
   C. 生产率提高快的部门要求工资增长向生产率提高慢的部门看齐
   D. 全社会工资增长速度超过生产率增长速度

3. 以下对"滞胀"的不正确表达是(　　)。
   A. 产出和物价水平同时上涨
   B. 产出和物价水平同时下降
   C. 物价水平上涨,但产出和就业下降
   D. 物价水平下降,但产出和就业增加

4. 在通货膨胀不能完全预期的情况下,通货膨胀对经济的影响将是(　　)。
   A. 在债务人与债权人之间,通货膨胀将有利于债务人而不利于债权人
   B. 在债务人与债权人之间,通货膨胀将有利于债权人而不利于债务人
   C. 在雇主与工人之间,通货膨胀将有利于雇主而不利于工人
   D. 在政府与公众之间,通货膨胀将有利于政府而不利于公众

5. 按照价格上升的严重程度,可将通货膨胀分为(　　)。
   A. 温和的通货膨胀   B. 严重的通货膨胀
   C. 恶性的通货膨胀   D. 供给推动的通货膨胀
   E. 超级的通货膨胀

6. 用来衡量一个国家是否进入"滞胀"的基本指标是(　　)。
   A. 存在着较高的通货膨胀率和失业率
   B. 存在着较低的通货膨胀率和失业率
   C. 经济高速增长
   D. 经济低速增长

7. 成本推动的通货膨胀可分为(　　)。
   A. 工资成本推动的通货膨胀   B. 利润推动的通货膨胀
   C. 进口成本推动的通货膨胀   D. 出口成本推动的通货膨胀

四、判断题

1. 当经济达到长期均衡时,总产出等于充分就业产出,失业率为自然失业率。(　　)
2. 微观经济学分析通货膨胀问题。(　　)
3. 通货膨胀是物价持续上涨的经济现象。物价一次性或短期性下降,严格来说,不能算作通货膨胀。(　　)

五、简答题

试从需求和供给两方面分析通货膨胀的成因。

六、计算题

已知充分就业的国民收入是12 000亿美元,实际国民收入是11 000亿美元,边际消费倾向是80%,在增加300亿美元投资后,经济中会发生通货膨胀吗?如果会发生,是属于哪种类型的通货膨胀?

第十五章

经济周期和经济增长

本章导读

宏观经济学的研究对象是经济总量的变化,它研究经济繁荣与萧条表象下的经济增长变化。正因如此,在讨论宏观经济形势时,经济增长速度成为判断经济形势的基础性指标。这也是我们在本章要重点了解的问题。

第一节 经 济 周 期

经济发展的历史表明,经济的增长方式从来不是按部就班、一成不变的,而是会受到各种因素的冲击和干扰,扩张与衰退、繁荣与萧条经常在转换,并伴随着失业、通货膨胀等宏观经济指标的较大变化。宏观经济的周期性波动是各国经济运行过程中的一种必然现象,也是所有国家的主要宏观经济问题之一。纵观世界各国经济发展之历史,似乎没有哪个国家的经济可以避免经济的周期性波动而发展。一个国家可以享受好多年令人兴奋的经济繁荣,而接下来的也许就是一场经济衰退,甚至是一场金融危机。于是,经济的总产出下降,利润和实际收入减少,大批工人失业。当经济衰退逐渐落至谷底,便开始复苏,复苏的步伐可能快也可能慢,有可能恢复到原先的经济状况,也有可能强劲得足以启动下一轮的经济扩张。简而言之,经济在沿着经济发展总体趋势增长的过程中,常常伴随着经济活动的上下波动,且呈现出周期性变动的特征。因此,本节将要论述的是经济周期理论。

一、经济周期的含义

对于经济周期,不同学者往往有不同的定义。一个被普遍接受的定义是:经济周期又称商业周期或商业循环,是指国民总产出、总收入和总就业的波动。这种波动以经济中的许多成分普遍而同期地扩张或收缩为特征,持续时间通常为2~10年。在现代宏观经济学中,经济周期发生在实际 GDP 相对于潜在 GDP 上升(扩张)或下降(收缩或衰退)的时候。

图 15.1 对经济周期做了一个描述。虚线表示潜在 GDP 的稳定增长趋势,实线代表实际 GDP 变化情况。A 点对应着经济萧条,它是经济周期的底部。B 点表明经济进入了复苏阶段。随着复苏进程的发展,产出到达趋势路径的上方,即图中的 C 点,此时的经济处于繁荣阶段。然后经济进入衰退期,此时产出增长速度降低,甚至产出可能为负增长。

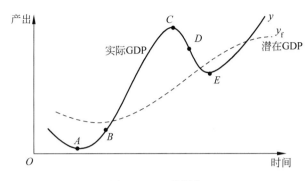

图 15.1　经济周期

E 点代表经济萧条,然后经济又开始复苏,另一个周期重新开始。

西方学者认为,经济周期的形式是不规则的。没有两个完全相同的经济周期,也不可能精确预测经济周期的发生时间和持续时间。相反,经济周期可能更像天气那样变化无常。

二、经济周期的特征

经济周期可以分为两个主要的阶段,即衰退阶段和扩张阶段。收缩阶段亦称衰退,扩张阶段亦称繁荣。在衰退阶段,总的经济趋势是下降;在繁荣阶段,总的经济趋势是上升。经济周期的两大阶段各有自己的基本特征。

1. 繁荣阶段

繁荣阶段是指国内生产总值与经济活动高于正常水平的那个阶段。其特征为:生产迅速增加,投资增加,信用扩张,价格水平上升,就业增加,公众对未来乐观。

繁荣的最高点称为顶峰,这时就业与产量水平达到最高,但股票与商品的价格开始下跌,存货水平高,公众的情绪正由乐观转为悲观。这是繁荣的极盛时期,也是由繁荣转向衰退的开始。顶峰一般也较短(往往只有 1~2 个月)。

2. 衰退阶段

衰退阶段是指国内生产总值与经济活动低于正常水平的那个阶段。其特征为:生产急剧减少,投资减少,信用紧缩,价格水平下跌,失业率增加,企业倒闭率增加,公众对未来悲观。

衰退的最低点称为谷底,这时就业与产量跌至最低点,但股票与商品的价格开始回升,存货开始减少,公众的情绪则开始由悲观转向乐观。这是衰退的最严重时期,同时也是由衰退转向繁荣的开始。谷底一般也较短(往往只有 1~2 个月)。但如果衰退严重,则称为萧条。

就发达国家的经济实践而言,在第二次世界大战之后,虽然各国仍然存在经济周期,但有一些与以往不同的特点。第一,经济中的波动仍存在,但更加没有规律性。第二,繁荣阶段延长了,衰退阶段缩短了。第三,再没有出现过像 20 世纪 30 年代那样严重的大萧条。从总体上说,尽管有周期性波动,但波动程度小了,经济以繁荣为主。

三、经济周期的一般原因

对经济周期本质和原因的研究,至少可以追溯到19世纪。从那时起,就陆续有经济学家就经济周期原因提出了一些理论,正是这些理论为研究经济周期奠定了基础,有些理论至今仍有影响。其中有代表性的理论主要包括以下几种。

(一) 纯货币理论

这种理论认为,经济周期是一种纯货币现象。经济的周期性波动完全是由于银行体系交替地扩大和紧缩信用所造成的。当银行体系降低利率、扩大信用时,企业就会向银行增加借款,增加向生产者的订货,从而引起生产的扩张和收入的增加,而收入的增加又引起对商品需求的增加和物价上升,经济活动继续扩大,经济进入繁荣阶段。但是,银行扩大信用的能力并不是无限的。当银行体系被迫停止信用扩张,转而紧缩信用时,企业得不到贷款,就会减少订货,由此出现生产过剩的危机,经济进入萧条阶段。在萧条时期,资金又逐渐回到银行,银行又可以通过某些途径来扩大信用,促进经济复苏。该理论认为,非货币因素也会引起局部的萧条,但唯有货币因素才能引起普遍的萧条。

(二) 投资过度理论

投资过度是指生产资本品(和耐用品)部门的发展超过了生产消费品部门的发展。经济扩张时,资本品(和耐用品)增长速度比消费品快;经济衰退时,资本品(和耐用品)下降速度也比消费品快。该理论认为,是资本品(和耐用品)投资的波动造成了整个经济波动。

(三) 消费不足理论

这是一种历史悠久的理论,其早期代表人物是英国经济学家马尔萨斯和法国经济学家西斯蒙第,凯恩斯也在相当大程度上受其影响。这种理论认为,经济中出现萧条与危机是因为对消费品的需求赶不上消费品的增长,而消费品需求不足又引起对资本品需求不足,进而使整个经济出现生产过剩性危机。消费不足的根源则主要是收入中用于储蓄的部分过多,用于消费的部分不足。储蓄过多和消费不足,又是由于收入分配过于不均等所造成的。

(四) 心理理论

这种理论认为,经济周期的原因在于公众心理反应的周期变化。这种理论用心理上的乐观预期和悲观预期的交替说明繁荣和萧条的交替。当任何一种原因刺激了投资活动,引起高涨之后,人们对未来预期的乐观程度一般总会超过合理的程度。这就导致过多的投资,形成经济过度繁荣。而当这种过度乐观的情绪所造成的错误被觉察以后,又会变成不合理的过分悲观的预期。由此过度减少投资,引起经济萧条。

(五) 太阳黑子论

这种理论认为,太阳黑子的活动对农业生产影响很大,而农业生产的状况又会影响工业及整个经济。太阳黑子的周期性决定了经济的周期性：太阳黑子活动频繁就使农业生产减产,农业的减产影响到工业、商业、工资、购买力、投资等方面,从而引起整个经济萧条;相反,太阳黑子活动的减少则使农业丰收,整个经济趋于繁荣。

(六) 创新理论

这种最早由熊彼特提出的理论认为,创新是经济周期波动的主要原因。根据这种理论,创新提高了生产效率,为创新者带来了盈利,引起其他企业仿效,从而形成创新浪潮。创新浪潮使银行信用扩大,从而对资本品的需求增加,引起经济繁荣。随着创新的普及,盈利机会的消失,银行信用紧缩,对资本品的需求减少,从而引起经济衰退。直至另一次创新出现,经济才再次繁荣。由于技术革新和发明不是均匀的连续的过程,而是有它的高潮和低潮,因而导致经济上升和下降,形成经济周期。

四、乘数—加速数理论

(一) 加速原理

在宏观经济学中,产量水平的变动和投资支出数量之间的关系被称为加速原理。

一般来说,要生产更多的产量需要更多的资本,进而需要用投资来扩大资本存量。在一定的限度内,企业有可能用现有的资本通过集约地使用来生产更多的产品。但在任何时候,企业总认为有一个最优的资本对产量的比率。这个比率不仅在行业与行业之间差别很大,而且还随着社会技术和生产环境的变动而发生变动。在宏观经济学中,为了减少复杂性,通常假定这个比率在一定时间内保持不变。

若以 K 代表资本存量,y 代表产量水平,v 代表资本—产量比率,即一定时期每生产单位货币产量所要求的资本存量的货币额,则有

$$K = vy$$

注意到 K 是存量而 y 是流量,所以一般情况下,$v > 1$。假定 $v = 3$,其含义为要生产 200 元的 y,就需要有 600 元的 K。

引入时期的概念,则 $(t-1)$ 时期的 K 和 y 的关系可表示为

$$K_{t-1} = vy_{t-1}$$

如果产量从 y_{t-1} 变动到 y_t,则资本存量也将从 K_{t-1} 变动到 K_t,即

$$K_t = vy_t$$

于是资本存量的增加量是 $K_t - K_{t-1}$。为了增加资本存量,需要投资支出净增加。记 I_t 是时期 t 的投资净额,即净投资,则有

$$I_t = K_t - K_{t-1}$$

进而有

$$I_t = vy_t - vy_{t-1} = v(y_t - y_{t-1}) \tag{15-1}$$

式(15-1)表明,t 时期净投资额决定于产量从 $(t-1)$ 到 t 的变动量乘以资本—产量比。如果 $y_t > y_{t-1}$,则在时期 t 有正的净投资。式(15-1)告诉人们,净投资取决于产量水平的变动,变动的幅度大小取决于 v 的数值。资本—产量比 v 在这里通常被称为加速数。

由于总投资由净投资与重置投资(或更新投资)构成,如果将重置投资视为折旧,则在式(15-1)两边同时加上折旧,便有

$$t\text{ 时期总投资} = v(y_t - y_{t-1}) + t\text{ 时期的折旧} \quad (15\text{-}2)$$

由式(15-1)或式(15-2)所表示的加速原理说明,如果加速乘数为大于1的常数,资本存量所需要的增加必须超过产量的增加。应当指出,加速原理发生作用是以资本存量得到了充分利用,且生产技术不变,从而资本—产量比固定不变为前提的。

(二) 乘数—加速数模型的基本思想

由萨缪尔森所提出的乘数—加速数模型的基本方程如下:

$$\begin{cases} y_t = C_t + I_t + G_t & (15\text{-}3) \\ C_t = \beta y_{t-1}, 0 < \beta < 1 & (15\text{-}4) \\ I_t = v(C_t - C_{t-1}), v > 1 & (15\text{-}5) \end{cases}$$

式(15-3)为产品市场的均衡公式,即收入恒等式,为简便起见,假定政府购买 $G_t = G_0$(常数);式(15-4)是简单的消费函数,它表明,本期消费是上一期收入的线性函数;式(15-5)按加速原理依赖于本期与前期消费的改变量,其中 v 为加速数。

乘数—加速数模型在试图把外部因素和内部因素结合在一起对经济周期作出解释的同时,特别强调投资变动的因素。假设由于新发明的出现使投资的数量增长。投资数量的增长会通过乘数作用使收入增加。当人们的收入增加时,他们会购买更多的物品,从而整个社会的物品销售量增加。通过上面所说的加速数的作用,销售量的增加会促进投资以更快的速度增长,而投资的增长又使国民收入增加,从而销售量再次上升。如此循环往复,国民收入不断增大,于是,社会便处于经济周期的扩张阶段。

然而,社会的资源是有限的,收入的增大迟早会达到资源所能容许的峰顶。一旦经济达到经济周期的峰顶,收入便不再增长,从而销售量也不再增长。根据加速原理,销售量增长的停止意味着投资量下降为零。由于投资的下降,收入减少,从而销售量也因之而减少。又根据加速原理,销售量的减少使投资进一步减少,而投资的下降又使国民收入进一步下降。如此循环往复,国民收入会持续下降。这样,社会便处于经济周期的衰退阶段。

收入的持续下降使社会最终达到经济周期的谷底。这时,由于在衰退阶段长时期所进行的负投资,生产设备逐年减少,所以仍在营业的一部分企业会感到有必要更新设备。这样,随着投资的增加,收入开始上升。上升的国民收入通过加速数的作用又一次使经济进入扩张阶段。于是,一次新的经济周期又开始了。

该理论认为,经济周期的阶段正是由于乘数与加速数交互作用而形成的:投资影响收入和消费(乘数作用),反过来,收入和消费又影响投资(加速数作用)。两种作用影响,形成累积性的经济扩张或收缩的局面,这是西方学者对经济波动作出的一种解释。他们认为,只要政府对经济干预,就可以改变或缓和经济波动。例如,采取适当政策刺激投资、鼓励提高劳动生产率以提高加速数、鼓励消费等措施,就可克服或缓和经济萧条。

第二节 经 济 增 长

一、经济增长的含义和源泉

（一）经济增长的含义

经济周期原理主要研究实际产值怎样围绕着充分就业的产值波动，经济增长原理则主要分析充分就业产出的变化趋势。经济周期和经济增长的分析都是长期动态的分析。

在现代西方经济学中，经济增长（economic growth）并不简单地意味着产值的增加。它是指一个经济周期的高峰阶段和上一个经济周期的高峰阶段相比较而言的产值变化趋势。因此，经济增长不是指现存生产能力利用率的提高所带来的产值的增加，而是指社会生产能力的提高所带来的产值的增长。它不是指名义产值的增加，而是实际产值的增长。

在图像上，经济增长表现为生产可能性曲线向外移动。在图 15.2 中，曲线 PC 表示在一定的生产技术和社会资源下某一经济社会所能够得到的产量，即生产可能性曲线。当社会产量从生产可能性曲线内 A 点移向曲线上的 B 点时，这是因现有生产能力利用率的提高而带来的产量的增长，因此它还不是严格意义上的经济增长。只有当生产可能曲线从 PC 移向 PC_1，或者 B 点移向 C 点时，社会产量的增长才叫做经济增长。经济增长意味着生产技术进步或者社会资源增加所导致的产量的增长。

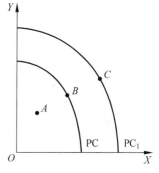

反映经济增长的指标主要有实际 GDP 和人均 GDP。前者表示一个经济社会的总生产能力，后者则反映一个经济社会的生产率和生活标准。根据不同目的，可以采取不同的指标衡量经济增长。

图 15.2　经济的增长

（二）经济增长的源泉

经济增长的重要源泉有以下几个方面。

第一，科学技术的进步。新知识的增加和技术的进步对经济增长起着重要的作用，它在没有资本积累的条件下也可以导致经济的增长。假定新生产的资本品刚好能够补充损耗的资本品，资本存量并没有发生变化。如果新资本品是和以前一样质量的资本品，社会生产能力没有提高。但如果新资本品吸收了科学技术的新成果，社会生产能力将提高，它在其他条件不变的情况下将导致经济的增长。

第二，物质资本。一般来说，在劳动数量不变的条件下，物质资本的数量越多，质量越好，社会生产能力就越高，经济增长就越快。物质资本的增长在经济学史上常常被看作经济增长最主要的源泉，但它实际上只是重要的因素之一。

第三，人力资本。当代西方经济学家认为，不仅存在着对存货、房屋建筑和机器设备的投资，而且还存在着对人的投资。因此，不仅有物质资本，而且还有人力资本。人力资本(human capital)是指对人进行生产性投资的资本化价值。对人的生产性投资主要包括教育、训练和保健的支出。投资的效果是人的能力提高了,因而可以获得更高的报酬。

二、经济增长理论

从经济学理论产生开始,经济学家就开始关注对经济增长的分析。经济增长理论的发展经历了古典、新古典和新经济增长理论三个发展阶段。本部分对经济增长理论的演进作一综合概括。

(一) 古典经济增长理论

古典经济增长理论代表人物主要有亚当·斯密(Adam Smith),大卫·李嘉图(David Richado)和托马斯·马尔萨斯(Thomas Malthus)。

亚当·斯密(Adam Smith,1776)在其经典著作《国民财富的性质和原因的研究》中最早论述了经济增长问题。斯密将促进经济增长的途径归纳为两种:一是增加生产性劳动的数量;二是提高劳动的效率。除此之外,斯密也注重资本积累对经济增长的影响,同时强调贸易自由有利于经济的增长,认为最好的经济政策就是给人们的经济活动以完全充分的自由。所有这些思想,都成为后来经济增长理论的重要源泉。

大卫·李嘉图(David Richado,1817)在《政治经济学与赋税原理》中提出了认识经济增长的一个重要概念,即报酬递减规律。他虽然同意斯密对资本积累的强调,但在报酬递减规律的支配下,人口增长和资源消耗与资本积累和市场扩大之间的竞争,最终将使资本积累停止,经济增长过程最终会停止。

托马斯·马尔萨斯(Thomas Malthus,1798)对经济增长的讨论是与他的人口原理联系在一起的。在他看来,人口增长与产出增长是不同步的。人口以现有的人口数量为基数不断增长,但土地上的产出却遵循收益递减规律。所以,以人均产出表示的经济增长会受到人口增长的限制。

(二) 新古典经济增长理论

在古典经济学之后,关于经济增长的研究在相当长一段时间内出现空白,这是因为随后的经济学将研究重心转向资源配置问题,宏观经济学基本没有立足之地,自然也就没有增长理论。19世纪后期,以"边际分析"为特征的新古典经济学得以兴起,标志着经济学进入了一个新的成长阶段。

在对经济增长动力的研究上,马歇尔(Marshall)认为,人口数量的增加、资本的增加、智力水平的提高、工业组织(分工协作)的引入等,都会提高工业生产,促使经济增长。这些因素对厂商生产的全体影响表现为收益递增。所以,经济增长与收益递增相联系。熊彼特(Shumpeter,1934)使用了"创新"概念来解释资本主义社会的经济发展。他认为,创新是企业家对生产要素实现的新组合,经济中存在着对创新的模仿。在超额利润的诱使下,许多厂商开始模仿创新厂商,从而使创新在整个经济中展开,并使创新厂商的超额利润逐渐减少并最终消失。凯恩斯(Keynes)则倚重于需求分析,从而给1929年的"大萧条"一个有力的解释。英国经济学家哈罗德(Roy Harrod,1939)和美国经济学家多马

(Evsey Domar,1946)关于经济增长的研究是在凯恩斯宏观经济模型的基础上进行的,这是现代经济增长理论的开端。他们认为充分就业是长期稳定增长所应满足的条件。

新古典经济增长理论形成的标志是由索洛(Robert Solow,1956)和斯旺(Trevor Swan,1956)20世纪50年代提出的增长理论。他们认为产出的增长来源于资本和劳动投入的增长。之后索洛(1957)首先在生产函数中引入了技术因素变量,认为技术进步是长期经济增长的决定因素。但新古典经济增长理论将技术进步这一长期经济增长的最根本因素归结于外生因素,这意味着经济增长的主要动力在经济增长理论研究的范围之外,同时技术进步的来源又无法明确解答,使增长模型不能解释经济的长期增长。此后卡斯(David Cass,1965)和科普曼斯(Tjalling Koopmans,1965)将拉姆赛的消费者最优化分析引入新古典经济增长模型,从而提供了内生决定的储蓄率,卡斯和科普曼斯的研究完成了基本的新古典增长模型,而其后的经济学家对经济增长进行的研究,由于偏重于技术性,数学模型占据重要地位,导致该理论对经济现象的解释力降低,经济增长理论进入了一个20多年的沉寂时期,宏观经济学家从对增长理论的研究转向发展理论和经济短期波动的研究,增长理论的研究因此停滞下来。

(三) 新经济增长理论

经济增长理论最大的进展是20世纪80年代提出的新经济增长理论,其主要特征是将与技术进步相关的创新纳入理论。

新增长理论源于罗默(Paul Romer,1986)和卢卡斯(Robert Lucas,1988)的观点。罗默和卢卡斯针对索洛模型的局限性,探讨了技术进步的内生化问题,在总量方程中将技术进步内生化,研究经济增长的途径与实现机制,这些在20世纪80年代中后期开始发展起来的以研究内生技术进步为主要特征的增长理论被称为"新经济增长理论"。其他经济学家如巴罗(Barro,1990)、阿格昂和霍韦特(Philippe Aghion & Peter Howitt,1992)、格罗斯曼和赫尔普曼(Gene M. Grossman & Elhanan Helpman,1990)、宇泽弘文(Hirofumi Uzawa,1965)、琼斯(Jones,1995)、杨小凯和博兰德(Xiaokai Yang and Borland J.,1991)、贝克尔和墨菲(Becker G.S and Murphy K.M,1990)等也分别从人力资本、技术创新、分工等不同角度阐述了经济增长的动力机制。

新经济增长理论认为,经济增长是资本积累、劳动力增加和技术变化长期作用的结果,将技术进步视为经济的内生变量和知识积累的结果,强调知识和"人力资本"对经济增长的决定性作用,特别强调特殊的知识和专业化的人力资本是经济增长的主要因素,知识和人力资本不仅使其自身的收益递增,而且能使资本和劳动等要素投入的收益递增,从而使整个经济规模的收益递增,得出了一个与收益递减的传统增长模型完全不同的收益递增增长模型;同时,新经济增长理论也认为,一个国家的经济增长主要取决于各种生产要素的增加及其使用效率的提高,肯定技术进步在增长中的作用,认为内生的技术进步是经济实现持续增长的决定因素;宏观的经济政策对经济增长也具有重要意义。由此可见,新经济增长理论已突破了传统增长理论所强调的劳动数量、资本存量等刚性因素,而是强调柔性因素,如人力资本、分工、贸易和制度等。

新经济增长理论研究内容示意图如图15.3所示。

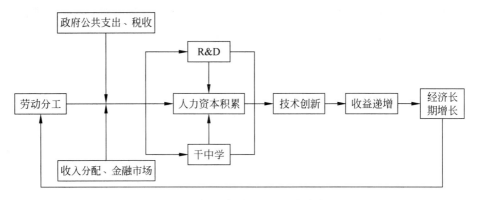

图 15.3 新经济增长理论研究内容

由于新经济增长理论认为经济增长不是外生因素作用的结果,而是由经济系统的内生变量决定的,即经济能够不依赖外力推动实现持续增长,因此也被称作内生经济增长理论。内生经济增长理论除了对增长机制本身进行探讨之外,与传统增长理论相联系的经济现象也逐渐通过内生增长得以解释。金融发展与经济增长、经济周期与增长、就业与增长、教育与增长、市场结构与增长以及收入分配与增长的相互关系研究已成了新增长理论的热门研究领域。

三、经济增长的代价

国家从经济增长中得到的收益是提高生活水平和增强国防能力,对经济增长付出的主要成本是资源耗竭和环境污染。在经济发达国家经济增长的同时,也引起了环境污染、资源耗竭、城市人口密集拥挤、生活质量下降等严重问题。在美国,1950 年以前实际国民生产总值的增长所带来的环境污染基本上还能为自然界所承受,没有引起什么严重的问题。但是,1950—1958 年,实际国民生产总值增加了 1 倍,而累积于空气和水源的一氧化碳、二氧化碳、碳氢化合物和铅、汞等含毒物质也增加了 1 倍,环境污染成为一个举国瞩目的问题。一些经济学家注意到这种情况,因而对经济增长提出了异议。

(一) 增长极限论

罗马俱乐部学者梅多斯(D. H. Meadows)等在 1972 出版的《增长的极限》一书中,通过计算机的估算得出一个惊人的结论:如果让经济像目前这样不受限制地增长,那么在 2100 年到来以前,会将因粮食缺乏、资源枯竭和环境污染而走向崩溃。但是,持有这一观点的经济学家相信,即使在经济增长过程中不能完全避免环境污染,也可以把它降低到最低程度。这些学者认为,摆脱这一困境,实现全球经济均衡增长的措施主要是:1975 年停止人口增长;1980 年停止工业资本增长;每一单位工业品的物质消耗降到 1970 年的 1/4;经济的重点从物质生产转到服务业上;环境污染降低到 1970 年数值的 1/4;增加对粮食的生产,农业投资重点用于增长土地肥力与水土保持;等等。

总之,梅多斯等人的基本观点是,世界经济体系的基本行为方式是人口和资本的指数增长和随后的崩溃。由于梅多斯等人对人类前途抱着悲观的态度,西方经济学家称他们的模型是"崩溃的模型"或"世界末日模型"。

(二) 增长怀疑论

增长极限论偏重于说明持续经济增长的不可能性。但是,如果持续经济增长是可能的,那么这种增长是否就应该追求呢?一些经济学家从价值判断的角度对经济增长的价值提出了怀疑。

美国经济学家米香(Meashan)认为,为实现经济增长所付出的社会和文化代价太大了。首先,持续的经济增长使人们失去许多美好的享受。例如,无忧无虑的闲暇,田园式的享受,清新的空气,等等。其次,经济增长所带来的仅仅是物质享受的增加,但物质享受不是人类快乐的唯一源泉,随着社会的发展,人们也并不把物质享受作为唯一的目标。最后,人对幸福的理解取决于他在社会上的相对地位,因此,经济增长尽管增加了个人收入的绝对量,但并不一定能提高他在社会上的相对地位,这样也就并不一定能给他带来幸福。总之,在米香看来,技术的进步,经济的增长仅仅是物质产品的增加而不是幸福的增加。在经济增长中,人们失去的幸福太多了,因此,即使经济增长是可能的,也是不可取的。

(三) 对增长极限论和增长怀疑论的批评

由于《增长的极限》一书涉及的是人类前途问题,而结论又是那样阴暗和耸人听闻,所以该书出版后,立即引起了西方学术界的激烈争论。通过争论,形成了赞成经济增长和反对经济增长的两种对立观点。下面,我们简述一下西方学者对增长极限论的批评。

有些学者认为,增长极限论是新形势下的马尔萨斯人口论的翻版,梅多斯等人只是"带着计算机的马尔萨斯"。经济学家们认为,梅多斯等人的世界模型结论是否正确,决定于所选择的基本经济关系是否恰当,估计的参数是否正确。而梅多斯等人的世界模型在这些方面都有缺点。例如,有的学者根据梅多斯等人的模型,假定自1970年起,自然资源发现(包括回收)率每年增长2%,控制污染的技术能力每年增长2%,粮食产量每年增长2%,按照这样的假定,改变了模型结构时,计算机计算的结果表明,产量和人口增长都不受限制,崩溃永远不会发生。人们还对梅多斯模型做了另一个实验,就是把模型的开始时期由1900年提前到1850年,且用该年各个变量的实际数值作为起点水平,答案是,世界在1970年左右就要崩溃。

美国经济学家索洛对梅多斯模型予以了否定。他认为,世界模型是一个伪科学,因此,也是对公共政策的消极导向。世界模型从假设到结论之间的逻辑关系非常简单和明显,从这个意义上说,它更像是一个假设而不是一个结论。

至于经济增长是否为一个值得追求的目标,真正的经济社会发展目标和追求应该是怎样的,经济学们更是观点各异,众说纷纭。他们的争论表明,经济增长实际上不仅是一个经济问题,而且还是一个社会问题。对经济增长问题的争论在某些方面实际上已经超出了经济学的范围。但是,我们应该看到,正是经济增长过程中反映出的实际问题和20世纪70年代给人印象深刻的那场大争论,推动了人们对经济社会发展目标看法的进步,也推动了后来经济增长和发展过程中对于有关问题的注意、关切和解决。20世纪70年代看法各异的观点，今天已经取得了很多共识。

四、经济增长与可持续发展

可持续发展思想的形成与人们对经济增长问题的认识有着密切的关系。从某种意义上说，正是人们对经济增长问题的反思和检讨，使人类的发展观发生了突破性的进展，亦即，从单纯追求经济增长转向寻求经济、社会、人口、资源、环境的协调发展的可持续发展。从两者的关系看，它至少包含以下几个方面。

（一）经济增长是可持续发展的前提和基础

可持续发展思想形成于人们对传统经济发展方式的反思，也就是说，传统的经济增长方式以"高消耗、高投入、高污染"为特征。这种增长方式虽然满足了一部分人的高水平享受，却过度消耗了自然资源并破坏了生态平衡，虽然使一些国家和地区发达起来，却在更多的地方加剧了贫穷和落后，是一种"不可持续的生产和消费模式"，因而也是应当摒弃的一种发展方式。而新的可持续的经济发展方式应当是在经济发展的过程中，使经济社会发展与资源环境保护相协调，即经济发展的同时，不能破坏经济发展所依赖的资源和环境基础。然而，强调经济发展的可持续性，不能因为传统经济增长方式的不可持续而放弃经济发展或放慢经济增长速度。对于发展中国家来说，更是如此。没有一定的经济发展，就不可能提高社会生产力，不可能增强综合国力，不可能提高人民生活水平，不可能缩小与发达国家的贫富差距，更不可能因此而保护资源环境基础，最终也不可能实现可持续发展的目标。也就是说，没有发展就不可能有可持续发展，贫穷不可能达到可持续发展的目标。因此，实行可持续发展战略首先应当强调作为其前提和基础的经济发展。经济发展是可持续发展的物质基础，没有这一基础，就不可能有经济、社会、人口、资源、环境的协调发展。

（二）实现可持续发展必须转变传统的经济增长方式

经济增长是可持续发展的前提和基础，而传统的经济增长方式又是不可持续的，因此，实现经济可持续发展的根本途径在于转变传统的经济增长方式，实行可持续的经济发展方式。工业革命以来，人类社会生产力得到了极大的提高，经济增长迅速，特别是第二次世界大战以后，快速的经济增长把一个受战争创伤的世界在短短几十年里推向一个崭新的、高度和前所未有的工业化时代。婴儿死亡率下降，平均预期寿命延长，儿童入学比例提高，粮食供应快于人口增长，等等。这一度使人们相信，只要经济增长，就能够带来人类社会的繁荣和进步。但是不久后，人们就开始发现，为了这种快速的经济增长，人类赖以生存的地球环境付出了沉重的代价，这种代价表现在：在工业化、城市化过程中，人口不断膨胀，达到了前所未有的增长高峰；耕地、淡水、森林和矿产等自然资源被大量地消耗；生态系统遭到严重破坏，水土流失加剧，沙漠化蔓延；水污染、空气污染、土壤污染等环境污染现象日益严重，已造成一系列公害事件。在一系列危及人类自身生存与发展的生态环境面前，人们开始反思这种"高消耗、高投入、高污染"的经济增长方式是给人类带来进步还是困境。显然的是，如果继续沿用传统的经济发展方式，将把人类引向生存和发展的困境。为了避免这一后果,首先应当转变经济增长方式,使经济实现增长的同时避免损害人类所赖以生存的资源和环境基础。

(三)适当的经济政策是可持续发展的保证

如前所述,不可持续的经济发展方式导致了一系列生态环境问题,而生态环境问题的解决,除了转变经济发展方式外,还需要适当的经济政策作为保证。不适当的经济政策所带来的发展会造成对生态环境的损害,而适当的经济政策则对经济活动起着调节作用,保证其所实现的经济增长不以牺牲生态环境为代价。世界银行1992年《世界发展报告》认为,在正确的政策和适当的机构的引导下,经济增长可以通过三种方式帮助环境问题的解决:①当收入增加时,有些环境问题会减少。因为收入的增加为公共服务提供了资金来源,当人们不需为生存而担忧时,就能够为保护环境提供投资;②有些环境问题会随着收入的增加在开始时恶化,但会随着收入的进一步增加而减轻,过去一些年中大气质量的变化证明了这一点;③随着收入的增加,有些环境指标不断地恶化,如二氧化碳排放量一直在随着经济的增长而不断增加。但这些方面并非不能改善,其改善同样不能离开经济实力的增长。所以,并非所有的经济增长都必须以牺牲环境为代价,只要采取适当的经济政策和相应的有效措施,完全可以在发展经济的同时,保护好我们赖以生存和发展的环境。这种适当的经济政策包括适当的经济发展战略、适当的产业政策、区域政策、投资政策、贸易政策等各个方面。不仅如此,在经济发展过程中,还可以通过利用经济手段来推进可持续发展,如将环境成本纳入各项经济分析和决策过程,改变过去无偿使用环境并将环境成本转嫁给社会的做法,又如在经济活动中采取"污染者负担"的原则来限制环境污染。

五、促进经济增长的政策

(一)改善技术增长和生产率的政策

索洛的增长理论表明,人均收入的持续增长来自技术进步。虽然索洛没有解释技术进步,在一定程度上无法理解技术进步的决定作用,但许多公共政策的目的仍在于鼓励技术进步。例如,专利制度给新产品发明者以暂时的垄断权力。当一个人或一个企业发明了一种新产品,发明者可以申请专利。如果认定该产品的确是原创性的,政府就授予专利,专利给予发明者在规定年限内排他性地生产该产品的权利。专利制度允许发明者从使用者中获得利润,尽管只是暂时的,但专利制度提高了个人和企业从事研究的积极性。类似的例子还有税收法规为进行研究和开发的企业提供税收减免的规定。

与技术增长相关联的另一个概念就是技术研发。政府引导高素质的研究与开发团队的形成,是改善技术进步的一个关键因素。例如,美国政府很早就资助耕作方法研究,并建议农民如何最好地利用自己的土地;又如近些年来,美国政府通过空军和国家航空航天局支持空间研究;同时,像国家科学基金这样的政府机构持续直接资助大学的基础性研究。

(二) 刺激资本形成的政策

长期以来,刺激经济增长的政策几乎完全集中在资本形成上,因为资本存量的增加会促进经济增长。经验和研究已经证明,在数量上,每一额外百分点的资本增长将大约增加 0.3 个百分点的产出增长。而为了将产出每年提高一个百分点,资本存量每年就必须提高 3.3 个百分点。当然新工厂和机器的增加,可能会带来促进生产率提高的额外的技术创新。

在经济条件的恰当组合下,投资的大量增长是有可能的。例如,美国在 1962 年的时候,投资处于衰退的水平上。当时的美国总统肯尼迪实施了一个投资抵免政策,以刺激社会的投资。这一刺激资本形成的政策,加上当时普遍的扩张条件,使美国的投资额从 1962 年的 3 060 亿美元增加到 1966 年的 4 010 亿美元,增长了大约 30%。但是,这种增长率的趋势并不能就此保持下去。几年后,资本增长率就下来了。为达到同原来一样的资本增长率,投资税抵免政策不得不加强力度。

(三) 增加劳动供给的政策:教育和培训

根据经验性分析,就业增长对经济增长的影响是资本增长的两倍多。就业量每多增长一个百分点,将使产量增长提高 0.7 个百分点。也就是说,为使产出增长率每年增加 1%,就业量每年需要增加 1.4%。个人收入所得税的减免是加强对就业的激励,促使人们努力工作的一个途径。因为个人收入所得税的提高会减少工人的工作所得,从而降低工人的工作积极性,所以个人收入所得税的减免能够改善激励,促进工作的积极性。例如,美国在 1981 年和 1986 年通过并生效的税收减免政策,就正是以这一观点为基础的。

与劳动供给相关联的一个概念是人力资本,它是指劳动者通过教育和培训所获得的知识和技能。与物质资本一样,人力资本也提高了一国生产产品和劳务的能力。20 世纪 90 年代的一项研究强调了在解释各国生活水平的差别中,人力资本至少与物质资本同样重要。因此,政府政策可以提供良好的教育、培训体系,并鼓励人们利用这样的体系。在美国,地方政府提供了对小学、中学和大学的支持中的大部分,政府在教育、培训、提高居民知识水平方面发挥着重要的作用。

(四) 赤字预算下的扩张性政府支出政策对经济的影响

政府扩张性的支出政策一般也会投向公共设施和基础设施,而公共设施和基础设施将会在长期里为私人投资的增长创造条件。所以扩大政府开支的政策会在长期里间接地有利于经济增长。

但是,这种增加基础设施的政府公共投资政策也有副作用。当政府采用赤字财政来扩大政府支出时,通常会出现"挤出效应"。这就是说,如果从长期考虑的话,这种情况造成的私人投资的减少将会影响经济增长。

现在我们反过来考虑,如果政府减少预算赤字,也就是说政府缩减开支,将会减轻对私人投资的挤出效应,从而对长期经济增长产生积极作用的话,那么缩减政府开支的政策也可以被看作激励私人投资增加和减少挤出私人投资的政策。

（五）推动经济增长的政府政策的可行性

我们说,尽管上述政府的经济政策有可能推动经济的增长,但是,问题并不如此简单。因为,这些政策的实行,需要社会和政府为了长远的利益而牺牲当前利益。削减预算赤字会要求更高的税收或更低的产出,而高税收也会降低私人投资的增长;从其他推动经济增长的政策来说,比如,调整产业政策、减少已有的管制、注重环境保护等,都需要政策上的支持。如果这些政策会触及一些人眼前的既得利益,则该政策能否被批准或通过,也是成问题的。

本 章 小 结

本章对经济周期和经济增长理论的演进做了综合概括。分析认为,现代经济增长理论已突破了传统增长理论所强调的劳动数量、资本存量等刚性因素,而是强调柔性因素,如人力资本、分工、贸易和制度等。在此基础上,本章还列举了关于经济增长问题的争议,以及促进经济增长的长期、系统措施。

人物介绍：马尔萨斯、卢卡斯、索洛

第十六章

开放经济的基本理论

本章导读

国际贸易和资本流动是宏观经济活动的重要内容。在开放经济条件下,本国的经济将和别国的经济通过国际贸易和资本流动的渠道联系起来。也就是说,本国的经济既会影响别国的经济,也会受到别国经济的影响。而进出口、资本流动、汇率的变动和宏观经济政策的变动,将在上述相互作用中发挥不同程度的重要作用。为此,我们必须很好地理解开放经济的基本理论。

第一节 国际贸易理论的发展概述

一、绝对优势理论

第一个建立起市场经济学分析框架的是英国古典经济学家亚当·斯密,他花了将近十年时间,于1776年写出了一部奠定古典经济学理论体系的著作《国民财富的性质和原因的研究》(《国富论》),该著作第一次把经济科学所有主要领域的一切经济知识归结成一个统一和完整的体系,贯穿这一体系的基本思想就是自由放任的市场经济思想。

(一)斯密的自由贸易理论

斯密的贸易思想是其整个自由竞争市场经济体系的一个有机组成部分。斯密认为,自由竞争和自由贸易是实现自由放任原则的主要内容,并极力论证实现该原则的必要性与优越性。《国富论》通过对国家和家庭进行对比来描述国际贸易的必要性。其主要观点如下:

第一,每个家庭认为只生产一部分自己需要的产品,用能出售的产品来购买其他产品是合算的,同理应适用于国家:如果一件东西在购买时所费代价比在家内生产所费小,就不要在家内生产。如果外国能以比自己制造还便宜的价格供应我们商品,最好就用我们自己产业生产的一部分物品来向他们购买。因此,国际贸易中不仅出口带来利益,进口同样带来好处。进口、出口都应是市场上的自由交换。交换结果是双方都会得到好处。国际贸易是自由市场经济的一部分,不应加以任何限制。

第二,国际贸易基础是各国之间劳动生产率和生产成本的绝对差别。一国进口别国产品是因为该产品生产技术处于劣势,生产比购买成本要高;一国能够向别国出口产品是因为该产品的生产技术比别国先进,具有绝对优势。因此,各国应该集中生产并出口其具有"绝对优势"的产品,进口其不具有"绝对优势"的产品,其结果比自己什么都生产更有利。这一学说即"绝对优势(absolute advantage)理论"。

第三,各国劳动生产率差异是"自然"形成的。国家最擅长生产的东西、最具有优势的产业是由历史条件、各国的地理环境、土壤、气候等自然条件造成的。

斯密的这些观点在后来的国际贸易理论中得到了进一步发展。赫俄的资源禀赋理论和克鲁格曼的规模经济理论都可追溯到早期古典经济学的思想。

(二)绝对优势贸易模型

1. 基本假设和生产贸易模式

将不存在直接关系的变量假设为常量,并简化其他条件。绝对优势贸易模型基本假设为

(1) 两个国家和两种可贸易产品。
(2) 两种产品的生产都只有一种要素投入——劳动。
(3) 两国在不同产品上的生产技术不同,存在着劳动生产率的绝对差异。
(4) 要素可以在国内不同部门流动但不能在国家之间流动。
(5) 规模报酬不变。
(6) 完全竞争市场;各国生产的产品价格都等于生产成本,无经济利润。
(7) 无运输成本。
(8) 两国之间的贸易是平衡的。

假设中国和美国都生产布和小麦,但生产技术不同。劳动是唯一生产要素且均为100人。设两国单位劳动时间相同,如果全部劳动人数都生产小麦,中国产25千克,美国产100千克;如果全部劳动人数都生产布,中国产50码,美国产40码。中国和美国的产品产量、劳动生产率和生产成本分别见表16.1~表16.3。

表16.1 中国和美国的产品产量

国别	布/码	小麦/千克
中国	50	25
美国	40	100

表16.2 中国和美国的劳动生产率(单位劳动的产品产量)

国别	布的人均产量	小麦的人均产量
中国	0.5	0.25
美国	0.4	1

表16.3 中国和美国的生产成本(单位产品的劳动投入)

国别	布的劳动投入	小麦的劳动投入
中国	2	4
美国	2.5	1

中国具有生产布的绝对优势,美国具有生产小麦的绝对优势。根据绝对优势理论,中国应专门生产布,用一部分与美国交换小麦。美国应专门生产小麦,用一部分与中国交换布。

2. 贸易所得

如果没有贸易,两国都是封闭经济,自给自足;为了满足不同消费,每个国家都要生产两种产品,生产量等于消费量。在专业化分工后,两国都比贸易前增加了消费,都得到了自给自足时不可能达到的消费水平,世界范围内总产量得到提高,这就是贸易所得。中国和美国贸易量与利益分配见表16.4。

表16.4 中国和美国贸易量与利益分配

国别	贸易前(自给自足)	贸易后(专业分工)
中国	25 布 12.5 小麦	50 布 0 小麦
美国	20 布 50 小麦	0 布 100 小麦
合计	45 布 62.5 小麦	50 布 100 小麦

(三)理论的局限性

绝对优势理论解释了产生贸易的部分原因,首次提出贸易双方都可以从国际的分工与交换中获得利益。国际贸易可以是"双赢"的局面而不是"零和游戏"。但该理论局限性较大。现实社会中,有些国家比较先进发达,有可能在各种产品生产上都具有绝对优势,而另一些国家可能不具有任何生产技术上的绝对优势,但是贸易仍然在这两个国家之间发生,斯密的理论无法解释这种绝对先进和绝对落后国家之间的贸易。

表16.5 中国产量"双劣势"情况分析

国别	布/码	小麦/千克
中国	50	25
美国	80	100

如表16.5所示,美国小麦和布的劳动生产率都比中国高,都有绝对优势,美国应该出口小麦,也出口布,而中国没有任何出口能力,不但应该进口小麦,还应该进口布。但如果中国不能出口也就没有能力、无法进口,国际贸易也就没有可能。这就是绝对优势贸易理论解释国际贸易的实际现象时的局限性。

二、相对优势理论

斯密之后的另一位著名古典经济学家是大卫·李嘉图,他也主张自由贸易,认为每个人在自由追求个人利益的同时也会自然而然地有利于整个社会。

(一)相对优势贸易模型

1. 基本假设和生产贸易模式

相对优势(comparative advantage)贸易模型假设与绝对优势模型的基本假设一样,

但不强调两国之间生产技术的绝对差别。该理论认为,生产和贸易的模式是由生产技术的相对差别以及由此产生的相对成本差别决定的。各国应该专门生产并出口具有比较优势的产品,进口具有比较劣势的产品。

相对成本是指一个产品的单位要素投入与另一产品单位要素投入的比率。一国生产某种产品的相对成本低于别国生产同样产品的相对成本,该国就具有该产品的比较优势。中国和美国的产品产量和相对生产成本见表 16.6 和表 16.7。

表 16.6 中国和美国的产品产量

国别	布/码	小麦/千克
中国	50	25
美国	80	100

表 16.7 中国和美国的相对生产成本

国别	小麦/布	布/小麦
中国	0.5	2
美国	1.25	0.8

相对优势理论认为贸易基础是生产技术相对差别以及由此产生的相对成本的不同。一国只需在某产品生产上有比较优势而不一定要有绝对优势就能够出口获利。一国可能所有产品都不具有绝对优势,但一定会在某些产品上拥有比较优势。此处,中国在布的生产上具有相对的比较优势。因此,任何国家都可以有出口的产品,都有条件参与国际分工和国际贸易。

2. 贸易影响与贸易所得

绝对优势理论中贸易所得一目了然,比较优势理论中贸易所得则并不直观。一国可能出口比别国生产成本高的产品,也可能进口生产成本不如本国低的产品。中国和美国贸易量与利益分配见表 16.8。

表 16.8 中国和美国贸易量与利益分配

国别	贸易前(自给自足)	贸易后(专业分工)
中国	25 布 12.5 小麦	50 布 0 小麦
美国	40 布 50 小麦	20 布 75 小麦
合计	65 布 62.5 小麦	70 布 75 小麦

国际价格是双方都接受的交换价格。在给定的国际价格下,各国根据自己的社会消费偏好进行最优选择,决定两种产品的消费。均衡点是美国进口布与出口小麦的量,正好等于中国相应的出口和进口量。在专业化分工后,世界范围内总产量得到提高。

(二)对两种理论的比较与评价

与"绝对优势学说"相比,相对优势学说更有普遍意义。前例中,美国不但拥有生产小麦的绝对优势,也拥有生产布的绝对优势。根据绝对优势学说,美国应该生产两种产品并向中国出口,中国应该什么也不生产只是进口。但是,这种情况实际是不可能发生的,因为贸易本身是双向的。一个国家不可能只有进口没有出口。如果只有在绝对优势的条件下才能出口获利的话,中国什么东西都不能出口,中国和美国就不会发生贸易。

根据"相对优势学说",贸易仍能在两国间发生。中国虽然在两种产品上都不拥有绝对优势,却在布生产上拥有比较优势,美国只有小麦的比较优势,应该出口小麦进口布。通过此例我们可以看到,相对优势学说不仅在理论上更广泛地论证了贸易的基础,在实践上也部分解释了先进国家与落后国家之间贸易的原因。

三、要素禀赋理论

生产要素禀赋理论是瑞典的两位经济学家赫克歇尔和伯蒂尔·俄林提出的,也叫作"赫克歇尔—俄林"理论(H-O理论)。俄林在他的老师赫克歇尔提出观点的基础上,系统地论述了生产要素禀赋理论。这一理论突破了单纯从技术差异的角度解释国际贸易的原因、结构和结果的局限,而是从比较接近现实的要素禀赋来说明国际贸易的原因、结构和结果。

赫克歇尔和俄林克服了斯密和李嘉图贸易模型中的某些局限,认为生产商品需要不同的生产要素而不单是劳动。资本、土地及其他生产要素也都在生产中起重要作用并影响劳动生产率和生产成本。不同商品的生产需要不同的生产要素配置,如有的生产技术较高,需要大量机器设备,需要资本投入比例较高,即"资本密集型产业";有的是手工操作,需要大量劳动投入,需要劳动投入比例较高,即"劳动密集型产业"。

各国生产要素的储备比例不同。有的国家资本雄厚,即"资本充裕国家";有的国家人口众多,即"劳动充裕国家"。这是相对概念,用"资本/劳动"来衡量,如与美国相比,中国是劳动充裕国家,但与柬埔寨相比,中国是资本充裕国家。

产品生产需要多种要素,产品的相对成本可以由技术差别决定,也可以由生产要素比例和一国资源储备稀缺程度不同而决定。劳动充裕国家,劳动力价格偏低,劳动密集型产品生产成本低;资本充足国家,资本价格低,生产资本密集型产品会有利。

因此,各国应该集中生产并出口那些能够充分利用本国充裕要素的产品,以换取那些需要密集使用稀缺要素的产品,如劳动充裕国家应多生产、出口劳动密集型产品,进口资本密集型产品。这种国际贸易基础是生产要素禀赋和使用比例的相对差别。

四、规模经济理论

规模经济是指由生产规模的扩大而产生单个企业的生产效率的显著改进或生产成本的大幅节约,它是规模报酬递增结果的货币表现。

产生不完全竞争的重要原因是由于规模经济的作用。传统贸易理论假设产品的规模报酬不变,即产出的增长、下降和要素投入的增长、下降,其幅度一样,投入增加一倍,产出增加一倍。在初级产品生产为主的前工业化时代,该假设基本接近现实。但在现代社会生产中,许多产品生产具有规模报酬递增的特点,即扩大生产规模,每单位生产要素投入会有更多的产出。尤其是现代化工业,大规模生产反而会降低单位产品成本,即存在规模经济。规模经济的存在可能导致垄断。与递增的成本相反,递减的成本会增加互有所得的贸易机会。因此规模经济为国际贸易提供了一个基础。

五、产品生命周期理论

产品生命周期理论（theory of product life cycle）由美国哈佛大学教授雷蒙德·弗农（raymond vernon）1966年首次提出，该理论引入国际贸易理论后，建立了国际贸易的产品生命周期理论。

弗农认为，产品生命是其在市场上的营销生命，和人的生命一样，要经历形成、成长、成熟、衰退等几个周期。产品都是有生命周期的，可以细分为产品开发期、市场引入期、成长期、成熟期和衰退期。产品生命周期在不同技术水平的国家里，发生的时间和过程是不一样的，其间存在一个较大的时差，正是这一时差，表现为不同国家在技术上的差距，它反映了同一商品在不同国家市场上的竞争地位差异，从而决定了国际贸易和国际投资的变化。

弗农将这些国家依次分为创新国（一般为最发达国家）、一般发达国家、发展中国家。在新产品阶段，创新国利用其拥有的垄断技术优势开发新产品，由于此时产品尚未完全成形，技术尚未完善，加之竞争者和替代品较少，市场竞争不激烈，产品附加值高，国内市场就能满足其获取高额利润的要求，所以新产品多在国内销售，很少出口到其他国家。而在产品成熟阶段，由于创新国技术垄断和市场寡占地位被打破，创新国和其他国家市场开始出现饱和，竞争者和替代品增加，市场竞争激烈，产品附加值降低，企业越来越重视降低产品成本，为降低成本和提高效益，抑制国内外竞争者，企业逐步放弃国内生产，纷纷到发展中国家投资建厂。在产品标准化阶段，生产技术和规模及产品本身已经完全成熟，这时对生产者技能的要求不高，原来新产品企业的垄断技术优势已经消失，成本、价格成为决定性的因素，这时发展中国家已经具备明显的成本优势，创新国和一般发达国家为进一步降低生产成本，开始大量地在发展中国家投资建厂，再将产品远销至别国市场。

产品生命周期理论是对要素禀赋论和技术差距论的进一步延伸，研究了国际贸易与国际直接投资的关系，说明了国际直接投资是国际贸易的替代形式，反映了国际企业从发达国家到一般发达国家、再到发展中国家的国际直接投资发展过程。

六、当代国际贸易发展的新特点

第二次世界大战后特别是20世纪60年代以来，国际贸易出现了许多新的倾向，主要有如下几点。

（一）行业内贸易量大大增加

传统理论认为：贸易基础是各国间产品生产的比较优势，国际贸易根源于国家间的差异，包括技术差异（李嘉图模型）、固有的资源禀赋差异（赫克歇尔－俄林模型）。按照这些理论，国家间差异越大，其间的贸易量也应该越大，如果两国差异很小，其间的贸易量也就较小，即各国之间的贸易主要是"行业间贸易"。因此，国际贸易将主要发生在工业国（具有丰富的资本）与非工业国（具有丰富的土地和劳动力）之间，即工业国以制造业产品交换非工业国的初级产品。

二战后,许多国家不仅出口工业产品,也大量进口相似的工业产品,工业国家传统的"进口初级产品—出口工业产品"的模式逐渐改变,出现了同一行业既出口又进口的现象。工业国出口占世界出口 3/4,其中 2/3 是向其他工业国出口,主要是制造业产品的交换;这种制造业产品交换贸易中有超过一半是行业内贸易,其中多由跨国公司间、跨国公司与国外分支机构间的企业内贸易完成,如美国每年要出口大量汽车,同时又从日本、德国、韩国等地大量进口汽车。这种既进口又出口同类产品的贸易模式被称为"行业内贸易"。"行业内贸易"在许多国家都超过其贸易总额的 50% 以上。

(二)产业领先地位不断转移

当代贸易发展中另一重要现象是世界市场主要出口国的领先(主导)地位在不断变化。有许多产品曾经由少数发达国家生产和出口,在国际市场占绝对领先地位,其他国家必须从这些国家进口。二战后,产业领先地位不断发生变化,一些原来进口国家开始生产并出口这类产品,最初出口的发达国家反而需要进口,如纺织业、机电业,甚至汽车业都出现过这种情况。

例如,美国是最早的汽车生产和出口国,现在大量进口日本的汽车。近几年韩国也成为重要的汽车出口国。纺织品是欧美最早向其他国家大宗输出的产品,20 世纪初,洋布占领中国市场,挤垮了土布。几十年后情况则相反,纺织品的主要生产出口国变成了发展中国家,尤其是中国纺织品,充满欧美市场。欧美成了纺织品的净进口国。家用电器也不例外。美国 1923 年发明了第一台电视机,但 90 年代后,美国国内一台电视机都不生产了,全部靠进口。日本 60 年代后成为电视机的主要生产和出口国,90 年代以来,韩国和中国也逐渐成为电视机的生产和出口国。

国际贸易中的新现象立即引起了对传统贸易理论,尤其是对 H-O 理论的挑战:新贸易倾向显然不能用"资源禀赋"来解释,因为发达国家的资源比例相似,都属资本相对充裕国家,同类工业产品的生产技术更具有相似的要素密集性。国际贸易何以在相似要素密集型产品和相似要素充裕国家间进行呢?尽管许多发展中国家的人均资本在不断增加,但与发达国家相比,仍是资本相对稀缺国家,资源禀赋的模式基本没有变化,为何某些制造品的比较优势从发达国家逐渐转移到了发展中国家呢?

国际贸易实践中发生的新现象,需要用新的理论来做出解释。20 世纪 70 年代以来,围绕战后国际贸易的新特点,经济学家们提出了一些新的学说,并逐渐形成来与古典和新古典贸易理论不同的现代国际贸易理论。这些理论包括保罗·克鲁格曼的"规模经济"贸易理论、弗农的"产品生命周期"学说和林德的"需求变动"理论。

(三)不完全竞争和国际贸易

不完全竞争理论产生于 20 世纪 30 年代的新古典经济学时期,主要代表人物是英国经济学家皮罗·斯拉法(Piero Sraffa)、琼·罗宾逊(Joan Robinson)和美国经济学家爱德华·哈斯丁斯·张伯伦(Edward H. Chamherlain)。

不完全竞争也称垄断竞争,是一种既有垄断又有竞争,既不是完全垄断又不是完全竞争的市场结构。与完全竞争市场相比,不完全竞争主要具有以下两个特征:一是同行业中只有为数不多的几家主要厂商;二是在消费者眼里,各家厂商生产的产品是有差异的。这两点正说明了规模经济和产品的差异性与不完全竞争市场的内在关系,规模经济的作用使众多生产同类产品的企业在竞争中优胜劣汰,最终形成了由少数几家具有成本优势的大企业控制某种商品生产的局面。另一方面,现代经济中大部分商品是有差别的,如一辆奔驰汽车与丰田或法拉利是不完全相同的。因此,大企业为了充分利用生产、经营上的规模效益,就不得不选择某一产品的一种或少数几种款式进行大规模、专业化生产。这又为生产者提供了相互竞争的可能。所以基于规模经济和产品差异化的生产必然导致垄断竞争的市场结构,这也是产业内贸易得以展开的原因,从而也扩大了国际贸易的范围和影响,增加互利性国际贸易的机会。

第二节 贸易保护主义理论与政策

经济开放度不断提高是当今世界各国经济的一个重要特征,但与此同时没有哪个国家愿意完全放弃对本国经济与市场的保护。作为保护手段,关税的保护作用已经下降,每个国家都在寻找新的保护措施。贸易保护理论是保护主义贸易政策的基础。为了更好地理解各国贸易政策及贸易行为,首先要了解贸易保护主义的理论。本节将简要介绍贸易保护主义的理论及政策。

一、重商主义与贸易保护主义

重商主义将贸易盈余作为获取货币的重要途径之一。重商主义认为,一个国家的财富由其拥有的贵金属代表,拥有的贵金属越多,这个国家就越富有。重商主义的政策建议是:国家对出口与生产加以保护与奖励,而对进口则应采取保护主义的措施予以限制,特别是那些具有战略意义的产业部门更是应当如此。这也是最早的贸易保护主义观点。

二、古典经济学与贸易自由主义

古典经济学派是自由竞争资本主义从起飞到昌盛时期的主流经济学派,它忠实地反映了那个时代产业资本的利益和要求,既是对封建旧制度以及资本原始积累时期国家干预主义经济思想的批判,也是对经济自由主义新时代的呼唤和论证。

古典经济学信奉经济自由主义。他们坚信,自由竞争市场势力的自发作用能够保证经济生活的协调和稳定增长,反对国家对经济生活的干预;他们不是无政府主义者,但他们认为,国家只需充当为自由竞争市场经济创造良好外部条件的"守夜人"。

三、李斯特的保护幼稚产业理论

幼稚产业保护理论是资本主义世界经济发展不均衡的产物。它于18世纪末和19世纪初出现在美国和德国。当时英国率先完成工业革命,而美国和德国刚刚开始工业革命。英国的产品物美价廉,非德、美产品可以竞争。英国主张采用自由贸易政策,并以自由贸易理论为依托,主张贸易自由化。如若让英国的产品自由进入美、德市场,那么美、德的经济必将受到巨大的冲击,其工业化就无法顺利完成。为避免这一冲击,美、德要对其相应产业加以保护,此时需要相应的理论来支撑其贸易保护行为。幼稚产业保护理论即是顺应这一背景而出现的。

德国经济学家李斯特(Friedrich List)在1841年出版的《政治经济学的国民体系》一书中详细阐述了幼稚工业保护的理论。李斯特将一国经济发展的历程分为原始未开化阶段、畜牧阶段、农业阶段、农工商业阶段等。他认为,在不同的经济发展阶段应采用不同的贸易政策,自由贸易并不适用于每个经济发展阶段。在农工业阶段的国家应采用保护主义的贸易政策,原因是此时本国工业虽有所发展,但发展程度低,国际竞争力差,不足以与来自处于农工商业阶段国家的产品相竞争。如若采用自由贸易政策,不但享受不到贸易利益,还会令经济遭受巨大冲击。李斯特认为,政府应制定积极的产业政策,利用关税等手段来保护国内市场。

李斯特认为,应采用关税制度来实现贸易保护主义。在该制度的设计上,应体现以下几点:①差别关税率:以对幼稚产业的保护为出发点,对不同的产业征收不同的关税。比如对与国内幼稚工业相竞争的进口产品征收高关税,同时以免税或低关税的方式来鼓励国内不能自行生产的机械设备的进口。②有选择性的保护,并非对所有的工业都加以保护,保护是有条件的。只有那些经过保护可以成长起来的,能够获得国际竞争力的产业,才对其加以保护。对于那些通过保护也不能成长起来的产业则不予以保护。③适时调整:对幼稚产业的保护不是无休止的,而是有限期的,超过了规定的限期,该产业即便没有成长起来,也要解除对它的保护。

需要注意的是,李斯特并不否认自由贸易政策的一般正确性,他认为当一国解决了落后问题,即实现了工业化后,是可以选择自由贸易政策的。这是幼稚产业保护理论与重商主义的一个不同之处。

四、凯恩斯主义的贸易保护理论

凯恩斯主义的贸易保护理论的观点主要是由凯恩斯本人和一些凯恩斯主义经济学家提出的。他们的观点反映了20世纪30年代大衰退以后西方国家经济发展的要求。

凯恩斯在其著名论著《就业、利息和货币通论》中比较系统地阐述了自己的观点。在凯恩斯看来,一国在没有政府干预的情况下,国内的有效需求可能不足。基于这一点,凯恩斯指出,政府应该关注、进而应该干预对外贸易,采取奖励出口、限制进口的做法。

凯恩斯的贸易保护政策并不是简单地等同于重商主义。他指出,这种贸易收支的顺差是不可以无限量地增加下去的,因为当贸易收支顺差过大时,国内的货币供应量就会过多,从而使商品价格过高,影响本国商品在国际市场上的国际竞争能力。此外,贸易收支过度顺差还会导致货币供给过多、利率下降而引起资本外流,造成本国投资的减少。因此,在凯恩斯看来,政府干预、保持贸易收支的顺差不是一个长期的目标,这只是在一国有效需求不足的情况下才偶尔使用的手段。

其他凯恩斯主义经济学家对凯恩斯本人的贸易保护论做了进一步发挥,指出保持贸易收支顺差不仅能够在理论上扩大本国的有效需求,而且能够以乘数的形式增加总收入。

总之,凯恩斯主义的贸易保护理论反映了西方经济由单纯重视企业的经济运行向重视宏观经济稳定和增长方向的转变。他们不仅强调政府干预国内经济的重要性,通过财政和货币政策实现经济目标,同时还提出了政府干预对外贸易的观点,主张实行贸易保护政策来配合国内的宏观经济政策。

五、贸易保护主义的政策

前面所讨论的贸易保护论都有一个共同点,那就是假设政府在制定政策过程中,都是以本国整体福利的最大化为目标的。也就是说,政府在决定是否采取保护或采取什么样的政策措施时,考虑的是这种政策能否使本国福利得以改善。但是,根据这种规范分析方法得出的结果往往不能很好地说明现实中的贸易保护主义。比如,幼稚产业论主张只保护有潜力的新兴产业,但在发达国家,受保护的往往是一些目前相对落后的成熟产业,甚至是夕阳产业。再比如,在某些情况下,如果要保护的话,最佳的选择应是针对国内生产直接进行补贴,而不是关税,更不应该是配额等保护成本更高的非关税壁垒,但在现实中,政府在选择保护措施时,通常更偏向于配额等非关税壁垒。这些现象说明,已有的贸易保护理论或观点已不能很好地解释实际现象,需要一种新的解释。

自20世纪80年代起,越来越多的经济学家转而以实证分析方法研究贸易政策问题。这种分析吸收了公共选择理论的一些思想,能比较好地解释现实中的贸易保护主义现象,这就是所谓的贸易保护主义政策(trade protection policy)。贸易保护政策是指政府广泛利用各种限制进口的措施保护本国市场免受外国商品的竞争,并对本国出口商品给予优待和补贴以鼓励商品出口。贸易保护政策是一系列干预贸易行为的各种政策措施的组合,主要工具有关税、非关税壁垒措施、管理和鼓励出口措施等。此外,还有超保护贸易政策,是垄断竞争时期资本主义的贸易政策特征。20世纪30年代资本主义大萧条使贸易政策向垄断资本利益倾斜。保护的对象是高度发达的工业或出现衰落的夕阳工业;在垄断国内市场的基础上对国外市场实施进攻性扩张;保护的不是一般的工业资产阶级,而是垄断资本的利益。超保护贸易政策也称侵略性保护贸易政策,是国际贸易中垄断竞争日益激烈的产物,成为第二次世界大战后国家垄断干预贸易、争夺世界市场和霸权的手段。

贸易保护主义的政策是基于这样一种思想:任何一项经济政策都可能会影响到一国的收入分配格局,因而不同社会阶层或利益集团对此会有不同的反应,受益的一方自然支持这项政策,而受损的一方则会反对这项政策,各种力量交织在一起最终决定政策的制定或选择。

(一) 关税

关税是传统的贸易政策工具。第二次世界大战后,关税在政策工具中的地位下降,但它仍然是市场经济条件下政府调节对外经济的有效手段。

关税(customs duties;tariff)是进出口货物经过一国关境时,由政府所设置的海关向其进出口商所征收的一种税。关税与国家凭借政治权力规定的其他税赋一样,具有强制性、无偿性和固定性特征,即纳税人必须无条件服从;海关代表国家单方面从纳税人方面征收,而无须给予任何补偿;关税是根据预先规定的法律与规章加以征收,海关与纳税人双方都不得随意变动。

关税的纳税人即税收主体,是本国进出口商,但最终是由国内外的消费者负担,因此关税属于间接税的一种。进出口货物则是税收客体,即依法被征税的标的物。

(二) 非关税壁垒措施

非关税壁垒(non-tariff wall)是指各国政府除关税以外所有用以限制进出口的措施,是当今各国保护国内市场的主要手段。

非关税壁垒起源于20世纪30年代的世界经济大危机。50年代以来,由关税及贸易总协定倡导的贸易自由化,使各国关税大幅度下降,约束性也越来越强,20世纪70年代的世界经济危机又促发了新一轮保护主义浪潮,各国纷纷开始强化非关税措施的运用,并且不断创新,以避开关贸总协定的约束,致使非关税壁垒盛行。

发达资本主义国家所采取的非关税壁垒措施的种类日益繁杂,手段不断创新,其中包括进口配额制、"自动"出口配额制、有秩序的销售安排、进口许可证制、外汇管制、进出口国家垄断、歧视性的政府采购、国内税收制度、进口押金制、最低限价制和繁杂的技术标准、卫生检疫、包装标签规定等,名目繁多,不胜枚举。据统计,目前非关税壁垒措施可分为八大类75种,具体措施可达3 000多种。

(三) 管理和鼓励出口措施

鼓励出口的政策和措施,也是一国贸易政策的重要组成部分。在世界贸易日益趋向自由化的压力下,国家干预进口贸易的政策措施越来越受到制约,迫使贸易国的干预政策逐渐向对出口贸易的管理,尤其是以积极的鼓励出口代替消极的限制进口倾向更为显著,同时,又以各种形式管制出口以增强本国产品的竞争力和贯彻政府的出口意图。

鼓励出口的政策一般也被视作贸易保护政策的一种表现,也是干预主义的一种,只是在干预形式上与进口限制有所不同,隐蔽性较强。在当今国际贸易中,各国鼓励出口的做法很多,涉及经济、政治、法律等许多方面,具体措施有:出口补贴和出口退税、出口信贷和出口信贷国家担保制、商品倾销和外汇倾销、经济特区等。

鼓励出口的措施虽然在目前不被各国普遍采用,但是,许多国家为了达到一定的政治、军事和经济目的,往往对某些产品,特别是战略物资和高技术产品等出口实行管制,以限制或禁止这类商品的出口。出口管制是一国对外贸易政策的组成部分,尤其是发达的资本主义国家往往运用出口管制作为其实行贸易歧视的重要手段。

第三节 国际收支

国际收支是指一国在一定时期内从国外收进的全部货币资金和向国外支付的全部货币资金的对比关系。一国国际收支状况反映在该国的国际收支平衡表上。

一、国际收支平衡表

(一) 国际收支与国际收支表

1945年国际货币基金组织成立,1946年它组织编写并于1949年出版了《国际收支手册》(第一版),以后在 1950 年(第二版)、1961 年(第三版)、1973 年(第三版修订版)、1977年(第四版)和 1993 年(第五版)进行了多次修改。在早期的国际收支表中,国际收支反映的是以货币为媒介的国际间的经济交易以及国际间经济体之间的债权债务关系。自 1980 年起,国际经济交易的方式发生了巨大的变化,国际服务贸易的发展,金融市场的自由化,金融创新的不断涌现,外债结构的调整均出现了全新的情况,国际收支统计需要与之相适应,同时在 1993 年,联合国公布了新的国民账户核算体系(SNA),新国际收支平衡表的设计,将国际收支统计与国民经济统计体系一了起来。按照国际货币基金组织 1993 年出版的《国际收支手册》(第五版)的表述,国际收支是一张统计表,它系统地记载了在特定时期内一个经济体与世界其他地方的各项经济交易。按照联合国标准分类体系的规定,《国际收支手册》归入其他分类中,国际货币基金组织为其管理者。

(二) 国际收支平衡表

1. 国际收支平衡表的内涵

国际收支平衡表是在一定时期内,对一国与他国之间所进行的一切经济交易加以系统记录的报表。

编制国际收支平衡表的基本规则是,一个国家的任何交易活动,如果收入外汇,就在国际收支平衡表上记为贷方项目,并给一个正号(通常忽略不写出来)。反之,如果任何交易是支出外汇,则记入国际收支平衡表的借方项目,并给一个负号。

2. 国际收支平衡表的内容

国际收支平衡表总体上由三大部分组成:经常账户、资本账户及官方储备。

(1) 经常账户。经常账户既记录商品与劳务的交易,也记录转移支付。劳务包括运费、版权支付和利息支付,还包括净投资收入,即本国在国外的资产获得的利息减去外国人在本国拥有的资产所获得的收入之差。转移支付包括汇款、捐赠和援助。

(2) 资本账户。资本账户记录国际间的资本流动。凡是外国对本国居民的贷款,外国购买本国的实物资产和金融资产的交易都是资本流入,或称资本输入。凡本国居民对国外的贷款,以及他们购买外国的实物资产或金融资产的交易都是资本流出,或称资本输出。资本账户记录着一国资本的输入输出情况,如政府、国际金融机构、商业银行和跨国公司的投资等。资本流动又分为长期和短期两种,前者指一年以上到期的国际资本的流动;后者指一年或不足一年到期的国际资产和负债的变化。

(3) 官方储备。官方储备又可称为官方的黄金和外汇储备,由一个国家官方的货币机构所持有。黄金和外汇通常被称为储备资产。官方储备主要是一国政府和货币机构用来管理汇率用的。对于实行浮动汇率制的国家对外汇市场的干预通常比较少,因而这些国家官方储备的变动也相对较小。

在开放经济中,一国与外国的经济往来主要包括两个方面的内容:一是商品与劳务的进出口和各种转移支付的进出;二是为购买实物资产和金融资产而发生的资本流入和流出。前者反映在国际收支平衡表的经常账户上,后者反映在资本账户上。

我们以简要描述了 2002 年美国的国际收支状况的表 16.9 来观察一下国际收支平衡表的编制。

表 16.9　美国国际收支平衡表，2002 年（10 亿美元）

(a) 项目	(b) 贷方 （+）	(c) 借方 （−）	(d) 净贷（+） 或净借（−）
Ⅰ. 经常账户			
a. 商品出口（+）和进口（−）		−1 164.7	−482.9
b. 服务（净）	681.8		
c. 转移支付	65.0	−63.0	
经常账户余额			−480.9
Ⅱ. 资本账户			
a. 资本流入（+）和流出（−）		−184.0	
资本账户余额	612.1		428.1
Ⅲ. 官方储备变动			
美国官方储备减少			3.7
外国官方资产在美国的增加			94.9
官方储备总变动			98.6
Ⅳ. 统计误差			−45.8

资料来源：[美]理查德·T.弗罗恩.宏观经济学：理论与政策[M].8版.北京：北京大学出版社，2005：310.

在上述国际收支平衡表中，有两个主要部分，即经常账户和资本账户。每个项目的名称列在(a)栏，贷方记在(b)栏，借方记在(c)栏，(d)栏列的是净借贷。在表中，如果某个项目能增加美国的外汇储备，就记在贷方栏，如果会减少美国的外汇储备，就记在借方栏。

根据表 16.9，2002 年，美国的商品出口（贷方）额为 6 818 亿美元，但商品进口（借方）额为 11 647 亿美元，净借贷总额为借方 4 829 亿美元。这个贸易赤字在表中的(d)栏列出。此外，该表还显示，服务一项产生了盈余，而净转移支付则为负数，其结果，经常账户赤字在 2002 年为 4 809 亿美元。

二、国际收支失衡

（一）国际收支失衡的含义

在国际收支平衡表中，经常项目与资本项目及平衡项目的借贷双方在账面上总是平衡的，这种平衡是会计意义上的概念。而本部分所讲的"平衡"与"失衡"并非会计意义上的，而是指实际经济意义上的。

具体而言，国际收支失衡是指经常账户、金融与资本账户的余额出现问题，经常账户出现的余额，靠资本与金融账户的余额无法平衡掉，不得不动用储备资产进行调整的现象，即对外经济出现了必须进行调整的情况。

（二）国际收支失衡的类型

临时性国际收支失衡。这主要是指由于偶然因素引起的国际收支失衡，具有可逆性，往往是因为贸易的一时失衡，它可以用国际储备来缓解。

周期性国际收支失衡。这主要是指由于一国经济周期变化引起的国际收支失衡，往往在经济萧条时国际收支呈现出顺差,而在经济高涨时国际收支呈现为逆差。

货币性国际收支失衡。这主要是指当一国的通货膨胀程度加重,或一国的货币对汇率发生变化时,导致一国的进出口和国际资本流动发生变化,形成的国际收支失衡。

结构性国际收支失衡。这主要是指一国产业结构的特点,与国际经济的要求有较大差距,难以适应国际经济的变化而导致的国际收支失衡。

投资环境性国际收支失衡。这主要指由于一国投资环境的优劣而造成资金的流入、流出而导致的国际收支失衡。

(三) 国际收支失衡对经济的影响

国际收支是一国对外经济关系的综合反映,随着各国经济日趋国际化,经济关系日益密切,相应地,国际收支失衡对一国经济的影响表现为以下两个方面。

首先,持续的、大规模的国际收支逆差对一国经济的影响表现为以下两个方面:

第一,不利于对外经济交往。存在国际收支持续逆差的国家对外汇的需求将增加,从而导致外汇市场供不应求,这将促使外汇汇率上升,本币贬值,本币的国际地位降低。这有可能导致短期资本外逃,从而对本国的对外经济交往造成不利的影响。

第二,如果一国长期处于逆差状态,不仅会使一国的储备资产大幅度减少,影响其金融实力,而且还会使该国的偿债能力降低。如果陷入债务困境不能自拔,这又会进一步影响本国的经济和金融实力,并失去在国际间的信誉。

其次,持续的、大规模的国际收支顺差也会对一国经济带来不利的影响,具体表现在以下3点。

第一,持续性顺差会使一国所持有的外汇增加,本国外汇市场供过于求,或者在国际金融市场上发生抢购本国货币的情况,这将导致本币升值,不利于本国商品的出口,对本国经济的增长产生不良影响。

第二,持续性顺差会导致一国通货膨胀压力加大。因为如果国际贸易出现顺差,那么就意味着国内大量商品被用于出口,可能导致国内市场商品供应短缺,会带来通货膨胀的压力;另外,出口会增加国内市场货币投放量,也会带来通货膨胀压力。如果资本项目出现顺差,大量的资本注入,该国政府就必须投放本国货币来购买这些外汇,从而也会增加该国的货币流通量,带来通货膨胀压力。

第三,一国国际收支持续顺差容易引起国际摩擦,而不利于国际经济关系的发展。这个道理很简单,因为一国国际收支出现顺差也就意味着世界其他一些国家出现逆差,从而影响这些逆差国家的经济发展,他们会施压给顺差国,希望顺差国调整国内政策,减少顺差,这就必然导致国际摩擦。现实世界中出现的大量的国家之间的贸易摩擦事件其产生背景大都与国际收支失衡有关。

可见,一国国际收支持续失衡时,无论是顺差还是逆差,都会给该国经济带来危害。政府必须采取适当的调节措施,以使该国的国内经济和国际经济得到健康的发展。

三、国际收支调节政策

事实上,一国的国际收支无论是从一段时间还是从某个时刻来看,都很难做到收支恰好相抵、完全平衡,而是经常处于顺差或逆差的不平衡状态。如果一国国际收支出现持续的、大量的顺差,就会引起本国货币对外汇率的上升,导致大量短期资本流入,造成通货膨胀,引起物价上涨。同时,本币汇率的上升会起到阻碍出口、刺激进口的作用,对本国的经济会带来不利影响。如果一国国际收支长期出现逆差,就会因为外汇供应短缺而引起本币汇率下跌,导致大量短期资本外流,促使逆差扩大,进而影响本国经济发展和政治稳定。因此,政府自觉采取各种政策措施,实施政策性调节非常重要。

当前,各国主要采取以下政策措施来调节国际收支。

(一) 贴现政策

当国际收支出现不平衡时,西方国家常运用贴现政策来调节。所谓贴现政策,是指一国政府通过其中央银行提高或降低再贴现率,来影响各商业银行及其他金融机构利息率的提高或降低,从而调节经济与国际收支的一种干预措施。实施贴现政策后,可以通过如下途径对国际收支加以调节:

一是影响收入水平,促进出口,抑制进口;或者相反,刺激进口,抑制出口,从而平衡国际收支。一国国际收支逆差时的调节机制如图 16.1 所示。

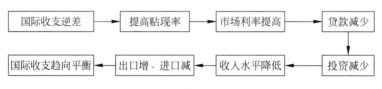

图 16.1　国际收支逆差时的调节机制

一国国际收支顺差时的调节机制如图 16.2 所示。

图 16.2　国际收支顺差时的调节机制

二是影响物价水平,增加出口,减少进口;或者相反,减少出口,增加进口,从而平衡国际收支。调节机制分别如图 16.3 和图 16.4 所示。

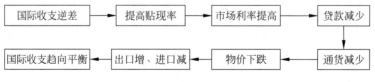

图 16.3　国际收支逆差时的调节机制

三是直接影响国际资本流出或流入,以平衡国际收支。当本国国际收支逆差时,中央银行可通过提高贴现率来带动市场利率的提高,诱使外国长、短期资本流入,从而利于增

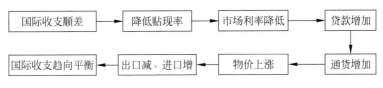

图 16.4　国际收支顺差时的调节机制

加该国国际收入。相反,本国国际支出顺差时,中央银行可通过降低贴现率来迫使市场利率降低,从而引起资本外流,达到减少顺差以平衡国际收支的目的。应当指出,贴现政策要受投资环境、黄金价格、外汇汇率等因素的制约。有时贴现政策与经济调节也会存在矛盾,即对外平衡可能影响对内平衡。所以,中央银行的贴现率要适当控制,注意稳妥适度。

(二) 调整汇率

这是利用本国货币汇率的变动以调节国际收支的一种措施。在当前的浮动汇率制度下,西方国家的货币汇率大都由外汇供求关系来决定。不过,政府也可以干预市场,使汇率向有利于国际收支平衡的方向变动。如一国国际收支逆差时,则可通过本币贬值,达到增加出口,抑制进口,改善国际收支的目的;相反,顺差时,则可通过本币升值,达到增加进口,减少出口,平衡国际收支的目的。

(三) 利用国际信贷

借用国外资金来弥补国际收支逆差,也是西方国家调节国际收支的最常用的方法。向国际金融市场借款,虽然利率较高,但限制较少、使用方便,已成为逆差国弥补逆差资金的主要来源。此外,逆差国也可利用国际金融机构或政府贷款来弥补逆差。1973—1981年,随着石油价格的大幅度提高,石油输出国经常项目收支产生巨额盈余,即所谓石油美元。它们曾把大部分石油美元投放于国际金融市场和贷放给国际金融机构。

(四) 直接管制

政府的直接管制主要表现为外汇管制与外贸管制。外汇管制是一国政府用法令的形式对外汇的收支、买卖、结算和汇率进行直接控制所采取的限制性措施,以达到控制外汇收付,平衡国际收支的目的。外贸管制就是对商品输出、输入的管制。

(五) 国际经济合作

当今世界贸易摩擦经常发生,一国的顺差即为另一国的逆差,逆差国在无法解决逆差、经济日趋恶化时,常向顺差国施加政治或经济压力;而顺差国为了自身的利益并不愿采取相应的措施,从而会形成相互间的矛盾和摩擦,不利于国际收支平衡目的的达成。因此,通过建立国际结算制度,建立各种国际性协调机构,达成各国间的国际经济合作,在一定程度上能够调节国际收支的平衡。

第四节 外汇与汇率

一、外汇的基本概念

外汇(foreign exchange)是国际汇兑的简称,它有动态和静态两种含义。动态的外汇,是指把一国货币兑换成另一国货币,借以清偿国际间债权债务关系的一种专门性的经营活动,即国际结算活动。静态的外汇,是指以外币表示的在国际结算中使用的各种支付手段或工具和各种对外债权,即等同于外汇资产。前者强调的是两种货币兑换的交易过程,后者强调的是国际间进行结算的支付手段和工具。

一般所指的"外汇"是指它的静态含义。国际货币基金组织对外汇的解释为:"外汇是货币当局(中央银行、货币管理机构、外汇平准基金及财政部)以银行存款、国库券、长短期政府债券等形式保有的在国际收支逆差时可以用作支付使用的国际支付手段或债权。"

判断一种外币资产是否为外汇一般有三个标准:

(1)可偿性。外汇必须是在国外可以得到偿付的债权,被拒付的信用工具或有价证券不能视为外汇。

(2)可兑换性。外汇必须能够自由地兑换为其他外币资产。

(3)国际通用性。作为外汇的外币资产在国际经济交易中能被各国普遍接受和使用。

二、汇率及其表示方式

汇率(exchange rate)是不同货币之间兑换的比率或比价,也可理解为一个国家的货币折算成另一个国家货币的比率。

如果把外汇看作一种商品,汇率就是这种特殊商品的"特殊价格"。在国际汇兑中,不同的货币之间可以互相表示对方的价格,因此,汇率具有双向表示的特点。由于汇率是两种货币的交换比价,因此在计算和使用汇率时,首先要确定是以本国货币还是以外国货币为标准。标准不同,汇率的计算方法就不同。一般而言,汇率的标价方法有两种,即直接标价法和间接标价法。

(一)直接标价法

直接标价法(direct quotation)表示的是单位外币折合的本币数量。这种标价法的特点是:外币数额固定不变,折合为本币的数额根据外国货币与本国货币币值的变化而变化。如果一定单位的外币折合为本币数额增加,即外币升值,本币贬值;反之,则外币贬值,本币升值。目前世界上大多数国家(除英国、美国等少数国家外)都采用直接标价法。

(二)间接标价法

间接标价法(indirect quotation)表示的是单位本币折合的外币数量。这种标价法的特点是:本币为数额固定不变,折合为外币的数额根据本币与外币币值的变化而变化。

如果一定单位本币折合外币的数额增加,即本币升值,外币贬值;反之,则本币贬值,外币升值。最早实行间接标价法的国家是英国及其殖民地国家。第二次世界大战后,由于美国的经济实力迅速扩大,美元逐渐成为国际结算、国际储备的主要货币。为了便于计价结算,从1978年9月1日开始,纽约外汇市场也改用间接标价法,即以美元为标准公布美元与其他货币之间的汇率,但是对英镑仍沿用直接标价法。

20世纪60年代,欧洲货币市场迅速发展起来,国际金融市场间的外汇交易量迅猛增加,为便于国际间进行外汇交易,银行间的报价普遍采用"美元标价法",即以美元为标准来表示各国货币的价格,至今已成习惯。世界各金融中心的国际银行所公布的外汇牌价都是美元对其他主要货币的汇率,非美元货币之间的汇率则通过各自对美元的汇率套算,作为报价的基础。

在各种标价法下,数量固定不变的货币为基础货币,相当于直接标价法中的外币或间接标价法中的本币;数量不断变化的货币叫标价货币,即直接标价法中的本币或间接标价法中的外币。由于直接标价法下汇率涨跌的含义与间接标价法下汇率涨跌的含义正好相反,所以在引用某种货币的汇率和说明其汇率高低涨跌时,必须明确采用哪种标价法,以免混淆。

三、汇率制度

汇率制度(exchange rate system),是指一国货币当局对本国汇率水平的确定、汇率变动方式等问题所作的一系列安排或规定。从各国汇率制度的特点来看,汇率制度可以分为以下两大类。

(一) 固定汇率制度

固定汇率制度(fixed exchange rate system),是指一国货币同他国货币的汇率基本固定,其波动限于一定的幅度之内。在这种汇率制度下,各国货币间保持固定比价,允许市场汇率围绕中心汇率(固定比价)上下自由波动,波动被限制在一定的幅度之内,而且政府有义务采取措施来维持所规定的波幅。

(二) 浮动汇率制度

自由浮动汇率制度(floating exchange rate system),是指一国不规定本国货币与他国货币的官方汇率,听任汇率由外汇市场的供求关系自发地决定。在这种汇率制度下,各国货币间不再规定固定比价,汇率决定于外汇市场的供求,同样也不再规定市场汇率的波动幅度,因此,也就没有政府维持汇率波幅的义务。在这种汇率制度下,货币当局对汇率只是偶尔进行干预,但不加以控制,汇率完全浮动。

自19世纪末金本位制在西方主要国家确定以来,一直到1973年,世界各国的汇率制度基本上属于固定汇率制,而1973年以后,西方各国相继放弃了固定汇率制而采用了浮动汇率制。

浮动汇率制又分为自由浮动与管理浮动,前者指中央银行对外汇市场不采取任何干预措施,汇率完全由外汇市场的供求力量自发地决定。后者指实行浮动汇率制的国家,对外汇市场进行各种形式的干预活动,主要是根据外汇市场的供求情况售出或购入外汇,以通过对外汇供求的影响来影响汇率。

四、影响汇率变动的主要因素

(一)国际收支状况

当一国国际收支出现顺差时,会引起本国货币升值,即外国对本国货币需求的增加及本国对外国货币需求的减少,从而导致本国的外国货币供给增加。反之,当一国国际收支出现逆差时,则会引起本国货币贬值。

(二)通货膨胀

当一国出现通货膨胀,则本国相对于外国的物价水平会上升,本国货币对内贬值,从而导致外国对本国货币的需求会减少,本国流入的外国货币也会随之减少,从而使本国的外国货币供给减少,最终会影响到本国货币对外汇率的下降。反之,当外国出现通货膨胀,则本国相对于外国的物价水平会下降,则本国货币对外汇率会上升。

(三)利率水平

当本国利率高于外国利率时,国际短期资本必然会流入本国,从而使得本国的外国货币供给增加,本国货币对外汇率上升。反之,当本国利率低于外国利率时,国际短期资本势必会流出本国,从而使本国的外国货币供给减少,最终会使本国货币对外汇率下降。

五、汇率变动对经济的影响

汇率变动受到诸多经济因素的影响,汇率变动反过来也影响经济的运行。汇率变动的经济影响是多方面的。由于汇率贬值与升值的方向相反,作用也正好相反,下面我们就以贬值为例,分析汇率变动的经济影响。

(一)汇率变动与物价水平

汇率变动的一个直接后果是对物价水平的影响。以货币贬值为例,传统的理论认为,在需求弹性比较高的前提下,货币贬值可以提高进口商品的国内价格、降低出口产品的国外价格。通过这种相对价格的变化,进口可以减少,从而使生产进口替代品的同类产业得以扩张;出口可以增加,从而使生产出口商品的产业得以扩张。因此,贬值可以从这两个方面,在不产生对国内物价上涨压力的情况下,带动国内产量和就业的增长;但是,在实践中,贬值不一定真能达到上述的理想结果。因为贬值通过货币工资机制、生产成本机制、货币供应机制和收入机制,有可能导致同类工资和物价水平的循环上升,并最终抵消它所可能带来的全部好处。

贬值会不会引起国内物价水平的上涨,并不像传统理论说的那样仅仅取决于进口商品和出口商品的需求弹性,还取决于国内的整个经济制度、经济结构和人们的心理。只有当进出口商品的需求弹性都比较好,并且从总体上讲,工资收入者和企业对生活费用和生产成本的上升反应不灵敏,政府采取必要的措施来抵消进口物价上涨的影响时,货币贬值对物价的影响才能较有地得到控制。然而,在全球化日益深入,各国经济日益融合的今天,政府更难以采取非货币性措施来抵消进口物价上涨的影响。换言之,我们可以这样推论:在今后,任何较大速度的货币贬值,都将对国内物价上涨起到程度不等的推动作用。

(二)汇率变动与外汇短缺

虽然外汇短缺的根本原因不是货币性的,但是贬值会影响外汇短缺的扩大或缩小。通过货币供应机制,下浮导致国内一般物价水平的上涨,货币发行增多,使人们预期本国货币将进一步贬值,从而出于保值的目的将资金投向外币,加剧外汇市场的缺口。

从更深层次看,货币贬值过度还会起到保护落后企业的作用,不利于国内企业劳动生产率和竞争力的提高,不利于改善产业结构,从而从根本上不利于消除外汇短缺。不过这种效应要在长期内才能够体现出来。

(三)汇率变动与资金外逃

本币贬值时,居民因对本国货币币值的稳定失去信心或本国货币资产收益率相对较低,发生的大规模货币兑换,从而出现资金外逃的现象。当国内通货膨胀或预期通货膨胀率提高,而本国货币资产的相对利率不足以抵补因通货膨胀而损失的收益时,资金外逃也会发生。但资金外逃的一个重要前提是货币的自由兑换。没有货币的自由兑换,资金外逃只能在外汇黑市上进行,其规模和影响自然小得多。

(四)汇率变动与进出口贸易收支

本币贬值之后,国内更多产品可在盈利的条件下出口。只要外国市场对这些产品在原来的价格或较低的价格上继续有需求,而国内又有能力扩大这些产品的供给,出口就可能增加。从进口方面讲,本币贬值使进口货物的国内价格上升,迫使部分需求从进口产品转向进口替代品。在实际中,这部分需求转移能否最终实现及实现的程度有多少,还取决于国内总供给的数量和结构,即国内能否生产并向社会提供相应的进口替代产品。

因此,本币贬值可以促进出口,减少进口,但是要取决于三个因素:一是进出口商品的需求弹性;二是国内总供给的数量和结构;三是"闲置资源"即能随时用于出口品和进口替代品生产的资源存在与否。广义来讲,闲置资源不仅包括原材料,还包括资金、土地、劳动力,甚至是科学技术。没有这些可供随时调用的闲置资源,出口和进口替代品的增加是不可能的。

(五)汇率变动与总需求

汇率变动对总需求的影响究竟是扩张性的还是紧缩性的,这一直是个有争议的问题。比较传统的理论认为,成功的汇率下调对经济的影响是扩张性的。在乘数作用下,它通过增加出口、增加进口替代品的生产,使国民收入得到多倍增长。根据对20世纪80年代的中国经济运行的观察,人民币贬值确实具有推动出口的作用,也具有推动物价上涨的作用。从这两个角度讲,它确实具有扩张性作用。

但是,汇率变动与总需求的关系比较复杂。贬值在对经济产生扩张性影响时,也有可能同时对经济产生紧缩性影响。同样以中国经济为例,可以发现:

第一,随着中国经济建设的发展和农村耕地面积的减少,高新技术、设备以及粮食等需求弹性很低的进口商品越来越有必要。货币贬值后,中国货币购买力的较大部分转向这些进口商品(如粮食),从而导致对本国产品的需求下降。其原因在于:①国内外劳动生产率和产品质量之间存在巨大差异;②中国对进口商品的需求弹性较低;③中国社会长期以来存在着较高的进口倾向。在上述情况下,除非出口收入的增长超过进口支出的增长,开放自由兑换很可能引起需求转移和国内总需求的下降,并进而导致部分企业破产。

第二,贬值可使出口行业利润增加,进口商品成本增加,两者都会推动一般物价水平的上升。为控制物价上涨,实际工资的增长可能滞后于物价的增长。在中国,控制物价上涨的企图对总需求的影响更大,意味着对国内产品的需求将相对下降,从而总需求相对下降。

第三,从货币理论和金融资产的角度来看,本币贬值使本国货币购买外国资产尤其是外币金融资产的能力下降,它把较多的本国购买力转移到了相同数量的外国资产上,从而也会导致总需求的萎缩。

第四,"债务效应"也会导致总需求的萎缩。本币贬值后,偿还相同数额的外债需要付出更多的本国货币。当外债还本付息额较大时,必会引起国内总需求下降。

由此可见,货币汇率变化对总需求的影响是双重的,既有扩张性影响,又有紧缩性影响。我们必须认识到这种双重影响的存在及其重要性。

第五节　倾销与反倾销

一、倾销的含义

倾销(dumping)是指某国的制造商或出口商将某种产品以低于正常价值的价格出口到另一国的贸易行为。

早在自由资本主义贸易初期,重商主义者就竭力主张鼓励本国产品低价出口,同时通过关税或其他非关税措施,阻挡外国产品的廉价进口,以使本国在贸易中获得更大利益。16—17世纪的英国采用这种方法挤垮外国同类产业,占领外国市场。18—19世纪,倾销更是大英帝国实现殖民掠夺的一种重要手段。1766年,著名经济学家亚当·斯密在其代表作《国富论》中详细论述了当时各国允许对出口实行官方奖励的习惯做法,并称为倾销。但其所谓的倾销行为与现代"补贴"(subsidy)的定义更为接近。

自19世纪末叶起,西方发达资本主义国家广泛利用厂房和机器设备实现大规模生产,生产商有能力垄断国内市场,进而有实力低价抢占外国市场。

上述经济学中的倾销定义是倾销作为一个法律概念的重要理论渊源,但反倾销法中使用的,"倾销"一词有着特定的含义,与经济学上的意义不尽相同。

反倾销法中的"倾销"概念以《关税与贸易总协定》中的倾销定义最为权威。总协定第6条将倾销定义为:"将一国产品以低于正常价值的方法进入另一国市场内,如因此对某一缔约国领土内已建立的某项工业造成实质性损害或产生实质性威胁,或者对某一国内产业的兴建产生实质性损害,这种倾销应该受到谴责。"中国对外贸易法第30条做了相同规定:"产品以低于正常价值的方式进口,并由此对国内已建立的相关产业造成实质损害或者产生实质损害的威胁,或者对国内建立相关产业造成实质阻碍时,国家可以采取必要措施,消除或者减轻这种损害或者损害的威胁或者阻碍。"

可见,确定倾销主要有三个条件:一是产品价格低于正常价值;二是此行为给进口国产业造成了损害;三是损害与倾销之间存在因果关系。

二、倾销的特征

根据上述定义,倾销特征如下。

第一,倾销是一种低价销售产品的措施。这种低价是相对于正常价格而言的,所谓正常价格一般是指有关产品在出口国的市场价格,或者低于生产成本的价格。倾销是一种价格歧视,是在不同的市场上以差别价格销售商品的行为。例如,1970年日本索尼公司以每台180美元的价格在美国销售其制造的电视机,而同样型号的电视机在日本售价333美元。这一行为构成了对美国的倾销。

第二,倾销是一种人为的低价销售措施。倾销是由出口商根据不同的市场自行压低其产品在另一国市场上的价格,倾销产品的价格不能客观地反映其经济价值。

第三,倾销的目的和动机具有多样性。有的是为了销售过剩产品,或是为了维持规模生产,或是为了赚取外汇。但更多地是为了争夺国外市场,击败在进口国的竞争对手,建立垄断地位。不论倾销的目的和动机如何,一旦对进口国某一工业的建立和发展造成实质性的损害,就有可能招致进口国的反倾销惩罚。

第四,倾销是一种不公平的贸易行为。倾销往往是出口商凭借自己在国内市场上的垄断地位而获得在另一国市场的竞争优势。因此,倾销不仅会影响进口国的经济发展,而且扰乱了国际正常竞争秩序,因此是一种应当受到谴责的行为。

从倾销的上述特征看,它是一种不正当行为,妨碍了正常的国际贸易秩序。因此,许多国家的国内立法和有关国际公约都规定了对倾销进行抵制和限制,从而产生了反倾销法。

实际上,中国市场早就存在着外国商品的倾销,如20世纪90年代日本富士彩色胶卷和美国柯达彩色胶卷在日本市场与美国市场的价格都是每盒5美元左右,折合人民币应是每盒40元左右,而在中国市场却只卖20元左右,这还是征收了120%的高关税后的市场零售价格。如果不是依靠国家的高额关税保护,中国的彩色胶卷产业就会被扼杀于摇篮之中。

三、反倾销措施

所谓反倾销,是指进口国反倾销调查当局依法对给本国产业造成损害的倾销行为采取征收反倾销税等措施,以抵消损害后果的法律行为。反倾销是以前的《关贸总协定》和现在的WTO(世界贸易组织)所承认的用以抵制不公平国际贸易行为的一种措施。

为了制止倾销而采取反倾销措施应该说是合理的,但如果反倾销措施的实施超过了其合理范围或合理程度,反倾销措施也会成为一种贸易保护主义措施,从而对国际贸易的扩展造成阻碍性影响。例如,武断地认定原本不存在倾销的商品为倾销商品,或无根据地夸大倾销幅度,从而无理地实施反倾销措施或不适当地提高反倾销税征收金额,这些都会阻碍正常进口贸易的进行,如美国与加拿大关于进口马铃薯征收特别倾销税的纠纷。1962年,由于气候原因,美国农产品收获季节早于加拿大,在美国马铃薯大量上市时,加拿大的马铃薯还未收获,这时美国出口到加拿大的马铃薯非常便宜,加拿大决定根据"正常价格"与出口价格的差异征收特别倾销税。美国政府认为,加拿大的征税行为是一种非关税壁垒,并向GATT(关税及贸易总协定,WTO前身)申诉,要求解决加拿大对进口马铃薯征收反倾销税的问题。1963年1月2日,加拿大取消了该项税收。

本 章 小 结

本章先介绍了国际贸易基本理论和国际贸易保护政策,再着重阐述了开放经济条件下宏观经济学的一些基本理论知识和相关问题,如国际收支理论,并对保持经济内部均衡与外部均衡一致性的政策协调问题做了适当的探讨;同时,也探讨了外汇和汇率、汇率制度、汇率决定以及汇率变动和进出口贸易的关系;随后,介绍了关于倾销与反倾销的基本内容。

人物介绍:大卫·李嘉图、赫克歇尔、俄林、蒙代尔

参考文献

[1] 高鸿业.西方经济学[M].第6版.北京:中国人民大学出版社,2014.
[2] 卢峰.经济学原理[M].北京:北京大学出版社,2002.
[3] 许纯祯.西方经济学[M].北京:高等教育出版社,1999.
[4] 厉以宁.西方经济学[M].北京:高等教育出版社,2000.
[5] 缪代文.微观经济学与宏观经济学[M].北京:高等教育出版社,2000.
[6] 蔡继明.微观经济学[M].北京:人民出版社,2002.
[7] 黎诣远.西方经济学[M].第2版.北京:高等教育出版社,2005.
[8] 黄卫平,彭刚.国际经济学教程[M].北京:中国人民大学出版社,2004.
[9] 黄亚钧,袁志刚.微观经济学[M].北京:高等教育出版社,2000.
[10] 黄亚均,袁志刚.宏观经济学[M].北京:高等教育出版社,2003.
[11] 宋承先.现代西方经济学[M].第2版.上海:复旦大学出版社,2002.
[12] 李晓西.宏观经济学[M].北京:中国人民大学出版社,2005.
[13] 王秋石.宏观经济学原理[M].第3版.北京:高等教育出版社,2008.
[14] 杨连波.微观经济学基础[M].北京:经济科学出版社,2003.
[15] 牛国良.西方经济学[M].北京:高等教育出版社,2002.
[16] 刘东,梁东黎.微观经济学[M].南京:南京大学出版社,2004.
[17] 梁东黎.宏观经济学[M].南京:南京大学出版社,2004.
[18] [美]戴维·弗里德曼.生活中的经济学[M].北京:中信出版社,2004.
[19] [美]保罗·萨缪尔森.微观经济学[M].第19版.北京:人民邮电出版社,2012.
[20] [美]保罗·萨缪尔森.宏观经济学[M].第19版.北京:人民邮电出版社,2012.
[21] [美]平狄克,等.微观经济学[M].第4版.北京:中国人民大学出版社,2004.
[22] [美]R.格伦·哈伯德.经济学[M].北京:机械工业出版社,2007.
[23] [美]保罗·克鲁格曼.国际经济学[M].第5版.海闻,等译.北京:中国人民大学出版社,2002.
[24] [美]多恩布什,费希尔,斯塔兹.宏观经济学[M].第7版.北京:中国人民大学出版社,2000.
[25] [美]曼昆.宏观经济学[M].第7版.北京:中国人民大学出版社,2011.
[26] [美]南希·A.加纳科波罗斯.宏观经济学习题集[M].北京:中国人民大学出版社,2013.

教师服务

感谢您选用清华大学出版社的教材！为了更好地服务教学，我们为授课教师提供本书的教学辅助资源，以及本学科重点教材信息。请您扫码获取。

▶▶ 教辅获取

本书教辅资源，授课教师扫码获取

▶▶ 样书赠送

经济学类重点教材，教师扫码获取样书

清华大学出版社

E-mail: tupfuwu@163.com
电话：010-83470332 / 83470142
地址：北京市海淀区双清路学研大厦 B 座 509

网址：http://www.tup.com.cn/
传真：8610-83470107
邮编：100084